성재 허전,
조선말 근기실학의 종장

"본 연구는 2012학년도 경성대학교 부설연구소 연구지원사업으로 이루어졌음"

경성대 한국학연구소
한국학연구총서 1

성재性齋 허전許傳,
조선말 근기실학의 종장

정경주·김철범 지음

景仁文化社

책머리말

성재 허전은 성호 이익을 중심으로 흥기했던 18세기 근기실학파의 학통을 계승해서 19세기 중후반에 걸쳐 근기실학의 학풍을 크게 떨친 학자이다. 그는 『종요록』, 『수전록』, 『사의』 등의 저술을 통해 성호와 순암 안정복, 다산 정약용, 하려 황덕길 등 근기실학파의 경세치용적 학풍을 계승했을 뿐 아니라, 수많은 문도들을 문하에 받아들여 이들을 통해 기왕에 수립된 근기실학의 저변을 널리 확산 전파시켰다.

허성재가 살았던 19세기는, 전반기에는 세도정치로 정치권력이 극소수의 특정 권력층에 집중되고, 천주교에 대한 탄압을 빌미로 사상 학문의 토론이 극도로 제한된 한편, 만연한 관료의 부정부패로 인한 잇단 민란을 수습하지 못한 채 국가의 기강이 흔들렸고, 후반기에는 밀려드는 해외 열강의 부단한 핍박과 외세와 결탁한 왕실 외척세력과 모리배의 발호로 국가의 존망이 풍전등화같이 위태해진 시기였다. 허성재는 이러한 시기에 관직에 나아가도 실제적인 권한을 위임받은 적이 없었지만, 기회 있는대로 제도의 개혁을 건의하는 한편 군주를 계도함으로써 그 결단을 통하여 국체를 보전하고 국운을 붙들고자 진력했다. 그의 저술과 언행 속에 이러한 그의 포부와 경륜이 반영되어 있다.

우리는 단성민란으로 촉발된 임술년 삼남민란 직후 허성재가 김해부사로 부임하자 영남의 수많은 사족들이 그의 문하에 모였던 사실에 주목했다. 삼남의 민란은 조선후기 사회경제체제의 중요한 근간이었던 삼정의 문란으로 말미암은 것이었는데, 조선후기 사회·경제·정치·제도의 문제점을 직시하고 경세치용의 학술로 제도의 개혁과 민생의 안정을 강구해 왔던 근기실학파의 유력한 계승자인 허성재가 마침 김해에 내려왔던 것이다. 허성재와 그 문도들은 조선 말기의 혼란한 정국에서 그들이 가진 포부를 제대로 실현할 기회를 얻지는 못했지만, 대신 그들은 유가 지식인 본연의 도덕성과 합리성에 입각해서 고유의 역사 문화적 정체성을 근간으로 조선 사회와 문화의 건강성을 되찾고자 했다. 그래서 허성재와 그 문도들의 저술에는 성리와 이기 심성에 대한 번쇄한 논변이 극히 드문 대신, 인륜 기강을 부식하고 조선의 역사·문화·제도를 강구하며 경세제민의 현안에 대한 논의가 중요한 비중을 차지하고 있다. 또한 허성재의 문도들 가운데는 망국의 비운을 당해 일제의 강압통치에 대항하여 경세치용의 이상이 담겨 있는 근기실학파의 문집과 저술을 간행 보급하거나, 조선 역사와 문화의 정체성을 보존하고 민중의 계몽과 조선 독립을 위해 헌신한 사람이 많았다. 이들은 20세기 초 새로운 한국민족문화의 건설에 적지 않은 족적을 남기기도 했다. 이런 의미에서 우리는 허성재를 "조선말 근기실학의 종장"으로 부를 수 있다고 본다.

우리는 일찍이 허전의 학술 사상이 가지는 의의에 주목했고, 경성대학교 한국학연구소 정기 학술회의의 일환으로 1997년부터 매년 허성재와 그 문도들의 학문 저술에 대한 논의를 거듭해 왔다. 15년을 거치는 동안 이 학술회의를 통하여 적지 않은 논문들이 발표되었고, 이를 통해 허성재와 그 문도들의 학문 사상에 대한 학계와 일반의 관심을 불러일으키는 데 어느 정도 기여했다고 생각한다. 그러나 성호학의 계승자로서 성재 허전의 학문 사상과 그의 위상 및 의의에 대한 연구는 아직도 여전히 극히 제한된 일부 연구자들의 관심 영역에 국한되어 있다. 이에 우리는 그동안 발표한 논문을 모아서 그간의 연구 결과를 소개함으로써, 이 방면에 뜻을 둔 동지들에게 질정하고, 한편으로 연구자와 일반의 관심을 다시 환기하고자 한다.

먼저 허전에 대해 그 동안 우리 두 사람이 발표한 논문을 몇 가지 주제로 나누어 보았다. 긴 시간을 두고 진행된 연구논문이어서 내용이 중복되기도 하고 미진한 부분도 많았다. 또 두 사람 사이에 관점이 일치하지 않는 부분도 없잖아 있다. 미진한 부분은 보완을 했고, 오류는 수정하기도 했지만, 그래도 각 논문 사이에 부분 중복되는 것을 피할 수는 없었다. 그럼에도 허성재와 그 문도들에 대한 초기 연구의 관점과 성과를 정리한다는 점에서, 기존 논문의 체제와 시각은 그대로 살려 두었다. 여기 실린 몇 편의 논문으로 성재 허전의 학술 사상의 전모를 다 드러낼 수는 없지만, 이를 통해 내우외환에 직면하여 풍전등화와도 같았던 19세기의 조선 말기에 민중의 생활 안정을 무엇보다 중시했던 성재 허전의 학문 사상이 근기실학의 종요로운 정신을 계승한 것임을 확인할 수 있다면 그것으로 이 책을 내는 보람은 되리라 생각한다.

이 책은 우리 연구를 물심양면으로 지원해 주었던 경성대학교 한국학연구소에서 기획하는 한국학연구총서의 첫 번째 책으로 간행된다. 허전과 한국학연구소의 인연으로 볼 때, 매우 뜻깊고 의미있는 일이 아닐 수 없다. 이 자리를 빌려 소장이신 강대민 교수께 감사드린다. 또한 어려운 시기에 시장 논리에 닿지 않는 이런 책을 선뜻 떠맡아 출판을 결정해 주신 경인문화사 한정희 사장님과 책을 깔끔하게 단장해 준 편집부에 감사드린다.

2013년 봄
정경주·김철범

차 례

책머리말

제I부 근기실학의 부흥과 허전의 삶·학문

허전의 생애와 학문연원 _ 3

  1. 허전 연구의 의미 _ 3
  2. 허전의 생애 _ 7
  3. 허전의 학문연원 _ 35
  4. 맺음말 _ 50

허전의 학문사상과 그 학술사적 위상 _ 51

  1. 서설 _ 51
  2. 성호학의 계승 전파자 _ 53
  3. 『수전록』과 「삼정책」의 개혁사상가 _ 56
  4. 『종요록』의 경학사상 _ 61
  5. 척사위정론과 예학 저술 _ 66
  6. 결어 - 조선말기 성호학파와 성재 허전의 위상 _ 73

허전 저술고략 _ 77

  1. 『성재집(性齋集)』(『용어(庸語)』) _ 78
  2. 『사의(士儀)』·『사의절요(士儀節要)』 _ 82
  3. 『종요록(宗堯錄)』·『철명편(哲命篇)』 _ 87
  4. 『수전록(受廛錄)』 _ 91
  5. 『초학문(初學文)』 _ 94
  6. 기타 중요 부전 저술 _ 96

제2부 민천(民天)사상의 경학적 전개

『종요록』에 나타난 허전의 경학 관점 _ 105

    1. 서론 _ 105
    2. 『종요록』의 경학 논의 관점 _ 108
    3. 『종요록』의 경문 주석 _ 127
    4. 제왕학과 천민경덕도의 의미 _ 132
    5. 『종요록』과 「삼정책」 _ 144
    5. 결론 _ 152

허전의 「시경강의」에 나타난 설시 관점 _ 155

    1. 서론 _ 155
    2. 시경강의의 진행과정 _ 158
    3. 허전의 설시 관점 _ 163
    4. 설시풍간의 방향 _ 177
    5. 허전 시경론의 연원 _ 198
    6. 결론 _ 212

허전의 제도개혁론 _ 214

    1. 머리말 _ 214
    2. 무실과 중민의 경세관 _ 215
    3. 제도개혁론의 주요 내용 _ 221
    4. 맺음말 _ 233

경연강의를 통해 본 허전의 정치사상 _ 235

    1. 머리말 _ 235
    2. 허전 정치사상의 기조 _ 236
    3. 경연강의를 통해 본 정치론 _ 240
    4. 맺음말 _ 249

허전의 세자교육론과 『철명편』 _ 251

    1. 머리말 _ 251
    2. 제왕학으로서 세자교육 _ 253
    3. 『철명편』의 편차와 구성 _ 257
    4. 허전의 세자교육론의 내용과 성격 _ 262
    5. 맺음말 _ 272

제3부 『사의』와 예학 사상

허전의 『사의』 예설에 대하여 _ 275설

    1. 서설 _ 275
    2. 『사의』의 편차와 내용 _ 277
    3. 『사의』 논례의 요지 _ 282
    4. 『사의』 예설에 대한 논란 _ 296
    5. 『사의』 예설의 특성 _ 303
    6. 결론 _ 309

『사의』 예설에 수용된 퇴계학파의 예학 관점 _ 311

    1. 서론 _ 311
    2. 『사의』 예설의 특징과 그 연원 _ 313
    3. 결론 _ 335

허전 예설의 수양자 문제에 대하여 _ 337

    1. 서론 _ 337
    2. 「가례도」와 다산의 「수양부모복론」 _ 340
    3. 허전 「수양모복의」의 수양 의리 _ 354
    4. 허전 「수양모복의」의 의의 _ 363
    5. 결론 _ 370

『사의』간행 경위와 편제 _ 373

　1. 사대부의 예전(禮典),『사의』_ 373
　2. 영남 학인과『사의』_ 375
　3.『사의』간행의 경위 _ 379
　4.『사의』의 편제 _ 385

제4부 문자학과 문학세계

허전의「초학문」에 대하여 _ 393

　1. 서론 _ 393
　2. 허전의 저술과『초학문』의 편찬의도 _ 394
　3. 초학문의 내용에 반영된 성재학의 일단 _ 402
　4. 결어 _ 413

허전의「태화산기주해」와 산문관 _ 415

　1. 들어가며 _ 415
　2. 복고지향의 문예비평 _ 416
　3. 진한고문으로서「태화산기」_ 422
　4.「태화산기주해」의 의미 _ 425
　5. 마무리 _ 427

부 록

본 글의 출처목록 _ 432

찾아보기 _ 434

제1부

근기실학의 부흥과 허전의 삶·학문

허전의 생애와 학문연원
허전의 학문사상과 그 학술사적 위상
허전 저술고략

허전의 생애와 학문연원

1. 허전 연구의 의미

18세기에 꽃을 피워 "실학"이라 불리던 학문은 뛰어난 선각적 지식인들의 개혁적 발상에서 비롯된 것이기는 하지만, 동시에 이조후기의 사회·정치적 환경이 빚어낸 사상적 산물이었다. 다시 말하면 변화를 갈망하는 시대의 요구와 그에 부합했던 지식인들의 학문적 실천이 조선의 지식계에 참신한 바람을 일으켰던 것이다. 사실 역사상 이런 개혁적 사고가 발흥했던 시대가 없었던 것은 아니지만, 이 시기의 변혁에 우리가 특별히 관심을 두는 것은 근대를 기점으로 근대 이후의 시대를 살아가고 있는 우리가 바로 근대 직전의 시기를 관찰함으로서 시대의 변혁에 대한 역사적 직관력이 필요했기 때문이다. 그런 면에서 조선의 정치·사회·문화가 안고 있는 내적 모순에 대한 지적 반성에서 비롯되었던 18세기의 실학사상은 우리의 깊은 주목을 받지 않을 수 없었다.

그러나 정조의 사망과 신유년 옥사로 시작된 19세기에 들어와서는 사뭇 분위기가 반전되었다. 세도정권의 출현으로 형성된 경직되고 위압적인 분위기는 사상의 자유로운 발전을 위축시켰고, 따라서 실학의 개혁적·현실비판적 성향도 억압될 수밖에 없었다. 다만 실학의 실천적이고 고증적인 성향은 유지되어 새로운 학문적 틀로 그 명맥을 이어가고 있었다. 추사 김정희의 실사구시의 고증학풍은 이미 널리 알려진 바이지만, 연암 박지원의 사상은 개화사상의 맹아를 피웠던 그의 손자 박규수(朴珪壽)의 학문정신 속에 계승되고 있었고, 이익의 학문적 업적도 남인계의 사대부 지식인들에 의해 꾸준히 독서되고 있었다. 그러나 19세기 세도 문벌에 의해 무력해진 정치적 현실과 서세동점이라는 미증유의 경험을 통한 시대적 변화에 조선의 지식인들은 과연 어떻게 부합할 수 있었을까? 특히 실학의 학문전통은 19세기의 현실 앞에서 과연 어떻게 어떤 방식으로 자기역할을 해낼 수 있었을까? 이 지점에서 우리는 근기학의 적통을 이어온 성재(性齋) 허전(許傳)을 주목하지 않을 수 없다.

일찍이 영남학과 기호학의 양맥으로 발전되었던 조선의 학문은 성리학 특유의 사변적 성향으로 기울며 논쟁에 빠졌고, 조선사회에 누적된 현실적 문제를 타개할 만한 사상적 역량을 보여주지 못했다. 오히려 조선유학의 정맥을 계승하면서 유학 본래의 경세적(經世的) 정신을 발양시키고자 했던 근기지역 남인학자들에게서 새로운 학문적 가능성이 나타났으니, 그 시원이 될 학문세계를 개척한 분이 성호(星湖) 이익(李瀷, 1681~1763)이다. 그를 정점으로 근기지역 남인학자들이 결집되면서 다양한 학문세계를 열어갔는데, 다만 중국으로부터 유입된 서학과 양명학의 수용문제와 유가 경전에 대한 이해와 학문적 관심사 등에 따라 각기 다른 입장을 지니고 있었지만, 그러나 이들은 학문의 경세적 책무와 현실적 실천의 문제를 지향하는 공통된 성향을 지니면서 흔히 근기학(近畿學) 또는 근기실학(近畿實學)이라는 독자적 학문세계를 열어 놓았다. 다시 말하면, 정치·경제적으로 극도의 한계에 봉착함으로서 변화가 불가피했던 18세기 조선사회에 대해 근기실학은 유학 내부로부터의 반성을 통해 사회적 변혁 방안을 제시하려고 했던 것이다. 이들의 사상과 개혁론 등에 대해서는 이미 많은 연구가 이루어져 있으며, 본 연구도 이 연구성과들의 분석에 힘입은 바가 크지만, 이 연구에서는 이 시기의 개혁적 학문사상을 직접적으로 주목하지는 않는다.

문제는 19세기이다. 일찍이 정조는 노론 벌열들의 권력을 분산시키고 왕권을 강화하기 위한 제도적 노력을 통해 정치적 변혁을 시도했지만, 그가 갑자기 죽으면서 정치권력은 오히려 노론벌열들에게 더 크게 쏠리면서, 심

지어 소수 특정 벌열가문이 권력을 독점하는 기이한 현상이 나타난 것이 19
세기이다. 결국 노론 일당 독주체제가 구축되면서 남인 소론 북인 계열의
사족들은 철저히 소외되어 몰락의 길을 걷게 된다. 따라서 앞 시기에 개혁
적 사상으로 변혁을 추구했던 사조들은 퇴색되고 말았는데, 세도정권의 서
슬 앞에서는 노론측의 개혁인사들도 온정의 대상이 될 수 없었거늘, 더구나
남인이 주도했던 근기학은 신유사옥과 정약용 탄압의 과정을 거치며 사상
사의 무대 뒤로 퇴장당하고 말았다. 또한 19세기는 역사적으로 조선사회의
봉건적 체제가 붕괴되는 과정을 거친 시기였기 때문에 사회의 변화가 다각
적으로 진행되었다. 세도벌열정권의 형성은 과거제 문란과 관료권력의 불
균형 등의 문제를 야기시킴으로서 사족 중심의 정치구조에 심각한 균열을
일으켰고, 삼정의 문란으로 대표되는 민생정책의 실패는 전국적인 민란으
로 이어져 정권자체에 대한 위협이 되기도 했다. 또한 서구문물의 유입과
제국주의자들의 위협은 중조일(中朝日)간 조공체계의 국지적 시각을 넘어
세계라는 전지구적 구조 속에서 조선을 인식할 것을 요구했다. 이처럼 안팎
으로 심각하게 진행되었던 19세기 조선사회의 변화에 대해 조선 사상계와
지식인들은 어떻게 대응했던가하는 문제는 이 시기의 우리 역사를 이해하
기 위한 중요한 관건이 아닐 수 없다.

성호 이익 이후의 근기실학은 경전해석과 주자학에 대한 입장과 서학사
상에 대해 다소 보수적인 입장을 취했던 순암(順庵) 안정복(安鼎福, 1712~
1791) 계열과 진보적 입장을 취했던 녹암(鹿菴) 권철신(權哲身, 1736~1801)
계열로 발전되었던 것은 잘 알려져 있다. 이 가운데 순암 안정복의 뒤를 이
어 하려(下廬) 황덕길(黃德吉, 1750~1827)이 근기학을 계승했고, 이 뒤를 성
재 허전이 계승했다는 것은 정설이다. 18세기에 사상사적 가치를 발했던 학
문이지만, 19세기 들어 무대 뒤로 퇴장 당했던 근기학이 재야에서 꾸준히
명맥을 유지하고 있었던 것이다. 그러나 여기서 주목할 점은 19세기의 후반
기에 이르러 허전과 그의 영남지역 문인들과의 결속을 통해 근기학이 새롭

게 흥기하고 있었다는 사실이다. 18세기와 19세기 후반은 그리 멀지 않은 간격이지만, 분명 이 시기의 조선사회는 서로 다른 면이 많이 있었다. 정치 경제나 사회제도에서 크게 차이가 있는 것은 아니었지만, 정치적 환경 면에서 19세기는 18세기와 사뭇 달랐으며, 민심이나 외세의 문제 등에서도 18세기에 비해 훨씬 심각해져 있었다. 심각해져 있었다는 것은 그만큼 변화의 갈망도 더 절실하다는 것을 의미한다. 그러던 가운데 19세기 후반, 고종이 등극하고 대원군이 집정하면서 남인의 정치진출의 기회가 다시 열리기 시작했다. 이 무렵 정치개혁과 사회변혁에 관심이 많았던 경상우도지역의 남인계 지식인들이 허전과 특별한 인연을 맺게 되고, 이를 계기로 근기학의 학문 전통이 다시 부상하게 되었던 것이다. 중앙이 아니라 지방에서 발흥되었고, 또한 근기학이 당시 유학의 주류 사상이 아니었기 때문에 그간 사상사에서 주목을 받지 못했지만, 500여 명에 이르는 문도가 구성되었으며, 서로 동일한 학문적 가치를 추구했다는 사실은 당시 도학자들에 못지않은 사상사적 위치를 점하고 있었다. 허전의 근기학이 이 시기에 다시 부흥할 수 있었던 이유는 무엇일까? 당시 이런 학문적 결속을 이룰 수 있는 근기학의 내적 에너지는 과연 무엇이었을까? 이 문제에 접근하기 위해서는 무엇보다 학적 연속성과 시대적 특성을 교착시켜 살펴보지 않을 수 없다. 다시 말하면, 근기학의 학적 전통과 19세기의 특수한 시대성이라는 두 축을 근간으로 당시 역사와 현실 앞에 직면한 당대 지식인의 한 전형으로서 허전의 학문과 사상을 고찰해 보고자 한다.

사실 이 시기 다소 개혁적 의지를 가졌던 사대부 지식인들은 거의 대부분 정치권에서 밀려나 정치적 역량이 없는 인물들이었다. 또한 이제는 조선사회를 바꿀 수 있는 헤게모니를 더 이상 사대부들에게서 찾을 수 없는 한계에 도달해 있었고, 아무리 개혁적 사고라 하더라도 유학의 체제 내부로부터 변화를 도출할 수 있는 단계도 결코 아니었다. 그러나 이런 한계가 있었다고 하더라도 당시 사회의 변화에 부합하려는 지식인과 그들의 사상이 갖는 역사적 가치는 매우 중요하다. 왜냐면 사상과 역사는 당대 사회의 변화발전에 부합하고 기여하려는 노력을 통해 지속적으로 발전해 왔기 때문이다.

허전에 관한 기초적인 자료들은 그의 사후 제자들에 의해 꾸준히 공간(公刊)되어 전해왔고, 근래에 다시 『허전전집(許傳全集)』(아세아문화사 영인)으로 묶여 널리 유포되었다. 또한 『허전전집』에 붙인 이우성(李佑成) 선생의 해제는 허전 연구의 방향을 적실하게 제시해 두고 있다. 이제 본격적인 연구에 앞서 우선 허전의 생애를 종합적으로 규명해 보고자 한다. 전기적 고찰은 허전 연구의 초석이 될 것이다. 또한 근기학이 위로 퇴계에서 비롯되었다고 할 때, 퇴계의 학문이 영남학파에게 계승된 이외에 또 다른 갈래로 근기학파에게 계승되었다고 할 것인데, 조선말기 근기학의 종장이었던 허전의 학문이 다시 영남학파의 유향(遺響)을 입은 영남지방의 유생들에게 계승되었다는 것도 흥미로운 사실이 아닐 수 없다. 그러므로 허전 연구에서 그의 학문적 연원을 추적하는 일은 19세기 이후 근기학의 행방을 찾는 중요한 문제이자, 그의 학문이 조선의 현실 속에 연변된 흔적을 살펴볼 수 있는 단초가 될 것이다.

2. 허전의 생애

허전의 생애에 관한 전기적 자료는 그의 사후(死後) 즉시 추진된 문집간행 때(1890)에는 미처 정리되지 못하고, 사후 18년 뒤(1904) 속집과 부록의 간행 때 제자들의 노력에 의해 비로소 체계적으로 수집·정리되었다. 그것이 곧 「연보」이다. 그 이전에 노상직(盧相稷)과 김인섭(金麟燮)의 「행장」이 지어져 있었다고 보지만, 그보다 더 체계적인 편년체적 기록을 계획하였던 것이다. 이에 노상직이 「연보」를 짓고, 박치복(朴致馥)과 이명구(李命九)가 감

정(勘定)해서, 허훈(許薰)이 교정(校訂)했는데, 이것은 『성재선생문집부록』에
실려 있다. 반면 「행장」은 두 편 모두 『성재선생문집부록』에 실리지 못하
고, 찬자(撰者)들의 문집에 각기 실려 전할 뿐이다. 이제 「연보」를 1차 자료
로 하고, 「행장」 및 『성재집』과 『고종실록』과 기타 기록들을 참고하여 허
전의 생애를 정리해 보기로 하겠다.

(1) 가계와 성장·수학기

허전의 자는 이노(而老)요, 호는 성재(性齋) 또는 성암(性庵), 그리고 불권
당(不倦堂)이다. '성재'라는 호는 29세 때 자신이 거처하는 방에 붙인 재호
(齋號)인데, 인간이면 누구나 지니고 있는 천명지성(天命之性)이 갈수록 상실
되어가는 것을 개탄하며, 그 성(性)을 회복하기 위한 경계로 삼기 위해 붙인
이름이었다.[1] 자신이 평생 추구한 학문의 방향을 암시하고 있는 호라고 하
겠다. 또한 '불권당(不倦堂)'은 그의 나이 79세 되던 해, 당시 경연관으로서
임금과 함께 토론하던 중 임금이 연로한 나이에도 책읽기를 게을리 하지 않
는 그의 자세를 존경하여 '불권'이라 휘호하여 주었는데, 그것을 마루에 걸
어두고 '불권당'이라는 당호(堂號)를 붙인데서 유래되었다.[2] 이 또한 그가
일생 '성경(誠敬)'에 힘썼던 학문자세에 걸맞은 당호였던 셈이다.

그는 양천(陽川) 허선문(許宣文)의 30대손으로 태어났다. 허씨는 본래 가
락국(駕洛國) 수로왕(首露王)과 허태후(許太后)의 후손인데, 고려 태조 때 허
선문이 그의 공로로 공암촌(孔巖村)을 식채읍(食采邑)으로 받으면서 갈라졌
다. 그로부터 20대를 내려와 허엽(許曄)[1517~1580, 자 태휘(太輝), 호 초당(草
堂)]이 문장과 도덕으로 이조중기에 이름을 떨침으로서 가문을 중흥시키며
초당선생(草堂先生)으로 불리었고, 그의 아들 허성(許筬)[1548~1612, 자 공언

---

1) 『性齋集』 권14 「性齋記」 참조.
2) 『性齋集』 권15 「不倦堂記」 참조.

(功彦), 호 악록(岳麓)] 또한 학행(學行)으로 사림(士林)의 영수가 되어 동생 허봉(許篈)[1551~1588, 자 미숙(美叔), 호 하곡(荷谷)]과 함께 이름을 떨쳤다. 그러나 허성이 동인(東人)의 중진이었기 때문에 인조반정 후 서인정권이 확립될 때 남인들과 함께 그의 집안도 정치적으로 몰락할 처지였다. 그리하여 그의 아들 허부(許𡩌)는 문과에 올랐으나 현달할 수 없었고, 이를 계기로 허부도 유학에 전념하여 동강처사(東岡處士)로 불리었으니, 그가 허전의 8대조이다. 정치적 몰락과 함께 그들의 자손도 그리 번창하지는 못했지만, 면면히 대를 이어 가문의 전통을 지키며 내려왔다.

  허전의 가문은 일찍이 선대에 죽산(竹山)에 세거하다가 중세조 때 고양(高陽)[구지도(求知道) 갈두리(葛頭里)]으로 옮겨 살았었는데, 그의 증조부 허병(許秉)[호 갈봉(葛峯)]이 고을이 너무 외지고 누벽해서 자손을 가르치기에 좋지 못하다하여 일찍 아버지를 여읜 손자 형(珩)을 데리고 문헌향(文獻鄉)인 포천(抱川)으로 이사했다. 그래도 근기(近畿)를 벗어나지 않고 꾸준히 그 터전을 지켰던 셈이다. 그리하여 허형(許珩)[1773~1820, 자 행옥(行玉), 호 일천(一川)]은 조부의 이러한 정성에 힘입어 23세에 문과 급제하여 권지부정자(權知副正字)를 시작으로 벼슬길에 올랐다. 그러나 그는 벼슬보다 오히려 학문에 뜻을 두어 덕이 있는 선비들을 좇아 교유했는데, 이 때 학술과 문장으로 명성이 있어 마음으로 공경하던 하려(下廬) 황덕길(黃德吉)의 문하를 출입하며 수시로 질의하기도 했다. 이것이 훗날 허전이 부친의 명에 따라 황덕길의 문하에서 수업하게 되는 발단이 되었던 것이다.[3]

  허전은 1797년(정조21) 12월 29일 포천현(抱川縣) 해룡산(海龍山) 기슭의 목동리(木洞里) 집에서 아버지 허형과 어머니 연안(延安) 이중필(李重泌)의 따님 사이에서 태어났다. 어머니 이씨가 황룡과 백룡이 마당으로 내리는 태몽을 꾸고 그를 낳았다고 하는데, 또한 우연찮게도 그의 생일이 선조인 초

---

3) 家系에 관한 것은 『性齋先生文集附錄』「家系」와 『性齋集』 권27 「府君編年紀事」 참조.

당(草堂) 허엽(許曄)과 연간(年干)과 월일(月日)이 같았으므로 그의 증조부가 기이하게 여겼다고 한다.

어려서부터 영민했던 그는 채 네 돌도 되지 않아서 부친이 써 준『효경』을 배웠고, 6세에는 외조부 이중필에게 다니며『소학』을 읽었다. 8세에는『대학』을 읽었고, 심지어 9세에는『시경』의「주남(周南)」「소남(召南)」과『주역』의「건」「곤」두 괘도 대략 읽어 보았다고 한다. 그러나 12세에는 천연두를 앓으면서 총명이 크게 떨어졌지만, 이를 계기로 더욱 독서공부에 노력하게 되었던 것이다.

14세(1810, 순조10) 되던 해에 부친 허형이 모친이 늙은 데다 집안도 가난한 탓에 관직에 나가게 되어, 서울 남대문 밖 약현(藥峴)에 거처했다. 이 때 그는 그 이웃에 살던 설당(雪堂) 이공(李公)에게 나가 과거공부를 익히기 시작했다.[4] 그리고 17세에 한양(漢陽) 조관기(趙觀基)의 막내딸과 혼인했다. 이 해 10월에 부친이 자인현(慈仁縣)의 현령으로 부임했는데, 이듬해(1814) 정월에 허전은 아우 허주(許儔)와 함께 부친의 임소로 내려갔다. 그리고 부친의 명에 따라 그 곳 현성산(賢聖山) 신림사(新林寺)에서 강학을 하고 있던 옥산(玉山)의 숙유(宿儒) 김효일(金孝日)을 쫓아 신림사에서 독서했다.[5] 1817년 봄까지 3년 가량을 머물며 유술(儒術)을 익혔던 것인데, 김효일은 그들을 보며 "유현의 집안에 사람이 있었구나"하고 칭찬했다고 한다.

1817년(21세) 봄에 집으로 돌아온 그들 형제는 다시 가을에 부친의 명령에 따라 두호(斗湖)로 찾아가 하려(下廬) 황덕길(黃德吉)에게 배움을 청했다. 황덕길은 형 황덕일(黃德壹)[1748~1800, 호 공백당(拱白堂)]과 함께 성호 이익(李瀷)의 문하에도 잠시 출입했지만, 성호의 학문을 안정복(安鼎福)을 통해 전수받은 적전(嫡傳) 제자였다. 특히 그는 날로 지켜야 할 인간된 도리를 익히는 것으로써 공부의 출발을 삼았는데, 가까운 것부터 차례를 뛰어넘지 않

---

4) 盧相稷,『小訥集』「性齋先生行狀」; 金麟燮『端磎集』「許性齋先生行狀」.
5)『性齋集』권27「家弟成均進士行蹟」.

고 순서를 따라 점진적으로 익히도록 가르쳤다고 한다. 그래서 그는 자신을 찾아온 허전 형제에게 먼저 자신이 『소학』을 본 따 우리나라 제현들의 좋은 말과 아름다운 행실을 모아 엮은 『동현학칙(東賢學則)』을 익히도록 주었고, 다시 이익이 엮은 퇴계의 언행록인 『이자수어(李子粹語)』를 익히도록 주었다. 이로부터 허전은 차츰 그의 문하에서 경전과 자사(子史) 등을 두루 섭렵하고 천인(天人)·성명(性命)의 설까지도 익혔으며, 스승으로부터 "우리 도를 맡길 만하다"는 칭찬을 받기도 했다.

그리하여 그는 궁극 스승으로부터 자신의 삶을 날로 반성하는 요령과 독서공부의 순차를 가르침으로 받았는데, 그것이 곧 「일성도(日省圖)」와 「독서차제도(讀書次第圖)」로 정리된 것이다. 「일성도」는 일상의 언어와 문자와 사려(思慮)와 사위(事爲)와 인객(人客)을 날로 살핌을 통해 그 올바른 길과 자세에 이르도록 요약 정리한 것으로, 거기에 이르도록 한결같이 노력하는 자세가 곧 '경(敬)'이라고 규정하고 있다. 「독서차제도」는 성현의 말씀이 담긴 경전과 사서(史書)와 문선류(文選類)의 책에 대해 독서하는 순서를 정하고, 이것을 반복해 읽음으로써 성현의 심법(心法)을 깨달아 도에 이를 수 있도록 하고 있다. 이는 군자는 '사이학(思而學)'해야 한다는 성현의 지적에 따라 성찰과 독서의 균형있는 공부를 통해 학문에 도달하는 구체적인 방법을 제시한 것으로, 실천적인 학문자세의 경험에서 정리된 것이었다.[6] 그는 이 두 가지를 평생 마음에 간직하여 실천하고, 또한 제자들에게도 전수해 주었으니, 일생 자신이 추구해 나갈 학문의 방법을 이를 통해 제시받았다고 할 것이다. 당시 그는 외사촌형인 이병기(李炳箕)와 이상규(李祥奎) 등과 함께 수학했다.[7]

---

6) 『性齋集』권27 「下廬黃先生行狀」: "有問學業則(下廬先生)曰 學而思則事得其理 心有所見 學而不思則所學者 皆事爲之추迹 思而學則理體于事而心有所據 思而不學則所思者 皆想像之虛見."
7) 盧相稷, 「性齋先生行狀」.

　1820년 6월 그의 나이 24세에 부친상을 당했고, 뒤이어 11월에는 조모 김씨까지 돌아가셨다. 그리하여 집안의 살림이 점차 어려워지게 되자, 허전은 공부를 중단하고 약간의 밭이 남아있던 청성(靑城)으로 옮겨가 생계를 마련코자 작정했다. 그러나 모친이 생업보다 학문을 중히 여겼던 선친의 뜻을 이어받아 더욱 학문에 힘써 가문을 빛내 주기를 간곡히 요구하자, 결국 도성 밖의 폐려(蔽廬)에 거처를 마련하고 자주 황덕길 문하를 출입하며 학문에 힘썼다.[8] 그리하여 26세에는 드디어 자신도 도덕문장(道德文章)에 힘써왔던 가문의 세업을 지켜나가는 것이 자식된 도리라고 확신하며 「경성문(警省文)」을 지었으니, 일생 변함없이 학문에 힘씀으로써 성인과 같이 이 시대의 제일등인이 될 것을 다짐했던 것이다.

　이듬해(1823, 27세) 2월에 3년상을 마쳤다. 이 해에 부친상을 당한 것을 계기로 상례(喪禮)를 연구하던 중 상복이 옛날의 복식과 오늘날의 것에 많은 차이가 있음에 의혹을 갖고, 『예기』 「상복기(喪服記)」·「옥조(玉藻)」·「심의(深衣)」편을 깊이 연구해서 『법복편(法服篇)』을 지었다. 이 책은 한대(漢代) 이후의 주석서들과 중국과 우리나라 제현들의 견해를 종합적으로 참고하여, 고경(古經)의 본지에 대해 이해한 바를 해설한 저술이다. 여기서 그는 특히 심의(深衣)에 관심을 가졌는데, 이는 훗날 갑신년(1884년, 88세)에 우리나라 선비의 복제를 심의로 바꿀 것을 상소하는 동기가 되기도 했다.[9]

　이 해에 모친의 명으로 다시 과거공부를 시작하여, 그의 절친한 친구인 조운식(趙雲植)[?~1871, 호 청사(晴簑)]·이기호(李基鎬)[?~1872, 호 경운(耕雲)] 등과 함께 동창 수업했다. 특별한 일 없이는 출입을 삼가며 지냈으나, 그렇다고 과거 때문에 학문마저 포기하지는 않았다. 이 때 엮은 그의 초고를 「삼분지(三分志)」라고 이름 했으니, 이는 곧 7분은 학도(學道)하고 3분은 업과거(業科擧)한다는 뜻을 붙인 것이었다.[10]

---

8) 盧相稷 「性齋先生行狀」 ; 『性齋集』 권27 「先妣淑人延安李氏行狀」.
9) 『性齋集續篇』 권1 「請服深衣疏」.

1827년 31세 때 스승인 황덕길이 세상을 떠났다. 문도인 이제승(李濟升)·
김순광(金舜光) 등과 함께 상사(喪事)를 감독하고, 문인의 예로써 형제가 모
두 가마(加麻)해서 심상(心喪)을 지냈다.11) 그리고 32세에 「하학잠(下學箴)」
을 지어, 도와 학문이란 멀고 어려운 것이 아니라, 가까운 사람들과의 관계
와 일상생활에 대한 성찰에서부터 시작하는 것으로, 가깝고 쉽다고 해서 소
홀히 하지 않아야 할 것을 스스로 경계하며 다짐했다. 이는 하려(下廬)선생
의 가르침을 충실히 계승해서, 학자로서의 실천적 자세를 강조하며 앞으로
자신의 공부에 대한 방향을 재차 확인하는 것이었다. 이리하여 그는 하학
(下學)에 기반하면서 드디어 『성리대전(性理大全)』·『이정전서(二程全書)』·『구
경산대학연의보(丘瓊山大學衍義補)』·『근사록(近思錄)』·『심경부주(心經附註)』
등의 성리학 관련 서적들을 탐독했으며, 특히 범란계(范蘭溪)의 「심잠(心箴)」
과 정이천(程伊川)의 「사물잠(四勿箴)」과 진남당(陳南塘)의 「숙흥야매잠(夙興
夜寐箴)」을 좋아해서 아침저녁으로 읽었다고 한다.12) 이로부터 그는 나름으
로 학문의 일가를 이루고, 꾸준한 독서와 저술로 근기학(近畿學)의 유맥을
이어갔던 것이다.

(2) 철종의 계도와 경세서의 찬술

허전은 1835년(헌종1년) 39세가 되어서야 비로소 문과에 합격했다. 8월에
증광동당시(增廣東堂試)에 합격하고, 9월에 별시 문과에 합격하여, 관례에
따라 승문원(承文院) 권지부정자(權知副正字)에 선발되어 처음으로 관직에
들었다. 그러나 이듬해에 하나밖에 없는 동생 허주가 34세의 나이로 죽는
슬픔을 맞았고, 다시 9월에는 어머니 이씨의 상을 당하여 그 슬픔에 거의

---

10) 盧相稷, 「性齋先生行狀」.
11) 상동문.
12) 상동문.

실성할 정도가 되었다. 같은 해에 동생과 어머니를 잃은 슬픔과 충격은 쉽게 사라지지 않았다.

그리하여 그는 1838년(42세) 3년상을 마치고서는 봉양할 부모도 계시지 않는다하여 다시 벼슬에 나갈 생각을 버리고 오직 학문에 힘쓰고자 했으니, 「조경(照鏡)」과 「독야(獨夜)」라는 두 시는 이러한 그의 뜻을 담은 작품들이다.[13] 이 시기에 그가 관심을 두었던 공부는 수신지학(修身之學)만이 아니었다. 그는 근기실학자들이 관심을 두었던 자연과학에 대해서도 관심을 갖고 여러 지식들을 섭렵했는데, 그러한 관심에서 「천지변(天地辨)」, 「상위고(象緯考)」 등의 논문을 지었다. 「천지변」은 중국을 통해 전해진 서양과학의 지식을 받아들여 천체와 지구가 둥글다는 사실과 지구와 우주의 구조에 대해 개괄적으로 설명하고 있고, 「상위고」는 우리나라 역법의 역사와 별의 분야(分野) 및 의상(儀象) 기구들을 간략히 고찰하고 있다. 19세기 청나라를 통해 수입된 서양의 과학과 문화에 대한 그의 폭넓은 관심을 보여주고 있다. 이런 관심은 물론 근기학의 실학적 전통에서 비롯된 것이었다.

모친상을 마친 지 일 년 남짓 지나 1840년(44세)에 다시 기린(麒麟) 도찰방(道察訪)의 벼슬이 내렸는데, 이는 그에게 부당한 발령이었으니, 그의 강직한 성품 때문에 사람들의 미움을 산 것이라고들 했다. 그러나 그는 불평 없이 임직하여 당시 큰 기근에 허덕이던 이곳을 잘 다스려, 안핵사(按覈使)인 조두순(趙斗淳)에 의해 최고의 공과(公課)점수를 받았다. 그러나 이듬해 봄 동지사의 역참 파역(把驛)의 폐단이 너무 심해, 이에 불만을 갖고 그는 자리를 버리고 돌아가 버렸는데, 상사(上使)의 무고로 벼슬이 4등급이나 내려깎이는 탈고신사등(奪告身四等)의 벌을 받았다.

1842년(46세) 숭릉별검(崇陵別檢)에 임명되었으나 나가지 않았고, 1844년

---

13) 상동문 ; 『性齋集』 권1 「照鏡」: "寶鏡光明物莫欺, 形形分別自無私. 假令愛惡生於鏡, 媸物惟應不暫窺." ; 「獨夜」: "寂寂寒齋坐不眠, 學而堯曰誦聯篇. 誰知此夜孤燈下, 游夏顔曾共後先."

(48세) 용양위(龍驤衛) 부사과(副司果)를 거쳐 사헌부 지평에 임명되었다. 1845년(49세)에 후사가 없어 친족 허보(許堡)의 아들인 익(遷)을 데려다 양자로 삼았다. 1846년 사간원정언·이조좌랑·사헌부지평 등에 임명되었으나 대부분 나가지 않았다. 1847년(51세) 가을 장마비에 헐어진 집에 머물면서도 안빈자족하는 시를 지었는데[14], 이를 당시 재상 조인영(趙寅永)이 듣고 고상한 사람이라고 칭송하며 함평현감(咸平縣監)에 임명했다.[15]

함평현에 부임해서 덕치로 다스렸고, 경내의 학도들을 향교에 모아 경사(經史)를 강습하기도 했다. 그러나 당시 안핵사의 집안사람이 위도(蝟島)의 진장(鎭將)으로서 죄를 범했는데, 안핵사가 몇 차례 그를 면방해주기를 바랬으나 그는 무시하고 사실대로 다스렸다. 이 일로 인해 안핵사의 분노를 사 고과(考課)에 걸려 결국 자리를 그만두었다.[16]

철종의 등극과 함께 박규수(朴珪壽)·조석여(曺錫輿)·신석희(申錫禧) 등과 함께 홍문관(弘文館) 관록(館錄)에 올랐고[17], 다시 1850년(54세)에 홍문관교리 겸 경연시독관(經筵侍讀官), 춘추관기주관(春秋館記注官)에 임명되어 경연(經筵)에 입시(入侍)하게 되었다. 철종은 등극하기 전에 도성 밖에서 자랐기 때문에 거의 유학을 접한 적이 없었다. 허전은 경연관으로서 어리고 몽매한 국왕을 위해 자신의 학덕과 힘을 다해 계도하고자 노력했다. 그래서 그는 우선 『소학』부터 강의했는데, 이는 황덕길의 「독서차제도(讀書次第圖)」의 순차에 따른 것이었다고 하겠다. 곧이어 실록청 기주관에 선발되어 『헌종대왕실록』을 편수했고, 1852년(56세) 다시 홍문관 부수찬 겸 경연검토관(經筵檢討官)에 임명되었다. 이 해에 부인 조씨(趙氏)가 죽었다.

1853년(57세) 부교리에 임명되어, 이로부터 2년 동안 경연에 입시하여 국

---

14) 金麟燮, 「許性齋先生行狀」: "疎於功利拙於才, 著膝茅廬任自頹. 何處寄身無我樂, 心中休起好樓臺."
15) 盧相稷, 「性齋先生行狀」; 金麟燮, 「許性齋先生行狀」.
16) 노상직, 「성재선생행장」.
17) 『哲宗實錄』 권1 즉위년 己酉 十二月條.

왕에게 경전을 강의했다.[18] 이때는 주로 『시전』『서전』『통감』 등을 강의
했다. 『시전』을 강의할 때는 풍년에도 세금 때문에 허덕이는 민간의 폐막을
아뢰기도 하고, 수신제가의 덕과 옳은 재상의 기용을 설명하기도 했다. 또
『통감』을 강의할 때는 권력을 휘두르는 신하로 인한 국가의 패망을 설명하
고, 『서전』을 강의할 때는 국가의 기강을 위해 예전(禮典)의 마련이 중요하
다는 것과 사방의 문을 열어 천하의 준사(俊士)들을 맞아 언로를 열어 둘 것
과 인(仁)과 지혜를 베풀기 위해 용기를 가질 것을 아뢰기도 했다. 그리고
경전을 배우더라도 장구(章句)에 정신을 허비해서는 안되고, 오직 성인의 마
음을 얻는 것을 요령으로 삼을 것을 철종에게 요구하기도 했다. 대체로 경
연에서 허전은 당시의 어지러운 정치상황을 타개할 수 있는 기본된 사안들
을 경전에 의거해 설명했는데, 그것이 국왕에게 아뢴 「치도십조(治道十條)」
로 요약되어 있다.

① 중극(中極)을 세워 조정을 바로잡을 것
② 도덕을 바로잡아 교화를 숭상할 것
③ 간쟁(諫諍)을 받아들여 총명함을 넓힐 것
④ 요행을 막아 다툼을 막을 것
⑤ 준량(俊良)들을 공정하게 선발할 것
⑥ 염치(廉恥)에 힘써 뇌물을 막을 것
⑦ 절약 검소하여 사치를 억제할 것
⑧ 목민과 수령을 가려 오래토록 임용할 것
⑨ 고과(考課)를 엄격히 하여 출척(黜陟)을 분명히 할 것
⑩ 사면(赦免)을 신중히 하여 믿고 죄짓는 일이 없도록 할 것

이 「치도십조」는 당시 조정과 관리들의 부패상을 통렬하게 지적한 것들
로, 부조리를 묵과하지 않는 강직한 그의 성품을 잘 보여주고 있다. 그 결과

---

18) 『性齋集』 권2 「經筵講義 哲宗朝」 참조.

어느 날 경연에서 당시 과거시험의 부정을 왕에게 고하였다가, 그 관련자들의 원한으로 조하망(曹夏望)의 탄핵 때 홍문관원으로서 연차(聯箚)에 참여하지 않았다는 무고를 당해 맹산(孟山)으로 유배를 가다가 풀려나기도 했다. 이 사건을 계기로 그는 경연에 다시 나가지 못했다. 1855년(59세) 용양위(龍驤衛) 부호군(副護軍)에 부록(付錄)되고 독금인관(讀金印官)으로 승자(陞資)되었으며, 1856년(60세) 승정원 우부승지 겸 경연참찬관 춘추관수찬관에 임명되었으나 나가지 않았다.

벼슬에서 물러나 다소 한가해진 그는 그동안 연구한 것들을 정리하며 저술에 전념하게 되는데, 1860년(64세)부터 1862년(66세)까지 3년 동안 『하관지(夏官志)』, 『사의(士儀)』, 『수전록(受廛錄)』, 『종요록(宗堯錄)』을 차례로 완성했다. 이 저술들은 그가 경연관으로서 국왕을 계도하며 염려하고 진언했던 바, 나라의 기강을 바로 세우고 민생을 안정시키는 그 구체적인 방안을 제시코자한 것들이다.

『하관지』는 국조 이래로 군정(軍政)의 연혁을 고찰하여 자신의 견해를 피력한 저술로서 그의 학식이 병가(兵家)에까지 미쳤음을 보여준다.[19] 『사의』는 그의 대표적인 저술인데, 그가 부친상을 당했을 때부터 고금의 예설들을 널리 연구하고 경전의 내용을 정리하여 근 40여년 만에 완성한 예학(禮學)의 역작이다. 모두 21편에 별집 4편을 보태어 뒤에 간행되었다. 이는 『의례(儀禮)』와 『가례(家禮)』를 저본으로 하고 경전과 자사(子史) 및 고금 제가(諸家)들의 학설들을 검토하면서, 오랜 세월동안 변질된 예법에 대해 옛 제도와 합하면서 오늘날에 마땅한 설을 나름대로 취하여 정리한 것이다. 여기서 그는 실로 많은 연구서들을 참고하고 있는데, 한당대(漢唐代)의 학설에서부터 청대 고증학의 저술까지 폭넓게 수용하고 있다. 또한 우리나라 학자들의 견해도 면밀히 검토했는데, 특히 이익의 『예설유편(禮說類編)』을 가장 많이 수용하고 있으며, 근기학파의 안정복(安鼎福)·윤동규(尹東奎)의 견해와 황덕

---

19) 노상익, 「성재선생행장」 참고. 이 책은 전하지 않는다.

길의 『사례요의(四禮要儀)』와 『방언(放言)』, 그리고 정약용의 『상례사전(喪禮四箋)』도 고증서적으로 참고하여 근기학의 예학 전통을 착실히 계승했다. 결국 예법을 정비함으로써 기강을 바룰 수 있다는 평소 그의 인식이 이러한 역저를 완성시켰다고 본다.

또한 그는 『수전록』을 통해 자신의 경세사상을 서술했다. 모두 20편으로 완성했는데, 그는 서문을 통해 선왕의 도는 균전(均田)과 양민(養民)을 급선무로 하고, 그 다음이 교민(敎民)이오, 그 다음은 관인의 선발이며, 예악은 그 왕도의 완성임을 설파한 저술이라고 설명하고 있다.[20] 당시 문란했던 정치와 경제상황을 직접 체험하면서, 주관(周官)의 제도와 같이 올바른 정치는 민생의 안정에서 출발하며, 교육과 인재의 선발과 제도의 정비를 통해 완성될 것이라는 그의 염원이 담긴 저술이었다. 이 역시 그의 학문이 근기실학의 개혁정신에 기반하고 있음을 보여주는 것이다.

허전이 국왕의 수기치인을 보도(輔導)하기 위해 엮은 책이 『종요록』이다. 그는 육경의 가르침은 『서전』에 잘 갖추어져 있는데, 『서전』은 곧 성인의 수제치평(修齊治平)의 방법을 기술한 것으로, 그 내용은 '천(天)' '민(民)' '경(敬)' '덕(德)'에서 벗어나지 않는 것으로 보고, 그 으뜸은 「요전(堯典)」이라고 한다. 그리고 『대학』 역시 그러한 가르침을 따른 것이라 하여, 우선 『서전』과 『대학』에서 민·천·경·덕에 관해 언급한 대목을 모두 가려 뽑아놓고, 이어 다른 경전에서 선유들의 글을 뽑았다. 다음으로 군왕의 덕에 속하는 심(心)·성(性)·정(情)·지(志)·의(意)·사려(思慮)·충서(忠恕)·효제(孝弟)·신(信)·성(誠) 등에 관해 언급한 내용을 경전과 군서(群書)에서 뽑아 항목별로 분류해놓고 있다. 모두 10편이다. 여기서 그는 성인의 가르침이 그 근본은 덕이오, 그 요체는 경(敬)이며, 그 이치는 하늘[天]에서 나오고, 그 교화는 백성[民]에게 이르는 것이므로, 우선 천·민·경·덕의 근본에 귀착하여 수기치인을 이룰 것이오, 심성정(心性情)과 같은 성지리(性之理)는 덕에 속하는 후차

---

20) 『性齋集』 권11 「受塵錄序」.

적인 것으로 자리매김하고 있다. 이는 『서전』의 종지를 요약하여 군왕의 도
를 깨닫는 방법을 제시한 것이지만, 궁극적으로 왕은 경(敬)의 자세로 덕을
밝혀 민심과 천심을 잘 깨달아야 한다는 허전 정치철학의 단면이 여기에 담
겨있다고 할 것이다. 그러나 이 저술은 철종에게는 바쳐지지는 못하고 훗날
고종에게 진상되었다.

이 때 진주를 위시하여 삼남지방 18군에서 민란이 일어났다. 그가 늘 우
려했던 방백(方伯)과 수령들의 탐학과 수탈 때문에 백성들이 도저히 참지
못하고 일어났던 것이다. 조정에서는 군대를 파견해서 주동자를 처형함으
로써 소요를 일시 잠재웠으나, 근원적인 불씨는 여전히 안고 있었다. 그 불
씨는 삼정(三政)이었다. 그리하여 조정에서는 민심수습을 위해 박규수의 건
의에 따라 삼정리정청(三政釐整廳)을 설치하고21), 국왕은 대신을 위시한 모
든 관리들과 재야의 유생들에게까지 이 삼정을 혁신하는 방법에 대해 책문
(策問)을 내리게 되었고22), 이에 허전도 평소 자신의 경세사상에 입각해서
「삼정책(三政策)」을 지어 바쳤다.23)

그는 3만 여자에 이르는 장문의 「삼정책」을 지어 올렸는데, 내용은 크
게 두 부분으로 나누어 볼 수 있다. 전반부는 이 나라의 인민들이 겪고 있
는 어려움을 이야기하며 수령들의 횡포와 아전들의 포흠(逋欠)을 큰 병폐
로 지적하고, 이어 이러한 횡포가 쉽게 자행될 수 있었던 전부(田賦)·군정
(軍政)·환곡(還穀) 삼정에 대한 현 정책의 모순을 낱낱이 지적하며 그 대안

---

21) 이에 관해서는 成大慶, 「大院君 政權의 政策」을 참조. (『大東文化研究』 18집,
    성균관대 대동문화연구원, 1984)
22) 『哲宗實錄』 권14 13年 壬戌 6월條: "敎曰 三政捄弊事 至有設廳講究之擧 廟
    堂諸臣 今方商確矯正 而此係朝家大更張 則不可不廣詢博採 務歸至當 再明
    日 當親臨仁政殿 文蔭堂上堂下參下及生進幼學試策矣 釐整廳摠裁官 幷讀
    券官爲之 應製人 入場懸題後退去 限十日在家製進 勿以文辭工拙爲拘 只從
    可以施行者 隨意見陳對試券 令太學收聚以稟."
23) 『性齋集』 권9.

까지 제시하고 있다. 여기에서 그는 토지제도와 군제(軍制) 및 경제정책에 대한 자신의 견해를 소상히 밝히고 있어, 그의 실학사상의 일면을 엿볼 수 있다.

그는 모든 불균형은 전제(田制)의 모순에서 비롯되고 있다고 하고, 고대 선왕들의 정전법도 토지를 균등히 분배코자 한 제도로서 우리나라의 경우는 균전법을 시행하는 것이 옳다고 주장하고 있다. 허전은 유형원의 전전론(佃田論)과 이익의 균전론(均田論)의 논리를 받아들여, 농민 1인에게 일정한 밭을 영업전(永業田)으로 균등히 분배해야 한다고 주장했는데, 그것을 그는 "항산전(恒産田)"으로 이름 붙였다. 또 이익의 한전론(限田論)과 같이 토지의 매매는 금하지는 않되 항산전을 제외한 토지에 한정하고, 또한 10가구의 항산전 이상은 사들일 수 없도록 규제해야 한다는 안을 제시했다. 군정에 대해서는 현재 필요없이 번잡하게 설치되어 경비만 낭비하고 있는 각 아문(衙門)의 군대를 혁파하고, 병제를 크게 경군(京軍)과 향병(鄕兵)으로 나눌 것을 주장했다. 경군의 경우 오위제(五衛制)를 본떠 "숙위군(宿衛軍)"을 창설할 것이며, 향병의 경우는 병농합일(兵農合一)의 고제(古制)로 회복할 것을 주장했다. 또한 환곡제에 있어서는 『경국대전』의 제도를 따라 상평창(常平倉)을 부활하고, 또한 사창제도(社倉制度)를 세워 비축한 곡식을 각 사(社)에 쌓아두고, 해당 사의 민중들이 직접 관리하도록 하여 수령이나 아전들의 포탈이 없도록 해야 한다고 했다.

그는 자신의 이러한 제안이 경장(更張)이 아니라 고대 선왕들의 법제를 회복하는 것에 불과하며, 또한 이러한 제안들은 오늘날의 병폐를 치유하는 데에는 말단에 지나지 않는다고 했다. 그리하여 후반부에서 근본적인 문제는 삼정의 개혁 밖에 있음을 상기시키면서, 본질적으로 바로잡아가야 할 문제들을 제시했는데, 민목(民牧)·용인(用人)·교민(敎民)·반록(頒祿)·장전(藏錢)·금도(禁盜)·신사(愼赦)·내간(來諫)·전학(典學) 9가지이다.

'민목'에서는 수령과 감사의 등용과 감독 및 상벌을 엄격히 할 것을, '용인'에서는 인재의 등용은 재덕(才德)의 유무에 둘 것이지 문벌이나 지역에 따라 선임해서는 안 될 것을 주장했고, '교민'에서는 학교와 과시제도의 개혁을 통해 선비들의 독서교육을 바로잡을 것을, '반록'에서는 관리들이 탐학한 짓을 하지 않도록 녹봉을 넉넉하게 줄 것을 권유하고 있다. 또 '장전'에서는 폐단이 많은 전제(錢制)를 철폐할 것을, '금도'에서는 빈부차를 줄이고 백성들의 살 길을 마련해 주어 도적이 사라지도록 할 것을, '신사'에서는 빈번한 사면령으로 인해 간신들이 요행을 바라고 세력을 누리는 일이 없도록 할 것을, 그리고 '내간'에서는 언로를 열어 간관과 유자들의 상소를 개방할 것을, '전학'에서는 국왕으로서 『서전』과 『대학』 등 수기치인의 가르침을 깨닫는 데에 힘쓸 것을 권유하고 있다.

이는 대체로 그가 평소 국왕에게 건의했던 「치도십조」나 그의 저술에서 피력하였던 정치·경제사상을 요약한 것이라고 할 것이다. 그러나 이같이 폐단을 치밀하게 진단하고, 시의적절한 대책을 곡진하게 건의했지만, 그의 「삼정책」은 왕의 근신들에 의해 자신들을 두고 직접적으로 한 말이라 미워하여 끝내 받아들여지지 못했다고 한다. 그러나 당시 조선의 조정은 세도권신의 수중에 있었기 때문에, 얼마지 않아 삼정리정청(三政釐整廳) 설치의 의도는 수포로 돌아갔으며, 결국 자신의 「삼정책」도 무위로 끝나고 말았다.

이 해에 『주역』을 읽고 「역고(易考)」를 지었으며[24], 또한 청 위원(魏源)의 『해국도지(海國圖誌)』를 읽고 발문을 지었다.[25] 『해국도지』는 위원이 서양의 정세를 살필 목적으로 유럽을 순방하고, 그 곳의 역사 지리 풍속 문물 문화 등을 기록한 저술인데, 1845년 부사로 청나라를 다녀온 권대긍(權大肯)[호 사야(史野)]이 처음 들여와 헌종이 열람한 바 있는 책으로서, 김정희 박규수 최한기 등 당대의 석학들도 해외문물에 대한 지식을 얻기 위해 관심을 갖고 읽었던 책이다.[26] 그가 어떤 경로를 통해 이 책을 입수해서 읽었는

---

24) 『性齋集續編』 권3.
25) 『性齋集』 권16.

지 알 수는 없지만, 당시 밀려드는 서양세력의 위협에 놓인 긴장된 조선의
현실적 관심에서 그도 이 책을 접했다고 본다. 그리하여 특히 이단과 사술
에 대한 변증을 위해 그 관련 내용을 초록하고, 거기에 발문을 써 두었던
것이다.

1863년 허전이 67세 되던 해에 철종이 서거한다. 철종의 국왕 재임기간
은 허전 자신에게도 남다른 의미가 있었으니, 경연관이 되어서는 국왕에게
평소 자신의 실학적 정치·경제사상을 강의했고, 또한 물러나서는 그러한 사
상들을 체계적으로 정리하는 계기가 되었던 것이다. 그의 중요한 저술들이
이 시기에 정리되었으니, 자신의 학문적 체계가 이 무렵에 이미 완성되었다
고 볼 수 있다.

(3) 김해부사 재직과 지역학술의 진흥

1864년(68세) 고종이 등극하고 대원군이 집정하면서 남인과 북인의 인사
들을 고루 기용하게 되는데, 이 때 허전도 우부승지(右副承旨)에 임명되어
다시 관직에 진출하게 된다. 또한 경연관에 선임되어 일시 어린 국왕을 위
해 『효경』을 강의했다. 그리고 이어 곧바로 김해부사에 임명되는데, 영남의
민심 수습과 지방사족의 지지가 요긴했던 대원군으로서, 앞서 「삼정책」을
통해 보여준 허전의 개혁사상에 대한 여론의 신망은 자신의 정치적 목적에
잘 부합되는 것이었으며, 그 결과 허전을 김해부사로 파견하게 되었던 것으
로 본다. 어쨌건 그의 김해부사 발령은 정치적 목적을 넘어 학문적으로 영
남의 유생들과 특별한 인연을 맺는 계기가 된다.

3월에 임소로 부임한 그는 곧바로 김해 인민들에게, 다스림을 평안히 하
고 따뜻하게 부민(府民)들을 보살피며, 인(仁)으로 관리들을 결속하고 법에

───────────────

26) 李光麟, 「'海國圖誌'의 韓國傳來와 그 影響」(『韓國開化史研究』, 一潮閣, 1985).

따라 엄격하게 개혁할 것을 내용으로 하는 회유문(回諭文)을 반포하여, 관장으로서 행정 의지를 밝혔다. 평소 자신이 가졌던 정치사상을 시험해 볼 수 있는 기회였던 것이다. 또한 그는 가야국의 시조로서 김해에 모셔져 있는 수로왕과 보주태후(普州太后)의 능을 배알했고, 경내에 세워진 여섯 곳의 서원에 배향함으로서 관장으로서의 엄숙한 자세를 보여주었다. 또한 80세 이상 된 노인들을 위문하여 쌀과 고기를 내림으로서 민심을 모았으며, 「향약강조(鄕約綱條)」27)를 중수하여 향교 벽에 게시하고, 향장로(鄕長老)를 뽑아 매월 조문(條文)을 읽고 상벌을 내리게 하며, 심한 자는 관가에서 다스리게도 했다. 자신도 「거관십조(居官十箴)」시28)를 지어 정당(政堂)에 걸어두고, 지방관으로서 지켜야 할 자세를 경계했다.

특히 그는 유학의 진흥에 관심을 쏟았는데, 부임하던 해 가을에 이 지역의 유생들을 모아 향교에서 향음주례(鄕飮酒禮)를 시행하고, 김해향교의 유생들에게 회유문을 내려, 고례의 회복을 통해 풍교에 보탬이 될 것을 선언하였다.29) 곧 그는 향음주례와 같은 고례를 부흥시킴으로서 유학 진흥의 발판을 마련코자했던 것이다. 이 때 소식을 듣고 인근의 많은 유생들이 모여들었는데, 이를 계기로 허전은 매달 초하루와 보름에 이들과 함께 명륜당에 모여 강학을 열었다. 또한 이듬해(1865년) 봄에는 자신의 사처였던 공여당(公餘堂)을 개방해서 인근 지방의 학자들을 맞아들였는데, 이 때 그에게 와서 배우기를 청한 자가 백여 명에 달했다고 한다.30) 이것이 허전이 영남의 학자들과 사제(師弟)의 인연을 맺게 된 발단이 되었다.

노필연(盧佖淵) 김인섭(金麟燮) 김성탁(金聲鐸) 김진호(金鎭祜) 박치복(朴致馥) 이종기(李鍾杞) 허훈(許薰) 허원식(許元栻) 조병규(趙昺奎) 조성렴(趙性濂)

---

27) 『性齋集』 권10 「鄕約文」 五綱三十五目: "惇敍彛倫 勉勵事業 和睦隣里 規戒過失 畏懼刑法."
28) 『性齋集』 권1.
29) 『性齋集』 권10 「諭金海鄕校諸生文」.
30) 盧相稷, 「性齋先生行狀」: "至是負笈請業者 以百數 使處于堂 隨才勸課."

최규승(崔圭升) 등 허전 문하의 제1세대 제자들이 모두 이 시기에 입문했으며, 지역도 김해뿐만 아니라 함안(咸安) 단성(丹城) 진주(晉州) 삼가(三嘉) 밀양(密陽) 창원(昌原) 고성(固城) 함양(咸陽) 초계(草溪) 의령(宜寧) 칠원(漆原) 성주(星州) 안동(安東) 등 영남 전역에서 모여들었다. 이들은 대개 퇴계의 학통을 따르는 영남학의 분위기에서 성장했지만, 마침 허전이 김해부사로 내려와 유학을 진흥한다는 소식을 듣고 모여들었던 것인데, 이들은 평소 허전의 학문적 덕망을 익히 알고 흠모하고 있었던 것이다. 허전은 이 문도들과 함께 봄에 향음주례를 시행하고, 가을에는 다시 성내의 함허정(涵虛亭)에 모여 강학모임을 가졌다. 이 때 그는 이런 성대한 모임이 이루어진 것을 기념하여 시를 지은 것이 있었고[31], 문도들도 화답시를 지어 이 일을 일대의 성사(盛事)로 기록하기도 했다.[32] 허전은 재능에 따라 과제를 주었으며, 학문의 정도에 따라 질문에 대답해 주었고, 더러 자신의 저술을 보여주며 제자들의 학문적 갈망을 채워주었다.[33]

이듬해인 1866년 2월에 그는 신산서원(新山書院)의 장을 맡게 되었고, 그 곳의 남명(南冥)선생이 수양했던 산해정(山海亭)을 찾아 유생들과 강학했다. 또 4월에는 공무가 한가한 틈에 휴가를 얻어 경상도내의 여러 사원(祠院)을 두루 방문했는데[34], 이르는 곳마다 5·60여명의 문도들이 모여 함께 강학을 했다. 이 때 경주로 가서 정헌(定軒) 이종상(李鍾祥)을 방문했고, 성주에 들러 진암(進菴) 정각(鄭墧)를 방문하여 함께 강론하기도 했다. 5월에는 노필연·조병규·조성렴 등을 위시한 70여명의 문생들과 함께 함안의 합강정(合江亭)에 성대히 모여 유람을 하고, 그 때 지은 시를 모아 「용화동주록(龍華同舟

---

31) 『性齋集』 권1 「涵虛亭講會」: "虛亭浮在小塘心 城裏還如洞裏深 此會一生難再得 秋陽冉冉下西林."
32) 盧佖淵, 『克齋集』 권1 「涵虛亭講席性齋先生吟一絶命諸生共和」; 趙昺奎, 『一山集』 권1 「涵虛亭講會奉次性齋許先生詩韻」 참조.
33) 盧相益, 『克齋集』附錄 「家狀」 참조.
34) 盧相稷, 「性齋先生行狀」: "四月 以官閒無事 請暇于巡使 遍謁道內祠院."

錄)」을 남겼다.35) 그는 이런 기회를 통해 근기학자로서 영남학맥과의 접촉
을 시도하고, 문도들과의 지속적인 강학으로 자신의 학문을 접맥시켰다고
하겠다. 그의 이러한 노력은 쇠퇴해가는 조선의 현실을 학문정신의 회복을
통해 바로잡고자하는 염원에서 비롯된 것이며,36) 마침 영남 유생들의 학문
적 욕구와 자신의 뜻이 부합되었던 것이라고 하겠다.

이처럼 허전은 학문의 진흥에 힘쓰는 한편 정사도 게을리 하지 않았으니,
늘 아전들이 민생을 해칠까 염려하여 추호도 사사로운 짓을 하지 않도록 경
계했고37), 사서인(士庶人)들에게도 정도(正道)에 마음을 두고 본업에 열심해
서 옳지 못한 일에 빠지지 않도록 회유하기도 했다.38) 그가 부임한 지 두
해가 되었을 때, 전문차원(箋文差員)에 뽑혀 잠시 서울에 올라가 머물렀는
데, 이 때 부민들이 그의 선정을 기리기 위해 비석을 세운 일이 있었다. 그
가 다시 김해로 돌아와 이를 알고는 관장에게 아첨하는 풍토를 없애야 한다
며 비석을 부수고 그 일을 꾸민 자를 벌을 주었다.39) 그러나 실제 그의 김
해 치적은 조정에까지 보고되어 그 공로로 쇄서(璽書)와 표리입습(表裏一襲)
을 하사받았다.

허전은 일찍이 근기학파 중 안정복의 입장과 같이 천주교에 대해 비판적
이었는데, 이는 서양세력의 침입과 함께 서양종교가 점점 팽창해가는 사실
을 우리 정신의 위기로 인식하고, '위도(衛道)' 즉 전통적 유교사상을 보위
하여 지켜야 한다는 학자로서의 책무를 느꼈던 것이다.40) 당시 김해에도 천
주교가 전파되면서 교인인 유보감(柳寶鑑)이란 자가 체포되었다. 그러나 허

---

35)『性齋集』권1「五月十五日合江亭盛會」.
36) 그의「諭金海民人文」(『性齋集』권10)에 이러한 뜻이 담겨있다.
37)『性齋集』권10「書示椽廳」: "我有一段公 心神可質也 爾無半點私 意天誰欺乎"
38)『性齋集』권10「申諭一邑士庶人文」.
39) 金麟燮,「許性齋先生行狀」.
40) 이런 점에서 허전의 척사위정론은 서세동점의 국제관계의 상황에 대한 비평보다
    천주교사상의 허구성에 대한 비판에 치중해 있다.

전은 강경하게 처벌하지 않고, 이륜(彝倫)의 법과 성현의 도리로 설명하여 그의 마음을 바꾸게 했다고 한다. 천주교는 사악하고 요망한 이야기로서 사람의 마음을 어지럽혀 인간의 도리를 해치는 것이라고 여겼지만, 그러나 천주교인들에 대해서는 마음을 바꾸도록 회유책을 쓰는 온건적인 입장을 갖고 있었다고 하겠다.

1866년 7월 허전은 3년의 임기를 마치고 부호군(副護軍)에 임명되어 서울로 올라왔다. 이곳을 떠날 적에 수백 명의 백성들과 유생들이 전송했고, 이곳에서 인연을 맺은 그의 제자들 중 일부는 스승을 배행해 서울로 올라가기도 했다. 또 그 중 일부는 계속 서울에 머물며 그의 가르침을 받았으며, 지방에 있는 제자들도 지속적으로 서울을 방문해 문도의 예를 갖추었으니, 이들의 노력이 결국 허전의 학문이 영남지방에 전승되는 원동력이 되었던 셈이다.

그런데 허전과 영남 문도들과의 이러한 관계가 한 때 오해를 사게 되어 문제가 되기도 했다. 김해에서 돌아온 이듬해(1867년)에 당시 경상도 암행어사 박선수(朴瑄壽)[1823~1899, 본 반남(潘南), 호 온재(溫齋)]가 부사인 허전이 위학자로서 부랑한 무리들을 모아 마치 장판을 이루고, 문도들이 들고 오는 선물을 챙겼다고 고발했던 것이다.[41] 이에 8월에 의금부에 불려가 심문을 받았는데, 이 소식을 들은 영남의 유생들이 억울함을 호소하는 상소를 올리자, 결국 조정에서는 그 문제를 불문에 붙였다.[42] 사실 노론 정치권의 입장에서는 남인인 허전 주변으로 적지 않은 영남의 사족들이 모이는 사실이 위협적으로 보이지 않을 수 없었을 것이며, 이 또한 대원군을 견제하는 것과 무관하지 않았으리라고 본다. 허전과 문도들의 학문적 결속이 갖는 정치적 성격은 포괄적인 시각에서 접근해야하는 매우 난해한 문제이므로 이 자리에서 논평하기는 곤란하다. 어쨌거나 이들의 교류가 당시 정치적인 문제로

---

41) 『高宗實錄』 4年 7月조.
42) 盧相益, 「性齋先生行狀」 ; 金麟燮, 「許性齋先生行狀」.

까지 비화되었다는 것은 그들의 강학모임이 그간 영남지방에서는 보기 드
물게 진지하고 활기찼던 때문이 아니겠는가?

(4) 경연을 통한 고종의 계도

김해부사직을 마치고 올라오자마자 병인양요가 일어났다. 그는 국가의
위급한 시기에 자신과 같은 인물이 벼슬에 있을 수 없다하여 사직소를 올리
고, 동시에 서북 땅의 인재라 하여 천시하지 말 것이며, 평안도 태천(泰川)
출신인 박문일(朴文一)[1822~1894, 본 밀양, 호 운암(雲庵)] 같은 사람을 기용
해 써야한다고 추천했다. 박문일은 이항노(李恒老)의 문인으로 당시 흥선대
원군을 찾아와 시국을 논하기도 했는데, 이에 조정에서는 박문일을 평안도
사에 임명했다.[43] 1867년(71세) 형조참판에 임명되고, 이듬해엔 다시 동지
의금부사에 임명되었는데, 그는 위학자의 누명을 쓰고 의금부에서 심문을
당한 바 있는 사람이 다시 의금부에 부임하는 것은 고금에 없는 일이라 하
여 사양했으나[44] 허락되지 않았다.

1869년(73세) 4월부터는 동지경연사에 임명되어 국왕에게 경전을 강의하
게 된다. 허전은 일찍이 철종 대에 경연에 참석했는데, 고종 대에도 다시 경
연에 참여하게 된 것이다. 대체로 강관(講官)은 높은 품계의 석학과 일대의
덕망있는 사람을 뽑았던 것인데, 허전은 고희를 넘긴 원로한 나이만큼 원숙
한 학문으로 국왕을 계도할 책무를 맡게 된 것이다. 그의 강관직은 국사로
인해 더러 중단되기도 했지만, 1875년(79세)까지 7년여에 걸쳐 계속되었다.

이 기간 동안 그는 고종에게 『맹자』『중용』『시경』을 차례로 강의했다.
먼저 『맹자』 강의에서는 '부동심장(不動心章)' '존심장(存心章)'과 '단수장(湍
水章)' '구방심(求放心)' 등을 들어, 마음은 일신(一身)의 주재요, 만화(萬化)의

---

43) 그러나 朴文一은 이 자리에 부임하지 않았다.
44) 『性齋集』 권4 「辭同義禁疏」.

근본이므로 군주는 무엇보다 존심하는 공부에 힘써야 할 것을 역설했다. 그리고 존심의 요체는 인(仁)과 예(禮)임을 지적하고, 천심인 민심을 살펴 백성을 사랑으로 대할 것이며, 또한 예의 주체인 경(敬)에 주력함으로써 방심(放心)을 구해야 할 것을 설명했다. 이는 국왕에게 고대의 성왕과 같은 유덕한 군주상을 요구했던 것이다. 그리하여 그는 『맹자』강의를 마치면서 『맹자』 7편의 내용은 한마디로 인욕을 막고 천리를 보존하는 것이라고 요약하여, 군왕은 이욕의 사사로움을 이겨내고 인과 의에 마음을 두고 있어야 한다고 강조했다. 『중용』강의에서도 그는 『중용』의 내용은 하나의 리(理)가 흩어져 만사가 되었다가 마지막에 다시 합하여 하나의 리가 됨을 말한 것이라고 설명하고, 마음을 다하여 성(性)을 알면 곧 천리와 하나가 되어 저절로 중용을 이루게 된다고 했다. 이것은 바로 『대학』에서 이른바 '정심(正心)'이 '수신제가치국평천하'의 근본이 된다는 논리와 같은 것이라고 하여, 국왕도 마음의 성찰을 통해 중화(中和)와 위육(位育)의 공로를 이루어야 것을 설명했다. 이어 『시경』강의에서는 「주남」·「소남」과 소아(小雅)·대아(大雅)편을 주로 강의하며, 왕의 덕화를 설명하고, 어진 신하의 등용을 통해 삼대(三代)의 정치를 이룰 것을 강조했다.

뿐만 아니라 허전은 강의의 기회에 치도와 제도에 관한 문제에 대해서도 곡진히 설명했다. 언로를 열어 충직한 신하의 말을 들을 것과 반록(頒祿)이 제대로 시행되지 않는 폐단을 아뢰기도 하고, 국가의 재용(財用)이 백성들의 농사에서 나오는 것이므로 임금은 비용을 절약하고 검소할 것을 요청하기도 했다. 또한 부호들의 토지겸병으로 백성들이 농사지을 땅이 없음을 역설하며 정전법(井田法)에 대해 논하기도 했다.

허전은 매번 시강(侍講)할 때면 전날 저녁부터 재계(齋戒)하여 생각을 모으고, 관복을 입은 채 아침을 기다렸다가 입궐했다고 한다. 또한 경연에서는 마음을 쏟아 한결같이 지성을 다했으며, 말씨며 얼굴빛이 온화하고 공경스러웠다고도 한다. 그러면서도 그의 열의는 대단하여, 어떤 날은 경전의 뜻을 설명하다가 해가 누대 끝으로 기울면 관례에 따라 강의를 그치기를 청해도 못들은 척 설명을 다하고야 물러나기도 했다. 그리하여 고종도 그의 정성에 힘입어 부지런히 독서공부에 힘쓰기도 했다. 또한 고종의 그에 대한 배려도 남달랐는데, 연로한 나이에 대궐까지 오는데 힘들지 않는가 염려하기도 하고, 낡은 관복을 보고는 명주를 하사하기도 하며, 오랜 시간 강의에 허기질까 염려하여 매번 찬을 주기도 했다. 또한 특명으로 경연에서는 자신의 명령을 기다릴 것 없이 늘 안경을 쓰도록 허락했고, 심지어 아들 허익에게 참봉 자리를 특별 임명하기도 했다. 실로 애틋한 관심을 보였던 것이다. 고종은 훗날 경연에서 자주 자신이 신하들의 말을 수용할 수 있게 된 것은 모두 허강관의 힘이라고 말했다고 하니, 허전의 국왕 계도에의 정성과 노력을 가히 짐작케 한다. 당시 허전은 많은 나이에도 불구하고 병조참판(1869.10)·지의금부사(1873.4)·지춘추관사(1873.6)·판윤·형조판서(1873.윤6)·지성균관사(1873.7)·홍문관제학·예문관제학(1873.10) 등에 임명되었는데, 모두 경연관의 직무수행을 위한 자리일 뿐이었다.

한편 그는 저술도 게을리 하지 않았으니, 일찍이 우리나라 운서의 음과 뜻이 많이 잘못되어 있는 것을 보고, 『설문통(說文通)』『운자휘(韻字彙)』『운옥(韻玉)』등을 참고해 살피기 편리하도록 분류하던 작업을 드디어 『자훈(字訓)』106편으로 완성시켰으며(1871), 또 『사의(士儀)』의 편질이 너무 커서 보기에 불편하다고 여겨, 그 대강을 뽑아 『사의절요(士儀節要)』2권을 만들었다.(1873) 그리고 1875년(79세)에는 그의 대표적 저술 중의 하나인 『철명편(哲命篇)』을 완성했는데, 이는 앞서 부친 일천공(一川公)이 삼대 이래 세자(世子)의 예와 우리 열성조(列聖朝)들이 원자(元子)를 가르치던 전례를 모으다가 미완성으로 남긴 것을 그가 이어 완성한 것이다. 태자는 국가의 근본이므로 근본이 바루어져야 나라가 바루어진다는 인식에서 『국조보감(國朝寶鑑)』『갱장록(羹墻錄)』『상훈보편(常訓補編)』『문헌비고(文獻備考)』등의 전적들에서 세자를 보양하고 교도하는 글들을 모아 엮은 것이다.[45] 이 저술은 1878년(고종15)에 『종요록』과 함께 고종에게 진상했다.[46] 정치개혁의 중심에 국왕을 둔 것이 『종요록』이라면, 이것을 예비하는 것이 『철명편』이 되겠으니, 이 두 책은 자신의 개혁사상의 근간을 이루는 경학적 저술이라고 하겠다. 그리고 집안에서 세세로 준용하였던 예를 서술한 『가의(家儀)』를 완성한 것도 이 해이다.[47]

이 외에도 노년의 그의 사상을 집약한 여러 편의 글을 지었는데, 「역복포특변(易服包特辨)」과 「성헌잠(誠軒箴)」 「불권당기(不倦堂記)」 등은 그 대표적인 글이다. 이 중 「성헌잠」은 고종의 호인 성헌(誠軒)에 붙여 바친 글로서(1874, 78세), '성(誠)'의 의미를 밝히며 자신이 경연에서 고종을 계도코자했던 내용을 집약해 놓고 있어, 그의 정치사상의 일단을 보여주는 글이라고 하겠다. 또한 스승 황덕길로부터 받은 『동현학칙(東賢學則)』을 다시 베껴 정리해 놓고 발문을 썼는데(1873, 77세), 이는 노년에 접어든 그가 스승의 가르침을 다시 정리하면서 자기 학문의 귀결처를 확인한 것이라고 하겠다.

이 기간 국왕의 경연관으로서 그가 보여준 학자의 면모는 도학자들 마냥 은일적 성향의 권위적이거나 사변적인 논리로 일관하지 않았고, 사회현실에 관심을 갖는 적극적인 자세를 보여주었다. 또한 국왕의 외척들과 결탁되어 그들의 사인(私人)으로 전락하여 일생 동안 영명(令名)을 누리던 산림(山林)[48]들과도 거리가 멀었다. 오히려 그는 경연강의에서 왕도의 구현에 입각한 정치사상을 피력함으로서, 다분히 왕권을 중시하는 입장을 보여주었다고 평가하겠는데, 이는 당시 부패한 세도벌열에 맞서 조선의 현실을 바꿀 수 있는 희망을 고종에서 찾으려고 했던 것이 아니었을까? 어쩌면 이것이 그의 인식의 한계라고 하겠지만, 사대부의 입장에서 급박한 현실에 비추어

---

45) 『性齋集』 권12 「哲命篇序」.
46) 『性齋集』 권4 「進宗堯錄哲命篇疏」.
47) 『字訓』과 『家儀』는 현재 전하지 않는다.
48) 李佑成, 「李朝 儒教政治와 山林의 存在」, 『韓國의 歷史像』, 창비신서41, 창작과비평사, 1982.

가장 효과적이고 가능성 있는 대안으로 생각할 수 있는 것이었다. 이 역시 전날 철종 대에 경연에서 보여주었던 그의 생각과 다름 아니며,『종요록(宗堯錄)』과『철명편(哲命篇)』은 바로 그런 그의 정치철학에서 찬술되었다고 하겠다.

(5) 냉천동 복거기

1876년(고종13, 80세) 정월에 허전은 정헌대부(正憲大夫)가 되었다. 이후로 그는 지중추부사·이조판서(1881)·한성판윤(1883)·예문관제학·홍문관제학·지중추부사(1884)·판의금부사(1885)·판돈령부사(1886) 등에 임명되고, 또 숭정대부(1885)·숭록대부(1886)에 올랐으나, 이는 모두 노신(老臣)에 대한 예우로 주어진 것이었으며, 실상 그는 관직의 일선에서 물러나 있었던 것이다. 하루는 그의 손자 허칭(許秤)이 80의 나이에 정헌대부가 되셨으니 늙음을 고하고 재야에 물러나시는 것이 좋지 않겠느냐고 여쭙자, 허전은 웃으며 옛날에 벼슬을 그만두는 법은 자리가 크고 임무가 중할 때 그러는 것인데, 자신은 늙은 데다 중임을 맡은 것도 아니어서 정목(政目)에 오르지도 않는 처지이니, 벼슬을 그만두지 않아도 그만둔 것이나 다름없다고 스스로 말한 바 있다.[49]

당시 그는 숭례문(남대문)안 수각교(水閣橋)[50] 북쪽에 살고 있었다. 본디 돈의문(서대문) 밖에 거처하다가, 1874년 가을에 이곳으로 옮긴 것이었다.

---

49) 盧相稷,「性齋先生行狀」: "孫男秤 一日從容言曰 壽至八耋 爵至正憲 告老而
退處山野 不亦善乎 先生笑曰 爾不知致仕之本意也 古之致仕者 官大任重 如
周之召公漢之孔光 是也 我非大耋 我無重任 且不擬政目 已有年矣 其無更進
通朝所知 雖不致仕 猶致仕也."
50) 현 서울시경찰국 앞쪽에 있던 다리이다. 그 곳에 水閣이 있었으므로 수각다리, 수
각교, 수교라고 불렀다. 남대문을 들어와 첫번째 다리이다. (『서울六百年史』문화
사적편, p.771)

이 집에 고종이 내린 제호(題號)를 따라 불권당(不倦堂)이라 당호를 걸고, 늙은 나이에도 게으름 없이 제자들과 함께 강학에 전념했다. 그러다 1882년(86세)에 임오군란이 일어나자 아들이 수령으로 있는 과천의 청계산(淸溪山) 기슭 맥계(麥溪)에 최씨 전장(田庄)을 세내어 잠시 머물렀다가, 다시 이듬해에 돈의문 밖 냉천동(冷泉洞)으로 거처를 옮겨 살았다. 본디 가난한 살림에 여러 차례 집을 옮겼던 그는 자신이 언제 또 집을 옮길 지 불안한 처지였지만[51], 냉천동에 복거한 뒤로는 다시 그 곳을 떠나지 않았던 것 같다.

　팔순을 넘긴 늙은 나이에 소요스런 서울을 벗어나 한 때 맥계에 머물렀던 허전은 차라리 향촌에 은거했으면 하는 욕구도 있었다.[52] 그러나 근대적 개혁의 바람이 일어나고, 서양의 세력이 점차 밀려드는 조선의 현실을 목도하며, 차츰 관심을 잃어가는 유학의 앞날이 걱정이었다.[53] 근대사회로 이행되어가는 현실의 변화를 냉철하게 인식할 수 있는 사고를 그에게 기대하는 것은 무리이다. 그는 아직 보수의 입장에서 자신의 학문과 사상의 맥을 이어 유지시킬 것을 염려했던 것이다. 그러므로 제자들과의 학문토론이 이 시기에 더욱 활발히 이루어졌다. 그가 맥계로 옮겼을 때에도 제자들의 발길이 끊어지지 않았지만, 냉천동에 자리잡은 뒤로도 조정의 대신들로부터 지방의 유생들에 이르기까지 그의 가르침을 받고자 많은 사람들이 찾아들었다. 그의 문도록을 『냉천급문록(冷泉及門錄)』이라고 이름붙인 것도 그가 냉천동에 복거하여 제자들과 강학하는 것이 당시 세간에 널리 알려진 때문이었다.[54]

---

51) 『性齋集』 권1 「移居」詩 참조.
52) 이 무렵 그의 장편시 「白雲歌贈趙雲樵」(『性齋集』 권1)에서 은둔을 갈망하는 그의 염원을 엿볼 수 있다.
53) 1884년(88세) 새해 아침에 지은 「責己」(『性齋集』 권1)에서 그의 심정을 토로하고 있다. "大果蓏中一贅疣, 人間歲月水東流. 君恩未報生何補, 吾道無傳死且憂. 虛老見前三萬日, 沒身身後幾千秋. 兢兢履薄臨深戒, 畢此餘年寡悔尤."
54) 許應, 「冷泉及門錄跋」 『冷泉及門錄』.

또 한편 글쓰기와 저술의 노력도 멈추지 않았다. 특히 아동들의 교육에 관심을 가져 아동들의 문자학습을 위해 『초학문(初學文)』을 엮었으며(1877), 또 아이들을 가르치기 위해 일용상행(日用常行)하는 도리를 모아 『입학문(入學文)』을 엮기도 했다(1884).55) 인생의 말년으로 접어든 그는 일생 그가 추구한 학문을 정리하며, 결국 학문의 길은 '성(誠)'과 '경(敬)'에 달려있음을 확신했다. 「항설(恒說)」 「존심설(存心說)」 「양일명(養一銘)」 「안택명(安宅銘)」 「석촌음설(惜寸陰說)」 「성경설(誠敬說)」 「양심명(養心銘)」 등의 글은 모두 이러한 생각을 거듭 설명하고 있다. "나의 마음은 곧 천지의 마음이오, 천지의 마음은 일개 성(誠)일 뿐"56)이며, "군자는 인으로 마음을 보존하고, 예로 마음을 보존하니, 그 요는 또한 경(敬)에 근본할 따름"57)이라고 한다. 또한 "인도(人道)는 경만한 것이 없는데, 경이란 주일(主一)함을 이르고, 일(一)이란 성을 이르는 것이다. 성하면 불경함이 없고, 성에 이르지 않았으면 경한 뒤에 성하게 된다"58)고 하여, "이른 새벽 일어나 분음(分陰)도 아껴"59) 성경(誠敬)의 공부에 힘쓸 것을 거듭 강조했다.

1878년(82세) 허전은 비록 일선에서 물러나 있었지만, 대호군(大護軍)의 직책에서 가락국 수로왕릉(首露王陵)에 전호(殿號)를 내리고 능관(陵官)을 둘 것을 상소했다.60) 이는 단군과 동명왕을 모신 숭령전(崇靈殿: 평양)과 박혁거세를 모신 숭덕전(崇德殿: 경주), 그리고 고려 태조를 모신 숭의전(崇義殿: 경기도 연천)의 예와 같이 가락국의 시조왕을 모시는 사당을 설치하기를 청원한 것이다. 그가 이런 청원을 하게 된 데는 전날 김해부사에 재직했던 인연과 그 자신이 가락 김문의 후손이라는 점도 있었지만, 무엇보다 고구려

---

55) 두 책 모두 현재 전하지 않는다.
56) 『性齋集』 권10 「恒說」.
57) 『性齋集』 권10 「存心說」.
58) 『性齋集』 권10 「誠敬說」.
59) 『性齋集』 권17 「養心銘」.
60) 『性齋集』 권4 「首露王納陵崇報疏」 ; 『高宗實錄』 15년 6월條.

신라 고려 등의 시조왕에 대한 경우와 같이 가야국의 시조왕에 대해서도 동
등하게 공경의 예를 표할 것을 요구함으로서, 전대의 고국에 대해 공경을
받쳤던 옛 성왕들의 예를 본받도록 촉구했던 것이다. 결국 그것은 경남 일
원을 지배하고 있었던 고대 가야국의 실체를 공인토록 촉구하는 점에서도
의의가 있는 일이었다. 그리하여 조정에서는 이를 받아들여 침전(寢殿)을 개
축하여 숭선전(崇善殿)이라 사액하고, 침랑(寢郞) 일인을 두어 김·허 양성(兩
性)이 번갈아 가며 소임을 맡게 되었다.61)

　허전은 일생 성호(星湖) 선생을 존모했는데, 이 때는 더욱 선생에 대한 흠
모의 정이 깊었다. 그래서 「성호선생시장(星湖先生諡狀)」을 찬술했고(1881),
특별히 첨성리(瞻星里) 성호의 묘소를 찾아 제사를 올리며, 성호의 학문이
후대에 끼친 업적을 기리고, 또한 오늘날 선생의 학문을 잇는 후학들의 노
력이 미치지 못함을 애석해했다(1886).62) 임종에 임박해서는 그의 문생들에
게 자신이 성호를 평생 존모하기를 칠십 제자가 공자를 섬기듯이 하였다고
술회하고, 상제(喪祭)를 성호선생의 예를 따라 해줄 것을 부탁하기도 했다.

　1886년(90세) 6월에 설사증세를 보이기 시작하더니, 9월에는 병이 더욱
깊어 결국 어머니의 제사를 직접 드리지 못하고 자질들로 하여금 대신하게
했다. 그리고 자신의 초종례(初終禮)와 장례와 제사는 반드시 정약(精約)하게
하고, 자신이 지은 『사의(士儀)』와 『가의(家儀)』를 규범으로 하여 후손들을
가르칠 것을 당부했다. 22일에는 여러 문생들을 불러 술자리를 마련해 놓고
고금의 예를 강하고는, 자신의 병을 보아 이 술자리가 이별의 자리가 될 것
임을 알렸다. 다음날 23일 허전은 불권당에서 구순의 일생을 마쳤다. 부음
을 들은 고종은 조회를 그치고 시장은 철시토록 명하여, 그의 죽음을 애도
하며 공경의 예를 표했다. 이 해 11월 과천현 국일리(菊逸里: 瑞草里)에 장례
했다. 1888년 "근학호문(勤學好問)"하고 "행선가기(行善可紀)"라 하여 '문헌

---

61) 『性齋集』 권19 「崇善殿碑」.
62) 『性齋集』 권18 「祭星湖李先生墓文」 ; 『性齋集』 권1 「祭星湖墓有感」.

(文憲)'의 시호(諡號)를 내렸다.

3. 허전의 학문연원

우리는 허전의 생애에서 그의 학문이 위로는 근기실학의 유맥을 잇고 있
으며, 또한 아래로는 근기의 학인들보다 오히려 영남의 학인들과 학문적 연
대를 이루었던 것을 보았다. 이제 허전 학문의 내용을 탐구하기에 앞서 그
가 어떤 사제연원을 맺고 있었는지, 적전 제자들의 스승에 대한 각 기록과
당시 세인들의 평을 중점으로 간략히 살펴보고자 한다. 아울러 그의 문도들
의 분포와 성향을 통해 그의 학문의 전승이 어떻게 이루어지고 있는지도 살
펴보고자 한다.

(1) 사승연원 : 근기학통의 계승

허전이 근기학과 인연을 맺은 것은 우선 부친인 허형(許珩, 一川公)이 하
려(下廬) 황덕길(黃德吉)의 문하에 출입함으로서 비롯되었다. 이후 그는 부친
의 명으로 황덕길의 문하에서 수업하게 되고, 스승의『동현학칙(東賢學則)』
과 안정복(安鼎福)의『이자수어(李子粹語)』를 읽게 되면서 비로소 근기학의
학문세계에 접하게 되었다. 그러나 대체로 그가 접한 학문세계는 근기학의
전통 가운데서도 안정복의 학문체계에 따른 것이었다.

기실 근기학의 본령이라 할 수 있는 성호의 학문세계는 실로 호한한 바
있어, 예학이나 성리학 등의 철학사상에 있어서도 정통하고 해박했을 뿐 아
니라, 경세치용의 현실문제에 대해서도 많은 식견을 소유하고 있었다. 그러
나 잘 알려진 바와 같이 그의 문도제자들은 경전의 해석이나 서양문화의 수

용태도에 있어 크게 차이가 있었다. 그리하여 녹암 권철신을 중심으로한 소
장층의 급진파와 순암 안정복을 중심으로 한 노장층의 온건파로 나뉘게 된
다. 이들은 우선 주자학설에 대한 입장에서 큰 차이가 있었는데, 그 중 안순
암은 주자설을 독신하는 입장에서 소장층 문인들이 선유의 설을 함부로 비
판하는 태도를 비판했다.63)

이러한 분파는 결국 성호학 즉 근기학의 계통을 각기 달리 인식하게 했
으니, 하나는 성호의 적전 제자를 권철신으로 주장하는 측64)과 하나는 안정
복으로 주장하는 측65)이 있게 된 것이다. 그러나 권철신 계열이 신유사옥으
로 적몰하게 되자, 그 학맥도 끊어졌을 뿐 아니라, 다시 권철신을 성호의 적
전 제자로 인정하는 사람도 없게 되었다. 결국 성호의 학문을 대를 이어 후
대에 계승시켜 나간 것은 안정복의 학통이었으니, 허전이 접한 성호의 학통
도 바로 안정복과 황덕길을 통해 내려오는 것이었다.66)

허전이 황덕길로부터 받은 『이자수어』는 일찍이 성호가 퇴계의 언행을
엮어 만든 『도동록(道東錄)』을 안정복이 다시 『근사록』의 체례를 따라 산정
하여 편찬한 것이었다. 순암이 이것을 하려에게 전수하며 자기 학문을 전수
하는 지의(旨意)로 삼았던 것인데67), 이는 성호로부터 이어받은 안정복의
학문 성격을 잘 보여주는 책이라고 하겠다. 일찍이 주자의 학문에 심취해
있던 안정복은 성호가 퇴계를 사숙했다는 소문을 듣고 그의 문하를 찾아가
가르침을 받는데, 그가 성호에게서 받은 가르침의 요결을 이 『이자수어』로
결집했던 것이다. 즉 안정복은 성호를 통해 퇴계의 '경(敬)'사상으로부터 요

---

63) 李佑成,「韓國 儒學史上 退溪學派의 形成과 그 展開」;「鹿菴 權哲身의 思想
　　과 그 經典批判」,『한국의 역사상』, 창작과비평사, 1982.
64) 정약용,『여유당전서』제1책 권15「권녹암묘지명」.
65) 대부분의 자료들이 이에 해당한다.
66) 이우성 선생은 위의 논문에서 녹암계열을 성호좌파라 일렀고, 순암계열을 성호우
　　파라고 이름했다.
67) 黃德吉,『順菴集』부록「順菴先生行狀」.

령을 얻어, 학문을 익히는 자세로서 참된 마음가짐으로 한결같이 노력하는
자세를 중시했던 것이다.[68] 당시 안정복의 관심은 성명이기의 설이나 따지
는 학문에 있었던 것이 아니라, 학문을 통해 자신의 삶을 성찰하고 실천해
나가는 방법을 모색하는 것에 있었던 것이다. 이에 스승으로부터 받은 지결
이 바로 『이자수어』였고, 또 자신이 나름으로 그 지침을 정리한 것이 『하학
지남(下學指南)』이다. 그가 성호의 다른 제자들과는 달리 주자학의 전통을
지키며 퇴계를 존모하였던 것도 이러한 때문이었다.

　그리하여 안정복은 다시 황덕길에게 이 책을 전해주며, "주자를 배우려
한다면 먼저 퇴계를 배워야 한다. 공맹의 말씀이 왕조의 법령과 같다면, 정
주의 말씀은 엄사의 가르침과 같고, 퇴계의 말씀은 자부(慈父)의 훈계와 같
다"고 했고, 황덕길도 이 책을 받은 뒤로 더욱 위기지학(爲己之學)에 힘써,
먼저 일용이륜(日用彝倫)의 공부를 익히고, 그로 인해 성명이기(性命理氣)의
근원을 탐구했다고 한다.[69] 허전 역시 이 가르침을 그대로 전수받았던 것인
데, 그가 황덕길로부터 받은 「일성도(日省圖)」와 「독서차제도(讀書次第圖)」
는 바로 그 요령을 구체적으로 제시한 것으로, 이 역시 황덕길이 스승 안정
복의 가르침을 착실히 계승한 것이었다. 허전이 성(誠)·경(敬)을 학문에 임
하는 자세로서 늘 강조했던 것도 바로 퇴계로부터 성호가 터득하여 안정복
에게 전수한 학문의 전통을 발전시킨 것이었음을 알 수 있다.

　그러나 이는 어디까지나 학문을 통해 자신의 삶을 성찰하는 자세를 규정
하는 것으로, 퇴계의 경사상에 대한 존모는 성호학파의 공통된 입장이었다
고 본다. 다만 성호는 안정복에게 선유(先儒)의 학설을 무조건 맹신할 것이
아니라 자득을 통해 확인하고 늘 새로운 지식을 넓혀야 할 것을 거듭 강조

---

68) 이우성, 「녹암 권철신의 사상과 그 경전비판」, 『한국의 역사상』, 창작과비평사, 1982.
69) 『性齋集』 권27 「下廬黃先生行狀」: "兄弟師事安順菴 …… 遂授以粹語曰 欲
　　學朱子 先學退溪 孔孟之言 如王朝之法令 程朱之言 如嚴師之勅厲 退溪之言
　　如慈父之訓誡 其感發於人者 是書爲尤切 …… 先生服膺眷眷 益勉爲己之學
　　先自日用彝倫之事 推以至於性命理氣之原 無不潛索力究 得其要領."

했는데, 안정복은 스승의 이러한 가르침에 힘입어 경세치용학을 이어받아 역사·지리·제도 등에 대한 훌륭한 업적을 이루었던 것이다.[70] 『동사강목(東史綱目)』『목주지(木州誌)』『만물유취(萬物類聚)』등의 저술이 바로 그것이다. 이에 황덕길도 안정복의 저술을 평하기를, "의리에 바탕하고 경서와 사서를 겸비하여, 넉넉하고 온윤하며 자세히 펼치고 널리 통하니, 후학들의 모범이 될 만하다"[71]고 하여, 경학과 사학에 정통한 스승의 경세지학을 기렸던 것이다.

근기실학의 개혁적 사상이 신유옥사로 타격을 입고 그 맥도 제대로 잇지 못한 채 시들고 말았지만, 상대적으로 안정복의 온건적인 경세학은 황덕길을 거쳐 허전에게로 전해졌다. 상기한 바와 같이 황덕길은 안정복으로부터 『이자수어』를 받았고, 또한 『하학지남』을 통해 위기지학(爲己之學)을 목표로 일용이륜(日用彝倫)의 공부를 먼저 익히는 학문자세를 배웠던 것이다. 그의 『동현학칙(東賢學則)』등의 저술도 곧 실천적 자세를 중시하는 근기학의 전통에서 이루어진 것이다. 황덕길 역시 그의 경학이 도학적 담론에 머물지 않고 시대에 실용될 것을 추구했던 것이다. 그래서 허전은 스승 황덕길의 학문 성격에 대해 다음과 같이 말하고 있다.

> 그의 도는 수신제가의 요점에서 비롯하여 인민(仁民)·이물(利物)의 큰 지경에 이른다. 그래서 그는 입으로만 경전을 이야기하며 시무에 어두운 자는 썩어빠진 유자이고, 한낱 사무만 일삼고 천리에 어두운 자는 속된 선비라고 여겼으며, 오직 천리의 올바름에 합하여 시무의 요령을 아는 자라야 왕도를 이야기할 수 있다고 여겼다.[72]

---

70) 이우성, 「순암전집 해제」, 『순암전집』, 여강출판사, 1984.
71) 『順菴集』부록「順菴先生行狀」: "根柢義理 經經緯史 紆餘溫潤 曲暢而旁通 皆可爲後學則也."
72) 『性齋集』권27「下廬黃先生行狀」: "其道 始於修身齊家之要 而推以至於仁民 利物之大 以爲世之口談經傳而暗於時務者 腐儒也 徒事事功而昧於天理者 俗士也 惟合天理之正 識時務之要者 可與語王道矣."

황덕길은 시대에 실용되는 경학, 곧 천리와 시무를 겸비하는 학문을 추구
했음을 말하고 있다. 이는 허전이 황덕길 학문의 특성을 단적으로 지적한
것으로, 그의 학문이 근기학의 전통을 계승하고 있음을 설명코자 한 것이
다. 또 한편으로 그 자신이 스승으로부터 이어받은 학문의 성격을 이와 같
이 규정한 것이라고 볼 수 있다.

우선 허전은 근기학의 학문전통을 받들어, 황덕길이 세상을 하직하던 이
듬해에 비로소 「하학잠(下學箴)」을 지어 수신을 근본으로 하는 실천적 학문
자세를 다짐했다.

> 도란 먼 것이 아니오, 학문이란 깊은 것이 아니로다. 너의 부모 너의
> 임금, 혼인·교우·형제 사이, 이것이 천서(天敍)요, 지극히 떳떳한 도리라.
> 오직 모습과 말이며, 보고 듣고 생각하는 것, 일용하는 평상, 행동하는
> 잠깐사이에도, 몸의 부림을 받으면 어그러지고, 기분에 흔들리면 방자해
> 지니, 순(舜)과 도척(盜跖)도 간발에 이(利)와 의(義)로 나뉘네. 이에 수신
> 에 근본하여 먼저 생각을 정성껏 할 것이오, 이에 존덕(存德)에 근본하여
> 먼저 뜻을 공손히 할 것이다. 어떤 쌓음도 기초가 없을 것이며, 어떤 오
> 름도 가까운 곳에서 시작하지 않겠는가? 방탕한 곳에 힘쓰지 말 것이며,
> 쉽다고 뛰어넘지 말라.[73]

이로부터 그는 점점 근기학통의 일가를 이루면서, 일상과 시무에 대해서
도 진지하게 생각하는 자세를 갖게 되었다. 더구나 그가 살았던 19세기 중
반 이후의 조선의 사정은 그로 하여금 현실의 제도에 대한 관심을 갖도록
자극시켰으니, 서세동점하는 세계사적 흐름의 위기감은 그로 하여금 동양
전통의 고례(古禮)에 대한 회복을 계획하게 하였고, 정치제도의 문란으로 인

---

73) 『성재집』권17 「하학잠」: "道匪伊遠 學匪伊邃 而父而君 婚友昆季 是曰天敍
　　彝則之至 惟貌惟言 視聽心思 日用之常 動靜造次 形役斯舛 氣使則肆 舜跖
　　之幾 間髮利義 迺本修身 先誠其意 迺本存德 先敬其志 孰累不基 孰陟不邇
　　勿騖于誕 勿躐于易."

한 국가기강의 파탄과 민생의 피폐는 치정과 경세의 저술을 이루게 했다.

이처럼 허전이 자신의 학문의 깊이를 더해가면서 학문에 있어 특히 존경의 마음을 더했던 분은 성호였다. 이는 자신의 문생들에게도 고백했던 바로서, 자신의 경세학의 연원을 성호의 학문에 뿌리를 두고자 했다. 그리하여 그가 세상을 떠나던 해에는 첨성리 성호선생의 묘소를 찾아 다음과 같은 제문을 올렸다.

> 저는 어려서부터 하려 황선생의 문하에서 노닐었는데, 하려선생께서 언필칭 선생의 도덕과 문장을 말씀하시고, 인하여 선생이 지으신 책 『예설』『사설』『질서』『사칠신편』『곽우록』『문집』등 백여 편을 보여주셨는데, 지나간 성인을 잇고 후학을 여는 것이 아님이 없었습니다. 무릇 세상의 삼재(三才) 중에 크고 작은 것 하나라도 들지 않은 것이 없고, 또 전유(前儒)들이 생각지 못한 깊고 미묘한 의미와 신비하고 오묘한 방법들은 속사(俗士)들이 엿볼 것이 못되는 것입니다. 제 나이 90이라, 기뻐하고 즐기고 우러르고 연구하지만 어찌 이룰 도리가 없습니다. 하늘이 사문(斯文)을 버리지 않으신다면, 혹 저에게 몇 년 더 기회를 주시어 공부를 이루게 하시지 않겠습니까?[74]

죽음을 앞둔 노학자의 비장한 마음으로 근기학의 앞날을 염려하고, 한편 미약하나마 자신이 성호의 학문을 따랐음을 술회하고 있다. 또한 허전은 성호를 두고 "인성과 물성을 다하여 천지의 화육을 도운 분"[75]이라고 평한 바 있으니, 수기와 치인의 업적을 완성한 성호의 학문을 높여 기린 것이다.

---

74) 『성재집』 권18 「祭星湖李先生墓文」: "自少小遊下廬先生之門 下廬言必稱先生之道德文章 因出示先生所著書禮說僿說疾書四七新編藿憂錄文集等百餘編 無非繼往哲牖來學者也 凡於六合之內 三才之中 洪纖巨細 一不擧而發前儒所未發之微辭奧旨 其玅契精思 有非俗士之可窺測也 傳年 至九十而悅之樂之 仰之鑽之 末由庶幾焉 天未欲喪斯文 或者 加我數年 使之卒業否乎."

75) 『性齋集』 권31 「星湖李先生謚狀」: "中庸所謂盡其性 盡人之性 盡物之性 則可以贊天地之化育者 先生其庶幾矣."

성호에 대한 지극한 존모의 정은 그의 경세적 저술에서도 여실히 드러났으니, 『삼정책(三政策)』에 실린 제도개혁론이나 『사의(士儀)』 등의 예학서에 성호의 실학사상이 접맥되어 있음을 볼 수 있다.

그러면 근기학자로서 허전의 학문이 갖는 특성은 무엇일까? 학통이란 학문의 방법과 자세를 이르는 것이라고 한다면, 결국 시대가 다르므로 학문적 성과도 다르기 마련이다. 이에 허전의 제자였던 노상직(盧相稷)은 다음과 같이 언급했다.

> 옛날 하빈옹(河濱翁: 愼後聃)이 말하기를, "퇴계는 덕으로 이루었고, 성호는 지식으로 이루었다"고 했는데, 선생은 덕이 순연하고 지식도 밝아 두 현인의 뒤를 이어 모범이 되는데 부끄럽지 않다. 세상에 하빈옹과 같이 논할 수 있는 자가 다시 나타난다면, 반드시 "선생의 도는 예로 이루었다"고 할 것이다.[76)]

퇴계가 덕으로 학문을 이루었고, 성호가 지식으로 학문을 이루었다고 한다면, 허전은 예도(禮道)로서 학문을 이루었다는 말이다. 이 말이 허전 학문의 전체를 아우른 설명으로 볼 수는 없지만, 그의 학문의 특징을 잘 지적하고 있다고 하겠다. 일찍이 고례의 회복을 통해 유학의 진흥을 시도했던 허전은 그의 학문적 정력을 예법의 연구에 쏟았다. 그 평생 연구한 성과를 결집하여 『사의』를 편찬했고, 집안에 전래되던 전통을 모아 『가의(家儀)』를 엮었으며, 향음주례를 시행하고 국왕에게 심의복제를 건의한 것 등의 일은 이러한 평가를 받기에 충분하다.

그러나 예학에 대한 허전의 학문정신은 『사의』에 결집되어 있는데, 주자의 『가례』를 절대시 해오던 교조적 예학을 부정하고, 시대와 풍속과 인정에

---

76) 盧相稷, 「性齋先生行狀」: "昔河濱翁有言曰 退溪以德造 星湖以知造 先生之德之純知之明 無愧爲二賢後範 而世或有尙論如河濱翁者復起 必曰先生之道以禮造之云矣."

따라 사리에 가장 합당한 예를 강구했으며, 대부분『가례』를 보완하거나 주석하는 것에 몰두했던 종래의 예학 풍토에서 벗어나 체제와 내용구성에서 실용성에 중점을 두었다. 이런 그의 예학정신은 전통적인 근기학의 학문태도와도 상통하는 것이다. 한편 19세기 유교사회의 위기적 징후가 짙게 드러나고 있던 시기에 그가 예학에 특히 관심을 두었던 이유는 무엇일까? 섣부른 속단으로 논할 수 있는 문제는 아니다. 다만 허전은 세도벌열의 전횡으로 왕권이 흔들림으로서 국가의 기강은 무너지고 있고, 외세의 영향으로 동양의 문화전통과 조선의 풍습이 위협당하고 있는 위기를 감지하고 있었다. 그리고 이런 위기를 타개할 수 있는 학문적 대안은 예전(禮典)을 수립하고 준행하는 것에 있다고 그는 생각하고 있었다.[77] 정치권역에서 소외되어 있었지만, 학자로서 또 지식인으로서 그가 할 수 있는 최선의 방법을 선택한 것이지 않았을까?

물론 이것이 허전 학문의 전부는 아니다. 시무를 소홀히 하지 않는 자세로 근기학의 실학적 전통을 살려, 정치 사회 경제에 관해서도 깊은 관심을 가졌으니,『삼정책』『수전록』『하관지』『종요록』등은 바로 그 결정체이다. 이 역시 그의 시대가 요구하는 바를 학자적 양심으로 고민한 것이었으니, 이 또한 성호 이후 근기학의 미덕의 소산이라고 본다.

(2) 문도전수 : 영남학인에의 접맥과 근기학의 부흥

허전 사후 그의 문집이 1891년 박치복(朴致馥)을 중심으로 한 문도들에 의해 산청 법물리(法勿里)에서 간행되었고, 이어 1904년 노상직(盧相稷) 등에 의해 밀양 노곡(蘆谷)에서 그 속집과 부록이 간행되었다.[78] 이 과정에서

---

77)『성재집』권2「經筵講義·書傳」;『성재집』권5「與巴山諸生」.
78) 유탁일,「성재선생문집 간행의 출판사회학적 분석」,『한국문화연구』3집, 부산대 한국문화연구소.

알 수 있듯이 허전의 학문은 서부경남의 문도들의 노력에 의해 결집되어 전해진 것이다. 허전과 이들과의 인연은 그의 김해부사 재직시절에 맺어져, 그가 상경한 이후에도 지속적으로 유지되었다.

허전의 문도들의 실체를 전해주는 자료는 『냉천급문록(冷泉及門錄)』과 『조선유현연원도(朝鮮儒賢淵源圖)』인데, 『조선유현연원도』에는 263인, 『냉천급문록』에는 495인이 수록되어 전한다. 서로 중복되는 인원을 빼면 모두 552인이 그의 문도로 전해지고 있다. 실로 방대한 인원이 아닐 수 없다. 그러나 이들 자료에 수록된 인물들은 허전의 문도들이 대부분이긴 하지만, 더러 동문수학한 연하의 동료도 있고 또 그에게 직접 가르침을 받지 못한 인물도 있는데, 그렇다 하더라도 그들은 허전을 존모하여 그의 학문세계를 추종했던 이들로 보아도 무관할 것이다. 지역별로 살펴보면, 서울경기·영남·전라·충청 등지에 두루 퍼져있음을 알 수 있는데, 그 중 영남의 인사가 8할 가량을 차지하고 있으니, 그의 저술들이 경남지방에서 간행되었던 사정을 말해주고 있다.

허전이 김해부사로 내려가기 이전 서울에 머물 적에 간혹 영남의 인사들이 그를 방문하기도 했는데[79], 이미 그의 명성이 영남에 전해져 있었던 것이고, 또한 동시에 이들에 의해 다시 영남지역에 알려지고 있었다고 하겠다. 그러던 차에 그가 김해부사로 부임하게 되고, 이로 인해 영남의 학인들과 직접 조우하게 되었던 것이다.

영남지방의 학자들은 일찍부터 퇴계학의 전통을 이어받아, 인성의 본질적인 문제를 중시하여 수양과 규범주의적 측면에서 심학과 예학에 많은 관심을 두었다. 이는 근기학이 현실의 문제에 눈을 돌려 실증과 실용적 측면에 관심을 두었던 것과 대조된다고 하겠다. 19세기 당시 영남의 유자들은 거의가 이 영남학의 전통에 심취해 있었으니, 허전의 영남지방 문도들 역시 허전의 고비(皐比)를 찾기 전에는 대부분 영남학의 유향을 입고 있었다. 가

---

79) 김인섭, 「성재선생제문」.

령 만성(晩醒) 박치복(朴致馥)은 정재(定齋) 유치명(柳致明)의 문하에서, 방산
(舫山) 허훈(許薰)은 계당(溪堂) 유주목(柳疇睦)에게서 각기 영남의 학통을 전
수받았던 것이다.

이에 허전이 김해부사로 내려와 「회유문」을 반포하고, 서원에 배향하며
유생들을 모아 향음주례를 시행하자, 이들은 허전이 김해에서 도를 창도했
음을 알고 그의 문하로 몰려들었다.[80] 우리나라의 덕망있는 대학자가 김해
에 왔다는 소식을 듣고 그에게 가르침을 얻기 위해 찾아들었던 것이다.[81]
다음은 허훈이 그 무렵 허전에게 올린 편지이다.

　　훈은 일찍이 듣건대, 요즈음 고도(古道)를 실행하고 고문(古文)을 지어
일대의 종사(宗師)가 된 분은 오직 우리 선생님뿐이라고들 합니다. 선생
님께서 마침 김해에 부임하셨기에 명함을 갖추어 찾아뵙고자 하였으나,
몸이 갑자기 병이 들어 바로 찾아뵙질 못하게 되었습니다. 이에 감히 짧
은 편지로 집지하여 뵙는 예에 대신하게 되었으니, 정성도 없고 도리도
아닌지라, 부끄러움에 땀이 등을 적실 지경입니다. 엎드려 바라옵건대,
선생님께서는 두터운 세분(世分)을 생각하시어 우매한 저의 잘못을 용서
하시고, 다음날 찾아뵈올 때 문하의 대열에 받아주신다면, 실로 소자의
행운이 되겠습니다.[82]

허전의 소문을 접하고 문하제자가 되기를 요망하는 편지이다. 그 역시 허

---

80) 盧相益,「家狀」,『克齋集』附錄: "甲子 性齋許先生 倡道南州 一方多士 塡門
求敎."
81) 金基周의「拜呈性齋許先生席下」시(『梅下集』권1)는 이러한 사정을 잘 보여주
고 있다. "海東聲望盡歸公 襟佩爭趨道義風 致主思躋虞夏上 著書合置洛閩中
貧猶有樂心常泰 貴且無驕德日隆 自顧好賢誠未篤 還慚門下姓名通."
82) 許薰,『舫山集』권6「上性齋先生甲子」: "薰嘗聞當今之行古道而述古文 爲一
代宗師 惟我先生而已 先生適知金州 方修刺踵門 身偶嬰病 未能亟行 敢將
咫尺之書 以替贄謁之禮 誠淺不躬 慚汗浹背 伏望先生 念世分之厚 恕愚昧之
過 異日進見 收置門牆之列 實小子之杏也."

전이 고도를 실행하고, 고문의 저술을 이루었다는 명성을 들었던 것이다. 대체로 이들이 관심을 가졌던 학문의 세계는 고도(古道)·고학(古學)·고경(古經)의 학문이었던 것이다.[83] 드디어 이들은 노필연(盧佖淵)을 중심으로 취정계(就正契)를 조직하고, 향음례와 향사례를 행하기도 하며 스승의 가르침을 따라 고례의 재현에 관심을 두었는데, 예학을 논의와 해석의 대상으로 접근하는 것에서 벗어나 생활 속에서 실현하고 그 과정에서 유가적 의식을 회복하는 정신을 추구했던 것이다.

이런 면에서 이들은 특히 스승의 『사의』를 중시했다. 그래서 1870년에 스승의 허락을 얻어 함안에 간행소를 설치하고 활자로 간행하는 일을 추진하여 모두 10권으로 간행했는데, 이 역시 문도 중 연장이었던 노필연이 주관했다. 많은 문헌과 저서들을 참고하여 의심나는 곳을 명석히 밝힌 예서의 결정임을 널리 알리고, 가례(家禮)의 정도를 얻었음을 밝히고자 한 것이었다.[84] 또한 이는 훗날 허전의 문집을 이곳 경남에서 간행하게 되는 단초를 마련했다고 하겠다.

그러면 허전의 근기학이 어떻게 영남의 유자들에게 접맥될 수 있었던가? 즉 영남의 유자들은 어떻게 근기학을 자기 학문의 귀결처로 결정할 수 있었을까? 이에 대해 결정적인 단서를 발견하기란 쉽지 않은데, 그들이 주장하고 있는 허전의 학문연원에 대한 논급에서 그 단서를 추정해 보고자 한다. 우선 허훈은 허전의 학문연원을 다음과 같이 설명하고 있다.

옛날 퇴계 이선생께서 동방에서 학문을 창도하시어 실로 연원의 정맥을 여셨고, 한강 정선생은 그 종지를 얻어 미수(眉叟) 선생께 전했으며,

---

83) 金聲鐸의 詩「同族叔允建麟爕文泰用國鉉往拜性齋許先生于金海道中口呼 丙寅」에서도 "今行欲學古人經, 幾度淸川幾度坰"이라고 하였다. (『恒窩集』 권1).
84) 盧佖淵, 『克齋集』 권1「士儀刊所」詩 참조 : "集諸家禮牖羣生 名曰士儀十卷成 屢證闕文增又削 輒逢疑處析爲精 解辭已破千人惑 執筆能開萬世程 今日堂堂登繡梓 高儒巨室願從行."

다시 성호·순암·하려 세 군자가 그 뒤를 이으셨다. 이에 우리 선생께서 사도(斯道)를 부익(扶翼)하여 능히 남기신 뒤를 이으셨으니, 그 공이 크다고 하겠다.[85]

허훈은 허전의 학문연원을 성호를 거슬러 미수와 한강을 통해 퇴계에 접맥해 놓고 있다. 이는 성호가 미수를 사숙했고, 또한 퇴계의 사상을 존모했던 것을 허전이 다시 이었다는 점에서 충분히 개연성이 있는 말이다. 이것은 채제공 이후 근기 남인학자들이 성호의 학맥을 미수-한강-퇴계에게로 연원을 둔 것과 상통한다고 하겠다. 이들이 근기학을 퇴계에 접맥해 놓은 원인에 대해 이우성 선생은, 정권에서 소외되어 노론들에게 대항할 현실적 능력이 없던 남인들이 학문 면에서나마 퇴계의 연원정맥임을 자기긍지로 내세울 필요성이 있었고, 또 천주교사건을 기화로 사교의 무리라는 지목을 받아 탄압을 받던 남인들이 퇴계에의 귀의를 통하여 퇴계의 정학 즉 주자학의 울타리 안에 자기를 보호하기 위한 것이었음을 추론하였다.[86] 이는 대체로 근기 남인학자들의 입장을 두고 설명한 것이다. 그러나 영남의 허전 문도들의 경우는 자신들의 학문적 성향과 연관하여 또 다른 이유를 생각해 볼 수 있겠다.

일찍이 심재(深齋) 조긍섭(曺兢燮)은 허전의 문도였던 만성(晩醒) 박치복의 묘갈명에서, 퇴계의 학통이 영남과 근기 두 파로 나뉘었음을 설명하고, 영남의 학문은 정엄(精嚴)해서 늘 원리에의 회귀와 마음 수양을 주로 삼는데 반해, 근기의 학문은 굉박하여 응용을 위주로 시국을 바로잡는 데에 중점을 두고 있음을 말하고서는 박치복의 학문을 다음과 같이 평가했다.

---

85) 許薰, 『舫山集』 권21 「性齋先生言行總錄」: "奧昔退陶李子 倡學東方 實啓淵源正脈 寒岡鄭先生 得其宗 授之眉老先生 復有星湖順菴下廬三君子 繼其後 式至吾先生 扶翼斯道 克紹遺緒 厥功偉矣哉."
86) 「許傳全集 解題」, 『許傳全集』, 아세아문화사.

　영남의 학문은 갈암(葛菴) 이현일(李玄逸)과 대산(大山) 이상정(李象靖)
을 거쳐 정재(定齋) 유치명(柳致明)에게 이르렀고, 근기의 학문은 성호(星
湖) 이익(李瀷)과 순암(順庵) 안정복(安鼎福)으로부터 성재(性齋) 허전(許
傳)에게 이르렀는데, 파류(波流)가 더욱 커지고 문장(門牆)이 점점 넓어졌
다. 그러나 나아가 믿는 것이 다르고 각자 들은 바를 높일 뿐, 혹 그 울
타리를 허물어 하나로 만드는 자가 없었다. 유독 선생은 정재와 성재 두
사람 사이에서 유학하여, 실마리를 잇고 요지를 지켜 성대히 한 지방의
영수가 되었다.[87]

　퇴계 이후 갈리어진 영남학과 근기학이 다시 박치복에 의해 담이 허물어
져 하나로 합쳐졌다는 것이다. 과연 박치복의 학문이 영남학과 근기학을 어
떻게 하나로 아우르고 있는 지는 면밀한 검토를 요하는 바이다. 그러나 우
선 우리는 조긍섭이 허전의 대표적 문도 중의 한 사람인 박치복을 두고 이
렇게 평가한 점을 주목하지 않을 수 없으며, 한편 이는 영남의 허전 문도들
의 학문적 성향을 적절히 지적한 것이라고 여겨진다.

　앞서 언급했던 바와 같이 이들은 영남의 향반으로 태어나 영남학의 분위
기에서 성장했으며, 또한 이곳의 큰 스승들을 찾아 학문을 익혔다. 그러다
허전을 통해 새로운 근기학의 세계를 접함으로서 학문의 안목을 넓힐 수 있
었다. 성찰과 수양을 중시하는 영남학에 바탕하고, 다시 지식을 통해 실증
과 실용을 중시하는 근기학의 학풍을 접맥시켰던 것이다.

　그러나 무엇보다 허전의 학문이 이미 이런 경향을 함께 지니고 있었다는
점을 상기해야 할 것인데, 이것이 또한 그의 학문이 영남의 학인들에게 쉽
게 다가갈 수 있는 요인이 되었다고 하겠다. 즉 영남의 문도들은 자신들이

---

87) 曹兢燮,「墓碣銘」(『晩醒集』附錄 권2) ; "嶺學 歷錦陽蘇湖 以至於定齋柳氏
　　畿學 從星湖順庵 以及於性齋許氏 則波流益漫 門牆寢廣 然趣言旣別 各卲所
　　聞 未或有決其藩而一之者 獨先生 遨遊二氏間 均能承緒旨而守指要 蔚爲一
　　方之領袖."

익혀온 영남학의 뿌리를 허전의 학문에서 발견했고, 나아가 그의 실천·실증적 학문의 전통을 자신들에게 접맥시키고자 했다고 본다. 그래서 더욱 그들은 허전의 학문연원을 퇴계에 귀착시키고자 강조했던 것이고, 이는 또한 자신들의 학문적 성격을 암시하는 것이기도 했다.

그래서 허전의 열심한 제자였던 소눌(小訥) 노상직(盧相稷)은 오히려 선배들이 우리나라의 학문을 영남학과 근기학으로 구분하는 자체에 대해 반론을 가지고, 이 모두 동일한 법도와 심법에서 나온 것임을 주장하였다.

> (영남과 근기의) 여러 선생들이 종신토록 실행한 것은 모두 격치(格致)와 치평(治平)의 학술로서, 문도들에게 전수한 것은 효제충신의 도리이오, 조정에 올라서는 요순군민(堯舜君民)의 계책이었으니, 어찌 가는 곳마다 체용(體用)을 갖추지 않은 것이었겠습니까? 만약 『반계수록(磻溪隨錄)』이 반계에게서 지어졌고, 『목민심서』가 다산에게서 나왔다고 하여 근기학이 진보한 바가 있다고 한다면, 그 설명은 얕다고 하겠습니다. 여헌(旅軒)의 『역학도설(易學圖說)』과 우복(愚伏)의 『양정편(養正篇)』과 미수(眉叟)의 『심학도(心學圖)』와 갈암(葛庵)의 『홍범연의(洪範衍義)』와 성호(星湖)의 『질서(疾書)』와 대산(大山)의 『제양록(制養錄)』과 순암(順庵)의 『어류절요(語類節要)』와 입재(立齋)의 『논어연의(論語衍義)』와 하려(下廬)의 『학칙(學則)』과 정재(定齋)의 『독서쇄어(讀書瑣語)』와 성재(性齋)의 『종요록(宗堯錄)』은 모두 경전을 우익하였으니, 실로 체도 있고 용도 있다고 할 것입니다. 다만 유반계와 정다산 두 공의 책은 오로지 용(用)만을 말한 것이니, 여러 선생께서 체용을 겸비한 책만 같지 않습니다.
>
> 가만히 생각건대, 퇴계선생은 「심경후설(心經後說)」을 지었고, 한강은 「심경발휘(心經發揮)」를 지었고, 미수는 「심학도(心學圖)」를 지었으니, 세 분 선생께서 전심(傳心)하신 것입니다. 하물며 『이자수어(李子粹語)』가 성호에게서 비롯되어 순암에게서 완성되었고, 이것이 하려에게 전수되고, (중략) 하려 또한 이것을 성재에게 전수했으니, 이는 오직 퇴계학을 숭상한 때문이 아니겠습니까?[288]

노상직은 퇴계학의 계승이라는 관점에서 영남학이나 근기학이나 모두 그
근원은 같은 것임을 말하고 있다. 다만 영남학은 본질을 중시하고, 근기학
은 실용을 중시하는 차이가 있지만, 근기학에도 퇴계학의 전통이 있으므로
당연히 퇴계학의 갈래로 보아야 한다는 말이다. 당시 영남학과 근기학 사이
의 심상찮은 관계에 대해 주변 학자들의 논의가 있었던 것으로 보이는데,
노상직은 영남학의 근원과 근기학의 근원을 퇴계학이라는 동일한 뿌리에
설정해 둠으로서 이 둘을 이질적인 학문으로 보려는 시각을 원천적으로 차
단시키고자 했다. 그러나 근기학이 퇴계학을 숭상한 데서 나왔다는 논지는,
영남학=퇴계학이라는 관점에서 볼 때 마치 영남학이 근기학을 포섭하고
있다는 논리로 이해될 수도 있지만, 퇴계 이후 학문의 성향과 풍토 면에서
영남학과 근기학이 서로 다른 길을 추구했다는 관점에서 보면, 오히려 근기
학이 영남학의 장점을 아우르고 있다는 논리로 이해할 수 있다. 또 한편 근
기학이 실용적 측면에 장점이 있다는 세간의 평가에 대해 유반계와 정다산
의 일부 저술로 인한 오해일 뿐이라고 하고, 진정한 근기학은 성호-순암-하
려-성재로 내려오는 학통임을 강조하고 있다. 근기학 내에서 급진좌파들을
변별시킴으로서 근기학 전체에 위협이 되는 비판의 예봉을 피하려는 의도
로 보인다. 사실 안정복 이후 근기학이 퇴계에의 사상적 귀의를 통해 자기

88) 盧相稷, 『小訥集』 권11 「答鄭聖國觀秀」: "諸先生之終身行之者 均是格致治
平之術 而授徒則講孝悌忠信之道 升朝則盡堯舜君民之策 安往而不具體用哉
若以爲隨錄出於磻溪 心書出於茶山 執此而謂畿學之有意於進取 則淺之其爲
說也 旅軒之易學圖說 愚伏之養正篇 眉叟之心學圖 葛庵之洪範衍義 星湖之
疾書 大山之制養錄 順庵之語類節要 立齋之論語衍義 下廬之學則 定齋之讀
書瑣語 性齋之宗堯錄 俱所以羽翼經傳 則實有體而有用也 但柳丁兩公之書
專言其用 故不似諸先生兼體用之書也 且竊惟之 退陶著心經後說 寒岡著心
經發揮 眉叟著心學圖 三先生之所以傳心也 況李子粹語一書 始於星湖 成於
順庵 以是授下廬曰 欲學朱子 先學退陶 孔孟之言 如王朝之法令 程朱之言
如嚴師之勅厲 退溪之言 如慈父之訓戒 下廬亦以是說而授性齋 其非所以專
尙退溪之學者耶."

학문의 발판을 삼았지만, 그것이 허전에게 와서는 더욱 현저해졌고[89], 이러한 성향이 영남의 학인들과 접맥될 수 있는 가능성을 열어주었으며, 나아가 이를 통해 근기학이 부흥될 수 있는 기반이 마련되었던 것이다.

4. 맺음말

이상에서 우리는 성재 허전의 일생과 그의 사승연원 및 문도관계에 대해 개괄해 보았다. 이것은 궁극 허전의 시대정신과 그의 학문적 성과를 이해하기 위한 단초이다.

그는 근기학의 전통에 따라 다방면의 저술을 남겼는데, 그 저술은 성호 이익과 순암 안정복 이후 19세기 후반기 근기학의 흐름을 이해하는 중요한 내용을 담고 있다. 성호나 순암의 시대와 허전의 시대가 비슷한 시기였지만, 급변했던 19세기 조선의 상황으로 볼 때, 서로 다른 현실에 직면해 있었다고 본다. 또한 허전의 학문이 전수되는 경로는 다른 학파에서는 보기 드문 특이한 과정을 거치게 되는데, 이 점 역시 그의 학문을 이해하는 데 있어 또 다른 변수이기도 하다. 허전의 학문은 이런 요인들과 어울리면서 "허전의 근기학"이라고 할 수 있는 자신만의 특성을 갖추게 되었으며, 우리는 이것을 성호와 순암에 의해 형성된 전기 근기실학에 대해 후기 근기실학으로 이해하고자 한다.

[김 철 범]

---

89) 이우성, 「허전전집해제」, 『허전전집』, 아세아문화사, 1977.

허전의 학문사상과 그 학술사적 위상

1. 서설

성재(性齋) 허전(許傳, 1797~1886)은 조선왕조 말기에 성호학(星湖學)의 학풍을 크게 진작시킨 사람이다. 그는 성호(星湖) 이익(李瀷, 1681~1763)으로부터 순암(順菴) 안정복(安鼎福, 1712~1791)을 거쳐 하려(下廬) 황덕길(黃德吉, 1750~1827)로 이어진 성호학통의 학문을 계승하여, 헌종조에 출사해서 기린도찰방, 함평현감 등의 미관말직을 거쳐 철종 때 일시 홍문 교리로 경연(經筵)에 참가하기도 하였으나, 곧 관직에서 물러나 『수전록(受廛錄)』, 「삼정책(三政策)」, 『사의(士儀)』, 『종요록(宗堯錄)』, 『하관지(夏官志)』 등을 저술했다. 그는 고종이 즉위한 직후에 김해부사로 등용되어 영남 남부지방에서 많은 후학들을 문하에 받아들이고, 이어서 병조참판, 형조판서, 이조판서 등의 직책을 받아 경연에 참가했지만, 연세가 높고 포부를 실현할 만한 실제 권한이 없이 한직에 있다가 90세의 나이로 별세하였다.

허전과 그 후학들 가운데는 조선 말기의 급박한 정세 속에 위정척사와 안민보국을 표방하면서, 간혹 관리로 등용되어 내정개혁을 요구한 이가 없지 않았지만, 국정을 개혁할 만한 지위에 있지 않은 데다, 개항 이후 극도로 부패한 왕실의 인척정치의 권력구조 아래 정치적으로 열세를 면치 못했다. 갑오개혁을 전후로 허전의 후학 가운데는 혹은 항일 저항 운동에 나서거나, 혹은 애국계몽 운동으로 민족의식을 고취하는데 앞장서는 이가 나타났다. 일제의 강제 합방 이후 이들의 대부분은 항일 독립 노선을 견지했는데, 이들 중 일부는 해외로 망명하여 저항운동을 계속했고, 또 일부는 유림독립운

동의 중요한 구심체가 되었다. 이들은 조선망국 이후 한편으로 성호 학통의
여러 문집과 저술들을 간행하여, 경세치용을 위하여 고심한 선학들의 학풍
을 후대에 전하려고 노력하였다.

　허전과 그의 문도들에 대하여는 아직 충분치 않지만 그래도 20여 편의
논문이 나와, 그의 생애와 학문 사상과 그 문도에게 끼친 파급 영향에 대하
여 대략 논의된 바 있다. 논자들의 논점이 모두 일치하는 것은 아니지만,
대개 성호 학맥의 근기실학 계승자로서 허전의 학문 연원과 그 문도들에게
끼친 영향, 경연강의나 예설 등의 논술에 나타나는 허전의 경학 관점, 또는
『종요록』과 「삼정책」 등의 저술에 나타나는 중민사상(重民思想)과 전제개혁
론(田制改革論)의 근대적 의의를 논하는 데 집중되어 있다. 이런 논의들은
대개 허전의 학문과 사상이 그 당대의 집권 수구세력의 고식적 통제 노선이
나 급진적 개화파의 제국주의적 문화이식 노선과는 다른 대척점을 이루는
내재적 온건 개혁을 구상한 경세학(經世學)의 관점을 견지하고 있었다는 데
대하여는 거의 이견이 없는 듯하다.

　허전과 그 후학의 학문 사상에 대한 연구가 아직 일천한 현재, 그의 학문
사상의 학술사적 위상을 논하는 데는 일정한 한계가 있다. 더구나 19세기
후반 이후의 학술사를 논함에 있어서 항상 당면하는 근대성과 시의성의 문
제는 허전의 학문 사상을 논하는 데 있어서도 이론의 여지를 안고 있다. 예
컨대 기왕의 일부 논의에서 성호학의 계승자로서 허전의 실학적 성취에 대
한 일단의 회의를 제기하거나, 허전의 예학과 척사위정론을 도학적 회귀로
논단하고, 또 19세기 후반의 격변기에 처하여 그의 저술에서 보이는 자생적
변혁의 한계를 지적하는 사례도 있다. 이런 견해는 허전의 학문과 저술에
대한 충분하고 심도 있는 논의가 아직 이루어지지 않고 있다는 증거이고,
또한 이른바 실학의 근대성 내지 시의성에 대한 회의에서 비롯한 것이다.

　이런 문제가 있음에도 불구하고, 필자가 보기에 허전의 학문과 사상에 대
하여 논할 수 있는 중요한 주제들은 대개 기왕의 연구에서 이미 거의 다 제

기된 것으로 생각된다. 문제는 제기된 주제들에 대한 비판 분석의 시각과 심도 및 논의의 관점이 얼마나 정확하고 적절했는가에 놓여 있다. 이 짧은 글에서 이미 제기된 논문 하나하나에 평석을 가하는 것은 불가능하고, 또한 허전의 학문 사상을 모두 종합해서 다시 검토하여 논정하는 것도 무리에 가깝다. 그러므로 이 장에서는 그동안 제가의 논의에서 허전의 학문 사상을 규정해왔던 몇 가지 주제들을 중심으로, 이에 대한 제가의 논의 관점을 요약하고, 이에 대하여 간략한 논평을 덧붙임으로서, 허전의 학술 사상과 그 학술사적 위상을 드러내고, 그에 대한 논자의 소견을 피력해 보고자 한다.

2. 성호학의 계승 전파자

한국 근대 학술 사상사에 있어서 성재 허전이 논의되는 가장 중요한 이유는, 그가 19세기 후반기에 근기와 영남 지방에서 주목할 만한 영향력 있는 하나의 학단을 형성하였다는 점과, 그가 조선후기에 성호 이익으로부터 발흥한 경세치용의 실학, 즉 성호학의 계승자라는 점이다.

성재 허전이 하려 황덕길을 통하여 성호 이익의 학문에 접하여 그 학풍을 계승하였다는 사실은 허전 자신을 비롯하여 당대의 사람은 물론 후학들이 누차 강조하여 언급한 바 있다. 그는 하려의 문생으로서 「하려선생행장(下廬先生行狀)」과 「성호선생시장(星湖先生諡狀)」을 지었을 뿐 아니라, 성호의 문도인 하빈(河濱) 신후담(愼後聃)의 행장(行狀)에 이르기를 "나는 어려서 하려선생의 문하에 노닐었는데, 하려는 순암을 스승으로 하였고, 순암은 성호를 스승으로 하였다"[1]고 했다. 그는 또한 병술년 4월에 성호의 묘소로 찾

---

1) 許傳, 『性齋先生文集』 권28, 「河濱愼公行狀」. "不佞少遊下廬先生之門 先生
嘗稱說愼河濱之賢曰是星湖高弟 下廬師順庵 順庵師星湖 耳目所觀記也 不
佞至老白首 終不可諼矣."

아가 올린 「제성호이선생묘문(祭星湖李先生墓文)」에 이르기를 "저는 어려서
부터 하려 황선생의 문하에 노닐었습니다. 하려는 말할 때마다 반드시 선생
의 도덕문장(道德文章)을 칭송하면서 선생께서 저술한 『예설(禮說)』과 『새설
(僿說)』, 『질서(疾書)』, 『사칠신편(四七新編)』, 『곽우록(藿憂錄)』, 문집 등 백
여 편을 보여주었는데, 모두 지나간 시대의 철인을 계승하여 후학을 계도하
는 것이었습니다. 저는 나이 아흔에 이르도록 좋아하고 즐기며 우러러보고
연찬하였으나 가까워질 길이 없습니다"2)고 했다.

　허전은 또한 「하려선생행장」에 이르기를 "번암(樊巖) 채문숙공(蔡文肅公)
이 「성호묘갈문(星湖墓碣文)」을 지어 이르기를 '퇴도(退陶)는 우리 동국의
부자(夫子)이다. 그 도를 한강(寒岡)에게 전하고, 한강은 미수(眉叟)에게 전하
였는데, 선생은 미수에게서 사숙(私淑)한 분으로 미수를 배워서 퇴도의 실마
리에 접하였다'고 하였는데, 이는 군자의 입언(立言)으로 사문(斯文)의 적적
상승(嫡嫡相承)에 거짓이 없었음이다. 그러므로 선생은 「순암행장」에서 또
한 이르기를 '성호선생은 곧바로 퇴도의 실마리에 접하였으니, 도학(道學)의
전수에는 유래가 있다'고 하였다"3)고 했다.

　허전의 문도인 방산(舫山) 허훈(許薰)은 또한 허전의 「언행총록(言行總錄)」
첫머리에 이르기를 "옛날 퇴도(退陶) 이자(李子)가 동방에서 학문을 창도하
여 실로 연원이 발랐는데, 한강(寒岡) 정선생이 그 종지(宗旨)를 얻어 미수
(眉叟) 노선생에게 전수하였고, 다시 성호 순암 하려 세 분의 군자가 그 뒤

---

2) 許傳, 『性齋先生文集』 권18, 「祭星湖李先生墓文」. "傳自少小 遊下廬黃先生
　之門 下廬言必稱先生之道德文章 因以示先生所著書禮說僿說疾書四七新編
　藿憂錄集等 百餘編 無非繼往哲牖來學者也 凡於六合之內三才之中 洪纖巨
　細 靡一不擧 而發前儒所未發之微辭奧旨 其妙契精思 有非俗士之可窺測也
　傳年至九十 而悅之樂之仰之鑽之 未由庶幾焉."
3) 許傳, 『性齋先生文集』 권27, 「下廬黃先生行狀」. "樊巖蔡文肅公撰星湖墓碣文
　曰退陶我東夫子也 以其道傳之寒岡 寒岡傳之眉叟 先生私淑於眉叟者 學眉
　叟以接夫退陶之緖 此君子之立言 而斯文之嫡嫡相承 有不可誣者矣 故先生
　於順庵行狀 亦云星湖先生直接退溪之緖 道學之傳 有自來矣."

를 계승하여 우리 선생에 이르러 사도(斯道)를 부익(扶翼)하여 남긴 단서를 능히 계승하였으니 그 공이 크다”고 하였다.[4] 이는 허전 자신과 그 후학들이 그 학문의 연원을 성호학에 두고 있었다는 명백한 증거이다. 그러므로 허전을 ‘구한말 근기 남인계의 대표적 학자이며 성호학통의 적전’[5]이라 일컫는 것은 그 근거가 있는 것이다.

  허전이 성호학통의 적전으로 운위되는 또 다른 중요한 이유는 그의 문하에 수많은 문생을 받아들여 성호학의 저변을 확대하였다는데 있다. 성호 학맥의 학문 경향을 순암 안정복 계열의 온건한 우파(右派)와, 녹암(鹿庵) 권철신(權哲身) 계열의 급진적 좌파(左派)로 구분하여 논한 이우성은 이르기를, “천주교 관련 죄목에 몰려 성호좌파의 영수인 녹암 권철신이 비명에 죽은 뒤에 녹암의 제자인 손암(巽菴) 정약전(丁若銓)이 흑산도에서 불귀의 객이 되고, 그 아우인 다산 정약용이 강진에서 간신히 살아 돌아 왔지만 자기 학문을 이어받을 훌륭한 제자 한 명 남기지 못한 채 이승을 하직하였는데,” “성호좌파가 당시 집권자에 의한 피의 숙청과 끊임없는 탄압으로 학맥이 단절된 뒤에, 성재가 순암 하려의 적전으로 남인 중의 일대 종장(宗匠)이 되었던 것은 성호학통을 위해 적이 다행한 일이 아닐 수 없다”[6]고 하였다. 그처럼 성호 좌파가 단절된 상황에서 달리 허전에게는 그 학문을 추종하는 수많은 문하생이 몰려들었다. 한 통계에 의하면 허전의 문도가 『조선유현연원도(朝鮮儒賢淵源圖)』에 265인, 「냉천급문록(冷泉及門錄)」에 495인이 수록되어 있는데, 중복을 피하고도 모두 551인이 된다고 한다.[7]

---

4) 許薰, 「言行總錄」(『性齋先生文集附錄』卷6). “粤昔退陶李子倡學東方 實啓淵源正 寒岡鄭先生得其宗 授之眉老先生 復有星湖順庵下廬三君子 繼其後式至吾先生 扶翼斯道 克紹遺緒 厥功偉矣哉.”
5) 이우성, 「許傳全集 解題」, 『許傳全集1』, 아세아문화사. 1978.
6) 이우성, 「許傳全集 解題」, 『許傳全集1』, 아세아문화사. 1978.
7) 김철범, 「성재 허전의 생애와 학문 연원」, 『문화전통논집』 제5집, 경성대한국학연구소. 1997.

허전이 김해부사로 부임하여 공여당(公餘堂)을 개방해서 학도들을 받아들인 뒤로부터 급격하게 증가한 허전의 문도들은 대다수가 영남 남부지역의 인사들로 이루어졌고, 그들은 대개 점필재(佔畢齋) 김종직(金宗直)과 한훤당(寒暄堂) 김굉필(金宏弼), 남명(南冥) 조식(曺植) 및 한강(寒岡) 정구(鄭逑)와 미수(眉叟) 허목(許穆) 연원으로 접맥이 되거나 그 주변부의 인맥으로 연관되어 있다. 임병 양란 이후 쇠잔하였던 이 지역의 학문 기풍이 이로 인하여 새로이 크게 떨치고 일어났을 뿐만 아니라, 이들은 허전의 생시는 물론 그의 사후와 조선왕조 망국 이후에도 결속하여 스승의 문집과 저술을 비롯하여, 『성호집(星湖集)』, 『하려집(下廬集)』, 『미수기언(眉叟記言)』, 『경례유찬(經禮類纂)』, 『동현학칙(東賢學則)』, 『이자수어(李子粹語)』 등 그동안 고본(稿本)으로 전해온 성호학통의 저술들을 대거 간행하여 유포함[8]으로써 성호학맥의 학적 성과를 전파하였다.

허전은 조선말기에 거의 단절되는 위기에 처하였던 성호학을 계승 전파하는 한편, 영남 남부지역의 학풍을 크게 고무하였다. 이로 인하여 형성된 그의 문도들은 성호학맥의 저술들을 간행하여 성호학을 널리 선양하였을 뿐 아니라, 식민지 상황에서 이 지역의 강고한 문화적 결속력을 유지하는 원동력을 제공하였다. 이 점에 대하여는 논자들 사이에 그다지 이론이 없는 듯하므로, 사족을 덧붙이지 않는다.

3. 『수전록』과 「삼정책」의 개혁사상가

19세기 후반의 실학자로서 성재 허전의 학술 성과는 그의 저술인 『수전록』과 제도개혁 건의안인 「삼정책」에 잘 나타나 있다. 이 저술과 논문에 대

---

8) 류탁일, 『성호학맥의 문집간행연구』, 부산대학교출판부. 2000.

하여는 19세기의 당대 사정을 잘 반영한 경세치용의 저술로서 근대지향적 의의를 가지고 있다는 논평과, 성호나 다산의 개혁 논의에서 후퇴되었다는 논평이 나와 있다. 이 두 논평은 서로 상반되는 점이 있으므로 살펴볼 필요가 있다.

성재 허전은 그의 나이 65세 때 철종 신유년(1861) 민생을 위한 전제 개혁을 근간으로 하는 치국의 방략인 『수전록(受廛錄)』을 저술하였고, 그 이듬해 임술년(1862) 진주 단성에서 시발된 삼남(三南)의 민란을 당하여 당면한 국가의 위기를 진단하고 이를 해결하기 위한 「삼정책(三政策)」을 저술하여 올렸다. 이 두 편의 저술은 경세치용(經世致用)을 지향하는 성호학(星湖學)의 계승자로서 성재 허전의 경세(經世)의 방략을 잘 보여준다.

『수전록』은 전제개혁을 근간으로 국가의 조세와 산업, 관직 제도, 교육, 국방, 치안 등 치국 안민의 제도를 구상한 것이다.[9] 그는 유가 경전의 정전론(井田論)과 선학들이 제안한 여러 가지 전제론(田制論)을 근거로 하여, 생산수단으로서의 전답의 사유를 인정하되, 대토지의 소유를 제한하고, 모든 농민이 전답을 균점하게 함으로써 생계의 근본을 보장하는 항산전(恒産田)의 시행을 제안하였다. 그의 항산전론은 전국의 토지를 정밀하게 측량하여 전답의 전체 규모와 소유 현황을 파악하고, 사전(私田) 가운데 경작자 1인이 경작할 수 있는 경작면적을 정하여 항산전으로 정한 다음, 일정한 기일을 시작으로 현재 전답을 소유하고 있는 자는 그가 소유한 전답 가운데 항산전을 등록하여 세업(世業)으로 하되, 항산전 이외의 나머지 전답은 임의로 팔 수 있게 하고, 지금 전답을 소유하고 있지 않은 자는 뒤에 토지를 매입하여 소유하게 되면 해당 토지를 항산전으로 등록하여 세업으로 가지게 하되, 만약 일정한 경작면적 이상의 토지를 소유하면 초과 경작면적에 대하여는 해당 면적 비례의 고전(雇錢)을 내도록 하고, 아무리 토지를 많이 소유하더

---

9) 許傳, 『許傳全集』, 「受廛錄序」. "先王之道 均田而養民爲先務 次之禮樂 則王道之成 故以終之 其間許多節目 皆推此而詳之."

라도 항산전의 10배 이상을 소유하지 못하도록 하면, 궁극에는 백성의 생
산 능력이 점차 균등하게 될 것이며, 공전(公田)은 8가를 단위로 각기 한
구역씩 차지하여 경작하도록 하여 국가의 경비에 충당하도록 한다는 내
용10)이다.

「삼정책」은 철종 13년 임술년(1862) 도결(都結)과 환곡(還穀), 군포(軍布)
등의 문제로 진주와 단성에서 시작되어 삼남 각지로 파급된 일련의 민란을
대략 수습하는 과정에서, 조정에서 이 세 가지 문제의 해결을 위한 대책을
구하자, 이에 응하여 제안한 2만여 자의 장편 논설이다. 조선후기 국가와
사회의 고질적인 병폐였던 이 세 가지 문제에 대하여, 허전은 중민론(重民
論)과 전제개혁을 전제로 하여, 전부(田賦)에 있어서 정수(定數) 외의 도결(都
結)을 혁파하여 백성의 힘을 길러주고, 군정 문제는 기존의 오위(五衛)를 혁
파하여 숙위군(宿衛軍)을 두어 군사제도를 효율적으로 운용하는 한편, 경군
(京軍)과 향군(鄕軍)에게 항산전(恒產田)을 제공하여 병농합일(兵農合一)의 제
도를 시행하고, 환곡의 문제는 지역 관청과 주민이 관장하는 상평창(常平
倉)과 사창(社倉) 제도를 활용하여 곡물의 수급과 가격을 조정할 수 있도록
제안하였다.11) 그의 제안이 그대로 시행되지는 못하였지만, 이 무렵 저술
된 『수전록』의 학문성과를 반영한 것으로, 응용구시(應用救時)의 성호학의
실제를 명료하게 보여준다.

허전의 항산전 구상은 19세기 중반 이후 빈발한 민중봉기의 근본 문제인
토지겸병으로 인한 소농의 몰락과 조세 수취제도의 난맥상을 해결하기 위
한 방략이었다. 이는 반계(磻溪) 유형원(柳馨遠)의 전전론(佃田論)이나 성호
이익의 한전론(限田論), 다산 정약용의 여전론(閭田論) 등과 같은 실학자들이
꾸준히 연구해 온 전제개혁론12)의 연장선상에 있는 것으로, 이 구상이 삼정

---

10) 허전, 『受廛錄』 권1 「養民-田制」.
11) 허전, 『性齋集』 권9 「三政策」.
12) 김용섭, 『조선후기농업사연구』(일조각 1995.) 424~471쪽 참조.

의 문란으로 야기된 임술년 삼남 민란이 발발하기 직전에 나와, 임술민란의 해결책을 묻는 「삼정책」에 그대로 반영되었으며, 임술민란의 진원지인 경상우도 지역에서 허전의 문도가 크게 모여들었다는 것은 모두 일정한 상관성13)이 있는 것이다.

항산전을 구상한 허전의 토지제도 논의에 대하여 이우성은 "항상 정전론을 주장하면서 다산의 견해를 많이 받아들인 것 같으나, 그 실행에 있어서는 성호의 균전론(均田論)에서 볼 수 있는 조정 방법을 따랐던 것"과 같이 현실의 가능성에 여러 견해를 종합한 것14)이라고 하였다. 김강식은 또한 "토지의 사유와 토지 소유의 상한과 하한을 동시에 규정한 것은 진전된 방안"15)이라 규정하였다. 이들 논평은 모두 항산전의 논의가 기존의 성호학파 학자들의 논의를 종합 발전시킨 것이라는 관점을 보여준다. 김철범은 성재의 토지개혁론이 "봉건적 지주제의 완만한 해체과정을 거쳐 균산(均産)을 통해 농민경제를 안정시켜 나가려는 점진적인 방안"16)이라 평가하였고, 송갑준 역시 "봉건적인 지주제를 해체시키고 민 중심의 농민경제를 균산화하려는 것"17)이라고 하였다. 이는 항산전론(恒産田論) 가운데서 균산(均産)이라는 근대성 지향성을 찾으려는 노력을 반영한 것이다.

허전의 학문과 사상에 있어서 당대의 현실을 타개하려는 경세치용의 유효한 방략이 있었으며 그것이 얼마나 체계적이었는가 하는 문제는, 그의 학문이 성호학의 실학전통을 얼마나 충실히 계승하였는가 하는 문제와 밀접한 관련이 있다. 그런데 홍원식은 금장태의 견해를 받아들여 "실학의 발전

---

13) 정경주, 「강우 허성재 문도의 학풍」, 『남명학연구』 제10집, 경상대 남명학연구소, 2000.
14) 이우성, 「許傳全集 解題」, 『許傳全集1』, 아세아문화사. 1978.
15) 김강식, 「성재 허전의 학풍과 역사적 위상」, 『문화전통논집』 제7집, 경성대 한국학연구소, 1999.
16) 김철범, 「성재 허전의 제도개혁론에 대하여」 『문화전통논집』 제6집, 경성대 한국학연구소, 1998.
17) 송갑준, 「성재 허전의 사상」, 『인문논총』 제11집, 경남대 인문과학연구소, 1998.

에는 기여를 하지 못하였고, 주로 도학을 실학과 접맥시키는데 노력하였
다"[18]고 평하였다. 이와 관련하여 김강식은 한편으로 허전의 삼정책이 "중
세봉건체제의 근본적인 해체와 개혁을 주장하지 못하는 입장에 처한 지식
인의 한계"[19]라는 비판하였다. 이에 대하여는 변론이 필요하다.

    허전의 항산전론은 앞에서 논한 바와 같이 이에 앞서 논의되어 왔던 전
제개혁론을 절충하여 시의에 맞게 변용한 것으로, 그 논의는 실학자들이 줄
기차게 강구하였던 전제개혁론의 실천 방략이었다. 20세기 중반 한반도의
남북에서 이루어진 농지소유제도의 개편과정에는 농지의 재분배가 논의되
었고 농지소유의 상한제도 제안되었지만, 허전의 항산전론이 이들 논의에
어떤 영향을 주었는지는 분명치 않다. 또한 농업 생산과 국가 조직의 근간
으로서 토지 균점을 강구한 정전제는 고대의 유가 경전에 명시되어 있고,
그것이 허전의 전제 논의의 골격을 이루고 있는 것이 분명하기 때문에, 항
산전의 논의를 곧장 봉건적 지주제의 해체로 연결시켜 논하는 것은 조금 지
나친 점이 없지 않다. 그러나 항산전론은 그 논의의 근대성 여부는 차치하
고, 비록 당국자에게 채택되어 시행되지는 못했지만, 조선말기 삼정의 문란
으로 피폐한 농촌 현실과 민생을 타개하기 위한 정책 대안을 치밀하게 강구
하고, 이를 토대로 경국의 방략을 수립한 증거이다. 그 점에서 허전은 경세
치용의 성호학을 충실히 계승한 실학자로서의 본색을 잃지 않았던 것이다.
성재의 저술 『수전록』에 대하여는 아직까지 본격적인 연구가 이루어지지
않은 상태에서 그 저술이 가지는 실학적 성과를 논하기는 어렵지만, 위와
같은 관점에서 허전의 학문이 실학의 발전에 기여하지 못했다는 논의는 타
당치 않은 것이다.

---

18) 홍원식, 「근대 시기 영남유학의 운동과 사상」, 『한국유학사상대계』Ⅲ, 철학사상편
    (하), 한국국학진흥원, 2005.
19) 김강식, 앞의 논문.

4. 『종요록』의 경학사상

성리학이 학문 사상의 기조를 이루었던 조선조의 학술을 논함에 있어서
경학에 대한 저술은 그 학자의 학문 성향을 규정하는 데 중요한 자료이다.
조선조의 경학 저술은 대개 경전 주석이나 주석에 대한 토론, 또는 경학상
의 주요 논점에 대한 논변을 토대로 이루어졌다. 이런 점에서 허전의 『종요
록(宗堯錄)』은 여러 가지 점에서 주목되는 저술이다.

『종요록』은 허전의 나이 66세인 철종 임술년(1862)에 편집한 경학 저술이
다. 이 책은 모두 10권으로 되어 있는데, 제1권에서 제5권까지는 민천경덕
(民天敬德)의 순서로 관련 항목을 배열하고, 제5권과 6권에는 다른 여러 경
전에서 나오는 관련 항목을 배열하였으며, 제7권에서 제9권까지는 덕(德)의
하위항목으로 심(心), 성(性), 정(情), 의(意), 사려(思慮), 충서(忠恕), 충신(忠
信), 충(忠), 효제(孝悌), 성(誠) 등의 조목을 배열하고, 제10권에는 「태극도설
(太極圖說)」, 「양심설(養心說)」, 「심경찬(心經讚)」, 「서명(西銘)」 등 성리학자
들의 잠명(箴銘)을 싣고, 마지막에 허전이 고종에게 지어올린 「성헌잠(誠軒
箴)」을 올려놓았다.

『종요록』은 『상서』의 내용 가운데 천(天)·민(民)·경(敬)·덕(德)의 네 가지
요점을 강령으로 하여 여러 경전의 주요 경문을 편집한 책이다. 『종요록』의
요지는 책의 서두에 붙인 「천민경덕도(天民敬德圖)」에 요약되어 있다. 「천민
경덕도」는 왕이 경(敬)의 심법[주경(主敬)]으로 덕을 밝혀[명덕(明德)] 하늘
을 받들고[상승(上承)] 민을 따른다[하순(下順)]는 의미를 함축한 상도(上圖)
와, 천민경덕의 실체와 조목을 나열하여 설명한 하도(下圖)로 이루어져 있
다. 천민경덕의 네 가지 요점은 허전의 어전 경학 강론을 모아놓은 「경연강
의」에서도 누누이 강조되는 것[20]이지만, 경학의 학문 목표를 네 가지로 요

---

20) 정경주, 「성재 허전의 시경강의에 나타난 설시 관점」, 『문화전통논집』 제6집, 경성
　　대 한국학연구소, 1998.

약하고, 성리학의 핵심 논점이 되었던 심성의 논의를 모두 덕의 하위 항목
으로 처리하여 맨 뒤에 둔 것은, 성리학의 논변보다는 천덕(天德) 왕도의 실
현을 우선으로 하는 경세치용의 관점을 분명하게 드러낸 것이다. 더구나 이
책은 경전에 주석을 부가해가는 종래의 경학 주석 방식과는 전혀 다른 각도
에서 경전을 해체하여 재편성함으로써 새로운 논리체계를 드러내는 독특한
형식을 택하였다.[21]

　『종요록』의 첫머리에는 이 책의 편찬 취지를 도식으로 정리한 두 개의
「천민경덕도」를 제시해 놓았는데, 이를 통하여 경학에 대한 그의 학문 관점
을 살펴볼 수 있다.[22] 허전은 말하기를 "육경의 경학 요체는 『서경』에 구비
되어 있고, 『서경』의 학문은 천민경덕 넉자로 귀결된다"[23]는 취지에서, 『서
경』을 중심으로 여러 경전에서 네 가지 강령과 관련된 조목을 뽑아 순서대
로 배열하였다고 했다. 천민경덕의 종지를 표방한 『종요록』은 그 편차에 있
어서는 또 민천경덕의 순서로 하여 민을 맨 앞에 두었다. 그는 스스로 그
이유를 "왕자(王者)는 민을 천(天)으로 삼기 때문에 편차에 있어서는 민을
먼저하고 천(天)을 뒤로 하였다"고 해명했다.

　『종요록』의 의의에 대하여 이우성은 "외척정치 세도정치의 탁란(濁亂) 속
에 군주는 제 구실을 못하고 민중은 살길을 찾지 못해 자연발생적 봉기를

21) 정경주, 「종요록에 나타난 성재 허전의 경학 관점」, 『문화전통논집』 제7집, 경성대
　　한국학연구소, 1999.
22) 천민경덕도의 구체적인 내용에 대하여는 이 책의 제2장 「종요록에 나타난 성재 허
　　전의 경학관점」 참조.
23) 許傳, 「宗堯錄序」. "六經之治 同歸于道 而道之全體大用 莫有備於書 其次大
　　學是耳 何者 書記聖人修身齊家治國平天下之術 而其本則在乎德 其要則在
　　乎敬 其理則出乎天 其功化則極乎民 德者 仁義禮智之得於性者也 敬者 主一
　　無適 而事物之成始成終者也 天者 道之大原 而爲萬化之主宰者也 民者 人之
　　衆而天地之心 而吾之同胞而邦之本者也 是以書五十八篇之中言天者 四百九
　　十五 言民者三百六十六 言經者二百三十七 言德者三百四十二 其餘數萬言
　　皆主此四字而推衍之也 大學則曰明德曰新民曰天之明命曰緝熙敬止 無不從
　　四代書來 而堯典乃其宗也"

빈번히 하고 있으므로 민중의 지지 위에 군주의 신정(新政)을 구현해야 한
다는 성재의 이상을 담아 놓은 것"이라고 하면서, '왕자 이민위천(王者 以民
爲天)'에 주의를 환기시킨 것은 "당시 우리 민중의 성장에 의한 저항세력의
앙진(昻進)을 반영한 것"[24]이라고 평하였다. 송갑준은 "이민위천(以民爲天)
의 민본사상과 이를 토대로 한 삼정책의 민 중심의 개혁사상은 민권을 제도
적으로 정착시키려 했다는 점에서 근대지향적 사상으로 볼 수 있다"[25]고
논평하였다.

이에 반하여 김강식은 "허전의 정치관은 궁극적으로 왕이 인과 의를 통
하여 덕화를 이루고 어진 신하를 등용하여 삼대의 정치를 이룰 것을 강조하
였다. 이는 도학적 경세관이라 할 수 있다"[26]라고 했다. 이 점은 금장태가
허전의 현실문제에 대한 접근이 "국가의 통치제도에 대한 개혁론이 아니라
군왕의 통치원리에 대한 재확인이다. 따라서 실학파적이라기보다 도학파적
인 경세론으로 볼수 있다"[27]고 한 것과 상통하는 것으로, 아울러 논변이 필
요하다.

『종요록』의 저술은 경학이 학문의 주류를 이루던 시대, 그리고 절대왕권
이 지배하는 시대에 그 왕권 아래 관직에 종사하였던 학자에 의하여 이루어
진 것이다. 그러므로 그 경세치국의 방략 가운데 왕이 위치하고, 그 내용으
로 고대 경전의 의미 있는 구절이 배치될 것은 자명한 일이다. 그러나 단순
히 도학정치의 이상을 논하려고 하였다면, 다른 학자들과 마찬가지로 이미
있는 경전을 인용하여 강조하면 될 것이고, 군이 이런 종류의 도식을 만들
어 논증할 필요가 없었을 것이다. 그러므로 그 내용을 자세히 따져 살펴보
고 그 의도를 짐작해 보아야 한다.

---

24) 이우성, 앞의 해제.
25) 송갑준, 앞의 논문.
26) 김강식, 앞의 논문.
27) 금장태 고광식,『속유학근백년』(여강출판사, 1989) 92쪽.

『종요록』은 『서경』「요전(堯典)」의 "克明俊德 以親九族, 九族旣睦 平章百姓, 百姓昭明 協和萬邦, 黎民 於變是雍"과 "欽若昊天 曆象日月星辰 敬授人時"의 두 구절로부터 시작한다. 이 두 구절에 천민경덕의 네 의미가 모두 포괄되어 있지만, 허전은 굳이 이 두 구절을 모두 『종요록』의 첫째 권 '민' 편의 첫머리에 두었다. 또 그의 『수전록』의 첫째 권은 중민(重民)으로 시작되는데, 그 첫머리에 이르기를 "중민은 왕도의 근본이다. 문헌이 극히 많지만 민에 전심하기로는 『서경』만 한 것 없다. 『서경』은 「요전」에서 시작하여 「태서(秦誓)」에서 끝나는데, 모두 58편 가운데 민을 말한 것이 269번이니, 이에 선왕이 중시한 것이 민에 있고, 이 외에는 다시 이른바 치천하의 일이 없다는 것을 알겠다"[28]라고 했다. 이처럼 '중민(重民)' '양민(養民)' '보민(保民)' 등으로 표현되는 '민'이란 한 단어는 『종요록』뿐만 아니라, 그의 각종 저술 논변에 널리 일관하여 강조되는 말이고, 더구나 민란이 빈발하던 시기에 이를 경학과 시정(施政)의 핵심으로 단정하고 있기 때문에 이는 분명 예사로운 일이 아니며, 중민 내지 민본의 사상을 반영한 것이라고 논정하는 것은 크게 어긋난 것은 아니다.

살펴보면 「천민경덕도」의 도표 중심에는 왕이 들어 있다. '왕'을 각성된 개인 일반을 의미하는 '인'으로 바꾸어 놓을 수도 있겠지만, 경전의 '중(衆)'이나 '인(人)'은 모두 '민(民)'을 가리키는 것이라고 주석을 붙여놓았으므로, 이는 도표의 중심에 있는 왕, 즉 제왕의 통치 강령을 설명한 것이지, 민권을 논한 것이라고 보기는 어렵다. 그런데 왕의 위에 천을 올려놓고, 왕의 아래에 민을 놓았지만, 민이라는 항목에는 다시 모두 천이라는 말을 붙여 놓았다. 이는 민과 천이 동격이라는 말이다. 또한 도표의 상하에는 홍범(洪範)의 황극(皇極)과 같이 경전에 더러 언급되었던 통치권력으로서 왕의 존엄이나

---

28) 許傳, 『受廛錄』 권1 「重民」. "重民 王道之本也. 載籍極摶 其專心於民 莫如書. 書肇堯典 訖于秦誓 凡五十八篇之中 言民者 二百六十九 乃知先王之所重在民 而外此更無所謂治天下之事者耳."

권력의 실체에 대한 언급은 일체 보이지 않고, 오직 민과의 상호 관계만 명시되어 있다. 이는 통치권력인 왕은 천인 민을 위하여 존재하고, 민에 의하여 지탱된다는 의미로 해석된다. 더구나 도학적 경세관에서 흔히 이야기되는 수기치인의 순서가 『종요록』의 천민경덕도에는 천민경덕으로 대체되어 있다. 단순히 대입하기에는 약간의 무리가 따르지만, 그래도 경덕(敬德)은 수기(修己)에 해당될 법하고 천민(天民)은 치인(治人)에 해당 될 법한데, 그 순서가 바뀌어 있다. 유가의 학문이 본디 개인의 도덕적 자각을 학문의 근간으로 삼는다는 점에는 이론의 여지가 없지만, 성리학 내지 도학의 학문 신념이 수기치인을 내세우면서도 수기에 집착하여 경세제민의 치인의 방략을 강구하는데 소홀한 점이 없지 않았다는 점에 유의한다면, 『종요록』의 민천의 표방은 학문 목표와 관심의 방향이 실학의 경세치용을 반영하고 있는 것이 분명하고, 이는 단순한 수기치인의 도학적 경세관에 머무는 것이 아니라, 실학적 경학 해석과 그 관점을 반영하고 있는 것이다.

물론 다산이 일찍이 「탕론(蕩論)」을 통하여 군장(君長)의 선거와 교체를 논한 것29)과 같은 혁신적인 민권론을 허전의 중민사상에서 도출하는 것은 무리인 듯하다. 그러나 종래 성리학에서 수제치평의 논리로 널리 설명되었던 유가의 학문 이념을 『서경』에서 근거를 찾아 천민경덕(天民敬德)이라는 새로운 개념체계로 바꾸어 설명하고, 그 학문의 최우선의 표적을 '민'으로 바꾸어 설정한 데는 또한 경세치용의 학문목표가 명백할 뿐 아니라, 주자학의 교조에서 벗어나려는 경향을 볼 수 있다. 『종요록』에 대한 제가의 논평은 대개 『종요록』에 제시된 '천민(天民)' 두 글자에 초점을 맞추어 그 중민사상의 의의에 초점을 맞추고 있으나, 이 책의 의의는 여기에 그치지 않는다. 『종요록』은 기존의 경전을 해체하여 천민경덕의 정치이념을 체계화하는데 사용함으로써, 이제까지의 경학 저술에서 보기 드물었던 경학 연구의 독특한 면모를 보여주기 때문이다. 이 점에 대하여는 별도의 논의가 필요

---

29) 이우성, 앞의 해제.

하다.

이상 논한 바와 같이 허전은 경학을 통해 중민사상의 이념을 도출하고 그것을 체계화하려고 노력하였다. 그가 도출한 중민사상은 당연히 근대 민주국가의 정치체제나 통치원리와는 전혀 다른 것이지만, 유가의 고대 경전 연구를 토대로 '중민'의 이념을 도출한 데는 근대국가 개념의 형성과 관련하여 일정한 근대적 의의를 부여할 수 있다는 견해가 우세하다. 다만 이러한 중민의 사상이 후학들에게 어떤 형태로 전수되고 영향을 주었는지에 대하여는 지금으로서는 논증된 바 없기 때문에, 그의 문도들에게 있어서 이런 변화가 어떤 형태로 진행되었는가는 유의해서 살펴볼 문제이다.

5. 척사위정론과 예학 저술

19세기의 유학자로서 허전의 사상과 학술 가운데 가장 두드러지게 논의된 부분은 그의 척사위정론(斥邪衛正論)과 예학 저술이다. 허전은 척사위정론에 있어서 확고하고 분명한 태도를 보여주었는데, 이 점은 성호학파 가운데서도 서학을 사학(邪學)으로 규정한 순암 이후의 성호우파의 노선을 견지한 것이다. 허전은 또한 예학상의 많은 논변을 거쳐서 기존의 『가례』의 체제를 과감하게 가감 변통하여 사서인(士庶人)의 가정 의식을 새로운 규모로 정비한 예학서적 『사의(士儀)』를 편찬했는데, 여기에는 근기실학자들에 의해 제기되었던 중요한 예설과 예학 관점이 여러 가지 형태로 반영되어 있다.

이 두 가지는 허전의 학문과 처신은 물론 후학들에게도 심대한 영향을 끼쳤다. 그러나 성호학의 발전 전개와 19세기의 시대 상황과 관련하여 그의 척사위정론과 『사의』가 가지는 의의에 대하여는 논자들 사이에 약간의 미묘한 견해의 차이가 있는 듯하다.

먼저 허전의 척사위정론과 관련하여, 강세구는 "영남남인의 성호학통은 허전을 정점으로 그동안 줄기차게 지켜온 천주교 배척과 함께, 병인양요나 신미양요를 겪은 이후의 서구세력과 운양호사건 이후 일본에 대한 강한 적대감을 나타내면서 벽위사상을 고수하여 왔다"30)고 하면서, "따라서 이들의 노선은 성격상 19세기 후반 밀려오는 서세동점의 국제적 흐름에서 개화기를 적응해 나아가는 데 적지않은 한계에 부딪쳐야 했고", 또한 "이들이 지니고 있는 벽위(辟衛) 일관의 대외적 태도는 강한 저항정신을 낳게 하여 의병을 모집하거나 망명의 길을 걷는 자도 다수 등장하였다"31)고 논평했다. 이와 조금 달리 김강식은 허전의 위정척사론이 "성리학적 이단론의 시각에서 크게 벗어나지 못했다"32)고 논평하였다. 이 두 논평에는 모두 변론이 필요하다.

허전의 문집에는 「서하빈신공서학변후(書河濱愼公西學辨後)」33)를 비롯하여 곳곳에 서학을 사학으로 규정하고 맹렬하게 비판하고 이의 배척을 고무하며, 한편으로 잇달아 일어난 양요에 대한 반감으로 외국과의 강화(講和) 논의를 배척한 논의가34) 많이 들어 있다. 이는 그가 매우 강경한 위정척사

---

30) 강세구, 「구한말 영남지방 성호학통 안종덕의 사상 -시사책을 중심으로-」 『역사와 실학』 31집, 2006.
31) 강세구, 「성재 허전의 성호학통 계승」, 『실학사상연구』 13, 한국사교육논총 1999.
32) 김강식, 앞의 논문.
33) 許傳, 『性齋先生文集續編』 권4, 「書河濱愼公西學辨後」. "吾儒之道 君臣父子夫婦昆弟朋友是已 自堯舜禹湯文武周公孔孟 相傳而無弊者也 夫何所謂西洋邪術 萬曆間流入中國 轉到東方 或因其高明而迷惑者有之 其書遂爲邦禁 余雖不得見之 心切怪之 又竊憂之 及見淸儒魏源氏所著海國圖誌中諸儒論斥之說 然後槩知其滅倫亂常之甚 而後又見洪螯齋四編證疑 益知其所未知 螯齋之前 有愼河濱西學辨 其劈破廓闢之詳且嚴 與螯齋不謀而同 是皆有功於斯文大矣 余隨得隨錄 俾世人寓目存心 曉其爲妖誕悖理之術 眞禽獸之不若也云."
34) 許傳, 『性齋先生文集』 권5, 「答趙卓老性覺」. "洋擾雖已退去 邪類之潛伏釀禍 誠非細憂 亦或有講和之議 出於一邊 尤極駭痛 幸與同志勉勉修正 一以嚴斥

론을 견지하고 있었다는 증거이다.

또한 허전은 「천지변(天地辨)」을 지어 땅의 구체설(球體說)을 논하면서 천도를 측정하는 법을 서양 역법과 비교하기도 하고[35], 또 청나라 위원(魏源)이 편찬한 『해국도지(海國圖誌)』를 읽고 초록하여 비치하는[36] 한편, 「외국기(外國記)」와 「해국기(海國記)」를 저술하는 등 서양에서 들어온 새로운 지식과 기술에 대하여 깊은 일정한 관심을 보여주었다. 그의 천문학에 대한 견해를 살펴보면 지구의 구체설을 긍정하면서도 재래의 구중천(九重天)의 천문관에 근거하여 천문현상을 설명하고 있을 뿐, 그 전대 학자들이 이미 받아들였던 지동설(地動說) 등의 서구 천문학설을 적극적으로 수용한 흔적을 찾기 어렵다. 이런 점을 두고 금장태는 허전의 자연과학에 대한 관심이 "성호에게서 보이는 서양천문학에 대한 적극적 관심을 상실하였다"고 비판했지만,[37] 그러나 이는 그의 천문학에 대한 지식이나 식견이 제한되어 있었다는 점을 지적한 것일 뿐, 허전의 해외 문물에 대한 지적 관심이 여전히 태극 심성론에 매몰되어 있었던 일반 유학자들과는 달리 대단히 개방적이었다는 증거로서는 여전히 유효한 것이다.

이처럼 서양의 자연과학에 대한 지적 호기심이라는 개방적 태도를 유지

廓闢爲事業如何”; 『性齋先生文集』 권5, 「答朴季章致晦」. “洋撓雖已退去 邪類終未盡殲 一巨室或有講和之說 駭痛 此不可不明目張膽而嚴斥之 大抵元氣壯則疾病不生 正學明則邪說不亂 讀書窮理 爲今日最先急務 不必待耄言而講之熟矣.”

35) 許傳, 『性齋先生文集』 권7, 「天地辨」.

36) 許傳, 『性齋先生文集』 권16, 「海國圖誌跋」. “海國誌五十篇 淸內閣中書魏源所輯也 咸豊中 洋夷爲患於中國 連年不解 源作計入洋中諸國 采其地方大小 山川險夷 道路遠近 風敎善惡 器械精粗 甚悉且詳 乃歸而爲此書 可謂爲天下萬世長遠慮也 非豪傑之士能之乎 史野權尙書 大肯 以使事至燕京 得此書而還 憲廟聞之 遂命進覽 以御筆題其函而還之 聖人之有意於治者正如是矣 今觀其書 盖有志於禦外者 不可少此文字矣 且其中所言異端邪術 亦有可以明辨而廓闢者 故略抄其槩 以資考閱云爾.”

37) 금장태, 고광식, 앞의 책 91쪽.

하면서 양요를 일으킨 왜양(倭洋)과 서학에 대하여 강경한 배척론을 전개하는 것은 허전의 위정척사론의 특징이다. 서양기술에 대한 맹목적 배척은 드러내지 아니하고, 서학 즉 천주학과 침략자로서의 외세를 척사의 주된 표적으로 삼은 그의 척사위정론은, 허전 자신의 신념에 그치지 아니하고 그의 문도와 재전 문도들에 이르러 항일 의병운동 또는 외세 저항운동으로 꾸준히 접속되었다. 예컨대 경상도 선산의 문도 방산(舫山) 허훈(許薰)이 을미의병(乙未義兵)의 의병장으로 추대되고, 그 아우 성산(性山) 허겸(許蒹)과 왕산(旺山) 허위(許蔿)가 의병으로 활동하다 죽었으며, 충청도 예산의 문도 수당(修堂) 이남규(李南珪)는 의병에 참여하였다가 체포되어 살해당했고, 경상도 안의의 문도 신암(愼庵) 노응규(盧應奎) 역시 을미년 이후 의병으로 활동하다 체포되어 감옥에서 죽었으며, 경상도 의령의 문도 수파(守坡) 안효제(安孝濟)와 김해의 문도 대눌(大訥) 노상익(盧相益) 등이 만주로 망명하였다. 이처럼 허전과 그 문도들은 19세기 말 이후 조선을 압박하였던 외세에 대한 저항운동에 앞장섰다. 그 뿐 아니라 방산의 문도인 위암(韋庵) 장지연(張志淵)과 수당의 문도인 단재(丹齋) 신채호(申采浩)는 대한제국 시기 이후 유림 출신의 애국계몽운동과 항일운동의 선도자로 나서서, 그 동학과 후학은 물론 당대의 지식 대중에게 큰 반향을 일으켰다. 조선말기와 그 후의 유림저항운동이 반드시 허전문도에 의하여 촉발된 것만은 아니고, 그들 사이에서도 저항의 층위가 동등하지 않지만, 그들과 그들 주변에서 또렷한 하나의 적극적인 하나의 조류를 형성되었던 것은 부인할 수 없는 사실이다.

이런 사실로 비추어 본다면, 허전의 위정척사론은 김강식이 논평한 바와 같은 단순한 성리학적 이단론의 시각으로 논단하는 것은 적절치 않다. 조선말기와 20세기 초반에 걸쳐 성리학적 이단론의 입장에서 위정척사론을 주장한 일군의 유림 집단이 있었지만, 그들의 대부분은 적극적인 민족계몽운동이나 항일운동 내지 망명으로 그들의 사상적 신념을 변전(變轉)시켜 나가지 못했다. 더구나 이 문제는 별도로 논증되어야 하겠지만, 성호와 순암 및 다산을 거치면서 강화된 주체적 역사관과 국토 강역에 대한 관념은 허전과 그 문도들에게 근대적 민족 개념에 준하는 국가관 내지 민족관을 형성하게 하였다. 그러므로 서학이라는 외래 사상과 더불어 외세의 침략에 대한 항거가 주된 표적이었던 허전의 주체적 척사위정론을 성리학적 이단론에서 벗어나지 못하였다고 단정하는 것은 성급하고 잘못된 단정이다.

동일한 관점에서 강세구의 논평을 다시 살펴보면, 허전의 일관된 벽위 사상과 대외세 태도가 강한 저항정신을 낳게 하였다는 점은 허전문도에게서 전개된 척사위정사상의 전개과정을 잘 지적하였지만, 순암 이후 공서파(攻西派)의 입장을 취해온 전통을 이어받은 허전과 문도들의 천주교 배척 노선이 서세동점의 개화기를 적응함에 한계에 부딪쳤다는 지적은 조금 문제가 있는 듯하다. 우선 지적할 것은 천주교에 대한 배척은 1801년 신유옥사 이후 1871년 신미양요에 이르기까지 조선정부의 공식 입장이었기 때문에, 이는 허전학파에 한정된 문제가 아니라는 점이다. 또한 1801년 신유옥사에 천주교와의 연관성으로 혹독한 시련을 당한 성호학파의 계승자들로서는 그런 시련이 재발되기를 방지하는 데 주의를 기울이지 않을 수 없었다는 것을 간과해서는 안된다.

아울러 지적해야 할 것은, 개화기에 서세동점의 외세에 맞딱뜨리면서 조선왕조사회가 커다란 위기에 직면한 것은, 또한 무능한 정부와 제국주의 열강의 침략 야욕이 주된 원인이었지, 천주교에 대한 배척이나 친화의 여부와는 그다지 상관성이 높아 보이지 않는다는 점이다. 더구나 성호좌파(星湖左派)의 주장격인 녹암 권철신 생존 당시에는 신서파(信西派)와 공서파의 논란이 있을 수 있었지만, 신유옥사 이후 성호좌파가 괴멸된 이후 잔존한 다산의 학풍이 그나마 후대에 전해질 수 있었던 것은, 역시 허전과 그의 문도가 있었음으로써 가능하였다는 점을 상기한다면, 19세기 후반의 상황에서 공서파의 입장을 계승한 허전과 그의 문도의 서학 대처 방식에 유독 문제가 있었다고 지적하는 듯한 논법은 그다지 적절해 보이지 않는다.

다음으로 검토할 것은 예학자로서의 허전의 위상에 대한 문제이다. 허전은 조선조 가례학(家禮學)의 서적 가운데 매우 독특한 편차로 만들어진『사의(士儀)』를 저술하였고, 또 예전에 볼 수 없었던 여러 가지 참신한 학설을 제기하였으므로, 그는 당대에 탁월한 예학자로 불려졌다. 문제는 그것이 성호 이익의 실학을 계승한 성호학파의 저술로서 실학의 진전과 어떤 관련성을 가지느냐에 대한 평가에 있어서는 약간의 이론이 있다는 점이다.

허전이 저술한『사의』에 대해 이우성은 일찍이 "이조 500년 예학의 최후의 대작"[38]이라고 논평한 바 있다. 금장태는 여기서 한 걸음 나아가 성재의 학문적 업적의 핵심을 이루는 부분이 예학이라고 하면서, "성재는 성호학파를 이어 예학의 체계적 재구성에 뚜렷한 업적을 이루었으며, 자신이 목민관이나 경연관의 관직생활을 통해 경세론을 구체화하는 작업을 수행하였다. 여기서 그는 도학과 실학의 융화를 이룸으로써 실학적 입장의 전진에는 별다른 기여를 하지 못하였다"고 논평했다.[39] 허전이 성호학파의 예학을 체계화함에 있어서 큰 성취를 이루었다는 지적하면서도, 한편으로 이를 도학과 실학의 융화로 논하고, 또 이런 작업이 실학적 입장의 전진에는 별다른 기여를 하지 못하였다는 논평에는 일관되지 않는 여러 견해들이 착종되어 있는 것으로 보인다. 이에 대하여 약간의 변론이 필요하다.

허전의 예학은 성호학파의 예학 입장을 계승하였다. 성호학파의 예학 논의는 그 앞 시대에 진행되어 왔던 바와 같은『주자가례』해석의 일정한 권위를 획득하려는 시도가 아니라,『주자가례』의 해석과 적용에 있어서 특정 학파의 입장을 강제하는 권위주의적 횡포가 국가권력을 빙자하여 자행될 무렵에, 그 고착된 틀을 깨고 예학 이론의 합당성과 조선의 현실에 적합한 예의 규범을 강구하기 위하여 전개되었던 것이다. 허전은 이런 성호학파의 예설을 체계화하였으므로, 실학파의 학문 입장을 진전시킨 것이 분명한데

---

38) 이우성, 앞의 해제.
39) 금장태, 고광식, 앞의 책 92쪽.

도, 별다른 기여를 하지 못하였다고 하는 것은 전후가 맞지 않는 것이다.

성재 허전은 성호와 순암, 다산 등에 의하여 논의되어온 예학 논설과 스스로 터득한 견해에 의거하여 『사의』 21권을 저술하였고, 문집의 권6에서 권8까지의 서찰이 모두 예의문답(禮疑問答)으로 채워졌다. 특히 『사의』는 성호와 다산, 하려 등의 예설을 절충하여, 주자의 『가례』를 보완하고 주석하는데 몰두하였던 종래의 가례학의 풍조에서 벗어나, 표제부터 사서인(士庶人)을 위한 예라 표방하고, 친친(親親), 성인(成人), 정시(正始), 여재(如在), 역척(易戚), 방상(方喪), 법복(法服), 논예(論禮) 등 8편으로 편목을 새롭게 구성하였다. 또한 편목마다 그 의례의 본지를 밝히고, 절차마다 관련된 주요 학설을 요약하고, 예학상의 쟁점이 되는 논설을 별도로 묶어 놓았는데, 특히 「친친편(親親篇)」을 별도로 설정하고 심의(深衣)와 상복(喪服) 제도에 대한 참신하고 명쾌한 학설을 제기하고, 수양자복(收養子服), 수양부모복(收養父母服) 등 조선후기 예학사의 주요 문제에 대하여 설득력 있는 의견을 제안함으로써, 추종하는 이들이 많았다.[40]

허전의 예학은 비록 절검사상(節儉思想)에 입각하여 3대 봉사(奉祀)와 제찬(祭饌)의 절검(節儉)을 주장한 성호의 적극적인 개혁노선에서 벗어나 있지만, 성호와 순암 및 다산과 하려의 예설을 충실히 수용하여, 『주자가례』가 준용되는 시대에 이와 차별되는 사서인(士庶人)의 생활 의식의 한 표준을 수립하여 그 문도들의 넓은 지지를 받았는데, 이는 성호 이래 당대의 사회 제도와 실정에 부합한 예제를 강구한다는 실사구시의 학문 실천에 충실한 결과이기 때문이다.

혹자는 허전의 예학에 대한 성취를 "19세기 중후반 조선의 사정이 서세동점하는 제국주의의 침략 속에서 위기감이 고조되자 동양전통의 고례(古

---

40) 정경주(2007), 「만성 박치복의 예설에 대하여」(『남명학연구』 제22집, 경상대 남명학연구소, 2007) 및 「물천 김진호의 예학사상」(『남명학연구』 제21집, 경상대 남명학연구소, 2007) 참조.

禮)에 대한 회복을 통해서 이를 극복하기 위해서 계획한 것"[41]이라고 논평한 이도 있으나, 이는 매우 빗나간 견해이다. 허전의 예학은 19세기 전반기에 거의 완성되었기 때문에 그것은 제국주의 침략의 위기감 속에 작성된 것이라고 보기는 어렵기 때문이다. 또한 그의 예학은 주자의 『가례(家禮)』의 체제와 논의에서 많이 벗어나 있고, 또한 국제(國制)와 관습을 존중하고, 실용성과 정합성을 아울러 강구하는 기본 관점을 유지하고 있기 때문에[42] 단순히 고례의 회복을 기도했다고 논단하는 것은 온당치 않을 것이다.

이상 살펴본 바와 같이 허전은 조선말기에 침략적인 외세를 배격하고 서학을 배척하는 위정척사론을 견지하였고, 그의 그러한 사상은 그의 후학들에게 계승되어 항일 의병운동이나 자주 독립의 계몽운동으로 나타났다. 그러나 그의 위정척사론은 자연과학에 대한 지적 호기심을 배제하지 않으며, 성호학파의 주체적 역사인식의 연계선상에 있기 때문에 단순한 도학적 벽사론의 입장으로 치부되어서는 안된다. 허전의 예학 또한 성호학파에 의하여 꾸준히 추구되어온 예제 강구의 결과를 집대성한 것이므로, 실학파의 학문을 계승 발전시킨 것으로 보아야 하고, 고례의 회복이라는 막연한 말로 논단해서는 안 될 것으로 보인다.

6. 결어 - 조선말기 성호학파와 성재 허전의 위상

성재 허전은 조선 말기에 활동한 성호학파의 후기 실학자이자 관료로서, 서울과 경상도 남부 지방을 중심으로 많은 문도들을 결집시켜 성호학의 저변을 크게 확대시켰다. 허전은 그가 전수한 성호학의 학맥으로서나, 그가

---

41) 김강식, 앞의 논문.
42) 정경주, 「성재 허전의 사의 예설에 대하여」, 『동양한문학연구』 제19집, 동양한문학회, 2004.

보여준 학문의 파급 영향으로서나 조선말기 유학사에 있어서 대단히 중요한 인물임에도 불구하고, 지금까지 그다지 학계의 주목을 받지 못하였다. 이는 성호학파에 대한 학자들의 관심이 아직까지 성호와 다산에 편중되어 그 주변에 머물러 있는 데다, 또한 19세기 후반 개화기 전후의 학문 사상 동향에 대한 연구에 있어서도 개화파와 수구파라는 고착된 이분법적 논의 구도에서 아직도 벗어나지 못하고 있는 데 큰 원인이 있을 것이다.

내가 생각하기에, 허전은 조선말기의 격동기에 성호학의 계승자로서, 내부적으로는 수구 권력집단에 의하여 부패한 사회 제도의 개혁을 요구한 제도개혁론자였고, 외부적으로는 침략적 외세에 항거하는 척사위정론자였으며, 그의 영향을 받은 문도들 역시 무능하고 부패한 수구 집권세력과 맞서고 침략적 외세와 그에 빌붙어 권력을 도모하는 개화파와 항거하며 조선의 자주 독립을 옹호하는데 헌신하였다. 그의 제도개혁론은 토지제도의 개혁을 기초로 한다는 점에서 외세를 끌어들인 개화파의 개혁과 달랐고, 그의 척사위정론은 성호학파의 특유한 역사인식에 근거한 자주 독립의 의식을 근간으로 하기 때문에 주자 성리학적 벽사론의 입장과는 구별된다. 그러나 허전에 대한 연구가 아직 깊이 있게 축적되지 않았기 때문에, 이런 몇 가지 논점들은 아직 제대로 논증되지 못하고 있다.

본고는 이런 관점에서 지금까지 제출된 허전에 대한 저술과 논문을 토대로, 그의 학문과 사상 행적과 관련된 주요한 논점 다섯 가지를 간추려서, 그에 대한 제가의 논평을 요약하고, 그 타당성 여부를 간략하게 진단함으로써, 성재 허전의 학문 사상의 요점과 그의 학술사적 위상을 점검하여 보았다. 이를 다시 요약하면 대략 이렇다.

성재 허전은 조선말기 성호학맥의 가장 충실한 계승자이다. 그는 조선후기 참신한 학풍을 일으킨 성호학을 계승하여 문하에 수많은 문도를 받아들여 성호학의 저변을 확대시키고, 경상우도 일원에 침체되었던 학풍을 크게 진작시켰으며, 19세기 중반 이래 관직에 진출하여 당대에 빈발한 민란과 관런하여 전제개혁을 위한 항산전론을 창안하여 제기하였고, 한편으로『종요록』을 저술하여 중민사상에 입각한 경학의 체계를 제안함으로써 새로운 시대의 변화에 대응하고자 하였으며, 또한 성호 순암을 거쳐 형성된 주체적 역사인식 하에 침략적 외세를 배격하고 서학을 배척하면서 자국의 국체와 문화를 보존하려고 하였다. 비록 위기의 시대를 맞이하여 새로운 전기를 마련하는 획기적인 학문상의 공헌을 이루지는 못했다 할지라도, 여러 가지 점에서 허전은 경세치용의 실학 정신을 실천하고, 그 저변을 확대하는데 기여하였으며, 그로 인하여 그 다음 세대에 가서 외세에 항거하여 자주 독립을 염원하는 저항운동이 강화될 수 있었다는 점에서 그는 성호학의 충실한 계승자라고 할 수 있다. 바로 그런 점에서 허전이 굉박(宏博)과 응용구시(應用救時)의 경세치용을 중시하는 성호학통의 적전이라는 논평은 정당하다. 그러나 그의 학문이 성호학의 본래 모습인 실학적 관심보다는 '실학에서 다시 도학에로의 복귀 내지 실학과 도학의 종합에의 방향을 보여준다'[43]고 하는 논평은 적절치 않다. 조선말의 급박한 국제 정세 속에 파생된 척사위정론에 도학적 요소가 강화될 여지가 충분하다 하더라도, 허전의 학문 사상에 성리(性理) 이기(理氣)의 논변은 거의 나타나지 않고, 그것은 또한 근기실학자는 물론 허전 문도들의 공통된 성향이기 때문에, 성호 실학의 본디 모습에서 벗어났다고 보기는 어렵다고 생각되기 때문이다.

　허전의 학문이 일단의 근대성을 담지하고 있었고, 또 그것이 문화사의 일반적인 조류에 포괄된다 하더라도, 그의 학문이나 그 연원으로서의 성호학이 대중민주주의나 산업자본주의의 근대성을 전제로 그 학문을 전개된 것이 아님은 물론이다. 마찬가지로 대중민주주의나 산업자본주의의 관점에서 성재학의 성과를 논하는 것은 타당한 논법일 수 없다. 이보다는 오히려 비록 조선말기의 국내외 정세 등의 이유로 비록 그 실현이 좌절되기는 하였지만, 유가의 경학 사상에 근거한 지식인의 높은 도덕적 각성과 성호학의 주

---

43) 금장태 고광식, 앞의 책 92쪽.

체적 역사 인식 속에 중민사상이나 균전법을 통하여 사회 조직의 새로운 개편을 강구하는 내재적 개혁의 논의가 성호학파에 의하여 한 세기를 넘어 지속되었다는 사실과, 그를 통하여 19세기 말 이후 허전과 그 문도들을 통하여 전파되었던 성호학이 전망해온 실학 이상의 실천과 새로운 사회에 대한 전망이 분명하게 되었다는 점에 보다 깊은 관심을 기울여야 성호학과 성재학(性齋學)의 현재적 유효성이 입증될 수 있을 것이다.

[정 경 주]

허전 저술고략

　근기실학자들은 대체로 자신들의 학문적 성과를 많은 저술로 남겼다. 성호(星湖) 이익 이후 안정복과 황덕길, 그리고 허전으로 이어지는 성호우파계열의 학자들은 학문적 성실성을 바탕으로 정치 현실과 사대부 문화에 대한 다양한 관심과 해박한 학식을 쌓아 다방면의 많은 저술을 남겼던 것이다. 그러나 이들의 저술이 공간(公刊)되어 세상에 유포된 것은 불과 몇 종 되지 않을 뿐 아니라, 그 간행도 대부분 당대가 아니라 후대인들의 손에 의해 이루어졌기 때문에, 그 사이에 유실되거나 또 전사(傳寫)의 과정에서 더러 내용이 누락되는 일도 있었다. 그러므로 이들의 학문세계를 연구하는데 임해서 그들의 저술에 대한 면밀한 문헌학적 고찰이 불가결하다.

　이 글에서는 허전이 남긴 주요 저술들을 개략적으로 고찰하고자 한다. 그의 저술들은 같은 근기실학자들에 비해 비교적 빨리 공간되어 유포된 편이었는데, 이는 그의 문도인 영남 학인들의 힘과 노력의 결실이었다.[1] 그러나 그의 저술이 방대한 탓에 많은 사람의 상당한 액수의 성금으로도 저술 전체를 간행하지는 못했고, 일부 저술은 다시 후일의 기약을 기다릴 수밖에 없었다. 그러나 공백 기간이 계속되는 동안 일부 저술들은 흩어져 버렸으며, 또 일부는 제목만 전하고 있는 것도 있다.

---

1) 류탁일, 『성호학맥의 문집간행연구』 민족문화학술총서15, 부산대학교 출판부, 2000.

1. 『성재집(性齋集)』(『용어(庸語)』)

현재 전해오는 허전의 문집은 1891년에 산청 법물리(法勿里)의 법계정사(法溪精舍)[현재 이택당(麗澤堂)]에서 목판본으로 간행한 『성재선생문집』 33권 17책과 1903년 밀양 단장면(丹場面) 노곡(蘆谷) 풍뇌정(風雷亭)에서 역시 목판본으로 간행한 『성재선생문집속집』 6권 3책, 『성재선생문집부록』 6권 3책이 그것이다. 자신이 일생 지은 시와 단편의 산문과 공령문·경연 강의록들 그리고 단행본으로 묶기에는 다소 소략한 저술들을 모은 것으로, 허전 연구의 가장 기본이 되는 문헌이다.

그런데 이 문집 속의 글 가운데 가장 이른 시기의 것이 1839년의 것으로 추정되는데, 연대순으로 편집된 시집의 첫머리 작품과 첫번째 상소문이 그때의 것이기 때문이다. 그의 나이 43세로 많이 늦은 시기이다. 그가 1835년 39세의 나이로 문과에 합격하여 비로소 관직에 나가게 되었지만, 이듬해 동생과 어머니의 죽음으로 인해 큰 실의에 잠기게 된다. 마침내 삼년상을 마치면서 벼슬보다는 학문에 뜻을 둘 것을 마음깊이 다짐하고, 그 뜻을 「조경(照鏡)」「독야(獨夜)」두 편의 시로 표현했는데, 이 작품이 문집의 첫머리 작품이다. 그러면 대략 이 시기는 허전의 생애에 있어 성장·수학기와 구분되는 새로운 시점이 되겠고, 그의 문집도 이 시기의 글에서 시작해서 1886년 90세로 생을 마감하기까지의 글을 수록하고 있는 셈이다.

사실 허전은 30살 때까지의 글을 모아 그 당시에 『삼분지(三分志)』라는 제목으로 초고본의 책을 엮었다고 한다.[2] 열에 7분은 '학도(學道)'하고, 3분은 '업과거(業科擧)' 한다는 의미의 제목이었다. 그러나 이 책의 내용은 확인할 길이 없다.

애초 허전의 문집은 『(성재)용어(庸語)』라는 제목이 붙어 있었다. 문도들

---

2) 盧相稷, 「性齋先生行狀」.

의 만시(輓詩)에 거명되고 있는 '용어'라는 것이 곧 그의 문집을 지칭하는
것이다. 『용어』는 허전 자신이 붙인 제목이며, 스스로 자기 글들을 모아 서
울 냉천동에 보관하고 있었던 것이다. 스승인 하려(下廬) 황덕길(黃德吉)이
자신의 문집에 스스로 『두호(斗湖)방언(放言)』이라고 제목한 것을 본받은 것
으로 보이는데, 훗날 허전의 성실한 문도였던 소눌(小訥) 노상직(盧相稷)이
자신의 문집에 『눌인리어(訥人俚語)』라고 제목 붙인 것도 그 영향이라고 본
다.3) 이 책이 비록 허전 자신에 의해 이름 붙여진 것이지만, 완전한 문집으
로 정리된 것은 그가 죽은 이듬해(1887년) 여름으로, 조카인 허일(許逸)·허운
(許運)과 진사 허이(許邇)와 이명구(李命九)4)의 노력에 의해 일반문집의 체제
를 따라 44권 22책으로 이루어졌다.5) 이 당시 허전의 원고는 자신이 거주
했던 지역에 따라 시기별로 묶어서, 『분성록(盆城錄)』『대정록(大貞錄)』『돈
서록(敦西錄)』『대축록(大畜錄)』『맥계록(麥溪錄)』『한천록(寒泉錄)』6) 등의
이름으로 정리되어 있어 그것을 기초 자료로 삼았으며, 체제는 주자문집(朱
子文集)을 모범으로 삼았다고 한다.7) 그러나 이것은 아직 초고본의 상태일

---

3) 황덕길의 『斗湖放言』은 후일 『下廬先生文集』이란 제목으로 간행되었고, 노상직
   의 『訥人俚語』도 역시 『小訥先生文集』이란 제목으로 간행되었다.
4) 許逸 ; 1864~ ?, 본 陽川, 자 無逸, 漣川 左贊里 거주.
   許邇 ; 1862~ ?, 본 陽川, 자 聖言, 進士, 高陽 葛頭 거주.
   許運 ; 1847~ ?, 본 陽川, 자 大始, 主政을 지냄. 서울 거주.
   李命九 ; 1842~ ?, 본 驪州, 자 鶴叟, 호 楸齋, 校理를 지냄. 瑞山 果洞 거주.
   이 중 許邇와 許運은 뒷날 속집간행 때 밀양으로 내려왔고, 李命九는 年譜를 교
   정하기도 했다.
5) 許運·李命九,「跋文」,『庸語』.
6) 『盆城錄』은 김해부사로 부임했을 당시, 『敦西錄』은 돈의문(서대문) 밖에 거주하던
   시절, 『大畜錄』은 숭례문안 水閣橋(司畜洞) 북쪽에 거주할 때(1874년 78세), 『麥
   溪錄』은 果川 淸溪山 기슭 麥溪의 최씨 전장에 세들어 살던 때(1882년, 86세),
   『寒泉錄』은 그의 마지막 거주지인 돈의문 밖 冷泉洞 시절의 글을 각각 모아 엮은
   것으로 보인다.
7) 許運·李命九,「跋文」,『庸語』.

뿐이었다.

이 『용어』가 정리되던 그 해 가을에 문도들 사이에 간행에 대한 논의가 있었으나 흉년으로 결실을 보지 못하고, 1889년에 다시 논의를 거쳐 간행을 합의하게 된다. 그리하여 봉책유사(奉冊有司)를 보내어 겨울에 『용어』 21권, 『연보』 1권, 『행장』 1권을 가져왔다고 한다.[8] 지금 부산대학교 도서관에 소장되어 전하는 『성재용어』는 41권 22책의 필사본인데, 이 책에는 문집간행을 위한 교정본임이 확실한 흔적이 남아있다.[9] 또한 이 책은 이후 속집의 간행을 위해 산청 법물리에서 밀양 노곡으로 넘어가 줄곧 노상직가(盧相稷家)에 소장되어 전해 왔던 것으로 추정된다. 그러나 간행된 문집은 '용어'란 이름 대신 '성재선생문집'이란 제목으로 출간되었다.

이렇게 서울에서 가져온 『용어』는 전 내용이 다 간행되지는 못했다. 경비문제로 인해 부득이하게 일부는 누락될 수밖에 없었던 것인데, 대략 전체의 1/3 정도가 빠졌다고 본다. 현전 교정본 『성재용어』를 보면, 시집의 경우 교정자에 의해 취사되었고, 다른 묘지문자나 행장류의 경우는 글을 지어준 문자가(文字家)의 간행경비 부담여부에 의해 취사되었던 것이다. 그러나 더러 몇몇 시작품과 특히 척독(尺牘)이나 서간(書簡)의 경우 추가로 더 수집되어 포함되기도 했다. 이처럼 원집(『성재선생문집』)에서의 누락이 작품 자체에 문제가 있거나 글의 수집과정에 누락되었던 것이 아니었기 때문에 나머지 작품들이 다시 속집으로 간행되었던 것이다. 그러나 『성재용어』와 비교해 보면 속집에서도 누락된 작품은 있다. 각 책의 편제를 비교하면 <표1>과 같다.

시집의 경우, 일일이 대조해 보면 『용어』에 수록된 작품 중 모두 44제가 누락되었고, 원집과 속집에는 다른 작품이 더 추가되어 있는데, 교정자의 탈락기준이 무엇인지 정확히 알 수는 없지만, 대체로 대신 지어준 작품과

---

8) 이에 관한 자료는 류탁일선생의 위 저서에 실려 있다. 참고바람.
9) 시집의 경우 간행에 포함할 작품에 표점을 찍어두고 있다.

개인의 시에 차운(次韻)한 시와 만시(輓詩)가 대부분을 차지한다. 산문의 경우도 남을 대신해서 지어준 작품은 거의 산삭되었고, 그렇지 않은 작품인데도 누락된 것은 속집간행 때에도 문자가의 경비부담여부가 여전히 작용했던 것이라고 본다.

그러나 경연강의록과 잡저에도 누락된 것이 있는데, 그 이유는 자세히 알수 없지만, 대체로 내용이 다른 글에 중복되어 실린 것이거나[10], 아직 한편의 글로 완성된 것이 아닌 비망기 수준의 글이거나[11], 또 「태화산기주해(太華山記註解)」와 같은 순수 창작품으로 볼 수 없는 글들이 삭제되었다. 한편 허전의 자연과학에 대한 관심을 보여주는 글로서 원집에 「천지변(天地辨)」 상·중·하와 「상위고(象緯考)」가 있는데, 『용어(庸語)』에는 몇 편의 글이 더 실려 있어[12] 그의 천체관(天體觀)을 살피는데 빠뜨릴 수 없는 자료가 될 것이다. 또한 『용어』의 권14와 15는 전체가 「군서석의(羣書釋義)」인데, 이는 따로 단행본의 책으로 간행하기 위해 원집에서는 빠지게 되었다.[13]

또한 속집에서 특히 눈에 띄는 것은 허전의 저술 가운데 주요작인 「역고(易考)」가 잡저(雜著)에 포함된 점이다. 「역고」는 『종요록(宗堯錄)』과 같은 시기에 저술된 것으로 『용어』에는 누락되어 있는데, 어떤 경위에 의해 그렇게 된 것인지 알 수 없다.

이상의 고찰에서 허전 문집으로 알려진 『성재선생문집』과 『성재선생문집속집』은 『성재용어』를 근간으로 산삭교정과 추가작업을 거쳐 이루어진 것임을 알았다. 그 결과 우리는 이제 다른 단행본의 저술을 제외한 허전 작품의 전모를 확인하게 되었다. 사실 『성재용어』 가운데 산삭된 작품이 딱히

---

10) 『庸語』 권16 「錢牧齋集破板說」 ; 「父死未殯而祖父死承重說」.
11) 『용어』 권16 「邑宰家宰辨」 ; 「寒食禁火辨」.
12) 『용어』 권16 「九重天之高」 ; 「星之大小」 ; 「日遠近」 ; 『용어』 권17 「天地」 ; 「七政」 ; 「黃赤宮界」.
13) 부산대소장의 『용어』에는 이 책 한 권만 缺落되고 없어 그 내용은 알 수 없으며, 단지 목록만 볼 수 있을 뿐이다.

대인작(代人作)의 경우를 제외하고는 특별히 내용상의 문제가 있다고 볼 수
는 없다. 특히 경연강의의 강의록과 잡저 작품들과 문목서간(問目書簡)의 경
우는 허전의 학술사상을 연구하는데 중요한 자료들이기 때문에 그 중 하나
라도 버려두어서는 결코 안 될 것이다.

2. 『사의(士儀)』·『사의절요(士儀節要)』

허전의 저술 가운데 가장 내용이 방대하면서 한편 널리 알려진 것으로
『사의』를 들 수 있다. 일찍이 사대부 유교문화의 결정인 예학에 관심이 깊
었던 그는 아버지 상을 당한 27세 때 먼저 상복에 관한 복식의 연구에 착수
하게 된다. 그 결실로 「법복편(法服篇)」을 지었다. 이 과정에서 그는 특히
사대부의 복식인 심의(深衣)에 관심을 갖게 되었고, 훗날 우리나라 선비들
의 복제를 심의로 할 것을 건의하는 계기가 되었던 것이다.14) 그 이후 그
는 약 40여 년에 걸쳐 꾸준하게 고금의 예설들을 널리 연구하고 경전의 내
용을 정리한 결과, 모두 본집 21권 10책과 별집 4권 2책의 『사의』를 완성
하게 된다.

이 저술은 모두 8편으로 구성되었는데, 그 내용은 다음과 같다.

   1. 친친편(親親篇) : 4편 (권1~권4). 친족관계 및 종법
   2. 성인편(成人篇) : 1편 (권5). 관·계례
   3. 정시편(正始篇) : 2편 (권6~권7). 혼례
   4. 이척편(易戚篇) : 10편 (권8~권17). 상례
   5. 여재편(如在篇) : 3편 (권18~권20). 제례

---

14) 『性齋續集』 권1 「請服深衣疏」.

6. 방상편(方喪篇) : 1편 (권21). 국상례
7. 법복편(法服篇) : 2편 (별집 권1~권2). 심의 및 상복제
8. 예론편(禮論篇) : 2편 (별집 권3~권4). 예설

우선 『의례(儀禮)』와 『가례(家禮)』를 기본 텍스트로 삼고, 다시 각종 경전과 역사서 및 제자서, 제가들의 학설을 두루 검토하여, 오랜 세월동안 변화를 겪어온 예법을 그 옛날 제도가 마련된 취지에 합당하면서 동시에 오늘날에 마땅한 설을 나름대로 취하여 정리하고자 했다.[15] 또한 그는 매 조항마다 '안(按)'이란 표기 아래에 자신의 생각을 착실하게 부기하고 있으니, 이는 이 책이 편술(編述)의 차원을 넘어 또 하나의 저서로서의 의미를 지니는 점이다.

그는 이 저술의 연구과정에서 실로 많은 서적을 참고하고 있는데[16], 한·당대의 학설에서부터 청대 고증학의 성과까지 폭넓게 수용하고 있다. 뿐만 아니라 우리나라 학자들의 견해도 면밀히 검토했던 바, 특히 이익의 『예설류편(禮說類編)』을 가장 많이 수용하고 있으며, 안정복·윤동규(尹東奎)의 견해와 황덕길의 『사례요의(四禮要儀)』 그리고 정약용의 『상례사전(喪禮四箋)』에 이르기까지, 대체로 근기실학의 예학 전통을 착실하게 계승하고 있다. 당시 외부로부터 밀려드는 새로운 문명을 피부로 절감하고, 아울러 모순에 찬 조선의 현실을 목도하면서, 이러한 현실에 적응하기 위한 우리 문명의 새로운 정립이 절실한 과제로 놓여있던 시대에 즈음하여, 허전의 예학연구는 사대부문화의 확립과 그 가치의 천명을 위한 학문적 실천이었다고 본

15) 『士儀·目錄』「士儀凡例」: "一. 此書有綱有條, 盖以儀禮家禮爲本, 而蒐輯經傳子史及古今諸家要語, 以備二書之未備者. 一. 時王之制, 雖或與古禮不同者. 其不敢不遵者, 採而述之. 一. 我東自分黨以來, 各尊其所尊, 至於議禮, 尤爲未決之訟. 此禮所以失也. 愚是之懼, 凡先儒論說之合古宜今者, 並取之, 務歸節文之得中."
16) 「考證書籍」 목록을 보면, 223종의 중국문헌과 67종의 우리 문헌을 열거하고 있다.

다.[17] 그는 평소 나라를 제대로 다스리기 위해서는 국가의 기강이 중요하고, 이 기강을 세우기 위해서는 하루빨리 예전(禮典)을 마련하는 것이 필요하다고 생각했었기 때문이다.[18] 또한 그가 김해부사로 부임했던 시절, 고례의 회복을 통해 풍교를 일으키고자 그 지역의 유생들을 모아 향음주례(鄕飮酒禮)를 시행하고[19], 인근의 학자들과 함께 강학했던 것[20]도 『사의』의 학문적 의지를 실천으로 옮긴 행동이었다고 본다.

이 책은 다른 저술과 달리 그가 살아있는 동안에 간행되었다. 1870년(고종 7년, 74세)에 함안의 입곡(立谷)에서 문도들에 의해 목활자로 간행되었다. 『냉천급문록(冷泉及門錄)』을 보면 함안에 거주하는 문도가 가장 많은데(70인), 그 중에서도 입곡에 거주하는 수(24인)가 가장 많다.[21] 재령 이씨·함안 조씨·남평 문씨·성주 이씨 등이 주를 이루는데, 이들은 허전의 저술 간행에 경제적인 면에서도 적극적으로 참여했던 사람들로 보인다. 그러나 구체적으로 누구의 발의에 의해 어떤 경로를 거쳐 이 책이 활자로 간행되었는지는 상세하게 전하지 않는다. 다만 이 책의 간기에 '여음정사(廬陰精舍)'에서 간행했다는 기록을 남기고 있는데, 이 여음정사는 함안 조성각(趙性覺)의 주거로 그 집안이 주도가 되어 간행한 것으로 생각된다. 조성각의 아들인 일산(一山) 조병규(趙昺奎, 1846~1931)는 허전의 중요 문인으로, 훗날 문집간행의 발의인 중의 한사람이었다.[22]

---

17) 허전은 이 의례절차를 庶人들에게 적용시킬 것은 아님을 분명히 말하고 있으니, 궁극 이것은 사대부문화를 대상으로 하고 있는 것이다. (「士儀序」)
18) 『性齋集』 권2 「經筵講義·書傳」.
19) 『性齋集』 권10 「諭金海鄕校諸生文」.
20) 盧相稷, 「性齋先生行狀」.
21) 김철범, 「性齋 許傳의 生涯와 學問淵源」, 『문화전통논집』 제5집, 경성대 한국학연구소, 1997 참조.
22) 조병규의 시집에 「士儀刊畢賦此示同志」라는 시가 있는데, 25세의 젊은 나이였지만 그가 직접 이 간행사업에 참여했던 것을 알 수 있다. 참고로 시의 내용은 다음과 같다. "循乎天理禮儀生, 奧自周公制作成. 降在漢唐多傳會, 重回洛閩擇要

활자본 『사의』는 설명한 바와 같이 방대한 고증서적을 통해 일일이 자료를 열거하고, 아울러 허전 자신의 견해를 피력하고 있어 그 분량이 적지 않다. 무려 12책에 이르기 때문에 실제에 활용하는 참고서적으로서의 기능이 떨어진다. 그래서 그는 자신이 직접 그 대강을 추려 간략한 책자로 엮었는데, 그것이 『사의절요』이다. 4권 1책으로 요약했는데, 고증자료를 거의 생략하고, '안'으로 표기한 자신의 해설도 모두 빼버렸다. 그야말로 휴대하며 보기 수월하게 실용적으로 만든 것이다.[23] 함안 수동(壽洞)에 사는 문인인 조성렴(趙性濂)은 모친상 때문에 앞서 『사의』의 활간사업에 참여하지 못한 것을 아쉬워하던 차, 1872년 선생을 찾아뵈었을 때 절요를 만들었다는 말씀을 듣고 고향의 문도들과 상의하여 이 절요의 목판간행사업을 벌였던 것이다.

『사의절요』는 '친친편' '성인편' '정시편'을 제 1권으로 묶고, '이척편'을 제2, 3권으로 묶고, '여재편'과 '방상편'을 제 4권으로 묶었으며, 별집의 '법복편'과 '논예편'은 빼버렸다. 각 편의 조목도 번거로운 것은 빼버렸는데, 내용을 최대한 줄이기 위해 조항의 제목도 음각으로 처리하여 구분했을 뿐, 행간으로 구분하지 않고 있다. 허전의 예학사상을 고찰하는데는 『사의』에 비해 너무 소략해서 별 도움은 안되지만, 허전 예학의 실용화라는 면에서 이 문헌은 자체로 의미가 있다고 하겠다.

이상의 두 책이 허전 생전에 간행되었다는 것은 당대 학인들이 이 저술에 특별한 관심을 가졌음을 보여준다. 이 관심은 그의 사후에도 그치지 않았지만, 활자로 간행된 책은 발행부수가 한정되었기 때문에 책을 쉽게 구해볼 수 없는 아쉬움이 있었다. 그래서 이것을 다시 목판본으로 간행하는 일

精. 斯文終不墜於地, 末學胡爲舍是程. 夫子憂之編一部, 佇看懿訓世遵行."(『一山集』 권2)

23) 현전하는 『사의절요』는 4권 1책으로 된 것도 있고, 4권 2책으로 된 것도 있다. 내용과 판본도 같은 책인데, 목판으로 찍은 시기가 다르다. 인쇄의 상태로 보아 1책으로 된 것이 먼저 간행된 것이고, 2책으로 된 것은 뒤에 찍은 것으로 보인다.

이 논의되었다. 이 사업은 애초 1900년에 곽종석(郭鍾錫)과 윤주하(尹胄夏) 등에 의해 발의되었으나, 다시 물천(勿川) 김진호(金鎭祜)에게 넘겨져 진행되었던 것으로 본다.[24] 그리하여 곽종석·윤주하·김재수(金在洙)·정재선(鄭載善) 등에 의해 교정을 마치고, 1906년 이택당(麗澤堂)에서 중간(重刊)을 결의하게 되었다. 1907년이나 1908년경에 판각이 시작된 것 같은데, 1908년에 김진호가 죽게 되어 자신은 그 결실을 보지 못하고 말았다.[25] 중간 목판본 『사의』가 완성된 것은 그 이듬해 쯤이었던 것으로 생각된다.

이 중간본 『사의』는 활자본 『사의』와는 구성이 다르다. 모두 21권 10책으로 간행되었는데, 활자본의 본집과 별집을 합쳐 놓았다.

1. 친친편(親親篇) : 3편 (권1~권3)
2. 성인편(成人篇) : 1편 (권4)
3. 정시편(正始篇) : 1편 (권5)
4. 이척편(易戚篇) : 8편 (권6~권13)
5. 여재편(如在篇) : 2편 (권14~권15)
6. 방상편(方喪篇) : 1편 (권16)
7. 법복편(法服篇) : 2편 (권17~권18)
8. 예론편(禮論篇) : 3편 (권19~권21)

내용을 비교해 보면, 항목이 이동되기도 하고, 내용이 간혹 삭제된 것도 있는데, 특히 '안(按)'으로 표기된 허전의 논평이 삭제된 것이 더러 있다. '친친편 제3'의 내용이 전체 '논예편 제3'으로 이동된 것이며, 별집으로 간행되었던 '법복편'과 '논예편'이 본집 안으로 들어온 것이며, 편과 조항이 맞지 않는 것을 적합한 편으로 이동시킨 것으로 볼 때, 이 중간본은 교정을

---

24) 김진호,『勿川集』권4「與李器汝」; 류탁일,『성호학맥의 문집간행연구』p.37 참조.
25) 趙昺奎,『一山集』권8「士儀跋」.

통해 체제를 완비한 것이라고 하겠다. 이 교정은 먼저 문도들에 의해 이루어졌지만, 앞서 허전 자신이 초간 이후 꾸준히 손을 본 교정본이 있어, 중간때 조카 허운(許運)이 직접 그 교정본의 내용과 대조하였고, 그렇게 하여 정본이 확정되었던 것이다.26) (제3부 4장의 『편제 비교표』를 참조할 것)

이처럼 활자본 『사의』와 목판본 『사의』는 체제에서 약간의 차이가 있지만, 내용에서는 큰 차이가 없다고 본다. 그러나 허전의 견해가 삭제된 부분을 어떻게 이해해야 할 것인지 해명되어야 하겠다. 그러므로 『사의』의 연구에서는 두 판본을 함께 대조하며 살펴볼 필요가 있으며, 거기에서 교정의의미를 이해할 수 있을 것이다.

3. 『종요록(宗堯錄)』·『철명편(哲命篇)』

『종요록』은 국왕의 수기치인을 이끌어 돕기 위해 편집한 책이다. 잘 알려진 유가 경전의 내용들을 몇 가지 주제로 분류하여 모아둔 편집서이다. 동양문화권에서는 공자의 "술이부작(述而不作)"의 전통 이후 자신의 사상을 기존 내용의 편집을 통해 드러내는 것이 하나의 저술적 전통으로 자리잡아 왔다. 따라서 그의 이 편서도 자신의 정치사상을 드러내는 중요한 저술로 엮어진 것이다. 편집의 체제와 구성이 곧 편집자의 사상을 반영하기때문이다.

우선 허전은 국왕으로서 함양해야 할 도리가 『서전』과 『대학』에 잘 갖추어져 있다고 보았는데, 『서전』은 성군의 수제치평(修齊治平)하는 방법을 수록한 책이기 때문이라고 한다. 그 중에서도 특히 「요전(堯典)」을 가장 중요한 것으로 보아 제목도 '종요(宗堯)'라고 붙이게 되었으며, 『대학』의 내용도

---

26) 상동문.

궁극 이 「요전」을 근간으로 하고 있다고 보았다. 『서전』과 『대학』을 같은 도리(道理)를 체현한 경전으로 파악한 것이다.

그는 먼저 『서전』의 전체 내용을 '왕'을 주체로 설정하여 '상승천(上承天)' '하순민(下順民)' '주경(主敬)' '명덕(明德)'이라는 네 가지 항목으로 분류하고27), '천(天)' '민(民)' '경(敬)' '덕(德)'을 네 가지 강령으로 설정했다. 이어 『대학』의 주제도 곧 '명덕(明德)' '신민(新民)' '천지명명(天之明命)' '집희경지(緝熙敬止)'로 파악하여, 동일한 강령으로 체계화했다. 그래서 '천' '민' '경' '덕' 네 강령을 각기 하나의 조항으로 하여, 먼저 『서전』과 『대학』 두 경전의 내용을 분류해서 네 권으로 엮었고, 다시 『주역』·『시경』·『주례』·『논어』·『중용』·『맹자』·『예기』·『군서절요』에서 각 강령에 해당하는 내용을 뽑아 따로 두 권으로 엮었다. 그러나 순서는 '민' 조항을 '천' 조항 앞에 두었는데, 민의 중요성을 크게 부각시킨 것이다. 이것이 제1부에 해당한다. 제2부는 군왕의 덕성을 밝히고자 심(心)·성(性)·오성(五性)·정(情)·칠정(七情)·지(志)·의(意)·사려(思慮)·충서(忠恕)·충신(忠信)·충(忠)·효제(孝弟)·성(誠)의 조항을 설정하고, 각 경전의 내용들을 분류해서 세 권으로 엮었다. 1부와 2부 앞에는 각각 「천민경덕도(天民敬德圖)」와 「심성정도(心性情圖)」를 붙여 두어 도설로 요약해두고 있다. 마지막 10권은 '잡저(雜著)'편으로 주렴계의 「태극도설」에서부터 자신의 「성헌잠(誠軒箴)」에 이르기까지 모두 3편의 잠명(箴銘)들을 수록해 두었다.28)

이런 구성을 통해 허전은 성인의 가르침이 그 근본은 '덕'이오, 요체는 '경'이며, 그 이치는 '천'에서 나오고, 그 교화는 '민'에게 이르는 것이므로, 우선 '천민경덕'의 근본에 귀착해서 수기치인을 이루어야 할 것을 강조하고 있다. 이는 『서전』의 종지를 요약하여 군왕의 도를 깨닫는 방법을 제시한

---

27) 『宗堯錄』目錄 「天民敬德圖上」.

28) 『종요록』의 학술적 의의에 대한 구체적인 논의는 정경주, 「『종요록』에 나타난 성재 허전의 경학 관점」, 문화전통논집 제7집, 경성대 한국학연구소, 1999 참고 바람.

것이지만, 궁극적으로 왕은 경의 자세로 덕을 밝혀 민심과 천심을 잘 깨달아 천과 민과의 올바른 관계를 회복해야 한다는 허전의 정치철학이 반영된 것이다. 또한 이러한 사상의 이면에서는 국왕이 정치의 주체임을 강조하고 있는데, 당시 국왕을 정치에서 소외시키고 국정을 농단하던 세도정권에 대한 비판의식을 학문적으로 제기한 것이라고 하겠다.

그가 국왕을 보도(輔導)하는 이런 저술을 남기게 된 데에는 철종의 등극과 함께 홍문관교리에 임명되어 경연에 참여하게 된 것이 중요한 계기였다고 본다. 그는 1850년(54세)부터 경연에 참여해서 약 5년간 『소학』·『시전』·『서전』·『통감』을 강의했는데, 어린 철종의 계도를 위해 자신의 학문적 경험을 다하는 노력을 들였다. 특히 『서전』을 강의할 때는 당시 어지러운 정치상황을 타개할 수 있는 기본 사안들을 경전에 의거해 설명하고, 아울러 그 구체적 대안을 「치도십조(治道十條)」[29]로 아뢰기도 했다. 이 「치도십조」의 학문적 기반이 곧 『종요록』이라고 할 수 있을 것이다. 그러나 이 저술은 철종에게 바쳐지지 못하고, 훗날 『철명편』과 함께 고종에게 바쳐지게 된다.

『철명편』은 일찍이 허전의 부친 허형(許珩)이 삼대(三代) 이래 세자(世子)의 예와 우리 열성조(列聖朝)들이 원자(元子)를 가르치던 전례를 모으다 미완성한 것을 그가 이어서 완성한 것이다. 태자는 국가의 근본이므로 근본이 바루어져야 나라가 바루어진다는 인식하에 중국과 우리나라의 경전과 여러 문헌에서 세자를 보양하고 교도하는 글들을 뽑아 모아 엮었다.

이 책은 상·하 2권으로 구성되었는데, 상권은 「역대세자례(歷代世子禮)」로 중국의 『예기』·『주례』 등을 위시한 유가경전과 『사기』·『한서』·『통감강목』·『당서(唐書)』 등의 역대 역사서 및 『이정전서(二程全書)』·『주자대전(朱

---

29) 치도십조는 1)中極을 세워 朝廷을 바로잡고, 2)도덕을 바로잡아 교화를 숭상하고, 3)諫諍을 받아들여 총명함을 넓히고, 4)요행을 막아 다툼을 막고, 5)俊良들을 공정하게 선발하고, 6)廉恥에 힘써 뇌물을 막고, 7)절약 검소하여 사치를 억제하고, 8)牧民 守令을 가려 오래토록 임용하고, 9)考課를 엄격히 하여 黜陟을 분명히 하고, 10)赦免을 신중히 하여 믿고 죄짓는 일이 없도록 할 것을 내용으로 하고 있다.

子大全)』·『송명신록(宋名臣錄)』 등의 문헌에서 세자의 예도에 관한 내용을 추렸고, 하권은 「본조세자례(本朝世子禮)」로 『국조보감』·『갱장록(羹墻錄)』·『상훈보편(常訓補編)』·『문헌비고(文獻備考)』 등 조선의 전적에서 세자례에 관한 전례를 뽑고 있다. 장차 국왕이 될 세자의 교육은 국왕의 계도 못지않게 중요할 것인데, 그렇다면 『철명편』은 『종요록』과 한 짝이 되는 저술이라고 하겠다. 그래서 허전이 고종의 경연관으로 입시했던 1878년(고종15, 82세)에 드디어 이 두 저술을 함께 고종에게 진상했다.[30]

『종요록』과 『철명편』의 간행사업에 대한 경위는 상세하지 않다. 『종요록』은 10권 4책, 『철명편』은 2권 2책의 목판본으로 간행되었다. 이 두 책의 판본 구조와 형태, 서체 그리고 계선(界線)의 형태와 각자(刻字)의 모양 등을 종합적으로 비교해 보면 형태가 거의 동일하다. 그렇다면 이 두 저술은 같이 간행된 것으로 추정되며, 같이 간행되었다면 동일한 시기 동일한 장소에서 이루어졌을 것으로 생각된다.

우선 허전의 「여파산제생(與巴山諸生)」[31]이라는 서간을 보면, 『종요록』의 간역(刊役)이 거의 마쳐간다는 소식을 듣고 함안 지역의 문도들에게 그들의 노력이 아니었다면 이룰 수 없는 일이라고 격려하고, 아울러 본래 급히 서둘 일은 아니지만 전날 임금께 바친 것이 불에 타 없어져버려 다시 올리지 않을 수 없게 되었기 때문에 서둘러 주었으면 한다는 내용이 들어있다. 이 서간에는 연기가 없어 언제의 글인지 알 수 없지만, 조병규(趙昺奎)의 「상성재선생서(上性齋先生書)」를 보면[32], 선생께서 특별히 이조판서에 승격되셨음을 축하하고, 이제 『철명편』의 간행은 마치고 『종요록』의 간행이 시작되었다고 전하고 있다. 허전이 이조판서에 오른 것이 1881년이니, 『철명편』은 1881년에 완간되고, 『종요록』은 늦어도 그 이듬해에 완간되었다고 본다. 그

---

30) 『性齋集』 권4 「進宗堯錄哲命篇疏」.
31) 『성재집』 권5.
32) 조병규, 『一山集』 권3.

렇다면 이 두 저술은 허전 생전에 함안 지역의 문도들에 의해 동시에 간행되었다고 볼 수 있다. 간행의 주체는 파산(巴山) 즉 함안의 문도들이었던 것인데, 이 사업의 주축도 활자본 『사의』를 간행한 함안 조씨 일가였다고 생각된다.

현재 『종요록』의 목판은 산청 법물리의 이택당에 보관되어 있고, 『철명편』은 김해향교의 양사재에 보관되어 있는데, 이렇게 각기 다른 장소에 보관된 그 경위가 궁금하다. 그런데 조병규가 문욱순(文郁純)에게 보낸 편지를 보면33), 『종요록』 간행사업이 정밀하게 이루어지기 위해 판을 나누어 간행할 것을 제안하고 있는데, 아무래도 경비상의 문제 때문이었다고 본다. 『철명편』의 간기에 "검와신간(儉窩新刊) 금릉장판(金陵藏板)"이라 했으니, 혹시 이것이 문욱순이 간행한 것이 아닐까 조심스레 추정해 본다.34)

4. 『수전록(受廛錄)』

『수전록』은 『사의』『종요록』과 함께 허전의 주요 저술 중의 하나로서, 사회·경제·제도개혁론 및 한국역사·세계지리 등 실학의 주된 주제들을 다루고 있다. 1860년에서 1862년 사이에 허전의 주요 저술들이 대부분 완성되었는데, 『수전록』도 1861년(철종 12) 65세 때에 완성되었다. 「성재연보」에는 모두 20편으로 완성되었다고 한다. 그러나 이 책은 허전의 주요 저술임에도 불구하고 판본으로 간행되지 못했다. 그 이유는 정확히 알 수 없지

---

33) 조병규, 『一山集』 권3 「與文道齋郁純」.
34) 文郁純(1826~ ?, 본 南平, 자 聖憲)이 '儉窩'라는 堂號를 사용한 것으로 확인되는데(『냉천급문록』 참고), 刊記의 儉窩와 동일한 것인지는 단정할 수 없다. 한편 조병규의 「挽文道齋郁純」에서 "士儀成書專己任, 宗堯頒秩誰復爲. 萬事荒凉江月暮, 薤詞今日不徒私."라고 하였으니, 『사의』와 『종요록』의 간행에 문욱순이 크게 관여했음을 전해주고 있다.

만, 이 저술의 전체 분량이 적지 않았기 때문에, 앞서 스승의 상당한 분량의 저술을 간행했던 문도들로서 다시 경제적 부담을 지기에 무리한 일이기도 했으며, 또한 이 책이 20편으로 완성되었다고는 하지만 그 체제나 구성 면에서 아직 교정이 미처 이루어지지 않았던 요인이 있었다고 본다. 또 한편 『수전록』의 가장 핵심이 되는 내용인 사회제도분야의 개혁론이 그의 「삼정책」에 그대로 반영되어 널리 알려졌고, 또 문집 속에도 수록되었기 때문에 이 저술의 간행이 그렇게 시급하게 여겨지지 않았으리라고 추정해 볼 수 있다.

현재 필사본으로 전하는 『수전록』이 모두 4종이 확인되고 있는데[35], 이 4종의 책이 모두 구성 면에서 서로 약간의 차이가 있을 뿐만 아니라, 또 내용이 뒤바뀔 정도로 크게 차이나는 것은 아니지만 부분적으로 구절이 다른 대목들이 적지 않은 것을 볼 수 있다. 물론 필사자가 내용을 선별해서 베껴 적는 과정에서 발생한 차이일 수도 있지만, 아직 이 저술의 정본이 확정되지 않았던 것으로 짐작된다. 앞서 『사의』의 경우에도 활자본으로 간행된 뒤 다시 정밀한 교정을 거쳐 목판본으로 재간행되었던 것을 볼 때, 『수전록』도 1차 완성은 되었어도 검토와 교정의 가능성이 열려 있는 상태였던 것이다. 다양하고 방대한 내용을 다루고 있기 때문에 이런 가능성을 열어두는 것이 오히려 성실한 학문적 태도를 보여주는 것이라고 하겠다.

『연보』에서는 모두 20편이라고 했는데, 여기서 편의 단위가 어떤 것을 두고 말한 것인지 알 수 없지만, 현전하는 필사본 『수전록』들을 종합해 볼 때, 그 편수는 대략 30여 편에 이른다. 허전은 서문에서 선왕의 정치적 도리에 대해 구체적으로 설명하는데, 먼저 균전(均田)과 양민(養民)을 통해 백성을 살게 하는 것이 가장 급선무이며, 그 다음은 짐승이 되지 않게 백성을 가르칠 것이오[교민(敎民)], 양민과 교민은 관리를 통해 이루어지므로 인재

---

35) ①이택당본 『수전록』(5권1책, 필사, 복사본) ②숭실대본 『수전록』(10권5책, 필사, 낙질) ③성균관대본 『성재수전록』(4권2책, 필사, 낙질) ④장서각본 『수전록』(2권1책, 필사, 낙질).

기용의 제도마련이 중요하며, 왕도의 완성을 위해 예악이 그 다음으로 중요함을 말하고 있다. 이런 기획에 따라 항목을 설정하여 제도개혁안을 제시하고 있다. 그 편들을 열거하면 다음과 같다.(자세한 것은 <표2>를 참조할 것)

중민(重民)/ 양민(養民)/ 교민(敎民)/ 치민(治民)/ 민재(民財)/ 민목(民牧)/ 민공(民功)/ 민수(民數)/ 민오(民伍)/ 민부(民賦)[전부(田賦)]/ 민요(民徭)[잡부(雜賦)]/ 조적(糶糴)/ 황정(荒政)/ 용인(用人)/ 서류(庶類)/ 관직(官職)/ 과거(科擧)/ 도량형(度量衡)/ 개언로(開言路)/ 휼형(恤刑)/ 신사(愼赦)/ 금도(禁盜)/ 어융(禦戎)/ 전폐(錢幣)/ 반록(班祿)/ 악(樂)/ 왕조례(王朝禮)/ 동국지(東國誌)/ 외국기(外國記)/ 해국기(海國記)

필사본마다 편의 배치가 약간 다르지만, 대체로 이런 편제로 구성되어 있다. 그러나 완질 상태의 필사본은 없는데, 대개 「동국지」와 「외국기」·「해국기」가 누락되어 있다. 분량이 많은 관계로 별도로 작성되었거나, 아니면 편제는 마련되었지만 미처 정리가 완성되지 않았던 것인지도 모른다.

허전의 경세관은 중민(重民)과 무실(務實)에 기반하고 있는데[36], 그 정신이 이 『수전록』에 잘 드러나 있다. 우리는 앞서 『종요록』에서도 '천·민·경·덕'이 결국 국왕으로서 경세의 덕을 갖추고 하늘의 뜻을 제대로 파악함으로서 백성에게 교화를 베푸는 것이라는 그의 생각을 볼 수 있었다. 하늘의 뜻은 곧 민심에 있고, 왕은 민을 하늘로 여기기 때문에 '민' 조항을 가장 첫머리에 두었던 것이다. 그래서 그는 『수전록』에서도 "중민이 왕도의 근본이다"고 하여, '중민'편을 수편(首篇)으로 삼아 이 저술의 기본정신으로 표방했다.

그는 당시 전국에서 산발적으로 발생했던 농민항쟁을 경험하면서 사회현실의 모순을 해결할 방안이 민생을 안정시키는 것에 있음을 인식하고 있었

---

36) 김철범, 「性齋 許傳의 制度改革論에 관하여」, 문화전통논집 제6집, 경성대 한국학연구소, 1998.

다. 이에 따른 무실의 학문자세가 『수전록』으로 집결된 것인데, 근기실학의
경세개혁사상을 착실히 계승해서, 모순이 더욱 심각해진 당대의 사정에 따
라 절박한 대안을 마련했던 것이다. 토지제도의 문제에서는 유형원의 균전
론(均田論)과 이익의 한전론(限田論)을 계승해서 '항산전론(恒産田論)'을 제시
했으며, 군정(軍政)에 대해서는 아문(衙門)을 혁파하고 숙위군(宿衛軍) 창설
을 주장했고, 환곡제(還穀制)에서도 상평창(常平倉)을 부활하고 사창(社倉)제
도를 세울 것을 제안하는 등 사회제도 제반문제에 대한 폭넓은 방안을 구상
했던 것이다. 그리하여 그는 사회를 바로잡을 방안으로 '치도(治道)9조'를
구상하여, 민목(民牧)·용인(用人)·교민(教民)·반록(頒祿)·장전(藏錢)·금도(禁
盜)·신사(愼赦)·내간(來諫)·전학(典學) 아홉 가지 조목으로 구체적인 정책을
제안했다. 결국 『수전록』이 완성된 이듬해(1862)에 임술년 농민항쟁이 발생
했고, 이 때 민생을 위한 대책으로 「삼정책」을 바치게 되는데, 이는 『수전
록』의 개혁론을 그대로 반영한 것이었다.

5. 『초학문(初學文)』

허전은 아동학습을 목적으로 두 종의 저술을 엮었는데, 하나는 『입학문
(入學文)』이고, 또 하나가 『초학문』이다. 일용하고 상행하는 것 중에서 도리
에 맞는 가르침을 모아 하나의 책으로 엮은 것이 『입학문』이라고 하는데,
1884년 88세의 노년에 엮었다고 하나 현전하지는 않는다. 이보다 앞서
1877년 81세 때 아동들의 문자, 즉 한자 학습을 위해 엮은 것이 『초학문』이
다.[37] 아동이 말을 할 줄 알고 지각이 열리고 견문이 생길 때는 아직 인욕
(人慾)이 생기지 않아 외부의 영향을 잘 받아들이는 시기이므로, 먼저 옳은

---

37) 『초학문』은 현재 부산대학교와 국립중앙도서관에 각각 1책이 소장되어 전한다. 그
　　러나 국립중앙도서관본은 전체의 절반만이 남아있다.

것을 주입시켜주는 것이 필요하다고 한다. 그러므로 문자의 교육도 처음에 음과 뜻을 상세하게 가르치고 점과 획을 잘 가르쳐 두어야 혼돈이 없을 것이라는 취지에서 이 책을 편집하게 되었다고 한다.[38]

『초학문』에는 무려 4,544자의 한자를 수록하고 있는데, 이는 그간 편찬된 아동 한자학습서 가운데 가장 많은 량이다.[39] 현전하는 필사본은 분권되어있진 않지만, 2,272자씩 구분하고 있는 것으로 보면, 애초 상·하 2권으로 나누어 놓았던 것으로 생각된다.[40] 서문에서는 이들을 모두 17개의 항목으로 분류했다고 하는데, 그 분류항목의 내용을 확인할 길은 없다.[41] 현재 필사본에서 확인할 수 있는 항목은 '인도(人道)' '형모(形貌)' '천도(天道)' '음식(飮食)' '의복(衣服)' '궁실(宮室)' 정도이다. 비록 항목의 제목이 모두 전하지는 않지만, 내용을 살펴보면 유사한 항목끼리 글자가 모여 있음을 확인할 수 있다. 그러나 글자 한 자 한 자가 모두 같은 항목에 해당하는 것은 아니고, 4자를 하나의 문장으로 보았을 때 그 의미들이 같은 항목에 해당된다고 보겠다. 허전도 흩어놓으면 각각의 자의(字義)를 지니지만 합쳐두면 저절로 문리(文理)를 갖추도록 구성했다고 말하고 있다. 즉 4자가 모여서 하나의 문장이 되게 엮었다는 것이다. 이는 『천자문』 이후 여러 한자학습교재들이 시도하고 있는 구성방식이다. 한자학습에만 목적을 두지 않고 동시에 문장구성도 익히도록 하려는 의도인 셈이다.

각 한자의 수록 방식으로 우측 상단에 운모(韻母)를 적어두고, 하단에 훈음을 적고 또 그 아래에 한문식 풀이를 붙여두었다. 운모를 붙여둠으로서

---

38) 『初學文』「初學文序」.

39) 『訓蒙字會』가 3,360자로 가장 많은 글자를 수록한 것으로 알려졌다. 참고로 『類合』이 1,512자, 『兒學編』이 3,000자, 『蒙學二千字』가 1.996자, 『通學徑編』이 1,400자이다.

40) 국립중앙도서관본도 상권에 해당하는 2,272자만이 남아있다.

41) 『성재집』 소재 「초학문서」에는 모두 4,540자에 16항목으로 구성하였다고 하였는데, 오류인 것으로 보인다. 전체가 『천자문』과 같이 4자씩 한 조를 이루는 형태로 구성되어있는 사정을 볼 때, 4,540자는 그 짝이 맞지 않기 때문이다.

운자사전의 기능도 하는데, 한자를 학습하는 초기부터 사성(四聲)을 익히도록 계획한 것이다. 훈음은 역시 옛 국어 특히 19세기 말엽의 국어연구와 한자음 연구에 중요한 자료가 되며, 아울러 당시 우리 나름대로 사용해 왔던 한자의 의미를 밝히는 자료가 될 수 있다.

이 방대한 량의 한자를 분류하고 문리가 닿도록 4자씩 연결하고, 훈음과 풀이를 붙이는 작업은 한자에 대한 상당한 수준의 연구가 없으면 불가능한 일이다. 허전은 일찍이 우리나라 운서의 음과 뜻에 오류가 많다는 것을 확인하고, 먼저 『설문통(說文通)』·『운자휘(韻字彙)』·『운옥(韻玉)』 등의 책을 참고하여 본운(本韻)을 설정해두고, 그 아래에 다른 여러 운서의 글자들을 분류해 두어 자신이 열람하기 편하도록 정리했다. 차츰 시간이 흐르면서 하나하나 정리가 되어 1871년(75세)에 이르러 106편을 모두 완성하게 되는데, 그것을 『자훈(字訓)』이라는 제목을 붙인 저술로 정리해 둔 바 있었다. 『초학문』은 그의 이 같은 한자에 대한 꾸준한 자료정리를 바탕으로 이루어질 수 있는 것이었다.

6. 기타 중요 부전 저술

허전의 저술 간행사업에 적극 참여했고, 『성재선생문집속집』 간행을 주도했던 소눌(小訥) 노상직(盧相稷)이 허전의 저술을 거론하여 다음과 같이 말한 바 있다.

선생의 저술에 대해 말하자면, 『종요록』 『철명편』 『사의』 『자훈』 『수전록』 『가의(家儀)』 『하관지(夏官志)』와 시·문·상소·차자·비지·행장·묘갈 등속과 「시고(詩考)」 「서고(書考)」 「역고(易考)」 「사자서석의(四子書釋疑)」 「천지변(天地辨)」 「상위고(象緯考)」 「재이설(災異說)」 등 모두 수백

편에 이르는데, 온 나라 사람들이 그것을 읽어보고 기뻐하고 있습니다.42)

이 글에서 허전의 주요 저술들을 열거하고 있는데, 물론 누락된 것도 있지만, 이중에는 단행본의 책으로 간행된 것도 있고, 문집 속에 포함되어 들어간 것도 있다. 우선 『사의』『사의절요』『종요록』『철명편』『수전록』『초학문』은 단행본으로 간행되거나 초고의 형태로 정리되어 있음은 앞에서 확인되었다. 노상직이 거론한 「시고」「서고」「역고」 가운데 「역고」는 문집 속집에 포함되어 들어갔지만, 「시고」와 「서고」는 확인할 길 없다. 「사자서석의」는 『용어』 권15 가운데 들어있는 「군서석의(羣書釋疑)」 가운데 사서(四書) 부분일 것으로 추정하는데, 이 「군서석의」도 문집을 간행할 당시 단행본으로 출간할 계획을 잡았던지 『성재선생문집』에는 포함시키지 않았다. 「천지변」「상위고」「재이설」 등은 단행으로 간행할만한 분량이 못되어 모두 문집의 잡저에 포함되었다.

그러면 「연보」와 기타 자료를 참고해 볼 때, 단행본으로 정리해두었지만 현재 전하지 않는 허전의 저술을 열거하면 다음과 같은 것이 있다.

> 『하관지(夏官志)』 : 1860년 완성
> 『자훈(字訓)』 : 1871년 완성
> 『가의(家儀)』 : 1875년 완성
> 『입학문(入學文)』 : 1884년 완성
> 『군서석의(羣書釋疑)』

『하관지』는 국조 이래 군정(軍政)의 연혁을 고찰하여 자신의 견해를 피력한 저술로 병가(兵家)에 대한 해박한 식견을 보여준 것으로 평가된다. 이 저술에서의 연구성과가 역시 『수전록』의 군제(軍制) 서술에 활용되었으리라

---

42) 盧相稷, 『小訥先生文集』 권5 「請改先士文憲公性齋許先生諡註疏」.

생각한다. 『가의』는 자신의 집안에서 세세로 준용해 왔던 의례를 정리한 것인데, 전체 2편으로 구성되었다고 전한다. 허전은 죽을 때 자신의 장례와 제사의 절차를 『사의』와 『가의』에 따라 시행할 것을 당부하기도 했다.[43]

그러나 한 가지 의문스러운 것은 이 저술들은 다른 저술들과 달리 허전의 서문이 남아있지 않다는 점이다. 일차 완성은 했지만 아직 미흡한 점이 남아있어 미루었던 것인지 알 수 없다. 또한 어쩌면 이 저술들은 아직 발견되지 않았을 뿐일 수도 있다. 허전의 저술에 대한 관심을 갖고 차츰 정리되기를 기대한다.

이상으로 허전의 저술을 개괄적으로 살펴보았다. 문집을 포함해서 모두 12종의 저술을 남긴 것으로 정리되었는데, 그의 폭넓은 학문적 관심과 해박한 식견 그리고 성실한 학문적 자세를 간파할 수 있었다. 근기실학의 호한한 학문적 연구와 치밀한 고증정신, 과감한 개혁사상이 그에게 살아있음을 확인할 수 있는 물증들이다. 변화를 요구하는 모순에 찬 시대를 살았던 한 지식인으로서 현실적 갈등을 학문을 통해 대안을 찾으려했던 결실이기도 하다. 또한 그의 학문세계는 실로 방대했다. 예학·경학·지리학·천문학·문자학·문학 등 자신의 시대에 절실한 요구에 다양한 관심을 가졌고, 그에 대한 적극적인 학습의 결과를 저술로 남겨두고 있다. 큰 못에 모여든 물이 다시 줄기를 뻗어 여러 갈래로 흘러가 대지를 적시듯이, 허전의 학문도 많은 제자들 특히 영남지역의 문도들에게 뻗어가 현실에 대응하는 학문적 태도에 영향을 미쳤다. 이제 허전 저술을 통해 그의 학문 성격과 문도들에게 전수된 학문적 관계를 밝힐 수 있을 것이다.

[김 철 범]

---

43) 『字訓』과 『入學文』과 『羣書釋疑』는 앞 항에서 설명한 대로이다.

〈표1〉 문집편제 대조표

	性齋庸語	性齋集	性齋續集
詩	320題 (권1·2·3)	247題 (권1)	52題 (권1)
經筵講義	60編 (권4·5)	51編 (권2·3)	
疏	25編 (권6)	12編 (권4)	8編 (권1)
教	4編 (권7)	館閣文	
啓	5編 (권7)	8編 (권4)	
表箋	15編 (권7)		箋 5編 (권4)
文	8編 (권7)		
書	40編 (권8) 禮疑問答 48編 (권9) 禮說問答 105編(권10·11·12)	225編 (권5·6·7·8)	59編 (권2)
雜著	策 3編 (권13) 羣書釋義 6編 (권14) 기타 89編(권15·16·17)	71編 (권9·10)	「易考」1編(권3)
序	152編 (권18·19·20·21)	126編 (권11·12·13)	19編 (권4)
記	92編 (권22·23)	82編 (권14·15)	6編 (권4)
跋	43編 (권24)	31編 (권16)	10編 (권4)
箴	9編 (권24)	8編 (권17)	
銘	30編 (권25)	23編(권17)	4編 (권4)
頌	6編 (권25)	3編 (권17)	
贊(傳)	12編 (권26)	贊 3編 (권17) 傳 9編 (권30)	2編 (권6)
上樑文	9編 (권26)	4編 (권18)	5編 (권5)
祝文	20編 (권27)	4編 (권18)	6編 (권5)
祭文	26編 (권27)	14編(권18) 哀詞 5編 (권18)	3編 (권5)
碑文	2編 (권27)	18編(권19)	
墓誌	4編 (권27)		
墓碣	25編 (권28)	22編 (권25)	13編 (권6)
碑銘	16編 (권29)		
墓誌銘	12編 (권30)	15編 (권20)	
墓碣銘	92編 (권31·32·33·34)	85編 (권21·22·23·24)	
墓碣陰記	17編 (권35)	12編 (권26)	
墓表	26編 (권35)	25編 (권26)	
家狀	4編 (권36)	4編 (권27)	
行狀	36編 (권36·37·38)	31編 (권27·28·29)	4編 (권6)
行錄	8編 (권39)	5編 (권29)	
遺事	15編 (권39)	14編 (권30)	2編 (권6)
諡狀	15編 (권40·41)	10編 (권31·32)	

〈표2〉『受廛錄』이본대조표

	이택당본 (5권1책, 필사, 복사본) 『수전록』	숭실대본 (10권5책, 필사, 낙질) 『수전록』	성균관대본 (4권2책, 필사, 낙질) 『성재수전록』	장서각본 (2권1책, 필사, 낙질) 『수전록』	비고
권1	重民 養民(田制) 民賦(田賦) 民徭(雜賦) 敎民(學校) 治民(刑罰) 民財 民牧(牧守) 民功(考績) 民數(戶籍) 民伍(軍制)	重民 養民(田制) 敎民(學校) 治民(刑罰) 民財 (節用 崇儉 徵貪 禁奢) 民牧(監司 守令) 民功(考績 黜陟) 民數(戶籍 田間)	重民 養民(田制) 敎民(學校) 治民(刑罰) 民財 民牧(監司 守令) 民功(考績 黜陟) 民數 民伍		
권2	糴糶 荒政 用人 庶類 官職(薦讓) 科擧(敎選)	民伍(軍制) 糴糶(常平 社倉) 荒政(賑恤)	糴糶(常平倉 義倉) 荒政(賑恤) 科擧(敎選 貢擧)		
권3	度量衡 開言路 恤刑 愼赦 禁盜 禦戎 錢幣	科擧(敎選 貢擧) 用人(薦讓)	用人 庶類 官職(薦選 久任) 田賦 雜賦 開言路 恤刑 愼赦	科擧 用人	
권4	班祿 禮(別爲一部) 樂	庶類 官職 田賦 雜賦 開言路 恤刑 愼赦	度量衡 錢幣 班祿 禁盜 樂	庶類 官職 田賦 雜賦 開言路	
권5	東國誌(別爲一卷) 外國記 (東外國 南外國 西外國 北外國 外國異事) 海國記(別錄)	度量衡 錢幣 班祿	王朝禮		

권6		禁盜 樂	東國誌 (上中下 疆域考) 關防 沿海		
권7		王朝禮一			
권8		王朝禮二			
권9		王朝禮三			
권10		王朝禮四			
권11		東國誌上(檀君朝鮮 箕子朝鮮 衛滿朝鮮 三韓 新羅 駕洛 高句麗 百濟)			
권12		東國誌中(高麗)	外國記(東南洋 西南洋 小西洋 大西洋 北洋 外大西洋 南極洲)		
권13		東國誌下(疆域考 關防 沿海 朝鮮地方)			
권14		外國記上 (東南洋 西南洋)			
권15		外國記下(小西洋 大西洋 北洋 北方雜國 外大西洋)			
권16		禦戎(城池 戰車 車制 戰船 水戰 大砲 弓弩 甲冑 戈矛 民堡法 守禦之具 兵論)			

제2부

민천(民天)사상의 경학적 전개

『종요록』에 나타난 허전의 경학 관점
허전의 「시경강의」에 나타난 설시 관점
허전의 제도개혁론
경연강의를 통해 본 허전의 정치사상
허전의 세자교육론과 『철명편』

『종요록』에 나타난 허전의 경학 관점

1. 서론

『종요록(宗堯錄)』은 조선 후기 근기남인계 학자로서 당대의 많은 「영남」 남인 후학들에게 다대한 영향을 끼쳤던 성재(性齋) 허전(許傳)의 전저(專著)의 하나이다. 허전의 저술로는 『종요록』 외에도 『수전록(受廛錄)』, 『철명편(哲命篇)』, 『사의(士儀)』 등이 널리 알려져 있다. 『종요록』은 일찍이 경연관으로서 철종과 고종을 계도한 바 있는 허전이 제왕학(帝王學)의 한 규범으로 편찬하여, 세자를 교도하는 내용을 초록한 책인 『철명편』과 함께 고종에게 진헌(進獻)한 것이다.

제왕학이란 국가를 통치하는 데 필요한 정치 교양과 국가통치의 기본적인 방향과 규범을 제시하는 하나의 학술이다. 공자가 집대성한 유가 사상은 편폭이 매우 넓어 한 마디로 요약하기는 어렵지만, 유가의 학술이 본디 수신제가 치국평천하라는 이상적인 도덕정치의 통치 방향과 방법을 제시하는 정치 교양적인 성격을 가지고 있음에는 틀림이 없을 것이다. 그러나 공자의 사상은 춘추시대 말기 혼란스러운 사회 상황에서 인간과 사회공동체가 지향해야 할 진정한 가치가 무엇인가를 제시하는 데 그친 것이었지, 본디부터 중앙집권적 왕조국가를 전범으로 하여 산생된 것이라고는 할 수 없다. 그럼에도 진한(秦漢) 이후 1인의 군주를 정점으로 하는 중앙집권적 왕조국가가 성립된 이래 근대에 이르기까지 근 2,000년 동안, 역대의 집권자와 그에 부속된 관료지식인들에 의해 기존의 절대 왕권을 유지 보수하기 위한 방략의 하나로 유가의 학문 체계와 사상이 널리 활용되어 왔던 것이 사실이다.

왕조국가에서는 국가 통치의 정점에 있는 1인의 군주에게로 모든 정치권력이 집중되기 때문에, 군주의 사상과 언행이 사회와 국가 전체에 끼치는 영향은 지대하였다. 그러므로 이러한 군주의 신임 아래 군주의 기득권을 옹호하는 한편, 군주의 방만한 정치 행위에 일정한 견제를 가하여, 국가 및 소속 권력집단이 안정적으로 유지 보수될 수 있도록 보장하는 일정한 장치가 필요하였다. 여기에서 왕조국가의 권력의 중심부인 왕권과 이를 보좌하는 관료집단은, 공자가 제기한 도덕정치의 사상을 왕조국가 유지의 명분으로 채택하여, 그것을 왕권과 지배계층은 물론 피지배계층을 교화하는 하나의 수단으로 활용하였다. 여기에서 군주와 신료를 교양하고 국가통치의 명분과 방향을 제공하는 이른바 제왕학이라는 하나의 학술이 등장하게 되었던 것이다.

동양의 역대왕조에서 제왕학의 기본 틀은 유가의 경학에 근거를 두었다. 공자 이래 유가의 학술에서는 역대의 군주 가운데 요순(堯舜)의 이제(二帝)와 하은주(夏殷周)의 세 왕조를 건립한 삼왕(三王)의 정치사상을 '이제삼왕지도(二帝三王之道)'라 하여 제왕의 이상적 전형으로 설정하였기 때문에, 유가의 역대 정치 사상가들은 이를 제왕의 모범으로 삼아 논의를 전개하였다. 그러나 역대 왕조마다 그 숭상하는 바가 반드시 동일했던 것은 아니다. 한대(漢代)의 오경박사의 제도는 유가의 오경을 근간으로 국가통치의 법도를 논의하는데 기여하였지만 금문(今文)과 고문(古文)의 경학에 구별이 있었고, 당 태종이 제왕의 법도를 간추려 『제범(帝範)』을 찬술하고 학자들로 하여금 『군서치요(群書治要)』를 편찬하여 제왕의 감계(鑑戒)로 삼게 하기도 했다. 그러다가 송대의 이학자(理學者)들 사이에 『대학』이 존숭되면서 이것이 제왕학의 교재로 가장 널리 채용되었다.

유가의 경전 가운데 치국 평천하의 요령을 말하지 않은 것은 거의 없다. 『주례(周禮)』와 같은 전저는 물론, 경서의 한 부분으로서 『서경』의 「홍범(洪範)」이나 『중용』의 「구경장(九經章)」 등과 같은 것도 그런 것이지만, 『대학』

은 특히 수기치인의 전체적인 규모를 간명하게 요약한 것으로 알려졌다. 그
래서 송의 진덕수는『대학』의 간명한 체제를 응용하여 제왕이 국가를 통치
함에 있어서 견지해야 할 태도와 고려해야 할 여러 가지 문제들을 열거한
『대학연의(大學衍義)』를 편찬하였고, 이 책은 이후 여러 가지 주석본을 파생
하여 제왕학의 한 표준으로 통용되었다.

조선조에서는 군주에게 유가적 통치이념과 방법을 교양하기 위하여 경연
의 제도를 갖추고 사서오경과『통감강목』등의 경서와 역사 서적을 진강하
였다. 그런 가운데서도『대학연의』는 조선초기부터 조선후기까지 제왕학의
교재로 꾸준히 활용되었고[1], 명망 높은 유학자들 중에는 군주에게 치국평
천하의 요체를 설명하기 위한 저술을 내는 이가 생겨났다. 회재 이언적의
『중용구경연의(中庸九經衍義)』나 율곡 이이의『성학집요(聖學輯要)』와 같은
것이 그런 저술들이다.

허전의『종요록』은 군주의 덕성을 계발하기 위해 저술된 것이라는 점에
서『대학연의』나『중용구경연의』,『성학집요』등의 저술과 맥락을 같이 한
다. 그것은 허전이 연세와 명망이 높은 학자로서 철종과 고종을 계도하는
경연관의 직책을 오랫동안 맡았던 것과도 연관이 있다. 그러나『종요록』의
편차나 내용은 전대의 유사한 저술들과는 다소 다른 모습을 보이고 있다.
『대학연의』가『대학』의 삼강팔조(三綱八條)를 바탕으로 제왕이 고려해야 할
치국의 요무(要務)를 체계적으로 논한 것이라면,『중용구경연의』역시『중
용』의「구경장」에서 논한 제왕의 치국 요무를 조목별로 나누어 논한 것이
며,『성학집요』또한 '수제치평(修齊治平)'이라는『대학』의 학문 차서에 따
라 경서와 제가의 논술을 편집한 것이다. 이들 저술의 내용은 한결같이 이
기심성(理氣心性)의 이치를 논한 주자의『사서집주(四書集註)』와 역대 사적
(史籍)을 근간으로 군주의 심성을 계도하는 데 초점을 맞추고 있다. 그런데

---

1) 이에 대하여는 지두한의「조선 전기『大學衍義』이해 과정」(조선시대 사상사의 재
조명, 역사문화, 1993) 참조.

허전의 『종요록』은 "천민경덕"이라는 전혀 다른 규범을 세우고, 여기에 관련된 주요한 구절들을 『서경』을 중심으로 『시경』, 『주역』, 『주례』, 『논어』, 『중용』, 『맹자』 등 여러 경전에서 발췌하여 편집하면서, 군주의 백성에 대한 태도를 바로잡는데 초점을 맞추고 있다.

『종요록』의 이러한 편차와 내용은 교조적 주자학에 매몰되어 갔던 조선 후기의 경학사에 있어서 여러 가지 의미를 가진다. 우선 허전은 성호 이익과 연결되는 근기실학의 계승자이다. 미수 허목 이래 육경학(六經學)을 학문의 종지로 내세웠던 근기실학의 학문전통을 이어받는 허전이 국가통치의 기본적인 틀을 서경의 요전에서 구하였다는 사실은, 학문은 물론 국가통치의 기본적인 틀을 『대학』에서 구하였던 조선후기 교조적 주자학의 학문관습에서 다소 비껴서 있는 것이 분명하다. 게다가 『종요록』은 제왕학에 있어서 군주의 내면적 심성을 계도하고 군신간의 바람직한 관계를 설정하는 측면 외에, 백성에 대한 군주의 책무가 어떤 것인가를 인식시키는 것이 보다 중요한 과제라는 인식을 나타내고 있다. 본고는 이러한 관점에서 허전의 『종요록』을 살펴보려고 한다. 이를 통하여 조선 말기를 장식한 후기실학자로서의 성재 허전 경학의 특징을 다소간 밝힐 수 있을 것이다.

2. 『종요록』의 경학 논의 관점

(1) 허전의 경학에서 『종요록』의 위상

허전의 저술에서 『종요록』은 중요한 의미를 가진다. 이는 그의 문하에 출입한 문도로서 연세와 학덕이 높이 존중되었던 만성(晩醒) 박치복(朴致馥)의 「제성재선생문(祭性齋先生文)」과 허전의 생전에 그 문하에 오랫동안 출입하였고 사후에는 장편의 「성재선생행장(性齋先生行狀)」을 서술하였던 소눌(小訥) 노상직(盧相稷)의 다음 글에서 그 편모를 알아 볼 수 있다.

　　저술한 바 『종요록』과 『수전록』, 「삼정책」 등 여러 글은 모두가 위도경세(衛道經世)의 저작으로서 건연(巾衍)에서 좀먹고 먼지를 덮어쓰고 있으며 광채가 없어지고 소리가 끊어졌으니 이 세상 둘러보며 애통함 어찌 그치리이까2)

　　그 저술로 말한다면 『종요록』, 『철명편』, 『사의』, 『자훈(字訓)』, 『수전록』, 『가의(家儀)』, 『하관지(夏官志)』와 시문 소차(疏箚) 비지(碑誌) 장갈(狀碣) 등속과 『시고(詩考)』, 『서고(書考)』, 『역고(易考)』, 『사자서석의(四子書釋疑)』, 『천지변(天地辨)』, 『상위고(象緯考)』, 『재이설(災異說)』 등 모두 수백 편인데, 나라 사람들이 모두 읽고 좋아하며, 중국의 신사(紳士)들도 간혹 구입하는 이가 있습니다. 대개 그 도학의 성대함을 천하의 사람들이 함께 흠모하는 것입니다.3)

　허전 문하에서 존경받았던 고족(高足)인 만성 박치복과 소눌 노상직이 한결같이 스승의 저술 가운데 첫머리에 거론할 만큼 『종요록』은 허전의 학문 성취와 관련된 중요한 저술이었던 것이다.4) 문도들 뿐 아니라 허전 자신도 이 저술을 매우 중시하였다. 그는 이를 평생 학문의 소득을 집약한 것이라

---

2) 朴致馥, 『晚醒集』 권13-23 「祭性齋先生文」; 所著宗堯錄受塵錄三政策諸篇 類皆衛道經世之作 而塵蠹巾衍 光沈響絶 俯仰斯世 爲痛曷其.
3) 盧相稷, 「請改先士文獻公性齋許先生諡註疏」 『小訥先生文集』 卷5; 以言其著述 則宗堯錄 哲命篇 士儀 字訓 受塵錄 家儀 夏官志 詩文疏箚 碑誌狀碣之屬 詩考 書考 易考 四子書釋疑 天地辨 象緯考 災異說 凡累百篇 國人皆讀而悅之 中州紳士 亦或有購求者. 盖道學之盛 天下人之所共欽慕者也.
4) 이러한 생각은 성재 문도의 한 사람인 惠山 李祥奎의 「祭性齋先生文」에도 동일하게 거론 된 바 있다. 發爲文章 聖哲謨訓 宗堯哲命 皇猷黼黻 士儀編秩 儀禮羽翼 夏官受塵 經國之謨 紀綱十條 爲政之圖 軒箴懿辟 啓沃寔深. 『惠山集』 권3-14.

고 하였다.

『종요록』은 『철명편』과 함께 무인(1879) 11월 24일에 「진철명편종요록소 (進哲命篇宗堯錄疏)」를 붙여 고종에게 진상되었고, 『사의』, 『철명편』 등과 마찬가지로 그의 생전에 간행되었다. 간역(刊役)에 종사했던 일산(一山) 조병 규(趙昺奎)의 글에 의하면 기사년(1869) 가을에 그의 향리인 함안(咸安)에서 『사의』를 간행하고[5], 허전이 이조판서로 임용된 신사년(1881) 겨울에 『철명 편』과 함께 간행에 들어간 것으로 되어 있다.[6] 허전 자신의 말에 의하면 이 『종요록』은 이미 을람(乙覽)을 거쳤는데 궁중의 화재로 없어졌다고[7] 하였 다. 궁중의 화재는 아마 고종 13년(1876) 11월 4일에 일어난 경복궁의 화재 일 것이다. 이 때 궁중에서 보관하였던 열조어필(列朝御筆)과 대보(大寶) 등 이 대거 불탔기 때문이다. 따라서 『종요록』은 이미 이 이전에 완성되어 있 었던 것으로 보인다. 그런데 철종 말년이 임술년(1862) 6월에 올린 『삼정책』 의 말미의 「전학(典學)」 조에 "천민경덕설(天民敬德說)을 표장(表章)하여 올 린다"는 말이 들어 있고, 그 글의 전문이 「종요록서」와 거의 일치한다. 따 라서 『종요록』의 대강은 삼정책을 올리기 이전인 철종대에 이미 구상되어 있었음을 알 수 있다.

지금 판본으로 남아있는 『종요록』에는 이 책을 편집하면서 덧붙인 「종요

---

5) 趙昺奎, 『一山集』 권9-1; 大哉禮儀 三百三千 寤寐蒼姬 折衷群言 惟士之編 百世不惑, 己巳三秋 獲侍校碻 俾入壽梓. 日用龜鑑 哲堯二書 登諸乙覽. 受塵 一錄 王道根柢 周官遺法 推演詳備 古今治亂 夷狄情僞 山川道理 關防要害 經濟之方 無不周徧 蘊而未施 照耀遺卷 庸語全部 未脫巾衍 槧摧奄及 痛切 疹痒.

6) 趙昺奎, 『一山集』 권3-6 「上性齋先生書」; 轉聞綸命鼎至 特陞銓長…… 哲命 已訖 宗堯方始 然環顧門下 助力者無幾 將何以就緒也. 第俟天之相斯文耳.

7) 성재의 「與巴山諸生書」에, "宗堯錄刊役 幾至迄工云 若非諸君之極力周旋 何 以至此. 遲速似若不關 而此旣已經乙覽者也 闕內回祿之後 本册入於灰燼 則 不可不更進 而且今異端橫流之世 聖學一事 尤爲切急 故所望者 速成也."라 하였다. 『許傳全集』 2-434.

록서」와, 무인(1878) 11월 24일에 다시 진상할 때 올린 「진종요록철명편소」
에 이어 「천민경덕도상」과 「천민경덕도하」의 두 도설이 첫머리에 있고, 그
뒤에 범례와 목차를 둔 다음 본문의 내용을 실려 있다. 이 책의 편찬 취지
는 허전이 쓴 두 편의 글, 「종요록서」와 「진종요록철명편소」에 잘 나타나
있다. 다음은 「종요록서」이다.

(1) 육경의 치학(治學)은 모두 도로 귀결되고, 도의 온전한 형체와 큰 쓰
임이 『서』보다 더 구비된 것이 없다. 그 다음이 『대학』이다. 왜냐? 『서』
는 성인이 자신을 수양하여 집안을 정돈하고[修身齊家], 나라를 가다듬
어 천하를 고르게 한[治國平天下] 방법을 기록한 것인데, 그 근본은 덕에
있고, 그 요체는 경(敬)에 있고, 그 리(理)는 천(天)에서 나오고, 그 공화
(功化)는 민(民)에게 극진히 함이다. 덕이란 성(性)에 체득된 인의예지(仁
義禮智)요, 경이란 주일무적(主一無適)하여 사물을 성시성종(成始成終)하
는 것이다. 천이란 도의 커다란 원천으로서 온갖 조화의 주체가 되는 것
이다. 민이란 사람의 무리로서 천지의 핵심이며 나의 동포이며 나라의
근본인 것이다. 그러므로 『서』 58편 가운데 천을 말한 것이 495조목이
요, 민을 말한 것이 366조목이며, 경을 말한 것이 237조목이며, 덕을 말
한 것이 342조목이다. 그 나머지 수만 마디 말은 모두 이 네 가지를 주
제로 연역한 것이다.

(2) 『대학』에서 명덕(明德)이라 하고 신민(新民)이라 하고 천지명명(天
之明命)이라 하고 집희경지(緝熙敬止)라 하는 등, 사대(四代)의 『서』에서
오지 않은 것이 없으며, 「요전」이 곧 그 종(宗)이다. 그런즉 「요전」에서
비록 오성(五性)을 말하지 않았지만, '구족(九族)이 화목하고 만방협화(萬
邦協和)하였다' 함은 인(仁)이요, '은송(嚚訟)'하다고 '우(吁)'라 하고 '재
측루(在側陋)'라 함에 '유(兪)'라 한 것은 의(義)이며, '윤공극양(允恭克
讓)'이라 함은 예(禮)요, 역상(曆象)은 지(智)이며, '윤(允)' 두 글자는 신
(信)이다. 이는 그것이 일용(日用)에 나타난 것으로서 그 본체는 일개 '덕
(德)'이라는 글자에 포괄되는 것이다. 그러므로 『서집전(書集傳)』의 첫머

리에 "덕성의 아름다움이 저절로 나타난 것이니, 이른바 본성으로 여겼다[性之]"라고 한 것이 이것이다. 『대학』에서는 '인의가 미더워서 사양의 기풍을 예로써 일으킴'을 분명히 말하였으므로 주자는 "예양(禮讓)으로써 감화하였다"고 하였으며, 치지(致知)는 지(智)를 겸하여 말한 것이므로 정자(程子)는 "지(知)는 지(智)라"고 하였다. 그러므로 「대학서(大學序)」에서 특별히 인의예지의 성(性)을 표출하였던 것은 이 때문이다.

(3) 대체로 요(堯)의 시대에는 풍기가 순수하고 온전하여 덕만 말하여도 성(性)의 리(理)는 절로 밝았기 때문에, 다시금 인(仁)이니 의(義)니 어수선하게 말하지 아니하였다. 우(虞)와 하(夏)의 시대에는 이미 낮아졌기에 「순전(舜典)」에서 비로소 예를 말하였고 「고요모(皐陶謨)」에는 예와 의를 겸하여 말하였으며 「대우모(大禹謨)」에서는 이제 인심(人心), 도심(道心)의 훈계가 있었으며, 「중훼지고(仲虺之誥)」에 이르러서는 인의예지신을 함께 거론하게 되었고, 상탕(商湯)은 특별히 성(性)을 말하여 성학(聖學)의 근원을 열었다. 무릇 2제와 3왕의 도통 심법(道統心法), 이 모조리 여기에 있고 공씨(孔氏)와 증씨(曾氏)의 전(傳) 또한 오직 여기에 있는 것이다.

(4) 그러나 세상이 낮아질수록 도는 더욱 미미하게 되었으니, 누가 서학(書學)의 종지가 귀결되는 곳을 알겠는가? 우루(愚陋)한 신이 참망(僭妄)을 헤아리지 아니하고 이제 감히 이리저리 끌어와서 표장(表章)하기를 천민경덕(天民敬德) 넉자로 강령을 삼은 뒤에 그 장구(章句)를 놓고 차례를 잡아서 이름을 『종요록(宗堯錄)』이라 하고는, 다시금 경전 및 선유의 말씀을 수집하여 네 가지 강령에 소속시켜 분류하여 모아서 덧붙였다. 그리고 나서 다시 「천민경덕도설(天民敬德圖說)」과 「심성정도설(心性情圖說)」을 지어서 책을 펴는 제일의로 삼았다. 『종요록』은 모두 10편인데 성신공화(聖神功化)의 극치에 만에 하나나마 도움이 없지는 않으리라 여긴다.[8]

---

8) 六經之治 同歸于道 而道之全體大用 莫有備於書 其次大學是耳. 何者? 書記

이 글은 모두 네 단락으로 구성되어 있다. 첫째 단락은 육경학의 학문목
표가 상서학으로 귀결되며, 상서학의 학문 요체는 천민경덕 네 글자에 있다
고 밝힌 것이며, 둘째 단락과 셋째 단락은 『대학』과 『중용』의 학문 강령이
『서경』에서 연원하였다고 주장한 것이고, 넷째 단락은 『종요록』의 편찬 이
유를 밝힌 것이다. 이 글에서 주목할 부분은 경학의 학문 요체가 『서경』에
가장 잘 구비되어 있다고 하는 관점과 다음으로 『대학』의 학문 규모가 「요
전」에 갖추어져 있다고 하는 시각이다.

(2) 경학의 귀결처로서의 천·민·경·덕

먼저 경학의 학문요체가 『서경』에 가장 잘 구비되어 있다고 하는 관점을
살펴보자. 이 글의 서두에서 허전은 육경의 학문 목표가 도이며, 그 도는 궁
극적으로 수제치평에 귀결된다고 단정하였다. 학문을 논할 적에 반드시 육
경을 앞세우는 것은 성호계열 학자들의 공통적인 어법이다. 그렇지만 육경
의 내용이 『서경』보다 더 잘 구비된 것이 없다고 하는 것은 허전의 독특한
견해이다.

주자는 일찍이 말하기를, "『상서』보다 『대학』에 치국평천하의 일이 상세
하게 적혀 있다"고 하였고, 또 "육경을 모두 보기 어려우니 『대학』을 먼저
보아야 한다. 『상서』와 같은 것은 부스러지고 빠진 나머지를 수습한 것이어
서 구절구절 의리가 상통하게 하려면 반드시 천착하게 된다"고 하였다. 그

聖人修身齊家治國平天下之術 而其本則在乎德 其要則在乎敬 其理則出乎天
其功化則極乎民. 德者仁義禮智之得於性者也. 敬者主一無適而事物之成始成
終者也. 天者道之大原 而爲萬化之主宰者也. 民者人之衆而天地之心 而吾之
同胞而邦之本者也. 是以書五十八篇之中言天者 四百九十五 言民者三百六十
六 言經者二百三十七 言德者三百四十二. 其餘數萬言 皆主此四字而推衍之
也. 大學則曰明德曰新民曰天之明命曰緝熙敬止 無不從四代書來 而堯典乃其
宗也.

렇듯 주자는 『서경』의 방만한 체제가 학자들에게 학문의 요령을 알게 하는 데 부적합한 것으로 간주하였다.

그런데 허전은 『서경』이야말로 육경의 학문의 귀결처인 도(道)의 체(體)와 용(用)을 가장 잘 구비한 것이라고 하였다. 그는 『서경』의 종지(宗旨)가 천민경덕 네 글자로 귀결된다고 단정하면서 두 가지 근거를 제시하였다. 하나는 『서경』에서 나오는 글자의 빈도 수를 통계로 살펴 그 중요도를 논한 것이고, 하나는 후대의 경학에서 중시되는 여러 가지 요소들의 출전이 『서경』, 특히 「요전」에 이미 명시되어 있음을 논증한 것이다.

경서에 나오는 글자의 빈도수로 사안의 중요도를 파악하는 허전의 경서 분석의 방법은 매우 특이한 관점이다. 글자의 빈도 수로 일정한 경서에서 다루고 있는 사안의 중요도를 파악하는 단순 통계의 방법은 일정한 한계가 있을 수 있겠으나, 객관적인 계수로 사안의 중요성을 검증하는 점은 후기실학자로서의 허전의 실증적 학문태도를 여실히 보여 준다.

허전은 이런 통계적 방법에 의하여 『서경』에서 495번 언급된 천(天)과, 366번 언급된 민(民), 237번 언급된 경(敬), 342번 언급된 덕(德)이 『서경』에서 가장 중시되었던 사안이라고 보았다. 이 방법은 상당히 실증적이면서 그런대로 설득력이 있다. 근년에 중국의 공자학회(孔子學會)에서 편간한 『심삼경인득(十三經引得)』에 정리된 『상서』의 글자 출현 빈도수를 살펴보자. 『십삼경인득』의 『상서』에서 100번 이상의 빈도를 보이는 글자를 추려보면 다음과 같다.

五	103	一	103	自	105	弗	108	三	112
邦	112	明	118	公	120	子	140	用	148
罔	155	大	158	克	159	汝	179	無	194
作	211	予	221	德	224	我	229	爾	231
以	232	人	247	命	268	民	276	天	278
其	290	厥	321	之	353	乃	364	有	403
不	414	王	443	曰	474	于	600	惟	648

『상서』에서 100번 이상의 출현빈도를 보이는 글자들은 대개 유(惟)(648
자), 우(于)(600자), 왈(曰)(443자), 불(不)(414자), 내(乃)(364자), 지(之)(353자), 궐
(厥)(321자), 기(其)(290자), 이(以)(232자), 망(罔)(155자), 불(弗)(108자), 자(自)
(105자) 등과 같은 허사나, 유(有)(403자), 무(無)(194자), 작(作)(211자), 극(克)
(159자), 대(大)(158자), 명(明)(118자)과 같은 용언, 그리고 이(爾)(231자), 아
(我)(229자), 여(予)(221자), 여(汝)(179자) 등과 같은 인칭대명사가 대부분을
차지하고 있다. 이 가운데 보통명사로 가장 많이 빈번하게 나타나는 것이
왕(王)(443자)과 천(天)(278자)과 민(民)(276자)과 인(人)(247자)과 덕(德)(224자)
이다. 이 중에서 왕이 가장 빈도 높게 나타나는 것은, 『서경』이 본디 군왕의
언행을 기록한 것이기 때문에 발언의 주체를 나타내는 인칭대명사로서 당연
히 자주 출현할 수밖에 없는 사정을 감안하고 보면, 성재의 말대로 천민경덕
의 네 글자가 차지하는 빈도는 예상외로 높다는 것이 또렷하게 확인된다.

위의 글자 출현 빈도는 그 글자의 의미와 용법에 관계없이 단순히 출현
빈도로 나타낸 것에 불과하다. 그렇기 때문에 허전이 제시한 빈도와 일치하
지는 않는다. 「종요록서」에 의하면, 천(天)이라고 한 것 중에는 '제(帝)'. '상
제(上帝)', '세(歲)', '월(月)', '일(日)', '시(時)', '성(星)', '신(辰)', '역상(曆象)',
및 간지(干支) 등속도 포함된다고 하였으며, 민(民)이라고 말한 것 중에는
'인(人)', '소인(小人)', '백성(百姓)', '만성(萬姓)', '중서(衆庶)', '여헌(黎獻)',
'창생(蒼生)', '적자(赤子)' 등의 단어도 모두 민으로 계산하였다 하였고, 경
(敬)이라고 말한 가운데는 '흠공(欽恭)·인(寅)·외(畏)·지(祗)·신(愼)·각(恪)·근
(謹)·공구(恐懼)·전율(戰慄)·출척(怵惕)·긍업(兢業)·엄숙(嚴肅)' 등의 글자도
모두 포함한 것이라 하였고, 덕(德)이라고 한 것 중에는 '심(心)·성(性)·도
(道)·인(仁)·의(義)·예(禮)·지(智)·신(信)·효(孝)·우(友)·충(忠)·정(貞)·예(睿)·성
(聖)·현(賢)·철(哲)·선(善)·양(良)' 등을 모두 포함하였는데 다만 '심'에서는
'인심'과 '도심'만 수록하였다고 하였다. 그렇다 하더라도 국가의 대사를 논
하는 글이 대부분인 『상서』에서 군(君)이 63번, 사(士)가 58번, 신(臣)이 56

번, 국(國)이 32번 출현하는 점을 감안한다면, 천민경덕의 출현 빈도는 매우 높은 것이고, 그만큼 『상서』에서 비중 있게 다루어진 문제라고 하여도 무리가 없는 것이다.

다만 이 통계처리의 과정에서 하나 간과할 수 없는 문제가 있다. 『서경』의 글자 빈도를 보면 보통명사로서 왕(王)이 가장 높다. 63번 출현하는 군(君)과 통합하면 500여차의 출현빈도를 보인다고 할 것이다. 여기에 『서경』이 제왕의 언행을 기록한 것이어서 그 빈도가 높을 수밖에 없다는 점을 인정한다 하더라도, 『서경』에서 왕의 언행이 중요한 요소임에는 틀림없는 사실이다. 그런데 허전은 『서경』에 출현하는 사안의 빈도수로 서경학의 요체를 논하면서도 천민경덕(天民敬德) 네 글자를 위주로 하였지, 왕(王)이라는 글자를 그 속에 넣지 않았다. 이는 군(君)과 민(民)의 상호 관계에 대한 허전 나름의 독특한 생각이 반영된 결과라고 보인다. 이 점은 그의 「천민경덕설(天民敬德說)」과 관련하여 뒤에 다시 논의하겠다.

(3) 『종요록』의 편차와 내용

허전은 『서경』에 출현하는 글자의 빈도수에서 추리하여 그 학문 요체가 천민경덕의 네 글자로 요약된다고 보고, 이를 바탕으로 『종요록』을 편성하였다. 『종요록』의 편차와 내용은 그 범례에 다음과 같이 요약되어 있다.

> ○ 성인이 경건하게 섬겨야 할 것으로 하늘 보다 존귀한 것은 없다. 그러므로 도설에서는 천(天)을 첫머리로 하고 민(民)을 다음으로 하였다.
> ○ 왕자(王者)는 민(民)을 하늘[天]로 여긴다. 그러므로 편차에서는 민을 우선으로 하고 천을 다음으로 하였다.
> ○ 권1에서 권4까지는 오로지 서학(書學) 중에서 천민경덕의 요지만

수록하였다.

○ 1권에서 4권까지는 『상서』에 나오는 천·민·경·덕의 주요 구어(句語)를 수록하였다.

○ 5권에서 6권까지는 경전 및 여러 책에서 천·민·경·덕과 연관된 구어를 뽑아서 붙였다.

○ 7권에서 9권까지는 심(心)·성(性)·정(情)·지(志)·의(意)·사려(思慮)·충서(忠恕)·충신(忠信)·충(忠)·효제(孝悌)·성(誠) 등과 같은 항목을 모두 덕(德)에 속하는 것이라 보고 모두 유취하여 보충하였다.

○ 10권에는 「태극도설」이하 찬(贊)·명(銘)·잠(箴) 등 성학(聖學)에 긴요한 글들을 모았다.

이와 같이 『종요록』은 『상서』를 필두로 『역』, 『시』, 『주례』, 『논어』, 『효경』, 『중용』, 『맹자』, 『예기』 등의 경전과 한대(漢代) 이래 제가(諸家)의 논설에서 천·민·경·덕의 네 가지 조목과 관련된 구절들을 발췌 정리한 책이다. 이 책의 기본 얼개가 되는 천·민·경·덕의 네 조목은 『서경』의 연구 즉 '서학(書學)'에서 얻은 것인데, 권1에서 권4까지는 천·민·경·덕이라는 글자가 나오는 중요한 구절들을 온전히 『서경』에서 뽑아 놓고 거기에 『대학』의 관련 조목을 덧붙여 놓은 것이며, 5권과 6권은 또한 『역』, 『시』, 『주례』, 『논어』, 『중용』, 『맹자』, 『예기』와 한대 이래 제가의 저술에서 천·민·경·덕과 관련하여 언급한 중요한 구절들을 뽑아 놓은 것이다.

이 책의 핵심은 『서경』의 주요 내용을 네 조목으로 나누어 재편집한 1권에서 4권까지의 천민경덕의 네 편에 있다. 각 편에는 천민경덕 네 항목에 따라 모두 『상서』의 본문에서 해당 구어를 『서경』의 본디 편차 순서대로 적출하여 나열하고, 거기에 『대학』의 관련 조목을 뽑아 덧붙여 놓은 것이기 때문에 새로운 내용은 있을 수가 없다. 그리고 5권 6권은 『주례』를 비롯한 여러 종류의 경전에서 천·민·경·덕의 내용이 나오는 구절들을 뽑아 놓은 것인데, 앞부분과 달리 아무런 주석도 붙어 있지 않다.

7권에서 9권까지는 심·성·정·지·의·사려·충서·충신·충·효제·성 등과 같이 천민경덕 중 '덕'의 조목을 구체적으로 나열한 것이다. 10권은 「태극도설(太極圖說)」, 「양심설(養心說)」, 「진심설(盡心說)」, 「정성설(定性說)」, 「인설(仁說)」, 「성설(誠說)」, 「심경찬(心經贊)」, 「서명(西銘)」, 「구방심재명(求放心齋銘)」, 「존덕성재명(尊德性齋銘)」 등 송유(宋儒) 이하로부터 허전 자신에 이르기까지의 제유(諸儒)들이 덕성의 함양을 위해 저술한 32편의 잠명을 모아 놓은 것이다.

이와 같은 『종요록』의 편차는 크게 두 부분으로 나누어 볼 수 있다. 하나는 천민경덕의 대체적인 조목과 관련된 경전 구절들을 발췌한 1권에서 6권에 이르는 부분이요, 다른 하나는 심성과 관련된 경전 구절 및 후유(後儒)들의 저술에서 발췌한 7권에서 10권에 이르는 부분이다. 심성의 문제는 천민경덕 중 덕과 연관된다는 말을 그대로 따른다면, 7권 이하의 내용도 궁극적으로는 천민경덕의 네 가지 요목으로 귀결되기 때문에, 결국 이 책은 천·민·경·덕의 의미를 특별히 강조하기 위하여 편찬된 것이라 할 수 있다.

그런데 허전은 「종요록서」에서, "육경의 학문은 도(道)로 귀결되고 도의 체용(體用)은 『서경』처럼 잘 구비된 것이 없으며, 『서경』의 요체는 천민경덕 네 글자로 귀결된다"고 하였다. 그리하여 『종요록』을 편찬하면서 『서경』에 나오는 천민경덕의 구절을 앞부분에 놓고, 그 다음에 다른 경전과 제현(諸賢)의 저술에서 관련 구절을 발췌하여 배열하여 놓았다. 그렇지만 천민경덕 네 글자는 본디 『서경』에서 유추하여 『종요록』의 편목으로 삼은 것이지, 『서경』의 본디 편차는 아니다. 다른 경전이나 제현들의 저술도 그 나름대로의 편차와 편목을 갖추고 있어서 일정한 체계가 있는 것인데, 허전은 이들을 모두 『종요록』의 천민경덕 네 편목에 종속시켜 놓았다. 경학의 요체가 천민경덕으로 귀결될 수 있다는 것은 허전의 독창적인 발언이다. 말하자면 『종요록』은 경학의 요체가 천민경덕으로 귀결된다는 그의 독창적인 견해를 실증하기 위해 편집된 전혀 새로운 형태의 저술인 것이다.

　『종요록』에는 천민경덕의 네 글자를 강령으로 하여 여러 경서와 제현들의 저술에서 관련된 구절을 발췌하여 이를 일정한 순서로 배열하였다. 경서를 배열한 순서를 살펴보면 여기서 허전 경학의 한 단서를 엿볼 수 있다. 허전은『종요록』5권과 6권에 여러 경전과 제현의 저술에서 천민경덕과 관련된 구절들을 발췌하면서, 그 구절들을『역』,『시』,『주례』,『논어』,『중용』,『대학』,『맹자』,『예기』의 순서로 배열하였다. 이 순서는 경전이 찬술된 연대를 기준으로 배열된 것으로 보인다. 이 중에서『예기』를 가장 뒤에 놓은 것은 아마도『예기』의 저술이 전국시대 말이나 한대에 저술된 것으로 보기 때문일 것이다. 또한『종요록』에는 5경 중『역』·『시』·『서』와『주례』,『예기』가 보이지만,『춘추경』과 춘추 삼전, 그리고『의례』등의 경전에서 인용한 구절은 없다. 그러면서도『주례』를『시경』뒤,『논어』앞에 배열하고 있는 것은 매우 시사적이다.『주례』에는 국가 경영에 필요한 제반의 제도가 열거되어 있는데 성호 이래 허전에 이르는 근기 학통의 여러 실학자들이 치국과 경세의 한 전형으로 대대로 관심을 기울여 왔던 책이다.

　위와 같이『종요록』은 경학의 요체를 천·민·경·덕의 네 가지로 보고, 이 네 가지를 강령으로 하여『서경』을 비록한 경전과 제가의 저술에서 관련 구절을 발췌하여 나열한 책이다. 그 편차로 보면『서』를 필두로『시』,『역』,『주례』,『예기』,『논어』,『맹자』등의 선진유학(先秦儒學)의 대표적인 경전들의 경문을 중심으로 시대별로 나열하고, 그 아래 한당(漢唐) 이래 제유의 설을 간략히 채록하였다. 이런 편차는 역대 유가의 논의를 광범위하게 채록한다는 점 외에, 육경을 선진경학을 근본으로 삼고, 나머지 제유의 설은 그 아래로 귀속시킨다는 허전 경학의 개략적인 틀을 보여주는 것이라 하겠다.

(4)『서경』「요전」과『대학』의 학문 체계

　다음으로 살펴보아야 할 것은『서경』과『대학』의 관계에 대한 허전의 인식 문제이다. 그는 『대학』보다 『서경』에 왕도가 더 잘 구비되어 있다고 하였으며, 『서경』에서 제시한 수제치평의 도는 궁극적으로 천민경덕의 네 글자로 요약된다고 하였다. 이 점은 『종요록』의 편찬의도를 짐작할 수 있게 하는 부분이다.

위에 든 「종요록서」의 (2)와 (3)은 모두 『서경』과 『대학』의 연관관계를 논한 글이다. 허전은 여기서 유학자들이 학문의 종지로 삼는 『대학』의 명덕(明德) 신민(新民) 지어지선(止於至善)의 삼강령이나 수제치평의 조목들이 『서경』에 이미 구비되어 있고, 그 밖의 인의예지 등 학문 요목이 되는 덕성들도 본디 『서경』에 구비되어 있으며, 그것은 모두 「요전」에서 발원하는 것이라고 말하였다. 허전은 「종요록서」에서만 아니라 「답윤인석서(答尹仁錫書)」에서도 "『대학』이란 책 한 권은 58편의 『서』에 근본을 두지 않은 것이 없고, 「요전」이 그 종지이다"[9]고 하였다.

『대학』의 중요한 부분이 『서경』에 연원을 가지고 있다는 논의는 허전 이전에도 더러 나타난 바가 있다. 가령 송의 진덕수(眞德秀)는 그가 제왕학의 교범으로 엮은 『대학연의』의 서두에 「요전」의 첫 부분에 나오는 '왈약계고 제요(曰若稽古帝堯)' 이하 57자를 놓고, 이 구절이 명덕과 수제치평을 나타낸 것이라고 설명하고, 나아가 "「요전」은 『대학』의 종조(宗祖)로다[堯典者 大學之宗祖歟]"라고[10] 추정한 바 있다. 그러나 이는 어디까지나 유가의 학문 체계를 간명하게 설명한 『대학』의 연원을 따진다면 그렇다는 말이지, 『서경』으로 그러한 학문의 체계와 규범을 다 설명한다는 말은 아니었다. 그런데 허전은 위 글의 마지막에, "누가 서학(書學)의 종지를 알겠는가"라고 개탄하며 『종요록』이 자신이 체득한 상서학의 종지를 드러낸 것임을 밝혔다. 그러므로 유가의 학문에 있어서 『대학』보다 『서경』을 우선으로 놓고 중

---

9) 許傳, 『性齋集』 권5집 「答尹仁錫書」; 大學一書 無不本於五十八篇之書 而堯典乃其宗也.
10) 眞德秀, 『大學衍義』 卷之一, 「帝王爲治之序」.

시하는 점은 허전의 독특한 학문관점임이 분명하다.

　그런데 그는 왜 수제치평을 말하면서 당대에 널리 전파되어 있고 또 주자에 의하여 체계적으로 매우 명쾌하게 주석되어 있는『대학』을 두고, 하필이면 여러 가지 문제가 있는『서경』을 학문의 종지로 내세웠을까?

　주지하다시피『대학』은 유자의 수제치평의 논리를 매우 간명하고 체계적으로 정리한 글이다. 더구나 이 책은 송대의 성리학자들에 의해 매우 중시되었고 주자의 집주가 나오면서 주자학의 입문서로 자리를 굳힌 것이다.『서경』은 본디 육경의 하나로서 상고의 서적이기는 하지만 양한(兩漢) 이래로『고문상서(古文尙書)』와『금문상서(今文尙書)』의 진위 논쟁으로 얼룩져 있을 뿐 아니라, 당나라 때 공영달(孔穎達)의『오경정의(五經正義)』에 채택된『상서』가 매색(梅賾)의『위고문상서(僞古文尙書)』에 근거한 것이라는 결점을 가지고 있으며, 주자도 주석을 시작하다가 중지하고 만 책이다. 주자의 문생인 채침(蔡沈)이『오경정의』에 채택된 원본을 거의 그대로 수용하여 주자의 견해를 삽입하여 낸『서집전』이 원나라 이래 관학에서『서경』의 가장 권위있는 텍스트로 통용되어 왔지만, 위와 같은 이유로『서집전』을 논의하는 데는 항상 여러 가지 문제가 제기되어 왔던 것이다.

　허전이 상서학을 경학의 전면에 내세우는 데에는 기존의 주자학의 기본 텍스트로서『대학』이 가지는 어떤 문제의식이 있거나, 또는『서경』을 학문의 기본 텍스트로 내세움으로써 얻는 어떤 강점을 발견했기 때문일 터이다. 그러나 그가『대학』을 근간으로 하는 기존의 학문체계에 비판적 견해를 표명했다는 또렷한 증거는 보이지 않는다. 오히려 그는 초학자들에게 어맹용학(語孟庸學)의 사서를 익숙하게 익혀서 융회관통(融會貫通)하도록 권고하였다.[11] 그런데「주국담용학강의서(周菊潭庸學講義序)」라는 글에서『대학』에

---

11) 성재는「答李瑩奎書」에서 "近來所讀何書 先入小學以爲做人樣子 次讀大學
　　以立根基 則自餘觸類而長"이라 하였고,「名襄生書室序」에서, "余謂爲學之方
　　必先精熟四書 眞積力久 可以上達天理. 天理固難通. 如欲通理 特於語孟庸學

대하여 제법 자세하게 논하였는데 그 글에 일정한 억양이 실려 있다.

　　성현의 말은 원대한 것은 하늘과 같고 가까운 것은 땅과 같아서 의리
가 무궁하고 뜻이 심오하여, 익숙한데다 더 익히고 정밀한데다 더 정밀
하게 하지 않으면 그 틈을 쉬 엿볼 수 없다. 내 일찍이 13경을 보았더니
「대학」과 「중용」 두 책은 『예기』의 편목 속에 섞여 있다. 정강성(鄭康
成)의 주(注)와 당(唐)의 공씨(孔氏)의 소(疏)가 있는데, 공씨 이전에 양(梁)
의 간문제(簡文帝)의 「사칙재중용강소계사경상中庸講疏啓」에 이르기를,
"천경지의(天經地義)의 종(宗)이요 출충입효(出忠入孝)의 도(道)이며 실로
입경(立敬)의 관건이요 덕행의 지귀(指歸)이니, 천년 사이에 성인이 성문
(聖門)의 뜻을 받들지 아니했다면 구경(九經)의 법도를 알고 유가 학문의
극치에 도달할 수 없었을 것이라"고 하였다. 당(唐)의 이호(李翺)의 복성
서(復性書)에서는 구절구절 존상(尊尙)함으로써 사서의 규모가 갖추어 졌
고, 송의 장횡거(張橫渠) 나이 18세에 범문정공(范文正公)이 「중용」을 읽
도록 권하였으며, 명도(明道) 정자(程子)가 특별히 표장하고 회암(晦菴)
주자(朱子)가 장구를 만들어서 그 온오(蘊奧)를 모조리 발휘하였다.
　　「대학」으로 말하자면, 명도와 이천(伊川)이 경문의 차례를 개정하여
각자 동일하지 아니하였다. 명도는 '康誥曰克明德……與國人交 止於信'
을 '則近道矣' 아래, '古之欲明明德' 위에다 옮겨 놓고, '古之欲明明……
所薄者厚未之有也'까지를 '與國人交……止於至善' 아래 '此謂知本 此謂知
之至也' 위로 옮겨 놓았고, (…) 주자가 개정할 적에는 또 보망장(補亡章)
을 두었다. 송의 괴엽승상(槐葉丞相) 몽정(夢鼎)은 '知止而後有定'에서 '則
近道矣'까지를 '聽訟吾猶人也'의 위로 옮겨 놓고는 이것을 격물치지의
전(傳)으로 삼았는데, 황진(黃震)과 왕백(王柏)과 차청신(車淸臣) 채청(蔡
淸) 송약수(宋若水) 방효유(方孝孺) 왕수인(王守仁) 등이 모두 이를 따랐
다. 우리 동국의 회재(晦齋) 이선생 또한 그 설을 취하였는데, 채씨의 '지
지이후(知止而後)'의 한 절을 '물유본말(物有本末)'의 한 구절과 상하로
서로 바꿔 놓았다. 이 점이 같지 않다.

融會貫通 則萬理自通"이라 하였다.

그러나 주자의 『대학장구대전』은 지금 세상에 통행하고 있으니 개역할 수 없는 것이다. 대체로 성인의 마음이 드러나서 글이 되는 것은 마치 화공(化工)의 묘가 사물에 나타나는데, 사물은 볼 수 있지만 그 마음은 볼 수 없는 것과 같다. 속유의 사장지학(詞章之學)이 궁구할 수 있는 바가 아니다.[12]

　모두 838자로 구성된 짧지 않은 이 글은 다른 사람이 지은 『중용』과 『대학』의 강의 책자를 소개한 것이다. 그런데 『중용』이 중시된 내력을 간략히 적은 외에는 이 글의 반 이상을 『대학』의 편장이 서로 뒤섞이게 된 내력을 적는 데 할애하였다. 정명도(程明道) 이래 『대학』의 편장이 이동된 내력만을 두루 열거하였을 뿐, 『대학』의 중요성에 대한 언급은 일언반구도 들어 있지 않다. 다만 주자의 『대학장구대전』이 지금 통용되고 있으니 바꿀 수 없다고 단정하였다. 문맥으로 본다면 그 편장을 바꿀 수 없는 이유가 단지 지금 천하에 통용되고 있다는 이유뿐이다.

　달리 살펴보면 허전은 학문의 대지를 논하는 논의에서 육경어맹(六經語孟)을 자주 거론하고 있다. 가령 "성현이 남아 있으면 도는 성현에게 있고, 성현이 돌아가시면 도는 경전에 있다. 육경과 어맹은 재도지서(載道之書)이다. 성현의 도를 찾으려면 이 책을 버리고 어찌 가능하겠는가?"[13]라고 한 발언이 그런 사례의 하나이다. 육경이라고만 하더라도 한대의 경학에 본디 『예기』의 한 부분으로 편차되어 있었던 『중용』·『대학』은 그 안에 포함되는 것이지만, 용학(庸學)을 어맹(語孟)과 함께 사서의 하나로 특별히 중시하는 주자학의 입장에서 보면, 육경어맹이라는 말은 송대 이전의 십삼경 체제나 한대의 오경학 체제를 옹호하는 입장에 기울어져 있는 것임을 알 수 있다.

　그런 시각에서 보면 「종요록서」의 두 번째 단락을 주목할 필요가 있다. 이 단락은 『대학』의 삼강령을 밝힌 수장(首章) 첫 부분이 「요전」에 근본을

---

12) 許傳, 「周菊潭庸學講義序」, 『許傳全集』 1-364.
13) 許傳, 「是庵遺稿跋」, 『許傳全集』 3-17.

둔다는 것을 논한 것이다. 『대학』의 서두는 "大學之道 在明明德 在親民 在止
於至善"으로 시작되고, 『종요록』의 서두에는 「요전」의 첫 부분인 "克明俊德
以親九族 九族旣睦 平章百姓 百姓昭明 協和萬邦 黎民於變時雍"을 뽑아 놓았
다. 허전의 『종요록』에는 이 부분에, "修身齊家治國平天下之事 盡在此三十字
大學之明德新民止於善所本也"라는 주석이 달려 있다. 이 주석대로 『대학』
의 수장 첫구와 「요전」의 첫 구절을 대비한다면 「요전(堯典)」의 '극명준덕
(克明俊德)'은 『대학』의 명명덕과 수신에 해당할 것이고, 「요전」의 '以親九
族 九族旣睦'은 『대학』의 신민(新民)과 제가(齊家)에 해당할 것이며, 「요전」
의 '平章百姓 百姓昭明' 역시 『대학』의 신민과 치국에 해당할 것이며, 「요전」
의 '協和萬邦 黎民於變時雍'은 『대학』의 '지어지선(止於至善)'과 '평천하(平天
下)'에 해당할 것이다.

그런데 여기에 문제가 있다. 『대학』의 경학적 논점에 관한 다른 여러 문
제는 차치하고, '친(親)'에 대하여만 살펴보기로 하자. 앞에서 본 바와 같이
허전은 『대학』의 편장이 정주(程朱) 이후로 여러 번 개변이 있었다는 논의
를 편 바 있지만, 이 구절의 '친민(親民)'을 정자가 '신민(新民)'이라 해야 한
다고 주장한 이후로 주자학에서는 친민이라는 말보다 신민이라는 말을 고
수하여 왔다. 그런데 「요전」의 문맥에서 '以親九族 九族旣睦'에는 '새롭게
한다[新民]'는 의미보다는 '친하게 한다[新民]'는 의미가 더 뚜렷하게 드러
난다. 이에 대하여는 명의 왕수인(王守仁)이 『대학』의 친(親) 자가 잘못되지
않았다고 말한 바 있거니와, 다산 정약용도 『대학공의(大學公議)』에서 여러
경전의 설을 인용하여 "명덕은 인륜을 밝히는 것이고, 친민은 소민(小民)을
친하게 한다는 뜻"이라고 하면서 친민의 뜻을 폐기해서는 안된다고 극구
옹호하였다. 허전 또한 『종요록』 권1의 '민' 편목에서 『대학』의 이 경문을
인용하면서 '친민'으로 표시해 놓고, 그 아래 "程子曰親當作新"이라고 특별
히 명시하여 놓았다.

더구나 허전은 『종요록』의 첫머리에 실어 놓은 「천민경덕도」의 '민' 아

래에, "백성은 가까이 하여야지 낮추어서는 안된다[民可近不可下]"라는 한 구절만 드러내어 놓았고, 이 구절이 인용된 「오자지가(五子之歌)」의 본문 아래에는 다시 주석을 달아, "백성은 친근하여야지 비하하여서는 안된다[民當親近 不可卑下之也]"라고 설명하였다. 그의 말에 의하면 『종요록』은 『서경』의 「요전」에 근간을 둔 것이고 『서경』의 「요전」은 또한 『대학』의 원천이 된다고 하였다. 『종요록』의 도설은 그러한 뜻을 간략하게 나타낸 것이고 그 도설 가운데서도 「천민경덕도상」은 이 책의 요령을 가장 간결하게 나타낸 것이다. 그런데 거기에는 왕을 중심으로 승천(承天) 주경(主敬) 명덕(明德) 순민(順民)의 네 조목만 들어 있다. 순천(順天)과 주경(主敬)이 지어지선(止於至善)을 설명하였다고 보면, 명덕이 『대학』의 명덕과 유사할 터이고, 순민은 또한 친민의 다른 표현으로 보는 것이 순조롭다.

이와 같이 허전은 주자 이후 당대의 유자들이 학문의 기본적인 틀로 삼고 있었던 『대학』의 학문체계가 본디 『서경』의 「요전」에서 유래한 것이라고 하면서, 『서경』의 담론내용을 토대로 『대학』의 삼강과는 다른 천민경덕이라는 독특한 학문 강령을 제시하였다. 그는 『대학』의 학문체계에 대한 부정적인 견해를 표면적으로 노출하고 있는 것은 아니지만, 역대 학자들에 의하여 수차 변개된 『대학』의 편장 구조와 자구 해석에 대하여는 일단의 회의를 가지고 있었음이 분명하다.

(5) 『종요록』 편차의 의미

허전의 『종요록』은 주자학에서 제시한 유가 경학의 기본 텍스트로서 『대학』의 학문체계를 부정한 것은 아니지만, 그렇다고 하여 전면적으로 수용하고 있지도 않다. 오히려 허전은 주자학의 학문 골격을 이루는 『대학』의 학문체계가 본디 『서경』에 연원을 두고 있다고 하면서, 경학의 궁극적 귀결처를 『서경』의 「요전」으로 놓아야 한다고 주장한다. 이 말은 표면적으로는 주자학에서 『대학』을 중심으로 제시한 학문의 체계를 그대로 수용하여 연역한 듯 보이지만, 자세히 살펴보면 그와는 다른 의도가 있음을 간취할 수 있다. 그런 점에서 적어도 다음 두 가지 문제를 도출할 수 있다.

첫째, 양한 선진 경학(經學)의 근본 관점을 존중하였다. 이 책은 여러 경전의 주요한 구절을 천민경덕 및 심성의 중요한 개념을 중심으로 발췌한 것이다. 여기서 각 개념에 대한 자세한 설명은 생략되어 있을 뿐 아니라, 발췌 내용을 배열하는데도 『서』를 먼저 놓고 『역』 이하 『예기』에 이르는 경전을 열거하고, 마지막에 「군서촬요(群書撮要)」라 하여 한대 이후 제가의 저술에서 산견되는 관련 구절을 뽑아 놓았다. 이러한 배열에서는 필연코 육경의 경전 大文이 중시된다. 뿐만 아니라 정자 주자 등 제유의 설 역시 다른 여러 논자들의 논의 속에 한 부분으로 간주될 수밖에 없다. 이것은 주자학의 학문 체계를 의도적으로 상대화한 것이라고 볼 수 있는 것이다.

둘째, 이 책에서는 주자학에서 우선적으로 중시되었던 격치성정(格致誠正)의 내면적 수기의 학문적 차서가 오히려 권7, 권8의 뒷부분으로 밀려나 있고, 그것도 덕(德)이라는 명목 아래 격치성정의 차서로 논하는 것이 아니라 심성(心性) 정지(情志) 충신(忠信), 효제(孝悌) 등의 각 덕목의 개념을 설명하는 데 분산되어 있다. 천인심성(天人心性)의 이치와 태극 이기의 논의는 주자학에서 도학의 본원을 밝히기 위한 중요한 담론이다. 그렇기 때문에 주자가 편찬한 『근사록』이나, 진덕수가 편찬한 『심경』, 호광이 편찬한 『성리대전』 등에서는 반드시 태극음양과 이기성정에 대한 번쇄한 논의를 가장 첫머리에 내세워 본원을 함양하는 기초로 삼았다. 그런데 이 책에서는 그러한 일체의 논의를 모두 7권 이하에 돌려 놓았고, 거기에 부속된 자세한 논변은 모조리 생략하여 버렸다. 더구나 허전이 『종요록』의 강령으로 삼았던 민천경덕의 네 항목 가운데 경(敬) 한 항목에서 주자의 언급이 그나마 비교적 많이 채택되었을 뿐, 민에 대하여는 겨우 한 구절이 채택되었을 따름이다.

위와 같은 『종요록』의 편차와 내용은 허전 경학의 특성을 매우 극명하게 보여준다. 『종요록』의 편차는 결과적으로 경학의 논의에서 천인심성에 대한 담론에만 매달리지 않고, 오히려 민에 대한 담론을 상대적으로 강화하겠다는 것을 의미하는 것이다. 그런 의도라면 송학의 전통을 이어받은 조선의 당대 성리학이 중심과제로 삼고 있었던 심학(心學)을 경학 논의에서 적절한 선에서 제한하려는 의도가 있었던 것으로 간주해도 좋을 것이다. 주자에 의하여 심화된 이기심성에 대한 논의는 허전 자신도 여러 곳에서 옹호한 바 있으나, 그것은 송대 이래의 이학에서 이룬 학문적 성과를 심학으로 채용한다는 의미이지, 그것을 담론의 주된 대상으로 삼는다는 의미는 아니었기 때문이다.

3. 『종요록』의 경문 주석

『종요록』 10권에는 경전과 제가의 저술에서 발췌한 천민경덕과 관련된 구절들이 저술의 연대순으로 배열되어 있다. 그 중 『서경』과 『대학』에서 발췌한 구절들을 모아 놓은 권1에서 권4까지에는 경문 사이에 많지 않으나마 간간이 간략한 주석이 붙어 있고, 5권 이하에는 전혀 주각(註脚)이 붙어 있지 아니하나, 또한 각 편목마다 「군서촬요(群書撮要)」라는 항목이 있어 거기에 한당송원(漢唐宋元) 제유의 설이 채록하여 놓았다. 「경연강의」와 몇 편의 왕복서찰에 나타나는 문목(問目) 및 예설을 제외하고는 허전의 경학에 대한 자세한 논술을 찾아보기 어려운 형편에, 이만한 정도의 주석이나마 자세히 살펴보면 엉성하게나마 허전의 상서학(尙書學)에 대한 일정한 견해를 도출할 수 있을 것이다.

권1에서 권4까지 경문에 부가한 주석은 모두 252조이다. 경문의 구절마다 주석이 붙어 있는 것은 아니고, 또 한당에서 송원의 제유가 포함되어 있지만 그 수는 그리 많지 않다. '한공왈(漢孔曰)'이라 하여 공안국(孔安國)의 『고문상서대전(古文尙書大傳)』의 설을 채용한 것이 9조이고, '정씨왈(鄭氏曰)'이라 하여 정현(鄭玄)의 설을 인용한 것이 2조, '당공(唐孔)'이라 하거나 또는 '정의왈(正義曰)'이라 하여 공영달(孔穎達)의 『상서정의(尙書正義)』의 설을 채택한 것이 2조, '주자왈(朱子曰)'이라 하여 주희(朱熹)의 설을 인용한 것이 2조, '채씨왈(蔡氏曰)'이라 하여 채침(蔡沈)의 『서집전』의 설을 인용한 것이 2조이고, 그 밖에 장씨(張氏), 임씨(林氏), 여씨(呂氏), 신안 진씨(新安陳氏), 정자(程子) 등이 각 1조씩 인용되어 있다.

　『종요록』의 주석은 대체로 기존의 통행본인 채침의 『서집전』과 의미해석에 있어서 미묘한 차이가 있는 것에만 붙였다. 가령, 「요전」의 '극명준덕(克明俊德)' 이하 30자에 대하여 『서집전』에서는 다만 자구해석에 치중하여, '명은 밝힘[明之]이고 준(俊)은 큼[大]이다. 요의 큰 덕성은 윗글에서 칭한 것이다. (…) 여기서는 요가 그 덕성을 제 자신에서부터 집안으로, 나라로 천하에까지 미루어 나간 것을 말하였다'고 하였을 따름이다. 그런데 허전은 "수신제가 치국평천하의 사업이 이 30자에 모조리 들어있다. 『대학』의 명덕, 신민, 지어지선의 근본이 되는 것이다"라고 덧붙였다. 채침의 『집전』에서는 이 30자를 단순히 요의 위대한 덕성이라고만 설명하는 데 그친 것을, 허전은 이것이야말로 성학의 표적이자 요령인 것으로 드러낸 것이다. 또한 『서경』 「금등(金縢)」에 "나 단(旦)으로 아무개의 몸을 대신하게 하소서[以旦代某之身]"라고 한 구절을 '천'의 편목에 넣고는, "성인이 하시더라도 이런 이치는 있어야 한다[聖人爲之 亦須有此理]"라고 한 주자의 말을 인용하여 놓았다. 이 구절은 『서집전』에는 인용되지 않은 것이지만 무왕(武王)이 병들어 국가가 위태한 극한적인 상황에서 제 자신의 몸이라도 바쳐 무왕을 대신하겠다는 주공(周公)의 정성은 하늘도 감동시킬 수 있었다는 사실을 증명하기 위한 자료로 끌어 온 것이다.

　『서집전』에 이미 들어 있는 설이라도 재삼 인용되고 있는 것은 그 부분을 강조하기 위해서이다. 가령 『종요록』에 『서경』「대고(大誥)」의 “하늘이 은(殷)을 버림이 농부 같으니 내 어찌 감히 짐의 밭갈이를 마무리하지 않으리[天惟喪殷若穡夫 予曷敢不終朕畝]”라고 한 구절을 ‘천’의 편목에 수록하고는, 거기에 채침이 『서집전』에서 “농부가 잡초를 제거함에 반드시 그 근본을 끊는다[農夫去草 必絶其根本]”고 설명한 구절을 인용하여 놓았다. 「대고」는 본디 무왕이 죽고 어린 성왕(成王)이 즉위한 뒤에 은주(殷紂)의 아들 무경(武庚)과 삼숙(三叔)이 유언비어를 퍼트려 난을 일으키자, 주공이 그 난을 평정하러 나서면서 천하에 공포한 내용이다. 이 구절은 하늘이 이미 은을 멸망시켰으니, 농부가 잡초를 제거할 때 뿌리까지 없애듯이, 이번 정벌에서 멸망시키고도 남겨놓은 은나라의 뿌리까지 뽑아 없애겠다는 강경한 의지를 나타낸 것이다. 멸망한 나라는 마침내 그 뿌리까지 뽑히고 마는 것이 당연하다는 교훈을 강조하기 위하여 매우 적절한 비유이기 때문에, 이를 ‘천명을 두려워해야 한다’는 편목에 넣고 『서집전』의 설명을 새삼스럽게 인용해 놓은 것이다. 또한 『서경』「홍범(洪範)」의 「계의(稽疑)」 가운데 “서민이 따르고 귀복(龜卜)이 따르고 서점(筮占)이 따르는데, 너에게는 거슬리고 경사(卿士)에게 거슬리어도 길하다[庶民從龜從筮從 汝則逆卿士逆 吉]”라고 한 구절을 ‘민’의 편목에 채택하였는데, 거기에 『서집전』에 들어 있는 “백성의 의도가 복서와 어울리면 길하다”고 한 주자의 설명을 인용하여 놓았다. 이 역시 백성의 의사를 존중하여야 한다는 『종요록』의 의도에 부합할 뿐 아니라, 백성이 원하고 그것이 사리에 옳은 것이라면 군왕과 경사가 그대로 따라야 한다는 ‘순민(順民)’의 원칙을 적절하게 증명하는 대목이기 때문에 인용된 것이다.

이와 같은 『종요록』의 주석에 있어서 가장 관심을 끄는 것은 한(漢)나라 공안국(孔安國)의 『상서대전(尙書大傳)』을 상당한 비중으로 채택하였다는 점이다. 『종요록』에 인용된 공안국의 설은 모두 9조인데 그 중에 4조가 ‘민’의 편목에, 3조는 ‘천’의 편목에 들어 있다. 인용된 공안국의 설은 경문 이

해에 있어서 통행본 『서집전』의 채침의 설과 미묘한 차이를 보이는데, 그 해석의 차이에서 허전의 서경 이해의 관점을 다소간 살펴볼 수 있다.

『종요록』의 권1 '민' 편목에 「열명(說命)」의 "후왕과 군공을 세우고 대부와 사장으로 받드는 것은 오직 편안하려 함이 아니요, 오로지 백성을 다스림이니라[樹后王君公 承以大夫師長 不惟逸豫 惟以亂民]"고 한 경문을 발췌하였는데, 그 아래에 "군신과 상하를 세우는 것은 정치를 하는 근본인데 편안하도록 한 게 아니라 백성을 다스리게 함이다[漢孔氏曰 立君臣上下 爲治之本 不使逸豫 使治民]"라는 공안국의 설을 인용하였다. 채침은 이 구절을 풀이하여 "천자와 제후를 세워 대부(大夫)와 사장(師長)으로 받들고, 군신과 상하의 예를 만들어 존귀한 이가 비천한 이에게 군림하며 아래 사람이 윗사람을 받들게 한 것은, 한 사람을 편안하게 하려는 계획에 그치는 것이 아니라 오로지 그로써 백성을 다스리고자 함이다[立天子諸侯 承以大夫師長 制爲君臣上下之禮 以尊臨卑 以下奉上 非爲一人逸豫之計而已也 惟欲以治民焉耳]"라고 하였다. 이 경문은 본디 천자 제후 등의 군주와 그것을 옹위하는 상하의 관료제도가 존립하는 이유를 설명하는 것이다. 그런데 채침의 해석에는 본문의 취지를 설명하면서 "君臣上下之禮"와 "以尊臨卑 以下奉上"의 신분적 계층적 질서의 당위성을 부가하였다. 그런데 공안국의 설에는 이러한 신분적 계층적 질서의 당위성에 대한 언급 없이 군신상하(君臣上下)의 책무에 대한 설명으로 그쳤다.

또한 「함유일덕(咸有一德)」의 "군주는 백성이 아니면 부리지 못하고 백성은 군주가 아니면 섬기지 못한다. 스스로 넉넉하다고 사람을 좁혀 보지 말라. 필부필부가 자진하지 못하면 백성의 군주된 자 그 공을 더불어 이룰 수 없다[后非民罔使 民非后罔事 無自廣以狹人 匹夫匹婦 不獲自盡 民主罔與成厥功]"는 구절에 대하여, "군주는 백성을 부림으로써 스스로 존귀하고, 백성은 임금을 섬김으로써 스스로 살아간다. 위에서 사람을 좁혀 보는 마음이 있다면 아래에서 자진할 바 없다[漢孔氏曰 君以使民自尊 民以事君自生 上有

狹人之心 則下無所自盡矣]"고 한 공안국의 설명을 채록하였다. 채침은 이 구절을 해석하여 "스스로 크다고 사람을 좁게 보아 필부필부가 하나라도 위에 자진하지 못하게 되면 한결같은 선을 갖추지 못하고, 백성의 주인 또한 그 공을 더불어 이룰 수가 없다"고 하였다. 경문의 이 구절은 군주가 백성을 대하는 태도가 편협하여서는 안된다는 것을 말한 것이다. 여기서 군주가 편협한 시각으로 백성을 무시하고 깔보게 되면 일어나는 현상을 설명한 구절이 '불획자진(不獲自盡)'이다. 공안국은 자진(自盡)의 의미를 특별히 한정하지 않고 그저 '제 할 바를 다함'의 의미로 설명함으로써 '백성이 제대로 살아가지 못함'으로 해석될 여지를 남겨 두었는데, 채침은 이것을 '백성들이 스스로 군주에 대한 도리를 다하지 못함'이라고 해석함으로써 백성의 군주에 대한 충성을 강조한 감이 있다.

　이와 같이 경문의 주석에 있어서 『서집전』의 설에 온당치 못하거나 미묘한 해석의 차이로 전체의 대지가 어긋날 염려가 있는 부분에 대하여는, 공안국을 비롯한 다른 주석가의 설을 취사하여 채택하였다. 이러한 경문 주석의 취사는 대체로 『종요록』의 편찬취지라고 할 수 있는 천민경덕의 의리를 천명하는 데 집중되어 있음은 물론이다. 경문이 가지는 의리 해석의 문제에 초점을 맞추고 있기 때문에, 경문의 의미 해석에 다른 이론의 여지가 없으면 별도의 주석을 내지 않았을 뿐만 아니라, 자구의 자세한 고증이나 훈고는 일체 언급하지 않았다. 자구 해석에 매달리지 않고, 경문의 대지를 파악하는데 그치고 있는 것은, 『종요록』이 본디 군주에게 중민(重民)의 정치관을 확립하려는 의도로 진상된 경과가 있기 때문이기도 하지만, 허전의 경학 치학 방법이 본디 자구해석보다도 경문의 의리를 설명하는데 중점을 두고 있었던 데 더 큰 이유가 있다고 할 것이다.

4. 제왕학과 천민경덕도의 의미

(1)「천민경덕도」의 중민사상

허전은 『종요록』을 저술하면서 천민경덕의 네 글자를 중심으로 두 편의 도(圖)를 제시하였다. 무릇 도란 학문의 종지를 간략하게 나타내는 간편한 방법으로, 송대 이래 이학자들의 오랜 학문관행의 하나였다. 그런데 이 도 는 허전 자신이 『서경』의 구어(句語)를 근간으로 편찬한 『종요록』의 종지 (宗旨)를 나타낸 것이다. 「천민경덕도(天民敬德圖)」는 상하 2도가 있다. 먼저 상도를 살펴보자.

이 도의 중심에 있는 왕(王)은 이 책이 본디 고종에게 헌상한 것이기 때 문에 그 일차적인 의미는 제왕이다. 이 도면은 왕조국가의 주체로서 왕(王) 이 위로 하늘과 아래로 백성에 임하면서 어떤 마음의 자세를 갖추어야 할 것인가를 나타낸 것이다. 이 도의 위에 있는 천(天)은 왕이 받들어야 할 대 상이다. 아래에 있는 민은 왕이 따라야 할 대상이다. 좌우에 있는 경(敬)과

덕(德)은 왕이 지녀야 할 마음가짐과 이루어야 할 덕성이다. 이 도의 네 변에는 주재자로서의 왕(王)이 사방에 배치된 네 항목에 대하여 지녀야 할 태도가 명시되어 있다. 오른 쪽에 마음가짐은 한결같아야 함을 말하였고, 왼편으로 한 치 한 자라도 지켜야만 덕성을 이룰 수가 있다고 하였다. 위로 하늘은 받들어야 하는 것이라고 하면서도, 그것이 높고 높은 곳에 있는 것이 아니라는 점을 강조하였다. 아래의 민에 대하여도 도리어 왕이 순종해야 [順] 할 대상으로 간주해 놓고는, 다시 "가까이 해야지 낮춰서는 안된다"고 강조하였다. 범례에 제시된 바를 따른다면 천(天)과 민(民)은 서로 치환될 수 있다. 그렇기 때문에 이 도는 결국 왕자(王者)가 백성을 대하는 태도를 그림으로 나타내어, "왕자는 경(敬)으로 마음을 지니고 덕성을 쌓아서 백성을 하늘과 같이 받들어야 한다"고 주장한 것이다.

「천민경덕도」의 이러한 중민사상(重民思想)은 허전의 저술 전반에 걸쳐 두루 나타난다. 그의 저술 가운데 그의 필생의 정력을 기울인 경세(經世)의 저술로 알려진 『수전록(受廛錄)』 역시 이런 중민사상의 관점에서 서술된 것으로, 이 책의 권1 첫 부분의 표제를 '중민(重民)'으로 하여 다음과 같은 논의를 펼쳤다.

중민(重民)은 왕도의 근본이다. 전적이 지극히 많지만 민에 전심(專心)한 것으로는 『서(書)』만한 것이 없다. 『서』는 「요전(堯典)」에서 시작되어 「태서(秦誓)」에서 마치는데, 무릇 58편의 글 가운데 민(民)을 말한 것이 269조이다. 그 중 인(人)이라고 하거나 중(衆)이라고 하거나 서(庶)라 하거나 백성(百姓)이라 하거나 만성(萬姓)이라 한 것이 50여 조인데 그밖에 수만 마디 말은 이 민이라는 글자의 조목에 불과한 것이다. 이에 선왕(先王)이 중시하였던 바가 민에 있고, 이 밖에는 이른바 치천하(治天下)의 일이 달리 없음을 알 수 있는 것이다. 대개 이제 삼왕이 서로 전한 심법 또한 도(道)라거나 덕(德)이라거나 성(誠)이라거나 경이라거나 집중(執中)이라거나 건극(建極)이라 하는 등 이 몇 가지인데, 그 귀취는 나에게 있는 것을 닦아서 백성에게 미루어 가는 것일 따름이다. 그렇지 않다면 도덕(道德) 성경(誠敬) 집중(執中) 건극(建極)이라고 하는 것들은 일개 유체무용(有體無用)으로 허공에 매달아 놓은 물건에 그칠 따름이다. 그러므로 『대학』의 경 1장과 전 10장은 그 강령이 명덕(明德)이요 그 조목은 수제치평(修齊治平)이며, 그 수미(首尾)는 「요전(堯典)」을 종지로 하여 「태서(泰誓)」에서 종결된다. 그 처음부터 끝까지 21번 민을 말하였으니, 실로 4대(代)의 서적과 서로 표리를 이루며 또한 성문(聖門)에서 서적을 편찬한 뜻을 깊이 체득한 것이다. 무릇 민(民)이란 한 집안의 민이 있고 한 나라의 민이 있고 천하의 민이 있다. 민이란 무리요 사람의 다른 칭호이다. 무리이기 때문에 민이라고 말하여 그 무리를 나타낸다. 무리이니 통일하기 어렵고 통일하기 어려운지라 다스리기 어렵다. 그래서 하늘이 반드시 총명예지(聰明睿智)를 갖추어 그 본성을 극진히 한 자에게 명하여 그로 하여금 무리를 주장하여 가르치게 하였다. 여기에 군사(君師)된 책임이 있고 부모된 도리가 있으니, 그래서 하늘과 땅처럼 덮어주고 실어주며 생성하는 지극함이 있는 것이다. 그러나 민이 아니면 군주 또한 혼자 서고 혼자 지키고 혼자 봉양할 수 없다. 그러므로 성인은 백성을 소중하게 여긴다.

이 글은 왕도의 근본이 중민(重民)에 있다는 점을 설파한 것이다. 그는 이 글에서도 도덕, 성경, 집중, 건극 등 유가사상의 중심 덕목이 모두 민과 관련하여 의미 있는 것이고, 그러한 덕목을 닦고 강구하는 것은 궁극적으로 백성에게로 귀착되는 것이며, 그러한 구체적인 대상과 목표가 없다면 유체무용(有體無用)의 현공지물(懸空之物)처럼 쓸모없는 공론에 불과한 것이라고 극언하였다.

이러한 중민사상은 허전의 학문 전반에 걸쳐 두루 나타난다. 그는 철종과 고종의 어전에서 행한 경연강의에 여러 해에 걸쳐 참여한 바 있다. 그러한 경연강의에서 번번이 일컫기를, "옛날 성왕은 나라를 보전하는 방도로 백성을 보전하는 것을 근본으로 삼아 매양 백성을 보전하는 방도에 급급하느라 다른 겨를이 없었다"14)라고 하여 보민(保民)을 말하거나, 또는 "백성을 양육하는 것이 왕정의 근본이라"15)고하여 양민(養民)을 말하는 등 정치적 발언의 서두에 항상 양민과 보민을 논하였다.

　이러한 허전의 중민사상이 보다 뚜렷하게 나타나는 것이 「천민경덕 하도(下圖)」이다. 이 도는 상도(上圖)에다 천민경덕 각 글자의 개념을 몇 개의 구절로 정의한 내용이 추가되어 있다.

天民敬德圖下

功用日神　專言日道　主宰日帝　形體日天　性情日乾　自然日理　大德日生

得於命日性　得於性日理　得於理日道　　　　**天**

直其內日敬　發於外日恭　兼所畏日寅　徹上下日欽

得於道日德　至妙無方　至中無偏　至公無私　至大無外　至誠無息　至正無變　至仁無心

德　　　　　　**王**　　　　　　**敬**

中和位育　孝悌忠信　仁義禮智　元亨利貞

民憂君憂　民貧君貧　民危君危　民惟邦本　民安君安　民富君富　民樂君樂

存養省察　祇懼恪愼　整齊嚴肅　主一無適

民

民威天威　民聽天聽　民心天心　以民為天　民性天性　民視天視　民和天和

---

14) 許傳, 「경연강의」 詩皇皇者華, 『許傳全集』 1-218; 古聖王保國之道 必以保民
　　爲本 每於保民之道汲汲焉 不自遑暇.
15) 許傳, 「경연강의」 書舜典, 『許傳全集』 1-243; 養民爲王政之本.

이 도에서는 천민경덕 네 가지 요소의 상하에 각기 그 요소의 개념을 정의할 만한 중요한 구절들을 요약해 놓았다. 네 요소의 개념을 정의한 구절은, 천(天)에 상하로 14구, 민(民)에 상하 14구, 경(敬)에 상하 8구, 덕(德)에 상하 8구 등 모두 44구이다. 왕(王)에는 별도로 개념규정을 하지 않고 좌우의 경덕 두 요목과 직접 연계하고, 상하로는 천(天)의 하단 7구와 민(民)의 상단에 있는 7구 등 14구에 선을 연결하여 왕과 연관되는 개념임을 명시하였다. 이와는 별도로 민과 경덕, 천(天)과 경덕은 하나의 선으로 연결하여 이 요소들이 왕(王)과 무관하게 상호 연관을 맺는 것임을 나타내었다.

천(天)에 대한 항목의 요지는 대체로 이렇다. 왕은 천도를 따르고 천을 두려워해야 한다는 것이다. 그런데 왕이 거역해서는 안되는 이 천이, 다른 여러 곳에서는 직접적으로 민(民)과 치환된다. 결국 왕은 민을 천으로 삼고 민을 거역해서는 안된다는 민천사상(民天思想)으로 귀착된다.

경(敬)에 대한 항목의 요지는 무슨 일이든지 경건하고 조심해야 한다는 것이다. 그런데 왜 그렇게 해야 하는가 하면, 그렇게 하지 않으면 나라를 잃고 만다는 위기 의식과 연결되어 있다. 그런데 이 경 또한 하늘의 천리를 거역하지 않음과 백성을 받들어야 한다는 논리와 연결되어 있다. 따라서 경건함 또한 군주의 백성에 대한 경외심, 나아가 인간의 인간에 대한 경외심으로 파급되어 있다.

덕(德)에 대한 항목의 요지는 올바른 덕성을 길러야 한다는 점에 초점이 있다. 무엇이 올바른 덕성이냐에 대하여 해답은 명확하다. 천리를 따르는 것은 선이고 인욕을 따르는 것은 악이라는 전제에서 출발한다. 천리는 무엇인가? 이에 대하여는 역시 천은 곧 리(理)이며 천은 곧 민(民)이라는 도식과 연결되어 있다. 궁극적으로 천민경덕도는 요체는 군왕의 존립이 백성에게 달려 있으니 백성을 하늘처럼 받들어 공경하라는 것으로 귀결된다.

이 글을 단순히 전제군주제 하의 군주에 대한 계도용으로만 치부할 수는 없다. 허전의 이 학문 체계는 다른 이름으로 성학(聖學)이라 하고, 성학은 단순히 제왕이라는 치자의 학문에 그치는 것이 아니기 때문이다. 왜냐하면 고전에서 왕이란 항상 주(主)의 개념이고, 위기지학(爲己之學)의 개념과 같이 주(主)는 모든 개인의 주체성을 상징하는 용어이기도 하기 때문이다. 왕(王)이 주(主)로 환치될 때, 민(民) 역시 왕의 피치자로서의 의미라기보다는 나를 제외한 다른 인간으로 치환될 수 있다. 그렇게 되면 이 논리는 다시 다음과 같이 정의될 수 있다. 즉 "인간의 존재 의미는 사람을 하늘처럼 받들어 공경하는 덕성을 함양하는 데 있다"고 하는 경천애인(敬天愛人)의 사상이라 할 수 있는 것이다.

(2) 성학의 두 가지 입장 - 제왕학과 포의지학

허전의 『종요록』은 제왕학의 규모를 밝혀 고종에게 바친 것이다. 그는 「진종요록철명편소(進宗堯錄哲命篇疏)」에서 "제왕의 학문은 학문 중에서도 원대한 것이다. 선후의 차례가 있고 체용을 겸하여 갖춘 다음에 천덕(天德)과 왕도를 극진히 할 수가 있다."고 하였다. 그러면서 진덕수의 말을 인용하여 "5경은 각기 제왕 정사(帝王政事)의 일단을 말했으나 『상서』는 전체를 갖추어 기록하여 수제치평의 규모와 사업이 58편에 모조리 있고, 한 마디 말이라도 주경 영명(主敬永命)의 도나 수덕 애민(修德愛民)이 아닌 것이 없다"고 하였으며, 그 상서의 내용은 천민경덕 네 글자로 요약될 수 있다고 주장하였다.[16]

---

16) 帝王之學 學之大而遠者也. 先后有序 體用兼該 然後天德王道 可得以盡矣. 臣嘗稽宋儒眞德秀之言曰 五經各主帝王政事之一端 書則備其全體 修齊治平之規模事業 盡在五十八篇 無一語不主敬永命 修德愛民之道 又作大學衍義以推闡之. 臣乃卽書經以紬繹焉 則曰德曰敬曰民 九百四十餘句 而言天者又四百九十餘. 若夫大學 則一經十傳 民字之多 二十有一 而明德止敬天之明命等語 亦皆從書經中出來 乃知是聖人所以修身齊家治國平天下者 其道則本乎德 其理則出乎天 其要則主乎敬 其功化則極乎民 故臣不揆僭妄 特取書學中

허전은 제왕의 학문에 대한 논의에서 장구의 자구해석에 매달리지 말고 치도(治道)에 유념할 것을 누누이 강조하였다. 그는 고종의 경연에 나아가 제왕의 학문이 일반 포의지사(布衣之士)의 세속적인 학문과 구별된다고 거 듭 말하였다. "제왕의 학문은 세속의 선비와 다름이 있다. 글자마다 외울 필 요는 없고 단지 한편의 종요로운 뜻으로서 치도에 유익한 것을 이해하면 된 다"[17])거나, "제왕의 학문은 유생들처럼 장구를 뽑아 천착하는 것과는 다름 이 있다. 그 요령을 들어 그 의리를 분별하면 도(道)와 정치가 그 가운데 있 다"[18])고도 하고, 또 "제왕의 학문은 포의의 선비와 다르고 경륜의 사업은 장구의 공부와 다름이 있다. 경서를 음미하고 역사를 살피는 것은 이치를 밝히는 것을 우선으로 한다"[19])고 하는 등의 발언을 통하여, 제왕은 치국의 경륜에 실제로 종사하기 때문에 경륜의 사업에 직접 관여하지 않는 포의지 사의 세속적인 장구지학(章句之學)과 다름을 누누이 강조하였다.

허전이 경연에서 제왕의 학문이 포의의 인사와는 다른 점이 있다고 하였 지만, 학문의 목표와 방법이 다르다고 한 것은 아니다. 요순문무(堯舜文武) 이래의 성학(聖學)을 논함에는 본디 포의의 인사나 왕자나 다를 바가 없다. 문무주공의 성인지학을 지향하는 학도로 자처할 바에야, '선비가 선비 되는 까닭은 제 자신을 수양하여 집안과 나라에까지 미루어 나가 천하를 고르게 하는 일 자임하기 때문이라'고도[20]) 하고, 유자의 극공(極工)은 "성인이 되기

天民敬德句語 表章之 以爲四綱領. 旣復蒐輯經傳及先儒之說 凡屬於天民敬
德字 彙分類聚 以爲十卷 命曰 宗堯錄. 盖堯典爲四代書之祖宗 而大學又以
堯典爲祖宗故也. 欲望聖明將此二部書 作爲法程 則實爲祈天永命之本 而可
以致聖功神化之極 爲生民立極 開萬世泰平也. 仍復念 臣至愚極魯 無他技能
惟篤信好古 聖人賢人書 雖爲學未卒 望道未見 然至若堯舜禹相傳之心法治
道 粗有所管窺 常懷獻芹之忱矣.

17) 許傳; 경연강의 「文王有聲」, 『許傳全集』 제1권 p.325.
18) 許傳; 경연강의 「板」, 『許傳全集』 제1권 p.341.
19) 許傳; 經筵講義 「白華」, 『許傳全集』 제1권 p.235.
20) 許傳, 「力說」, 『許傳全集』 2-140; 況士之爲士 修其身 推之家國 將自任以平

를 바라고 하늘을 따르는 것을 바라는 것이다. 요순은 어떤 사람이냐? 안맹
(顔孟) 또한 나와 같다. 일용 인사의 가까운 일부터 시작하여 마땅히 해야
할 바를 행함으로써 천덕과 왕도의 요체에 이르기까지 불가할 것이 없어야
하는 것"이라는[21] 등으로 학문의 길을 표방하였다.

그러나 왕조사회라는 조건하에서 천덕(天德)과 왕도(王道)를 겸하여 이루
는 데는 일정한 한계가 있다. 자신을 수양하는 일이, 천부적으로 부여된 인
간으로서의 덕성 즉 천덕을 완성하는 일이기에, 누구에게도 금지되어 있지
않고 언제나 누구는 마음만 먹으면 가능한 일이다. 그러나 그러한 덕성을
토대로 군사(君師)가 되어 국가와 천하를 고르게 하는 일에는 일정한 한계
가 있다. 그러므로 허전은 장구와 문사의 습관에 젖은 세속 유자의 학문에
서 벗어나 하학상달(下學上達)의 진정한 공부를 해야 할 것이라고 하면서도,
그러한 학문의 효용이 궁극적으로 "거처하여서는 제 몸을 좋게 하여 안자
(顔子) 증자(曾子) 정자(程子) 주자(朱子)의 도를 배우고, 나가서는 군주를 섬
겨 직(稷)과 설(卨)과 이윤(伊尹) 부열(傳說)의 사업을 이룰 수 있어야 한
다"[22]고 하였다. 이른바 겸선(兼善) 독선(獨善)의 논법인데, 겸선의 방법은
어디까지나 직설이부(稷卨伊傳)와 같이 왕자의 스승이 되는 것으로 제한되
어 있었다. 그렇기 때문에 "선비가 이 세상에 나서 조정에 서지 않으면 산
림에 은거할 따름이다. 이것이 겸선 독선의 구분이니, 곧 제 성품대로 따른
다는 데서는 균등한 것"[23]이라고 단정하였다. 조정에 등용되지 못하면 임

均天下者也.

21) 許傳,「岡泉書室箴」,『許傳全集』3-51. 極工則 希聖希天 堯舜何人 顔孟亦我
始自日用人事之近 爲所當爲 以至天德王道之要 可無不可.

22) 許傳,「育英堂記」,『許傳全集』2-561; 噫自鄒孟氏沒 聖人之道 不傳久矣. 世
俗所謂儒者之學 局於章句文詞之習 或雜於異端邪誕之術 其於明倫修道之本
未有能造其域者 可勝歎哉. 凡百君子 先自下學乎日用常行之事 漸次上達于
天人性命之理 則居可以善身 而學顔曾程朱之道 出可以事君 而致稷卨伊傳
之業 可不勉哉可不勉哉.

23) 許傳,「文山亭記」,『許傳全集』2-597; 余嘗於閒居時 靜觀鳥運飛而魚川泳 有

하(林下)에 물러나 혼자 제 자신을 닦는 길 밖에 다른 도리가 허용되지 않는
것이 왕조사회에 있어서 유자의 학문의 한계였던 것이고, 그는 이점을 명확
하게 인식하고 있었다.

그렇기 때문에 허전이 제왕의 사업을 논하는 데는 또한 언제나 제왕의
입장과 포의의 유자가 동일한 성학을 지향하더라고 일정한 제한이 있는 점
에 유의하고 조심함이 있었다. 그는 그의 필생의 저술의 하나인 「수전록서」
에서 다음과 같이 말하였다.

　　선왕의 도는 균전(均田)하여 양민(養民)하는 것을 선무(先務)로 한다.
　예악을 다음으로 하는 것은, 왕도의 완성이기 때문에 이로써 마치는 것
　이다. 그 사이의 허다한 절목은 모두 이것을 추리하여 상세히 고찰할 수
　있다. 이것이 주관(周官) 제도의 남긴 법도이다. 주관의 제도는 주공(周
　公)이 성왕(成王)을 도와서 시행한 것이다. 주공의 지위가 없으면서 주관
　의 제도를 논하는 것은 분수에 넘치는 짓이다. 그렇지만 수신제가 치국
　평천하는 『대학』의 도이다. 사람이 나서 15세가 되면 태학(太學)에 들어
　갔다. 이는 지위가 있을 때가 아니지만 배우는 바가 이미 이렇게 컸다.
　그런즉 후세 사람들이 당초에 배우지도 않다가 오늘 지위를 얻어 내일
　정치를 행하며 전도착란하여 명덕(明德)과 신민(新民)의 본말이 어떠한
　것인지 캄캄하게 모르는 것과는 다르다.24)

　活潑潑氣像 乃知兩儀間群動之物 莫不各自以遂其性 況人其靈者也. 天所以
　賦與於我者 率性而遂之 則非惟遂其性 亦當盡其性. 然士生斯世 不立身於朝
　則山林而已. 此兼善獨善之分 卽其遂性均也.
24) 許傳,「수전록서」『許傳全集』2-235；先王之道 均田而養民爲先務 次之禮樂
　　則王道之成 故以終之 其間許多節目 皆推此而詳之. 此周官制度之遺也. 周官
　　制度 周公相成王而行之 無周公之位 而言周官制度 涉乎濫矣. 然修身齊家治
　　國平天下 大學之道也. 人生十五歲 入太學 此非有位之時 而所學之大 已如
　　此 則非如後世之人 初不學焉 而今日得位 明日爲政者 鮮有不顚倒錯亂 昧然
　　不知其明德新民之爲何所本末也.

주관의 제도를 시행하는 것은 곧 왕도를 시행하는 것이다. 왕도는 제왕이 시행하는 것이기 때문에 적어도 주공의 지위가 있어야 되는 것이다. 그런 점에서 그런 지위가 없으면서 왕도를 논하는 것은 매우 참람하고 분수에 넘치는 짓이 될 수 있다고 조심스럽게 말하고 있다. 『수전록』은 허전이 주관 제도에 의하여 조선왕조 말기의 국가 제도를 개혁하려고 구상한 종합적인 제도개혁안이다. 그러한 제도를 논하면서 옛날 대학의 법도가 본디 지위가 없어도 국가의 제도를 논할 수 있었다고 변설을 늘어놓은 것은 그만큼 당대의 정치 제도의 개혁에 논의를 꺼낸다는 것 자체가 조심스러웠기 때문이다. 이러한 조심성은 성재가 고금의 예를 절충하여 편찬한 『사의(士儀)』의 서문에 좀 더 구체적으로 표출된 바 있다.

비록 그 지위가 없더라도 진실로 그러한 덕성이 없으면 감히 예(禮)를 제작하지 못하고, 비록 그런 덕성이 있다 하더라도 그럴만한 지위가 없으면 감히 예를 제작하지 못한다. 그런 지위가 없고 그런 덕성도 없는데 감히 예를 운위할 수 있을 것인가? 그러나 『논어』에 말하기를 '공자께서 평소 말씀하시던 것이 예를 지키는 좋은 말씀이었다'라고 하였고, 또 이르기를 '하나라 예를 내가 말할 수 있고 은나라 예를 내가 말할 수 있다'고 하였으며, 또 이르기를, '나는 주나라의 예를 따르겠다'고 하였고, 또 '옛 것을 좋아하며 서술하되 지어내지 않는다'고 하였다. 내 비록 공자의 학도가 되지는 못하였지만 원하는 바는 공자를 배우는 것이다. 말을 하고 그것을 따르며 서술하는 것은 죄가 아니다. 그렇지만 또 어찌 감히 예라고 운위하겠으며 또 어찌 감히 왕도(王朝)의 예를 언급하겠는가? 그렇기 때문에 책이름을 『사의』라고 일컫는다. 천하에 나면서 귀한 자가 없다. 예는 또 서인에게 내려가지 않는다. 『의례(儀禮)』에 「사관례(士冠禮)」 「사혼례(士昏禮)」 「사상례(士喪禮)」가 있는 것은 이런 의리이다.25)

『사의』는 예서이다. 그럼에도 예(禮)라고 감히 말하지 않는 것은 '그럴 만

---

25) 許傳, 「士儀序」, 『許傳全集』 7-3.

한 덕성과 그럴 만한 지위가 없으면 예를 제작하지 못한다'는 공자학의 엄격한 논법에 의지하고 있기 때문이다. 게다가 왕조의 예는 유자의 사사로운 입장에서 함부로 발언할 수 없다는 말은, 아마도 예송(禮訟)으로 얼룩진 조선후기 정치사의 한 반영으로 보아도 좋을 것이다.

그러나 허전이 예를 논하면서 '천하에 나면서 귀한 자 없다'고 한 발언은 다른 의미로 해석할 수도 있다. 예는 서인에게 내려가지 않는다는 말은 『예기』「곡례」에 명시되어 있는 말이다. 이 말은 서인에게 구태여 예를 책망할 수는 없다는 의미이다. 그러나 예라고 하는 것은 사람이 공동체를 이루어 사는 곳이면 없을 수가 없는 것이다. 그렇기 때문에 또 다른 경전인 『의례』에는 사(士)의 관혼상제의 절차를 거론하여 놓았다. 사(士)가 된 자야 당연히 예를 지켜야 되는 것이고, 사가 대부의 예를 사용하거나 대부가 천자의 예를 사용하면 참람하다고 비판한다. 그러나 서인에게 그런 예를 강요하지는 않는다. 그렇지만 서인이 사의 예를 지키려고 하는 것을 또한 참람하다고 금하지도 않는 것이다. 그러기에 '나면서 귀한 자가 없다'고 한 것이다.

'나면서 귀한 자 없음'에도 귀천과 상하의 구별이 엄연히 존재하는 현실, 그리고 천덕(天德)과 왕도(王道)를 이룬다는 목표를 표방하는 성학(聖學)도 그것을 시행할 군사(君師)의 지위를 갖추지 못하면 종당에는 독선기신(獨善其身)의 반편(半片)이 될 수밖에 없는 것이 왕조사회에 소속된 학자가 추구하는 학문의 한계였다. 이런 상황에서 허전은 학문의 존재 이유를 다음과 같이 설명하였다.

공자가 말하기를, "위에 예(禮)가 없고 아래에 학(學)이 없으면 적민(賊民)이 일어나 몇 날 안되어 망하리라"고 하였다. 여기서 상하는 지위로 말한 것이다. 주자는 말하기를, "아래로 인사(人事)를 배워서 위로 천리(天理)에 통달한다"고 하였다. 여기서 상하는 도(道)로써 말한 것이다. 나는 겸하여 논한다. "위에 있는 자가 비록 무례하더라도 아래 있는 자에게 학(學)이 있으면 오히려 계왕개래(繼往開來)하여 세교(世教)를 유지할

수 있고, 아래에도 학이 없으면 적상(賊喪)이 우심(尤甚)하다. 위에서 무
례함은 한 때의 근심에 불과하지만 아래에 학이 없음은 만세의 우환이
다. 아래에서 학이 없어진 지 오래되었다. 이는 인사가 곧 천리이며 참
으로 먼저 하학(下學)을 한다면 그 뒤에 곧장 상달(上達)하게 됨을 모르
는 데서 연유한다. 그러므로 지나친 자는 높은 하늘을 벗어나려 하고 미
치지 못하는 자는 스스로 깊은 못에 빠져 버린다. 아아! 성인의 학문이
비록 하늘 같이 멀지만 실은 땅처럼 가까이 있다. 아래에서부터 올라가
면 가까워진다.26)

  공자의 말에 위 아래로 구분한 것은 곧 치자와 피치자, 군과 신, 관과 민
의 관계를 달리 말한 것이다. 주자의 발언에서 상하는 인사를 배우는 천근
한 공부와 천인심성의 오묘한 이치를 논하는 고원한 학문의 경지를 나누어
서 말한 것이다. 허전은 이를 확장하여 치자가 법도가 없더라도 신하나 백
성들이 학문의 대체를 알고 있으면 세교를 유지할 수 있으며, 천리에 상달
(上達)하지 못하더라도 인사를 착실히 배우면 그 학문을 일정하게 유지해
갈 수 있는 것이라고 종합하였다. 다시 말해서 군주의 강력한 정치권력이
없다 하더라도, 철인의 뛰어난 식견이 모자란다 하더라도, 성인의 학문에
뜻을 두고 천근한 일상사에서부터 추구하고 실천해 나간다면, 그것 또한 세
상을 바르게 교화하는 한 방편이 될 수 있다는 것이다.
  제왕의 권력을 가진 자가 학문이 없고 그 이상을 실현할 가망이 없다 하
더라도, 아래에 있는 사람이 학문의 이상을 견지하고 실천하여야 폭력과 약
탈이 난무하는 어지러운 상황을 모면할 수 있다는 것은, 통치자로서 국가를

---

26) 許傳,「下學箴小序」,『許傳全集』3-47; 孔子曰 上無禮 下無學 賊民興 喪無日
    矣. 此上下 以位言也. 朱子曰 下學人事 上達天理 此上下 以道言也. 余幷論
    之曰 在上者 雖無禮 在下者有學 則猶可以繼往開來 維持世敎 下幷無學 則
    賊喪尤甚. 上無禮 不過一時之憂 下無學 乃萬世之患. 下之無學久矣. 此由不
    知人事卽天理 而苟先下學 則後便上達也. 故過者欲出重霄 不及者 自墜深淵.
    噫聖人之學 其遠雖如天 其近實如地 自下而上 則幾矣. 爰述其意 作下學箴.

보전하는 방법을 강구하는 제왕학의 입장이 아니라, 세상을 사람다운 사회로 유지해 나가기 위한 성학(聖學), 즉 포의지사의 학문의 존립 근거를 명확하게 제시한 발언이다. 통치자의 도덕성이 없어진 상태에서의 학문이란, 그가 항용 말하듯이 "선왕의 도는 효제(孝悌) 뿐이다"27), "선왕의 도는 인륜을 밝히는 것이라"고 하는 명제28) 속에 포함되어 있다고 할 것이다.

5. 『종요록』과 「삼정책」

『종요록』은 천민경덕 네 가지 강령을 경학의 요체로 간주하고 경서 및 제유의 저술에서 관련 구절을 뽑아 편찬한 것이다. 그렇기 때문에 이 책에서 무엇보다 문제가 되는 것은 경학의 요체를 천민경덕 네 가지 강령으로 정리한 허전의 학문관 자체일 것이다. 그런데 한편으로 이 책은 철종 이래 오랫동안 경연의 경연관으로 참여하였던 허전이 고종을 위하여 진상한 것이기도 하다. 그렇기 때문에 이 책의 편찬에는 왕조사회에서 국가의 통치권을 장악하고 있는 군주를 계도하고 각성시키기 위한 의도가 작용되었음을 부인할 수 없다. 『종요록』 간본의 첫줄에 "經筵日講官臣許傳纂"이라는 아홉 글자를 명시한 것은 바로 그러한 제왕학의 입장을 선명히 드러낸 증거이다.

---

27) 許傳,「麗澤齋重修記」『許傳全集』2-559; 夫先王之道 君臣父子夫婦昆弟 生亦盡其禮 沒亦盡其禮 祭亦盡其禮 皆所以長其仁恩 化成天下者也. 其法具載於易書詩禮樂春秋 此麗澤之實也.

28) 許傳,「芝川精舍記」,『許傳全集』2-516; 學者學聖人 將以至於聖人也. 聖人與我同類者 其道只是率循天賦之性 而其體則仁義禮智 其用則事父母孝 移孝爲忠 夫和婦順 長長幼幼 韓子所云 其道易明 其敎易行 以之爲己則順而祥 爲人則愛而公 爲天下國家 無所處而不當者也. 此大學明明德 修身齊家治國平天下者也. 聖人旣沒 道在聖人書 生知姑勿論已 學知殆庶乎 而學非師 惑不解. 久矣 師敎之廢也 甚矣 道之不行也. 夫道不遠人 不離日用 自灑掃應對以至成己成物 無非是道也 而皆吾所格致也 學者 學爲此者也.

따라서 여기서는 『종요록』의 편찬 배경과 관련된 허전의 정치적 입장을 살펴보기로 한다. 그의 정치적 행보나 견해는 다른 글에서도 더러 나타나기는 하지만, 그 중에서도 가장 명석하게 드러나는 것은 철종 13년에 올린 「삼정책(三政策)」이다. 소눌 노상직이 지은 「성재행장」에 의하면. 이 때 허전이 지어 올린 「삼정책」은 담당자가 중간에서 가로챔으로써 어전에 진상되지 못했다고 하였다. 그렇다면 「삼정책」은 당대의 정권 담당자들과 알력을 불러 일으킨 허전의 독특한 정치적 입장과 견해를 포함하고 있었을 것으로 추측된다.

더구나 「삼정책」 말미에는 『종요록』과 일정한 관계를 암시하는 말이 들어 있다. 철종 13년에 올린 「삼정책」의 마지막 글인 「전학(典學)」조에 붙어 있는 글의 전문은 위에 든 「종요록서」와 일치한다. 다만 마지막 (4)의 부분만 약간 다른 곳이 있다. 다음은 「삼정책」 말미의 「전학」 조에서 「종요록서」와 다른 마지막 부분이다.

그러나 세상이 낮아질수록 도는 더욱 미미하게 되었으니, 누가 서학(書學)의 종지가 귀결되는 곳을 알겠습니까? 우루(愚陋)한 사람이 참망(僭妄)을 헤아리지 아니하고 이제 감히 이리저리 끌어와서 표장(表章)하여 천민경덕(天民敬德)의 설을 만들어 진상합니다. 엎드려 바라옵건대 전하께서는 좌우에 두시어 항상 눈여겨보시고 거기에다 『서전』과 『대학』을 가지고 날마다 집회(緝熙)의 공부를 더하시면, 삼정(三政)이 바르게 하려고 아니해도 바르게 될 뿐이겠습니까? 실로 치국평천하의 큰 근본이 될 것이요 종사(宗社)와 생민(生民)의 만년 억년 무강한 아름다움이 될 것입니다. 삼가 대책을 올립니다.[29]

이와 같이 「삼정책」의 말미에서 "천민경덕지설(天民敬德之說)"을 만들어 올린다고 하였다. 천민경덕지설을 올린다고 한 「전학」 조의 전문 내용은 뒷

---

29) 許傳, 「三政策」, 『許傳全集』 2-19

날 간행된 『종요록』의 서문과 완전히 일치한다. 이로 보면 허전은 「삼정책」을 올릴 적에 이미 『종요록』의 전체적인 구상을 하고 있었던 것이다. 다만 「삼정책」에서는 '천민경덕지설'이라고만 하고, 『종요록』이라는 책 이름이나 책의 편차와 구성, 그리고 「천민경덕도설」이라는 말이나 「심성정도설」에 대하여는 구체적인 언급이 없다. 이로 보면 「삼정책」을 올릴 당시에 『종요록』의 편차가 완성된 상태는 아니었던 것으로 보인다. 그러나 『종요록』의 전체 내용과 그 취지, 그리고 천민경덕이라는 기본적인 설계는 분명하게 명시되어 있었다.

『종요록』의 기본 골격이 「삼정책」을 올릴 적에 이미 구상되어 있었고, 「삼정책」의 말미에 새삼스레 이러한 구상을 토대로 한 천민경덕의 의미를 제시하였다면, 「삼정책」의 전체적인 취지와 『종요록』의 편찬취지가 무관할 수가 없다. 따라서 「삼정책」을 올린 배경과 천민경덕을 종지로 하는 『종요록』의 구상은 동일 선상에서 파악될 필요가 있다.

철종 13년의 「삼정책」은 주지하다시피 진주민란과 단성민란으로 이어지는 일련의 삼남민란을 수습하고 나서 조정에서 민심을 무마하기 위하여 팔도사도(八道四都)의 신하와 백성에게 책문(策問)한 것이다. 허전 자신의 「소서(小序)」에 의하면 그 배경은 다음과 같다.

> 임술년 봄 진주의 민인(民人) 수천이 부역이 번중하다고 병사와 목사에게 소원하다가 인하여 교활한 아전 몇 사람을 불태워 죽였다. 얼마 아니되어 익산의 민중들이 또 그 현감을 어지러이 끌어내어 여산으로 내쫓았고, 얼마 안되어 개령, 상주, 선산, 거창, 성주, 함평, 순천, 무주, 금산, 공주, 회덕, 청주, 진잠, 영광, 부안, 금구 등의 읍에서 잇달아 난이 일어났다. 이 모두가 근년이래로 방백과 수령들이 탐학하게 취렴하여 백성들이 궁하고 재물이 고갈됨에 연유한 것이다. 이에 안핵사와 선무사 각 2인을 파견하여 그 난을 일으킨 괴수 40여 인을 죽였고, 또 어사를 9인을 삼남 각지로 나누어 보내어 3월에서 6월에 이르자 민요가 잠시

멈추었다. 상감께서 생민의 무고함을 애긍하게 여기시사 이에 6월 12일
에 인정전에 친림하여 삼정(三政)을 교구(矯捄)할 방책을 책문하였고, 마
침내 팔도와 사도(四都)의 신서(臣庶)들에게 두루 각기 좋은 계책을 진술
하도록 하였다. 이것은 예전에 없었던 성대한 일이다.[30]

철종 임술년 봄에 일어난 이른바 임술민란은 백낙신이라는 자가 진주목
의 경상우병사로 부임하여 진주목사 홍병원과 함께 도결(都結)과 환포(還布)
등의 명목으로 전곡(錢穀)의 수탈을 자행함에, 농민시위대가 진주성 밖에 몰
려들어 도결과 환포를 혁파한다는 완문(完文)을 받아내고, 당시 이곳의 장리
(贓吏)로 알려진 권준범과 김희순을 불태워 죽이고 그 밖의 부정한 향리들
을 타살 구타한 사건이다. 조정에서는 박규수를 진주 안핵사로 보내어 수습
하게 하였는데, 이 일로 동일한 처지에 놓여 있던 삼남 일대의 다른 지방
농민들도 차례로 봉기하여 전국이 위태로운 상황에 이르렀다. 이때 박규수
는 삼남 민란의 궁극적인 원인이 삼정(三政)의 문란에 있다고 보고함으로써
조정에서는 이 삼정의 폐단을 바로잡을 방책을 강구하게 하였던 것이다.

그런데 허전이 올린「삼정책」은 그 서두에서부터 조정에서 강구하고 있
었던 일련의 시책에 대한 강도 높은 비판을 담고 있다. 그는 먼저 조정에서
내린 책문에 나타난 정책의 방향에 대하여 다음과 같이 비판하였다.

먼저 물으신 책문 중 한 두 조목을 엎드려 반을 채 읽지 못하여 저으
이 저의 가슴속에 타당치 않은 바가 있습니다. 전하께서는 어찌하여 당
우(唐虞) 삼대의 정치를 스스로 기약하지 않고 이제 도리어 "당우의 삼
대는 오래되어 논할 것 없다"고 하시며, 또 어찌하여 "재물이 모이면 백
성이 흩어진다"는 걱정을 하지 않으시고 도리어 "재력을 어디서 많이
장만할 것인가" 하십니까? 이렇게 생각하면서 백성이 편안하고 나라가
다스려지기를 바란다는 것은 마치 엎드려 하늘을 핥는 것이요 구해주려

---

30) 許傳,「三政策」,『許傳全集』2-19.

고 하면서 제 발을 먼저 움츠리는 것이나 마찬가지입니다.[31]

조정에서 내린 책문의 기조가 벌써 '백성을 위한다'는 것보다도 '국가의 재정을 어떻게 확보하느냐'는 문제에 관심을 두고 있다는 것을 비판한 것이다. 이에 이어서 허전은 삼정의 문제는 궁극적으로 조정에서 생각하는 국가경영의 정책 기조에 문제가 있기 때문이라고 보고, 그의 지론인 중민사상에 의거한 논의를 전개하였다. 「삼정책」의 본론은 전정(田政)과 환자[還上]과 군정(軍政)의 현실적 병폐를 지적하고 그 구체적인 대안을 제시한 것이기 때문에 여기서 그 내용을 일일이 분석할 필요는 없을 것이다. 허전의 중민사상과 『종요록』의 천민경덕의 취지와 밀접한 앞부분만 들어본다.

　　맹자는 이르기를, 제후의 보배는 토지요 인민이라 하였다. 재물과 토지로 말하자면 재물을 말단이요 토지는 근본이다. 토지와 백성으로 말하자면 토지는 말단이요 백성이 근본이다. 그러므로 왕자는 백성을 중시하였다. 민심은 곧 천명이다. 민심의 향배에 따라 천명의 거취가 달려 있다. 그러므로 옛날 명철한 제왕과 선현들은 반드시 말하기를, '천명은 일정치 않다'고 하거나 '두려워 할 것은 백성이 아니던가'라고 하고, '하늘의 영원한 천명을 기원한다'거나 '소소한 백성을 품어 보호하라'고들 하였다.
　　이제 우리 백성들은 열성조(列聖朝)의 교화 생육을 입은 가운데 자라난 적자들이면서 또한 그들이 의지하여 천명의 기초가 되고 천명을 확정한 자들이다. 그런데 어찌하여 근래에 와서는 모조리 죽을 곳으로 들어가, 민생이 도탄에 이르렀다는 말로도 그 위급함을 비유할 수 없고 거꾸로 매달린 형편이라는 말로도 그 위급함을 나타낼 수 없다. 만백성이 애통해하며 팔도의 백성이 울부짖는데, 삼남 지방에서 먼저 움직인 것은, 비유하면 썩은 줄을 끌어당기면 그 중에서도 끊어지는 곳이 있는 것과 같다. 이제 조정에 알려진 것은 그 중에서도 더욱 드러나서 엄폐하

31) 許傳, 「三政策」, 『許傳全集』 2-20.

지 못한 것일 따름이다.

백성들이 모여서 곡을 한다든지, 떼거리를 지어서 비웃는다든지, 관장을 모욕한다든지, 죄상을 따진다든지 하는 것이나, 관리들이 몰려 도망쳐 빠져나간 자나, 잠시 피하여 관망하는 자, 청탁을 하면서 교체되기를 바라는 자, 교체되었다가 붙잡힌 자 등은 이루 헤아릴 수 없다. 이들은 모두 삼정을 가지고서 백성을 학대하였다가 환난을 당한 자들이다.

무릇 살아가는 백성들에게 가장 큰 해악이 세 가지 있다. 이민족의 살육과, 도적의 약탈과 맹수가 물어뜯는 것이다. 그러므로 성왕(聖王)은 안으로 정치를 닦고 밖으로 외적을 물리쳐, 사특한 자를 골라내고 포악한 자에 형벌을 주고 쇠북을 울리고 창칼을 쥐고서 몰아내고 죽이는 것이다. 이 세 가지 해악은 온 나라에 두루 있는 것도 아니오, 또 해마다 날마다 있는 것은 아니다. 그러나 이제 장리(贓吏)의 해악은 백성들이 앞의 세 가지 해악과 비교하여 더욱 심한데도, 법을 집행하는 자는 정치를 바로잡아 그들을 끌어내어 따져서 형벌을 주고 죽이려고 하지 않는다. 허다한 생령들은 차마 부모 처자 형제의 혈육으로 된 몸을 그들의 살육과 약탈과 물어뜯는 횡포에 차마 그냥 맡겨놓을 수 없는데, 하늘로 올라갈 계제도 없고 땅으로 파고들 구멍도 없다. 만 번 죽는 가운데 한 번 살아날 요행이나마 바라고 저도 모르게 죄과에 스스로 빠져든 것이니, 그 행적이야 패악하지만 그 실정은 슬프고 가련하다.

난리를 일으킨 수괴는 딱히 죽여야 할 것이다. 그런데 난을 일으킨 자만 난리의 괴수가 되고 난리를 불러 온 자는 난리의 괴수가 되지 않는 것인가? 이제 난리를 일으킨 자는 백성이지만 난리를 불러온 것은 장리이다. 한 도의 백성을 학대하여 난리를 불러온 자는 한 도의 난리의 괴수요, 한 고을의 백성을 학대하여 난리를 불러온 자는 한 고을의 난리의 괴수이다. 저들은 모두 이렇게 까지 법도를 폐기하고 불법을 자행하는데, 이는 군부(君父)가 안중에 없음이다. 명색이 왕명을 받은 관리라고 하면서 군부를 안중에 두지 않는데, 어리석은 백성들이 무얼 본받고서 장리를 안중에 두겠는가? 이것이 이른바 나간대로 들어온다는 것이다.

그렇다면 먼저 난을 불러온 수괴를 죽이고, 다음으로 난을 일으킨 수괴를 죽인 다음에라야, 난을 일으킨 백성들이 두려워하여 스스로 나타나

죽음을 받을 것이요, 평민들은 춤추고 기뻐하며 목을 빼고서 정치가 잘
되기를 기다릴 것이다. 이제 난을 일으킨 백성들로서 죽임을 당한 자는
이미 40명이 넘는데, 난을 일으킨 수괴는 터럭 하나 손상치 않고, 단지
무인(武人) 하나만 가둬 놓고 나머지는 넣었다가 토해 버렸다. 경중을 제
멋대로 하여 벌이 다르니 백성이 모두 복종하겠는가?

　이 백성은 요순의 백성이다. 또한 요순의 마음으로 마음을 삼아 우리
성후(聖后)를 천지같이 믿으며 우리 성후를 부모같이 받드는데, 어찌 터
럭 하나라도 나라를 원망하는 마음이 있겠는가? 단지 탐학한 폭정에 격
분하고 위태한 지경에 쫓겨서 그랬던 것이다. 저 꼼지락거리는 무리들이
만약 용서받지 못하고 잡히면 곧장 죽는다는 것을 알면, 짐승도 오히려
싸우려들고 물고기도 재앙에 날뛰듯 인심은 더욱 불안하게 될 것이다.
그 중에 음험한 마음을 품는 자가 도망쳐 숨는 무리를 거느리고 더욱 긴
급하게 살기를 도모하고 패거리를 더욱 견고하게 결속한다면 화는 더욱
크게 될 것이다.

　이런 생각까지 하면 어찌 한심하지 않으랴! 끄트머리만 다스리고 근
본을 다스리지 아니하기에, 오늘 한 군의 난민을 효수하면 내일은 두 군
에서 민란이 일어나고, 내일 두 군의 난민을 효수하면 또 그 다음날에는
서너 군에서 민란이 일어나서, 온 나라의 반에 민란이 일어남에도 난리
가 일어나지 않은 곳은 더욱 더 어지러워진다. 장차 모두 죽일 것인가?
사람을 죽여 나라를 안정시켰다는 말은 고금 천하에 없었던 일이다. 만
약 사람 죽이기를 좋아하지 않는 자가 있어서 한 번 소리치고 일어나 구
름이 모여들고 메아리가 호응하듯 하면 그때는 장차 어떻게 하겠는
가?[32]

　민심은 천심이라는 말이라든지, 민심의 향배가 곧 천심이라든지, 민심이
천명의 기초라든지 하는 말들은 바로 천민경덕도에 명시되었던 말들이다.
허전은 이 글에서 백성이야 말로 국가의 근본인데, 백성의 소요가 일어나는
것은 그만한 병폐가 있기 때문이니, 이를 기화로 백성이 피폐하게 된 병폐

---

32) 許傳, 「三政策」, 『許傳全集』 2-20, 21,22.

를 발본색원하여야 한다고 하였다. 위 글의 마지막에 지적한 바와 같이 성재는 그 고질적 폐단의 원인은 바로 관리들의 부정부패로 단정하였다.

그런데 문제는 조정에서 삼남의 민란을 보는 시각이 다른 곳에 있었다는 점이다. 조정에서는 난민이 관장을 끌어내어 모욕하고 응징한 것을 그냥 두면 국가의 체면이 서지 않는다는 점에 주목하였다. 이런 이유에서 난민들의 수괴로 지방의 토호를 옭아 넣어 징치하고 몇몇의 백성을 잡아 효수함으로써 민란이 더 이상 확산되지 않게 하는 데 치중하였다. 그러면서 정작 이러한 소요의 원인이 되었던 탐학한 관리에 대한 조처는, 관직에서 내쫓는 정도의 거의 형식적인 데 그치고, 그 책임을 궁극적으로 져야 할 지방관에게는 백성들을 심복시킬만한 확실한 조처를 취하지 않았던 것이다.

그래서 허전의 「삼정책」에서는 삼남의 민란에 대처하는 조정의 처사가 오히려 탐학한 관리는 내버려두고 짓눌린 백성만 대책 없이 억압하고 있다는 것을 먼저 지적하고 있다. 그는 백성의 허물을 나무랄 것이 아니라 백성이 난리를 일으키게 한 탐관오리를 먼저 징치해야 한다고 주장한다. 이러한 주장의 배경에는 백성이 나라의 근본이며 정치는 백성을 잘 살게 하기 위한 것이라는 중민사상(重民思想)이 그 기반이 되어있음은 말할 것도 없다. 그렇기 때문에 삼정책의 말미에 천민경덕지설을 올린다고 한 것은, 당시 빈발하는 민란에 대처하는 조정의 정책기조에 이러한 문제가 개재되어 있음을 간파한 결과라고 할 것이다. 「삼정책」의 말미에서 말한 바 '천민경덕지설'은 지금 간행된 종요록의 「천민경덕도」 상도와 하도 아래에 각기 천민경덕에 대한 설명이 붙어 있는데, 아마도 이것이리라 짐작된다. 천민경덕도 상에 붙어 있는 설명은 다음과 같다.

　　왕(王)은 표준을 세운다. 위로 하늘을 받드는데 '높고 높이 위에 있다'고 하지 말라. 아래로 백성을 따르는데 가까이 할 지언정 낮춰보아서는 안된다. 주경(主敬)하되 두 갈래로 나가지 말고 세 갈래로 나가지 말라.

덕을 밝힘에는 한 치를 얻으면 한 치를 지키고 한 자를 얻으면 한 자를 지킨다.[33]

그런데, 『종요록』의 서두에 제시한 「천민경덕도」에는 치자인 왕과 피치자인 민의 사이에 '하순(下順)'과 '가근불가하(可近不可下)'라는 글자를 명시하여 놓았다. 왕은 아래의 민심을 따라야 한다는 말이요, 민을 친근하게 하여야지 깔보아서는 안된다는 의미이다. 민을 깔보아서는 안된다는 말은 이미 『서경』 속에 있었던 말이지만, 『종요록』을 편찬하면서 이 글을 표제로 내세운 것은 거기에 심각한 의미를 함축한 것이라고 보아야 할 것이다. 「삼정책」에서 위정자의 정책 입안과 시행에 나타나는 민에 대한 배려의 부족을 두루 지적하고 있는 것은, 바로 이러한 이민위천(以民爲天)의 정치관이 적용된 결과인 것이다. 따라서 『종요록』의 근간을 이루는 천민경덕설이, 당초 허전이 시국의 병폐를 시정하기 위하여 올렸던 「삼정책」의 기조를 이루고 있다는 사실은 우연이라고 할 수 없는 것이다.

5. 결론

앞에서 살펴본 바와 같이 조선말의 학자 성재 허전의 『종요록』은 민란이 빈발하고 있었던 조선후기의 정치상황과 관련하여 조정 대신이 견지하고 있었던 대민정책에 대한 경학적 반성에서 산생된 것으로서, 허전 경학의 요체를 잘 보여주는 저술이며, 성호학의 한 계통을 잇는 후기실학파의 경학에 대한 관점을 살펴보는데 유용한 자료이다. 논의한 바를 요약하면 다음과 같다.

---

33) 許傳, 『종요록』, 『許傳全集』 6-14; 王建中 上承天 毋曰高高在上 下順民 可近不可下 主敬 勿貳以二 勿參以三 明德 得寸守寸 得尺守尺.

『종요록』은 상서의 주요 담론내용인 천·민·경·덕의 네 가지 요점을 강령으로 하여 여러 경전의 주요 경문을 재편집한 것으로서 성재 학문의 귀결처를 잘 나타낸 것이다. 『대학』을 삼강팔조(三綱八條)를 학문의 차서(次序)로 삼는 주자학의 전형적 학문체계와 달리, 『상서』를 시발점으로 하는 육경학의 학문체계에 대한 한 구상을 보여줌으로써 후기 실학의 경학에 대한 전망을 구체화한 점에서 더욱 주목된다.

『종요록』의 요지는 「천민경덕도」로 요약되어 있다. 따라서 허전 경학의 전체적인 체계는 「천민경덕도」에 집약되어 있다고 할 수 있다. 「천민경덕도」는 경(敬)의 심법으로 덕을 쌓아 민을 하늘같이 섬긴다는 그의 중민사상(重民思想)을 나타낸 것이다. 이는 허전이 민천사상에 입각한 위민정치를 명백히 표방했다는 것을 의미한다.

『종요록』에 반영된 경학의 치학방법은, 경전과 주소의 자구 해석이나 해석상의 견해의 차이를 적출하여 논의하는 방법을 취하고 있지 않다. 오히려 여러가지 경전과 제가의 논설을 토대로 천민경덕의 네 강령을 학문적 체계를 재편하여 드러낸다는 점에서 훈고학(訓詁學)이나 주소학(註疏學)과 구별되는 특점을 가진다.

『종요록』에 채택된 경전의 경문과 그에 관한 주석들은 또한 허전의 경학에 대한 시각을 일정하게 반영하고 있었다. 채택된 경문들은 대체로 『서』, 『시』, 『역』, 『주례』, 『예기』, 『논어』, 『맹자』 등의 선진유학의 대표적인 경전을 근간으로 하고, 한당(漢唐) 이래 제유(諸儒)의 설을 간략히 채록하였는데, 이는 곧 역대 제가의 논의를 광범위하게 채택한다는 점 외에, 육경의 선진경학(先秦經學)을 학문의 근본으로 삼는 허전 경학의 기본적인 틀을 보여주는 것으로 보았다.

『종요록』의 편차는 경학논의에서 천인심성에 대한 담론보다 민(民)에 대한 담론을 상대적으로 강화하였다는 특징을 보여 주었고, 경문의 주석은 매우 제한되어 있었지만 공안국을 비롯한 한당 주석가의 설을 더러 취사하여 채택하였는데, 이 또한 육경학의 포괄적인 학문 특성이 경문이 가지는 의리 해석의 문제에 초점을 맞추고 있는 데서 기인한 것으로 보았다.

[정 경 주]

허전의 「시경강의」에 나타난 설시 관점

1. 서론

경연(經筵)은 동양의 왕조국가에서 군왕을 중심으로 경사(經史)의 학문을 논하던 자리를 일컫는 말이다.[1] 유가의 학문을 국가의 관학(官學)으로 인정 하였던 최초의 왕조인 전한(前漢) 때로부터 학자들이 어전에서 유가의 경서 를 논하는 일정한 규범이 형성되어 당송(唐宋) 시대에 비교적 활발하게 시 행되었는데, 우리나라에서는 고려 전기에 이미 경연을 시행하였던 기록이 있고, 조선이 개국하면서 태조 때부터 벌써 경연청(經筵廳)을 설치한 이래로 비교적 엄격한 제도를 갖추어 조선 왕조가 문을 닫을 때까지 지속적으로 시 행되었다.

이러한 경연은 그것이 시행된 왕조와 군왕에 따라 그 방법과 방향이 다

---

1) 經筵을 어떻게 정의할 것인가에 대하여는 학자들의 입장에 따라 견해가 동일하지 않다. 儒家의 정치 교육이념이 본디 聖學이므로 경연에서도 임금이나 신하 가릴 것 없이 聖學이 논의되었다고 입장에서 논의를 전개하는 이가 있는가 하면[池斗 煥, 「朝鮮後期 經筵科目의 變遷」, 『韓國學論叢』제18집, 국민대학교 한국학연구 소 1995], 王權을 규제하기 위한 제도적 장치로 이해하는 학자도 있고[權延雄, 「朝鮮前期 經筵의 災異論」(역사교육논집 제13,14집)], 또 帝王敎育이라는 교육 학적 관점에서 경연을 논의한 이[姜泰訓, 「朝鮮朝 經筵의 敎育的 役割」, 원광대 학교 대학원 박사학위논문, 1991]도 있다. 經筵이 帝王을 중심으로 진행되기는 하 지만, 일방적으로 제왕의 학습을 요구하는 것만이 아니라, 제왕이 신하들에게 일정 한 교양을 요구하기도 하는 면이 적잖이 있기 때문에, 이 문제는 단정하기가 쉽지 않다. 다만, 許性齋가 참여한 철종조와 고종조의 경연강의는 다분히 군왕을 계도 하는 측면이 우세하였던 것은 사실이다.

일치하는 것은 아니지만, 대체로 경사(經史)의 서책을 통하여 대대로 제기되어온 유가적 이념과 가치를 부단히 반복 확인함으로써, 당대의 정치 득실을 유가적 이념에 조응하여 대조 반성하고, 국가 정책을 결정하는 주체인 군왕과 신료에게 치자로서의 책무를 각성시키고 덕성을 책망하려는데 목표를 두고 있었다. 그렇기 때문에 경연에 참여하는 사람들은 당대의 명망있는 관료 학자들로 채워졌고, 경연의 자리에서는 경사에 대한 학문적 견해의 피력과 더불어 당대 정치 현실의 현안 문제도 깊이 있게 논의되기도 하였다. 따라서 경연강의는 수제치평(修齊治平)을 학문의 목표로 삼는 학자 관료로서는 자신의 평소 닦은 학문의 기량과 신념을 피력하는 기회가 될 수 있었다.

본장에서는 허전의 경연강의 중에서도 특히 시경강의(詩經講義)를 살펴보려고 한다. 주지하다시피 『시경』은 공자의 흥관군원설(興觀群怨說)에서부터 『모시(毛詩)』의 미자설(美刺說), 또는 주자의 감발징창설(感發懲創說)에 이르기까지, 시를 통하여 풍속의 미악(美惡)과 정치의 득실을 논하거나 온유돈후(溫柔敦厚)한 덕성을 함양하는 자료로 활용되어온 유가의 경서이다. 그런 만큼 시경강의에는 『시경』의 시를 해석하고 음미하는 과정을 통하여 고금의 정치와 풍속의 득실을 논하고 나아가 군신의 책무를 일깨우는 일련의 논의가 전개되었다.

시경강의에는 시의 창작배경을 비롯하여 자구와 의미 해석에 있어서의 다양한 문제에 대한 질의 답변도 더러 있기는 하지만, 시의 환유적(換喩的) 장치를 통하여 군주의 덕성이나 당대의 정치에 대하여 논하는 일련의 시 담론과정이 보다 더 긴요한 관심의 대상이다. 이는 시경학(詩經學)이 단순히 고대의 시를 감상하고 해석하는 엿보기나 들추기의 시학으로 존재한 것이 아니라, 인간의 다양한 면모와 국가 사회의 제반 문제를 시학의 정서적 차원에서 파악하고 대안을 제시하는 실천적 학문으로 존재했음을 보여주는 사례이기 때문이다.

그런데 경연강의 중 시경강의에 대한 기록은 생각처럼 그렇게 많이 남아 있지는 않다. 『조선왕조실록』에 간간이 수록된 경연강의에 대한 단편적인 기록 외에, 경연에 참가한 학자들이 경연에서 강의한 내용을 그 문집이나 또는 전저(全著)로 저술하여 남긴 문헌으로는, 순조 때 경연에 참여한 김학순(金學淳)의 『강연문의(講筵文義)』와 허전의 『경연강의(經筵講義)』에 들어있는 「시경강의」가 알려져 있을 뿐이다.[2]

허전의 경연강의는 "항상 경의(經義)에 결부시켜 시정(時政)을 논급하였고 특히 민생 문제에 관한 절실한 진언(進言)을 되풀이하였으며", "경의와의 관련에서 항상 실심(實心), 실정(實情)을 강조하였던"[3] 것으로 알려져 있다. 이러한 경향은 본디 경연강의가 가지고 있는 강론의 성격이 그러한 것이기도 하지만, 한편으로 허전 자신이 견지하고 있었던 학문경향에서 파생된 것이라고도 할 수 있다.

따라서 본장에서는 허전의 경연강의에서 진행된 시경강의의 시 담론과정을 통하여 그가 권고한 독시(讀詩) 방법과 설시(說詩)의 태도 및 설시를 통한 풍간(諷諫)의 방향을 살펴보고, 그러한 그의 설시 관점과 방향이 일반적인 시경학의 저술에서 나타나는 해시(解詩)의 방법이나 방향과 어떻게 구별될 것인지를 논하고, 나아가 허전의 설시 관점이 성호(星湖)의 시경학과 어떠한

---

2) 근년에 성균관대학교 대동문화연구원에서 『經學資料集成』을 간행하면서 우리나라 시경에 대한 저술을 집대성하였는데, 거기에 포함된 시경 관련 저술은 모두 60家 70種에 이른다. 그런데 대부분의 학자들이 개인적 관심에 의하여 저술된 것이고, 경연과 연관됨직한 것이 10여 종이 있다. 그 중 李書九의 『詩講義』와 『詩講說』, 金羲淳의 『詩傳講義』는 모두 經筵이 아니라 殿講에서 應講한 내용이며, 작자미상의 『詩傳講義』도 경연강의의 내용이라 보기 어렵다. 정조의 經史講義를 비롯하여 高廷鳳의 『御製詩經講義疑義條對』, 丁若鏞의 『詩經講義』, 趙得永의 『詩傳講義』. 李崑秀의 『詩傳講義』, 崔璧의 『詩傳講義』등의 저술은, 명목은 講義로 되어 있으나 실상은 경연에서 진강한 내용이 아니라, 정조가 시경 해석에 있어서 문제되는 조목을 몇 차에 나누어서 일괄적으로 제시한 것을 각 학자별로 자신의 견해를 저술하여 바친 것이다.

3) 이우성; 「許傳 全集 解題」, 아세아문화사 간, 한국근대사상총서 허전전집1, 1979

상관성을 가지는 것인가를 검토하는 데 초점을 맞추기로 한다.

2. 시경강의의 진행과정

한대(漢代) 이래로 동양 여러 나라에서 시행되어온 경연은 제왕 앞에서 수기치인(修己治人)의 유가적 이념을 논의하는 절차였다. 이런 경연강의에 참여하는 사람은 군왕과 당대의 유능한 학자관료들인데, 그 입장이 항상 동일한 것은 아니었다. 조선전기의 세조나 성종, 또는 조선 후기의 영조와 정조 때에는 군주가 신료들을 불러 경전에 대한 학식을 시험하는 전강(殿講)을 자주 배설(排設)하였거니와, 정상적인 경연에서도 군왕이 경전의 특정한 대목이나 문제를 지적하여 하문하고, 경연관이 이에 대하여 해명하는 과정을 취하는 경우[4]가 많았던 것이다.

경연강의의 진강에 있어서 강론의 내용은 물론 경연관이 독단으로 진술하는 것은 아니다. 조선조의 경연은 본디 영사(領事), 지사(知事), 동지사(同知事)를 비롯하여 시강관(侍講官), 시독관(侍讀官), 검토관(檢討官) 등 여러 사람이 함께 참여하였고, 매일 경연에 들어가기 전에 사전에 회합하여 진강할 내용을 미리 정하여 토론을 벌인 뒤에 강의하는 것이었다.[5] 경연의 교재와 과정은 전대(前代)의 규범으로 일정하게 정해져 있었고, 정해진 서책을 놓고

---

4) 이런 사례로는 정조 때 經史講義의 하나로 이루어진 詩經講義가 가장 대표적인 것이다. 정조 때의 시경강의는 경연에서의 進講이 아니라 국왕의 條問에 문신들이 저술로 답변하는 형식을 띈 것이지만, 국왕의 물음에 신하가 답변한다는 형식을 갖추고 있었다. 정조 때의 시경강의에 대하여는, 金興圭의 「정조시대의 詩經講義」(한국학보 23, 1981)와 「조선후기 시경론과 시의식」(고려대 민족문화연구소, 1988), 그리고 李炳燦의 「正祖朝의 詩經講義」(『한문학논집』, 단국한문학회) 참조.

5) 예컨데, 고종 신미 8월 26일 시 鴛鴦篇을 강론할 적에 고종이 本末辭意誠然而更無他深意乎라고 묻자 성재는, "臣對曰 俄與儒臣商確此章 而別無異見矣"라고 하였다.

진행되는 매일의 과정은 왕이 경연에 나오기 전에 영사(領事)를 비롯하여 경연에 참가할 관원들이 먼저 모여 습강(習講)을 한 다음, 임금이 나오면 각기 제 자리로 가서 좌정한 뒤 진강하는데, 왕이 전일 배운 내용을 음독(音讀)하고, 다음으로 새로 학습할 내용을 강관(講官)이 음독한 뒤 왕이 따라서 음독을 하고, 이어서 강관이 내용을 해석하고 의미를 강론함으로써 끝을 내는 것이었다. 그러므로 경연 과목은 개인이 임의로 변개할 수 있는 것은 아니었다.

그러나 그렇다고 하여 경연의 강의에 경연관의 개인적인 견해가 전혀 배제되는 것은 아니었다. 경연의 자리에서 임금이 예기치 못한 특별한 하문(下問)을 하면 이에 대한 답변을 하여야 할 뿐 아니라, 강의의 내용과 연관된 여러 가지 사실들을 적절하게 제시할 수 있는 기회가 열려 있었기 때문이다.

성재 허전이 경연에 참여한 것은 철종 원년부터 철종 5년 사이의 3년과, 그리고 고종 6년부터 12년에 이르는 7년간에 걸쳐있었다. 허전은 헌종 원년(서기1835) 39세 때 문과에 급제한 이래로 주로 외직으로 돌았는데, 54세 되던 해 철종이 즉위하자, 홍문관교리(弘文館校理), 춘추관기사관(春秋館記事官)의 내직을 맡아 시독관(侍讀官)으로 경연에 참여하였고, 고종이 즉위한 이후 나이 73세 되던 해에는 동지경연사(同知經筵事)로 임명되어 다시 경연에 참여하였다. 그의 관직 이력을 살펴보면 몇몇의 지방관직을 지낸 것을 제외하면 중앙관직의 직함은 명분일 뿐, 실제로 그의 활동은 거의 경연과 관련되어 있었다.

허전이 경연에 참여한 것은 그의 문집에 의하면 철종조에 20여차, 고종조에 35차의 기록이 남아 있다. 철종조에는 시독관으로서 『소학』 강의에 3차, 『시』 강의에 8차, 『통감』 강의에 2차, 『상서』 강의에 10차에 걸쳐 참여하였고, 고종조에는 참찬관(參贊官)으로서 『효경』을 1차, 동경연사(同經筵事)로서 『중용』을 4차, 『맹자』를 10차에 걸쳐 직접 진강한 외에 『시』는 20차

에 걸쳐 진강하였다. 양조에 걸쳐 모두 55차의 경연에 참여하였는데, 그 중
『시』를 강론한 경연이 28차에 이른다.

　　55차의 경연에서 허전은 대체로 두 가지 신분으로 참여하였다. 그는 철
종조에는 시독관으로 참여하였기 때문에 강관의 강론이 끝난 다음에 자신
의 의견을 상주(上奏)하는 입장이었고, 고종조의 경연에서는 동지경연사로
참여하였으나 그가 직접 시강을 하는 날이 많았던 것으로 보인다. 그가 참
여한 경연의 진행과정은 각 조목의 서두에 명시해 두었으므로 비교적 소상
하게 알 수 있는데, 몇 대목을 추려보면 다음과 같다.

① 上講孟子盡心章 臣傳釋義訖仍奏曰云云
② 上講孟子告子篇湍水章 臣傳讀新受音釋義 因奏曰云云
③ 上講孟子柳下惠不以三公易 其介何所指也 臣對曰云云
④ 上御延生殿 講中庸第六章至九章 臣讀之竝註釋義訖 上讀十遍 因問惡
　　者可懲而反隱之 何也 臣對曰云云
⑤ 上講中庸第十九章二十章 上問云云
⑥ 上講中庸二十一章 至二十三章 臣先讀釋義訖 上問云云
⑦ 上講中庸第三十三章 臣讀之 竝註釋義訖 上問云云
⑧ 上講詩召南鵲巢采蘩二篇 上問云云
⑨ 上御慈慶殿講詩大東章 臣先讀一遍 釋義訖 上讀十遍 問曰云云
⑩ 上講詩瞻彼洛矣章問曰云云
⑪ 上講詩鴛鴦篇 問摧字之音 諺解則有異 故予以莝音讀之矣 講官所讀亦
　　然矣 臣對曰 莝音是矣云云
⑫ 上講詩隰桑篇 臣先讀一遍 仍釋大文及傳註之義訖 上曰云云
⑬ 上講詩大明章 至第二章問遺字德字是太宗表德 而維與遺音相似 讀之
　　則得無未安乎 臣對曰云云
⑭ 上御熙政堂講詩板章 臣讀新受音一遍釋義訖 上讀十遍 問曰云云

　　여기서 '신모독(臣某讀)'이라는 구절이 들어 있는 것은 허전이 직접 시독

(侍讀)을 했다는 말이고, '신모석의(臣某釋義)'라는 구절이 있는 것은 그가 시강으로 석의(釋義)를 하였다는 말이며, '독석의(讀釋義)'가 있는 것은 시독과 시강을 겸하였다는 말이며, 그런 말이 없는 것은 시강이나 시독을 다른 경연관이 하였음을 나타낸다.

위의 여러 조목들을 살펴보면, 대부분 왕이 먼저 강(講)을 하였고, 간혹 강관이 먼저 강의하는 경우도 있으며, ④·⑨·⑭와 같이 시독관과 시강관이 음독을 하고 석의(釋義)를 마친 다음에 다시 왕이 음독을 하는 경우가 있어서 일정하지 않다. 그러나 허전이 참여한 시경강의는 대체로 강관이 먼저 시의 대문(大文)과 주석을 한 번 읽고 그 뜻을 해석한 뒤에 임금이 다시 열 번을 읽고, 그 다음에 읽은 시에 대한 임금의 하문이 있고, 이에 대하여 경연관이 답변을 하거나 또는 설명을 보충하는 절차로 진행된 것으로 나타난다.

시 한 편의 대지(大旨)를 논하고, 그것을 토대로 군주의 덕성이나 관련된 시정을 진언하는 절차로 진행되는 시경강의 진행과정에서 있어서 무엇보다 중요한 것은, 시의 대문과 주석을 강해(講解)한 다음 벌어지는 문답과 진언이다. 이 앞의 과정은 이미 정해진 교재와 절차가 있기 때문에 그 교재와 절차에 따라 진행하는 지극히 형식적인 것이라 달리 논의할 바가 없다. 따라서 허전 문집에 수록된 경연강의의 기록에도 그 과정은 생략되어 있다.

본문과 주석에 대한 강관의 설명과 왕의 음독이 끝난 다음에 벌어지는 문답과 진언의 내용은 『시경』 각 편의 난이도와 내용, 그리고 당일의 사정에 따라서 일정하지 않다. 실제로 허전이 참여한 경연에서 문답과 진언의 절차는 철종조와 고종조가 약간 다른 모습으로 나타난다. 철종조에는 계축년(1853년) 가을부터 겨울까지 소아(小雅)의 「황황자화(皇皇者華)」, 「상체(常棣)」, 「길일(吉日)」, 「기보(祈父)」, 「백구(白駒)」, 「황조(黃鳥)」, 「아행기야(我行其野)」, 「소반(小弁)」, 「도인사(都人斯)」, 「백화(白華)」 등 모두 10편을 강의하였는데, 「길일(吉日)」, 「황조(黃鳥)」, 「아행기야(我行其野)」, 「소반(小弁)」, 「백화

「白華」 등 5편을 제외한 다른 시에 대하여는 철종의 하문이 없이 허전의 일
방적인 진언으로 채워져 있다.

그러나 신미(1871년)에서 을해(1875년)에 이르기 까지 진행된 고종조의
경연에서 강의된 소남(召南)의 「작소(鵲巢)」, 「채변(采蘩)」과 소아의 「소변(小
弁)」, 「대동(大東)」, 「소명(小明)」, 「첨피낙의(瞻彼洛矣)」, 「원앙(鴛鴦)」, 「빈지
초연(賓之初筵)」, 「습상(隰桑)」과 대아(大雅)의 「대명(大明)」, 「문왕유성(文王
有聲)」, 「생민(生民)」, 「가락(假樂)」, 「판(板)」, 「탕(蕩)」, 「억(抑)」, 「운한(雲漢)」,
「숭고(崧高)」, 「증민(烝民)」, 「상무(常武)」, 그리고 주송(周頌)과 노송(魯頌)에
이르기까지 모든 편마다 고종이 먼저 하문하고 경연관이 이에 대한 답변을
올리는 형식으로 서술되었다.

허전이 참여한 경연은 대개 연소한 젊은 군주를 대상으로 한 것이었다.
철종대에는 왕이 20세였던 원년 경술(1850) 2월부터 3월까지와, 철종이 23
세였던 4년 계축(1853)이었고, 고종 때의 경연은 왕이 13세였던 고종 원년
갑자(1864)에 『효경』을 강론한 외에 경오년(1870)에 『맹자』, 신미년, 계유년
(1873), 갑술년(1874)에 『중용』과 『시경』을 강의하였는데, 이 때 고종의 나
이 각각 19세와 20세, 22세, 23세였다. 그에 비하여 허전은 철종조의 경연
에 처음 참여할 때 54세였고, 고종의 경연에 처음 참여하였을 때 나이 이미
73세의 고령이었다.

이같이 연소한 군주를 대상으로 경연강의는 대체로 경연관이 피동적으로
군주의 고문에 응한다기보다는, 경서를 통하여 국정에 임하는 군주의 책무
를 각성시키고 국정에 대한 일관된 식견을 기르는 보다 적극적인 태도를 요
구하는 것이었음직하다. 물론 철종이나 고종과 같은 군주들이 연소하다고
하여 경서에 대한 일정한 이해가 없었던 것은 아니었다. 이들 군주는 모두
궁중에서 왕세자로서 일정한 교육과정을 거쳐서 성장한 것이 아니고, 궁궐
밖에서 갑자기 제왕의 지위를 얻어 들어온 이들이지만, 이 시대 여느 민간
의 자제들처럼 소학 과정의 일정한 교육은 받은 처지였으므로, 경연에서 일

정한 소견을 가지고 자신의 견해를 피력하기도 하고, 경연관에게 여러 가지 질의를 던지기도 하였다.

경연강의에서 진행되는 문답이나 진언은 『시경』을 강의하는 경연이라는 명목이 있는 만큼, 강론되는 시를 중심으로 진행되기 때문에 전연 상이한 주제가 흔히 등장하는 것은 아니었다. 허전의 경연강의만을 토대로 살펴보면, 시경강의에서 이루어지는 문답과 진언은 대체로 시의 해석에 문제가 되는 자구의 해석과 시 전편의 대지에 대한 논의인 시지강해(詩旨講解), 시를 통하여 군주의 덕성을 깨우치는 설시풍간(說詩諷諫), 나아가 시의 대지나 특정한 자구와 관련하여 논의될 만한 시사를 논하는 인시논사(因詩論事)의 세 가지로 포괄할 수 있다.

경연에서 경전을 매개로 하여 풍간(諷諫)하거나 논사(論事)하는 것은 조선 전기나 후기의 다른 경연에서도 대체로 흔히 있는 일이었다. 다만 그 풍간과 논사는 매개가 되는 경전의 내용에 따라 달라질 수도 있고, 경연관이 가진 평소의 소신이나 개성에 따라 조금씩 다르게 전개될 수가 있다. 허전의 시경강의에 한하여 본다면, 강연의 주제와 직접적인 연관을 가진 시지강해(詩旨講解)는 별도로 하고, 풍간과 논사의 내용을 살펴보면 그 주제가 대체로 용현(用賢), 보민(保民), 수덕(修德), 예제복고(禮制復古)에 집중되어 있다. 이 점에 대하여는 뒤에 다시 논의하기로 한다.

3. 허전의 설시 관점

『시경』의 시를 논하는 방법은 고래로 여러 가지가 있었다. 『춘추』를 비롯한 유가의 여러 경서나 선진의 제자백가서에는 부시(賦詩)나 인시(引詩) 등으로 시를 활용하여 자신의 의사를 풍유하거나 자가의 논리를 합리화하는 대목이 더러 많이 남아 있거니와, 한(漢) 시대의 삼가시(三家詩)와 『모시(毛詩)』

이래로 시경학자들은 그 나름대로 『시경』에 실린 각 편의 시의 대지와 자구의 고증, 작자와 창작배경 등을 설명하여 일가의 설을 이루어왔다.

시를 강론하는 시경강의에서 있어서 시 한 편의 대의를 설명하거나, 자구의 해석상에 제기되는 문제를 설명하는 것은 피할 수 없는 과정이다. 경서를 읽고 그 내용을 음미하기 위해서는 경서의 내용을 정확하게 이해하는 것이 무엇보다 선결과제이기 때문에 역대의 경연에서의 시경강의에서도 대체로 이러한 시의강해(詩義講解)가 논의의 대부분을 차지하였다. .

허전이 참여한 철종조와 고종조의 경연강의에서도 자구에 대한 설명이나 시의에 대한 논의가 많은 것은 사실이다. 자구에 대한 설명은 대개 왕의 하문에 의하여 진행되는 것이 일반적인 사례이다. 예컨대 시 「채번(采蘩)」을 강의함에 있어서, 고종이 "번(蘩)은 제사를 위한 것인데 주(註)에 이르기를 잠사(蠶事)에 제공하기 위해서라 한 것은 무슨 뜻인가?"하고 하문하자, 허전이 "누에치는 것 또한 제사를 위해서 하기 때문입니다"하고 답변한 것이 그런 사례의 하나이다.

그런데, 군왕을 중심으로 이루어지는 경연은 그 의전(儀典)의 특성으로 인하여 경전의 자구에 대한 상세한 고증이나 다양한 제가의 설을 면밀하게 검토하는 번쇄한 토론으로 일관하지는 않았다. 더욱이 성재가 참여한 철종 고종조의 경연은 정조 시대의 경사강의(經史講義)에서 보듯이 군왕에 의하여 주도되는 수준 높은 학문적 토론의 성격은 적고, 경연관을 중심으로 한 일련의 사대부 관료층이 경서를 토대로 제왕에게 치국의 태도와 방법을 주입하는 데 초점이 맞춰졌기 때문에, 허전의 경연강의에서도 자구해석에 역점을 두지는 않았다.

그러한 점에서 허전의 시경강의를 대충 살펴보면, 경연관의 일원으로서 그는 『시경』을 강론하는 기본적인 입장과 태도를 매우 분명하고 또렷하게 표명하고, 또 그것을 실천하였음을 볼 수 있다. 그는 시경강의의 도중에도 간간이 주자의 「시집전서(詩集傳序)」에서 이른바 '권징(勸懲)'의 관점과 맹자가 제기한 '이의역지(以意逆志)'의 독시법을 강조하였다. 그가 누차 강조한 이 두 가지 측면은 역대의 다른 시경학자에게서도 더러 논의된 것이기는 하지만, 허전의 시경강의에서는 설시 또는 독시의 방법으로 전대의 논자들과는 조금 다른 입장에서 권징과 이의역지(以意逆志)의 독시법이 보다 구체적으로 설명 제시되고 있으므로, 좀더 자세히 살펴보기로 한다.

(1) 권징의 독시법

권징(勸懲)은 본디 주자의 『시집전서(詩集傳序)』에서 시교(詩敎)의 방법으로 제기한 말이다. 그러나 허전이 말한 권징의 개념이 주자의 『시집전』 해석 관점과 일치하는 것은 아니다. 허전이 주자의 권징을 어떻게 받아들이고 있었던가에 대하여는 시 「소반(小弁)」을 강론할 때 서두에 꺼낸 다음 문맥에 암시되어 있다.

> 「관저(關雎)」와 「인지(麟趾)」의 시를 읽으면 기쁘고 즐거운 생각이 있고, 「소반」의 시를 보면 곧장 탄식하고 통탄하는 마음이 있는 것, 이것이 시의 가르침입니다.[6]

시를 읽고서 기쁘거나 통탄하게 되는 마음이 일어나는 것, 다시 말하여 시를 통하여 어떤 정서적 감동을 얻는 것을 시교라고 본 것이다. 그 정서적 감동의 성격을 어떻게 나눌 것인가에 대한 논의는 차치하고, 시를 읽고서 일정한 감동을 얻는 것 자체를 시교라고 하였다. 이런 발언은, "시를 보고서 권징을 행하는 것이 시교가 될 수 있다"고 한 주자의 견해와는 관점이 다르다.

---

6) 『許傳全集』 제1권(아세아문화사 영인본, 1979) p.228. 讀關雎麟趾之詩 則便有歡忻和悅底意 看小弁之詩 則便有歎息痛恨之心 此乃詩之敎也.

「시집전서」에서 주자는, "성인이 위에 있으면 그 느끼는 바가 바르지 아니함이 없어서 그 말이 모두 가르침이 되기에 족하고, 간혹 감응이 뒤섞여서 나타난 것에 집어낼 점이 없을 수가 없으면, 윗사람이 반드시 스스로 반성할 소이(所以)를 생각하여 그로 말미암아 권징함이 있는데, 이것이 또한 가르침이 되는 까닭이다"[7]라고 하였다. 주자는 「시집전서」에서 권징을 본디 제왕이 상선벌악(賞善罰惡)을 시행하는 정치적 권능으로 논의하였던 것[8]이다.

더구나 주자의 권징설은 주자 시경학의 중요한 일면임에는 분명하지마는, 『시집전』에서 시를 민정(民情)을 살피는 자료로 삼아서 권징하는 것이 교화의 방편으로 될 수 있다고 말하였을 뿐, 『시경』의 시 편편마다 권징의 구체적 사례를 설명하였던 것은 아니다. 『시집전』의 주석에서는 오히려 시를 지은 작자의 본래의 심경을 드러내려는 데 초점을 맞추고 있다. 『시집전』의 해시(解詩) 방법은 주자 자신이 언급했듯이 이시해시(以詩解詩)로서 시 작자의 내면적 상황을 밝히는 데 치중하였던 것이고 보면, 권징은 주자의

---

7) 朱熹, 「詩集傳序」, 惟聖人在上 則其所感者 無不正 而其言皆足以爲敎. 其或感之之雜 而所發不能無可擇者 則上之人 必思所以自反 而因有以勸懲之, 是亦所以爲敎也.

8) 혹자는 이 구절의 첫부분을 "오직 성인만이 위에 있어서 그 느끼는 바가 바르지 않음이 없어서"라고 번역하는 이는 있는데, 이는 잘못이다. 『시집전』의 이 구절은 政敎의 風化가 바르면 풍속이 순후하여 백성들이 심상하게 부르는 노래도 다 가르침이 될 정도로 순후한 정서가 녹아 들고, 간혹 잡된 정서가 들어 있는 시가 나오면, 위에 있는 성인은 그런 일부 사람들이 스스로 반성할 방도를 생각하여, 그 방도로 勸懲을 政事를 시행한다는 말이다. 그런 뜻이기 때문에, 『시집전』의 그 아래 구절에도 "孔子生於其時 旣不得位 無以行帝王勸懲黜陟之政"이라고 하여 勸懲과 黜陟을 모두 "政"이라는 말로 서술하였던 것이다. 그러기에 또한 劉瑾의 설에도, "사람들이 말하는 시비를 따라서 그들이 느낀 바의 정사를 알고서, 자신에게 있어서는 그 정치교화를 더욱 더 닦고, 사람들에게는 勸懲의 政事를 두는 것[因其所言之是非 知其所感之邪正 於己則益修己治敎 於人則有勸懲之政也]"이라고 하였던 것이다.

『시경』 해석에서는 실제로 중시되지 않았던 관점이다.

　　그런 점에서 허전이 취한 설시 방법으로서의 권징이 구체적으로 무엇을 의미하는가를 이해하기 위해 허전 자신의 설시 과정을 살펴보고 거기에서 허전의 의도를 간취해야 할 것이다. 그런 점에서 고종 때 「대동(大東)」을 강론한 기록은 권징의 이론에 기반한 허전의 설시법에 대한 하나의 사례가 될 수 있다. 이 강의의 말미에 성재의 다음과 같은 진언이 기록되어 있다.

　　　　무릇 학문을 강론하는 것은 외워 읽는 것만으로 과정을 삼는 것이 아니라, 몸에 체득하고 마음에 징험을 하여 시행하고 조처하는 사이에 나타나야만 학문을 강론하는 효험이 있습니다. 시라는 것은 사람의 심지(心志)를 권징하기 위한 것이기 때문에 성인이 채록하여 가르침을 내렸습니다. 이제 전하께서는 이 장을 읽으셨으니, 매양 우리 백성이 부역에 시달리고 재물에 상하는 것을 언제나 염두에 두시어 체득하고 징험하십시오.9)

　　여기서 허전은 명백히 "시는 심지를 권징하기 위한 것"이라고 하였으니, 그가 말하는 권징은 독시자의 내면적 반성으로서의 권징을 의미하는 것이다. 그러기에 시를 읽고 '체험하여야 한다'는 점을 강조하였다. 허전이 이 시를 논함에 있어서 독시자의 권징을 구태여 강조한 까닭은 무엇이었던가를 알기 위해서는 이 발언 앞의 경연의 진행과정을 세심하게 살펴볼 필요가 있다.

　　「대동」 시는 본디 어지러운 시대 부(富)의 불균형으로 고통받는 사람들의 심정을 읊은 것이다. 그런데 고종은 이 시를 읽고 나서 『시집전』의 설을 그대로 인용하여, "주나라 성시(盛時)와 쇠시(衰時)의 인심의 느낌을 볼 수 있

---

9) 『許傳全集』 제1권 p.303. 夫講學者 非但以誦讀爲課程 而體之於身 驗之於心 見之於施措之間 然後有講學之功效矣. 詩者所以勸懲人之心志. 故聖人採而 垂敎. 今殿下 旣讀此章 每於斯民之困於役 傷於財 念念體驗焉.

다", "동국이 부역에 시달리고 재물이 손상되지 담대부(譚大夫)가 이 시를 지어 병을 알렸으니, 그 현명함을 알 수 있는데 이런 사람을 등용할 수 있었다면 어찌 좋지 않았겠는가", "임금은 백성을 하늘로 여기고 백성은 식량을 하늘로 여기며, 나라는 백성이 아니면 어떻게 나라가 되겠는가?" 라는 말을 잇달아 하였다.

이에 허전은 "선왕의 정치는 민산(民産)을 마련하는 것을 급선무로 삼았는데, 제산(制産)의 법은 정전(井田)을 근본으로 한다"하고 정전법을 진술하면서. 민생을 안정시키는 것이 삼대의 정치를 하는 것이라고 진술하였다. 그런데, 고종은 "정전법이 언제 폐지되었는가?", "한 시대에도 이 법을 복구하지 못하였는가?", "대국(大國) 같이 넓은 땅으로 어찌하여 정전법을 시행하지 않았는가?" 라는 등의 말을 연이어 하면서 회의적인 반응을 나타내었다. 이에 허전은 위와 같이 시를 읽는 방법을 새삼스레 논하면서 시는 권징하는 것이라고 한 것이다.

허전의 발언으로 본다면, 「대동」의 시를 읽고 백성에게 식량이 모자라는 큰 원인이 토지의 불균등에서 일어나는 것임을 알았다면, 나아가 그것을 조처할 방법까지 강구하는 것이 이른바 권징의 태도라고 할 것이다. 그러니 고종이 민생을 걱정하는 마음을 가지고 있는 듯 말하면서도, 정작 백성의 살림을 넉넉하게 할 방법을 강구하는 데 와서는 소극적으로 물러서 버리는 태도에 대하여, 권징을 해야 한다는 말로써 일침을 가한 것이다.

따라서 이 장면에서 권징이란 말은 독시자 자신이 시를 읽고서 어떤 감동을 얻어 스스로 반성하는 것을 가리키는 것이다. 그러므로 허전은 이 말에 이어서, 이 시를 읽고서 임금된 자는 백성이 노역에 곤고한 실정을 몸으로 느끼고, 그에 대한 반성을 하여야지, 그냥 시의 문맥에 나타난 정사의 득실만을 논하는 즉사논사(卽辭論事)는 무의미하다고 하였던 것이다.

이와 같이 허전은 이른바 시의 권징을 "시를 읽는 자가 시의 내용을 재료로 삼아 제 자신의 처지에서 어떤 교훈을 새길 것인가를 생각한다"는 독시

자의 내면적 권징으로 해석하였다. 경연강의의 중심인물은 군주인데, 군주
에게 시를 통하여 권징하도록 권한다는 것은, 곧 시경강의를 군주 자신의
내면적 반성과 각성의 계기로 삼겠다는 의도이다. 그것은 곧 시경강의를 군
주의 마음을 바로잡는 격군심(格君心)의 한 방편으로 여긴다는 표방이었던
것이다.

허전이 경연의 시경강의에서 이와 같이 독시자의 내면적 권징을 새삼스
레 강조하고 있는 데는 그 나름의 이유가 있는 것으로 보인다. 역대의 제왕
들 가운데는 세종이나 세조, 영조나 정조와 같이 경연을 신료들의 학문을
시험하거나 독려하는 계기로 삼으려고 하였던 이들도 있었고, 연산군과 같
이 신료들과 학식을 다투다가 진부한 논의만 계속된다고 하여 일부러 경연
을 폐지한 이도 있었다. 그처럼 경연의 자리는 제왕과 신하라는 현격한 신
분적 거리를 두고 진행되는 특수한 자리이기 때문에, 제왕이 신료들의 진부
한 진언도 겸허한 자세로 묵묵히 받아들이려고 하지 않는 한, 경세의 포부
와 학식을 가진 유신(儒臣)이 제왕의 책무를 각성시키는 자리가 아니라, 제
왕에게 군림(君臨)의 통치 기술을 교습하거나 제왕으로서의 권위를 과시하
는 자리로 전락될 여지가 있었고, 허전의 경우에도 그런 기미는 여전히 상
존하였던 것이다.

그러한 점에서 허전은 한편으로 제왕의 학문은 속사(俗士)의 장구지학(章
句之學)과는 달리 치도의 경륜에 뜻을 두어야 한다고 거듭하여 강조하였다.
고종 갑술년 4월 26일 「문왕유성(文王有聲)」을 강론하는 여가에 그는 다음
과 같이 진언하였다.

> 무릇 제왕의 학문은 세속의 선비와 다름이 있습니다. 글자마다 외울
> 필요는 없고 단지 한 편의 종요로운 뜻으로서 치도에 유익한 것을 이해
> 하면 됩니다. 또한 만기(萬機)가 지극히 번거로운데 총명에 한계가 있으
> 니, 신의 어리석은 소견으로는 청연(淸讌)의 여가에 사책(史策)을 계속하여

보시고 자주 경연의 신하를 접촉하시어 그들로 하여금 강독하고 토론하
게 하고 듣기만 하셔도 총명을 넓히는 데 크게 보탬이 있을 것입니다.10)

또한 동년 11월 「판(板)」 시를 강의하면서 다음과 같이 말하였다.

　　제왕의 학문은 유생들처럼 장구(章句)를 뽑아 천착하는 것과는 다름이
있습니다. 그 요령을 들어 그 의리를 분별하면 도와 정치가 그 가운데
있습니다. 어찌 반드시 글자마다 외어서 만기를 보는 틈에 정신을 허비
할 필요가 있겠습니까? 날마다 경연의 신하들과 경전의 뜻을 강론하면
서 범절에 구애될 것 없이 살펴 묻고 명백하게 변론한다면 비록 거대한 글
이나 긴 문장들도 어려울 바 없습니다. 다만 매일 강론하는 글을 상감의
말씀을 듣지 아니하고 아래에서 분량을 정하는 것이 극히 황송합니다.11)

위의 두 언급에서 볼 수 있듯이, 허전은 경연강의에서 제왕이 배울 것은
장구의 천착보다는 경전의 중요로운 요령을 알아서 정치 실제상에 있어서
의리를 분별하는 능력을 갖추는 데 있다는 점을 강조하였다. 그렇기 때문에
제왕이 바쁠 경우에는 꼭 장구를 읽고 독해할 것도 없이 신하들이 강론하는
논의만을 듣고서 의리를 판단하는 것도 가하다고까지 한 것이다.
　이와 같이 허전의 시경강의는, 제왕 스스로 권징의 독시 태도를 통하여
의리 분별의 능력을 기르고, 제왕으로서 평소의 관심이 치국안민에 고착되
도록 인도한다는 일정한 방향을 가지고 있었다. 그런 점은 「백화(白華)」를

---

10)『許傳全集』제1권 p.325. 夫帝王之學 與俗士有異 不必字字記誦 只宜領會一
　　篇宗旨之有益於治道者而已. 且萬機至繁 聰明有限 以臣愚見 清燕之暇 繼覽
　　史策 頻接筵臣 使之講讀討論 而垂聽焉 則大有所補於廣聽之道矣.
11)『許傳全集』제1권 p.341. 帝王之學 與儒生之尋章摘句有異 擧其要領 辨其義
　　理 則道與治在其中矣 豈必字字誦念 費神於萬機之間乎. 日與筵臣講論經義
　　不拘限節 審問明辨 則雖巨篇連章 無所難矣 而每日講章 不由上敎 自下定數
　　極爲惶悚矣.

강론하고 나서도 철종이 손수 쓴 글씨를 하사하자, 허전은 그것을 받아 간수하면서 군주는 평소에도 늘 경륜에 관심을 가져야 한다고 한 다음 발언에서도 드러난다.

　　　　신이 말씀 올렸다. "무릇 제왕의 학문은 포의의 선비와는 다르고, 경륜의 사업은 장구의 공부와는 다름이 있습니다. 경서를 음미하고 역사를 살피는 것은 리(理)를 밝히는 것을 우선으로 합니다. 대신을 자주 부르시고 유사(有司)를 자주 접견하며 또 여러 신하들을 맞이하여서 농사의 어려움과 여염집의 근심과 걱정, 인재의 어진 여부와 정치 법령의 득실과 고금의 치란을 물으시면, 성덕이 날로 새롭게 되고 왕국의 기업이 날로 융성할 것입니다. 이는 신의 말이 아니라 곧 정주(程朱)의 말입니다.[12]

　허전의 이 발언은 철종이 그 어필을 자랑하는 듯한 마음을 경계하기 위한 것이다. 그러므로 글씨의 솜씨를 자랑하거나 경서의 자구를 따지는 것이 학문의 본령이 아니라고 전제하고서, 성덕을 일신하고 경륜의 사업을 이루는 것이 제왕이 이루어야 할 공부요 책무인데, 그렇게 하기 위해서는 경연을 열어 경서를 음미하고 역사를 살필 뿐 아니라, 수시로 사람을 접견하여 국가의 형편을 물으며 부단히 관심을 쏟아야 한다고 깨우쳤다. 시를 통하여 군주로서의 마음가짐을 바로잡는 것, 이것이 허전이 이른바 시를 통한 권징이었던 것이다.

　이러한 입장은 물론 시경강의에 국한된 것은 아니었다. 철종조에 『서경』

---

12)『許傳全集』제1권 p.235. 臣啓曰 夫帝王之學 與韋布不同 經綸之業 與章句有異. 玩經觀史 以明理爲先 以愛民爲先. 數召大臣 頻接儒士 又延訪群臣 問以稼穡艱難 閭里愁怨 人材賢否 政令得失 古今治亂 則聖德日新 王業日隆矣. 此非臣之言 乃程朱之言也. 惟我列聖朝 講規備至 有朝晝夕三講 又有召對夜對之無時 晉接討論 旰哺不遑自暇 非爲講其文辭而止 實政教德化之所由施措也. 殿下雖有神氣不平之時 使諸臣問難論辨 參酌取舍 則神氣亦自淸快矣. 漢帝謂我自樂此 不爲疲 伏願殿下念哉懋哉.

「대우모(大禹謨)」를 진강하면서 허전은 다음과 같은 진언을 한 적이 있었다.

> 전하께서는 장구로 정신을 허비하는 사단으로 삼지 말고, 오로지 그
> 마음을 체득하는 것을 요령으로 삼으십시오. 오늘 강한 것으로 말하자
> 면, '문명(文明)'이라든지 '극간(克艱)', '가언(嘉言)', '유현(遺賢)', '계중
> (稽衆)', '불학(不虐)' 등과 같은 곳에서 심득(心得)하여 몸소 실천하신다
> 면 이 또한 우(禹)나 순(舜)인 것입니다.[13]

「대우모」에 나오는 '문명', '극간', '가언', '유현', '계중', '불학' 등의 말
들은 모두 군주가 국가를 통치하면서 취하여야 할 태도와 행동을 규제하는
말들이다. 임금이 임금 노릇을 하기 위해서는 그 스스로 사리를 분명하게
밝히려고 해야 하고, 임금 노릇이 어려운 줄을 체득하여, 좋은 말들이 엄폐
되지 않도록 하고, 어진 인재가 등용되지 못하는 사례가 없도록 하며, 정책
을 혼자서 독단하지 말고, 하소연할 데 없는 이를 구박하지 말아야한다는
내용들이다. 이런 말들로 군왕의 도리를 강연하는 허전의 입장은 철종조를
거쳐 고종조에도 동일하게 견지되고 있었던 것이다.

이와 같이 허전의 시경강의는 권징의 관점을 견지하였다. 허전에게 있어
서 권징은 주자(朱子)의 이른바 권선징악의 권징을 의미하는 것이라기 보다
독시자가 시를 통하여 내면적 성찰을 통하여 시의 교훈적 의미를 반성하는
태도를 의미하는 것이었다. 허전은 경연강의에서 이러한 권징의 독시 태도
를 부단히 주입함으로써 군주로 하여금 겸허한 심덕을 기르고, 치국안민이
라는 군주 자신의 책무를 각성시키려는 데 목표를 두고 있었다.

제왕의 심덕을 바로잡고 치국안민이란 제왕 본연의 책무를 각성시키는
것을 경연의 주요한 기능이라고 여기는 것은 물론 허전의 시대에 와서 갑자

---

13) 『許傳全集』제1권 p.249. 殷下勿以章句爲費神之端 惟以得其心爲要領焉. 就
   今日所講言之 如文命 克艱 嘉言 遺賢 稽衆 不虐 等處 心得而躬行 則是亦禹
   舜而已矣.

기 제기된 것은 아니다. 맹자는 일찍이 "오직 대인이라야만 군주의 마음의
잘못된 점을 바로잡을 수 있고, 한 번 군주의 마음을 바로잡으면 나라가 바
로잡힌다"[14]고 한 적이 있거니와, 전한(前漢)의 동중서(董仲舒) 역시 유자가
간언을 하여 군주의 비뚤어진 마음을 바로잡는 것이 바로 나라를 바로잡고
천하는 바로잡는 지름길이라고 논한 적이 있었다.

　이러한 격군심(格君心)의 문제는 국왕이 국가권력의 정점에 군림하는 왕
조국가에서 왕권을 견제하고 책망하는 유가적 정치이념의 중요한 단서로
제기되는 것이었다. 그러나 역대 경연강의가 반드시 그러한 쪽으로 진행되
어 온 것은 아니었다. 그랬기 때문에 허전은 시경강의에서 시의 권징의 논
리로서 군주에게 군주로서의 책무를 재심 각성시킴으로써 격군심이라는 전
통적인 성학(聖學)의 명제를 실천하려고 하였던 것이다.

(2) 즉사논사와 이의역지

　허전은 시경강의의 과정에서 『시경』의 시를 독해하는 데 유용한 독시 방
법으로서 '즉사논사(卽辭論事)'와 '이의역지(以意逆志)'를 설명한 바 있다. 다
음은 「백화(白華)」를 강론하면서 서두에 제기한 발언이다.

> 　시를 읽는 법은 '이의역지'가 가장 긴요한 공부입니다. '즉사논사'는
> 고착되어서 통하지 않을 때가 있습니다. 이 장과 같은 것은 난세의 일이
> 니 젖혀두고 논하지 말고, 주남(周南)의 시를 가지고 뒤집어서 보는 것
> 이 매우 좋습니다. 무릇 문왕(文王)과 태사(太姒)의 덕성의 교화가 있으
> 면 「관저(關雎)」와 「규목(樛木)」의 시가 기약하지 않아도 저절로 지어집
> 니다. 이것은 성왕이 마땅히 알아야 할 것입니다.[15]

---

14) 『孟子』, 「離婁章句上」. 孟子曰 人不足與適也 政不足間也 惟大人爲能格君心
　　之非 君仁莫不仁 君義莫不義 君正莫不正 一正君而國正矣.
15) 『許傳全集』 제1권 p.233. 讀詩之法 以意逆志最是喫緊工夫也. 卽辭而論事 則

맹자가 독시의 한 방법으로서 "이문해사, 이사해지(以文解辭 以辭害志)"를 반대하여 제기한 "이의역지"의 의미에 대하여는 제가의 설명이 분분하다. 주자는 이 구절을, "자신의 생각으로 작자의 뜻을 맞이하여 취하는[以己意迎取作者之志]" 것으로 해석하였다. 이 설명대로 하자면 주자의 '이의역지'는 시 작자의 본디 심지를 알아내기 위한 방법이다. 주자는 그것을 "설시지법(說詩之法)"이라 하였지만, 실상은 "독시지법(讀詩之法)"이라 함이 타당하다.16) 이 문맥은 시를 읽는 사람이 자구에 뜻에 얽매여 문맥 그대로 시를 이해해서는 안되고, 자신의 뜻으로 시 작가의 뜻을 헤아려서 한 편에 포함된 시의 의도를 새겨서 읽어야 한다는 뜻이기 때문이다.

이에 반하여 즉사논사는 맹자가 이른바 이문해사(以文解辭)와 마찬가지로 시어의 문맥 그대로의 사실을 취하여 시의 의미를 논하는 태도이다. 이러한 독시의 방법은 실상 시의 의미를 시 문맥의 안에서 파악하려고 하는 직구시문(直求詩文)의 태도로서, 주자의 이른바 이시해시(以詩解詩)에 가까운 것이다. 게다가 주자는 『시집전』의 주석에서 맹자가 이른바 이의역지의 방법을 그다지 준용한 것은 아니다. 주자는 『시경』 시의 주석에 있어서 이의역지의 독시법보다는 오히려 시의 문맥 안에서 시인의 본지를 구하여 논하는 이시해시의 해시법(解詩法)을 널리 채용한 것으로 알려져 있다.17)

그런데 허전은 즉사논사의 시 해석이 통하지 않을 때가 있다고 하면서

　　有膠固不通之時. 如此章之作 亂世事也 且置勿論, 就周南之詩 反對以觀之
　　甚好也. 夫有文王太姒之德之化 則關雎樛木之詠 不期作而自作矣. 此聖王之
　　所當知者也.
16) 說詩와 讀詩, 解詩 등의 용어는 엄밀하게 말해서 그 담론의 대상이나 목표가 같지
　　않다. 그럼에도 詩經學을 논하는 학자들 간에 혼동해서 쓰고 있다. 본고에서는, 누
　　군가를 대상으로 설정하여 시를 설명하는 것을 說詩라 하고, 제 스스로 시를 읽고
　　의미를 해득하는 것을 讀詩라 하며, 시에 대한 여러 가지 견해를 저술 따위를 통하
　　여 진술하는 것을 解詩라고 정의하고, 이들 용어를 구별해서 사용한다.
17) 朱子의 詩經論이 以意逆志나 知人論世의 틀에서 벗어나 以詩解詩의 관점을 견
　　지하였다는 설은 郭紹虞의 설로서, 金興圭의 전게서 p.24에 소개되어 있다.

이의역지의 독시 방법이 유용함을 말하였다. 「백화」를 "즉사논사"로 보아
서는 안되고 "이의역지"로 보아야 한다는 허전의 말을 이해하기 위해서는
그 뒤의 문맥을 유의해 보아야 한다. 「백화」의 시는 『모시』에서는 "유왕(幽
王)이 신녀(申女)를 취하여 왕후로 삼았다가 또 포사(褒姒)를 얻자 신후(申后)
를 내쳤기 때문에 하국(下國)에서 본받아서 첩을 처로 삼고 서얼을 종자(宗
子)로 삼는데도 왕이 바로잡지 못하자 주인(周人)이 이 시를 지었다"고 하였
고, 『시집전』에서는 "유왕이 신녀에게 장가들이 왕후로 삼았다가 포사를 얻
어 신후를 물리치자 신후가 지은 것"이라고 하였다. 시의 내용으로 보면 소
박맞은 여인이 한탄하는 서글픈 심경을 넋두리로 나타낸 것이다. 시어를 가
지고 사건의 배경을 논하자면 유왕의 그릇된 처사를 나무라고 신후의 기막
힌 사연을 동정하는 것이어야 하겠지만, 허전은 그것을 즉사논사(即辭論事)
라 하여 배제하였다.

그 대신 허전은 「주남(周南)」의 시를 환기하여 그 반대의 입장에서 관찰
해야 한다고 하였다. 예로 든 「주남」의 두 시는 『시집전』의 설명에 의하면,
「관저」는 후비 부인의 정숙한 덕을 찬양한 것이고, 「규목」은 후비 부인이
투기하지 아니하고 능히 그 측실들을 포용함으로써 측실들이 후비부인을
찬양한 시라고 논의된 바 있다. 「관저」와 「규목」의 입장에서 「백화」의 시
를 "반대(反對)"로 놓고 본다면, 후비부인의 정숙한 덕성과 투기하지 않고
측실을 포용하는 덕성이 신후에게 모자란다는 말이 될 수도 있다. 그런데
허전은 말을 그렇게 끌어가지 않았다. 말을 거기에서 멈추고는 화제를 돌려
서, 이 시를 보고 고종에게 「관저」와 「규목」의 기풍을 만들어 낸 문왕과 태
사의 덕성을 갖추어야 하겠다는 마음을 가질 것을 요구하였다. 시의 표면적
진술은 군왕에게서 버림받는 여자의 넋두리인데, 그것을 통하여 올바른 군
주의 태도를 자각하는 것을 올바른 독시의 태도라고 주장한 셈이다. 따라서
허전이 말한 이의역지(以意逆志)는 곧 시의 표면적인 진술을 뒤집어서 살펴
봄으로써 시에 함축된 교훈적 의리를 간취(看取)하는 독시의 한 방편이라

할 것이다.

이러한 이의역지의 독시법은 독시자의 독시 방법을 나타낸 독시이론으로서, 허전이 앞서 제시한 독시자의 권징이라는 독시 태도와 아울러, 둘 다 시를 통하여 군왕 자신의 내면적 성찰을 촉구한 것이라는 점에서 유사한 의도를 가진다고 볼 수 있다. 그런 점에서 독시법에 직접적으로 관련된 말은 아니지만, 노송(魯頌)「경(駉)」의 사무사(思無邪)에 대한 허전의 다음 설명 또한 유사한 관점을 가진 것이라고 볼 수 있다.

사무사(思無邪)란 성정이 올바름으로 터럭 하나라도 비뚤어짐이 없음을 이른 말입니다. 순(舜)과 우(禹)가 전수한 심법으로는 "오직 정밀하고 오직 한결같이 진실로 그 중(中)을 잡으라"고 하였고, 기자(箕子)가 무왕(武王)에게 고하여 말하기를, "치우치거나 편들지 않아 왕도가 탄탄하고 뒤집지도 기울지도 아니하여 왕도가 바르고 곧다" 하였으며, 『예기』에 이르기를, "하늘은 사사로이 덮음이 없으며 땅은 사사로이 실음이 없고 해와 달은 사사로이 비춤이 없으니 왕자(王者)는 이 세 가지 사사로움이 없는 도리를 받든다"고 하였습니다. 전하께서 체념(體念)하신다면, 마음을 바루고 백관(百官)을 바루고 만민을 바루는 효험을 보기 어렵지 않을 것입니다.[18]

여기서 인용된 경전의 말 중 집중(執中)의 중(中)과 무편무당(無偏無黨)의 삼무사(三無私)가 모두 사무사(思無邪)의 뜻과 상통한다고 하였는데, 이것은 허전이 이 시의 사무사를 "사사로움이 없는 공정한 마음가짐"으로 본 것이다. 허전은 편사(偏私)가 없는 공정한 마음가짐, 그것을 군주 자신이 체득해줄 것을 바랬기 때문에 권징과 이의역지의 독시법을 재삼 강조하였다고 할

---

18) 『許傳全集』 제1권 p.361. 思無邪者 情性之正 而無一毫偏頗之謂也. 舜禹傳授
心法 則惟精惟一 允執厥中, 箕子之告武王 曰無偏無黨 王道蕩蕩 無反無側
王道正直, 戴記曰 天無私覆 地無私載 日月無私照. 王者奉三無私 此皆思無
邪之道也. 殿下體念焉 則正心正百官正萬民之效 不難致矣.

것이다.

위에서 살펴본 바와 같이 허전의 시경강의에는 독시자의 독시 태도로서 독시자 자신의 내면적 성찰을 의미하는 권징의 명제를 제시하고, 독시 방법으로서는 맹자가 이른바 이의역지와 즉사논사를 들어서 시를 설명하였다. 독시방법에 있어서 시의 표면상의 문맥을 따라 논의를 전개하는 즉사논사를 준용하기는 하였지만, 시의 표면적 진술을 뒤집어서 교훈을 취하는 이의역지의 방법으로 시를 설명하는 것이 유용함을 강조하였다.

허전이 시경강의에서 『시경』의 시를 논하는 다른 관점들, 예컨대 공자의 흥관군원설(興觀群怨說)이라든지 「모서」의 미자(美刺)나 풍화(風化)의 논리를 설시의 방편으로 적용하지 않았던 것은 물론 아니다. 다만 시경시의 해석에 있어서 이러한 논리들은 각기 다 포괄적으로 논의되는 것이기 때문에 허전이 특별히 언급하지 않았을 뿐이다. 그럼에도 허전는 경연의 설시에 있어서 특히 권징과 이의역지의 관점을 강조하였는데, 그에게 있어서 권징은 시를 통하여 독시자의 자신이 내면적 성찰을 수행하는 것을 의미하는 것이고, 이의역지 또한 시의 표면적 문맥을 뒤집어서 시가 함축하고 있는 교훈적 의미를 취하는 독시법을 의미하는 것이었다.

4. 설시풍간의 방향

허전이 참여한 28차에 이르는 『시경』 강의는 고종 때 국풍(國風) 소남(召南)의 「작소(鵲巢)」와 「채번(采蘩)」을 1번 진강하고 「주송(周頌)」과 「노송(魯頌)」을 각기 1차 진강한 외에, 나머지 25차는 모두 「소아」와 「대아」의 시를 진강한 것이었다. 「소아」와 「대아」의 시는 「소남」의 국풍 시와는 달리 대개 조정의 정치와 직접적으로 연관된 시라고 알려져 있으므로, 이러한 시경강의에는 자연히 정치의 득실과 군주의 덕성에 대한 논의가 자연스럽게 담론의 주제가 될 수 있었다.

　그러기에 허전의 시경강의에도 『시집전』이나 『모시』 등 주석가들이 논하는 일반적의 시의 대지를 논하는데서 한 걸음 나아가, 그 시를 통하여 군주가 알아야 할 치국의 중요한 사항을 구체적으로 지적하여 논하거나, 군주로서 가져야 할 마음의 자세를 일깨우는 풍간(諷諫)의 내용이 많다. 허전의 풍간은 대체로 용현(用賢)과 보민(保民), 수덕(修德)과 복구장(復舊章)의 네 가지 문제로 포괄될 수 있다.

　그러나 이러한 풍간은 강의의 주제가 되는 시의 내용에 함축된 주제와 연관을 가지기도 하지만, 인신(引伸)이나 단장취의(斷章取義)로 논하는 경우가 많아서 그 논점이 일정하지 않거니와, 시경 각 편마다 여러 가지 사항을 겸하여 풍간하는 경우가 많기 때문에 구태여 따로 떼어서 논하기가 어렵다. 그러므로 여기서는 논의의 편의상 수양과 용현, 보민과 복구장의 두 갈래로 나누어 살펴보기로 한다.

(1) 수양과 용현

　허전은 시경강의에 임할 때 마다 거의 매 편에 일정한 풍간을 곁들여 설명하였다. 그런 중에서도 군왕 자신의 덕성 수양에 대한 권고를 담은 것으로는, 「소남」의 「작소(鵲巢)」와 「채번(采蘩)」에서는 정심수신(正心修身)의 도리를 논하였으며, 「상체(常棣)」에서 효제의 도리를 권하였고, 「도인사(都人士)」에서는 용의(容儀)의 상덕(常德)을 논하였으며, 「소명(小明)」과 「대명(大明)」에서는 번갈아 명찰을 논하고 수덕이 보민(保民)의 근본임을 강조하였으며, 「판(板)」에서는 실심실정(實心實政)을 촉구하였다.

　설시의 방법으로 보면 「작소」 「채번」이나 「상체」와 「도인사」와 같이 대부분 시에서는 취사논사(就辭論事)로 논한 것이지만, 이의역지(以意逆志)로 바꾸어 논한 것도 더러 있다. 고종 신미년 8월 26일 소아의 「원앙」 편을 강의한 뒤에, 고종이 "이 장은 아래 사람이 윗사람에게 축원하는 말이므로 감히 그 덕을 논의하지 않았다고 한 것은 무슨 뜻인가?"라고 묻자 진언한 내용이다.

신이 대답하였다. 무릇 시에 송도(頌禱)하는 것은 송축하는 정을 다할 따름이지 다른 것은 언급하지 않습니다. 그러나 말 밖의 뜻이 있고, 또한 마디 가운데 포함된 것도 있습니다. 이 시의 복록(福祿) 두 글자 가운데는 실로 덕(德) 자의 뜻이 있습니다. 『서경』의 「홍범」글 한 편에는 세 번 복(福)이라는 글자를 말하였는데 그 아홉번 째의 「오복장(五福章)」에는 "유호덕"이라 하였고, 그 다섯 번 째의 「황극장(皇極章)」에는 "황(皇)이 그 가진 극(極)을 세워서 그로써 뭇 백성들에게 베풀어 주면, 그 서민들이 너의 극에 대하여 그 극을 보전하게 한다"고 하였습니다. 「가락(假樂)」의 시에 이르기를, "백성에게 적의하고 사람에게 적의하여 하늘로부터 녹을 받는다"고 하였습니다. 무릇 덕이란 복의 근본이요 복이란 덕의 효험입니다. 그러므로 "복을 찾아 되돌리지 않는다"고 하였고, 또 "녹을 구하여 개제(豈悌)하다"고 하였습니다. 이것은 모두 덕을 닦아서 복을 가져오는 것을 이른 것입니다. 대개 이 시는 유왕(幽王)을 풍자한 것인데, 주자는 제후가 송도하는 말이라고 하였습니다.[19]

고종이 거론한 바 "이 시는 아래 사람이 윗사람을 위해 기도한 말"이라고 하는 대목은 역시 신하의 임금에 대한 의리를 함축하는 질문이다. 그런데 허전은 "구설에는 본디 이 시를 유왕의 실덕을 풍자한 것이라고 하였다"

---

19) 『許傳全集』제1권 p.310. 臣對曰 凡詩之頌禱者 極其頌禱之情而已 不及於他. 然有言外之意 又有包在一言之中者. 此詩之福祿二字中 實有德字之義. 書之 洪範一篇 三言福字 而其九五福章曰 攸好德 其五皇極章曰 皇建其有極 用敷 錫厥庶民 厥庶民于汝極錫汝保極 假樂之詩曰 宜民宜人 受祿于天 夫德者 福 之本 福者 德之效 故曰求福不回 又曰干祿豈弟 此皆修德以致福之謂也. 誠 願殿下 懋昭大德建極于民 則福祿自至矣. 蓋此詩 舊以爲刺幽王 而朱子謂諸 侯頌禱之詞也.

는 점을 거론하면서, 복은 기원한다고 얻어지는 것이 아니라 덕을 닦는데 있다고 하여, 임금의 덕성을 닦는 것이 소중하다고 강조하였다. 이 발언은 임금이 이 시를 통하여 아래 사람들이 왕의 복을 비는 행위를 당연한 행위로 받아들일까 염려하는 뜻을 함축하고 있는 것으로 보인다. 그렇기 때문에 그는 임금이 스스로의 덕성을 수양하는 것이 복을 받는 적극적인 방법이라고 바꾸어 말하였다.

「소명(小明)」의 강독에 있어서도, 고종이 시인의 충후한 심성을 거론하며 신하의 덕성을 강조하자, 허전은 그것보다는 고종의 입장에서는 오히려 어진 이를 등용하지 못하는 군주의 어두움을 경계하여야 한다고 논한 것이 있다.

> 상께서 시 「소명」 장을 강하고 물었다. "이 장은 대부가 부역을 나가서 고생하면서도 그 동료들에게 경계하기를 항시 편안하게 지내지는 말라고 하였으니, 시인의 지극히 충후한 마음을 볼 수 있겠다." 신이 대답하였다. "이 부역 나간 대부는 2월부터 세모에 이르도록 집으로 돌아오지 못하였으니, 그 노고가 이토록 지극히 고단한데도 단지 그 기미를 보고 일찌감치 물러나지 못한 것을 자책하였을 뿐, 끝까지 원망하거나 허물하는 일이 없고, 또 바르고 곧은 도리로 그 동료들을 격려하였으니, 참으로 어진 대부입니다." 상께서 또 말하였다. "무릇 사람이 고생하면 원망하는 말이 있는 법인데 이 시에서는 슬퍼하면서도 상심치 않고 원망하면서도 노하지 않으니 더욱이 충후한 마음을 볼 수 있다." 신이 대답하였다. "이는 유왕(幽王)의 시대입니다. 정치가 혼란하여 이러한 현자가 있지마는 조정에 등용하여 국가의 정사를 맡기지 않았으며, 먼 지방의 부역에 나가서 혼자 어진 모습이 나타나게 하여, 주위를 돌아보며 죄가 될까 두려워하며 스스로 편안치 못하였으니, 어찌 후세의 제왕들의 감계가 아니겠습니까? 선왕(先王) 시대에는 마치 정소아(正小雅)의 「채미(采薇)」, 「출거(出車)」 등의 시에서와 같이 어질고 능력 있는 이를 임용하여 각기 제 직분을 얻도록 하였는데, 이것은 모두 위에서 아래 사람들

의 사정에 통하여 위로하여 무마하였기 때문입니다. 그러므로 수자리 나
간 졸개나 출정한 장수들이 일을 즐거워하며 공을 세우려고 하지 않는
이가 없었습니다. 이 시와 비교하여 보면 주나라 왕실의 성쇠를 알 수가
있습니다. 대저 이 시의 대의는 오로지 수장(首章)의 '명명상천 조림하토
(明明上天 照臨下土)' 두 구절에 있습니다. 무릇 지극히 높이 위에 있는
것이 하늘인데, 밝고 밝게 비추지 아니하면 천지와 같은 지위에서 만물
을 생육하는 공을 이룰 수가 없습니다. 군주 또한 하늘의 밝고 밝음을
체득하여야만 충성스럽고 현명한 인재를 모조리 천거하여 온갖 공적이
모두 빛나는 것입니다. 그러므로 『역』에 이르기를, '대인은 일월과 그
밝음이 합치한다'고 하였고, 『상서』에 이르기를 '그 군주는 오직 밝고
밝아야 한다'고 하였습니다. 그러므로 순제(舜帝)는 중화(重華)의 덕성에
어울리게 이목을 총명하게 하여 8원(元) 8개(凱)와 우(禹), 고요(皐陶) 같
은 어진 이를 많이 등용하였으며, 문왕은 일월과 같이 세상을 비추어 광
채가 사방에 드러나서 굉요(閎夭), 산의생(散宜生), 태전(泰顚), 남궁괄(南
宮括) 등의 신하들이 모두 떳떳한 가르침을 베풀게 함으로써 지금까지도
성제(聖帝) 명왕(明王)이라 일컫습니다. 바라건대 전하께서는 이것을 법
으로 본받으십시오."[20]

---

20) 『許傳全集』제1권 p.304. 上講詩小明章 問曰 此章大夫行役 雖爲勞苦 戒其僚
友 無恒安處 可見詩人忠厚之至也. 臣對曰 此行役之大夫 自二月至于歲暮
而不得歸 則其勞苦困極如此 而但自咎其不能見幾早退 竟無怨尤之事 又以
正直之道 勉勵其僚友 眞賢大夫也. 上又曰 凡人勞則 宜有怨言 此詩則哀而
不傷 怨而不怨 尤可見忠厚之心也. 臣對曰 此幽王之時也. 政事昏亂 雖有如
此之賢者 不用於朝 任以國政 使之獨賢於遠邦之行役 至於眷顧畏罪 而不自
安 豈非後王之鑑戒者乎? 先王之時 任賢使能 各得其職 如正小雅之采薇出車
六月等詩 皆上所以通下情 而慰撫之者. 故役戍之卒 出征之帥 無不樂事而趨
功 以此詩較看 則周家之盛衰 可以知矣. 大抵 此詩之大義 專在於章首明明
上天 照臨下土 二句. 夫至高在上者天 而非明明照臨 無以成位育之功矣. 人
主亦體天之明明 然後忠賢畢擧 而庶積咸熙. 故易曰 大人與日月合其明, 書曰
厥侯惟明明. 是以虞帝協重華之德 而明目達聰 則元凱禹皐之賢 濟濟登庸. 文
王若日月之照臨 光顯四邦 則閎散南泰之臣 咸迪彝敎 至今稱聖帝明王. 欲望
殿下 以是爲鑑法焉.

「소명」시는 그 첫 장에, "밝고 밝은 하늘이/ 땅을 비추어 주시느니/ 나는 서방으로 멀리 나가/ 구야(九野)에 이르니/ 2월 초하룻날이라/ 추위와 더위는 겨우 면했지만/ 마음의 근심이여/ 혹독함이 가장 쓰라려라/ 저 동료들을 생각하면/ 눈물이 비처럼 쏟아지네/ 어찌 돌아가고 싶지 않으랴마는/ 범죄의 그물에 걸릴까 두렵다네"라고 하였듯이, 행역 나간 사람이 집으로 돌아가고 싶은 마음 간절하지만 죄를 받을까 염려하면서 함께 고생하는 동료들을 서로 불쌍하게 생각하며 원망하는 장면이 두드러지는 시이다.

이 시의 내적 화자는 행역(行役) 나가 고생하는 사람들로 설정되어 있어서 역대로 이에 대한 이설은 없었다. 그러므로 「모서(毛序)」에서는 "대부가 난세에 벼슬한 것을 후회함"을 읊은 것이라 하였고, 주자의 『시집전』에서도 대체로 그런 『모전』의 관점을 준수하면서 동료들과 함께 행역을 나가 고생하는 이들의 심정을 논하는 데 그쳤다.

여기에서 「소명」 장을 논하는 허전의 설시법은 그의 이른바 이의역지의 독시법을 원용한 것이다. 고종은 이 시에 대하여 대부들이 행역 나가서 고생하면서도 원망하지 않고 서로 동료를 격려하는 데서 그들의 충후한 마음을 엿볼 수 있다고 말하였는데, 성재는 『모시』의 설을 빌려와서 그렇게 어진 신하가 있는데도 조정에 임용하지 아니하고 행역 나가 고생을 하도록 하였으니 이를 통하여 란세의 시임을 알 수 있다고 뒤집어서 단정하였다. 고종은 시인의 심덕(心德)을 논한 데 그쳤지만, 허전은 시인의 덕성보다는 이 시의 상황을 야기한 당대의 사정을 환기하는데 논의의 초점을 맞추었다.

여기서 한걸음 나아가 허전은 이 시의 대의가 첫 구절의 "명명상천 조림하토(明明上天 照臨下土)"에 있다고 특별히 언급하였다. 이 구절에 대하여는 『모시』나 「시집전」에 별다른 언급이 없다. 그럼에도 그는 이 시의 주된 뜻을 "군주가 명철하여 현명한 신하들을 잘 관찰하여 등용해야 한다"는 의미로 설명하였다. 달리 보면 이러한 해석은 시의 본의로 본다면 전혀 엉뚱한 해석이다. 그러나 이것이 경연강의이고, 경연강의는 경서 강론을 통하여 군주 본연의 책무를 각성시킨다는 데 목표를 두었다는 점을 상기해야 한다. 그렇다면 난세를 고통스러워하는 내용을 뒤집어서 난세를 치세로 바꾸기 위해서는 군주는 명철하게 살펴야 할 책무를 자각해야 한다는 반대의 논리를 채록자의 편집 의도로 치환할 수 있다. 이렇게 시의를 해석하는 것은 허전이 제시한 이의역지의 논법과도 잘 부합하는 것이다.

군주의 책무를 각성시키는 풍간에는 대체로 용현(用賢)의 권고가 함께 따라서 논의되는 경우가 많다. 가령 「소남」의 「작소」와 「채번」에서도 정심수신(正心修身)을 논하면서 정심수신을 위해서는 반드시 현신(賢臣)이 있어야 한다고 진언하였고, 「소명」에서도 군왕의 명찰을 요구하면서 동시에 현자가 조정에 등용되지 않는 폐를 말하였다.

다음은 군자의 위의(威儀)를 찬양한 것이라고 알려진 「습상(隰桑)」 시를 강의할 적에 진언한 내용이다. 「습상」을 진강하고 나서 고종이 "이 시는 군자를 본 것을 기뻐하여 지은 것이다. 습상의 지엽(枝葉)이 아름다운 것으로 군자의 용모와 위의의 성대함을 비유하였는데, 내용이 과연 「청아(菁莪)」와 비슷하여 군자의 용모를 상상할 수 있겠다"고 하여 주자의 『시집전』의 주석을 그대로 인용하자, 허전은 다음과 같은 진언을 하였다.

> 신이 대답하였다. "용모라고 하는 것은 반드시 용모와 안색만을 말하는 것은 아닙니다. 무릇 행동거지가 드러난 것이 모두 이런 것입니다. 덕성이 마음 속에 쌓이면 광채가 밖으로 나타나기 때문에, 1장에서는 그 아름답고 성대함을 말하였고, 2장에서는 그 광택을 말하였으며, 3장에서는 그 덕성이 견고함을 말하였고, 4장에서는 성심으로 사랑하는 뜻을 말하였습니다. 사랑하다 부족하여 가슴에 품고, 품고서도 부족하여 오래되도록 잊지 않는 것입니다. 이것은 「치의(緇衣)」의 호현(好賢)과도 비슷합니다. 이른바 군자란 누구를 가리킨 것인지 모르겠지만, 그러나 시인이 군자라고 말하는 것은 혹 신하가 임금을 칭송하기도 하고, 혹 임금이 신하가 칭찬하기도 한 것이 있으니, 곧 상하 사람들이 서로 충애한다는 뜻

입니다. 이 시의 군자는 마땅히 군주가 현자를 사랑한다는 의미로 보아야 할 것입니다. 전하께서는 이와 같이 군자를 사랑하시어, 사람을 쓸 적에 반드시 군자를 택하여 보좌로 삼으신다면 삼대의 정치를 이룰 수 있을 것입니다.[21]

　　허전이 진언한 요지는 두 가지이다. 하나는 군자의 용모란 밖으로 나타난 것보다 그 덕성을 중시한다는 점이고, 또 하나는 이 시의 군자를 군주로도 볼 수 있고 신하로도 볼 수 있는데, 임금으로서는 이 시에서 군주가 신하를 사랑하고 신임하는 마음을 가지는 것이 좋겠다는 점이다. 그 중에서도 후자를 강조하여 독시자의 권징이라는 관점에서 군주는 용모에 힘쓰기 보다는 부단히 내면의 덕성을 함양해야 하며 나아가 현자를 아껴 사랑하겠다는 자세를 가져야 한다고 풍간한 것이다.

　　다음은 고종 신미년 6월 22일 소아의 「첨피낙의(瞻彼洛矣)」 장을 강의하고 진언한 내용이다.

　　　　상감께서 시 「첨피락의」 장을 강하시고 물었다. "이 시는 천자가 제후를 동도(東都)에 모아서 무사(武事)를 깨우치자 제후가 천자를 찬미한 시이다. 이 때 천자는 능히 선정을 행하고 제후를 모아서 무사를 강하였는데, 제후가 윗사람을 위하는 정성이 또 이러하였으니, 그 시대의 안락한 기상을 볼 수 있겠다." 신이 대답하였다. "이 장은 제후가 천자에게 미덕을 돌린 것이요, 그 다음 장은 천자가 제후에게 미덕을 돌린 것이니, 임금과 신하가 같은 마음과 같은 덕성이라 당시 상하 사이의 기상

---

21) 『許傳全集』 제1권 p.317. 臣對曰 容貌云者 非必謂容貌顏色也. 凡動靜擧止之著見者 皆是也. 德性蘊乎中 則光輝發乎外 故一章言其美盛 二章言其光澤 三章言其德之固 四章則言誠心愛之之意 愛之不足而懷之 懷之不足而愈久不忘. 此與緇衣之好賢亦相類也. 所謂君子 雖不知其何所指 然盖詩人之言君子者 或有臣頌君者 亦有君稱臣者 乃上下交相忠愛之意也. 此篇之君子 當以人君之愛賢爲主意. 殿下愛君子如此詩 用人之際 必擇君子以爲輔佐 則三代之治 可致矣.

을 생각해 볼 수 있습니다. 대체로 이 시가 「보전(甫田)」, 「대전(大田)」
다음에 편차된 것은 반드시 성인의 깊은 뜻이 있었을 것입니다. 계속
된 풍년으로 민생이 안락하였으므로 그 농사짓는 틈에 무사(武事)를
따져 강하였던 것입니다.22)

고종이 진술한 내용은 실상 주자의 『시집전』 「첨피낙의」 제1장에 기술된
"이는 천자가 제후를 동도에 모아서 무사(武事)를 강하고, 제후가 천자를 찬
미한 시이다 [此天子會諸侯於東都 以講武事 而諸侯美天子之詩也]"라고 하여
대지를 설명한 구절을 그대로 옮겨 놓고, 고종 자신이 느낀 바를 뒤에 덧붙
인 것이다. 경연관으로서 허전은 고종이 언급한 대목에 유의하여 이 시의
대지를 다시 보충 설명한 것이다.

고종이 이 시에 대한 느낌을 진술한 문맥을 조금 더 살펴보면, "제후향상
지성(諸侯向上之誠)" 즉 제후들이 천자를 위하는 정성에 관심을 두고 있음을
알 수 있다. 그런데 허전은 이 시에는 제후가 천자를 찬미한 것 뿐 아니라,
또한 천자가 제후들에게 찬미를 되돌린 부분이 있다는 점을 강조하였다. 허
전은 고종의 발언과 반대의 측면을 들어 보인 것이다. 그는 이 시의 다음
장인 「상상자화(裳裳者華)」가 '천자가 제후에게 되돌려 찬미한 시'라는 점을
강조함으로써, 고종이 이 시를 통하여 "제후들이 왕을 찬미하는 정성"만을
볼 것이 아니라, 왕은 그에 반하여 '신하들을 칭찬하고 격려하는 장면'을 더
마음에 새겨야 한다고 진언을 한 것이다.

허전은 인재를 진심으로 아끼는 마음을 가지고, 군자 소인을 잘 분간하여

---

22) 『許傳全集』 제1권 p.306. 上講詩瞻彼洛矣章 問曰 此詩天子會諸侯于東都 以
   講武事 而諸侯美天子之詩也. 此時天子能行善政 會諸侯 講武事 而諸侯向上
   之誠 又如此 其時安樂之像 可見矣. 臣對曰 此章則諸侯歸美於天子 下章則
   天子歸美於諸侯 君臣同心同德 當時上下間氣像 可以想見矣. 盖此詩之編於
   甫田大田之次者 必有聖人之深意存焉. 屢豊之餘 民生安樂 故以其農隙詰戎
   講武矣. (下繁略)

등용해야 한다는 용현(用賢)의 풍간 역시 시경강의의 여러 곳에서 진언하였
다. 「황황자화」나 「백화」, 「습상」, 「증민」 등에서도 택현(擇賢)을 진언하였
거니와, 「기보(祈父)」와 「백구(白駒)」에서는 "군주가 어진 사람을 등용하려
면 성심으로 어진 이를 좋아해야 한다"고 하였고, 「소반(小弁)」에서는 "재
상이 알맞은 사람이어야만 국가가 편안하고, 재상이 그릇된 사람이면 국가
가 위태하다"고 하면서 "영인(佞人)을 멀리하고 참설(讒說)을 물리칠 것"을
진언하였고, 「청승(靑蠅)」에서는 즉사논사(卽辭論事)로 간신과 소인의 폐단
을 논하고 좌우에 바른 사람을 둘 것을 진언하였으며, 「대동(大東)」과 「숭고
(崧高)」에서는 "반드시 어진 사람을 등용해야만 민생을 소생시킬 수 있다"
고 하였다.

　위에서 살펴본 바와 같이, 허전은 시경강의에서 시를 매개로 군주의 심덕
을 교정하고 각성시키려는 풍간을 자주하고, 나아가 인재등용에 대한 군주
의 적극적인 관심을 빈번하게 요구하였다. 군주에게 수양하는 겸허한 자세
를 요구하고, 성심으로 현자를 등용하려는 의지를 가져 달라는 풍간은 군주
가 군주로서의 본연의 책무인 치국의 도리를 자각하고, 그러한 방면에 대한
관심을 지속시키려는 의도를 내포한 것으로, 한 대(漢代) 이래 유가에서 꾸
준히 제기하였던 이른바 격군심(格君心)의 논리에 근거한 것이다.『시경』시
의 해석을 통하여 격군심의 풍간을 전개하는 것 또한 시교의 한 측면이라
할 것인데, 거기에는 즉사논사나 이의역지, 권징 등 여러 방면의 독시 내지
설시법이 다양하게 적용되었다. 이러한 다양한 시해석의 방법을 동원한 설
시의 방향은 설시자에 따라서 항상 달라질 여지가 있다고 한다면, 허전의
설시방향은 군주를 향한 시교(詩敎)라는 측면에서 하나의 모범적인 사례가
된다고 할 것이다.

(2) 보민의 대책과 복구장

허전은 경연강의에서 기회가 있을 적마다 백성의 생활을 안정시킬 대책과 국가 재래의 예악전장(禮樂典章)의 복고를 주장하는 진언을 펼쳤다. 이러한 보민(保民)의 진언은 그가 경연에 참여하여 최초로 어전에서 최초로 진언한 철종조 「황황자화」 시의 강의에서부터 시작하여, 시경강의를 끝낸 고종 갑술 11월의 시경 「주송(周頌)」 강의에 이르기까지 25년간에 걸쳐 지속적으로 나타난다.

다음은 철종 계축년 9월 17일에 부교리(副校理) 겸 시독관(侍讀官)으로 입시하여 소아의 「황황자화(皇皇者華)」를 강의하면서 논한 것이다.

옛날 성왕(聖王)이 국가를 보전하는 도리로는 반드시 보민(保民)을 근본으로 하여, 매양 보민의 도리에 대하여 급급하여 스스로 겨를이 없었습니다. 그러나 군주는 구중궁궐 깊은 곳에 거처하여 백성과 멀리 떨어져 있어서 직접 보고 들을 수가 없습니다. 그러므로 관자(管子)는 말하기를 '당(堂) 아래가 천리보다 멀고 대문 앞이 만리보다 멀다. 걷는 이는 10일이면 천리의 사정을 통하는데, 당 아래 말이 있는 것을 한 달이 되어도 듣지 못하고, 걷는 이는 100일이면 만리의 사정을 통하는데, 대문 앞에 일이 있어도 일년이 되도록 알지 못한다'고 하였습니다. 대개 그 막히고 엄폐된 것을 지적한 말입니다. 하물며 진정으로 천리 만리밖에 있는 백성이겠습니까? 그러므로 밝은 군주는 그러한 사정을 알아야 하겠기에 사신을 보내어 나라 각 지방을 다니면서 상덕(上德)을 펴고 하정(下情)을 전달하게 하였던 것입니다. 그러므로 주나라에는 길을 더듬는 눈먼 관리가 있어 왕의 뜻을 외우고 국정을 말하며 천하를 돌아다니면서 백성으로 하여금 화합하게 하였으며, 양한이나 당, 송에 이르기까지 또한 모두 사신이 있었으니, 감찰어사(監察御史)라든지 부어사(部御史)라든 직지사(直指使)라는지 하는 것이 있어서, 혹은 해마다 파견하고 혹은 특별히 파견하고 혹은 중첩하여 두고 혹은 겹으로 두었습니다. 그 사람

으로는 알자(謁者)를 사용하기 하고 박사(博士)를 사용하기도 하였는데,
박사는 경전에 통하고 옛일을 배운 사람이었습니다. 승상사(丞相史)를
사용하거나 태중대부(太中大夫), 광록대부(光祿大夫)를 사용하기도 하였
는데, 태중과 광록은 관직이 높은 사람이었습니다. 황명(皇明)에 와서는
매양 어사를 보내어 한 해마다 한 번씩 바꾸고, 또 때때로 대신을 보내
어 순무사(巡撫使)라 하였으며, 또 지휘사(指揮使) 안찰(按察) 등이 있어
서 변방을 교화시키고 행정의 시행과 폐지, 풍속의 좋고 나쁨, 사람의
현명함과 불초함, 농사의 어려움과 추위와 더위를 따라 원망하고 탄식
하는 일들, 환과고독(鰥寡孤獨)과 폐질자(廢疾者) 등 고할 데 없는 이들
의 사정까지 널리 채집하여 방문하지 않음이 없었습니다. 그렇게 하여
관리들의 정치를 맑게 하고 백성의 해를 제거하며 백성의 숨은 고통을
보살피는 것이 이렇게 지극하였습니다. …… 후세에는 관리 되는 길이
많아 관직을 맡은 자가 반드시 현인만은 아니어서 사사로운 생각이 앞
서고 공론이 저지되어 직분을 수행하지 못하는 자가 잇달아 나타나니,
비록 어사를 보내더라도 정치에 보탬이 없고 도리어 해가 있습니다.
엎드려 원하옵건대 전하께서는 어진 인재를 고르는 방법에 더욱 더 힘
쓰십시오.[23)]

---

23) 『許傳全集』제1권 p.218. 古聖王保國之道 必以保民爲本 每於保民之道 汲汲
焉不自遑暇. 然人君深居九重 去民絶遠 有不得接於耳目. 故管子曰 堂下遠於
千里 門庭遠於萬里. 步者十日千里之情通矣 堂下有言 一月而不聞, 步者百日
萬里之情通矣 門庭有事 一年而不得知. 盖指其所壅蔽也. 況眞在千里以外
之民哉. 是以明君誼辟知其然也. 乃遣使臣 巡行郡國 陳上德而達下情. 故周
有擇入之官 誦王志 道國政 以巡天下 使民和悅. 兩漢至于唐宋 亦皆有使 曰
監察御史 曰部御史 曰直指使 或歲遣之 或特遣之 或分遣之 或疊置之 重設
之. 其人 用謁者 用博士. 博士通經學古者也. 用丞相史 用太中大夫 光祿大夫
太中光祿 秩高者也. 至皇明 每遣御史 一歲一易 又時遣大臣 曰巡撫使 又有
指揮按察等使 化之流塞 政之行廢 俗之美惡 人之賢不肖 稼穡之艱難 暑寒之
怨咨 鰥寡孤獨廢疾之窮無告者 無不博採 而周訪焉. 其於淸吏治 除民害 恤
民隱也 若其至也. 臣又按 唐臣陸贄 以五術八計三賦四科六德五要 說當時
黜陟使 自古遣使巡按之條目 莫詳於此. 此在大學衍義補 可按而知也. 臣又有
愚見焉. 三代用人 必先選而後試. 故賢者在位 能者在職 官無曠曠 雖以奉使
一事言之 承君之命 忘己之勞 猶恐不及 使其在千萬里之外者 如在冕旒之下

「황황자화」 시는 『모전(毛傳)』에서나 『시집전』에서 모두 "군주가 사신을 보내는 장면[君遣使臣也]"을 노래한 것으로 설명된 시이다. 성재는 이 시의 대지를 토대로 즉사논사(卽辭論事)로 좀더 부연하여 왕이 사신을 파견하여야 하는 이유를 보다 상세히 설명하고, 역대로 그러한 사절을 파견하였던 사례를 갖추어 진술하면서, 아울러 사신을 파견할 적에는 또한 사람을 잘 골라야 한다는 당부까지 덧붙였다.

본디 「황황자화」의 내용은 왕이 사신을 보내면서 "두루두루 방문하고 살펴보라"는 당부의 말을 하는 장면만 반복되어 제시되어 있을 뿐, 이런 상세한 내용은 들어 있지 않다. 단지 이 시가 왕이 자신을 대신하여 전국 각지에 사람을 파견하는 일을 읊고 있으므로, 그 의미와 취지를 보다 상세하게 설명함으로써 제왕이 사람을 파견하여 민정을 파악하고 민심을 수습하는 방법까지 한꺼번에 논의한 셈이다. 서두의 보국(保國)의 근본으로서 보민(保民)을 위하여 사신을 파견한다는 발언은 허전이 보충하여 놓은 견해이다.

그런데 허전의 이러한 보민에 대한 진언은 시경강의 안에서 본다면 대체로 국가의 근간인 백성의 산업을 안정시키기 위하여 정전법의 이상을 실현하여야 한다는 제민산(制民産)의 문제와, 국가의 풍속을 바로잡기 위해서는 재래에 이미 수립되어 있는 제도를 복고해야 한다는 복구장(復舊章)의 논의에 초점이 맞추어져 있다. 다음은 철종 계축 10월 초3일에 소아의 「길일(吉日)」을 강의하고 진언한 말이다.

"이것은 비록 전렵(佃獵)의 예의만을 말한 것이지만, 국가를 다스리는 정령(政令)과 제도를 모두 거론하였습니다. 옛날에는 병농(兵農)이 한가지여서 승마(乘馬)가 정전(井田)에서 나왔습니다. 승마란 한 대의 수레에 네 필의 말입니다. 그러므로 수장(首章)에서는 '사모공부(四牡孔阜)'라 하

―――――――――

跬續之近. 後世則吏道多端 爲官者未必皆賢人 私意勝而公義沮 不能擧職者 踵相襲焉. 雖遣御史 無益於治 而反有害. 伏願殿下 於擇賢之方 更加勉勵焉.

였고, 다른 시에서도 또한 사려(四驪), 사황(四黃) 등으로 일컬었습니다. 무릇 천자의 영토는 100만 정(井)이므로 병거 10,000승(乘)을 내고, 제후는 10만 정이어서 1,000승의 병거를 내는데, 그것으로 무비(武備)를 세우는 것입니다. 매양 농사짓는 여가에 평화로울 때도 위태할 때를 잊지 않는다는 뜻을 보이는데, 이것이 전렵이 시행되는 이유입니다. 그러나 거승(車乘)이란 전렵에 빠져서는 안될 것이고, 정전의 부세는 또한 거승의 근본이 되는 것입니다. 그러므로 여씨(呂氏)는「거공(車攻)」「길일」로써 왕부(王賦)가 회복되었음을 볼 수 있다고 한 것입니다. 주나라가 다시 창성하게 된 것은 실로 왕국의 부세가 복고된 데 근본한 것입니다. 후세에는 이것이 두 갈래가 되어서 농군은 제산(制産)이 없고 병정(兵丁)은 모두 유식(遊食)하여 농군이 애써 경작하는 것이 도리어 양병(養兵)에 소모되니, 이로 인하여 농군은 빈곤하고 병정 또한 의지할 곳이 없게 된 것입니다. 우리 동국에 이르러서는 전부(田賦)가 명색은 십분의 일이라고 하지마는 더욱 가벼워서 조종조(祖宗朝)에 만든 법이 참으로 아름답지 않은 것이 아니었는데, 법이 오래되어 폐단이 생겼습니다. 지금은 횡렴(橫斂)하는 것이 혹은 대여섯 배를 넘기도 하고, 혹은 이듬해의 세를 미리 거두기도 합니다. 그러므로 백성들은 생계를 꾸릴 수 없어서 흉년이면 굶어 죽는 자가 이어지고, 풍년이 되더라도 근심하는 소리가 사방에서 일어나니 참으로 슬픈 일입니다."

상감께서 말하였다. "가의(賈誼)가 이른바 통곡하며 눈물을 흘린다고 한 것이 이것이다. 내가 등극한 이래로 거듭 흉년을 만났으니 백성들이 살 곳을 잃고 이산하는 것은 굳이 그럴 형편이나. 풍년에는 왜 그러한가?"

신이 대답하였다. "또한 백성들은 납부하는 전부(田賦) 외에 또 환곡(還穀)이라든지 신포(身布)라든지 잡역(雜役)이 있는데, 흉년이면 간혹 정퇴(停退)하였다가도 풍년이면 신구(新舊)의 잡세를 한꺼번에 징수하기 때문에 백성의 재력이 고갈되어 마련하지 못하고 필경에는 이산합니다."

상감이 말하였다. "왕부는 본디 일정하게 정해져 있는데 배로 거두고 미리 거두는 것은 어째서인가?"

신이 대답하였다. "무상(無狀)한 이인(吏人)들이 올바른 국세를 농간하여 낭비하는 것이 많은데 막중한 상납을 빠트릴 수는 없으므로 감히 법

밖의 일을 행하여 포흠(逋欠)한 것을 충당하느라 그러합니다."

　　상감이 말하였다. "이러한 민폐는 유신(儒臣)도 아는데 대신이 말하지 않음은 왜냐? 혹 알고서도 말하지 않은 것이냐? 그래도 모를 리는 없을 듯하다."

　　강관이 말하였다. "대신이 아래에서 종종 신칙합니다."

　　신이 대답하였다. "지난번에 대신이 도결(都結)의 일로 주달(奏達)하여 신칙한 것을 신 또한 조지(朝紙)에서 보았습니다마는, 아래에 있는 자가 명을 받들지 못하여 매양 그럭저럭 지내는 것을 일삼기에 이런 지경에 이른 것입니다. 이는 전하께서 사람을 얻어서 법을 맡기는 데 달려 있습니다."[24)]

　「길일」은 사냥을 나가서 많은 짐승을 잡아다가 천자를 즐겁게 한다는 내용의 시이다. 이 시에 대하여는 『모전』에서 이미 선왕(宣王)의 수렵을 찬양

---

24) 『許傳全集』 제1권 p.222. <性齋> 此雖但言蒐狩之禮 而爲國之政令制度 皆擧之矣. 古者兵農爲一 乘馬出於井田 乘馬者 一乘四馬也. 故首章曰四牡孔阜 他詩亦必以四驪四黃稱之. 夫天子之提封百萬井 則出兵車萬乘, 諸侯十萬井 則出千乘 所以立武備也. 每於農隙演閱 以示安不忘危之意. 此佃獵所由行也. 然則車乘者 佃獵所不可闕 而井賦又車乘之所本. 是以呂氏以爲車攻吉日 可以見王賦之復焉. 周之再昌 實本於王賦之復古而已. 後世則分爲二塗 農無制産 兵皆游食 農之力作 反耗於養兵. 此農困而兵亦無賴矣. 至於我東 田賦名雖什一 而益輕之耳. 祖宗成法 非不盡美 而法久生弊 今之橫斂 或有過於五六倍者 或有預收來年之稅者 故民不聊生 凶年則餓殍相望 雖値豐年 愁歎之聲四起 誠可哀也. 上曰 賈誼所謂痛哭流涕者 此也. 自予登極以來 屢致凶荒 生民失所而離散 其勢固也. 豐年何爲其然也? 臣對曰 小民所納田賦之外 又有還穀也 身布也 雜役也 凶年則或有停退 而豐年則幷懲新舊 故民力竭乏 不能辦備 畢竟至離散矣. 上曰 王賦自有常定 倍收預收 何爲也? 臣對曰 無狀吏人 偸弄惟正之供 乾沒居多 而莫重上納 不可闕 故敢爲法外之事 以充逋欠而然也. 上曰 如此民弊 儒臣亦知 而大臣不言 何也? 或不知而不言耶? 亦似無不知之理矣. 講官曰 大臣自下種種申飭矣. 臣對曰 向者大僚 以都結事奏達而董飭者 臣亦得見於朝紙 而在下者 不能奉承 每以因循姑息爲事 以至於是也. 此在殿下得人而任法也.

한 노래라고 한 것이 있고, 주자의 『시집전』에서도 선왕의 시라고 인정한 바 있다. 허전의 진언은 대체로 송의 여조겸(呂祖謙)의 논의를 바탕으로 진술한 즉사논사(卽辭論事)인데, 여동래(呂東萊)는 "수렵의 예로 왕부(王賦)가 복고되었음을 볼 수 있고, 군정(軍政)이 알차게 되었음을 볼 수 있으며, 군사의 기율이 엄함을 볼 수 있고, 상하의 정을 볼 수 있으며, 두루 잘 다스렸음을 볼 수 있다. 문무(文武)의 공적을 밝히려는 자는 이만한 것을 보면 족하다"[25]라고 하여, 이 시를 통하여 주 선왕(宣王) 당대의 국고(國庫)를 짐작할 수 있다고 단언한 것이 있었다.

　그런데 허전은 그러한 시 문맥의 본질과는 무관하게 한 걸음 나아가, 우리나라의 전부의 실정을 논하였다. 그가 논한 우리나라의 현실은 전답의 조세 외에 환곡, 신포, 잡역 등이 있어서 민력을 고갈시키고 있다는 것이고, 이러한 민폐를 근절하기 위해서는 옳은 인재를 등용해야만 가능하다는 것으로 결론을 맺었다.

　「길일」을 강의한 경연에서는 즉사논사로 조세제도의 복고를 논하고, 나아가 민생의 고통까지 겸하여 진언하는 데 그쳤지만, 민생의 곤고한 사정을 재삼 진언하고, 그러한 민생의 문제를 해결하기 위한 대책으로서 토지제도와 조세제도의 개혁이 필요하다는 뒤이어진 경연에서 여전히 계속되었다.

　다음은 고종 갑술년 5월 초9일 시 「가락(假樂)」을 논하면서 전정(田政)의 폐단을 논한 것이다. 시 「가락」의 진강은, 강이 끝난 뒤 왕이 「가락」 제1장에 나오는 "의민의인(宜民宜人)"의 구절이 무엇을 지적하는지 묻는 것으로 논의가 시작되었다. 허전은 이에 대하여, "시에 나오는 '의(宜)'자의 뜻이 여러 가지 인데 '의기가실(宜其家室)', '의기가인(宜其家人)' 등과 같은 것은 대체로 '화순무괴려(和順無乖戾)'의 뜻을 지닌 것으로서 진실로 좋은 덕성을 가지면 백성에게나 사람에게 부당한 일이 없고 적합지 않을 이가 없다"는

---

25) 蒐狩之禮 可以見王賦之復 可以見軍實之盛焉 可以見師律之嚴焉 可以見上下之情焉 可以見綜理之周焉 欲明文武之功業者 此亦足以觀矣.

뜻으로 대답하였다. 그러자 왕은 다시 제2장에 나오는 '지나치지도 잊지도 않고서 모두 구장(舊章)을 따르리라[不愆不忘 率由舊章]'이라고 한 구절의 '구장'을 '선왕지예악형정(先王之禮樂刑政)'이라고 풀이한 『시집전』의 주석을 거론하면서, "계술(繼述)하려는 뜻을 항상 가지고 있으면 어찌 지나치거나 잊을 이가 있겠는가?"라고 하면서, 잇달아 허전이 답변한 말을 다시 거론하며, "요순을 본받으려면 조종을 본받아야 한다는 것은 과연 좋은 말이다"라고 하였다. 이에 허전은 다음과 같이 논의를 전개하였다.

　　신이 대답하였다. "예악형정은 주나라 때보다 성한 적이 없었는데, 대대로 준수하였기 때문에 역년(歷年)이 장구하였으나, 점차 허물어져서 말년에 와서는 이미 심하게 폐지되고 무너져서 마침내 미약하게 되었습니다. 진한 이래로 선조를 준수하여 흥하고 구장을 폐기하여 쇠하지 않은 자가 없었습니다. 우리나라의 열성조에서는 『경국대전』 및 『대전통편』, 『오례의』 등이 책이 있었지만 지금은 폐기되어 시행하지 않는 것이 많습니다. 민인(民人)들은 모두들 금일을 기대하고 있습니다."
　　왕이 말하였다. "민인(民人)이 바라는 바는 무슨 일인가?"
　　신이 대답하였다. "창졸간에 하나하나 낱낱이 진술하지 못하지만, 가장 시급한 일은 이제 우리 백성들은 항산(恒産)이 없고 호부(豪富)가 겸병하고 있는 것입니다. 그러므로 이른바 농군이란 모두 호부의 소작인이라, 한 번 기근든 해를 당하면 죽음의 구렁에 줄줄이 쓰러져 갑니다."
　　왕이 말하였다. "정전은 삼대의 아름다운 법인데 세상이 점점 내려오면서 이 제도는 드디어 폐기되었다."
　　신이 대답하였다. "전국 시대에는 전쟁이 계속되어 선왕의 전장(典章)이 날로 땅에 떨어졌고, 상앙(商鞅)이 전답의 둑을 허물어버리는 데 이르러서는 극도에 달하였습니다. 밝은 군주와 어진 신하가 서로 만나야만 고제(古制)를 회복할 수 있을 것인데, 혹은 그럴 군주가 있더라도 그럴만한 신하가 없고 혹은 그럴만한 신하가 있더라도 그럴만한 군주가 없었으며, 혹은 시대 형편이 미칠 수 없는 때도 있어서, 동중서(董仲舒)와 같이 현명한 인재나 제갈공명과 같은 인재도 그 뜻을 실행하지 못하였으

니 애석한 일입니다. 우리 태조 때에 수전제(授田制)를 시행하려고 하다
가 좋아하지 않는 자가 많아서 성스러운 뜻을 받들어 빛내지 못하였기
에 그 의논이 마침내 잠잠하게 되고 말았으므로, 식자들은 한탄합니다."

왕이 말하였다. "우리나라는 지형이 불편하여 정전제를 시행할 수 없
는가?"

신이 대답하였다. "산천이 험하게 막고 땅이 좁아서 일일이 정전의 구
획을 나누지는 못하지만, 진실로 지세를 따라 측량하여 절장보단(折長補
短)하여서 옛날 100무(畝)의 면적에 준하여 백성들에게 고루 나누어주고
십분의 일로 세를 정한다면 정전법은 그 가운데 절로 있는 것입니다."

임금이 말하였다. "고제에 백성들은 모두 100무를 가졌는데, 공경대
부의 전록은 각기 차등이 있었다." 신이 대답하였다. "비록 연(燕)이나
제(齊)와 같은 작은 나라도 경상(卿相)의 녹은 10,000종(鐘)에 이르렀습니
다. 삼대의 시대에는 서인으로서 관직에 있는 자도 모두 그 녹이 농사짓
는 것을 대신하기에 족하였습니다. 세금이 비록 박하더라도 쓰기에 여유
가 있는 것은 아껴 쓰고 검소함을 숭상하기 때문입니다. 이제는 수입을
헤아려 지출하지 못하고 한도가 없이 사치하기 때문에 세금은 더욱 무
거워져도 비용은 자꾸 모자라는 것입니다. 더구나 지금은 전답의 경계가
문란하여 좋은 전답은 태반이 호부(豪富)나 이서(吏胥)가 사사로이 차지
하여서, 국가는 토지에서 나오는 세금을 잃고 소민은 토지도 없는데 세
금을 물어야 하니, 백성이나 나라나 모두 가난한 것은 이 때문입니다."

상이 말하였다. "은결(隱結)의 병폐는 나 또한 들었다. 양안(量案)을 바
꾸면 이 병폐는 바꿀 수 있으리라." 신이 대답하였다. "이서의 무리들은
본디 생계를 유지할 급료가 없는지라 이들이 전답의 세금을 훔쳐내기
때문에 이런 폐단이 있는 것입니다. 설령 조정에서 사신을 차출하여 보
내더라도 토착의 간사한 무리가 온갖 수단으로 속이면 사실을 조사하기
어렵습니다. 그 요령은 사람을 얻는 데 있습니다."

이 논의는 승지(承旨)가 개입하여 "우리나라 정전은 평양에만 있는데 이
것은 기자가 남긴 제도라"고 하여 화제를 바꿈으로써 중단되었다. 대아의
「가락」은 본디 "제왕이 높은 덕성을 이루어 백성들을 잘 보살핌으로써 하

늘의 복을 받는다"는 내용으로 채워져 있다. 「가락」의 시어나 그 주석에는
조세나 전제에 대한 말은 전혀 들어 있지 않다.

허전은 '솔유구장(率由舊章)'이라는 한 구절의 의미를 인신(引伸)하여 '구
장'이라는 말을 풀이하면서 『경국대전』 및 『대전통편』, 『오례의』 등의 선
왕의 성법(成法)을 복구하여 시행할 것을 주장하고, 내처 민생을 살리기 위
해서는 전제개혁이 필요하다는 논의를 전개하였다.

이러한 전제에 대한 의견 개진은 고종 때 「대동(大東)」을 강의하면서도
진언한 바 있었다. 「대동」의 대지를 논하면서 고종이 "임금은 백성에게 반
드시 무엇을 주어서 은혜가 되는 것이 아니라 그들로 하여금 각기 제 자리
에 편안하게 생업을 즐기게 하면 그만이라"고 하자, 이에 허전은 다음
과 같은 진언을 올렸다.

> 선왕의 정치는 백성의 산업을 바로잡는 것을 급선무로 여겼는데, 제
> 산(制産)의 방법은 정전을 근본으로 합니다. 8인의 전부(田夫)가 각기
> 100무(畝)를 받아서 모두들 8인이나 5인의 식구를 먹이는데, 그 가운데
> 100무를 공전으로하여 여덟 집에서 공동으로 경작하여 왕세(王稅)를 바
> 치는 것, 이것이 십일의 제도입니다. 이렇게 하면 민생이 안락하여 삼대
> 의 정치가 되는 것입니다.[26]

허전이 시경강의에서 인시논사(因詩論事)로 당대의 현실을 직접 진언한
것은 그리 많지 않다. 그 중 두드러지는 것은 대체로 위에 든 바와 같이 철종
조에 강의한 「길일」과 고종조에 강의한 「가락」과 「대동」 외에 대아의 「운한
(雲漢)」을 들 수 있을 정도이다. 「운한」은 본디 『모전』에 주 선왕(宣王)이 가

---

26) 『許傳全集』 제1권 p.302. 先王之政 制民之産爲先務 而制産之法 以井田爲本
   八夫各受百畝 皆食八口五口 而其中百畝爲公田 八家同治 以貢王稅 此爲什
   一也. 夏之五十而貢 殷之七十而助 周之百畝而徹 皆什一之賦也. 如是則民生
   安樂 所以爲三代之治也.

물을 당하여 하늘에 기원한 내용을 시인이 읊은 것으로 알려져 있고, 주자
의 『시집전』에서도 달리 이견을 내지 않은 시이다. 허전은 이 시를 설명하
면서 재앙을 만나 절박한 감정을 호소하는 선왕의 정성을 논하고서는 다음
과 같이 진언하였다.

　　수장(首章)의 '하늘이 난리를 내려 기근이 겹쳐서 일어난다'고 하는
　구절은 한 편의 큰 훈계가 됩니다. 백성에게는 기근보다 더한 난리는 없
　는데, 이제 겹쳐서 일어난다고 하였으니 한 해만이 아니었음을 알 수 있
　습니다. 백성은 나라의 근본이고 식량을 하늘로 여기는데, 기근이 들어
　식량이 없으면 남아날 자가 없으니, 어떻게 나라를 보전하겠습니까? 그
　러므로 선왕의 제도에는 3년이면 1년의 저축이 있고, 9년이면 3년의 저
　축이 있으며, 30년이면 10년의 저축이 있어서 흉년과 병란에 대비하였
　습니다. 그러므로 요와 탕의 홍수와 가뭄에도 나라는 줄어들지 않았고,
　비록 전국 시대에도 또한 언필칭 곡식이 10년을 지탱한다고 하였습니
　다. 우리나라는 중엽 이전에는 일정한 조적(糶糴)의 법이 있었는데, 지금
　의 환자[還上]의 폐와는 같지 않아서 항상 저축이 있었습니다. 그러므로
　임진의 난리에 의주에서 거가(車駕)가 돌아온 뒤에도 군자감(軍資監)에 6
　만여 석이 있어서 그것으로 난리를 치른 백성들을 구제하였으니, 이것이
　모두 본보기가 됩니다.27)

　기근을 대비하여 곡물을 비축하여야 하고, 그러기 위해서는 오늘날 시행
되고 있는 환곡법과는 달리 임란 이전에 실시되었던 조적법(糶糴法)을 본받

---

27) 『許傳全集』 제1권 p.346. 首章天降喪亂 饑饉荐臻之句 爲一篇之大戒矣. 民之
　　喪亂 莫甚於饑饉 而旣曰荐臻 則非止一歲 可知矣. 民爲邦本 而以食爲天 荐
　　饑而無食則靡有孑遺 將何以保邦乎? 是故先王之制 三年餘一年之蓄 九年餘
　　三年之蓄 三十年餘十年之蓄 而備匈荒兵亂. 故堯湯之水旱 國無捐瘠 雖戰國
　　之世 亦必曰粟支十年. 我國中葉以前 有常糶糴之法 與今還上之弊不同 常有
　　蓄積. 故壬辰寇亂 龍灣回鑾之後 猶有軍資監六萬餘石 以救亂餘之民 此皆爲
　　法也.

아 시행할 만하다는 건의가 내용의 핵심이다.

이와 같이 시경강의에서 인시논사로 허전이 건의한 내용은 『경국대전』을 비롯한 선왕의 성법(成法)을 복구하여 시행하는 복구장의 문제와, 전제의 개혁, 재래의 조적법의 시행, 조세 제도의 개혁 등을 통한 보민(保民)의 문제로 집약되어 있다. 이러한 문제는 시경강의에서 뿐만 아니라 경연강의에서 꾸준히 환기하였던 문제이다. 예컨대 대아 「생민」을 강의하면서도 "사치한 기풍이 성행하는데도 시왕(時王)의 제도 또한 시행되지 않고 있다[侈靡之風盛而時王之制亦不行]"고 하여 국가의 법전이 시행되지 않고 있음을 개탄하면서 예제복고를 진언한 바 있고, 「탕(蕩)」과 「억(抑)」에서도 선왕구장(先王舊章)의 복고를 주장하였다.

또한 대아 「숭고」의 강의에서 '철(徹)'의 자구를 특별히 거론하여 깊이 성찰하여야 한다고 하면서 국가의 근본인 백성의 살림을 안정시키기 위하여 전제에 유의할 필요가 있음을 환기하였으며[28], 「황조(黃鳥)」와 「아행기야(我行其野)」에서는 시의 본지를 연역하여 "우리나라 당금(當今)의 일로 말하자면 이 시에서 처럼 궁곤한 백성들이 유리하며 제 자리를 잃은 이가 없는가를 수시로 가까이 있는 신하들에게 자문하고 지방 수령들에게 신칙하면 저절로 백성을 풍요롭고 편안하게 하는 정치에 도움이 된다"고 풍간한 바 있었다.

시경강의가 아니더라도 철종조에 『서경』 「순전(舜典)」을 강의하면서는, 『경국대전』, 『오례의』 등을 복구해야 한다고 주장한 바[29] 있으며, 「대우모(大

---

28) 『許傳全集』 제1권 p.348. 夫徹者 周之稅法也 夏貢殷助周徹 皆什一之法 天下之中正也 厲王之時 境界必棄 賦稅必濫 故宣王之封申伯也 必曰徹土田 又曰徹土彊 丁寧申復 使民豊足 乃積餱糧 則務本之意 亦可見矣.

29) 『許傳全集』 제1권 p.239. 夫禮者 尊卑貴賤等級隆殺之秩然有序而不可亂者也. 所謂天理之節文 人事之儀則 而有國之不可一日無者 故曰壞國喪家 必先去其禮 禮之所係 甚大. 此舜所以急先修治也. 猗歟 我朝聖聖相繼 制作大備 經國六典 及五禮儀等書 實損益乎周禮儀禮之意 而堯舜三代之治 其在斯矣. 挽

禹謨)」를 강의하면서 균전제산(均田制産)을 급선무로 해야 한다고 진언한
바[30] 있었다.

위에서 살펴본 바와 같이, 허전은 시경강의에 있어서 『시경』의 시를 매
개로 하여 군주에게 당대 민생의 실정을 간곡히 알리고, 나아가 민생을 유
족하게 할 방도를 누차 제안하였다. 그가 제안한 방도는 경서에 누누이 언
급되는 정전제와 십일세(十一稅)의 실현에 그치고 있지만, 예악전장의 복고
라는 또 다른 명제를 제기함으로서, 유가적 복고적 이상에 충실한 경세론을
펼쳤음을 알 수 있다. 이러한 허전의 제안은 『수전록』, 『사의』 등과 같은
그의 다른 저술들에도 두루 나타나는 것이지만, 그러한 논의가 『시경』의 시
를 매개로 이루어졌다는 점은 좀 더 세밀하게 논의될 필요가 있다. 허전은
물론 조선조의 유자들에게 있어서 『시경』은 비단 시라는 정서적 교양을 논
하는 독서물에 그치는 것이 아니라, 그것을 통하여 인간 개인은 물론 국가
사회의 경륜을 논의하는 실천적 매개물의 하나라고 인식되었기 때문이다.

5. 허전 시경론의 연원

허전의 시경강의와 관련하여 살펴보아야 할 것은, 그의 시경 해석의 관점
이 그 선대의 학문전통과 어떤 연계가 있느냐는 점이다. 그는 그 자신이나
또는 후학들에게 성호학통의 적전으로 알려져 있다. 성호 이익은 경학에 깊

近以來 禮之弊久矣. 紀綱由此而解弛 名分由此而紊亂 品式由此而壞謬 侈濫
之風盛 奢僭之習長 國何以爲國 民何以爲民哉. 今我殿下 遠法堯舜 近法祖
宗 亟修禮典 以導率之 則大舜之治 可庶幾也.
30) 『許傳全集』 제1권 p.254. 治民之道 養與敎而已 夫養者 均田制産 使之有菽粟
布帛 仰足以事父母 俯足以育妻子也 敎者 建學立師 使之修孝悌忠信 入以事
其父兄 出以事其長上也 二者不可偏廢 然養而後敎 然後民之從之也易 何也
飢寒切肌 死亡熏心 則欲其無爲姦邪 難矣 奚暇治禮義哉.

은 조예가 있어서 경학연구에서 독자적인 의견을 많이 제시한 『질서(疾書)』
를 남긴 바 있고, 그 중의 하나인 『시경질서(詩經疾書)』는 그 자신의 시경에
대한 독특한 관점이 많이 들어 있는 것으로 보고된 바 있다.

그런데 조선조 경연에서는 주자의 『시집전』을 주된 교재로 삼고, 정조
이래 『모전』과 『정전(鄭箋)』이나 『공소(孔疏)』도 간혹 참고로 하였지만, 그
것은 대개 『시집전』에 수용된 설에 한정되었다. 그러므로 허전의 시경강의
에서도 대체로 『시집전』의 설을 중심으로 논의되고 있음에는 이론의 여지
가 없다.

그럼에도 경연에서 『시경』을 해석하고 설명하는 데는 『시집전』의 설만으
로 충분하지 못할 때도 있고, 또 재래의 『모시』의 전(傳)이나 『정전』, 『공소』
에서 취할 바가 더러 있기 때문에 이를 취할 때도 있으며, 나아가 독자적인
견해를 제시하는 경우도 있다. 이런 관습은 정조대의 경사강의(經史講義)에
서 주자의 『시집전』을 정통적인 해석으로 취하면서도 다른 제가의 설을 두
루 논하였던 데서 전례가 이미 확립되어 있었다.

허전의 시경강의에도 『시집전』의 설에서 벗어나 『모전』이나 『정전』, 『공
소』의 견해를 채용하거나, 별도의 독특한 논법을 제기한 경우도 얼마간 찾
아 볼 수 있다. 다음은 「기보(祈父)」의 대지에 대한 설명이다.

　　한(漢)의 정씨(鄭氏)는 이것을 자(刺)로 보아, 기보(祈父)를 등용함에 제
사람을 얻지 못하면 그 직분이 폐기된다고 하였습니다. 신은 이르건대
비단 군사에 대한 사마(司馬)의 직책만이 아니라 백성에게 임하는 크고
작은 관직이 모두 그러하다 하겠습니다. 반드시 어진 이가 있어야만 백
성들이 제 자리를 잃는 한탄이 없을 것입니다. 그러므로 「백구(白駒)」로
이어 갔습니다. 여기서는 어진 이를 등용하지 못함을 자(刺)하고서, 또
반드시 이렇게 돈독하게 성심으로 어진 이를 좋아해야 함을 말한 것입
니다.[31]

---

31) 『許傳全集』 제1권 p.225. 漢鄭氏以爲刺 用祈父不得其人則職廢 臣謂非但司

「기보」를 자시(刺詩)로 본 것은 『모전』의 설이다. 『시집전』에는 군사의
원망을 기록한 것이라 하였을 뿐 자시에 대한 언급은 없다. 더구나 이 시를
다음 장의 「백구」와 연관하여 "불능용현(不能用賢)"과 "호현(好賢)"의 대비
로 본 것은 허전의 독창적인 설명이다. 「도인사」의 설법은 전혀 『모시』의
「소서」와 「전」을 따라 설명하였다.

> 이는 난세를 만나 좋은 시절을 생각하며 지은 것입니다. 이 시대에 풍
> 속이 사치하고 화려하며 습속이 교묘한 허위를 숭상하였으며 선비들은
> 상덕(常德)이 없어서 백성이 귀일하지 못하였는데 도읍(都邑)이 우심하였
> 습니다. 그러므로 시인이 옛날 융성했던 시절을 추억하며 진술하여 탄식
> 한 것입니다.32)

『시집전』에서는 이 시에 대하여 "난리 뒤에 사람들은 옛날 도읍의 융성
하던 모습과 인물들의 용모의 아름다움을 다시는 볼 수 없었으므로 이 시를
지어 탄식한 것"33)이라고 하였을 뿐이다. 「모서」에서는 본디 이 시에 대하
여, "「도인사(都人士)」는 주인(周人)이 의복의 무상함을 자(刺)한 것이다. 옛
날에 백성의 어른이 된 자는 의복을 달리하지 아니하고 조용하게 일정함이
있었으므로 그 백성들을 정제(整齊)하였으므로 백성들의 덕성이 귀일할 수
있었는데, 이제는 다시 고인을 볼 수 없음을 상심한 것"34)이라고 하였다.
허전은 「도인사」의 의복과 용모를 검소하고 덕성이 있는 모습을 그린 것이
라고 설명하였으니, 이는 「모서」에 가까운 해석이다.

馬之於軍士 小大臨民之官 莫不皆然 必賢者處之 然後黎民無失所之歎矣. 是
以繼之以白駒 此則刺不能用賢 而又必其誠心好賢如此之篤也.

32) 『許傳全集』 제1권 p.231. 此遇亂思治而作也. 是時風俗奢麗 習尙巧僞 士無常
德 民不歸一 都邑尤甚. 故詩人追述古昔盛時 而嗟歎之.

33) 亂離之後 人不復見昔日都邑之盛 人物儀容之美 而作此詩 以歎惜之也.

34) 都人士 周人刺衣服無常也. 古者長民 衣服不二 從容有常 以齊其民 則民德
歸一 傷今不復見古人也.

이와 같이 허전이 시의 해석에 있어서 대체적으로『시집전』의 설을 준수
하면서도 일부 「모서」의 설명을 일부 채택한 것으로는 「원앙(鴛鴦)」 편의
대지 설명에서『모시』의 자시설(刺詩說)을 채용한 것이[35] 있거니와, 다음의
「습상」 편의 대지 설명 또한『모전』의 설을 따른 것으로 볼 수 있다.

「습상」 편을 강하고 나서 고종이 "이 시는 군자를 만나 본 것을 기뻐하
여 지은 것이다. 습상의 지엽이 아름다운 것으로 군자의 용모와 위의의 성
대함을 비유하였는데 사의(辭意)가 과연 「청아(菁莪)」와 비슷하여 군자의 용
의(容儀)를 상상해 볼 수 있겠다"고 하자, 허전은 다음과 같이 말하였다.

　　　　이 또한 「치의(緇衣)」의 호현(好賢)과도 비슷합니다. 이른 바 군자란
　　　누구를 지적한 것인지는 모르지만, 그러나 대체로 시인이 군자라고 말하
　　　는 것은 혹 신하가 군주를 칭송한 것이 있고 또한 군주가 신하를 칭송한
　　　것이 있으니, 곧 상하가 번갈아 충애하는 뜻입니다. 이 시의 군자는 마
　　　땅히 군주가 현자를 사랑하는 것을 주로 한 것입니다. 전하께서는 이 시
　　　와 같이 군자를 사랑하시어, 사람을 등용할 즈음에 반드시 군자를 가려
　　　서 보좌로 삼으시면 삼대의 정치를 이룰 수 있을 것입니다.[36]

주자의『시집전』에 의하면 「청아」는 빈객을 접대하면서 그 용모에 감
탄한 것이라고 하였고, 「치의(緇衣)」에서는『예기』의 설을 인용하여 "「치의」
에서 호현의 지극함을 볼 수 있다"고 하였다. 고종의 발언은 대체로 주자의
『시집전』에 나오는 내용을 들어 말한 것이지만, 그 발언의 의도는 '군자의
아름다운 용모'에 중심을 두고 있었다. 그런데 「모서」에서는 이 시를 "소인
이 지위에 있고 군자는 재야에 있어서 군자를 만나서 마음을 다해 섬길 것

---

35)『許傳全集』제1권 p.311. 此詩 舊以爲刺幽王 而朱子謂諸侯頌禱之辭也.
36)『許傳全集』제1권 p.317. 此如緇衣之好賢亦相類也. 所謂君子 雖不知其何所
　　指 然盖詩人之言君子者 或有臣頌君者 亦有君稱臣者 乃上下交相忠愛之意
　　也. 此篇之君子 當以人君之愛賢爲主矣 殿下愛君子如此詩 用人之際 必擇君
　　子以爲輔佐 則三代之治 可致矣.

을 생각하는” 시라고 하였다. 군자를 사랑하여 등용하는 마음을 가져야 한
다는 허전의 설명은 「모서」의 해석을 따른 것이다.

그러나 아주 부분적인 자구 해석에 있어서 허전이 『시집전』과 특별히 다
른 논의를 제기한 것은 그다지 많지 않다. 다만 대아 「판(板)」의 제7장 “价
人維藩 大師維垣 大邦維屏 大宗維翰”의 주석에 있어서 주자의 『시집전』에는
‘사(師)’를 ‘중(衆)’으로 해석하였는데, 허전은 조심스럽게 『정전(鄭箋)』의 설
을 따랐다.

> 물었다. “개인(价人)과 대방(大邦), 대종(大宗)과 종자(宗子)의 뜻은 모두
> 주석이 있는데, 대사(大師)에 대하여는 말하지 않은 것은 왜냐?” 신이
> 대답하였다. “『정전(鄭箋)』에는 ‘대사(大師)는 삼공(三公)이라’고 하였고,
> 『공소(孔疏)』에서는 ‘대사는 삼공의 대신이라’고 하였는데, 이 주석에서
> 는 단지 ‘사(師)는 중(衆)’이라고 하였으니 어느 것이 옳은 지 말 수 없습
> 니다.” 상께서 말하였다. “앞 장의 ‘아사(我師)’의 주석에서는 ‘사(師)는
> 중(衆)’이라 하였고, 이 장의 주석에서도 ‘사는 중’이라 하였으니 참으로
> 의심스럽다.” 신이 대답하였다. “민중이라 하여도 가할 것입니다마는 대
> 사라는 두 글자는 개인(价人)과 대방(大邦) 사이에 있으니 필시 존대의
> 호칭이요 ‘아사(我師)’의 ‘사’와는 같지 않을 듯합니다.”[37)

이 구절에 대한 『시집전』의 해석은 ‘대사’를 ‘큰 무리’로 해석하여, “큰
덕이 있는 사람과 많은 무리와 강국과 강족(族)과 동성들은 모두 군주가 편안하
게 믿는 것들인데 모두 덕성을 근본으로 한다”고 하였다. 『정전』에서는,
“왕은 마땅히 갑옷을 입은 경사(卿士)들과 삼공(三公)을 맡은 대사(大師)와

---

37) 『許傳全集』 제1권 p.339. 問曰 价人大邦大宗 宗子之義 皆有註釋 而獨不言大
師 何也. 臣對曰 鄭箋曰大師三公也. 孔疏曰 大師三公之大臣 而此註釋但云
師衆 未知孰是也. 上曰 前章我師註師衆也 此章註亦言師衆 誠可疑也. 臣對
曰 謂之民衆 亦可也 而大師二字 在价人大邦之間 必是尊大之稱 恐與我師之
師不同矣.

제후들과 왕의 동성 적자들을 울타리로 삼아 보필하게 해야지 소원하게 해서는 안된다"고 설명하였다. 실상 『시집전』의 설명은 이 시의 앞 뒤 구절에서 반복되는 '아사(我師)'의 '사'는 이런 무리들을 다 통칭하여 일컫는 말이기 때문에 '중(衆)'이라고 보아도 어색하지 않지만, 덕 있는 사람과 강국, 강족, 동성을 제외한 '많은 무리'가 누구를 가리키는 것인지 명확하지 않기 때문에 매우 애매하다. 그럼에도 허전은 이 자구의 해석에 있어서 『정전(鄭箋)』의 설을 단정하지 않고 매우 조심스럽게 그 다른 견해를 언급하였을 뿐이다.

허전의 시경강의에 있어서 시의 대지를 논하고 그것을 부연 설명하는 데 있어서는 간간이 『모서』나 『정전』의 설을 채택하는 등 몇 가지 특이한 점이 눈에 뜨이기는 하여도, 자구의 해석은 대체로 주자의 『시집전』에서 거의 벗어나지 않았다. 또한 『시집전』과는 다른 특이한 자구해석이나 또는 시의를 논한 것이 간혹 있다 하더라도, 허전이 참여한 시경강의에서 다루어진 30여 편의 시 해석에 있어서 허전이 성호의 독특한 해석을 인용하거나 준용하였다는 구체적인 증거 역시 발견되지 않는다.

가령 「소남」의 「채번」을 용인지법(用人之法)으로 설명하거나, 「소반(小弁)」에서 촉모(屬毛)를 구지모피(裘之毛皮)[38]로 설명하며, 「도인사」의 시를 여선(厲宣) 이후 동천 이전의 시로 본 것 등은 모두 성호의 독특한 견해인데, 허전의 경연강의에는 이들 시의 자구 해석과 설명을 하면서도 성호설을 차용하거나 유사하게 언급한 것이 없다. 대지를 설명하는 데 있어서도 그러하다. 가령 허전은 「황황자화」에서 택현지방(擇賢之方)을 논하고, 「기보」에서 불능용인(不能用人)을 논하고, 「황조」에서 보민지책(保民之策)을 논하였는데, 이런 논의는 성호의 『시경질서』의 해당 시편의 논설에는 보이지 않는 것들이다.

그러나 허전의 시경강의에서 자구해석이나 시의 대지 설명에 있어서 성

---

38) 李瀷, 『詩經疾書』(성호전서 제3책) 「小弁」. 屬毛離裏 以裘爲喩也. 裏者皮也 毛之所附也. 凡衣裘 毛在外 故以皮爲裏也.

호의 독특한 설이 발견되지 않는다고 하여 허전의 시경에 대한 이해나 설명의 방식이 성호의 학통과 무관하다고 단정하는 것은 대단히 섣부른 일이다. 왜냐하면 이미 앞에서 밝힌 바와 같이 여러 경연관이 참여하여 사전 준비 하에 이루어지는 경연의 특성상, 본문의 자구 해석이나 대지의 설명은 본디 참여하는 경연관의 합의에 의하여 사전에 논의되는 법이고, 어전에서 진강 할 적에도 일차적인 해설은 원칙적으로 시강관의 몫인데, 허전이 경연에 참 여한 것은 시강관의 자격보다는 주로 시독관, 또는 동지경연사의 자격으로 참여하였던 것이다. 그렇기 때문에 그의 시경강의는 저술을 통하여 개인의 학설을 제기하는 일반적인 시경론과는 달리, 경연 과정에서 자구 해석이나 시의 해석이 특별히 문제가 되는 경우에 한해서 논의를 제기하는 입장에 있 었던 것이다.

그런데 시경강의를 벗어나서 살펴보면, 허전이 『시경』 해석에 있어서 주 자와는 다른 견해를 가졌던 흔적이 발견된다. 그의 「녹양시회계첩서(綠楊詩 會契帖序)」 서두에 다음과 같은 말이 있다.

> 고시 300편은 한결같이 순수하게 바른 性情에서 나온 것이다. 그렇기 에 사람의 좋은 마음을 감발하고 벗어난 생각을 징계하는 것이다. 그러 므로 한 마디로 사무사(思無邪)라고 한다. 시가 망하자 『춘추』가 생겼는 데, 『춘추』에서 선악을 포폄하는 것이 곧 시의 가르침이다.[39]

허전의 이 글은 시회(詩會)의 계첩(契帖) 서두에 쓴 말이기 때문에 직접적 으로 『시경』에 대한 견해를 밝히기 위해 지은 글은 아니다. 그럼에도 서두 의 문맥만으로도 『시경』에 대한 허전의 일단의 생각을 살피는 데 일정한 근거가 된다. 이 글에서 고시 300편은 물론 시경의 시를 말함이다. 그런데

---

39) 許傳, 「綠楊詩會契帖序」. 古詩三百篇 粹然一出於性情之正 所以感發人善心 懲 創人佚志者也. 故一言蔽之曰思無邪. 詩亡而春秋作 春秋褒貶善惡 詩之敎也.

허전은 『시경』 시 300편 전편이 모두 성정지정(性情之正)에서 나온 것이라고 단정하였다.

시를 통한 "감발선심 징창일지(感發善心 懲創佚志)"는 주자가 『논어』에 나오는 "사무사"의 의미를 풀이하면서 설명한 말인데, 주자가 말한 사무사는 주자 자신이 거듭하여 명백히 설명했듯이, 『시경』 300편을 지은 작자의 본디 의도나 정서가 無邪하다는 말이 아니고, 시를 읽는 사람이 감발징창(感發懲創)의 태도로 받아들임으로써 독시자(讀詩者)의 심적 태도가 무사(無邪)하다는 말이다.[40] 더구나 주자는 본디 『시경』의 모든 시가 성정지정에서 나온 것이라고 한 적이 없었다. 주자는 『시경』 국풍의 시가 이항가요(里巷歌謠)에서 나온 것이 많다고 하면서 주남(周南) 소남(召南)의 시는 모두 문왕의 교화를 받아 그 시대 남녀들이 성정지정에서 읊은 것이라고 하여 정풍(正風)이라 하였을 뿐, 패풍(邶風) 이하의 시는 사정시비(邪正是非)가 일정하지 않아서 변풍(變風)이라고 한다고 하였다.[41]

그렇기 때문에 『시경』 시 300편 전편이 모두 작자의 성정지정에서 나온 것이라고 한 허전의 발언은 주자가 『시경』 시 작가의 정서에 정사(正邪)가 있다고 한 말과는 전혀 다른 견해이다. 허전은 오히려 주자가 사무사를 설명하며 말했던 감발징창의 독시법을 역시 주자가 「시집전서」에서 잠깐 시교설과 관련하여 말했던 권징으로 되돌려 다른 이름의 독시법으로 제기하

---

40) 『論語集註』「爲政第二」子曰詩三百一言以蔽之 曰思無邪. [註] 凡詩之言善者 可以感發人之善心 惡者可以懲創人之逸志 其用歸於使人得其情性之正而已. [語類] 問 "思無邪莫是作詩者發於情性之正否?" 曰 "若關雎鹿鳴文王大明等詩 固是情性之正 若桑中溱洧等詩 謂之情性之正 可乎. 只是要讀詩者思無邪耳.

41) 朱熹. 「詩集傳序」. 凡詩之所謂風者 多出於里巷歌謠之作 所謂男女 相與詠歌各言其志者也. 唯周南召南 親被文王之化 以成德 而人皆有以得其性情之正. 故其發於言者 樂而不過於淫 哀而不及於傷. 是以二篇 獨爲詩之正經. 自邶而下 則其國之治亂不同 人之賢否亦易 其所感而發者 有邪正是非之不齊 而所謂先王之風者 於此焉變矣.

였던 것이다. 이러한 허전의 시경시에 대한 인식은 사무사조차도 시인의 사무사로 본 것이라 할 터인데, 그렇다면 이는 오히려 변풍의 시도 예의를 지킨 것이라고 하였던 『모시』의 설42)에 가깝고, 나아가 주자의 국풍음시설(國風淫詩說)을 전면적으로 부정하였던 성호의 시경관43)과 한층 가까운 것이다.

또한 "시가 없어지면서 춘추가 지어졌다[詩亡而春秋作]"는 대목도 유의하여 살필 필요가 있다. "시망이춘추작"은 본디 맹자의 말이다. 그런데 『춘추』의 포폄(褒貶)이 곧 시교의 한 변형이라고 한 허전의 발언은, 예로부터 항용해 온 말이기는 하여도 『시경』 시의 창작 의도나 편찬의도를 놓고 말하자면, 시의 풍자적 기능을 강조하는 것이다. 주자는 본디 『맹자』의 이 구절을 "주실(周室) 동천(東遷) 이후의 시가 아(雅)에 들지 못하고 풍(風)으로 떨어진 것을 의미한다"고44) 하여, 『춘추』의 포폄과 시경시의 의미를 연관시키지는 않았거니와, 『모서』에서 강조한 시의 풍자적 기능으로서의 미자설(美刺說)을 그다지 준신하지도 않았다.45) 따라서 허전의 이러한 발언은 자시설(刺詩說)을 적극 지지하고, 사무사(思無邪)를 시인의 사무사로 해석하였던 다산 시경학의 관점46)에 오히려 접근하는 것이다.

이와 같이 시경강의의 자구해석이나 시의(詩義)의 설명을 통하여 그의 시

---

42) 『毛詩』「大序」, 變風發乎情 止乎禮義. 發乎情 民之性也. 止乎禮義 先王之澤也.

43) 朱子의 淫詩說에 대한 星湖의 비판은, 崔錫基의 『성호 이익의 시경론』(성균관대 박사학위논문, 1992) pp.87-115에 상세하게 서술되어 있다.

44) 『孟子集註』,「離婁章句下」. 孟子曰王者之跡熄而詩亡 詩亡然後春秋作. [註] 詩亡謂黍離降爲國風而雅亡也. [語類] 緊要在王者之跡熄一句上. 盖王者之政存 則禮樂征伐 自天子出. 故雅之詩自作於上 而敎天下. 王跡滅熄 則禮樂征罰 不自天子出. 故雅不復作於上 而詩降爲國風.

45) 美刺說에 대한 주자의 불신에 대하여는 시경학자들의 논의가 많은데, 우리나라 시경학자의 논의로서는 金時俊의 『毛詩硏究』(서린문화사, 1981) pp.109-111를 참조할 것.

46) "詩亡而春秋作"에 대한 해석의 다양성과, 茶山의 詩經學이 시의 비판적 기능을 강조하였다는 측면은 金興圭의 『조선후기의 시경론과 시의식』(고려대 민족문화연구소, 1982) pp.194-197를 참조할 것.

경학의 특징을 찾아내기는 매우 어렵지만, 시경강의를 벗어나서 살펴보면 그의 시경학은 성호학적 전통과 일정한 관련성을 가지고 있음을 볼 수 있다. 이런 면모는 다시 시경강의에서 시를 매개로 풍간하는 설시방법과, 그것을 통하여 제기되는 풍간의 내용에서도 찾을 수가 있다.

앞에서 이미 설명한 바와 같이, 허전은 시경강의에서 경연의 독시 또는 설시법으로서 독시자의 권징과 이의역지(以意逆志)의 독시법을 제기한 바 있었다. 그리고 시를 매개로 하는 풍간에 있어서는 군주의 내면적 수양과 보민(保民)의 마음가짐을 강조하고, 나아가 민생을 보장하기 위하여 정전법의 이상에 바탕을 둔 전제의 개혁과 재래의 예악전장을 복고를 건의한 바 있었다. 이런 몇 가지 점을 토대로 허전의 설시 관점을 살펴보면, 거기에는 성호의 설시법과 매우 유사한 점이 많다는 것을 발견할 수 있다.

성호의 『시경질서』를 집중적으로 검토한 최석기(崔錫基) 교수는, "성호의 시경해석의 기본 방향은 훈고정신(訓詁精神)을 바탕으로 경세적 의리를 밝힌다는 점에 입각하고 있으며, 실제로 나타나는 시 해석은 주자의 음시설(淫詩說)을 반박하면서 그런 시를 대체로 군신 관계를 비유한 것으로 받아들이며, 구현치민(求賢治民)의 경세제민사상(經世濟民思想)을 반영한다는 점이 가장 두드러진 특징"이라고 한 바 있다.[47]

이른바 성호 시경학에 있어서 훈고정신은 실상 자구와 시의 창작배경에 대한 자세한 고증을 말하는 것인데, 이 점은 이미 앞에 논한 바와 같이 허전의 시경강의와 동일한 자리에 놓고 논의할 형편이 아니다. 또한 음시설에 대한 논의는 허전의 시경강의에서는 이에 관련된 시나 문제가 제기된 것이 없으므로 상호 비교할 근거가 없다. 다만 시 해석에 있어서 경세적 의리를 밝힌다는 측면과 구현치민(求賢治民)의 경세제민사상이 반영된다는 측면은 상호 대조해 볼 만하다.

---

47) 崔錫基, 「성호 이익의 시경학」 pp.168-169 (성균관대학교 박사학위논문, 성균관대학교 대학원 1992).

경세적 의리를 밝히는 데 치중하는 성호의 설시법이 성호 자신이 이른바 독시정법(讀詩正法)으로 대표된다면 그의 독시법은, "주자의 경우처럼 작시자의 용심(用心)을 중시하는 직구시문(直求詩文) 태도를 지양하고, 채시(采詩)·설시자의 용심(用心)에 비중을 두어 이의역지(以意逆志)의 방법을 택하고 있다"고[48] 보는 것은 무리가 없다. 이러한 성호의 독시정법은 이미 앞에 설명한 바와 같은 독시자의 권징이나 독시자의 이의역지라는 허전의 설시 방법과 매우 유사한 관점이다. 여기에는 다만 그러한 용심의 주체를 설시자라 할 것인가, 독시자라 할 것인가에 대한 논자의 의견차이가 개재되어 있을 뿐이다.

그러나 무엇보다 중요한 것은 성호의 시경학이 경전의 자구해석에 집착하지 않고 그것을 경세학의 하나로 이해하고 설명하고 있었다는 점이다. 성호는 『시경질서(詩經疾書)』의 서문에 다음과 같은 말을 한 적이 있다.

> 공자 이르기를, "정치를 맡겨서 통달하지 못하고, 사방으로 사신을 나가서 전대(專對)하지 못한다"고 하였다. 이 말은 무얼 말함인가? 정치가 통달되는 소이는 뭇 사람의 마음에 통달하는 데 있고, 뭇 사람의 마음에 통달하는 것은 그들의 이해에 통달하는 데 있다. 300편이나 많은 시를 가지고서도 통하지 못하는 것이 있다면 이는 헛되이 외운 것이다.……
> 이것이 다 독시의 요체이지만 나는 미치지 못함이 있다. 내가 논한 것은 장구의 뜻에 그치고 말았다. 이의역지로 작가의 마음을 천년 뒤에라도 체득할 수 있는데, 이것을 끌어다가 저것을 논증하고, 이른바 단장취의(斷章取義)와 같이 말을 달리하여 다른 말을 고하는 것은 깊이 믿지 아니한다.[49]

---

48) 최석기, 상게서 p.79.
49) 『星湖先生文集』 권32 「詩經疾書序」(星湖全書 1-614) 子曰授之以政不達 使於四方 不能專對 此言何謂也? 政之所以達 在於達乎衆心 達乎衆心 在於達乎其利害. 三百之多 而猶有所不通者 是徒誦焉耳. 古者隣國之享燕 必有賦詩 察其輕重 隨意泛應 是則非奉命行事而已者也. 此皆讀詩之要 而吾未有逮焉.

성호의 『시경질서』 서문은 공자가 시를 논급한 언지(言志), 흥관군원(興觀
群怨), 달정(達政), 전대(專對) 등을 하나하나 적시하면서 그 의미를 풀이하는
형식을 취하였다. 이 구절은 그 마지막 구절의 일부이다. 여기서 성호는 시
경시의 자구를 어떻게 해석할 것인가의 문제는 젖혀두고 시경시를 통하여
무엇을 배우고 어떤 태도를 함양할 것인가를 논하면서, 그것이 그가 지향하
는 독시법이라고 하였다. 그 자신은 "나는 못미친다. 내가 한 것은 장구지
학"고 하였지만, 그것은 겸사이고 시경질서 전편에 거쳐서 시를 통하여 경
세(經世)의 방법을 논하였던 것이다. 바로 이런 점에서 허전의 시경강의는
시경학이 경세와 어떻게 직접적으로 연관되는가를 실천적으로 보여주는 것
이라 할 수 있다. 그것은 시해석의 방법적 측면 뿐만 아니라, 시해석의 방향
의 측면에서도 뚜렷하게 나타난다.

성호의 시경론은 경연과는 거리가 먼 재야에서 시경에 대한 사사로운 견
해를 표시한 것이다. 그럼에도 그의 시 해석에서는 제왕에게 구현치민(求賢
治民)을 강조하는 논의를 매우 빈번하게 강조하였다. 『시경』에서 군주의 구
현을 언급한 것은 『모서』에서 더러 언급한 것이 있기는 하지만 『시집전』에
서는 직접으로 언급한 것이 그다지 많지 않다. 그런데 성호는 「모서」나 「시
집전」에서 후비(后妃)의 덕성을 나타낸 것이라고 한 주남(周南)의 「규목(樛木)」,
「토저(兎罝)」, 「부이(芣苢)」, 「한광(漢廣)」이나 소남의 「채번(采蘩)」, 「초충(草
蟲)」, 「채빈(采蘋)」, 「표유매(摽有梅)」, 「야유사균(野有死麕)」 등의 시까지도
구현과 치민의 뜻으로 설명하였다.50)

허전의 시경강의는 경연에 나가 어전에서 논의를 전개한 것이기 때문에,
시의 해석에 있어서도 군주가 살펴야 할 치국의 요긴한 일로써 용현(用賢)

吾所論者 章句之義而止耳. 以意逆志 作者之心 千載可得 如引東證西 他辭
別詁 如所謂斷章取義 未有深信也.
50) 星湖의 시경론에서 求賢治民으로 詩義를 해석하는 경향이 유달리 많다는 데 대
한 논증은, 최석기의 상게서 pp.108-111 참조.

과 보민(保民), 전제개혁과 전장복고를 누차 진언하였다. 성호의 시경학이
『시경질서』의 저술로 그치고 말았기에 성호는 스스로 장구지학(章句之學)이
라 자조하였지만, 허전은 그러한 경세적 시경학의 전통을 이어받아 경연에
나가 경륜으로 실천한 것이라 할 것이니, 진언의 방법으로 말하자면 시의
흥관군원(興觀群怨)의 기능을 활용하여 "가까이로는 부모를 섬기고 멀리로
는 군주를 섬긴다[邇之事父 遠之事君]"는 것을 실천한 것이요, 달정(達政)의
방법을 깨우친 것이다.

　허전이 시경강의 경연에서 용현과 보민에 대한 진언을 자주 올렸다는 실
상은 다른 사람의 경연강의 기록과 비교하면 어느 정도 윤곽이 잡힐 것이
다. 순조 때의 경연관으로 참여한 김학순(金學淳)이 남긴 『경연문의(經筵文
義)』의 『시전』 편에는 『시경』의 국풍 시 7편과 소아 대아의 시를 포함하여
모두 26편에 대한 진언이 들어 있는데, 그 중 재야의 인재등용에 대한 간곡
한 진언이나, 민간의 실정에 대한 진언을 올린 것은 적다. 다만 「면(綿)」, 「상
상자화(裳裳者華)」, 「고구(羔裘)」, 「거할(車舝)」 등의 시에서 시경의 본문이나
주석에 근거하여 즉사논사(卽辭論事)로 인재를 양성하거나 군신간의 정의를
돈독히 할 것을 간략히 진언한 것이 있고, 「민로(民勞)」에서 식민지로(息民
之勞)를 언급하고 「초지화(苕之華)」에서 구황(救荒)의 의미를 언급한 외에는
대부분 군주의 심덕(心德)을 진언하는 내용을 채워져 있다.

　강의내용이나 장면이 동일하지 않은 경연강의 기록을 가지고 단순하게
비교하는 것은 매우 엉성한 것이지만, 위와 같은 경연의 진언 내용은 허전
이 국풍 시 2편과 소아 대아의 시를 포함하여 30편(주송 노송 제외)의 강의
를 진행하는 중에 12차에 걸쳐 인재등용을 진언하고 9차에 걸쳐 보민의 대
책을 논급한 것과는 같지 아니하다.[51] 더구나 성재의 진언은 위에 든 바와

---

51) 성균관대 대동문화연구원의 『경학자료집성』 『詩經』 제12권의 解題를 작성한 盧
　　仁淑은 허성재의 詩經講義의 내용을 소개하면서 "金學淳이 『經筵文義』의 『詩
　　傳』과 侍講에 임하는 자세와 논조가 같다"고 하였으나, 적당치 않은 논평이다. 金

같이 당대 민정의 실제를 사실대로 고하고, 민산(民産)을 보장하는 보민의 대책을 제시하는 등, 매우 구체적이고 실제적인 발언이 많았던 점에 비추어 보면, 경연문의의 시전강의는 상대적으로 형식적인 면에 흐른 감이 있는 것이다.

이상에서 살펴본 바와 같이 허전이 경연에 참가하여 남긴 시경강의는 몇 가지 점에서 성호의 시경학과 상당한 유사점을 가지고 있다. 시를 해석하고 설명하는 방법적인 측면에서 성호의 독시정법은 허전의 독시법으로서의 독시자의 이의역지의 논법과 흡사하며, 허전의 시를 매개로 한 풍간에 빈번하게 등장하는 인재등용과 보민(保民)의 대책에 대한 언급은 성호의 시경학에서 특징적으로 언급되는 구현치민(求賢治民)의 경세론적 해석의 경향과 유사한 관점을 보이는 요소들이다. 따라서 이런 몇 가지 점에서 허전의 시경학은 성호 시경학의 전통을 일정하게 전수하고 있음을 확인할 수 있다.

한편으로 허전이 제기한 독시자의 권징이나 이의역지의 독시법과 성호의 독시정법이 이와는 다른 경향의 시경학자들의 독시법과 어떤 변별성을 가질 것이며, 성호의 경세론적 설시 경향이나, 시경강의에 나타나는 허전의 보민 구현의 풍간이 『시경』을 다룬 다른 경연에서나 다른 시경학자들의 논의와 구체적으로 어떤 차별성을 가질 것인가에 대하여는 별도의 정밀한 고찰을 요하는 문제이다.

學淳의 『詩傳』은 책 이름이 암시하듯 『詩集傳』을 근간으로 詩義를 연역하여 강의한 것으로 그의 說詩는 전적으로 군주의 수양에 초점이 맞춰 있으나, 성재의 설시는 『시집전』에 인용되지 않은 『毛傳』의 설도 종종 채용하면서, 시를 통하여 保民과 經世의 책무를 논하는데 초점을 맞추고 있어서, 그 설시의 자세와 논조가 사뭇 구별된다.

6. 결론

본 장에서는 허전의 경연강의에서 진행된 시경강의의 시 담론을 통하여, 경연강의의 설시의 방법과 논의의 방향을 검토함으로써, 시경시학에서 운위되는 시교(詩敎)의 실천적 적용의 한 사례를 살펴보고, 나아가 허전의 시경학과 그 학문연원으로서 성호 시경학과의 관련성을 검증하여 보았다. 논의한 바를 요약하면 다음과 같다.

경연의 시경강의는 경연이라는 담론 장면의 특수성으로 인하여 시간과 논의주제가 제한되기 때문에, 개인적인 학문적 관심에서 비롯하는 일반적인 시경론처럼 자세한 고증이나 지리한 논의가 전개될 수 없고, 시경 시의 일반적인 해석을 토대로 전개되는 경연관들의 진언이 오히려 중요한 주제가 되었다.

경연의 제약 가운데서도 허전은 경연의 설시(說詩)에 있어서 『시경』 시의 표면적 문맥을 따라 의미를 살피는 즉사논사의 관점 외에, 권징과 이의역지(以意逆志)의 독시법을 특별히 강조하였는데, 그에게서 권징은 시를 통하여 독시자 자신의 내면적 성찰을 의미하는 것이고, 이의역지는 시의 표면적 문맥보다 시가 함축하고 있는 교훈적 의미를 취하는 독시법을 의미하였다.

이러한 독시법은 그의 시경강의 전반에 걸쳐 적용되고 있는데, 그는 이런 독시법을 통하여 군주가 치국의 책무를 자각하고 평소에 용현보민(用賢保民)에 부단히 관심을 기울이도록 풍간하였고, 제민산(制民産), 복구장(復舊章) 등 평소의 경세에 대한 지론을 진언하였다. 경연강의에서 전개된 이러한 허전의 설시법은 경연이라는 특수한 상황에서 시경의 시를 활용하는 시교설의 측면에서 매우 독특한 사례의 하나라 할 수 있다.

한편으로는 이런 독시법은 허전의 학문적 연원이라고 운위되는 성호의 설시법의 하나로서 이미 다른 학자에 의하여 논의된 바 있는 이른바 독시정법(讀詩正法)과 대단히 유사한 측면이 있다. 또한 허전이 시경강의를 통하여 진언한 용현 보민의 풍간은 그 자신의 평소의 경세론에 부응하는 것으로 나타났는데, 시를 통하여 이러한 경세적 논의를 전개하는 것은, 성호가 『시경질서』에서 전개된 바 있는 경세론적 시경학의 실천적 한 면모라 할 것이다. 나아가 시경시가 모두 성정지정(性情之正)에서 나온 것으로 보고, 시경시의 자시설(刺詩說)을 수용하는 입장을 취한 것 등은 허전의 시경학은 성호 시경학의 중요한 요소를 충실히 전수한 점이라 판단된다.

이상과 같은 본고의 논의는 허전의 시경강의를 경연강의의 특수성이라는 측면과 성호 시경학과의 연관성이라는 극히 부분적인 문제에 한정하여 살펴본 것에 불과하다. 그러므로 허전의 학문체계 내에서 성호학이 전체적으로 어떻게 작용하고 있는가에 대한 문제는 물론, 허전의 시경학에 대한 전반적인 면모를 드러내는데는 아직도 논의가 충분하지 않다.

그럼에도 필자로서는 허전의 시경강의를 통하여 시경학이라는 경학의 학문적 실천적 가능성을 발견할 수 있었다는 것으로 족하다. 한국에서의 시경학이 훈고학이나 고증학의 번쇄한 장구지학이나, 엿보기나 들추기의 해석학으로서가 아니라, 인간 개인과 공동체의 존재의미를 깨우치고 바람직한 존재 방식을 제시하는 경세학으로서 길이 있다면, 마땅히 허전의 시경강의(詩經講義)에서 그 단서를 찾아야 하리라고 생각한다.

[정 경 주]

허전의 제도개혁론

1. 머리말

자기 현실에 무관심한 학자가 있겠는가만, 특히 자기 시대의 모순을 직시하고 그 모순을 극복할 대안을 진지하게 고민했던 점에서 이조후기 실학자들에게는 학문적 진실성이 있었다. 17, 8세기 조선의 현실은 양심적 학자들의 현실적 고민을 유발시켰고, 그 결과 다양하고 진지한 여러 개혁론이 제시되기도 했다. 그러나 이러한 고심에 찬 주장들은 당대 현실의 모순을 타개해 나가는데 전폭 수용되지 못했을 뿐 아니라, 오히려 모순이 더욱 심화되어갔던 것은 그 시대의 한계였다.

19세기에 들어서도 조선은 사대부 귀족세력에 의한 세도정권의 출현으로 인해 더 이상 봉건정부에 의한 변화를 기대하기 어려운 지경에 이르렀다. 갈수록 가중되는 조세와 수탈로 민들은 어떠한 희망도 기대할 수 없었으며, 한편에선 그에 대한 반감과 저항을 항쟁으로 표출하기도 했다. 그러나 그 불만의 정도가 극점에 이르렀던 1862년의 농민항쟁은 봉건정부의 부패된 정책을 심각하게 재고토록 만들었는데, 이때 새로운 정책의 방향을 제시하는 것은 그래도 역시 학자 지식인들의 몫이었고, 학문적으로는 경학의 역할이 컸다. 사실 학자들이 제시하는 대책이 사회를 변화시킬 수 있는 계제는 이미 아니었지만, 그래도 18세기 개혁사상의 전통을 계승해서 참신한 개혁적 사고를 지닌 양심적인 학자들이 있어 그 개혁의 가능성을 제시했던 것이다. 그 자리의 중심에 허전이 있었다.

허전은 근기실학의 전통을 이어받은 후기 실학자답게 수신존양(修身存養)

하는 수양 공부를 게을리 하지 않으면서, 동시에 시무(時務)와 관련된 정치·
경제사상에 대해서도 체계있는 정리 작업을 완성해 두었다. 당시 1862년 삼
남지방의 농민항쟁으로 인해 봉건정부에서는 삼정을 혁신하는 방법에 대해
제신들의 여론을 조사했는데, 그는 이때 「삼정책(三政策)」을 지어 올려 자신
의 제도개혁론을 상세히 피력했다. 이는 당시 자신의 개혁론을 구체적으로
정리했던 『수전록(受廛錄)』을 토대로 작성된 것이었다.[1] 허전의 이 저술들
은 『종요록(宗堯錄)』과 함께 왕권회복을 통한 사회제도 개혁사상을 드러내
고 있어 그의 실학정신을 잘 보여주고 있다. 그러면 허전의 개혁론의 기본
정신을 이루는 그의 경세관과 저술에 제시된 제도개혁론을 정리해 봄으로
서 그의 실학정신의 일단을 살펴보기로 하자.

2. 무실과 중민의 경세관

한 사회의 제도를 개혁하는 일이란 당대 현실이 안고 있는 모순의 위기
를 극복하기 위한 것이다. 그러므로 개혁적 의지와 논리는 그 개혁론자의
현실을 관찰하는 안목과 구체적인 실천적 대안을 필요로 한다. 그것은 곧
인격의 수양으로만 갖추어지는 것이 아니라, 동시에 학문적 기반이 절대 필
요하다. 이조후기 유학자들의 경세관의 학문적 기반은 바로 경학에 있었다.

중세 통치 이데올로기의 기반이 되었던 경전은 그 해석을 자유롭게 할
수 있는 것이 아니었다. 그러나 이조후기 실학파의 경학에서 보다시피, 오
히려 개혁론의 이론적 근거를 경전에 대한 해석에서 마련함으로서 이론적
정당성을 확보할 수 있었을 뿐만 아니라, 개혁의지의 확고한 방향성을 담지

---

1) 아세아문화사에서 영인한 『許傳全集』에는 이 『受廛錄』이 빠져 있다. 『수전록』은
   현재 4종의 필사본이 전하고 있는데, 그 편제와 내용에서 약간씩 차이가 있다. 여
   기서는 이택당본의 『수전록』을 대상으로 했다.

하고 있었다. 결국 현실의 모순에 대한 위기가 경전해석에 대한 독존적인
권위를 반성케 하고, 경전에 대한 새로운 사색적 전환을 모색하게 했던 셈
이다. 허전의 개혁론도 역시 경학에 기반하고 있으며, 이를 통해 마련된 경
세관의 구체적인 실천의지였던 것이다.

허전은 일찍이 성리학의 공부를 두루 익히는 가운데에도, 스승인 하려(下
廬) 황덕길(黃德吉)이 『동현학칙(東賢學則)』과 「일성도(日省圖)」 및 「독서차
제도(讀書次第圖)」 등을 통해 제시한 바 있었던 『소학』의 학문체계를 따라
서 자신도 '하학(下學)'이라는 공부체계를 마련하고 있었다. 형이상적 학문
체계를 논하는 『대학』과는 달리 『소학』은 실천궁행의 도리를 위주로 하는
데, 허전이 자기 학문의 기본 방향으로 설정했던 '하학'은 멀고 깊은 도리를
따지고 힘쓰는 것이 아니라, 여러 인간들과의 관계에서 보고 듣고 행동하
고 생각하는 것 등 가깝고 쉬운 것부터 익혀나가는 자세를 추구하는 것이
었다.[2] 이것이 곧 그가 근기실학의 전통 속에서 스스로 체득한 학문의 자
세였던 것이다. 그래서 그는 스승 황덕길의 학문의 성격을 다음과 같이 평
가했다.

> 그의 도는 수신제가의 요점에서 비롯하여 인민(仁民)·이물(利物)의 큰
> 지경에 이른다. 그래서 그는 입으로만 경전을 이야기하며 시무(時務)에
> 어두운 자는 썩어빠진 유자이고, 한낱 사무만 일삼고 천리에 어두운 자
> 는 속된 선비라고 여겼으며, 오직 천리의 올바름에 합하여 시무의 요령
> 을 아는 자라야 왕도를 이야기할 수 있다고 여겼다.[3]

스승의 학문을 이렇게 논평한 의도에는 그 자신의 학문도 한낱 입으로만

---

2) 『性齋集』 권17 「下學箴」.
3) 『性齋集』 권27 「下廬黃先生行狀」: "其道 始於修身齊家之要 而推以至於仁民
利物之大 以爲世之口談經傳而暗於時務者 腐儒也 徒事事功而昧於天理者
俗士也 惟合天理之正 識時務之要者 可與語王道矣."

경전의 내용을 따지는 담론적 경학이 아니라, 세상의 사무에 대해서도 두루 견식을 터득하여 실용될 수 있는 실천적 경학을 지향하겠다는 의미가 담겨 있었던 것이다.

허전의 경학연구 성과는 몇몇 저술로도 엮어졌지만, 그 실제적인 의미가 가장 잘 드러난 것은 무엇보다 경연강의(經筵講義)였다고 하겠다. 그는 50이 넘은 나이에 철종과 고종의 경연관이 되어 『소학』에서부터 『중용』 『맹자』 『시경』 『상서』 『통감』 등을 강의했는데, 그 중 특히 『시경』과 『상서』 강의에 주로 참여하여 많은 강의록을 남겼다. 물론 경연이란 것이 왕의 교육을 목적하는 것이어서 경연강의에서의 내용이 허전 경학의 전모를 나타내는 것은 결코 아니다. 그러나 국왕의 계도가 자신의 개혁적 의지를 관철시킬 수 있는 직접적 계기가 된다는 점에서 경연에서의 주장은 허전의 실천적 경학의 결정이라고 하겠으며, 여기에서 우리는 그의 경세관을 살펴볼 수 있다.

경연강의에서 허전이 특히 주안점을 두고 논했던 것은 곧 "무실(務實)"과 "중민(重民)"의 정신이었다. 그는 『시경』 강의를 통해서 이 "무실"의 정신을 강조한 바 있는데, 그것은 국왕으로서 국정의 정확한 실상을 파악하여 나태한 마음없이 실정을 행하는 실천적 자세를 역설한 것이었다.

> 하늘은 인애로워서 먼저 재앙으로 경고하니, 임금께서는 응당 두려워하는 마음으로 정치를 바로 잡을 것이오, 빈말이나 글로 보일 것이 아니라, 실심(實心)으로 실정(實政)을 베푼 뒤라야 바야흐로 하늘을 공경하는 진실된 자세가 될 것입니다.4)

『시경』에서 선왕의 공덕을 찬미하는 시를 해설하면서 그러한 공덕을 얻게 된 덕치의 근본을 설명하고, 그에 비교하여 오늘날 조선의 모순된 현실

---

4) 『性齋集』 권3 「詩板章」 講義 : "上天仁愛 先以災異戒告之 人主正當恐懼修政 勿以空言文具視之 而以實心行實政 然後方可爲敬天之實矣."

을 설명하면서 국왕으로서 정치에 임하는 자세를 깨우쳐 주었던 것이다. 우선 가뭄과 같은 자연 재앙이 닥쳤을 때 그것을 하늘의 자상한 경고로 받아들여야 한다고 한다. 물론 재앙이 닥치지 않았을 때도 마땅히 수성(修省)해야 할 것이지만, 이런 재앙이 닥치면 더욱 수성할 것을 강조했다. 이 수성의 자세가 바로 하늘을 공경하는 진실된 자세라는 것인데, 수성해야 할 것은 다름 아닌 정덕(正德)·이용(利用)·후생(厚生)의 정치라고 한다.5) 이 정덕·이용·후생의 정치가 곧 실정이라는 것이다. 가령 임금은 두려워하며 스스로 자책하고, 백성을 애련히 여기고 근심하는 교서를 내리며, 또한 언로의 문을 활짝 열어 감추거나 숨김없는 언론을 널리 구해야 할 것을 강조했다.6)

그러므로 강학이란 한낱 송독하는 데 그치는 것이 아니라, 그 내용을 심신(心身)으로 '체험'하는 것임을 역설하면서, 나아가 우리 백성들이 부역에 시달리고 재정에 허덕이는 사정을 들을 때마다 생각과 마음으로 그 고통을 '체험'할 수 있는 자세를 강조하기도 했다.7) 이러한 자세로부터 실정의 덕치가 이루어질 수 있다는 것이다.

이러한 자세는 국왕에게만 해당되는 것으로 설명한 것은 결코 아니었다. 그는 선비로서 학문하는 자세란 "언어를 살펴 강학과 논예(論禮)를 반드시 절실하게 하고, 인객(人客)을 살펴 취정(就正)과 회문(會文)을 친절히 하고, 사려(思慮)를 살펴 존심(存心)과 양성(養性)을 반드시 안으로 살피고, 문자(文字)를 살펴 가언(嘉言)과 선행(善行)을 반드시 외며 익히고, 사위(事爲)를 살

---

5) 『性齋集』 권10 「災異說」: "未遇災而盡修省 旣遇災而益修省也 修省者 何也 凡正德利用厚生之政 皆擧之矣."

6) 『性齋集』 권4 「災異應旨疏」: "皇天仁愛 固知匪怒 伊敎聖心 恐懼輒思 引咎自責 遽下哀憫惻怛之敎 廣開無隱不諱之門 此先哲王 所以遇災側身詔求直言 思聞大道之義也."

7) 『性齋集』 권3 「詩大東章」講義 : "夫講學者 非但以誦讀爲課程 而體之於身 驗之於心 見之於施措之間 然後有講學之功效矣 詩者 所以勸懲人之心志 故聖人採而垂敎令 殿下旣讀此章 每於斯民之困於役 傷於財 念念體驗焉."

펴 명도(明道)와 정의(正誼)를 반드시 독실(篤實)히 행하는"8) 것으로 보았는
데, 이것이 곧 무실(務實)의 구체적인 공부라고 하겠다. 바로 이 실제적인 공
부(實)에 힘쓰는(務) 자세로서 "경(敬)"을 설정하고 있었다.

또한 허전은 나라를 올바르게 다스리는 근본정신을 "중민(重民)"의 민본
의식에 두고 있었다. 그는 일찍이 육경의 이상정치가 가장 잘 드러나 있는
경전을 『상서』라고 보았고, 이 『상서』 연구를 통해 자신의 경세사상의 이론
적 기반을 마련코자 했다. 그의 대표적인 저서의 하나인 『종요록』은 『상서』
의 대의를 '천(天)·민(民)·경(敬)·덕(德)' 4강령으로 요약한 다음 『대학』과 함
께 관련 구절들을 뽑아 정리한 것이다. 여기에서 그는 성인의 가르침이란
그 근본은 '덕'이오, 구체적 방법은 '경'인데, 그 이치는 '하늘'에서 나오고,
그 교화는 '민'에게 이르는 것이라 했으니, 결국 경세의 덕을 갖추는 것은
하늘의 뜻을 잘 파악하여 백성에게 교화를 베풀기 위한 것임을 역설한 것이
다.9) 그러나 결국 하늘의 뜻은 곧 민심에 있고, 왕은 민을 하늘로 여기는 때
문에 그도 '민'조항을 가장 첫머리에 둠으로써, '중민'의 정신을 강조했다.

그는 『상서』 강의에서도 이 점을 늘 강조하여 왕을 계도했으니, 「대우모
(大禹謨)」를 강의한 어느 날 철종이 "자기를 버리고 남을 따르는 것은 참으
로 어려운 일이지요?"라고 묻자, 허전은 다음과 같이 설명했다.

> 남을 따르는 근원은 민중을 헤아리는 것입니다. 당세의 민중을 헤아
> 리는 것은 지나간 옛날의 민중을 헤아리는 것 만한 것은 없습니다. 지나
> 간 옛날의 민중을 헤아리는 데는 역대의 역사를 헤아리는 것 만한 것이
> 없습니다.10)

---

8) 『性齋集』부록권1 「日省圖」.
9) 『性齋集』 권11 「宗堯錄序」.
10) 『性齋集』 권2 「書大禹謨」講義 : "從人之本 在乎稽衆 稽于當世之衆 又不若
   幷稽往古之衆 欲稽往古之衆 莫如歷代之史矣."

모든 공부의 근원을 민을 위하는 길에 두고 있는 발언이 아닐 수 없다. 그의 대표적인 저술인『수전록』『종요록』『삼정책』『철명편』등은 모두 이러한 학문정신의 소산이었다. 그래서 그는『수전록』을 편찬하면서 "중민은 왕도의 근본이다"[11]고 하여 '중민'조를 가장 첫머리에 두었다. 나아가 심법(心法)에서 말하는 도(道)·덕(德)·성(誠)·경(敬)·집중(執中)·달극(達極) 등도 궁극 자신을 수양하여 민에게 미치고자 하는 것이라고 했으며, 또한『대학』의 강(綱)은 명덕(明德)이지만, 목(目)은 수제치평(修齊治平)에 있는 것도 그러한 때문이라고 설명했다. 기실『종요록』도『상서』의 중민의식을 일목요연하게 살펴보고자 한 저술이었던 셈이다.

사실 '무실'과 '중민' 정신에 기반한 허전의 경세사상은 당시 조선의 모순된 현실을 진단하고 그 처방의 기본요건으로 제시한 것이었다. 그의 제도 개혁론이 처방전이라고 한다면, 무실과 중민의 경세관은 처방술의 기본 정신이었던 것이다. 앞서 언급한 바와 같이 그가 이처럼 조선의 병폐를 진단하는데 준거로 삼은 것은『상서』였다. 그는『상서』에 담겨있는 고대 성왕들의 이상정치를 면밀히 검토한 결과 그 요점을 "천·민·덕·경"으로 집약했고, 그 정점은 천(天)이지만 그 귀착지는 민(民)에 있는 것으로 파악하고 있으며, 그것이 곧 고도(古道)의 중요 정신이라고 보았다. 그에게 고도란 사실 중민의 이상정치를 상징하는 것이었다.

그래서 허전의 개혁론은 그 이론적 기반에서는 고제(古制), 즉 요·순·우 삼대(三代)의 제도를 모범으로 삼고 있다. 그러나 고제를 맹목적으로 따르려는 것이 아님을 분명히 하고 있다. "왕도에 근본하면서 민정을 따르고, 선유들의 논리를 살피면서 당세의 습속을 참고"[12]하는 태도를 견지하고자 했다. 다시 말하면, 그의 중민 의식은 고대 유가의 정치철학에 뿌리를 두면서, 또

---

11)『受廛錄』권1「重民」: "重民 王道之本也."
12)『수전록』권1「養民」: "是說也 本之王道 推之民情 稽之先儒之論 參之當世之俗 行之而無疑 則亦三代之治 三代之民也."

한편 자신의 시대에 긴요한 경세의식에서 비롯된 것이었다. 무엇보다 민을 정점에 두는 정치가 절실했던 것이고, 그것은 고대 유가의 정치철학과 그대로 부합되었던 것이다.

3. 제도개혁론의 주요 내용

허전의 거의 모든 저술은 60세를 넘긴 만년의 나이 때부터 비로소 이루어지기 시작했다. 그것은 학문이 이미 성숙된 이후 그 결실의 차원에서 이루어진 작업이었던 셈이다. 제도개혁에 관한 자신의 구체적인 생각도 65세(1861년)의 나이에『수전록(受廛錄)』이라는 이름으로 비로소 정리되었는데, 이는 당시 산발적인 농민항쟁의 위기를 경험하면서 사회현실의 모순에 대한 자신의 우려가 그러한 결실을 맺게 했던 것이라고 본다. 결국 이듬해에 임술년 농민항쟁이 일어남으로서 그가 그토록 우려했던 일이 현실로 나타났고, 이어『수전록』에서 정리했던 사회제도에 대한 자신의 개혁적 견해를 다시「삼정책(三政策)」13)으로 지어 올리게 되었다.

『수전록』은 허전의 사회현실문제에 대한 해박한 견해를 보여주고 있는데, 토지제도문제, 삼정의 문제, 기타 정치·사회·경제제도 문제, 예악제도와 지리에 대한 지식 등을 모두 30개의 절목으로 분류하고 있으나, 크게는 양민(養民)·교민(敎民)·관인(官人)·예악(禮樂)의 4개조로 구성한 것이다.14)「삼정책」은 물론 삼정제도에 대한 자신의 개혁안을 제시한 글이지만, 여기에서 그는 토지제도 문제며 기타 사회제도 전반에 대한 그의 개혁안을 제시하고

---

13)『性齋集』권9.
14)「受廛錄序」"先王之道 均田而養民爲先務 養而無敎則禽獸也 敎民次之 養與敎 待賢而立 故官人次之 禮樂則王道之成 故以終之 其間許多節目 皆推此而詳之."

있는데, 그것은 『수전록』의 내용을 거의 그대로 요약한 것이었다. 그러면 허전 개혁론의 중점이 되는 토지제도와 삼정 개혁론을 『수전록』과 「삼정책」을 중심으로 살펴보기로 하겠다.

(1) 토지제도 개혁론 − '항산전(恒産田)'론

이조후기 경제개혁론의 모든 문제는 토지문제로부터 출발한다. 토지가 농민들이 생계를 꾸려갈 수 있도록 균등하게 분배되어 있지 못하고, 일부 부호들에 의해 대규모로 독점되어 있기 때문이었다. 일굴 땅이 없는 농민들은 소작을 붙이게 되지만, 소작료와 세금이 너무 과중하여 자신의 손에는 거의 남는 것이 없게 되고, 결국 땅으로부터 유리되어 떠돌아다니게 되었던 것이다. 이러한 문제들을 해결하자면 한두 가지를 개혁해야 하는 것이 아니지만, 가장 근본적으로 시급히 해결해야 하는 과제는 경자유전(耕者有田)의 원칙에 따른 토지의 균등한 분배였던 것이다.

이는 17세기 중엽부터 거론되기 시작하여, 일각에서는 우리 현실에 맞게 정전제(井田制)를 실시할 것을 주장하기도 했고, 유형원(柳馨遠)의 경우는 전전제(佃田制)의 시행에 의한 균전론(均田論)을 주장하기도 했다. 또 이익(李瀷)은 영업전(永業田)의 설치와 유지를 골자로 하는 한전론(限田論)을 내세우는 등 여러 학자들에 의해 다양한 토지분배 방식이 거론되었다.[15] 이 개혁론들의 주된 방향은 대토지소유를 개혁하고 소농민경제의 안정을 추구하고자 한 것이었는데, 정전제의 경우는 우리나라 지형의 구조상 시행이 곤란한 면이 있었고, 또 대지주나 부호들의 완강한 반대를 우려하지 않을 수 없었다. 이에 대한 보완책으로 유형원의 균전론과 이익의 한전론이 고안되었던

---

15) 金容燮, 「朝鮮後期 土地改革論의 推移」, 『朝鮮後期農業史研究Ⅱ』, 一潮閣, 1990.

것이다.

　허전 역시 토지는 백성들의 생사가 달린 문제이므로 가장 시급히 해결해야 할 과제는 토지분배라고 인식했다.[16) 그는 우선 토지제도로서 가장 합당한 것은 고대의 정전제라고 보았는데, 그것은 정전제가 토지의 균등분배를 기본정신으로 하기 때문이었다. 그러므로 어떤 토지제도이든 균등분배의 기본정신에 따라 이루어져야 할 것임을 전제하고 있다. 그러나 우리나라의 땅은 평원이 아니기 때문에 정전제의 시행은 곤란하다고 보았다. 궁극 제도란 인정과 토속에 부합되는 것이면 선왕의 뜻에 어긋나지 않는 법이라고 했으니, 시대에 따라 제도는 다를 수밖에 없고 단지 균등분배의 기본정신을 지키는 것이 중요하다고 보았다.

　우선 그는 토지제도 개혁을 두 단계로 시행할 것을 구상했다. 첫째는 양전(量田)이고, 둘째는 균전(均田)이었다.

　토지제도를 개혁하기에 앞서 국가에서 토지의 실수(實數)를 정확히 파악하고 있어야 하기 때문에 토지분배에 앞서 양전사업을 시행해야 한다고 한다. 실제 세금내지 않는 땅도 있고, 땅도 없이 세금을 내는 곳이 허다했기 때문에 국가에서도 그 정확한 토지의 양을 파악하고 있지 못했던 것이다. 그러므로 양전의 단계는 ①토지 측량의 단위를 정하고 ②부세(賦稅)부과의 등급을 매기며 ③강역에 표지를 세우고 ④전리(田里)에 호칭을 붙이며 ⑤양안에 지형을 그림으로 그려 ⑥그 곳에 전주(田主)를 기록하고 ⑦토지문서를 관청에서 부여하는 순서를 거쳐 토지에 대해 속임이나 착오가 없도록 해야 한다는 것이다.

　그런 다음 균전의 사업을 시행하는데, 그가 주장하는 균전론의 핵심은 바로 "항산전(恒產田)"의 설치와 유지에 있었다. 한 농부에게 필요한 일정한 기준의 전지(田地)를 "항산전"이라 이름하여 세업(世業)으로 삼게 한다는 것인데, 이는 이익의 영업전(永業田)의 개념과 거의 흡사한 것이다. 이미 이 기

---

16) 허전의 토지제도론은 『受廛錄』 권1 「養民」條와 「三政策」에 주로 제시되어 있다.

준의 전지를 가진 사람은 그대로 문서를 작성하고, 기준의 전지가 없는 사람에게는 땅을 주지 않고 그만큼의 전지를 매입할 때까지 기다렸다가 문서를 작성해 준다고 한다. 이는 대토지소유자들의 땅을 강제로 빼앗지 않는 것을 전제하는 것으로, 단 한사람이라도 반대하는 제도는 시행하지 않는 것이 좋다는 원칙에 따른 것이었다. 이렇게 문서를 한번 작성하고 나면 임의대로 팔지 못하게 한다. 만약 몰래 팔고 사면 죄로 다스리고, 대가없이 돌려주게 한다. 그러나 전주(田主)가 자수하면 죄는 면해주고 돌려주게 한다는 것이다.

그리고 한 사람이 최대로 소유할 수 있는 전지를 제한코자 했는데, 10가호의 생산을 넘는 이상의 전지를 소유하지 못하게 한다는 것이다. 그 이상의 땅은 임의로 팔아야 하고, 그러지 않는 땅은 공가(公家)로 귀속시킨다. 다만 항산전 이내의 것은 팔지 못하게 한다. 이는 과다한 대토지소유를 억제하는 데 그 목적이 있었다. 그러나 그는 대토지소유자들의 땅을 강제로 빼앗지 않는 것을 원칙으로 하면서, 한편 상한 이상의 땅은 임의로 팔게 하거나 그렇지 않으면 강제로 뺏는다고 하는데, 그렇게 되면 결국 부호들의 완강한 반대에 부딪치지 않을 수 없을 것이다. 민산(民産)을 균등화하고 소농민경제를 안정시키기 위한 방안이긴 하지만, 제도 시행상의 모순을 야기할 수 있어, 그의 토지개혁론은 다소 철저하지 못한 면이 있는 것이 사실이다.

이상은 민전의 경우이지만, 공전에서는 정전법을 시행해 보고자 하는 이상을 갖고 있었다. 우리나라에서는 비록 정자(井字) 모양의 전지를 만들지는 못하더라도 땅의 모양에는 상관없이 옛날 백무(百畝)의 넓이를 한 가호의 기준면적으로 정하고, 8가를 한 구역으로 삼아 그 중 80무를 공전(公田)으로 하여 공동 경작케 하면 된다고 보았다. 공전은 임의대로 처리할 수 있는 국가 소유의 땅이기 때문에 이곳에서 옛 정전법의 정신을 살려 우리 실정에 맞게 시행해 보고자 한 것이다. 이 방안은 두 가지 제도를 병행하는 문제로 인한 여러 가지 혼선이 예상되고 있어 다소 막연한 느낌이 들지만, 그래도 누구나 가장 이상적이라고 생각한 제도를 부분적이나마 실제로 시행해 본다는 데 의미가 있었다고 본다.

　허전의 토지개혁론은 대체로 이상과 같다. 그의 안은 이익의 한전론을 대폭 수용하면서 자기 나름의 방안을 첨가한 것이라고 여겨진다. 그의 개혁론이 지향하는 바는 봉건적 지주제의 완만한 해체과정을 거쳐 균산을 통해 점진적으로 농민경제를 안정시켜 나가는 것이었다. 이는 점진적인 개혁으로서 오랜 시간을 필요로 하기 때문에 당장의 효과를 담보하지는 못하지만, 백성들의 눈앞의 고통은 또 다른 제도를 통해 어느 정도 해결하는 방안을 허전은 마련해 두었다. 그러나 당시 개혁의 가장 큰 걸림돌인 대지주층을 배제하여 강제적으로 당장 편입되게 하는 것이 아니라, 이들의 불만을 최소화시키면서 개혁의 길에 동참할 수 있도록 유도함으로서 전국민이 두루 공감하는 개혁을 추진하자는 것이었다.

(2) 삼정 개혁론

　임술년 농민항쟁 발발의 원인은 문란해진 삼정으로 인한 학정 때문이었다. 당시 조정은 민심을 안정시키고자 삼정이정청(三政釐政廳)을 설치하고, 여러 신료들과 재야의 학자들에게 삼정개혁의 방안을 건의케 했는데, 허전도 장문의 「삼정책」을 바쳤던 것이다. 그러나 그는 이미 삼정의 문제점을 파악하고, 『수전록』에서 그 대책안을 마련해 두고 있었다. 이 개혁안도 역시 고제(古制)의 정신과 방법을 회복하고자 했는데, 당시의 사정으로는 매우 혁신적인 방안을 제시했다. 토지제도 개혁론에 비해 상당히 단호한 조치를 요구하고 있는데, 이는 관이 개혁적 의지만 있으면 당장 시행할 수 있는 문제였기 때문이었다.

① 전부(田賦)

예로부터 가장 이상적인 전부제도는 십일조세로 여겨왔다. 그러나 우리나라 결법(結法)의 경우는 1결당 12두에서 16두를 걷고 있으니, 거의 수확의 20분의 1을 거두는 것으로, 오히려 백성들에게 후한 징세라고 허전은 말한다.[17] 이 제도 자체는 큰 문제가 없다고 본 것이다. 그러나 문제는 정수 외로 거두고 있는 도결(都結)이 가장 문제였다. 여러 가지 결손을 메우기 위해 거두었던 도결세(都結稅)는 결손의 아무 책임도 없는 사람들이 물어야 하는 자체부터 부당한 것이었지만, 당시 오로지 관리와 아전들의 부정축재를 위해 징수되고 있었기 때문에 가장 부정한 세금이었던 것이다. 사실 도결은 삼정문란의 핵심 사안이었다.

허전은 이 부정하게 징수한 세금이 아래로는 백성을 고달프게 하고, 또 위로도 나라에 바쳐지지도 않은 채 중간에서 포흠(횡령)으로 사라지고 말아 아무 득이 없을 뿐 아니라, 임금은 오히려 이로 인해 원성을 듣게 된다고 한다. 이는 아전들의 농간일 뿐 아니라, 결국 중간의 지방 수령이나 감사들의 부도덕함으로 인해 이런 병폐가 자행되고 있다고 진단하였다. 또한 도결을 돈으로 거두어 다시 경상(京商)에게서 쌀로 바꾸기 때문에 시중 쌀값이 불안해지는 요인이 되고, 부질없이 경비만 허비하고, 아울러 서울사람들의 경제생활도 위축시키게 된다고 보았다. 그 자체 문제가 한두 가지가 아니었던 것이다.

전부(田賦) 외의 잡부세에 대해서도 마찬가지였다. 본래『대전통편(大典通編)』의 제도는 전부는 10분의 1에도 못 미치고, 남자 장정이 내는 포(布)도 1필에 불과했지만, 관리들이 멋대로 도결을 만들어 매 필마다 8, 9량의 돈을 거두었으니(당시 2량), 장정이 두세 명씩 되는 집에서 족징에 인징까지 당하면 그날로 가산은 탕진될 수밖에 없었다. 또한 이것을 돈으로 걷는 것

---

17) 田賦개혁안은『受廛錄』권1「民賦」「民徭」條와「三政策」에 제시되어 있다.

도 목면이 귀한 때에 휼민(恤民)의 차원에서 특별히 배려한 것이었는데, 지금은 관리들이 이것을 빌미로 멋대로 값을 정해 거두는 횡포를 자행하고 있었던 것이다.

이 문제를 해결하는 것은 『대전통편』의 규정에 따라 정수 이외의 도결은 당장 혁파하는 것이라고 한다. 세금이 무거우면 농부가 병들고, 농부가 병들면 밭을 갈지 못하여 주리게 되고, 주리면 땅에서 떠나 서로 모여 도적질과 난리를 일으키게 되니, 이런 위기를 막을 수 있는 방법은 도결을 없애는 길 뿐이라고 판단했던 것이다. 법을 희롱하여 도결을 일삼지 않는 관리의 선임도 부차적으로 수행되어야 하는 과제로 설명하고 있다. 다만 이미 지나간 관리들의 포흠은 가능하면 덮어주되, 지금부터 잘못을 저지르는 자는 법에 따라 처단하고, 혹 무단하는 자가 있으면 극형으로 다스려야 한다고 주장했다.

② 군정(軍政)

군정의 모순은 다소 여유있는 농민들이 다양한 방법으로 군역을 피함으로서 정액(定額)에 결손되는 부분을 결국 다른 가난한 농민들이 부담하는 것에 있었다. 더구나 황구첨정(黃口簽丁) 백골징포(白骨徵布) 족징(族徵) 인징(隣徵) 등을 당하며, 심지어 전부(田賦)에 그것이 도결로 부과되는 사례까지 있어, 백성들의 생활을 더욱 궁핍하게 만드는 요인이었다. 당시 해결방안으로 호포법(戶布法) 동포법(洞布法) 결포법(結布法) 등이 거론되었는데, 그 부담을 양반을 포함한 모든 사람들이 고루 나누어 보는 방안이 모색되기도 했다. 그러나 이러한 개선책들은 명분이나 이해관계에 따라 다소 논란이 있었으니, 양반에게도 본격적으로 군포를 물리게 될 경우, 신분제사회에서 결국 양반지배층의 명분을 해치게 된다는 점 때문이었다.[18]

---

18) 金容燮, 「哲宗朝의 應旨三政疏와 三政釐正策」, 『韓國近代農業史研究』, 일조

이 문제에 대해 허전은 전혀 새로운 방안을 생각하고 있었으니, 군포를 어떻게 부담하고 나누느냐하는 문제가 아니라, 병농합일(兵農合一)의 고제를 회복함으로서 근본적으로 양병을 위한 군포를 없앨 수 있다는 것이었다.[19] 궁극 군포란 양병을 위한 것인데, 병과 농이 나뉘면 그 비용도 어쩔 수 없이 따로 거두어야 하지만, 토지제도를 새로 확정하면서 '이전배정(以田配丁)'의 원칙을 정하고, 병을 농에 합치면 군포를 따로 거둘 필요가 없다는 것이다.

이조 초에 제정되었던 오위제(五衛制)는 대체로 괜찮은 제도이지만, 원도(遠道)의 군사를 중위(中衛)에 속하게 했으니, 먼 지방에 사는 병사의 경우 많은 비용이 들어 파산하는 폐단이 있어 좋은 계책은 못된다고 보았다. 또한 종성(宗姓)이나 사대부 자제들이 이 위에 속해 있었던 것도 입번(入番)이나 징포의 법이 제대로 시행되지 못하는 점에서 실책이었다고 한다. 더구나 중기 이후 편제된 오영제(五營制)는 임병양란과 반정과 같은 한 때의 위난을 위해 마련된 것인데, 이것을 지속시키는 것은 무모한 일이라고 보았다. 평화로운 때에 별 필요없이 병사들을 서울에 모아 길러 농민들의 힘으로 이들을 받드니, 농민들은 고달과 원성이 자자하고, 병사들은 편안하여 교만을 키우고 있다고 한다.

이 병사들을 키우는 비용은 결국 향민(鄕民)들에게서 거두는데, 나쁜 관리들은 국법을 어겨 병들고 늙은 이 뿐만 아니라 심지어 어린아이와 태중의 아이까지 군적에 올려두고 3대, 5대까지 내려가게 했던 것이다. 그래서 개적감년(改籍減年)의 세전(稅錢)까지 만들어 원포(元布) 외에 추가로 징수했고, 또 동포(洞布) 이포(里布)까지도 멋대로 징수하여 그 폐단이 극에 달했던 것이다. 더구나 포로 걷지 않고 돈으로 거두기 때문에 그 환차손으로 인해 겪는 부담이 적지 않았다. 게다가 유사시엔 농민들도 향병이 되니, 궁극 이 향

각, 1988.
19) 軍政개혁안은 『受廛錄』 권1 「民伍」 「民數」 등 條와 「三政策」에 실려 있다.

민들에게는 너무 불공평한 것이었다.

　이에 허전이 제시한 병농합일의 방안은 아문(衙門)의 군사를 혁파하고 경군(京軍)과 향병(鄕兵) 제도를 시행하자는 것이었다. 경군의 경우, 서울에는 하나의 영(營)만 설치하고, 옛날 오위제의 제도를 참고하여 "숙위군(宿衛軍)"이라 한다. 그리고 여러 영병(營兵) 중 서울 5부(部)에 근무하던 자는 모두 "중위(中衛)"에 속하게 하고, 경기 근지의 병사들을 전위(前衛)·후위(後衛)·좌위(左衛)·우위(右衛)의 사위(四衛)로 나누어 교대로 숙위(宿衛)케 하며, 중위의 병사들에게는 서울 근지의 밭을 주고, 사위의 병사에게는 경기 근지의 밭을 지급하여 교대로 농사짓게 하면, 만병(萬兵)을 길러도 백성에게는 폐해가 안되고, 나라에도 손실이 없을 것이라고 한다. 당시 아문에서 필요했던 쌀과 잡곡이 7, 8만석이었는데, 이는 6만결의 밭에서 거두는 세금이었다. 만약 1결씩을 만 명의 병사에게 주어도 만 결에 불과하니, 병사는 농사지어 식구들을 먹이고, 나라에서도 5만 결의 소득이 생기기 때문이다. 또한 한 나라에 장수가 다섯이나 되는 잘못도 없을 것이라고 한다. 향병의 경우는 시골에서 평상시엔 농사를 짓다가 외적의 난을 당하면 향병을 조직하는데, 만약 서울에 위급한 일이 생기면 이 향병들을 동원시키면 된다고 보았다.

　병사조련의 문제도, 병사의 출신지가 다양하기 때문에, 평원의 백성은 기병으로 삼고, 계곡의 백성은 보병을 삼고, 연해고을의 백성은 수군을 삼는 것을 기본으로 한다. 그리하여 농번기에 적의 내침을 대비한 훈련을 하여 각기 장기를 살려 대응하면 된다고 보았다. 또한 우리나라는 삼면이 바다이므로 수군에 대해서는 특별한 방안을 생각하고 있었다. 수군의 경우는 농번기에 시키는 훈련으로는 어림이 없으므로 특별히 훈련을 시키되, 세금을 줄이고 부역을 면제시켜 주어야 한다고 한다. 그리고 전함의 경우도 전적으로 수군에게 맡겨 습용(習用)토록 하고, 한가할 때 조운선으로 활용한다면 횡령을 일삼는 경강선보다 나을 것이오, 그러면 조선(漕船)을 만들 비용으로 전선(戰船)을 만들 수 있어 유익하다는 것이다.

이러한 제도의 마련에 앞서 무엇보다 중요한 것은 농민들이 즐거운 마음
으로 따라주는 것이다. 그러기 위해서는 이 병사들에게 항산(恒產)이 있어야
한다고 보았다. 그래야 항심이 생겨 은혜를 알고, 회피하려는 마음도 없어
지게 된다는 것이다. 나라에서 농민들에게 밭을 나누어 주어 생계를 마련해
주고, 거기에서 병력을 길러야 그들이 나라를 위해 목숨을 기꺼이 바치게
될 것으로 생각했다. 허전이 생각한 병농합일이라는 고도(古道) 정신의 본령
은 바로 이것이었다.

③ 환곡(還穀)

환곡은 본래 두 가지 기능을 갖고 있었다. 하나는 그 해의 풍흉을 살펴
물건과 쌀을 서로 바꾸어 값을 안정시키는 물가조절의 기능으로서 일반적
으로 '조적(糶糴)'이라고 불렀다. 그리고 또 하나는 백성들의 궁핍을 진대(賑
貸)하는 황정(荒政)의 기능으로서 '환자(還上)'라고 부르기도 했다. 그러나 허
전의 시대에는 조적의 기능으로서 환곡제도는 유명무실하고, 오직 진대의
기능으로 존재하고 있었다.

그런데 이 환곡제도는 병자란 이후 빌려주고 돌려받으며 한때 취모보용
(取耗補用)하기 위해 이자를 받았던 데서부터 폐단의 씨를 품게 되었다고 한
다.[20] 한때 시행되었던 제도가 없어지지 않고 지속되었던 것이다. 본래 처
음에는 백성들의 대소와 중과를 살펴 각기 수를 정해 두고, 반은 대여해 주
고 반은 보관하였으며, 모곡(耗穀)도 모아두어 일부는 본 읍(邑)의 비용에 보
태어 쓰지만 상관(上官)들이 그 이익을 엿보지 않았고, 하리(下吏)들도 작간
(作奸)하지 않았던 것이다. 그러나 호부(戶部)의 회계 외에도 제영(諸營)과 각
관아의 곡식은 날로 증가하고, 고을마다 거의 천만 석에 이르게 되자, 봉급
은 한정이 있고 씀씀이가 큰 수령들이 결국 이 환곡에 손을 대기 시작하면

---

20) 還穀개혁안은 『受廛錄』권2 「糶糴」「荒政」條와 「三政策」에 제시되어 있다.

서 공금 남용이 시작되고, 나아가 이 제도를 활용하여 이익을 챙기는 작태까지 자행하게 되었던 것이다.

전부(田賦)나 군정(軍政)에 비해 환곡의 수탈방식은 실로 교묘하고 다양했다. 우선 창고에 곡식이 들어오면 아전들이 한 석을 둘이나 셋으로 나누는 짓[분석(分碩)]이나 쭉정이를 쌀과 섞거나 흙·콩 심지어 여물 등과 바꾸는 짓[환석(換碩)]을 했고, 환곡을 원치도 않는데 억지로 배급하기도 했다. 그 과정에서 아전이 민호를 대신해서 곡식을 받고 그 백성의 이름으로 올렸다가 나중에는 그 백성에게서 징수하기도 하고[대호(代戶)], 아전이 싼 값으로 먼저 대신 납봉(納捧)하고서는 뒤에 다시 비싼 값으로 백성에게서 징수했으며[방환(防還)], 뇌물을 먹고 부족분만 납봉하고 허위로 장부를 작성하는[와환(臥還)] 등의 간악한 짓을 일삼았다. 이를 두고 당시 '간리(奸吏)의 식읍호(食邑戶)'라고 했다고 한다. 또한 아전들은 거짓으로 관문(關文)을 올려 가분(加分)의 처분을 받아 실제로는 진분(盡分)하여 거기서 이익을 챙기기도 했다. 더구나 환곡의 부족분을 보충하기 위해 돈으로 거두었던 모작전(耗作錢)이나 가작전(加作錢)의 징수도 그 폐해가 한두 가지가 아니었던 것이다.

이 억지같은 배급에 형벌로 독촉하니, 백성들은 견디지 못하고 결국 유랑하게 되고, 이는 다시 족징 인징으로 번져갔던 것이다. 심지어 당시 포흠이 많은 고을 백성은 편하고, 포흠한 것을 거두는 고을은 백성이 흩어진다는 아이러니한 말이 있었는데, 포흠이 많아 남은 곡식이 없으면 백성을 괴롭힐 일이 없고, 포흠한 것을 다시 거두면 그로써 다시 작간이 이루어지는 때문이었다.21) 사정이 이러하니 고을의 창고에는 3년의 비축은커녕 1년의 비축도 없이 텅비어 진휼하기 위해 죽거리라도 줄라치면 곡식이 없어, 결국 관작을 팔거나 부민에게 빌리게 된다. 관작을 파는 것도 강매하는 것이오, 부민에게 빌리는 것도 강제로 뺏는 것이나 다름없이 이루어졌다.

---

21) 이상 환곡제도의 폐단에 관한 내용은 허전이 『受廛錄』에서 직접 소개하고 있는 것들이다.

　허전은 이러한 폐해를 일일이 지적하면서 환곡이 가지고 있는 두 가지 기능을 본래대로 회복하는 방향으로 개혁안으로 구상하였다. 그것은 물가 조절기구로서 상평창(常平倉)과 구휼진대(救恤賑貸)기구로서 사창(社倉)을 병행 운영하는 것이었다.

　상평창을 세워 현재 환자의 곡식을 이곳으로 이전하고, 그 해 농사의 등급에 따라 거두는 값을 조정하고, 흉년의 정도에 따라 내어놓는 값을 맞추면 물가가 안정될 것이라고 한다. 그런데 이 상평창을 읍중에 두면 관리들이 농간을 해서 안되고, 반드시 각 사(社)에 두어 그 곳의 민중들이 지키고 그 곳의 선사(善士)가 주관하도록 해야 한다고 한다.

　이렇게 상평창의 법을 설치하고 그와 동시에 사창의 제도를 시행하여 흉년에 대비할 것을 제안하였다. 창고를 열어 조곡(糶穀)으로 나간 것 외의 양을 헤아려 노약자 질병자 의탁할 곳 없는 부녀자들에게 무료로 나눠주고, 기민(飢民)들을 널리 모집하여 약간의 식량을 지급해 주면서 그 대가로 수리(水利)와 구축(構築)사업을 벌이면, 나라로서는 영구한 이익을 누릴 것이오, 백성들도 사경에서 살아날 것으로 구상하였다. 그 운영 역시 관의 간섭을 받지 않고 향토민이 주관하여 폐단이 없도록 해야 한다고 했다.

　허전의 이 개혁안은 일찍이 반계 유형원에 의해 주장되었던 것이고, 정조 순조대의 많은 사람들이 고안했던 것이다. 그러나 그 시행의 어려움을 겪었던 것은 당시 환곡제도가 진대의 역할 외에 국가 재정을 뒷받침하는 중요한 역할을 맡고 있었던 때문에, 환곡을 혁파하여 사창제도로 바꾼다면 진대의 기능은 살아남지만 국가재정이 결핍된다는 문제가 있었던 것이다. 허전의 개혁안도 역시 이 문제를 안고 있다. 그러나 그의 의도는 국가재정의 마련은 환곡을 상평창으로 이관함으로서 오히려 나아질 것이라는 전망을 지니고 있었다. 가령 곡식이 천할 때 쌀 한 말이 20전이면 관에서는 30전으로 사들였다가, 다시 곡식이 귀해져 쌀 한 말이 90전일 때 관에서 50전에 팔면 나라에도 큰 이익이 남는다는 것이다. 설령 이런 많은 이익이 남지 않더라

도 백성이 부족한데 임금이 풍족한들 무슨 소용 있겠느냐는 입장에서 취모
보용(取耗補用)은 결코 반대했다.

그의 환곡개혁안이 당시에 즉각 수용되어 시행되지는 않았지만, 대원군
집정시 민심의 수습을 위해 결국 사창제가 시행됨으로서 그의 개혁안이 민
의에 적합한 안이었음이 역사적으로 증빙된 셈이다.[22]

4. 맺음말

이상으로 허전의 토지제도 개혁안과 삼정 개혁안을 살펴보았다. 이는 당
시 조선사회가 당면한 가장 시급한 사안이었다. 그러나 개혁이 하루아침에
이루어 질 수 있는 것은 아니며, 또 이것만 개혁한다고 사회의 모순이 해결
되는 것도 아니었다. 그도 이 제안들은 사실 당시의 병폐를 치유하는 데에
는 말단에 불과하다고 했으니, 이러한 폐단을 만든 본질적인 문제들이 먼저
해결되어야 한다는 것이었다.

그리하여 근본적으로 사회를 바로잡아 갈 수 있는 방안을 별도로 치도(治
道) 9조의 이름으로 건의했다.[23] 민목(民牧)·용인(用人)·교민(敎民)·반록(頒
祿)·장전(藏錢)·금도(禁盜)·신사(愼赦)·내간(來諫)·전학(典學) 9조로서, 그 상
세한 내용은 『수전록』에 소상히 정리되어 있는데, 그의 개혁론이 추상적이
지 않고, 오랫동안의 조사와 연구를 통해 마련된 것임을 알 수 있다.

허전은 주로 서울에 거주하였음에도 불구하고 농민의 생활에 중점을 둔

---

22) 高宗 4년 대원군의 개혁조치로 戶判 金炳國은 社倉法을 제안하게 되고,「三政
釐正策」을 작성하였던 趙斗淳에 의해「社倉節目」이 마련되어 시행되었다. 이 과
정에서 三政策을 올렸던 사람들의 개혁안이 충분히 참조되었으리라고 본다.『日
省錄』高宗篇 참조. 이에 관해서는 金容燮,「朝鮮後期 賦稅制度 釐正策」,『韓
國近代農業史研究』참고.
23)『性齋集』권9「三政策」.

개혁론을 개진했는데, 물론 당시의 상황이 농민들의 생활을 파탄으로 몰아가고 있었기 때문이기도 했지만, 이만한 개혁론을 제시할 수 있었던 것은 역시 근기실학의 학문적 전통에서 비롯된 것이라고 본다. 그것은 경학에 기초하되 성리학적 관념론으로 빠져들지 않고, 하학(下學)의 정신에 따라 자신의 학문을 정치 사회 경제 등의 현실문제로 향하게 하는 자세를 갖추게 했고, 그 실천적 작업이 소농민경제의 안정에 기초한 제도개혁론을 주장하는 저술로 결실된 것이다. 그러나 이는 단순히 학연에 의한 학문 전통의 계승에서 비롯된 것만은 아니고, 기실 허전 자신이 자기 시대 우리 민족이 안고 있는 현실모순을 직시하고, 그 극복의 길을 고심한 데서 비롯된 것임은 의심의 여지가 없다. 이 점이 그가 실학자로 평가받는 진정한 면모일 것이다.

[김 철 범]

경연강의를 통해 본 허전의 정치사상

1. 머리말

19세기 정치 사회적 격변기를 살면서 이조사회가 안고 있던 여러 가지 모순을 학자적 양심으로 진단하고 그 대안을 고민했던 허전은 학문적으로는 유가경학에 뿌리를 두면서, 현실에서는 정치 제도의 개혁을 통해 모순을 타결해 나가는 길을 모색했다. 이는 그의 대표적인 저술에서도 잘 드러나고 있는데, 『사의』『종요록』『철명편』이 그의 학문적 저술이라고 한다면, 『수전록』과 『삼정책』은 그 현실적 방안을 제안한 저술이다. 이 저술들은 허전의 철학과 사상의 일정한 구조 속에 배치되어 있다. 정치의 주체인 군주와 신료의 도덕성과 도덕정치의 현실적 기반이 되는 사회제도의 문제, 나아가 국가 존립의 근본인 '민'의 문제에 이르기까지 올바른 정치를 회복하여 인민이 안정되게 살아가는 사회를 건설하는 것을 이상으로 자신의 학문이 연구되었고, 현실적 대안을 구상했던 것이다.

그는 일찍이 철종과 고종 두 임금을 모시고 경전을 강의하는 기회를 갖게 되었는데, 경전에 대한 풀이를 통해 평소 자신이 지녔던 생각들을 직접 진언할 수 있었다. 더구나 강의의 대상이 바로 정치의 주체라고 할 수 있는 군주였기 때문에, 자연스럽게 정치와 관련된 생각들을 폭넓게 개진했다. 경전해석을 통해 현실적 대안을 모색하는 학문이 경학이라고 한다면, 이 경연강의는 허전의 저술 가운데 가장 중요한 경학 관련 저술이 될 것이다. 물론 이 강의내용 역시 저술에서 볼 수 있었던 그의 사상적 내용과 크게 다르지 않으며, 오히려 평소 자신의 저술에서 말하고자 했던 내용을 경전의 의미와 국왕의 이해도에 알맞게 제시되었다는 점에서 그의 사상이 더욱 실제적이고 적극적으로 펼쳐졌다고 하겠다.

이 장에서는 허전의 경연강의를 통해 그의 정치사상의 단면을 살펴보고자 한다. 경연강의에서 피력된 것이기에 단면적이라고 하겠지만, 또 한편 정치사상의 전모도 결국 이 단면의 확대 재생산에 불과할 것으로 생각된다. 당면한 정치현실의 모순을 목전에 두고 그가 국왕 앞에서 이상적인 사회의 건설을 위해 주장했던 정치사상은 물론이오, 그의 다양한 저술들이 편찬된 사상적 기반도 이 경연강의의 내용을 통해 추론해 볼 수 있을 것이다.

2. 허전 정치사상의 기조

허전이 몸담고 살았던 이조사회는 전제군주를 정점으로 운영되는 왕조사회였다. 그러나 19세기에는 정순왕후의 수렴청정 이후 세도정권이 출현하면서 비변사 기능의 확대를 통해 권력을 장악해가고 있었다. 그러면서 인사권을 위시한 군주의 권한은 점차 약해졌고, 특정한 신료 집단이 권력을 독점하는 형태로 국정이 운영되고 있었다. 물론 순조 헌종 철종의 왕권회복을 위한 저항이 없었던 것은 아니지만, 그것을 견제했던 사대부 세족들에 비해 역부족이고 말았다. 대체로 이 시기의 정치구조는 의정부와 육조의 체제를 유지하고는 있었지만, 실제로는 비변사가 강화되어 특정집단이 이 비변사를 장악하여 견제세력 없이 권력을 농단하고 있었다. 비변사를 중심으로 세도정권이 강화됨으로서 육조나 언론 삼사(三司)의 기능은 점차 약해졌고, 민들의 요구가 수용되던 경로들이 모두 차단됨으로서 국왕은 점차 정치로부터 고립되었으며, 국정의 운영도 그 탄력성을 상실해 가고 있었던 것이다.[1]

---

1) 한국역사연구회 19세기정치사연구반 『조선정치사』하, 청년사, 1990.

19세기 조선사회가 안고 있는 시대적 모순들이 모두 이러한 정치구조에서 비롯되고 있었던 것이다.

　이러한 정치현실의 문제점을 충분히 감지하고 있었던 허전은 그 시대의 모순을 극복해내는 방안으로 도덕적 군주에 의해 통합적으로 국정이 운영되는 정치구조를 구상하고 있었다. 군주를 정치운영의 중심에 두고, 현명한 신료들의 협조를 통해 민들의 삶을 보호하는 제도적 운영을 기획하고 있었던 것이다. 그의 정치사상이 지니는 특성은 정치구조에서 왕의 역할을 매우 중시하고 있다는 점이다. 정치의 절대적 이상이자 지고한 도덕체인 '천(天)'과 그 이상이 가시적 현상으로 구현되어지는 '민(民)' 사이에서 이상을 현실로 체현해 나가는 주체로 '왕(王)'을 설정하고 있다. 그러므로 이 역할을 제대로 수행하기 위해 왕은 높은 도덕성['덕(德)']이 필요하고, 그것을 이루기 위한 궁극적 방법으로서 '경(敬)'의 자세를 갖출 것을 요구했다. 이러한 이상적인 군주상을 위해 그는 『종요록』을 편찬했는데, 『서전』과 『대학』을 근간으로 성군의 수제치평하는 방법이 '명덕(明德)', '신민(新民)', '천지명명(天之明命)', '집희경지(緝熙敬止)'라고 분석하고, 이에 따라 천(天)·민(民)·경(敬)·덕(德)이라는 네 가지 강령을 수립하여 국왕의 수기치인을 위한 가르침으로 정리했던 것이다.[2]

　군주의 역할을 중시하는 허전의 정치철학은 궁극 치평(治平)에 있을 것인데, 『종요록』의 천·민·경·덕의 구조에서도 볼 수 있듯이, 바로 '안민(安民)'이 그 최종 목표라고 말할 수 있다. 이는 근기실학자들의 전통적 정치철학으로서, '민'을 정치구현의 중심에 두는 정치사상은 그들의 기본된 인식이었다. 허전도 일단 이 '안민'의 정치철학을 기반으로 하고 있으며, 그 위에 제왕의 정치철학을 구상했던 것이다.

　이러한 인식이 그의 경연강의에서도 구석구석 나타나고 있다. 고종 8년

---

2) 정경주 「『종요록』에 나타난 성재 허전의 경학 관점」, 『문화전통논집』 제7집, 경성대 한국학연구소, 1999 참조.

(1871) 『시·소남(詩·召南)』을 읽고 허전은 이렇게 말하고 있다.

> 문왕의 덕화는 실제 정심(正心)하여 수신(修身)하고, 수신하여 제가(齊家)하는 것에 근본하고 있습니다. (…) 대개 마음이란 일신(一身)의 주인이오, 모든 교화의 근원입니다. (…) 동중서(董仲舒)도 "정심하여 정조정(正朝廷)하고, 정조정하여 정백관(正百官)하고, 정백관하여 정만민(正萬民)한다"고 했으니, 성인의 교화는 오직 정심을 수제치평의 근본으로 삼습니다. 바라건대 전하께서도 정심하는 공부를 힘쓰고 힘쓰십시오.[3]

덕화란 이상적 정치의 실현을 의미한다. 즉 국가의 기강이 세워져 백성이 편안히 사는 것이다. 이 덕화는 근본적으로 제왕의 '정심'으로부터 출발한다는 것이다. 즉 도덕적 수양이다. 옛날의 이제삼왕(二帝三王)도 정일심법(精一心法)을 잘 지켰기 때문에 애민(愛民)과 경천(敬天)의 도리에 미진한 점이 없었다고 한다.[4] 그래서 정심에서 정조정 → 정백관 → 정만민의 단계로 발전하는 것임을 설명하고 있다. 그는 뒤에 '사무사(思無邪)'를 강의하면서 사사로이 불편부당함 없이 오로지 정일(精一)한 자세로 그 중심을 잡는 것이라 하고, 그것이 정심의 공부요, 그것으로 정백관하고 정만민할 수 있음을 역설하기도 했다.[5] 여기서 '정조정(正朝廷)'이란 예전(禮典)을 마련하여 기강을 수립하는 일이오, '정백관(正百官)'이란 언로(言路)를 열어 현인(賢人)을

---

3) 『性齋集』 권3 「詩·召南」: "文王之德化, 實本於正心以修身, 修身以齊家. (…) 盖心者, 一身之主, 萬化之原也. (…) 董仲舒曰: '正心以正朝廷, 正朝廷以正百官, 正百官以正萬民.' 聖人之化, 專以正心爲修齊治平之本. 伏願殿下, 於正心之工, 懋哉懋哉."

4) 『性齋集』 권2 「孟子·存心章」: "惟以二帝三王之精一心法, 存諸聖心. 其於愛民敬天之道, 無一毫未盡者焉, 則此論語所謂一日克己復禮天下歸仁者也."

5) 『性齋集』 권3 「詩·魯頌」: "思無邪者, 情性之正, 而無一毫偏頗之謂也. 舜禹傳受之心法, 則曰: '惟精惟一, 允執厥中.' 箕子告武王曰: '無偏無黨, 三道蕩蕩, 無反無側, 王道正直.' 戴記曰: '天無私覆, 地無私載, 日月無私照,' 王者奉三無私, 此皆思無邪之道也. 殿下體念焉, 則正心·正百官·正萬民之效, 不難致矣."

가용하는 것이며, '정만민(正萬民)'이란 양민(養民)하고 교민(敎民)하여 보민(保民)하는 것이다. 그 모든 일의 출발이 제왕의 도덕적 수양에 있다고 한다.

이렇게 허전이 제왕을 중심에 두는 정치사상을 역설한 데에는 당시의 정치현실과 무관하지 않을 것인데, 세도정권의 전횡에 신음하는 조선의 정치현실에서 올바른 정치를 회복할 수 있는 유일한 희망이 그래도 아직 군주에게 있다고 인식했던 것으로 본다. 즉 군주권한의 회복만이 희망이라고 보았던 것이다. "제왕의 보국(保國)이 수덕(修德)과 득인(得人)에 있다"6)고 그는 말했는데, '득인'이란 우선 국왕의 인사권에서 비롯되는 것으로 올바른 정치구조를 다시 구축하기 위해서는 인사권을 비롯한 국왕의 고유권한을 회복할 것을 중시했던 것이다. 그런 면에서 『시·숭고편(詩·崧高篇)』강의에서는 주나라 선왕(宣王)이 반정(反正)을 통해 윤길보(尹吉甫)나 중산보(仲山甫) 같은 현신을 기용한 점을 칭송하기도 했다.7) 이처럼 군주의 역할만이 당시로서는 한 가닥 희망이었고, 그 희망을 이루기 위해서는 군주의 높은 덕망이 필요하다고 보았던 것이다. 그것만이 신료들의 거짓된 말과 행동을 분별하고 물리칠 수 있다는 이상을 지니고 있었다.

허전은 이러한 사상적 기조에서 경연강의의 경전 강독을 통해 부분적으로 자신의 정치론을 개진하는데, 이제 다음 절에서 천·민·경·덕의 관점을 기조로 수덕(修德)과 보민(保民)을 중시하는 군주론과 제왕의 치국이 언로(言路)와 득인(得人)에 있다는 관점을 기조로 군주를 보필하는 신료론으로 나누어 허전의 정치사상의 내용을 살펴보고자 한다.

---

6) 『性齋集』권2 「通鑑·第八卷」: "臣奏曰: 帝王保國之道, 在修德, 在得人, 天險不足恃也."
7) 『性齋集』권3 「詩·崧高篇」: "奏曰: 聖王必得賢臣, 然後成功. 宣王之時, 如尹吉甫·仲山甫·方叔·召虎之倫, 輔佐致治, 申伯, 亦以其賢而用之, 非但爲元舅而已也."

3. 경연강의를 통해 본 정치론

허전은 철종 재위기 1850년(54세, 철종1)엔 홍문관 교리 겸 경연시독관으로, 그리고 1853년(57세)에서 1854년까지는 홍문관 부교리로 경연에 참여해서 『소학』『통감』『시경』『상서』를 차례로 강의했고, 고종 재위기에는 1864년(68세, 고종1)에 우부승지 겸 경연참찬관으로 한 차례 『효경』을 강의했으며, 1869년(73세, 고종6)부터 1875년(79세, 고종12)까지는 간헐적으로 경연에 참여하여『맹자』『중용』『시경』을 강의했다. 모두 59차례에 걸쳐 경연에 참여했는데, 비록 경전 전체를 모두 다루지는 못했지만, 적지 않은 횟수였으며 또한 자신에게 분담된 내용을 충실하게 분석하고 풀이했다.[8]

또한 그가 강의 내용을 이렇게 소상하게 기록으로 남겼던 것도 경전해석에 대해 상당한 노력과 정성을 기울였던 결과라고 보며, 그 정리의 과정에서도 자신의 견해에 따라 편집되었다고 본다. 그래서 강의의 대상이 다르고, 텍스트가 달라도 강의내용 전체는 일관되게 하나의 구심점을 이루고 있음을 알 수 있다. 그것은 경연 자체가 군주의 계도를 위한 것이었던 때문이기도 하지만, 군주를 정점으로 한 이상적인 도덕정치의 실현에 촛점을 두었던 것이라고 하겠다. 그러면 경연강의에 산재되어 있는 논의를 통해 허전의 정치론을 정리해 보기로 하자.

(1) 수덕과 보민의 군주론

허전은 본래 육경의 학문을 중시했는데, 육경의 정치학은 모두 도에 귀결되고, 그 도는 궁극 수제치평이라고 보았다. 그리고 육경 가운데 이 정신을

---

8) 이에 관해서는 정경주, 「성재 허전의 詩經講義에 나타난 說詩 관점」, 『문화전통논집』 제6집, 경성대 한국학연구소, 1998, 참고.

가장 잘 체현하고 있는 경전이 바로 『상서』라고 보았다.9) 『상서』에서도 특히 「요전(堯典)」을 가장 으뜸으로 여겼다. 그래서 천·민·경·덕을 강령으로 여러 경전과 제가들의 학설을 정리한 그의 저술 『종요록(宗堯錄)』은 제목에서부터 「요전」의 위상을 가장 높이 부각시켜 놓았던 것이다. 그것은 유가의 이상적 군주인 요·순을 표상으로 삼아 그 시대에 이루어졌던 정치를 오늘날에 시행하는 것을 최고의 급선무로 인식한 것이다.

요·순의 시대에 이루어졌던 정치란 다름 아니라 '민유방본(民惟邦本)', 즉 민본의 정치였다. 민은 나라에서는 나무의 뿌리와 같으므로, 양목자(養木者)가 나무를 잘 기르듯이 양민자(養民者) 즉 군주도 민을 잘 길러야 한다는 것이다.10) 이처럼 양민을 잘하기 위해서 양민자인 군주는 그만한 자질을 갖추어야 하는데, 그 귀감도 역시 요·순이다.

이에 허전은 요·순 같은 정치를 이루기 위한 군주의 자질을 위해 우선 요·순이 서로 전수했던 심법(心法)에 주목했다.11) "유정유일, 윤집궐중(惟精惟一, 允執厥中)"이라는 이 심법을 마음에 지켜나가는 것이 '존심(存心)'의 공부가 될 것인데, 그러나 허전은 이 존심 공부를 성명(性命)이나 이기(理氣)를 성찰하는 유심론적(唯心論的)인 방법으로 접근하지 않고, 실질적인 수양론적 차원에서 설명하고 있다. 그래서 그는 존심하는 방법의 요점은 인과 예라고 지적한다. 인은 사랑으로 드러나며, 예는 경(敬)에 의해 주관된다고 설명한다. 그리하여 군주가 바로 이 이제삼왕(二帝三王)의 심법을 자기에게 존심하고 있으면 애민하고 경천(敬天)하는 도리에 터럭만큼도 미진한 일이 없을 것이라고 했다.12)

이것은 존심이 곧 애민과 경천의 도리를 완성하는 방법이라는 논리인데,

---

9) 『宗堯錄』 「宗堯錄序」.
10) 『성재집』 권2 「書·五子之歌」.
11) 『성재집』 권2 「書·益稷 所懷」.
12) 『성재집』 권3 「孟子·存心章」.

이 논리를 이해하기 위해 다음 설명을 들어보자.

> 『중용』은 처음에는 일리(一理)를 말하지만 중간에 만사로 흩어지고,
> 끝에는 다시 합쳐 일리가 됩니다. 리는 곧 하늘이 부여하는 것이오, 성
> (性)은 곧 사람이 받는 것입니다. 이 성은 심에 의해 통솔되기 때문에 윗
> 글(제6장~제9장)에서 비록 성은 말했지만, 심에 대해서는 언급하지 않
> 았습니다. 주자의 서문에서 요·순·우가 서로 전한 심법을 먼저 말한 이
> 유도 이 때문이지요. 그래서 『대학』에 정심(正心)을 수제치평의 근본으
> 로 삼는 것도 또한 이 때문입니다. 마음을 다하면 성을 알게 되고, 성을
> 알게 되면 천리와 하나가 되니, 중용의 도리를 힘쓰지 않아도 이루게 될
> 것입니다.13)

궁극 마음을 바로잡고 보존하는 것은 성(性)을 알기 위한 것이고, 성은 하
늘로부터 부여받은 것이므로 성을 알게 되면 곧 하늘의 뜻을 파악하게 된다
는 것이다. 그러면 이 성은 무엇인가? 다른 강의에서 허전은 이 성 안에는
인·의·예·지 사덕(四德)이 있다 했고, 그 중 인이 나머지를 모두 포괄하고
있다고 설명한 바 있다.14) 그러면 성을 아는 것은 사덕을 체득하는 것이오,
그럼으로서 인을 실천하게 된다는 것이다. 아울러 경(敬)이란 이 사덕을 체
득하여 실행해 나가는 실천적 방법론이다. 경은 마음을 다스리는 주체의 자
세[一心之主宰]이며, 동시에 모든 일에 임하는 근본된 정신[萬事之根本]이
라고 보았기 때문이다.15)

이처럼 허전은 수제치평의 궁극적 출발을 정심(正心)에 두었고, 정심을
통해 군주는 제왕으로서의 덕을 쌓아야 함을 경연에서 누누이 강조했다. 이
렇게 덕이 쌓이면 군주의 모든 행위가 만인의 귀감이 되어 나라의 기강이

---

13) 『성재집』 권3 「中庸」.
14) 『성재집』 권3 「孟子·公都子章」.
15) 『성재집』 권2 「書·舜典」.

바로 잡히게 된다고 한다. 군주의 효제심(孝悌心)이 그렇고16), 과욕(寡慾)하
여 근검절약하는 것도 그러하며17), 엄숙하게 정성으로 제사 지내는 것도 그
러하듯이, 군주의 덕행으로 교화를 이루게 되면 아래 사람들이 효심을 옮겨
충심을 바치고, 절약으로 물자가 여유로워지며, 정성어린 제사에 감격신명
(感格神明)하게 된다고 보았다. 앞서 설명했지만, '사무사(思無邪)'의 자세도
성정(性情)이 올발라 추호도 사사로운 것에 치우침 없이 옳게 사랑하는 것
으로 '윤집궐중(允執厥中)'하는 심법(心法)이 바로 그것이고, 결국 군주의 이
러한 마음자세가 올바른 정치를 이루게 한다고 했다.

　군주의 정심(正心) 수양의 궁극 지향은 앞서 '민유방본(民惟邦本)'에서 보
았듯이 정만민(正萬民)에 있다. 존심하는 방법이 인과 예에 있다는 허전의
지적은 성학(聖學)이 한낱 성찰에만 그치지 않고, 실천으로 발전할 것을 요
구하는 것이기도 한데, 그 실천의 대상은 궁극 민이다. 그래서 그는 치민의
도리로는 양(養)과 교(敎)뿐이라고 하고18), 친친(親親)에서 인민(仁民)으로 인
민에서 애물(愛物)로 차츰 이 인(仁)을 이루어 가면 나라를 보존할 수 있다고
도 했다.19)

　그러나 허전의 '민유방본(民有邦本)'의 논리는 민이 주체로 설정되지는 않
고, 오직 군주의 입장에서 논의가 전개되고 있다. 이 자료가 군주를 대상으
로 한 경연강의의 내용인 탓이기도 하겠지만, 그의 정치사상의 기조가 안민
(安民)이라는 궁극적 지향을 기반으로 한 위에 군주의 역할을 매우 중요한
요소로 인식하고 있기 때문이다. 그래서 그는 '보민(保民)'의 논리에서 군주
의 임무를 강조한다.

---

16) 『성재집』 권2 「詩·常棣篇」.
17) 『성재집』 권3 「孟子·盡心下篇」.
18) 『성재집』 권2 「書·大禹謨」.
19) 『성재집』 권3 「孟子·盡心下篇」.

대개 「생민(生民)」시는 오로지 후직(后稷)의 공덕을 칭송하고 있는데, 그 공덕이란 다른 것이 아니라 농사에 힘쓰고[務農] 민을 길러[養民] 왕업의 기초를 마련하여 나라를 팔백년에 이르게 한 것입니다. 이 시는 「칠월(七月)」「독공유(篤公劉)」편과 글만 약간 다를 뿐 후세 왕들의 귀감이 되는 것은 같습니다. 군주는 반드시 농사가 어렵다는 것을 알고, 비용을 절약해서 검소하게 지내며 백성을 보호한다면[保民] 왕노릇 할 수 있을 것입니다.[20]

백성을 보호한다는 것이 불쌍히 여기는 마음에 그치고 만다든지, 일일이 수레로 강을 건네주는 일과 같이 사소한 은전으로는 곤란하다. 여기에 대한 대책은 예전의 마련과 제도의 구비에 있다고 그는 주장한다. 성인이 세상을 다스리기 위해서는 덕교를 먼저 베푼다고 하는데, "도지이덕, 제지이례(道之以德, 齊之以禮)"가 바로 이 뜻이라고 한다. 덕교란 군주의 덕에 의해 이루어지는 자연스런 교화를 의미한다. 순의 치적이 자신도 모르게 전개되었던 것을 의미하는데, 그것은 오직 인륜을 밝히고 오례(五禮)를 마련하는 것에 있다고 한다. 이 오례란 곧 예악형정(禮樂刑政)으로 일컬어지는 국가의 전례와 제도를 가리키는 것이다.[21] 이 예전과 제도에 있어서도 주나라로 대표되는 이상정치 사회의 것이 역시 모범이 되기에, 그는 옛 전장(典章)을 회복할 것[復舊章]을 역설했다.

이처럼 일을 시행할 때 옛것을 본받지 않을 수 없지만, 그러나 시대가 변하면서 가치도 달라져 옳은 방식도 따라 변하기 마련이다.[22] '복구장(復舊章)'이란 말도 옛 제도를 원형 그대로 회복하자는 것이 아니라, 옛 제도가 지닌 의리정신을 회복하자는 것으로 이해될 수 있다. 이에 허전은 그렇게 멀리 올라갈 것이 아니라, 자기 나라의 조종(祖宗)들의 전장(典章)을 회복하

---

20) 『성재집』 권3 「詩·生民篇」.
21) 『성재집』 권2 「書·舜典」.
22) 『성재집』 권3 「詩·生民篇」.

는 것이 곧 요·순의 제도를 본받는 것과 같다고 한다.

> 우리나라도 성왕들이 서로 이어와 제도를 크게 마련해 두었습니다.
> 『경국대전』과 『오례의』 같은 책들은 실제 『주례』나 『의례』의 의미에
> 빼고 들어낸 것이니, 요·순 삼대의 치적이 그 안에 있습니다. 근래 이후
> 예전이 잘못된 지 오래되었습니다. 기강은 이 때문에 해이해졌고 명분도
> 이 때문에 문란해졌으며, 품식도 이 때문에 일그러졌습니다. 사치하고
> 참람하는 풍습이 더욱 자라나 무엇으로 나라를 다스리겠습니까, 무엇으로
> 민을 보호하겠습니까? 이제 전하께서는 멀리는 요·순을 본받고 가깝게
> 는 조종(祖宗)을 본받아 빨리 예전(禮典)을 마련하여 인도하신다면 대순
> (大順)한 정치를 기대해 볼 수 있을 것입니다.[23]

우리나라의 법전들은 이미 경전을 근거로 마련된 것으로 요·순 시대의
정신이 담겨져 있는 것인데, 이 이상적인 법전들이 제대로 시행되지 않기
때문에 나라에는 기강이 서지 않고 백성들은 고통에 신음하고 있다고 보았
다. 바로 조종들이 마련한 법전을 회복하는 것으로도 덕교의 정치가 이루어
질 것이라고 한다. 또한 허전은 덕교가 나라의 흥성과 평화를 유지하는 양
식이라고 한다면, 형벌은 덕교를 어지럽히는 자를 다스리는 약이라고 하여,
엄격한 제도의 시행을 주장했는데, 그 자체도 덕교를 목표로 하는 것이라고
인식했던 것이다. 이것은 그의 도덕정치론이 한낱 낭만적 이상주의자의 공
론에 그치지 않고, 그 이상의 현실적 실행방안까지 구체적으로 구상했던 것
인데, 그의 저술 『수전록』과 『삼정책』이 바로 그 성과이다.

이처럼 예전과 제도를 마련하는 것에 있어서도 허전은 군주의 역할을 애
써 강조했다. 그는 예란 천자가 아니면 제정할 수 없다고 했으니, 군주에게
예전 제정의 권위를 부여하고 그것의 선택도 군주에게 달려있다고 주장한
것이다. 민을 편안하게 살도록 하는 것이 제도의 시행에 달려있는 것은 자

---

23) 『성재집』 권2 「書·舜典」.

명하다. 그러나 당시 삼정의 문란으로 드러난 정치 사회제도의 문제는 실로 심각한 지경이었는데, 이 제도의 개혁을 세도정권에 기대하는 것은 애초 불가능한 일이었다. 강력한 도덕 군주의 용기만이 희망일 수 있었던 것이다.

(2) 현능과 언론 위주의 신료론

사실 허전이 신료들의 역할과 자세에 대해 직접 언급한 것은 없지만, 정국운영의 핵심이 군주인 것을 전제로, 군주를 보필하는 신료의 선발과 역할에 대해 적지 않게 강조하고 있음을 볼 수 있다. 그의 경세저술인『수전록』에도 신료의 역할과 관련된 항목으로 '용인(用人)' '관직(官職)' '과거(科擧)' '개언로(開言路)' 등이 있는데, 이 역시 위정자인 군주의 입장에서 관리를 어떻게 선발하고 어떤 직제를 마련할 것이며, 그들이 책무를 다하도록 이끌어주는 문제를 다루고 있다. 다른 한편 우리는 여기서 군주와 국정을 위해 신료들은 어떤 자세로 어떤 역할을 해야 하는가에 대한 허전의 생각을 짚어볼 수 있다.

경연강의를 통해 허전이 군주와 신료의 관계에 대해 언급한 내용 가운데 거듭 강조하고 있는 것이 두 가지가 있다. 하나는 현능(賢能)한 관리를 등용하여 왕의 덕교를 이루는 것이오, 또 하나는 이들의 언론이 자유롭게 왕의 귀에 이르는 것을 막지 않아야 한다는 것이다.

그는 제왕이 보국(保國)하는 방법은 수덕(修德)과 득인(得人)에 있다고 하여[24], 군주의 도덕적 수양에 못지않게 인재를 기용하는 문제를 정치의 가장 근본된 일로 생각했다. 즉 현자와 능력자를 뽑아 자리와 직책을 맡겨야 국정이 제대로 수행된다는 것이다. 재상을 잘 얻으면 국가가 편안하고, 재상을 잘못 얻으면 국가가 위태로워진다고 한다.[25] 다음의 강의내용

---

24)『성재집』권2「通鑑·第八卷」.
25)『성재집』권2「詩·小弁篇」.

을 보자.

　　삼대시기에 사람을 기용할 때는 반드시 먼저 선발한 다음 능력시험을
했습니다. 그래서 현자가 제자리에 있었고, 능력자가 제 직책을 맡아 관
직에 헛되거나 비어있는 것이 없었습니다. 비록 봉사(奉使) 한 가지 일로
말해보더라도, 군주의 명령을 받들어 자신의 노고를 잊고 오히려 부족할
까 두려워, 천만리 밖에 사행을 간 자도 임금 곁에 있는 듯이 했습니다.
후세에는 관리의 길이 여러 가지로 번져 관직을 맡은 사람이 모두 현자
인 것도 아니어서 사심이 기승을 부리고 공의가 막혀 직분을 감당하지
못하는 자가 뒤를 잇고 있습니다.26)

　국왕을 도와 정사를 주관하는 재상의 자리가 가장 비중이 높은데, 허전은
이 자리에 반드시 현자를 뽑아야할 것을 권고했다. 재상의 인물됨에 따라
국정이 좌우되기 때문이다. 그래야 아래 관직에 능력자를 제대로 선발할 수
도 있다. 비록 탕왕(湯王) 같은 성인이라 하더라도 이윤(伊尹) 같은 현신(賢
臣)이 있어야 교화를 이룰 수 있다고 했으니27), 관리를 제대로 기용하는 것
도 현신의 보필이 있어야 가능하다고 여긴 것이다. 군자와 소인은 얼음과
숯 같아서, 결국 자기와 같은 부류를 추천하기 마련이라고 한다. 그러므로
좌우 가까이에서 보필하는 재상을 반드시 군자로 기용해야 옳은 사람을 추
천하게 된다고 했다.28)

　그래서 현자를 재상으로 뽑기 위해서 군주에게 '존현(尊賢)'하는 자세가
필요하다고 요구한다.29) 그것은 성심을 다해 현인을 좋아하는 자세로30) 공
경과 예우를 다해 대접하라고 한다.31) 적어도 재상의 직책에는 현자 즉 도

---

26) 『성재집』 권2 「詩·皇皇者華篇」.
27) 『성재집』 권3 「詩·召南」.
28) 『성재집』 권3 「詩·濕桑篇」.
29) 『성재집』 권3 「中庸」.
30) 『성재집』 권2 「詩·祈父白駒二篇」.

덕과 인격을 완비한 사람이 요구되는데, 그것은 군주의 도덕적 수양에 조화
되는 인재가 요청되기 때문이다. 또한 그는 용인(用人)을 신중히 할 것을 권
고하면서, 그 요령으로 『상서』의 '순사(詢事)'와 '고언(考言)'에 대해 말하고
있다.32) 이는 능력자를 선발할 때의 요령으로 더욱 적절한데, 국왕은 구중
궁궐에 기거하기 때문에 관리들의 능력을 모두 알 수 없다. 그러므로 그들
이 직무를 수행한 결과와 정치에 임하는 그들의 생각을 살펴야 한다는 것이
다. 제왕보국(帝王保國)이 수덕(修德)과 득인(得人)에 달려있다는 것이 그런
뜻이다. 이처럼 허전은 신료로서 국정에 참여하기 위해서는 도덕성[賢]과
정치적 능력[能]이 요청된다고 보았고, 이런 신료를 공정하게 선발하기 위
해서는 당시 부패된 여러 가지 제도를 정비하는 것을 시급하게 여겼다. 그
래서 그는 그 구체적 방안으로서 과거제·직제·상벌 등에 대한 개혁안을 구
상했고, 그 내용을 『수전록』에 정리해 두었다.

　　임금을 섬기되 충성을 다하는[事君盡忠] 것이 신료로서의 도리라는 게
전통사회 군신간의 의리이다. 충성을 다하는 의리 가운데 가장 중요한 것이
자신의 직위와 책무에 따라 간언하는 것이라고 허전은 말한다.33) 이 간언이
받아들여지고 받아들여지지 않는 것은 군주의 몫이지만, 신료로서 이 책무
를 스스로 포기할 수 없는 것이기도 하다. 국정의 실정과 정치의 이치를 국
왕에게 진언하는 것이 내외직에 있는 모든 신료들의 기본된 책무인 것이
다.34) 특히 "교화의 유색(流塞)과 정사(政事)의 행폐(行廢)와 풍속의 미악(美
惡)과 관리의 현불초(賢不肖)며, 농사의 어려움, 날씨의 고초, 환과고독한 사
람의 궁하여 고할 데 없는 실정을 두루 채집"35)하는 순무어사(巡撫御使)의
역할을 예로 들고 있는데, 민정의 실상을 파악하여 위로 간언해야 하는 어

---

31) 『성재집』 권3 「孟子·盡心章」.
32) 『성재집』 권2 「書·舜典」.
33) 『성재집』 권3 「孟子·百里奚章」.
34) 『성재집』 권2 「書·胤征」.
35) 『성재집』 권2 「詩·皇皇者華篇」.

사가 개인적 사감에 사로잡혀 정사에 도움이 되기는커녕 도리어 해가 되고
있다고 말한 바 있다. 국정이 문란하고 민폐가 날로 심해지되 도무지 시정
되지 않는 원인의 하나로 간언의 부재를 지적하고자 한 것이다.

이 간언에 반대되는 것이 참언(讒言)인데, 허전은 이것을 특히 조심할 것
을 강조했다.[36] 참언은 듣기 좋고 달콤하여 마치 옳은 듯 진실을 어지럽힌
다. 그래서 지혜롭다는 사람도 간혹 분변하지 못하여 그 술수에 빠지고 만
다고 한다.[37] 간언이 군자언이라고 한다면, 참언은 소인언인 셈이다. 이 역
시 당시 국왕이 나라의 실정에 어두운 점을 염두에 두고 있는데, 철종 4년
『시·길일편(詩·吉日篇)』을 강의하던 자리에서 허전은 철종에게 환곡과 잡역
의 폐단과 아전들의 포흠에 대해 설명해 주고 있는데, 당시 철종은 이 사실
을 전혀 모르고 있었으며, 유신(儒臣)도 알고 있는 이 사실을 왜 대신들이
자기에게는 말해주지 않았는지 되묻고 있다. 또한 고종 11년 『시·가악편
(詩·假樂篇)』 강의에서도 민들이 가장 바라는 것에 대한 고종의 질문에 허
전은 토지소유임을 말하면서 정전제에 관해 설명해 주었다. 이 문답들의 마
지막에서 그는 한결같이 현명한 관리를 등용하는 것이 중요함을 역설하고
있다. 부도덕하고 무능한 신료들의 왜곡된 언론이 정치를 망치고 나라를 어
지럽힌다는 주장에 다름없다.

4. 맺음말

이상 성재 허전의 경연강의록을 통해 그의 정치사상의 개요를 정리해 보
았다. 이를 통해 우리는 그의 대표적인 저술인 『종요록』『철명편』『수전록』
『삼정책』 등의 편찬의도와 그 내용이 자신의 정치사상에서 비롯된 것을 확

---

36) 『성재집』 권3 「詩·賓之初筵章」.
37) 『성재집』 권2 「詩·小弁篇」.

인할 수 있었다. 이들 저술이 그의 경세서라고 한다면, 그것의 경학적 기반
은 경연강의에서 찾아볼 수 있었다. 그리고 경연강의에 담긴 사유를 통해
그의 저술들이 자신의 통합적인 기획에 의해 엮어진 것임을 짐작할 수 있
다. 즉 군주의 정심(正心)으로부터 정만민(正萬民)에 이른다는 그의 정치사
상을 기조로 그의 사상을 실현시킬 저술들이 마련되었던 것이다. 그리하여
『종요록』과 『철명편』은 고종에게 진상되었고, 『수전록』의 축약본이라 할
만한 『삼정책』은 삼정문란의 정책안으로 제출되었다.

　허전의 정치사상은 근기실학파 학자들의 정치사상에서 크게 벗어나지는
않았다. 군주를 정치개혁의 주체로 상정한 것이나, 안민(安民)이나 득인(得
人)에 비중을 두는 실천적 정치사상은 근기실학의 전통에서 비롯된 것이다.
그러나 그는 수제치평의 체계에 따라 정치의 주체가 되는 군주의 도덕성을
좀더 부각시켜 수덕(修德)의 문제를 비교적 비중있게 다룬 것이 특징이라면
특징이다. 물론 그 수덕은 형이상의 유심론적 수신이 아니라, 실천적 덕화
를 중시하는 실천론적 수덕이다. 또한 신료들의 현능(賢能)과 언론의 역할을
중시하고 있지만, 그렇다고 군주의 통치권으로부터 독립되어 권한을 지니
는 것은 아니다. 엄연히 군주가 주체가 되어 현능한 관리를 선발하고, 정당
한 언론을 받아들일 것을 주장하고 있다.

　허전의 저술은 과연 당대의 학자답게 그 양이 방대하다. 그렇지만 그 저
술들에 담긴 입론들이 산만하지 않고 전체가 일목요연하게 체계를 이루고
있음을 볼 수 있다. 그것은 현실에 대한 개혁적 고민을 담은 실학정신의 큰
맥을 따라 전개되고 있기 때문이다. 따라서 경연강의에 피력된 그의 정치사
상도 그의 실학사상에 뿌리를 둔 개혁정신의 모태라고 할 만하다.

[김 철 범]

허전의 세자교육론과 『철명편』

1. 머리말

학자로서 허전의 문명의식과 현실비판정신의 근저에는 학문에 기반을 둔 그의 사상이 교직되어 있을 터이지만, 이를 직접적으로 볼 수 있는 독립 저술은 전하질 않는다. 그래도 그의 경학사상을 보여주는 저술로 『종요록』이 있었다. 『종요록』은 제왕학이라는 군주의 정치철학을 제시한 역저로서, 같은 근기실학자들의 저술에서도 보기 드문 책이다. 여기서 허전은 군주의 정치철학을 천(天)·민(民)·경(敬)·덕(德)의 네 가지 강령으로 요약하고, 그 내용을 『상서(尙書)』를 위시한 육경으로부터 핵심을 적출해 냄으로서, 『대학』에 중점을 둔 성리학의 정치철학과는 아주 다른 사상체계를 보여주고 있다. 여기서 그는 통치의 핵심에 군주를 표방하고 있지만, 오히려 그가 강조하고자 했던 것은 기실 중민(重民) 의식인 것으로 평가되었다.[1] 이런 점에서 『종요록』은 『수전록』이나 『삼정책』의 사상적 기저를 보여주는 저술이라고 하겠다. 한편 본 장에서 다루게 될 『철명편(哲命篇)』은 『종요록』과 짝을 이루는 저술이 되겠는데, 『종요록』이 제왕학을 주제로 다룬 것이라면 『철명편』은 세자교육을 주제로 다룬 것이기 때문이다. 세자교육론이 제왕학의 일부라고 한다면, 『철명편』은 『종요록』의 부록쯤으로 보아도 될 것이다.

한 국가를 통치할 국왕으로서의 자질과 덕성은 세자시절부터 철저히 교육되어야 하는 문제였다. 그래서 조선의 역대 왕들은 세자교육에 많은 관심

---

1) 정경주, 「『종요록』에 나타난 성재 허전의 경학 관점」, 『문화전통논집』 제7집, 경성대 한국학연구소, 1999.

을 두어 교육기관을 설치하고 사부를 뽑아 교육시켰으며, 교육용 도서를 직접 간행하기도 했다. 그러던 가운데 세자의 훈육을 위한 저서를 간행하기도 했는데, 세종조에 『동궁계몽(東宮啓蒙)』을 편찬했고, 세조조에는 『유선서(諭善書)』를 엮기도 했다.[2] 이 책들은 대개 경서와 역사서 그리고 국조 문헌 가운데 세자를 위한 가언(嘉言)과 선행(善行)들을 모아 엮은 것이었다. 이후 율곡 이이는 제왕학의 종합서인 『성학집요』를 편찬하면서 그 안에 세자교육에 관한 내용을 포함했으나 본격적인 세자교육론을 다룬 것은 아니었으며, 후대의 국왕들도 세자를 위한 훈계의 글을 남기기도 했지만, 그야말로 훈계에 그치는 것이었다. 그러나 『철명편』은 세자교육론의 유가경학적 근거와 역사적 의의를 제시하고 있다는 점에서 조선 경학사에서 전례를 볼 수 없는 독보적인 저술이라고 하겠다.

그런데 어째서 왕조의 몰락이 다가온 시점에 이런 저술이 등장했던 것일까? 물론 철종과 고종의 경연관으로서 오랜 기간 국왕의 계도에 참여했던 경험이 있었고, 세도정권의 한계 속에서 삼정(三政)이 극도로 문란해진 위기 상황에 개혁의 희망을 기대해 볼 만한 곳이 국왕과 세자라고 생각했는지 모른다. 당시 허전의 입장에서는 절박한 문제였으리라고 본다. 그러나 그가 이 책을 완성하고 불과 30년 쯤 지난 뒤에 왕조가 망하고 말았으니, 그의 세자교육론은 결국 의미 없는 것이 되고 말았다. 그렇지만 자기 시대의 문제를 고민했던 한 지성의 정신적 산물이라는 점에서 이 저술에 담긴 사상적 의미와 학술사적 가치는 중요하다. 또한 『종요록』의 경학사상과 『철명편』의 세자교육론에 담긴 경학사상 사이에는 깊은 연관이 있다고 보며, 여기서 우리는 허전의 실학적 관점을 확인할 수 있을 것으로 본다.

---

2) 李荇, 「東宮啓蒙序」, 『容齋集』 권9 ; 『세조실록』 38권, 12년(1466) 윤3월 29일 (경자) 1번째 기사. 이 두 책은 현재 전하지 않는다.

2. 제왕학으로서 세자교육

세자는 미래의 국왕이 될 몸이기 때문에 군주로서의 자질과 덕성을 닦는 수련은 세자 시절부터 시작되었다. 조선의 경우, 원자 때는 보양청 교육이 이루어졌고, 왕세자 때는 강학청 교육이, 세자가 되면 시강원 교육이 이루어졌으니, 이 교육은 엄연히 국왕교육의 일환으로 진행되었던 것이다.[3] 대개 나이에 따라 차이가 있었지만, 보양청에서부터 대개 『천자문』과 『효경』, 『동몽선습』 등을 읽기 시작했고 강학청과 시강원에서는 유가의 경전과 주자서 및 『성학집요』 등의 책을 강학했으며, 이는 국왕이 된 이후에도 경연을 통해 지속되었다. 대개 세자의 학습에 쓰인 교재는 유가 경전과 『통감강목』과 같은 역사서가 주를 이루었지만, 더러 제왕학 서적인 『성학집요』 같은 책을 읽는 경우도 있었다.

국왕이 된 이후 제왕학의 학습을 위해 읽혔던 책으로 『대학연의』와 『성학집요』, 『국조보감』과 『정관정요』 등이 있었다. 일찍이 이조 전기부터 『대학연의』와 『정관정요』를 강론했지만, 훈구세력들이 추천한 『정관정요』와 사림들이 추천한 『대학연의』가 서로 부침하다가, 결국 사림들이 경연을 주도했던 중종 대에 이르러 『대학연의』가 제왕학의 교과서로 자리잡게 된다.[4] 『대학연의』는 『대학』의 삼강(三綱)과 팔조(八條)를 바탕으로 치국의 요무(要務)를 체계적으로 설명한 것인데, 대체로 군주의 심성을 계도하는 것에 초점을 두고 있다. 이후 조선 성리학의 발전과 함께 『대학연의』를 발전적으로 계승하면서 『성학집요』가 새로운 제왕학서로 등장했다. 이 책 역시 『대학』의 "수제치평(修齊治平)"의 학문적 단계에 따라 경전과 여러 학설들을 편집한 것으로 성리학의 이기심성론에 입각한 제왕학을 전개하고 있다.

---

3) 김문식, 『정조의 제왕학』, 태학총서 20, 태학사, 2007.
4) 지두환, 「조선전기 『대학연의』 이해과정」, 『조선시대 사상사의 재조명』, 역사문화, 1998.

　　그러나 허전은 제왕학의 요체인 "수제치평"의 요목이 『대학』의 삼강령에 있다고 하지만, 이 삼강령은 다시 『상서』의 「요전」에 근본하고 있다고 보았다. 다시 말하면 "수제치평"의 요점이 근본적으로 『상서』에 있다는 것이며, "그 근본은 덕(德)에 있고, 그 요체는 경(敬)이며, 그 이치는 천(天)에서 나오고, 그 성과는 민(民)에게 다하는 것"[5]으로 파악했다. 그래서 그는 『대학』의 삼강령을 무시하고 『상서』로부터 치학(治學)의 요점으로 적출해낸 "천·민·경·덕"의 네 가지 강령을 기본 틀로 『종요록』이라는 새로운 제왕학서를 편찬했던 것이다. 가령 『대학연의』가 『대학』의 팔조목에 의거해 격물·치지·성의·정심·수신·제가·치국·평천하로 분류하여 다양한 덕목을 익히는 내용으로 구성되어 있지만, 이런 체계 아래서는 군주로서 갖추어야 할 덕목이란 궁극 군주의 심성 문제로 귀결될 수밖에 없다. 그러나 『종요록』이 설정한 "천민경덕"의 체계에서는 군주의 치덕은 일체 민으로 귀결되는 구조를 갖게 된다. 이것을 앞서 중민(重民) 의식이라고 했는데, 이는 군주의 내적 심성을 계도하거나 바람직한 군신관계를 설정하기보다 백성에 대한 군주의 책무를 인식시키려는 면이 강하다는 점[6]에서 엄연히 『대학연의』의 제왕학과는 근원적으로 다른 것이다.

　　『종요록』은 1860년에서 1862년 사이에 완성되었으며, 1862년 임술민란 이후 허전이 『삼정책』을 지어 바칠 때 동시에 철종에게 바쳤던 것으로 본다. 1878년에는 다시 고종에게도 이 책을 진상했고, 당시 "학문을 교도(敎導)하는 요람(要覽)이 될 만하다"는 비답까지 받았다.[7] 이 때 그는 『종요록』만 아니라 『철명편』을 함께 진상했다. 마침 『철명편』도 1875년에 완성되어 있었으니, 국왕의 덕망 못지않게 세자의 교육도 중요하다는 인식에서 부친

---

5) 허전, 「종요록서」, 『종요록』 卷首 : "書記聖人修身齊家治國平天下之術, 而其本則本乎德, 其要則在乎敬, 其理則出乎天, 其功化則極乎民."

6) 정경주, 위의 논문.

7) 「연보」, 『성재집 부록』 권2 : "批答曰 : '所進册子, 可作敎導學問之要覽, 甚庸嘆賞.'"

이 미완성으로 남긴 것을 토대로 서둘러 완성했던 것이다.

대개 조선의 역대 국왕들과 신료들은 세자교육이 중요한 문제라고 생각은 했지만, 제왕학에서 그렇게 중요하게 다루지는 않았다. 제왕학의 주요 교재였던 『성학집요』에서도 세자교육을 「정가(正家)」편의 '교자장(敎子章)'에서 다루고 있는데, 세자교육의 문제를 수제치평 가운데 제가(齊家)의 일환으로 간주함으로서 장차 국왕이 될 세자의 인격적 수련에 중점을 두고 있었다.[8] 이에 비해 허전은 세자교육의 문제를 수제치평을 위한 군주로서의 전인적 자질을 함양하는 예비단계로 생각하고, 제왕학의 중요한 과제로 여겼다. 세자의 인격적 수양만이 아니라 국가의 치평을 위한 군주의 자질까지 두루 함양하는 교육을 요구했던 것이다. 우선 세자의 존재에 대한 그의 설명부터 보기로 하자.

> 건(乾)은 아비가 되어 천덕(天德)에 위치하고, 진(震)은 장자가 되어 국기(國器)를 주관한다. 그러므로 제후와 왕들이 세자를 두었던 것은 곧 건과 진의 도리이다. 하·은·주의 삼왕들이 천하를 집으로 삼아 아들에게 전해주면서부터 이극(貳極)이 나란히 빛나게 되어, 종묘사직은 중(重)을 전하고 신민들은 뒤이어 우러러보는 존재가 되었다. 그래서 태자는 나라의 근본이라고 한다. 근본이 한번 바루어지면 만방이 바루어지며, 근본이 한번 견고해지면 만방이 견고해 진다.[9]

『주역』의 건괘와 진괘의 이치를 내세워 국왕과 세자의 역할과 관계를 자연법적인 것으로 설명하고, 삼대 이래의 전통에 의거해 먼저 세자의 중요성을 강조하고 있다. 이처럼 세자가 나라의 근본이 될 만큼 중요한 존재이기

---

8) 이에 관해서는 안세영, 『율곡의 군주론』, 집문당, 2007, 167~173쪽 참조.

9) 허전, 「철명편서」, 『철명편』 권수 : "乾爲父, 位乎天德, 震爲長子, 主器. 后王之有世子, 乾震之道也. 自三王家天下, 家以傳子, 貳極重光, 宗社之所傳重, 臣民之所係望. 故曰太子, 國之本. 本一正而萬方正矣, 本一固而萬方固矣."

때문에, 자연히 조기교육을 통해 선도(善道)를 깨우쳐주고 덕성을 훈육시키는 것이 긴요하지 않을 수 없는 것이다.[10] 그래서 그는 고종에게 『철명편』을 진상하며 올린 상소문에서 이렇게 정의한다.

> 또 엎드려 생각건대, 세자교육은 교도(教導)의 시작이자 비근한 일이며, 제왕학은 학문의 큰일이며 원대한 것입니다. 이렇게 선후의 차례를 둠으로서 체와 용을 아울러 갖추어야 천덕과 왕도를 모두 얻을 수 있을 것입니다.[11]

"세자지교(世子之敎)"와 "제왕지학(帝王之學)"의 관계를 체와 용으로 파악하고, 세자교육으로부터 제왕학으로 발전해 가는 선후의 관계로 설명하고 있다. 즉 세자교육을 제왕학의 기초이자 선행요건으로 간주한다. 따라서 국왕의 학문은 이미 세자시절부터 시작되어야 한다는 것이었다.

『철명편』을 서둘러 완성하고, 고종에게 『종요록』을 올릴 때 함께 진상했던 진의가 여기에 있었던 것인데, 군주가 세자교육을 위해 제도를 마련하고 적극적인 관심을 갖는 일 자체가 바로 제왕학의 중요한 과제임을 보여준 것이다. 허전은 『철명편』 내에서 이 점을 누차 강조하고 있는데, 가령 주공이 섭정할 때 성왕의 교육을 위해 아들 백금(伯禽)에게 세자법을 적용함으로서 성왕으로 하여금 보고 배우도록 가르쳤던 일을 거론하고, 국왕에게 태사(太師)나 태부(太傅)와 같은 세자의 스승 자리에 적임자를 엄격히 인선해서 가르칠 것을 강조하기도 했다. 거기에 붙인 허전 자신의 견해를 보자.

> 신이 살피건대, 『서경』에 "능히 스스로 스승을 얻은 자가 왕이다"고

---

10) 상동문 : "其要, 在乎早教, 諭以善道, 薰陶德性, 期至於爲堯爲舜也."
11) 허전, 「進宗堯錄哲命篇疏」, 『종요록』 권수 : "又伏念世子之敎, 敎之始而近者也, 帝王之學, 學之大而遠者也. 先後有序, 體用兼該, 然後天德王道, 可得以盡矣."

했으며, 『맹자』에서는 "(이윤에게) 배운 뒤에 신하로 삼았다"고 합니다. 그러므로 비록 천자라고 해도 반드시 사우(師友)를 두었으니, 삼공(三公) 은 사신(師臣)이었고, 삼고(三孤)는 우신(友臣)이었던 것입니다. 지존의 지위에 있어도 그렇게 했는데, 하물며 태자와 세자의 예는 어떻게 해야 하겠습니까. 어릴 때부터 교육을 반드시 시행해야 그런 뒤에 수제치평 의 일이 본성처럼 익숙해져 덕교가 크게 일어나 사해에 넘쳐흐를 것입 니다.12)

천자도 삼공과 삼고를 두어 배웠듯이 태자나 세자도 태사와 태부를 두어 배우도록 해야 한다는 말이다. 이를 통해 군주의 수제치평의 일을 자연스럽 게 익히도록 만들어야 한다고 함으로서 세자교육을 제왕학의 과제로 실천 하도록 국왕에게 촉구하고 있다. 다만 그 방안이 문제가 될 터인데, 『종요 록』을 통해 치학의 요점에서부터 『대학연의』와는 근본적으로 다른 시각을 보여주고자 했던 그는 동시에 『철명편』에서도 자신의 학문관점을 통해 세 자교육의 새로운 방안을 제시코자 했던 것이다.

3. 『철명편』의 편차와 구성

『철명편』은 상·하 2책으로 이루어졌는데, 상권은 「역대세자례(歷代世子 禮)」로 제목했고, 하권은 「본조세자례(本朝世子禮)」로 제목하고 있다. '역대' 란 중국의 역대 왕조를 가리키며, '세자례'란 세자의 양육과 교육에 관련된 일체의 절차와 의미를 가리키는 것이다. 그래서 상권에는 유가의 경전과 제

---

12) 허전, 「역대세자례」『철명편』상권 : "臣按, 書曰:'能自得師者王', 孟子曰:'學焉
   而後臣之', 故雖天子, 必有師友, 三公, 師臣也, 三孤, 友臣也. 在至尊之位, 猶
   然, 況太子世子之禮乎. 自幼少時, 敎固已行, 然後修齊治平之事, 習與性成,
   沛然德敎, 溢乎四海矣."

자서 및 역사서에서 세자의 양육과 교육에 관련된 기사들을 뽑아 엮어놓았
다. 유가의 경전 중에는 『예기』의 「문왕세자(文王世子)」와 「내칙(內則)」이
가장 선두에 뽑혀있고, 그리고 「왕제(王制)」·「제의(祭義)」·「증자문(曾子問)」
과 『주례』·『상서』·『대대례』 등에서 발췌하고 있다. 그 외에도 『가의신서
(賈誼新書)』나 『일주서(逸周書)』 등의 제자서와 『사기』·『한서』·『국어』·『통
감강목』 등의 역사서 등 모두 31종의 전적을 참고하고 있다. 상권의 가장
마지막에 고려 문종(文宗)의 고사가 한 조 수록되어 있는데, 이는 안정복(安
鼎福)의 『동사강목(東史綱目)』에서 발췌한 것이다. 이어 하권의 본조편에는
『국조보감』에서 주로 발췌하고, 『갱장록(羹墻錄)』과 『상훈보편(常訓補編)』·
『문헌비고』 등에서 보조로 발췌했는데, 태조조로부터 익종대리조까지의 기
사 가운데 세자의 보양(輔養)과 교도에 모범이 될 만한 내용을 수록하고 있
다. 그리고 끝엔 부록으로 「세자칭호」와 「동궁관속」을 열거했고, 「동궁훈잠
(東宮訓箴)」의 목록을 수록해 놓았다.

  하권의 본조편은 역대 국왕 순으로 분류하고 있지만, 상권의 경우는 내용
상 일체의 구분 없이 발췌문들을 열거하고 있다. 『종요록』의 경우는 군주의
덕성에 관련된 주요 개념들을 설정하고, 다시 그 아래에 인용 문헌별로 열
거하고 있지만, 『철명편』은 개념별 항목설정이라든지 인용문헌별 구분도
없다. 다만 세주(細註)로 인용문헌의 제목을 명기해 두고 있고, 경문의 경우
는 해당 구절 아래에 선학들의 주석을 소개하고 있으며, 필요한 경우는 자
신의 견해를 "신근안(臣謹按)"이라는 말 아래에 붙여두기도 했다.

  우선 여기서 주목할 것은 허전이 발췌한 문헌들의 성격이다. 실로 방대한
수의 문헌으로부터 자료를 뽑았는데, 그의 박학한 학문경향을 여실히 보여
준다. 『예기』를 주요 문헌으로 주목한 것은 유가 경전 가운데 세자와 관련
된 내용을 담은 자료가 거의 『예기』에 집중되어 있는 때문이라고 하겠으니,
『성학집요』의 경우도 마찬가지였다. 그러나 그 이외 참고한 문헌들의 목록
을 보면, 경전은 대개 오경이 주축을 이루고, 역사서는 『사기』『한서』『북

사』『당서』등의 비중이 높으며, 심지어 제자서까지 망라하고 있어, 대체로 선진양한대의 문헌에 많은 비중을 두고 있음을 알 수 있다. 이런 학문 현상은 조선 성리학의 학문체계에서는 보기 어려운 것이다. 이는 일찍이 『종요록』에서 볼 수 있었던 것과 같이 경학에 있어서 사서학(四書學)으로부터 탈피하고자 오경학(五經學)의 체제를 옹호하며 선진양한대의 경학에로 회귀코자 하는 경향13)과 상통하는 것이다.

이러한 경향은 주석에서도 나타난다. 『철명편』에서 허전이 가장 주목하고 있는 문헌은 『예기』의 「내칙」과 「문왕세자」이다. 이 경문의 이해를 돕기 위해 그가 주로 소개하고 있는 주석은 한나라 정현(鄭玄)의 주석이다. 간혹 당나라 공영달(孔穎達)의 해석도 소개하고 있으니, 『예기주소(禮記註疏)』를 참고했던 것으로 보인다. 물론 필요에 따라 송나라 유학자들의 주석을 소개하기도 했는데, 대체로 정호(鄭澔)가 편찬한 『예기집설(禮記集說)』을 참고한 것으로 본다. 『예기』의 주석서로는 본래 정현 주·공영달 소의 『예기주소』가 가장 먼저 통행했었는데, 명대 이후로 『예기집설』이 널리 읽혔고, 우리 조선에서는 전적으로 이 책이 통용되었다. 다시 『예기주소』에 관심을 두기 시작한 것은 청나라의 고증학자들이었으며, 조선의 경우도 근기실학자들에 의해 주목을 받았다. 허전 역시 근기실학의 학문 전통을 따라 정현의 주석에 권위를 부여함으로서 조선학계에서 거의 절대시 되었던 주자학의 경전해석을 상대화시키고자 했다.

내용의 구성을 보면, 세자의 태교에서부터 책봉에 이르기까지 다양한 절차와 예법들, 그리고 역사적 사례와 고사들을 망라하고 있다. 앞서 지적하기를 『철명편』상권이 항목이나 조목의 구분 없이 편집되어 있다고 했지만, 그렇다고 결코 무질서하게 나열해 둔 것은 아니다. 우선 편차된 순서대로 그 내용을 정리해 보면 다음 표와 같다.

---

13) 정경주, 앞의 논문, 28~30쪽.

항목	세부내용	발췌서목	면행수
1.세자가 태어났을 때의 예절	·세자를 접견하는 절차 ·세자를 양육하는 절차 ·세자의 이름을 짓는 절차	「내칙(內則)」	1a·4행~ 4a·4행
2.문왕·무왕·성왕이 세자였을 때의 고사	·문왕과 무왕이 부모를 섬겼던 예법 ·주공이 성왕을 가르친 예법	「문왕세자(文王世子)」	4a·5행~ 6a·6행
3.삼왕이 세자를 가르친 예법	·예악을 가르침 ·사부를 세워 세자를 보양함 ·치학(齒學)의 예법 ·세자로서 부모 섬기는 예절	「문왕세자」	6a·7행~ 11b·9행
4.세자가 학교에 입학해서 배우는 절차	·배우는 내용 ·입학하면 선성과 선사께 석전함	「왕제(王制)」 「문왕세자」 「제의(祭義)」	11b·10행~ 18a·7행
5.군주가 죽고 난 뒤 세자가 태어났을 때의 예법	·신료들이 행해야 할 절차	「증자문(曾子問)」	18a·8행~ 19a·3행
6.왕과 세자에게 의식(衣食)을 드리는 예법	·담당 관인들이 음식과 옷을 드리는 절차	『주례』 『사문유취(事文類聚)』	19a·4행~ 20b·1행
7.삼공과 삼고의 직임	·태사·태부·태보, 소사·소부·소보, 조공(詔公)·태사(太史)의 각 직임 ·(부)윤휴(尹鑴)의 「공고직장도설(公孤職掌圖說)」	『상서·주관(周官)』 『대대례(大戴禮)』 『가의서(賈誼書)』 『일주서(逸周書)』	20b·2행~ 28a·2행
8.세자교육에 관한 기타 경전의 기록		『대대례』 『주역』·『상서』 『맹자』·『시경』	28a·3행~ 31a·1행
9.세자와 관련된 제자서 및 역사서 등의 기록	·태교 ·입세자례(立世子禮) ·태자 폐위의 사례 ·세자의 관례 ·태자의 인효(仁孝) ·세자 건위(建位)의 중요성 ·세자교육의 중요성 ·각 시대의 고사 등등 ·고려 문종의 고사	『열녀전』『가의신서』『좌전』『국어』『호씨관견(胡氏管見)』『의례경전』『대대례』『사기』『한서』『통감강목』『북사(北史)』『당서』『송명신언행록』『석림연어(石林燕語)』『이정전서(二程全書)』『팔대가문초』『경연차자』『주자대전』『동사강목』	31a·2행~ 56b·1행

　항목의 제목은 필자가 임의로 붙여본 것이다. 대략 9가지 항목으로 구분
해 보았는데, 기본적으로 전반부(1~5)는 세자가 태어나서 보양되고, 아동기
를 거쳐 세자에 오르게 되며, 나이가 되면 입학해서 학문을 익히게 되는 시
간적 과정을 따라 『예기』의 관련 내용들이 편차되어 있고, 후반부(6~9)는
다른 경전과 역사서 등의 문헌 가운데 전반부의 내용을 보충해 주는 내용들
로 편차되어 있다. 여러 문헌에 흩어져 있는 자료들을 모아 엮으면서 편차
와 구성에 대해 편자 나름으로 고민한 흔적이 깊어 보인다. 주제나 항목으
로 분류해 내기 쉽지 않은 다양한 자료들을 시간적 과정을 따라 그리고 내
부로부터 외연으로 확장하는 방식으로 접근할 수 있도록 구성한 것이다.
　하권의 「본조세자례」는 ‘태조조'에서부터 ‘익종대리'까지 편년체 방식으
로 편차해 두었다. 거의 『국조보감』에서 내용을 발췌했을 뿐만 아니라, 단
종조와 연산군과 광해군을 제외한 것도 철저히 『국조보감』의 구성을 따른
것이다. 이렇게 ‘본조'편을 구성한 것은 제왕학으로서 세자교육의 구체적인
방안들이 선대 국왕들이 남긴 교훈과 고사에 담겨있다는 인식에 의한 것이
었다.[14] 상권의 ‘역대'편이 시대를 초월한 세자교육의 필요성에 대한 이상
적 의미를 다루었다면, ‘본조'편은 당해 왕조에 실천되었던 세자교육을 통
해 방안을 모색하려는 현재적 의미를 담고 있다. 사실 ‘역대'와 ‘본조'의 상
하 구조로 엮는 방식은 흔히 역사문헌에서 볼 수 있는데, 허전은 이런 방식
을 빌려와 경학적 의미와 역사적 의미를 동시에 살필 수 있도록 구성했던
것이다. 이런 구도를 통해 그는 세자교육의 문제를 동양사상의 역사적 구도
안에서 그 의의와 중요성을 밝혀보고자 기획했던 것으로 본다.

---

14) 허전, 「철명편서」, 『철명편』 권수 : "恭惟我列朝, 聖子神孫, 繼繼承承, 輔養之
　　方, 敎導之術, 著於國朝寶鑑, 載於羹墻錄, 見於常訓補編文獻備考等書者, 實
　　萬億年祈命定命之道也."

4. 허전의 세자교육론의 내용과 성격

이상에서 언급한 바와 같이 『철명편』은 중국과 조선의 각종 문헌들로부터 세자교육과 관련된 기록들을 뽑아 편집한 것이다. 요즘의 저서개념에서 볼 때 이 책은 편집서이지 저서에 해당되지는 않는다. 간혹 "신근안(臣謹按)"이라는 구절 아래 편자 자신의 의견을 기술하기도 했지만, 그것은 해당 내용에 대한 자신의 독자적 의견을 적은 단편적인 것일 뿐, 이 책 전체의 구성과 내용에 대한 자신의 견해를 나타내는 언급은 없다. 즉 이 책은 세자교육론에 관련된 편서이지 허전 자신의 세자교육론을 직접 논술한 저서는 아닌 것이다. 그런데도 이 책을 허전의 저술로 인정했던 이유는 편집된 내용의 구성을 통해 그 행간에 깃들어 있는 편자의 의도, 즉 그의 논리를 읽어볼 수 있기 때문이다. 이것이 근대 이전 동양의 저술전통이다.

앞 장의 『철명편』의 편차와 구성에서 대략 살펴보았듯이, 여기에는 세자교육의 필요성, 의의, 방법, 내용 그리고 관련 고사 등등 다양한 내용으로 구성되어 있다. 이 다양한 내용의 구성 속에서 편자의 의도를 명확하게 읽어 내기란 쉽지 않다. 다만 『철명편』의 서문 가운데 세자교육의 내용에 대한 단서를 보여주는 발언이 있다.

> "한 사람의 원량(元良)이 있으면 만국이 곧아진다"고 했으니, 그 요점은 조기교육을 통해 선도(善道)로 깨우쳐 주고 덕성을 훈도해서 요임금 순임금처럼 되기를 기약하는 것이오, 그 방법은 경전에 모두 실려 있는데, 효·인·예·의를 우선으로 삼지 않는 것이 없다.[15]

원량이란 곧 세자를 가리키는 말이니, 세자를 통해 만국이 바르게 다스려

---

15) 상동문 : "故曰: '一有元良, 萬國以貞', 其要, 在乎早敎, 諭以善道, 薰陶德性, 期至於爲堯爲舜也, 其法, 具載經籍, 而莫不以孝仁禮義, 爲先."

지기를 바란다면, 바로 조기교육을 통해 국왕으로서의 덕성을 갖추게 해야 한다는 것이다. 그리고 세자교육의 내용과 방법은 "효인예의"를 우선으로 삼아야 한다고 하는데, 우선으로 삼는다는 말은 세자교육의 주된 정신이 "효인예의"에 있다는 뜻이다. "효인예의"는 일찍이 가의(賈誼)의 「보부편(保傅篇)」에서 세자교육의 핵심으로 지목했던 것인데, 허전 역시 이것을 세자 교육의 가장 중요한 문제로 받아들였던 것이다.

그러나 허전은 이 "효인예의"에 중점을 둔 세자교육의 내용이 어떤 것인지를 구체적으로 언급하지는 않았다. 그렇지만 한편으로 『종요록』에서 제왕학의 핵심으로 "천민경덕"을 설정했던 구도를 연상케 하는데, 『철명편』에 담긴 세자교육의 내용을 "효인예의"로 요약해보면 허전의 세자교육론의 요점을 추론해 볼 수 있을 것으로 본다. 그런 점에서 『종요록』의 "천민경덕도"와 대비해서 『철명편』의 세자교육을 "효인예의"의 시각적 구도로 도식화해보면 아래와 같다.

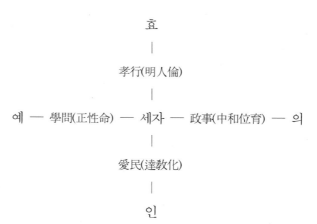

허전은 "양노걸언(養老乞言)"과 "합어(合語)"의 예를 설명하는 대목에서 이 예를 행함으로서 "인륜이 위에서 밝아지고 교화가 아래에 이르러, 각자

성명이 바루어지고 중화위육(中和位育)의 효과가 나타날 것이오, 하늘에 영명(永命)을 기원한 효험이 나타난다면, 선왕께서 세자를 가르치신 의도가 지극해 질 것이다"16)고 했다. 세자교육을 통해 이루게 될 네 가지 효험을 설명한 것이 "효인예의"의 구도와 거의 맞아 떨어진다는 점에서 그의 세자교육론의 의의를 매겨볼 수 있겠다. 이것을 토대로『철명편』에 담긴 허전의 세자교육론의 몇 가지 성격을 살펴보기로 하겠다.

(1) 효행의 실천과 명인륜(明人倫)

효는 유가에서 가장 근본으로 여기는 덕목이다. 이것은 서민으로부터 천자에 이르기까지 차이가 있을 수 없는 것이었으니, 천자라고 부모가 없을 수 없기 때문이었다. 그래서 세자의 경우도 원자(元子) 시절부터 기본적으로 부모의 침식과 안부를 살피는 것부터 익히는 것이 중요했던 것이다. 조선에서도 원자가 6세 무렵이면『동몽선습』과『소학언해』를 통해 효행의 덕목과 실천방법을 익히도록 했으며, 세자가 되어서도 부모를 봉양하는 범절을 낱낱이 익혀 실천해야 하는 것으로 강조되었다.

『철명편』의 세자교육에서도 이 점은 중요한 일로 강조되고 있다.『예기』「문왕세자」로부터 문왕과 무왕이 세자였을 때의 고사를 소개하고, 또「세자지기(世子之記)」의 내용을 소개하고 있는데, 문왕과 무왕의 고사는 성인(聖人)의 효행이며,『세자지기』는 보통 이상의 사람들의 효행으로 설정하고 있다.17) 사실 내용상으론 별 차이가 없으니, 효행에 있어서는 성인과 보통

---

16)『철명편』권상, 15b·8~10행 : "臣謹按, 一養老乞言合語之禮行, 而人倫明於上, 教化達於下, 各正其性命, 而致中和位育之功, 有祈天永命之效, 則先王教世子之意, 斯其至矣."

17)『철명편』권상, 11b·1~2행 : "方氏曰 : '文武之所爲, 聖人之行也, 世子之記, 則中人之行而已.'"

사람의 차별을 두지 않았던 것이다. 그런데 효행이 특히 중요한 덕목으로
교육되어야 했던 이유를 「문왕세자」편의 다음 구절이 암시하고 있다.

> 그러므로 세자법(世子法)을 백금(伯禽)에게 적용해서 그로 하여금 성
> 왕(成王)과 함께 머물게 함으로서 성왕이 부자와 군신과 장유의 의리를
> 알도록 했다. 군주는 세자에게 친하기로는 아버지요, 높기로는 군주이
> 다. 아버지로서의 친함도 있고 군주로서의 높음도 있어야 천하를 겸하
> 여 소유하게 된다. 그러므로 세자를 보양하기를 신중히 하지 않을 수
> 없다.18)

국왕과 세자의 관계는 부자간이면서 동시에 군신간이기 때문에 세자의
효행은 이 둘을 겸하는 도리라고 할 수 있다. 그런데 이 도리를 통해 궁극
도달하게 되는 것이 천하를 다스리는 것이라고 한다. 즉 세자의 효행은 곧
장 치국평천하로 직결되는 것으로 보았던 것이다. 그래서 허전은 이 대목
아래에 "부자됨을 아는 것이 효이고, 군신됨을 아는 것이 충이며, 장유됨을
아는 것이 순이다. 효제충순이 세워지면 나라가 다스려진다"19)는 장낙(長
樂) 진씨(陳氏)의 주석을 붙여 두었다. 이는 "인륜이 천하통치의 근본"20)이
라는 생각과 상통하는 것이다.

---

18) 『철명편』 권상, 9a·10행~9b·3행 : "是故, 抗世子法於伯禽, 使之與成王居, 欲
令成王之知父子君臣長幼之義也. 君之於世子也, 親則父也, 尊則君也. 有父
之親, 有君之尊, 然後兼天下而有之. 是故, 養世子, 不可不愼也."
19) 『철명편』 권상, 10b·3~5행 : "長樂陳氏曰 : '經曰雖天子必有尊也' 以天子尙
有所尊, 而況於民乎! 故知爲父子則孝, 知爲君臣則忠, 知爲長幼則順. 孝弟忠
順立而國治矣."
20) 『철명편』 권상, 15b·6~7행 : "唯是五者, 謂之人倫, 聖人用之, 以齊一天下. (…)
莫不以人倫爲本焉."

(2) 애민의식의 함양

효행을 시작으로 인륜을 밝히는 일이 군주로서 덕을 이루는 가장 근본적인 공부라고 하겠지만, 이 군덕(君德)은 궁극 하달(下達)로 인해 완성되는 것이다. 하달의 제일 대상은 민이다. 그러므로 세자일 때부터 민을 살피는 일을 가르치는 것이 중요하다.

> 신이 삼가 살피건대, 소인들이 의존하는 것은 바로 농사일이고, 홀아비와 과부는 천민(天民)으로서 하소연할 데 없는 자들입니다. 상나라의 현군들은 반드시 농사일의 어려움을 먼저 알았으며, 하소연할 데 없는 사궁(四窮)들을 먼저 돌보았으니, 오랫동안 나라를 유지한 것이 마땅하지 않겠습니까? 진실로 만세토록 인주들의 귀감이 될 만한 일입니다.[21]

군주로서 가장 먼저 관심을 두어야 할 일로 농사일과 사궁을 거론했는데, 요즘으로 말하자면 민생과 복지이다. 현실정치의 기본인 셈인데, 허전은 세자교육에서 중요한 내용으로 다루어져야 할 것으로 지적하고 있다. 그래서 그는 『상서』「무일(無逸)」편의 내용을 특별히 발췌 수록하여, 고대 왕들이 도성 밖에 머물며 농사를 익혔고 서민들의 생계를 보살피며 환과고독(鰥寡孤獨)의 사궁민(四窮民)을 존대했던 점을 강조했다.

민생에 대한 세자교육의 문제는 특히 하권의 「본조세자례」에서 자주 다루어지고 있다. 가령 정종(定宗)이 태조의 금강산 행차에 대해 가뭄이 들은 때에 민폐가 될 수 있으므로 그만둘 것을 건의한 일이 실려 있고[22], 또 세조(世祖)가 세자에게 내린 훈계에서 눈앞에 보이는 사물이 모두 백성들의

---

21) 『철명편』 권상, 30b·2~4행 : "臣謹按, 小人之依, 乃稼穡也, 鰥寡, 天民之無告者也. 商之賢君, 必皆先知稼穡之艱難, 先恤四窮之無告, 其享國長久, 不亦宜哉? 眞萬世人主之龜鑑也."
22) 『철명편』 권하, 1a·9행~1b·2행.

고혈이므로 인주(人主)의 도리는 애민과 절용을 근본으로 삼아야 한다고 했으며[23], 덕원군(德源君)의 집을 마련할 때 새로 짓는 일은 민폐가 되기 때문에 집을 사들이도록 했고[24], 장성한 세자에게 외사(外事)를 익히게 하기 위해 대군청(大君廳) 북쪽에 집을 하나 지어 나가 머물게 했던 일을 실어두었다.[25] 중종의 경우도 3살 된 원자를 여염집에서 길러지도록 해서 민간의 질고를 알고 사대부가의 풍습을 살피도록 했던 일도 실려 있다.[26] 일련의 이런 고사는 모두 애민 정신을 세자에게 훈도하고자 했던 선왕들의 사례를 귀감으로 제시된 것이다.

(3) 사부와 입학을 통한 세자교육

군덕과 애민의식이 군주의 타고난 성품에 바탕하기도 하지만, 순수한 마음만으로 그것이 갖추어지는 것은 아니다. 여기에는 학문에 의한 체계적인 교육과 수련이 필요하다. 사실 여기에 세자교육의 본령이 들어있다. 우선 허전은 『철명편』에서 세자교육의 방법으로 크게 두 가지를 제시하고 있는 것으로 파악된다. 하나는 사부(師傅)를 통한 체계적인 교육이오, 또 하나는 학교교육을 통해 배우는 것이다.

『예기』「문왕세자」를 위시한 옛 경전의 기록에 의하면, 고대 주나라 시대에는 세자를 교도하는 직임으로 삼공(三公)과 삼고(三孤)가 있었다. 이들은 천자의 스승이기도 했지만, 세자의 교육까지 담당했던 것으로 보인다. 삼공은 태사(太師)·태부(太傅)·태보(太保)이고, 삼고는 소사(小師)·소부(小傅)·소보(小保)이다. 『대대례(大戴禮)』와 『일주서(逸周書)』 등에 이들의 직임에 대

---

23) 『철명편』 권하, 8a·9행~8b·2행.
24) 『철명편』 권하, 8b·9행~9a·5행.
25) 『철명편』 권하, 10a·10행~10b·6행.
26) 『철명편』 권하, 16a·6~8행.

한 구체적인 기록이 있어 『철명편』에도 전제되어 있는데, 대체로 천자의 실책과 무지함과 부덕함을 일깨워주는 역할을 한다. 한편 「문왕세자」의 기록에 의하면, 태부는 직접 예를 보여주는 것으로 깨우쳐 주는 반면, 소부는 태부의 덕행을 설명해 줌으로서 세자를 깨우쳐 준다. 또 사(師)는 실제 사례를 통해 덕행을 가르쳐 주고, 보(保)는 세자의 행동과 처신을 단속시켜 보익하는 역할을 한다. 그 외에도 세자를 가르치는 직책으로 의(疑)와 승(丞), 보(輔)와 필(弼)이 있었고, 조공(詔工)과 태사(太史)도 있었다. 이렇게 많은 스승을 주변에 두고 가르쳤던 것은 그만큼 세자의 위치와 그의 교육이 중요했던 때문이었다. 허전은 『철명편』에 이들에 대한 기록을 꼼꼼히 옮겨 놓고, 또 17세기의 남인계의 학자였던 백호(白湖) 윤휴(尹鑴)가 지은 「공고직장도설(公孤職掌圖說)」까지 발췌해 두었는데, 거기에는 옛 제도의 취지를 복원해서 삼공과 삼고에 준하는 세자교육 체계를 강화하기를 희망하는 기대가 들어 있다.

또 한편 허전은 세자가 적절한 나이가 되면 태학에 입학해서 선비들과 함께 어울려 공부했던 옛 관행을 무척 중요하게 생각했다. 고대에는 왕태자와 왕자와 제후들의 태자와 경대부 및 원사(元士)들의 적자와 국중의 뛰어난 인재들을 모두 나이에 따라 학교에 입학토록 했었다.[27] 이때는 신분의 존비귀천을 따지지 않고 오직 나이로 서로 존대하도록 했는데, 이것을 "치학(齒學)" 또는 "치양(齒讓)"이라고 했다. 이렇게 했던 데에는 복합적인 목적이 있었다고 본다. "치양"의 전통은 본래 세자의 이런 행례를 통해 중인(衆人)들이 부자·군신·장유의 도리를 보고 깨닫도록 하는데 있었다.[28] 세자의 한 가지 일로 인해 세 가지 선을 터득하게 된다는 말이 그 뜻이다.[29] 그러

---

27) 『철명편』 권상, 11b·10행~12a·1행 : "王太子, 王子, 群后之太子, 卿大夫元士
之適子, 國之俊選, 皆造焉, 凡入學以齒."
28) 『철명편』 권상, 9b·4행~10b·8행.
29) 『철명편』 권상, 9b·4행 : "行一物而三善皆得者, 唯世子而已, 其齒於學之謂也."

나 이것은 성인인 문왕이 세자였던 때의 말이기 때문에 "치양"의 효과가 중
인들에게 중요했지만, 역사상 일반 세자들의 경우는 꼭 중인들을 위해 "치
학"했던 것만 아니라, 세자의 교육에 있어서도 중요한 의미가 있었다. 가령
세조의 경우 세자와 함께 자주 성균관에 행차해서 성균 생원들과 함께 경서
를 강하게하기도 하고, 같이 자리해서 어울리도록 유도하기도 했으며, 또한
옛 제도를 본받아 "치양"을 행하도록 시키기도 했다. 이 때 세조의 목적은
세자로 하여금 연령대가 비슷한 사람들 속에서 어울려 배우게 함으로서 교
만한 마음을 누르고 효제의 의리를 배우게 하려는 데 있었다.30) 『철명편』
하권에는 이에 관한 제반의 고사들이 소개되어 있다. 사실 조선의 역대 세
자들 가운데 "치양"을 제대로 한 경우가 몇 되지 않았고, 후기로 내려올수
록 차츰 이런 전통이 사라졌던 것이다. 허전은 세자교육에서 이런 아름다운
전통을 되살려 볼 것을 은근히 기대하고 있었다고 본다.

(4) 학교 예전을 통한 치무의 학습

고대에는 세자가 학교에 입학하게 되면 배우는 내용이 다양했으니, 그 내
용을 통칭 예와 악이라고 말했다. 「문왕세자」의 기록이다.

> 대개 삼왕(三王)들이 세자를 가르치실 때 반드시 예악(禮樂)으로 가르
> 치셨다. 악은 안을 수양하는 것이고, 예는 밖을 수양하는 것이다. 예와 악
> 이 마음 안에서 교착되어 밖으로 형태를 드러내게 된다. 그래서 그것이
> 이루어지면 기쁘게 되고, 삼가 공순해지며 온유해서 문아(文雅)해진다.31)

---

30) 『철명편』 권하, 11a·9행~11b·5행 : "今玆齒讓之禮, 一以抑驕侈之心, 一以敦
   孝悌之義."
31) 『철명편』 권상, 6a·7~8행 : "凡三王, 敎世子, 必以禮樂. 樂, 所以修內也, 禮,
   所以修外也. 禮樂, 交錯於中, 發形於外. 是故, 其成也, 悅, 恭敬而溫文."

삼왕의 시대에는 예와 악이 주된 교과였다. 그중 악은 연주와 노래를 포함하는 것으로 흔히 '현송(弦誦)'이라고 표현했다. 훗날 여기에서 시가 나왔고, 시는 다시 음악에 붙어 노래되었다. 위의 말에 따르면 악은 마음을 수양하는 것이라고 하는데, 곧 정서를 안정시키고 감정을 절제하는 기능의 교육이었다고 하겠다. 한편 예는 일정한 사안마다 행위를 규제하는 의식절차라고 하겠는데, 이 안에는 역사적 경험이 들어있어, 고대의 학습에서 예는 역사공부[서(書)]와 무관하지 않았다.[32) 그래서 예가 밖을 수양한다는 것은 행위의 수련만을 의미하는 것이 아니라, 역사적 소양과 정치적 역량의 함양도 포함하는 것이므로 세자교육에서 매우 중요한 대상이 아닐 수 없다. 이런 면에서 학교에서 거행되는 예전(禮典) 가운데 허전이 높은 관심을 보이는 게 몇 가지 있다.

먼저 "양로걸언(養老乞言)"의 예법이다. "양로"는 노인 가운데 현자를 봉양하는 것이니, 나라의 원로에 대해 존경을 다해 대접하는 것이다. "걸언"은 원로에게서 실천할 만한 좋은 가르침을 듣는 것이다.[33) 학교에서는 이 예법을 시행함으로서 세자로 하여금 본받아야 할 것이 무엇인지 알게 하고, 또한 자신의 아집을 버리고 원로의 말을 받아들이는 자세를 배우게 했던 것이다.[34) 이것은 일찍이 군주로서 국가의 공신과 세신들을 예로 존대하고, 또한 비판적 언론을 받아들일 줄 아는 자세를 배우게 한 것이다.

또 "합어(合語)"의 예법이 있다. 이것은 곧 향음주례(鄕飮酒禮)와 향사례(鄕射禮), 대사례(大射禮), 연사례(燕射禮) 등 향촌의 사대부사회에서부터 조정에 이르기까지 고래로 두루 행해지던 것으로, 부자·군신·장유의 도리가

---

32) 이와 관련해서 허전도 『철명편』 권상, 14b·5~10행에서 "詩必播之樂而後誦之絃之, 則詩樂, 別非二事, 春夏便是一工. 然則合而敎之曰: '春秋禮樂, 冬夏詩書', 分而敎之曰: '春詩夏樂, 秋禮冬書'"라고 했다.

33) 『철명편』 권상, 15a·2행 : "鄭註, 養老人之賢者, 因從乞善言可行者也."

34) 『철명편』 권상, 15a·3~4행 : "旣敎世子以養老之道, 俾知所以憲也, 而後敎之以乞言之義, 謂虛己以納其言也."

이 안에 합치되어 있는 예법으로 간주되었다. 그러므로 이 예법을 통해서 귀천과 존비와 장유와 음양과 빈주의 예를 두루 알게 함으로서 군신, 부자, 형제, 부부, 붕우 간의 도리를 배우도록 했던 것이다.35) 허전은 "양로걸언" 과 "합어"의 예법 속에 선왕들이 세자를 가르치던 의미가 온전히 들어있는 것으로 보았으니, 이 예법의 시행을 통해 "인륜이 위에서 밝아지고 교화가 아래에 이르러, 각자 성명(性命)이 바루어지고 중화위육(中和位育)의 효과가 나타날 것"이라고 내다보았던 때문이다.

"취현렴재(取賢斂才)"하던 예법도 있다. 이것은 주나라 때 서교(西郊)에 있 던 학교에서 인재들을 품평해서 뽑아 사마(司馬)에 올리던 제도이다. 진사 (進士)라는 말이 여기에서 유래했던 것이다. 여기서 인재를 품평할 때 덕을 우선으로 삼았고, 다음으로 사무 능력을 보았고, 그 다음은 언변을 보았으 며, 기능은 중시하지 않았다고 한다.36) 허전이 이 제도에 관심이 있었던 것 은 교육이 얼마나 성취되었는가를 평가하는 것일 뿐 아니라, 실은 사람을 뽑아 직책을 맡기는 방법이 담겨있기 때문이었다.37) 곧 인재선발의 안목을 이 제도를 통해 배우게 되는 것이다. 군주의 가장 중요한 권한의 하나가 인 사권이라고 할 때, 인재를 알아보는 안목은 필수적인 능력이 아닐 수 없기 때문이다.

이상과 같이 학교에서 행해지던 예전들을 통해 세자는 장차 군주로서의 능력과 기능을 학습하는 기회를 가졌던 것이니, 따라서 허전은 이 고제(古

---

35) 『철명편』 권상, 15a·9~15b·4행 : "合語者, 謂鄕飮酒也, 鄕射也, 大射也, 燕射 也. 祭, 饗也, 燕, 賓也. 凡是數禮, 下自鄕黨, 上至朝廷, 莫不行之者. 有貴賤 之禮, 所以明君臣之道也, 有尊卑之禮, 所以明父子之道也, 有長幼之禮, 所以 明兄弟之道也, 有陰陽之禮, 所以明夫婦之道也, 有賓主之禮, 所以明朋友之 道也."

36) 『철명편』 권상, 17a·4~17b·6행.

37) 『철명편』 권상, 17b·7~9행 : "臣謹按, 古之世子, 已自入學之時, 取賢斂才, 論 其德行術藝, 此非但成就敎育之道, 實亦爲擇人任職之方, 後之人君, 所當鑑 法也."

制)들이 지니고 있는 의미를 부각시킴으로서 이 제도의 취지가 현재에 재현
되기를 기대했던 것이다.

5. 맺음말

『철명편』은 세자교육의 철학적, 역사적, 윤리적 의미와 내용을 담고 있는
특별한 저술이다. 허전은 세자교육의 문제를 단순히 국왕의 '자녀 가르치
기'의 문제로 보지 않고, '군주 만들기'라는 제왕학의 일환으로 파악함으로
서 그 의미를 크게 부각시켰다. 세자교육을 세자의 인성문제로 국한하지 않
았고, 현실정치를 담당할 군주로서의 윤리적이고 정치적인 자질을 기르는
실질적 교육으로 발전시키고자 했다. 따라서 허전은 세자교육의 내용을 "효
인예의(孝仁禮義)"의 구도로 파악함으로서 다분히 '하학(下學)'을 지향하는
실천적 세자교육의 체계를 마련했다고 본다.

이 점은 그의 세자교육론의 내용에서도 분명하게 나타나고 있는데, 인륜
에 근거한 효행의 실천문제와 민생과 복지를 지향하는 애민의식의 함양을
세자교육의 주요 성격으로 지적하고, 한편 고제(古制)에 담겨있는 윤리적이
고 역사적인 가치를 파악해서 현재에 복원시키기를 시도했던 점은 근기실
학의 학문전통을 여실히 보여주는 것이다. 그런 점에서 『철명편』은 세자교
육론을 통해 허전의 실학사상을 볼 수 있는 저술이기도 하다. 그의 제도개
혁론을 설명한 『수전록』이나 『삼정책』과는 달리 경학의 토대 위에서 실학
적 논리를 전개하고 있다는 점에서 『철명편』은 『종요록』과 함께 허전의 실
학적 성과를 대표하는 저술이라고 하겠다.

[김 철 범]

제3부

『사의』와 예학 사상

허전의 『사의』 예설에 대하여
『사의』 예설에 수용된 퇴계학파의 예학 관점
허전 예설의 수양자 문제에 대하여
『사의』 간행 경위와 편제

허전의 『사의』 예설에 대하여

1. 서설

　근대 산청의 학자 척와(惕窩) 권택용(權宅容, 1903-1987)이 1942년 경 향리에서 아동들의 초학 교재로 삼기 위해 오언 49구로 만든 『몽화(蒙話)』라는 책에 "『새설』은 이성호, 「외필」은 기노사, 기문(奇文)은 박연암, 박학(博學)은 정다산, 의례(議禮)는 허성재, 연원(淵源)은 유정재, 척완(戚畹)은 민충정[僿說李星湖 猥筆奇蘆沙 奇文朴燕巖 博學丁茶山 論理李華西 議禮許性齋 淵源柳定齋 戚畹閔忠正]"이라는 구절이 들어 있다. 근대의 이름난 학자들의 주요 저술과 학풍을 간략하게 요약한 이 구절에 거론되었듯이, 성재 허전(許傳)은 조선후기 실학의 학통을 계승한 근세의 학자로서 예학(禮學)에 조예가 깊었는데, 그의 예설(禮說)을 집대성한 책이 『사의(士儀)』이다. 『사의』는 허전이 평생 정력을 쏟은 예서로서 그 문인들에게 높이 존숭되었을 뿐만 아니라[1] "사(士)의 생활의식을 집대성한 예서로서 이조 오백년 예학의 최후의 대작"[2]으로, 영남과 기호를 막론하고 남인계 가문에서 오랫동안 생활화되었다.

　「성재연보(性齋年譜)」에 의하면 허전이 경진년(1820)에 부친인 일천공(一川公)의 상을 당하면서부터 고금의 예설을 강구하였는데, 나이 64세 때인 경신년(1860)에 『사의』를 완성하였다고 한다. 이 때 완성된 책은 친친편(親

---

1) 金鎭祜 『勿川集』 卷4 「與趙洛彦性濂」: 士儀一書 吾先生五十年精力 而吾黨之一大龜鑑也.
2) 李佑成, 「許傳全集 解題」, (『許傳全集』, 亞細亞文化社 1979).

親篇) 4권, 성인편(成人篇) 1권, 정시편(正始篇) 2권, 이척편(易戚篇) 10권, 여 재편(如在篇) 3권, 방상편(方喪篇) 1권 등 본집 6편 21권에, 법복편(法服篇) 2 권, 논례편(論禮篇) 2권 등 2편 4권의 별집 등 25권 9책에, 목록과 사의도(士 儀圖)를 합한 별책 1책 등 모두 10책으로 편성되었다. 이 책은 고종 7년 (1870) 함안 입곡(立谷)의 여음정사(廬陰精舍)에서 목활자로 간행한3) 것으로 알려져 있다. 『사의』는 간행과정에서 미비점에 발견되어 간행하는 도중에 여러 곳을 수정하여 간행을 마쳤다.4)

허전은 또한 『사의』의 권질이 호한(浩汗)하여 고거(考據)하기에 불편하다 고 그 대강을 요약하여 『사의절요(士儀節要)』 2권을 만들었다. 『사의절요』 는 그의 나이 77세 되던 계유(1873)에 완성되었다. 이 『사의절요』는 그 해 에 함안 수동(壽洞)에서 문인 조성렴(趙性濂)이 연안인(延安人) 이용기(李用 基)의 서문을 넣어 간행하였다.

그러다가 허전 사후 정미년(1907)에 이르러 이택당(麗澤堂)에 사의중간소 (士儀重刊所)를 차려 『사의』를 목판으로 새겨 다시 간행하였다. 이때는 일산 (一山) 조병규(趙昺奎)와 물천(勿川) 김진호(金鎭祜)가 일을 주관하였다. 이때 는 친친편 3권, 성인편 1권, 정시편 1권, 이척편 8권, 여재편 2권, 방상편 1 권, 법복편 2권, 논례편 3권 등 모두 8편 21권으로 편차를 조정하여 엮은 9책에다 별책 1권을 덧붙여 10책으로 편성하였다.

이 장에서는 『사의』 편찬의 의도와 『사의』 예설의 특징을 개괄하고, 한 국예학사에 있어서 『사의』가 가지는 의의를 논하고자 한다.

---

3) 柳鐸一, 『星湖學脈의 文集刊行研究』 35-38쪽, 부산대학교출판부, 2000.
4) 『性齋全集』 1-433. 「與巴山諸生書3」 士儀誤刊處 則非因他人之言而改之也 本 來校正時未詳者 故不可不釐正也.

2. 『사의』의 편차와 내용

　『사의』는 『의례(儀禮)』와 『주자가례(朱子家禮)』를 기본으로 하였는데, 그 편차와 조목은 『가례』의 미비한 것을 대폭 보완하였다. 『성리대전(性理大全)』 권19에서 권21까지 4권에 수록된 『주자가례』와 『사의』의 편목을 비교하면 다음과 같다.

家禮		士儀	
通禮	祠堂, 深衣制度, 司馬氏居家雜儀	親親篇	姓氏, 宗族, 爲人後者本親, 母黨, 夫黨, 妻黨, 姑姉妹女子子親屬, 宗法, 適長子, 適孫, 次適, 次孫, 攝主, 庶子, 次子之子, 繼後子, 次繼子, 繼後孫, 立嗣後生子而繼子奉祀, 出繼後本宗無嗣還承, 出後而無故還奉, 弟繼兄, 間代繼後, 獨子後大宗以其庶子還承其父, 異姓奉祀, 父子之親, 夫婦之別, 長幼之序, 婢僕
冠禮	冠, 筓	成人篇	冠, 筓
昏禮	議婚, 納采, 納幣, 親迎, 婦見舅姑, 廟見, 壻見婦之父母	正始篇	男氏婚具, 女氏婚具, 嫁時盛服, 議婚, 納采, 請期, 納幣, 親迎, 婦見舅姑, 見廟, 壻見婦黨, 再娶, 婚姻辨疑
喪禮	初終, 沐浴 襲 奠 爲位 飯含, 靈座 魂帛 銘旌, 小斂, 大斂, 成服, 朝夕哭 奠 上食, 弔 奠 賻, 聞喪 奔喪 治葬, 遷柩 朝祖 奠 賻 陳器 祖奠, 遣奠, 發靷, 及墓 下棺 祠后土 題木主 成墳, 反哭, 虞祭, 卒哭, 祔, 小祥, 大祥, 禫, 居喪雜儀, 致賻奠狀, 謝狀, 慰人父母亡疏, 父母亡答人慰疏, 慰人祖父母亡啓狀, 祖父母亡答人啓狀,	易戚篇	愼疾, 初終, 立喪主, 治棺, 沐浴, 襲, 靈座, 魂帛, 銘旌, 小斂, 大斂, 成殯, 成服, 五服制度, 竝有喪, 師友服, 雜服, 朝夕哭奠, 上食, 奔喪, 喪中立後, 稅服, 出外死, 弔, 慰人父母亡疏 父母亡答人慰疏, 慰人祖父母亡亡狀, 祖父母亡答人慰狀, 本生親喪書狀, 長子喪書狀, 祝文書疏孤哀之分, 治葬, 朝祖, 祖奠, 遣奠, 柩行, 下棺, 題主, 成墳, 反哭, 偕喪葬奠辨疑, 合葬, 久不葬, 招魂葬, 虞祭, 虞辨疑, 卒哭, 卒哭辨疑, 祔, 虞祔辨疑, 祔中一以上義, 小祥, 練辨疑, 大祥, 祥辨疑, 禫, 禫辨疑, 居喪雜儀, 居喪失禮, 廬墓, 起復, 吉祭, 吉祭辨疑, 改葬, 喪中改葬服, 喪內改葬朝夕奠上食, 改葬辨疑, 修墓
祭禮	四時祭, 初祖, 先祖, 禰, 忌日, 墓祭	如在篇	祠堂, 廟主, 尸義, 祠版, 神軸, 神座, 塑像, 神帛, 昭穆, 祭器, 祭服, 焚香再拜有無義, 參神降神先後義, 納主辭神先後義, 祥後朔望, 祥中行祀之節, 動臣不祧, 四時祭, 祭饌, 祭辨疑, 初祖, 先祖, 禰, 忌日, 忌日辨疑, 墓祭
		方喪篇	臣民服, 在外臣民儀, 君親偕喪, 國恤內私喪私祭辨疑, 國恤中私喪, 國恤內冠昏, 郡縣吏爲守令服
		法服篇	
		論禮篇	

위 표에서 알 수 있듯이 우선 『가례』의 편차와 조목을 그대로 준수하지 않았다. 이 점은 사계(沙溪) 김장생(金長生)의 『상례비요(喪禮備要)』나 『가례집람(家禮輯覽)』 또는 많은 종류의 예서가 『가례』의 편차와 조목을 준수하였던 것과 대조를 이룬다. 사계의 『상례비요』의 범례에는 "『가례』를 조술한다"5)고 하였고, 이의조(李宜朝)의 『가례증해(家禮增解)』 범례에는 "『가례』본문의 글자는 감히 한 자도 움직이지 않았다"6)고 하였음에 반하여, 『사의』의 범례에는 "이 책에는 기강이 있고 조목이 있는데, 『의례』와 『가례』를 근본으로 하고 경전자사(經傳子史) 및 고금 제가의 요어(要語)를 수집하여 두 책의 미비한 점을 갖추었다"7)고 하였다. 이처럼 『사의』는 그 편찬 초기부터 『의례』나 『가례』를 미완의 서적으로 보고, 고금의 예서를 참조하여 완비된 하나의 예서를 편찬하려는 의도를 가지고 있었다.

완비된 하나의 예서를 편찬하려는 의도는 종래의 예서에서 관혼상제의 명칭을 그대로 사용하지 않고 친친(親親), 성인(成人), 정시(正始), 이척(易戚), 여재(如在) 등의 편목을 바꾸어 붙인 데서도 드러난다. 각 편목에는 그 편목을 설정한 의의를 설명하는 소서(小序)를 모두 붙여 놓았다.

허전은 『사의』의 처음 세 편을 친친편(親親篇)이라 하였다. 친친편1의 내용은 성씨와 명자(名字)의 유래에 대한 제가의 설과 족당의 호칭에 대한 설명으로 이루어져 있다. 사실 이런 내용은 『의례』나 『가례』의 조목도 아니고, 격식을 갖춘 의식절차가 포함되어 있지 않기 때문에, 엄밀한 의미에서 예식이라고 하기에는 어렵다. 친친편2는 종법(宗法)을 서술한 것인데 그 소서에 "이 편은 존조(尊祖), 경종(敬宗), 수족(收族)의 예와 내외친(內外親)이 화목하게 지내는 도리까지 서술하였다"8)고 하였으며, 친친편3에서는 부자

---

5) 金長生, 『喪禮備要』「凡例」: 此書雖祖述家禮 而其間或有不得已可補者補之.
6) 李宜顯, 『家禮增解』凡例: 廣引經傳及古今諸儒說 以解家禮本文之義 而家禮本文 則不敢動一字.
7) 「士儀凡例」: 此書有綱有條 盖以儀禮家禮爲本 而蒐集經傳子史 及古今諸家要語 以備二書之未備者.

지친(父子之親), 부부지별(夫婦之別), 장유지서(長幼之序), 비복(婢僕)의 네 장
을 설정하고 부록으로 배례(拜禮)를 설명하였다.

가정과 친족 내의 일상적인 인간관계에 대하여 처신하는 규범으로 이루
어져 있는 친친편을 『사의』의 첫 편목으로 설정한 데는, 예의 본질에 대한
허전의 평소 인식이 깔려 있다. 허전은 친친편1의 소서 첫머리에 "사람의
도리로 친친이 크다"9)고 하면서, 「요전(堯典)」의 '친구족(親九族)'과 『주례』
의 '교육행(敎六行)'이 모두 친친을 미루어 나간 것이라 하였다. 그는 『종요
록(宗堯錄)』의 서두에서도 「요전」의 '능히 높은 벽을 밝혀, 그로써 구족(九
族)을 친하게 하고, 백성을 고르게 다스리니 백성이 환하게 밝아지고, 만방
을 화합하게 하니 만백성이 이에 화목하게 되었다[人道克明俊德 以親九族
九族旣睦 平章百姓 百姓昭明 協和萬邦 黎民於變時雍]'고 한 30자를 떼어 첫머
리에 놓고, "수신제가치국평천하의 일이 모두 이 30자에 들어 있고, 대학의
명덕(明德) 신민(新民) 지어지선(至於至善)이 근본으로 삼은 곳"10)이라 하였
다. 『중용』에 "인(仁)이란 인(人)이니 친친(親親)이 크고, 의(義)는 의(宜)이니
존현(尊賢)이 크다. 친친의 차이와 존현의 등급에서 예가 생겨난다"11)고 하
였으니, 허전은 예가 친친과 존현에서 비롯한다는 데 근거를 두고 친친편을
『사의』의 첫머리에 두었던 것이다.

관혼상제라는 말을 그대로 사용해도 될 터인데, 굳이 편목의 명칭을 바꾼
데는 의례 형식의 의식 절차를 상세히 설명하는 것보다 앞서 의식의 본디

---

8) 『士儀』卷2 親親篇2: 此篇述尊祖敬宗收族之禮 以及內外親睦婣之道也.

9) 人道親親爲大 故父子有親 君臣有義 夫婦有別 長幼有序 朋友有信 天彝之性
而聖人之敎也. 君爲臣綱 父爲子綱 夫爲妻綱 此三綱也. 師長爲君臣之紀 諸
父兄弟爲父子之紀 諸舅朋友爲夫婦之紀 此六紀也. 堯典之親九族 周禮之敎
六行 皆親親之推也. 世降而敎弛 或有不知己屬稱者 余甚懼焉 採而述之. 『士
儀』卷1 「親親篇」.

10) 『宗堯錄』卷1 「民」: 修身齊家治國平天下之事 盡在此三十字 大學之明德新
民至於至善所本也.

11) 『中庸』: 仁者人也 親親爲大. 義者宜也 尊賢爲大. 親親之殺 尊賢之等 禮所生也.

의의를 보다 강조하려는 의도가 있었던 것으로 보인다. 종족의 칭호와 종법
제도는 본디 유가경전에 누누이 언급한 친친의 이념을 실현하기 위한 것이
듯이, 다른 편목도 모두 예의 형식과 절차보다는 그 본디 의의에 초점을 맞
추어 명명하였다. 성인편(成人篇)의 소서에서는 "관례(冠禮)는 사람다운 도
리로써 사람을 공경하고, 사람다운 덕성을 사람에게 책망하기 위함"12)이라
하였고, 정시편(正始篇)의 소서에서는 "혼인(昏姻)의 예는 성인에 남녀의 위
상을 바로잡고 인륜의 시초를 존중하기 위함"13)이라 하였으며, 이척편(易戚
篇)의 소서에서는 "상례(喪禮)는 성인께서 부모를 봉양하는 은정을 다하고
마지막 섬기는 효도에 유감이 없도록 함"14)이라고 하였고, 여재편(如在篇)
의 소서에서는 "제사의 예는 성인께서 추양 계효(追養繼孝)하기 위함이니
천성에 근본한 것"15)이라 하였다.

『사의』의 편목마다 제시된 소서는 각기 분리되어 있지만, 의미의 일관성
을 가지고 있다. 친친편에서 사람된 도리[人道]의 가장 소중한 것이 친친이
라 하면서 인간관계의 기본 질서를 논하고, 성인편에서 '사람된 도리[人道]'
와 '사람된 덕성[人德]'의 의미를 관례의 절차를 통하여 나타내고, 정시편
에서 '인간관계[人倫]의 시초'를 혼인의식을 통하여 구현하고, 이척편에서
친근한 인간관계의 마지막 도리를 나타내고, 여재편에서는 친근한 사람이
"이미 죽었다고 해서 문득 잊어버리지 못하는 것이 천리요 인정"16)이라 하
였으니, 모두 인간된 도리[人道]와 인간의 질서[人倫]를 친친의 의미로 유
추하여 설명한 것이다. 방상편의 소서에서도 "군부(君父)는 일체이다. 부친
을 섬기는 도리를 바탕으로 군주를 섬기는데, 함께 사는 거레를 사랑함"17)

---

12) 『士儀』 卷4 成人篇: 冠禮 聖人所以敬人以成人之道 而望人以成人之德也.
13) 『士儀』 卷5 正始篇: 昏姻之禮 聖人所以正男女之位 而重人倫之始也.
14) 『士儀』 卷6 易戚篇: 喪禮 聖人所以盡養親之恩 而無憾於終事之孝也.
15) 『士儀』 卷14 如在篇: 祭祀之禮 聖人所以追養繼孝 本天性者也.
16) 『士儀』 卷14 如在篇: 一朝而沒焉 則不忍위이사무지 거연상망 시천리야 인정야.
17) 『士儀』 卷16 方喪篇: 君父一體也 資於事父以事君 而愛同生之族也. 故禮曰

이라 하였으니, 인간의 사회적 공존이라는 의미에서 방상(方喪)의 의의를 논한 것이다. 이렇게 보면 『사의』의 편차에는 인간된 도리를 친친으로부터 시작하는 인간의 공존으로 보고, 인간 공존을 실현하는 구체적인 실천 방안으로서의 예를 강구한다는 의미가 담겨져 있다 할 것이다.

허전은 『사의』에서 『주자가례』의 조목을 대략 채택하면서도, 『가례』의 편차와는 그 관점을 크게 달리하고 있다. 그는 자신이 편찬한 예서의 명칭을 "사의"라고 하였다. 예는 성인이 아니면 감히 논할 수 없고, 시왕(時王)이 아니면 제도를 감히 제정할 수 없으니, 그런 덕과 그런 지위가 없는 자가 예제(禮制)를 논할 수 없다고 하면서, 한편으로 사(士)로서 예의를 갖추지 않을 수 없기 때문에 나름대로의 행동의 준칙을 정한다는 뜻이다. 여기에는 이른바 『주자가례』를 하나의 완성된 예서로 보고 그 조문을 준수하면서 미비된 점을 보완하는 기존의 가례서들과는 전혀 다른 입장에서, 『가례』를 미성성(未成書)로 규정하고, 고금의 예서를 널리 참조하여 규모를 갖춘 사의 완정된 예서를 편찬한다는 의도를 담고 있는 것이다.

『사의』에서 특별히 중요한 논점은 후반부에 덧붙인 법복편(法服篇)과 논례편(論禮篇)이다. 법복편 두 편은 심의제도(深衣制度)와 상복제도(喪服制度)를 고증한 것으로, 『주자가례』의 본문과 「가례도」에 제시된 심의와 상복제도의 모순점을 변박(辨駁)하고, 『의례』 경전에 근거하여 심의와 상복의 본디 제도에 대한 허전의 견해를 제시한 것이다. 심의(深衣)의 제도에 대하여 고금 예가(禮家)의 이설이 많았다. 「가례도」에는 거(袪)를 메구(袂口)로 보고, 속임구변(續衽鉤邊)을 상(裳)의 봉합처라 하였는데, 허전은 거가 의신(衣身)이며 속임구변은 의신과 곡겁(曲袷)의 봉합처로 보았다. 상복의 복제에 있어서도 「가례도」에는 의신 아래 좌우로 달아내는 베를 임(衽)이라 하고, 소매를 네모나게 재단하였으나, 그는 단최(端衰)의 제도가 심의와 다르지 않고 단지 부(負)·적(適)·쇠(衰) 삼물(三物)만 더할 뿐이라고 하여 이에 대하여 자

事親服勤 至死 致喪三年 事君服勤 至死 方喪三年 臣子之道 終矣.

세하게 논변하였다.

○ 法服篇一: 玉藻解, 深衣解, 檀弓解, 三袪辨, 縫齊倍要辨, 衽當旁辨, 續
　　衽鉤邊辨, 曲袷辨, 袼辨, 袂辨, 長中辨, 繼揜尺辨, 裳十二幅辨, 緣純辨,
　　負繩辨, 帶辨, 衣正論, 深衣制度
○ 法服篇二: 衰裳總論, 喪服記條辨, 婦人衰辨, 童子衰辨, 明衣裳辨, 緇
　　布冠說, 幅巾說, 幅巾證解, 喪冠経帶辨, 緦麻布縷辨, 杖義, 不借說

　그 밖에 허전은 논례편 3편을 두어 고금의 예설 가운데 논란이 많은 여
러 문제들에 대하여 명석하게 변론하였다. 이 점에 대하여는 장을 달리하여
언급하겠다.
　이와 별도로 허전은『사의별집』에「사의도」라는 이름으로 그 예설을 설
명하는 데 필요한 106개의 도를 그려 놓았다.『주자가례』에 '가묘지도(家廟
之圖)', '사당지도(祠堂之圖)' 등 31개의 도가 있는데, 그는 그 대부분을 고치
고 또 필요한 것은 새로 만들어 붙였다.『주자가례』에 붙어 있는「가례도」
가 문제점이 많다는 종래 학자들의 논의가 있기는 하였지만, 대부분의 예서
는『가례집람(家禮輯覽)』처럼 기존『가례도』의 도를 그대로 존치하고 다른
도를 보충하여 넣는 것이 일반적인 사례인데, 허전처럼「가례도」자체를 전
면 부정하고 새로 도를 만들어 붙인 것 또한 교조적 주자학의 굴레에서 벗
어난 허전『사의』의 기본 관점을 여실히 반영한 것이다.

3.『사의』논례의 요지

　허전의『사의』는 기왕에 조선조 예학자들이『주자가례』를 중심으로 예
를 시행하고 정비하는 과정에서 야기된 다양한 문제점과 새로운 학설들을
두루 포섭하여 이를 하나의 완정한 이론 체계로 정리한 예서이다. 그렇기

때문에 『사의』의 각 의식 절차에는 그 의식 절차와 관련된 학계의 중요한 논점들이 요약되어 있다. 그런 가운데 허전의 논례(論禮) 관점을 가장 잘 보여주는 것은 논례편에 제기된 43편의 예학 논의이다. 이들 논의를 대략 요약하면 다음과 같다.

○ 이천입묘비탈적설(伊川立廟非奪嫡說) : 정이천(程伊川)이 그 형 명도(明道)가 죽은 뒤에 아버지 태중(太中)을 위하여 가묘를 건립하였는데, 이천이 임종할 적에 가묘의 주제(主祭)로 명도의 장손인 앙(昻)을 세우지 아니하고 자신의 아들인 단언(端彦)을 세웠다. 이를 혹자는 이천이 종적(宗嫡)을 탈조(奪宗)한 것이라고 비난하는 자가 있지만, 이는 '가묘를 세운 자는 시봉(始封)과 같이 부조(不祧)하는데, 적장자가 있을 적에는 적장자가 주제하다가도 적장자가 죽으면 가묘를 세운 자의 장자에게 전한다'는 송나라 당대의 시왕지제(時王之制)이기 때문에 잘못이 아니라는 설이다.

○ 본생친칭호변(本生親稱號辨) : 『가례』 이후로 위인후자(爲人後者)가 본생 부모형제에 대하여 백숙부모(伯叔父母)라 칭하고 종자(宗子)로 자칭하는 사례가 생겨났는데, 이는 본생친(本生親)을 소원하게 여길 염려가 있고, 우리나라에서는 소후부모와 본생부모를 전혀 구별하지 않고 부모라 칭하는데, 이는 무이통(無貳統)과 별혐(別嫌)의 뜻에 배치되므로, 본생 부모와 본친에 대하여는 본(本) 자를 붙이고, 자칭은 이통(貳統)의 혐의가 적용되지 않고 본생친에 대한 의리를 단절하는 것은 불가하므로 본디 그대로 불러도 무방하다는 설이다.

○ 위인후자설(爲人後者說) : 『의례』 상복 참최장(斬衰章)의 '위인후자'라는 구절은 소후(所後)를 확정짓지 아니한 말이므로 조후(祖後)나 증조후(曾祖後), 심지어는 형후(兄後)의 개념이 성립할 수 있다는 설에 대하여, 소후부(所後父) 없이 입후(入後)하는 법이 없다고

주장하였다. 이어서 아버지가 생존하였을 때는 입후(立後)하지 않는다는 설을 반박한 내용이 들어 있다.

○ 위인후자전모계모당(爲人後者前母繼母黨) : 위인후자에게 전모(前母)와 계모(繼母)가 있을 경우, '계통은 그 중 하나를 따르고 친분은 그 둘을 따른다[統從其一 親從其二]'는 원칙을 세워서 이모(二母)의 당을 모두 동등하게 친하되 원배(元配)를 외통(外統)으로 삼음이 좋다는 논의이다.

○ 전모계모지당위친(前母繼母之黨爲親) : 외친(外親)에도 이통(貳統)이 없으므로 전모지당(前母之黨)과 계모지당(繼母之堂)이 서로 상관하지 않는다는 설이 있으나, 전모당(前母黨)이나 계모당(繼母黨)이나 함께 친하도록 함이 종후(從厚)의 도리에 맞다는 논의이다.

○ 내외형제설(內外兄弟說) : 『의례』의 정현(鄭玄) 주에는 고모의 자식을 외형제(外兄弟)라 하고, 외삼촌의 아들을 내형제(內兄弟)라 하며, 혹자는 외삼촌의 자식은 내형제이고 이모의 자식은 외형제라 하기도 하며, 이성(異姓)의 친족은 모두 외친(外親)이라 한다고 하는 등, 외형제 내형제에 대하여는 이설이 많은데, 고모의 자식은 외손의 외자를 따라 외형제라 하고, 외삼촌[舅]의 자식은 외조부의 외자를 따라 외형제라 하는 것이 선왕의 예법일 것이나, 의례의 설이 굳어진 지 오래기 때문에 바꾸기 어렵다.

○ 외친불가혼설(外親不可昏說) : 부성(父姓)은 백대라도 혼인을 통하지 않지만, 모족(母族)인 경우에는 혹 유복지친(有服之親)이라도 혼인하는 경우가 있는데, 이는 예교에 흠이 되니, 진외육촌(眞外六寸)이나 외외육촌(外外六寸)도 형제자매라고 호칭하는 관계에 있어서는 혼인하는 것이 명분에 어울리지 않으니, 이성(異姓)도 8촌에 한하여 혼인하지 않도록 함이 예에 합당하겠다.

○ 부당모당부당호위존비상칭의(父黨母黨夫黨互爲尊卑相稱義) : 어떤 사람이 소종(小宗)에 출후(出後)하였는데, 그 소후부(所後父)에게 본디 독자(獨子)가 있어서 대종(大宗)으로 출후(出後)하였다가 후사가 없어서 친족을 취하여 후사로 삼고 보니, 그 처가 자기의 본생모(本生母)의 누이동생이었다. 이렇게 되자 자기의 부당(父黨)으로 보면 출계(出系)의 종자부(從子婦)이나, 모당(母黨)으로 보면 이모가 되고, 저쪽에서 보면 본디 이질(姨姪)인데 부당(夫黨)으로는 남편의 본종숙부(本宗叔父)가 되니 존비의 칭호가 곤란하게 되었다. 이런 경우 이모 숙부의 명칭은 서로 높이되 감히 스스로를 높이지 못하고, 누이나 종자부(從子婦)라는 칭호로 스스로를 낮추되 감히 서로를 비하하지 않는 것이 정문(情文)에 맞으며, 상복으로는 모두 소공복(小功服)이 되지만 강복(降服)이 정복(正服)보다 무겁기 때문에 강복의 소공을 입는 것이 종후(從厚)의 예이다.

○ 고질가위제사상칭의(姑姪嫁爲娣姒相稱義) : 고모와 그 조카딸이 같은 집안으로 시집가서 동서가 되는 경우 서로의 칭호를 어떻게 할 것이냐의 문제에 대하여, 역시 각존기존 자처이비(各尊其尊 自處以卑)의 원칙으로 처신하고 상복은 종후(從厚)로 함이 마땅하다.

○ 일인겸내외친총론(一人兼內外親總論) : 외친도 혼인하지 않는 것이 옳지만 우리나라에서는 이종자매가 종형제의 수(嫂)가 되거나 동당 자매(同堂 姉妹)의 자식이 당내(堂內)의 며느리가 되는 경우 등 내외근친이 혼인하는 일이 없지 않으므로 이런 경우 존존(尊尊)하되 상에 임하여서는 친친(親親)의 정에 따라 중복(重服)을 따름이 옳겠다.

○ 촉광이사변(屬纊以俟辨) : 「상대기(喪大記)」의 "촉광이사절기(屬纊以俟絶氣)"를 "촉광이사. 절기(屬纊以俟. 絶氣)"로 끊어서 읽어야 의리에 해가 없다.

○ 구연왈호변(瞿然曰呼辨) : 『예기』 「단궁(檀弓)」의 "童子曰 華而睆
大夫之簀與? 子春曰止. 曾子聞而瞿然曰呼 曰華而睆 大夫之簀與"라는
구절에서 호(呼)를 정현(鄭玄)의 주나 진호(陳澔)의 설에서는 '모두
숨을 헐떡이는 소리[虛憊之聲 또는 噓氣之聲]'라고 하였는데, 허전
은 '부르는 소리[喚]'라고 보았다.

○ 역책변(易簀辨) : '증자역책(曾子易簀)'의 고사에 대하여 증자가 임
종을 당하여 '대부가 사용하는 대자리[簀]를 깔고 있다가 다른 책
으로 바꾸었다'는 종래의 해석에 대하여, 허전은 증자가 일찍이 대
부의 지위에 있었기 때문에 이 해석은 옳지 않고, 다른 사람이 준
선물을 존중한다는 의미에서 '계손(季孫)이 준 대자리로 바꾸어 깔
았다'는 의미로 해석해야 한다고 주장하였다.

○ 습불좌임변(襲不左衽辨) : 습염(襲斂)에 있어서 사자(死者)의 의복은
모두 '좌임결교불뉴(左衽結絞不紐)'로 한다는 정현의 해석에 대하
여, 허전은 「사상기(士喪記)」의 '습삼칭(襲三稱)'의 주에 나오는 이
말은 「상대기(喪大記)」의 '소렴대렴제복불도(小斂大斂祭服不倒)'라
는 말을 잘못 인용하여 해석한 것으로, 이는 산의도의(散衣倒衣)와
염금(斂衾)을 좌임(左衽)으로 한다는 말이지 습의(襲衣)를 좌임(左
衽)으로 한다는 말이 아니라고 해석하였다.

○ 늑백설(勒帛說) : 늑백을 세속에서는 혹 '발싸개[裹足]', 혹은 '정강
이가리개[束脛]', 혹은 '행전(行纏)'으로 이해하지만, 허전은 이것이
'신(紳)'이나 '대(帶)'나 '요대(腰帶)', '협대(脅帶)'와 같이 허리와 옆
구리 근처에 가로로 둘러서 드리우는 띠를 말하는 것이라고 고증
하였다.

○ 주자입손의(朱子立孫義) : 주자가 나이 70에 치사(致仕)하고 손자
감(鑑)에게 가사(家事)를 전하면서 차자(次子) 야(埜)로 하여금 보좌
하게 하였는데, 혹자는 이것이 손자가 봉사(奉祀)하여 사판(祠版)을

고치고 묘주(廟主)를 체천(遞遷)한 것이라고 하는데, 허전은 이것이 섭사(攝事)이기 때문에 결단코 그런 일이 없음을 주장하였다.

○ 주자답호백량서석의(朱子答胡伯量書釋疑) : 주자가 호백량(胡伯量)에게 답한 서찰에서 "선인의 장자인 형이 죽고 후사가 없어 그 후사를 입후(立後)하면 마땅히 그로 하여금 주제(主祭)하게 하여 고조(高祖)를 조거(祧去)해야 하는데, 우리 집에서도 장차 소손(小孫)이 봉사하면 그렇게 해야 할 것이다"라고 한 구절을 놓고 혹자는 부재승중 시주조묘(父在承重 題主祧廟)의 증거로 삼는데, 이는 잘못된 것임을 밝혔다.

○ 칠십노이전의(七十老而傳義) : 『예기』「곡례(曲禮)」에 "칠십왈노이전(七十曰老而傳)"이라 한 구절의 공영달(孔穎達)의 소(疏)에 "아버지가 만약 폐질이 있거나 늙어서 가사를 전하면 아들이 마땅히 종사(宗事)를 대신 주관하는데 그 아들이 죽으면 족인들은 그를 위해 복을 입는다"고 하였다. 허전은 이 설이 "70이 넘은 부친이 생존해 있는데 이를 종자(宗子)로 삼지 아니하는 것은 예의 본뜻이 아니라"고 하여 배척하였다.

○ 부유폐질조망주상설(父有廢疾祖亡主喪說) : 아버지가 비록 폐질이 되어 종사(宗事)를 주관하지 못하더라도 아버지가 계신데 아들이 아버지를 위하여 조부에 대하여 참최(斬衰) 정복(正服)을 입지 못한다는 설이다.

○ 증조재이복조참설(曾祖在而服祖斬說) : 증조부가 생존해 계시면 조부에게 전중(傳重)되지 않았기 때문에 승중(承重)의 사례에 의거하여 조부에 대해 참최복(斬衰服)을 입을 수 없다는 설에 대하여, 소종(小宗)의 통서(統緒)를 이으면 그 조부의 제사를 주관한다는 점에서 참최복을 입어야 한다고 주장한 설이다. 이는 『상례사전(喪禮四箋)』의 '아버지를 위한 복은 조부가 있어도 편다[爲父之服 祖在亦

伸]'는 입장을 이어받은 것으로서 '조부는 손자를 누르지 않는다
[祖不壓孫]'는 원칙을 취한 것이다.

○ 계후자정복참최설(繼後者正服斬衰說) : 계후자(繼後者)를 위하여 의
복(義服)으로 기년(期年)을 입는다는 설에 대하여 계후자(繼後子)의
복이 정복 참최 삼년(正服 參衰 三年)이라고 확정한 설이다.

○ 계녜지자위장자삼년설(繼禰之子爲長子三年說) : 「상복소기(喪服小
記)」의 '서자는 장자를 위하여 3년복을 입지 않는다'는 설에 의거
하여 서자의 아들은 그 아들을 위하여 3년복을 입지 않는다고 하
는 속설에 대하여, 서자의 아들도 그 아버지의 후사를 계승하였으
면 제 아들을 위하여 3년복을 입어야 한다고 주장한 설이다. 이는
종적(宗嫡)과 지서(支庶)의 구별을 일정한 대수에 한정하여 해석한
데 의의가 있다.

○ 종자상위후불위후의(宗子殤爲後不爲後義) : '종자가 성인이 못되어
죽으면 서자(庶子)가 그 후사가 되지 아니하고, 그를 위해서는 본
복으로 상복을 입는다'는 「중자문(曾子問)」의 한 구절에 대한 해석
인데, 대종(大宗)의 후사인 경우에는 위상입후(爲殤立後)를 하지만
그렇지 않은 경우도 있다는 설이다.

○ 부재위모복기설(父在爲母服期說) : 부재모상(父在母喪)의 장기(杖朞)
는 모(母)를 위한 본복(本服)은 아니나 이존(二尊)의 혐의를 피하여
3년이란 명분을 제거한 것이기 때문에 3년의 연상담(練祥禫)과 장
기(杖朞)의 연상담(練祥禫)은 각기 그 의의가 달리 있다는 설이다.

○ 위처장기연상담설(爲妻杖朞練祥禫說) : 부재모상의 장기에 연상담
이 있는 것을 사람들은 거기에 삼년의 체(體)가 있기 때문이라 여
겨, '처상(妻喪)에는 삼년의 의리가 없기 때문에 연(練)이 없다'고도
하는데, 기년복(朞年服)의 담장(禫杖) 속에 연(練)이 포함되어 있음

을 변증한 설이다. '지친이기단 가융즉삼년(至親以期斷 加隆則三年)'이 허전 설의 요점이다.

○ 출모복기의(出母服期義) : 「단궁(檀弓)」에 "孔氏之不喪出母 自子思始也"라는 구절에 대하여, 출처(出妻)의 자식이 그 출모(出母)를 위하여 장기(杖朞)의 복을 입지만, 부후(父後)가 된 이는 복(服)이 없는 것이 고례(古禮)의 본뜻인데, 부후가 된다 함은 부몰승중(父歿承重)을 의미하는 것이므로, 부재미급승중(父在未及承重)하면 모복을 입는 것이 옳기 때문에 자상(子上)으로 하여금 출모복(出母服)을 입지 못하게 한 것은 이해할 수 없는 처사라는 주장이다.

○ 서자부재위기모장기의(庶子父在爲其母杖朞義) : 서자로서 부후(父後)가 된 자는 부몰모상(父沒母喪)에 사친(私親)의 복을 입고 종묘(宗廟)를 주관할 수 없기 때문에 시마(緦麻)에 그치지만, 부재모상(父在母喪)이면 아직 승중(承重)하지 아니하였기 때문에 제 모친을 위하여 장기복(杖朞服)을 입어야 마땅하다는 설이다.

○ 이적모복의(二嫡母服義) : 부득이한 사정으로 두 적모(嫡母)가 있는 경우 "전적(前嫡)이 승통(承統)하고 후적(後嫡)이 전중(傳重)하지 않되 둘 다 삼년을 입는 것"이 합당하다는 설이다.

○ 군모당기모당겸복(君母黨己母黨兼服) : 서자로서 위인후자(爲人後者)의 외통(外統)은 소생모(所生母)인 제 모친에게 있기 때문에, 군모(君母)가 생존할 적에는 군모당(君母黨)에 대한 복이 있지만, 군모가 계시지 않으면 복이 없고, 적모(嫡母)에게나 소생모에게나 모두 3년복을 입는다는 설이다.

○ 폐질자복의(廢疾子服義) : "지친이기단 가륭즉삼년(至親以期斷 加隆則三年)"이기 때문에 장자나 중자(衆子)나 본복(本服)은 부장기(不杖朞)이고, 장자로서 전중(傳重)하는 경우에만 가륭(加隆)하여 3년

으로 입기 때문에 폐질자에 대한 복은 장중(長衆)이 한결같이 부장기라는 설이다.

○ 위인후자본친복유강유불강설(爲人後者本親服有降有不降說) : 위인후가(爲人後者)가 본생에 대한 복을 모두 한 등급 강복하는 것은 실례라는 설이다. 삼년의 참최는 가륭(加隆)의 복이니, 승중(承重)의 통(統)에 대하여 불이참(不二斬)하는 것은 불이통(不貳統)하기 위한 것이므로 그 부모를 위해 기년복을 입고 그 조부모 이상의 재최(齊衰)는 이참 이통(貳斬 貳統)의 혐의가 없고 또 지존(至尊)이기 때문에 강복(降服)하지 않는다고 하였다. 이는 위인후자가 본생의 족친에 대하여 모두 한 등급 강복(降服)한다는 속설을 비판한 것이다.

○ 고자매여부지전실자서자주제의(姑姉妹與夫之前室子庶子主祭義) : 고자매(姑姉妹)와 여자자(女子子)가 시집가서 남편도 없고 자식도 없어서 주제(主祭)할 자가 없는 경우에는 강복(降服)하지 않고 부장기복(不杖朞服)을 입는데, 부지전실자(夫之前室子)와 자신이 낳지 않은 서자에 대하여도 기년복을 입는다고 하는 『의례문해(疑禮問解)』의 설에 반론을 제기한 것이다.

○ 위후자외조상재위인후지전당복기복의(爲人後者外祖喪在爲人後之前當服其服義) : 위인후자가 출후(出後)하기 전에 외조부의 상을 당하였다면 당연히 본복(本服)을 입어야 하지만, 출후한 뒤나 기한이 지난 뒤에 추복(追服)하는 것은 옳지 않다는 설이다.

○ 동자복제설(童子服制說) : 동자의 상복에 수질(首絰)이 없다는 사계(沙溪)의 설에 반박하여, 동자의 상복도 적동자(嫡童子) 서동자(庶童子)의 차이에 따라 장부장(杖不杖)의 차이가 있지만, 상복은 하상(下殤)의 연령이 아니라면 성인과 같이 행복(行服)해도 무방하다는 설이다.

○ 동자불감장자복설(童子不減長者服說) : 어른이 동자에게 대하여 한 등급 강복(降服)하듯이 동자도 어른에 대하여 체감(遞減)하는 것이 옳다는 설에 대하여 반박한 것이다.

○ 수양모복의(收養母服義) : 「가례도(家禮圖)」의 삼부팔모도(三父八母 圖)에 양모를 위하여 친모와 동일하게 정복으로 재최삼년(齊衰三 年)의 복을 입는다는 설에 대하여, 자모 소공(慈母 小功), 가모 장 기(嫁母 杖朞), 무친 계부(無親 繼父)에 대하여 의복부장기(義服不 杖朞) 등에 견주어 보면 지나치게 무거워서, 천속지친(天屬之親)이 양육지은(養育之恩)보다 못하게 되니, 재최삼월(齊衰三月)로 제복 (制服)하고 심상삼년(心喪三年)으로 종상(終喪)함이 마땅하다는 주 장이다.

○ 삼부팔모도변(三父八母圖辨) : 「가례도」의 삼부(三父)는 기실 하나 의 계부(繼父)에 대하여 동거 부동거(同居不同居)의 구분을 나누어 말한 것이므로 계부복(繼父服)이라 함이 옳고, 계모 적모 등을 특 별히 구분할 것이 없기 때문에 적합하지 않으며, 양모와 짝이 되는 양부에 대하여는 더욱이 3년복을 말할 것이 못된다는 설이다.

○ 회암답증무의서변(晦庵答曾無疑書辨) : 주자가 증무의(曾無疑)에게 "연상(練祥)의 예는 성복일(成服日)로부터 계산한다"고 답하였는데, 사람들은 변고로 연상의 날짜가 미루어져서 중간에 기일이 닥치면 주제하는 사람이 복상(服喪) 중에 기일의 제전(祭奠)을 갖추어 올리 는 증거로 삼는 것은 잘못이라는 변증이다.

○ 삼부조변(三不弔辨) : 「단궁(檀弓)」에 죽어도 조상하지 않는 경우로 '외(畏)·압(壓)·익(溺)' 세 가지를 들었는데, 그 자신이 고의로 범한 경우에는 부조(不弔)함이 가하지만, 횡액을 당한 경우라면 조문하 지 않을 수 없다는 견해이다.

○ 출후자사조복의(出後者四祖服義) : 출후자(出後者)가 소후부지소후부(所後父之所後父), 본생부지소후부(本生父之所後父), 소후부지본생부(所後父之本生父), 본생부지본생부(本生父之本生父) 등 사조(四祖) 중에서 소후부지본생(所後父之本生)을 정통으로 잡아서 소후자지처부모곤제(所後者之妻父母昆弟)를 외통(外統)으로 보아야 하며, 본생조에 대하여 강복(降服)을 하지 않아야 마땅하다는 설이다. 이 설에 대하여는 논자들의 이견이 분분하였다.

○ 위인후자전계모당(爲人後者前繼母黨) : 위인후자가 소후부의 처가 많은 경우에 계모가 아무리 많더라도 모두 3년복을 입되, 외통은 초취당(初娶黨)으로 함이 옳다는 견해이다.

○ 동찬시변(同爨緦辨) : 종모부(從母夫)와 구처(舅妻)에 대하여는 본디 무복(無服)인데 그 집에 의지하여 자랐으면 인정상 시마(緦麻)의 복을 입는다는 본디의 뜻을, 한 솥 밥을 먹은 자는 시마복을 입는다는 속설로 와전되었음을 논박한 것이다.

○ 가례도본문상좌변(家禮圖本文相左辨) : 「가례도」의 설명이 가례 본문과 배치되는 것이 많다는 것을 조목별로 변론한 것이다.

이와 같은 허전 예설의 논점은 기존의 예학 논의에서 다양한 경로를 통하여 제기되어 왔던 예설들을 조정하여 정리한 것이 대부분이지만, 허전 자신이 독창으로 제기한 관점도 적지 않다. 허전의 예설 관점은 이들 각론을 모두 분석하여 논하여야 할 것이지만, 그 중에서도 수양모복(收養母服)과 관련된 몇 가지 논의를 중심으로 그 예설의 특성을 살펴보기로 한다.

허전은 수양모복을 재최(齊衰) 3월의 의복(義服)으로 정하였다. 이는 수양모에 대한 복을 재최 3년의 정복(正服)으로 명시하였던 「가례도」와는 현격한 차이가 있다. 수양모의 복제와 관련하여 그는 「가례도」의 삼부팔모도(三父八母圖)'를 인정하지 않고, 「제모복도(諸母服圖)」와 「계부복도(繼父服圖)」

로 나누어 고쳤으며, 「위인후자본생친복도(爲人後者本生親服圖)」 또한 바꾸
었다. 그 가운데 「위인후자본친복유강유불강설(爲人後者本親服有降有不降說)」
과 「위인후자전계모당의(爲人後者前繼母黨議)」와 「수양모복의(收養母服議)」
는 서로 논리적 상관이 있다.

「위인후자본친복유강유불강설」은 동족 내의 다른 가계를 계승하기 위하
여 입후(入後)한 사람이 그 본친에 대하여 강복(降服)하되 조부모 이상의 직
계혈족에 대하여는 강복하지 않는다는 설[18]이다. 동족 내의 다른 가계를 계
승하기 위하여 입후한 사람은 가계를 계승한다는 명분 때문에 소후부모(所
後父母)를 부모로 삼아 소후부(所後父)에 대하여는 참최(斬衰) 3년, 소후모(所
後母)에 대하여는 재최(齊衰) 3년의 복을 입고, 본생친(本生親)에 대하여는
한 등급 강복하여 부장기(不杖朞)의 복을 입는다. 이것이 가계 계승의 정통
을 나타내는 불이참(不二斬)의 명분이다. 입후한 자는 또한 입후된 가계의
정상적인 승계자로 처신해야하기 때문에, 그 본친의 방계혈족에 대하여도
모두 한 등급 강복하는 것이 통설이다. 그런데 허전은 위인후자는 출가녀
(出嫁女)와 동일하게 그 본친인 조부모 이상의 직계 존속에 대하여는 강복하
지 않는 것으로 정하였다.

출후자의 그 본친에 대한 혈연의 관계는 태어나면서 선천적으로 주어진
것이다. 출후자와 소후부모의 부자관계는 종법의 질서를 지키기 위하여 변
통한 것이다. 이런 관점에서 보면 출후자가 본생친족에게 강복하는 것은 일
종의 변통이라 할 것이고, 출후자가 본생(本生) 조부모 이상의 직계 존속에
대하여 강복하지 않는 것은, 종법의 질서를 해치지 않는 범위 내에서 원천

---

18) 許傳, 『士儀別集』 권4, 제13판. 「爲人後者本親服有降有不降說」; 世謂爲人後
   者本生之服 壹是皆降一等 此恐未究禮意 而致有所失也.…… 三年之斬 加隆
   之服 而承重之統也. 不二斬 所以不二統也. 故隆其父母爲朞也 其祖父母以上
   齊衰 則無二斬二統之嫌 而且至尊 故不降.…… 喪服不杖朞章曰 女子子爲祖
   父母, 傳曰 不敢降其祖也. 疏曰 可降傍親 祖父母 正朞 不敢降也. 夫女之出
   嫁 男之出後 宜無逈別, 女旣爲正朞而不降 則男獨不以正朞處之乎?

적으로 주어진 인간관계를 중시하는 태도라 할 것이다.

허전의 이러한 입장은 「위인후자전계모당(爲人後者前繼母黨)」의 논의에서
도 나타난다. 위인후자가 소후부의 전실(前室)과 후실(後室) 어느 쪽을 외통
(外統)으로 삼을 것인가 하는 문제에 대하여는 소후부의 후처의 부(父)를 외
조로 삼는다는 것이 제가의 통설이었다. 신독재(愼獨齋) 김집(金集)은 "위인
후자는 자기를 양육한 자의 부(父)를 외조로 삼아야 한다"고 하였고, 우암
(尤庵) 송시열(宋時烈)은 "전처와 후처가 모두 죽은 뒤에 입후된 자는 전처의
아들이 됨이 마땅하다"고 하였으며, 권수암(權遂庵)은 "전후처가 모두 죽고
서 입후하였으면 부의 후처의 부를 외조로 삼는다"고 하였고, 한남당(韓南
塘)은 "아들이 나기 전에 전모(前母)가 죽었으면 비록 10인의 모(母)가 있다
하더라도 모두 전모가 되고, 아들이 난 후에 모를 얻었으면 비록 10인의 모
가 있더라도 모두 계모(繼母)이다. 모망(母亡) 이후에 입후되고서 그 모를 계
모로 한다면 이는 자식 낳기 전에 먼저 계모가 있었던 것으로 되니 정명(正
名)의 의리가 아니다. 선사 수암(遂庵)의 설이 옳고, 우암의 설은 초년미정지
설(初年未定之說)이다"고 하였다. 그런데 허전은 '모에는 전모와 계모의 구
별이 없으나 외통에는 선후의 구별이 있다[母無前繼 統有先後]'는 원칙을 세
워 "소후부가 재취를 계속하여 계모가 10인이 되더라도 모두 모에게 대한
예와 같이 3년 복을 다 입되 외가로는 원비(元妃)의 당을 외통(外統)으로 삼
아야 한다"고[19] 하였다.

소후자는 동족의 가계를 계승한다는 명분이 있기는 하지만 소후부의 처
와는 본디 아무런 혈연적 유대가 없다. 그럼에도 소후자의 외통을 소후부의
후처의 부로 하여야 한다는 기존의 통설은 양육의 은정을 유추한 데서 나온
것이라고 볼 수 있다. 소후부의 최초의 처의 부를 외조로 삼아야 한다는 주

---

19) 許傳, 『士儀別集』 권4, 28판; 「爲人後者前繼母黨」; 母無前繼 統有先後 所後
    父之初再娶俱沒以後爲後者 以初娶之黨爲外統 可也. 非惟俱沒者爲然 雖爲
    後於再娶存時 亦當以初娶之黨爲外統 可也.

장은 허전 자신이 세운 통유선후(統有先後)의 원칙대로 소후자의 양육 여부와 상관없이 소후부의 정상적 부부관계 중 맺은 최초의 인연을 중시한 것이다. 소후자가 입후할 적에 소후부모 중 소후가에 남아 있을 확률이 높은 사람은 소후부의 후처이고, 그 후처는 직접 소후자를 양육할 수도 있고, 여기서 양육의 은정이란 의리관계가 성립할 수도 있다. 그럼에도 소후부의 최초의 처를 외통의 근간으로 삼아야 한다고 하였다. 여기에는 양육의 은정이 부부의 최초 인연보다 중시될 수 없다는 관점이 반영되어 있다.

이런 관점에서 양모복(養母服)의 문제를 살펴본다면, 거기에도 역시 이러한 시각이 관통되고 있음을 알 수 있다. 「가례도」에 제시된 재최 3년의 양모복은 고아에 대한 양육의 은정을 곧 친부모와 거의 대등한 것으로 간주한 것이라 할 수 있다. 그렇기 때문에 「가례도」의 양모복을 존중하는 예설에서는 대체로 그에 상당한 양부복(養父服)을 설정하고, 나아가 부모의 양부모나 양부모의 친척에 대한 복제까지도 고려하여 수양자를 출후자와 유사하게 양부모 가정의 일원이 되는 것으로 간주하였다. 그러나 허전은 아무리 양육의 은정이 소중하다 하더라도 수양부모에 대한 의리가 수양자의 본친에 대한 의리를 넘어설 수 없는 것으로 보았다. 여기에는 종법의 질서를 유지하는 한 선천적으로 주어진 인간관계가 후천적으로 변통된 인간관계보다 우선할 수 없다는 허전 예설의 논리적 일관성이 놓여 있다.

이러한 논의를 예설의 학통으로 연계하여 보면 대체로 성호 이익과 다산 정약용의 예설을 계승하고 있음이 나타난다. 다산은 수양모복과 관련하여 '천성지복(天性之服)'과 '은정지복(恩養之服)'의 차이를 논하고 은양(恩養)의 인간관계가 천성의 인간관계를 앞설 수 없다고 하였다. 다산은 수양모복을 「가례도」의 재최 3년 그대로 따르고 수양부복을 기년으로 할 것을 제안하였는데, 허전은 수양모에 대해서만 재최 3월이라 하여 복제에 있어서 현격한 차이를 보이기는 하지만, 양육의 은정이 아무리 중하더라도 친생부모와의 혈연을 끊을 수 없다는 입장을 견지하는 것은 동일하다. 다산이 "위로 근본에까지 소급하지 않고, 아래로 말단까지 파급되지 않는다[上不溯本 下不流末]”는 한 원칙이나, ‘양육한 은혜에 대한 복은 위로 보답하는 데 그치고 본디 아래로 베푸는 경우는 없다[恩養之服 止有仰報 本無俯施]’는 한 원칙 또한 허전의 복제 논의에 거의 그대로 준용되어, 그는 양부모의 부모나 친척에 대한 복제문제는 논외로 하여 다루지 않았다.

이와 같이 허전의 예설은 그 전대의 예학자들, 특히 성호와 다산에게서 점차적으로 수립된 원칙들을 보다 정밀하게 적용한 것으로 볼 수 있다. 이성불계(異姓不繼)의 원칙만 하더라도 동양 예학에 일반적으로 통용되는 원칙이었음에도 수양모복의 논의에 있어서는 관습율의 관행과 「가례도」의 권위에 의지하여 엄격하게 적용되지 않았고, 이성(異姓) 후사를 인정하는 사례도 없지 않았다. 허전은 이 원칙을 보다 엄밀하게 적용하여 수양모복이 친생부모에 대한 복보다 앞설 수 없을 뿐 아니라 혈연이 있는 직계 존속 중 가장 소원한 사람에게 적용되는 재최 3월의 복보다 앞서지 않도록 조정하였다. 다산이 말한 천성지복과 은양지복의 개념만 하더라도 다산에게 있어서 이 두 개념은 부와 모의 경중을 구별하는 상황을 나타내는 개념일 뿐이었다. 그런데 허전은 이를 천성지친과 은양지친의 개념으로 확대하여 적용하였다. 다산이 수양모복에서 제시한 “상불소본 하불류말”의 원칙은 허전의 예설에서 대체로 그대로 존중되었다.

4. 『사의』 예설에 대한 논란

허전의 『사의(士儀)』는 이미 사대부 가문에서 준행되어 오던 『주자가례』의 기존 틀을 상당 부분 채택하였다. 그러나 「가례도」를 대부분 바꾸어 「사의도(士儀圖)」로 대체하고, 상복과 심의(深衣)의 제도를 새로 고증하여 제시하는 한편, 『주자가례』에서 문제가 되었던 제반 의절들에 대하여 기왕의 예설들을 근거로 전면 수정하였으며, 한편으로 「친친편(親親篇)」과 「방상편(方喪篇)」을 정식으로 예서의 편차에 편입함으로써, 매우 혁신적인 예서로 인식되었다. 그렇기 때문에 『사의』가 간행되자 이에 대하여 이설을 제기하는 학자들이 많이 나타났다.

『사의』를 읽고 이에 대한 의견을 가장 꼼꼼하게 피력한 사람은 한주(寒洲) 이진상(李震相, 1818-1886)이었다. 이진상은 일찍이 예학에 관심이 깊어서 자신도 을축년(1865)에 『사례집요(四禮輯要)』를 편찬한 바 있었다. 이진상의 예설은 『의례』를 근본으로 하여 『주문공가례』를 참조하고, 그 절목과 우리나라의 예설은 동암(東巖) 유장원(柳長源)의 『상변통고(常變通攷)』와 경호(鏡湖) 이의조(李宜朝)의 『가례증해(家禮增解)』를 많이 채택하였다. 그러나 『사의』에는 새로운 학설이 많았으므로 이에 대한 의문이 없을 수 없었다. 이에 이진상은 경오년(1870)에 허전에게 서찰을 보내어 「사의법복편」의 의의(疑義)를 논하였고, 다시 서울로 가서 그를 찾아뵙고는 예의(禮疑)를 강정(講定)한 바 있었다.

『사의』에 대한 이진상의 견해는 『한주집(寒洲集)』에 「독허성재사의(讀許性齋士儀)」라는 제목으로 실려 있다. 이 글에는 『사의』의 예설에 대한 그의 견해가 무려 73조나 나열되어 있다. 그 중 이진상이 『사의』의 설에 전폭적으로 지지를 보낸 것은 증조재복조참('曾祖在服祖斬)', '위처장기연상담(爲妻杖朞練祥禫)', '수양부모복(收養父母服)' 등 몇 조목에 불과하고 나머지 대부분은 의문을 제기한 것이다. 의문을 제기한 내용들은 대개 『사의』의 예설 중에서 『주자가례』와 설을 달리한 조목들이 대부분이다. 이러한 문제들은 나중에 『사의』를 다시 간행하면서 일단의 논란을 유발시켰다.

이진상이 『사의』의 여러 학설 가운데 가장 의문을 품은 것은 심의(深衣)에 대한 설이었다. 허전은 상관(喪冠)에 포무(布武)를 사용하며, 상복의 소매 아래를 반원형으로 둥글게 한다는 설을 폈는데, 이진상은 이 설이 『가례』의 설과 다르다고 하여 의문을 표시하였다. 허전은 또한 심의의 거(袪)가 의신

(衣身)을 가리키며, 속임구변(續袵鉤邊)은 의신인 거(袪)에 붙이는 웃옷 앞섶을 가리키는 것이고, 삭폭(削幅)은 상(裳)의 12폭을 재단하는 방법이라고 해석하였는데, 이진상은 이것이 역시 『가례』의 설명과 다르다고 하여 의문을 표시하였다.

「성재연보」에 의하면 그는 73세 때인 기사(1869) 10월에 이진상의 「심의문목(深衣問目)」에 대하여 답장을 써서, 자신의 심의설을 조목조목 비평해 줄 것을 요청하였다.[20] 아마도 이 때 허전은 자신의 심의설을 토대로 만든 견본을 동봉하여 설명을 덧붙여 이진상에게 보낸 것으로 보인다.[21] 이진상은 보내온 견본만으로는 그 본지를 이해할 수 없어서, 다시 『사의』의 별집 「법복편」과 「논례편」을 구하여 읽어보고, 다시 「예의문목(禮疑問目)」을 만들어 '상관포무(喪冠布武)'를 비롯하여 '상복원메(喪服圓袂)', '이성봉사(異姓奉祀)' 등 15조목에 대하여 질의하였는데, 그 중 11조목이 심의의 제도에 대한 이견이었다.[22] 그러나 이 이견에 대한 허전의 답변은 문집에 나와 있지 않으므로 알 수 없다. 그러나 뒤에 간행된 목판본 『사의』는 초간본의 「심의도」를 그대로 싣고 있으므로, 이진상의 견해는 반영되지 않았던 것이 분명하다. 허전 문도인 방산 허훈이 이진상의 심의설에 대하여 변박한 글[23]이 남아 있는데, 아마도 허전 문도들은 그의 이견에 그다지 동조하지 않았던

---

20) 過詢禮疑諸條 仰認用工之深摯矣. 朱夫子 片言斥字 無非吾儒之尊信也. 孰敢異議 而至於家禮 則因書儀而不加修潤者. 故已自朱門人楊復蔡淵 皆曰未修正. 我東退溪沙溪以下諸賢 皆曰未定之書云 而若其深衣 則最稱未修整. 故愚亦敢爲之細究古經 有此妄論 實涉汰哉. 大抵自是己見 穿鑿傅會 古今人之大病也. 賤見則必欲捨己從人. 今所仰復 如有大違經文者 幸一一評示 深有望焉. 『性齋集』卷5「答李汝雷震相」.

21) 『寒洲集』卷6「上許性齋」: 寄來衣制 尤見制度之精蘊 而猶以本旨之難明爲鬱 適得士儀別集法服論禮兩篇而讀之 文章精暢 理致疏快 深有得於邃古法象之懿 而迷滯之見 猶未盡契 別紙更質.

22) 『寒洲集』卷6「上許性齋 別紙」.

23) 許薰, 『舫山集』卷12「辨李寒洲深衣說」.

것으로 보인다.

　이진상의 「독허성재사의」라는 글이 알려지면서 이진상의 문도와 허전 문도들 사이에 『사의』의 예설을 둘러싼 논변이 계속되었다. 이진상과 허전이 차례로 별세한 뒤에 이 논변을 주도한 이는 이진상의 학통을 계승한 면우 곽종석(郭鐘錫)과 후산(后山) 허유(許愈), 그리고 허전 학통을 계승한 방산(舫山) 허훈(許薰)과 물천(勿川) 김진호(金鎭祜), 일산(一山) 조병규(趙昺奎) 등이었다.

　이와 같이 『사의』의 예설에 대한 일단의 논변이 계속되는 가운데, 허전 문도들 사이에는 『사의』를 다시 간행하자는 논의가 일어났다. 이 문제는 경자년(1900) 가을에 곽종석과 교우(膠宇) 윤주하(尹胄夏), 그리고 김진호에 의하여 처음 제기되었다. 김진호는 신축년(1901)에 이 문제를 당초 허전 문하에 출입한 바 있는 만구(晩求) 이종기(李種杞)에게 의논하였다.

　　선사의 『사의』는 가장 정력을 모은 것인데, 지난번 활자로 인쇄할 적에 그것이 오래갈 계획이 아닌 것을 한탄하였습니다. 지난 가을 명원(鳴遠)과 충여(忠汝) 등 제공이 여러 분 모여서 함께 간각(刊刻)하자는 논의를 발의하였습니다마는, 제가 상복을 입고 있어서 매듭짓지 못하고 겨울이나 명년 봄을 기다려서 한번 교정하기로 하였습니다. 이 일의 정탈(定奪)은 모두 존형이 담당해야 할 것이므로 감히 이렇게 멀리 고하오니, 간절히 바라건대 가을이나 겨울 쯤 기일을 정하여 왕림하여 주신다면, 도착하는 날로 교정하는 자리를 열겠습니다.[24]

　이처럼 『사의』를 다시 간행하자는 논의가 확정되면서 자연스레 『사의』

---

24) 先師士儀最是精力所萃 曩時活印 尙恨其非遠計 前秋鳴遠忠汝諸公盛集 同發刊刻之論 然以祜在憂 未得對勘 留竢冬或明春 一番校正 此事定奪 皆在尊兄之擔夯者 故敢以遠告 切望秋冬間 指期貫臨 則當以到日爲開校坐矣. 『勿川集』 卷4 「與李器汝 辛丑」.

예설 중에 논란이 되고 있는 조목에 대하여 개정하자는 논의도 함께 일어났다. 『사의』 개정의 논의는 당초 복간을 주도하였던 김진호와 조병규에 의하여 조정되었는데, 김진호는 이 문제로 인하여 거창의 다천(茶泉)으로 곽종석을 찾아가 달포 동안 머물며 교정할 부분을 의논하기도 하였다.[25] 이런 과정을 거쳐서 반드시 개정해야 한다는 조목이 정리되었다. 조병규는 개정해야 할 문제를 두 가지로 요약하였다.[26]

○ 「이척편(易戚篇)」에 "장가들지 않고서 죽었는데 첩의 아들이 있을 경우에 첩자가 제사를 받든다는 조목[易戚篇 未娶而死 只有妾子奉祀云云]": 이 조목은 예와 상관없는 문제로서 당자의 처치가 이렇게 밖에 할 수 없을 터요 다시 다르게 선처할 도리가 없다. 그런데 만약 이대로 예법으로 드러낸다면 첩에게 아들이 있는 자가 취하지 않으려고 드는 자도 혹 있을 터이다. 이는 세상의 교화하는 데 있어서 두려워해야 할 것이 아니겠는가?[27]

○ 「논례편」의 "군모당과 자기의 모당은 겸하여 복을 입는다고 한 조목[論禮篇君母黨己母黨兼服云云]": 군모(君母)의 후사가 된 이가 군모가 죽으면 군모당의 복을 입지 않는 것이 상복소기에 설명한 바이지만 지금 세상에서는 통용될 수 없는 것이다. 서자로서 적통을 계승한 자가 제 모당을 외친으로 삼는다면 적통을 계승하지 않은 서자와 다름이 없게 된다. 서자로서 부후(父後)가 된 자는 제 모당

---

25) 秋間奉士儀 就茶田 一旬一頓梳洗 略得頭面稍整 擬以開春始役 然手分甚窄 未知濟得與否 而在我自不得不自效耳.『勿川集』卷六「與李啓道」.

26) 士儀則先師之平生精力盡在於此 發前人未發者多矣. 蓋義理之大關 情文之允合處也. 若失今不爲 誘之後人 則恐有噬臍無及之患 政吾輩之實心尊奉者 亦以報佛之恩也. 士儀中應刪條 錄在下方 細商量如何. 趙昺奎『一山集』卷4「與盧致八書」.

27) 此是禮外之事也. 當者之自處不過如是而已. 更無他善處道理也. 若著爲禮法 則有妾有子 而不肯娶妻者 亦或有之矣. 此非爲世教可懼者乎?

의 복을 입지 않는다는 것은 이미 바뀌지 않는 경문에 들어 있으니, 이 서자가 군모당을 외통(外統)으로 삼지 않으면 어디를 외통으로 볼 것인가?[28]

『일산집(一山集)』에는 『사의』 '당산조(當刪條)'가 두 가지이나, 『소눌집(小訥集)』에는 네 가지 문제로 요약되어 있다. 아마도 조병규가 위의 2가지를 제기하고, 또 다른 사람이 두 가지 문제를 제기한 것이 아닌가 생각된다. 『소눌집』에 요약된 당산조는 다음 네 가지이다.

① 장가들지 않아서 죽었는데 첩에게만 자식이 있을 경우 승중하고 제 모에 대하여도 예대로 복을 입는다[未娶而死惟有妾子承重服其母如禮]는 조목.
② 출후한 자의 사조복(四祖服)에 대한 설[出後者四祖服說]
③ 생녀(甥女)가 시집가면 시마로 강복한다[甥女適人降緦]는 조목.
④ 군모의 후사가 된 자가 군모가 졸하면 군모당의 복을 입지 아니한다[爲君母後者君母卒則不爲君母黨之服] 문제.

노상직이 요약한 바에 따르면, 첫 번째 문제에 대하여는 조병규의 빼어야한다는 견해 외에도, 면우 곽종석은 "이는 그 복을 입어야 한다[此固當服]"이라 하였고, 교우 윤주하는 "이렇게 설을 세우면 세상에 간혹 폐백을 드리고 장가들지 않는 자가 있을 것"이라고 하여 조병규의 견해에 동조하고, 김진호는 "이런 일은 거의 없을 것이니 입설할 필요가 없다"고 하였다. 노상직은 이에 대하여 다음과 같이 변론하였다.

무릇 예를 논하는 까닭은 천리(天理)와 인사(人事)에 어긋나는 게 있을

---

28) 爲君母後者 君母卒 則不爲君母黨服 乃小記所說 而今世行不得者也. 庶子承嫡者 以其母黨爲外統 則無異於不承嫡之庶子矣. 庶子爲父後者 不服其母之黨 旣有不易之經文 則此庶子 不以君母黨爲外統 而於何作外統看乎?

까 염려함일 따름이다. 만약 이런 사람이 있는데 첩자(妾子)가 승중(承重)하는 사례에 의거하여 제 모에 대하여 시마복(緦麻服)만 입는다면 천리와 인사에 있어서 어떠하겠는가? 진실로 적통을 높이고 서얼을 물리치는 의리만 주장하여 다른 폐단이 있을까 염려하기만 하고, 그것이 비례(非禮)에 빠지는 것을 등한시한다면 어찌 권도(權道)를 살피고 은정을 짐작하여 의리를 펴고 인륜을 온전하게 한다는 지극한 뜻이겠는가? 또한 전혀 없는 일이라고 하여 말하지 않는 것은 옳지 않다. …… 퇴계는 말하기를 '사대부로서 후사가 없는 자의 첩자가 승중하여 제 고비(考妣)만을 제사지내지는 않을 것'이라고 하였다. 이미 장가를 들고 죽은 자도 오히려 이러한데 하물며 적모가 없이 승중한 첩자가 어찌 제 모에 대하여 예법대로 복을 입지 못하겠는가?[29]

이와 같이 노상직은 "권도(權道)를 살펴 은정(恩情)을 재단하고 의리를 펼쳐 인륜을 온전하게 한다[審權裁恩, 展義全倫]"는 원칙에 입각하여, 스승의 설이 옳음을 적극 변호하였다. 두 번째 문제에 대해 노상직은 본인이 직접 이런 사례를 당면하였는데, 역시 허전의 소론이 정리나 예문에 합치한다고 하여 변론하고, 세 번째와 네 번째 문제는 사실상 선유의 예설에 근거를 둔 것이고, 또한 이치를 따지면[30] 그렇기 때문에 구태여 고칠 필요가 없다고 주장하였다. 이리하여 『사의』의 내용을 개정하려는 움직임은 노상직의 변론에 의하여 중지되었다.[31] 노상직은 김진호와 조병규가 고쳐야 하겠다고 정리해 온 조목이 본디 이진상의 설에서 나온 것이고, 이진상의 설은 허전 생시에 이미 질의하였던 것인데, 허전이 이의 개정을 허락하지 않았으니 개

---

29) 凡所以論禮者 惟恐有虧於天理人事而已. 若有此人 依妾子承重例 只服緦於其母 則於天理人事 何如哉. 苟專主乎尊嫡擯孼之義 而慮有餘弊 等視其陷於非禮 則豈審權裁恩, 展義全倫之至意. 且未可以絶無而不說也. …… 退溪曰 士大夫無後者之妾子承重者 不應只祭考妣云云. 雖已娶而死 尙云如此 況無嫡母之承重妾子 豈不服其母如禮乎. 『小訥集』卷6「答金致受趙應章別紙」

30) 先師所言 論其理而已 非所以著爲式者.

31) 『小訥集』권6「答金致受趙應章書」士儀當刪條辨.

정이 불가하다는³²⁾ 요지로 변론하였다.

이 변론에서 노상직은 나아가 "선사(先師)의 말씀은 그 이치를 논했을 따름이지, 드러내어 정식으로 삼자는 것이 아니라[論其理而已. 非所以著爲式者]"³³⁾고 하였다. 예설이라는 것이 본디 논란의 여지가 많은 것이지만, 그 예가 그대로 시행되든 되지 않든 간에 가장 합당한 이치를 밝히자는 것이 예설이기 때문에, 정식으로 만들어 시행하고 안하고의 여부는 별개의 문제라는 말이다.

5. 『사의』 예설의 특성

허전의 『사의』는 한국 예학사에 있어서 여러 가지 점에서 특별한 의미를 가진다. 그 중에서도 『가례』를 미정지서(未定之書)로 간주하고 그 편차를 전면적으로 고친 것을 비롯하여, 속례(俗禮)를 대폭 수용하고, 시왕지제(時王之制)를 준행하지 않을 수 없다는 관점과 전편에 걸쳐서 친친(親親)의 원칙을 일관되게 적용하려 했다는 점이 두드러진다.

허전의 『사의』가 『가례』를 미정지서로 보는 관점에서 편찬된 것이라는 점은 『사의』 전편에 걸쳐 두루 나타난다. 그는 "『가례』가 미처 다시 수정되지 못한 것이 애석하다"³⁴⁾고 하면서, 특히 『가례도』의 오류를 여러 곳에서

---

32) 『小訥集』 권7 「答趙應章別紙」 寒洲公在世時 屢有問辨 而先師皆不許 今忽棄師言而重洲說 則先師有靈 謂吾等何如哉. 且先師於此書 倚老兄何如 而删棄舊文 作爲報佛之義哉?

33) 況先師所言 論其理而已. 非所以著爲式者 故於圖式則用今制 亦未可以與圖相左爲當删之證左也. 若復以剙說而爲嫌 則前所未發 誰復發之乎? 『小訥集』 卷6 「答金致受趙應章 別紙」.

34) 惜乎家禮之未及再修也. [朱子初年因溫公書儀爲家禮 未及修整 爲童行所竊 易竇後始出 故後人之圖多誤. 楊氏復曰 家禮 先生歿而後出 不及再修.] 『士儀』 卷17 「法服篇.

지적하였다. 『가례』가 본디 주자의 손에 편찬된 것이기는 하지만, 초기의 편찬 과정에서 사마광(司馬光)의 『서의(書儀)』를 준용하면서 미처 고치지 못한 곳이 많아 주자가 다른 저술에서 논한 예설과 일치하지 않는다는 것은 일찍부터 선유들이 지적해온 바였다. 그런 관점에서 허전은 주자의 정설이 분명한 경우에도 『가례』의 의절을 채택하지 않고 고례나 속례, 또는 시왕지제를 채택하기도 하였다. 이 점은 『가례』를 최선의 예서로 절대시하지 않는 조선후기 근기실학파의 학문 태도에 기인하는 것이다.

허전의 『사의』에는 『가례』를 전범으로 준수하는 다른 예서들과 달리 속례를 대폭 채용하였다. 배례(拜禮)에서 당하배(堂下拜)를 취한 것[35])이나, 관례의 복장으로 도포[36])와 입자(笠子)를 취한 것[37]), 혼례에서 납채(納采)와 청기(請期)의 절차로 주단(柱單)[38])과 연길(涓吉)의 속례를 취하고, 여가합근(女家合졸)의 풍속을 따르도록[39]) 인정한 것, 신부의 성복(盛服)과 수식(首飾)을 시속에 따르도록[40]) 하며, 상례에 있어서 여모(女帽)를 사용하고 관상명정(棺上銘旌)을 사용하는 것[41])이나, 제례에 있어서 축계주독(祝啓主櫝)의 절차[42])

---

35) 嶺南之俗 子出外而還 必拜於堂下 此古禮之所本也 又朋友相接必拜 今則漸 不如古云 可慨也. 『士儀』 卷2 「拜禮」.

36) 家禮三加雖有襴衫 襴衫唐初士人服 今進士所服 然亦非士庶家恒有 則不若 代以道袍 道袍東俗大夫士通用. 『士儀』 卷4 「冠禮」.

37) 笠子之制 原於折風 折風乃東方最古之服 吉凶通用. 『士儀』 卷4 「冠禮」.

38) 按士昏禮 納采用鴈 而家禮不用鴈 且納采問名納吉納徵請期親迎 其禮有六 而家禮但著納采納幣親迎之節 從簡之意也 今俗定昏之後 只書男子生年年月 日時於牋紙 名曰四柱單子 使奴僕 送于女氏之家 以代納采之禮 而無一字致 書之儀 殊非重其禮 敬其事之道也 依古具書而依俗送單 則一擧而兩盡矣 女 氏之家 亦宜有答書. 『士儀』 卷5 昏禮 「四柱單子」.

39) 按 古禮同牢合졸 必行於壻家 故期日由壻家來 此陽倡之義也 家禮無請期略 之也 非無日也 楊氏補之是也 然我東則昏禮行於女家 故必自女家擇日 以請 于壻家 習俗已久 便成禮節 不可猝變也. 『士儀』 卷5 昏禮.

40) 首飾用假髻 上服用神衣 無則從便循俗可也. 『士儀』 卷5 昏禮 「婦盛服」.

41) 按棺上書銘 未知始於何時而 禮俗已成 此必因旣夕疏所云 銘亦入壙之義而 從簡爲之者耶! 又於柩旁左右畵翣 此亦因墻置翣之禮而 然耶! 『士儀』 卷6 易

를 넣은 것이나, 숙수(熟水)를 사용하여 초반(抄飯)하는 속례[43]를 채택한 것
등은 모두 우리나라의 속례를 취한 것이다.

『사의』에는 물론 속례의 병폐를 지적하여 논한 것이 적지 않다. 예컨대
상례에 있어서 사자반(使者飯)[44]이나 명혼(冥婚) 등의 속례는 근거 없는 것
이라고 극력 배척하였다. 시속의 예를 취하는 경우는 대개 그것이 비록 『가
례』에는 채택되지 않았지만 고례의 본뜻이나 사리에 합당하거나, 또는 예의
본뜻에 크게 해가 없기 때문이다. 예컨대 『가례』의 '진다(進茶)' 절차 대신
에 숙수를 올리면서 삼초반(三抄飯)을 하는 것이나[45] 좌반우갱(左飯右羹)과
우반좌갱(右飯左羹)으로 생사를 구분하는 속례[46]는 우리나라의 시속에 합당
하고 이미 하나의 풍속을 이루었다는 점에서 채택하였다.

『사의』의 의절에 속례를 많이 채택한 것과 관련하여 살펴보아야 할 것은
'국제(國制)'를 또한 많이 채택하였다는 점이다. 「사의범례(士儀凡禮)」에 이
미 "시왕(時王)의 제도가 비록 고례와는 같지 않더라도 감히 준행하지 않을

戚篇「棺上銘旌」.

42) 家禮則祝出神主于座 而東俗則啓主櫝而已. 『士儀』卷11「虞祭」.

43) 家禮啓門後進茶 而東俗常時不用茶 故祭祀代進熟水 三抄飯爲殮. 按家禮 但
言進茶於考妣之前 而未有的指其處 今人生時必退羹而進水 故祭亦爲然而成
俗也. 『士儀』卷15 如在篇「熟水」.

44) 今俗則于已死之後 始備三器飯 使賤僕 置之僻處而云爲閻府使者 飯則無義
甚矣 不敬甚矣 神其有祐乎 決不可如此也. 『士儀』卷6 易戚篇「愼疾」.

45) 家禮啓門後進茶 而東俗常時不用茶 故祭祀代進熟水 三抄飯爲殮 ○類編曰
禮記孔子曰 吾食於少施氏而殮註 殮以飮澆飯也 禮食竟 更作三殮 以助飽也.
今俗每食必殮 則進湯水抄飯爲殮 合於禮從宜之宜矣 ○ 按家禮但言進茶於
考妣之前 而未有的指其處 今人生時必退羹而進水 故祭亦爲然而成俗也. 『士
儀』卷15 如在篇 熟水.

46) 按特牲禮 佐會邇黍稷于席上 設大羹湆于醢北, 疏 公食大夫昏禮 大羹湆皆在
右. 此在左者 神禮變於生人. 此家禮右飯左羹之義也. 沙溪以家禮設饌 爲當
時俗禮者 恐考之不審. 然星湖 亦有設饌尙右辨 引曲禮食居人左羹居人右 以
爲生與死無異例之證. 其答秉休問 又云 右飯左羹 不甯不便 從俗無妨. 今之
行禮者 可以參酌矣. 『士儀』卷15 如在篇「進饌」.

수 없는 것은 채택하여 서술한다"[47]고 하였고, 특히 「방상편(方喪篇)」은 전 적으로 『국조오례의(國朝五禮儀)』를 근간으로 편찬하면서 "시왕의 제도를 중시한다"[48]고 하였다. 이러한 관점은 특히 「친친편」의 종자(宗子) 계승과 관련한 종법 부분과, 「정시편(正始篇)」의 금혼과 재취 부분, 그리고 「방상편」 에 집중적으로 반영되어 있다.

예제가 국가의 법령과 무관할 수 없다는 관점에서 본다면 예서에 국제를 반영하는 것은 당연한 일이다. 그렇지만 조선조에 널리 통용된 『가례』와 국 제와 상충될 적에 어떤 것을 취할 것인가 하는 점은 문제가 아닐 수 없다. 『사의』는 고례의 원칙에 합당한 것이라면 국제를 옹호하는 입장에 선다. 가 령 가제(家祭)에 있어서 『가례』에는 4대 봉사를 원칙으로 정하였는데, 국제 로는 3대 봉사를 원칙으로 하여, 두 설 예제 사이에 상충이 있다. 이 점에 대하여 『사의』에는 다음과 같이 서술하였다. .

> 살펴보면 국제에는 단지 3대를 제사지내도록 하였는데 고례를 따름이 다. 그런데 정자는 말하기를 '고조는 유복지친(有服之親)이니 제사하지 않을 수 없다'고 하였고, 『가례』에도 고조까지 제사지내도록 되어 있으 므로 세상 사람들이 많이 따르는데, 주자도 또한 '4대를 제사하는 것은 분수에 넘친 것'이라고 하였다. 그렇다면 『가례』가 미정지서라서 그런 것일까?[49]

『사의』의 이 구절 뒤에 고려 때 6품관 이상의 관원이 3대를 제사하고, 7 품 이하는 2대를 제사하며 서인은 고비만 제사하였는데, 국제에는 이를 답 습한 것으로 서술하고는, 이어서 '6품 이상의 관원이 3대를 제사하는 국제

---

47) 時王之制 雖或如古禮不同者 其不敢不遵者 採而述之.「士儀凡例」.
48) 此篇專以五禮儀 及喪禮補編爲主 重時王之制也.『士儀』卷16「方喪篇」.
49) 又按國制 只祭三代 從古禮也 然程子曰 高祖有服之親 不可不祭 家禮亦祭及 高祖 故世多從之 而朱子亦以祭四代爲涉僭分 然則 家禮爲未定之書而然耶? 『士儀』卷14 如在篇.

를 어겨서는 안된다'는 회재 이언적의 설과, '가례에서 정자의 설에 따라 4
대를 제사하는 예절이나 지금 사람들이 시왕지제를 따라 3대를 지내는 것
이나, 힘이 미칠 수 있으면 통행함이 무방하다'는 퇴계의 설50)을 둘 다 올
려놓았다. 『가례』의 4대 봉사설이 정자의 말에 기인한 것이기는 하여도 주
자의 평소 소신과는 다르며, 『가례』의 미정지서라는 문제를 거론하면서, 한
편으로는 국제가 고례에 가깝다고 하였고, 또 국제를 준수해야 한다는 이언
적의 발언을 아울러 붙여 두었으니, 이는 국제를 옹호한 말이 분명하다.

『사의』에서 국제를 고수하는 것 중에 특별히 두드러지는 것은 첩자승중
(妾子承重)의 문제이다. 허전은 "고례와 국제에는 첩자가 있는데 타자(他子)
로 계후(繼後)하는 것을 허락하지 않는다"51)는 점을 강조하였다. 그렇기 때
문에 승중 계후의 논의에는 첩자라도 있는 경우에는 다른 족인의 자식으로
입후하는 것을 반대하였다.52) 이런 점은 간대입후(間代立後)나 이성입후(異
姓立後)를 배척하는 것과 같이 친친의 의리에 근거를 둔 것이다. 친친에는
자연히 친분의 등차가 있는 것이고 보면, 혈연이 먼 사람을 가까이 여기고,
가까운 사람을 멀게 여기는 것은 예의 원칙에 벗어나게 된다. 그러므로 허
전은 「내외형제설」에서 "어머니의 부모는 높은 데도 외조부라 부르는데, 어
머니의 형제의 아들만을 어떻게 내형제라 부르며, 딸자식의 아들은 친함에
도 또한 외형제라 부르는데, 고모의 아들만을 어찌 내형제라 부를 것인

---

50) 高麗廟制 六品以上 祭三世 七品以下 祭二世 庶人考妣 國制因之宗子秩卑
支子秩高 則代數從支子 ○晦齋曰禮大夫三廟 士二廟 無祭及高祖之文 故朱
子亦以祭高祖爲僭 且今國朝六品以上 祭三代 不可違也 高祖春秋俗節 詣墓
祭之 亦不至忘本也 ○退溪曰家禮 因程子說而立爲祭四代之禮 今人祭三代
時王之制也 力可及 則通行無妨 ○時王之制 本當遵守而祭四代 亦大賢義起
之禮 但其疎數不同之說 古者廟各爲一 故可如此 今同奉一堂之內而獨疎舉
於高祖 事多礙理. 『士儀』 卷14 如在篇.
51) 按古禮及國典 未有有妾子而以他子繼後者也.
52) 按古禮 立嗣之法 未有捨己之子 而取他子者矣. 但適庶分嚴 必也無適子適孫
然後立妾子 亦必擇賢. 『士儀』 권2 親親篇 庶子.

가?"[53]라고 하여 의문을 제기하였으며, 「수양모복의」에 있어서도 "육양지은(育養之恩)이 천성지친(天性之親)보다 앞설 수 없다"고 하였다.

그런 점에서 우리나라의 속례 가운데 외손봉사의 관습을 비판한 다음 글을 『사의』의 예설의 성향을 보여주는 한 단서로 볼 수 있다.

> 둔계(遯溪)가 말하였다. "예에는 외손이 주사(主祀)하는 의리가 없다. 대개 외조는 외친이다. 무후(無後)하면 마땅히 그 본종의 가묘에 반부(班祔)해야지, 외손에게 의탁하여 제사할 수 없는 것이다. 성인이 제도를 정한 의리는 지극이 엄정하다. 동속(東俗)에 외조의 제사를 받드는 자가 있는 것은 박석김(朴昔金) 삼성(三姓)이 계립(繼立)한 순방(淳尨)한 풍속이다. 그러나 예로서는 아니다. 만약 부득이하다면 분면(粉面)에 속칭(屬稱)을 쓰지 않고 곧바로 관함(官啣)과 성씨를 모관부군신주(某官府君神主)라고만 하고, 현(顯)자를 올리지 않아야 한다."[54]

이 글이 비록 관설헌(觀雪軒) 허후(許厚)의 설을 빌어온 것이지만, 허전의 소신과 무관한 것이 아니다. 허후는 곧 미수 허목이 존중하여 마지않았던 가형이고, 허전은 그 학통을 계승한 사람으로 자처하였으며, 여기에 한 자의 비판도 가하지 않았기 때문이다. 그런데 그 글에 외손봉사가 성인의 예제에는 벗어난 것이라고 하였지만, 한편으로 그것이 신라 이래로 우리나라의 순방한 풍속이라고 하였고, 부득이 봉사하는 사람을 위하여 신위를 쓰는 법을 세워 놓기까지 하였다. 외손봉사를 순방한 풍속이라 할 수 있는 것은 외조부와 외손이 혈속의 친분으로 이어지기 때문이다. 이것은 비록 첩자(妾

---

53) 母之父母之尊焉而猶謂之外 母之晜弟之子 何謂獨謂之內也. 女子之子之親焉 而亦謂之外 則姑之子何獨謂之內也? 권19 「內外兄弟說」.

54) 遯溪曰 禮無外孫 主祀之義 盖外祖 外親也 無後 則自當班祔於其本宗之廟 不得托祀於外孫者 聖人定制之義 至嚴且正 東俗 承祀外祖者 朴昔金三姓繼立 淳尨之俗 然 也 禮則未也 若不得已 則粉面不書屬稱 直書官啣姓氏曰 某官府君神主 顯字不可加.

子)라도 자식이 있는 경우에는 타자(他子)를 입후를 할 수 없다는 것과 동인한 친친의 원칙이다. 여기에는 우리나라의 고유한 풍속이 친친의 아름다운 전통을 지켜왔다는 고유문화에 대한 긍정적인 관점이 함축되어 있다. 이와 같이 예의 합당성에 배치되는 것은 고쳐나가되 가능한 한 고유한 아름다운 풍속을 살려나가려고 하는 정신이 『사의』에 깔려 있는 것이다.

6. 결론

예는 인간의 행동에 있어서 합당성을 찾고자 하는 노력이다. 『가례』의 조문을 교조적으로 추수하였던 조선후기의 일반적인 예학 풍토에서도 그 문제점을 지적하고 그 새로운 대안을 제시하기란 쉽지 않은 것이다. 허전의 『사의』는 기존의 『가례』를 미정지서로 보고 사의 의례를 완정한 규모를 갖추어 서술하려는 의도에서 편성되었다.

『사의』는 그 편차 설정에 있어서 친친(親親)을 인도(人道)를 구현하는 예의 중심축으로 삼고, 『의례』와 『가례』에 이미 제시된 여러 가지 의절을 절충하고, 시왕지제(時王之制)와 속례(俗禮)를 두루 참고하여, 어느 한쪽을 고수하지 않고 두루 합당한 의례를 세우고자 한 의도를 볼 수 있다. 이러한 편찬 의도는 『가례』를 절대시하는 예학 풍조의 관습을 묵수하지 않고 인정과 사리에 비추어 합당성을 추구하고자 한 조선후기 예학의 건강한 한 단면이다.

허전의 『사의』의 예설은 성호와 다산의 예설과 밀접한 연계선상에 놓여 있다. 이러한 연계성에는 허전의 예학이 주자학의 교조화를 반대하였던 성호학과 다산학 학문 계통의 당파성이 일정하게 반영된 것임은 말할 것도 없다.

그렇지만 예학의 논의에서 학문적 당파성을 밝혀내는 것보다 더 중요한 것은, 예학을 통하여 강구하였던 인간의 질서 즉, 인정과 사리에 합당한 도리와 절차를 밝혀내는 것이다. 예학은 인간으로서 지극히 합당한 도리를 구명하여 일정한 행동의 준칙을 세우기 위한 것이고, 그러한 도리와 준칙은 인류 공존이라는 이념의 바탕 위에 통용될 수 있다. 그런 점에서 허전의 『사의』가 시왕(時王)의 제도를 어길 수 없는 것이라 하여 채택한 것은 그 나름의 의의가 있다. 위와 같이 대략 정리해본 『사의』의 여러 논점들도 이런 관점에서 하나하나가 세밀하게 검토될 필요가 있다. 『사의』 국역본의 간행과 더불어 예학을 통하여 인정과 사리에 합당한 인간의 질서를 강구하는 일에 뜻을 가진 많은 동지들이 함께 참여해 주기를 고대할 뿐이다.

[정 경 주]

『사의』 예설에 수용된 퇴계학파의 예학 관점

1. 서론

조선후기 유학자들이 학술논의를 통하여 성취한 가장 큰 성과는 예학(禮學)이다. 16세기 이래 성리학에 대한 깊은 성찰과 논변과 실천을 축으로 하여 전개되었던 조선조의 예학은 지식인으로서의 유자(儒者)가 그 사상과 신념을 실현하는 행위규범을 설정하는 학문으로서, 심신의 수양과 언동은 물론 가정과 사회, 국가와 인류를 경륜하는 유가 학문의 구체적이고 현실적인 실천방안이었다. 그렇기 때문에 예의 강구와 실천은 조선후기 유자들의 일상이었으며, 그것은 또한 한문 교양과 함께 지식인으로서의 신분을 담보하는 비중 높은 지표였다.

성재 허전은 조선후기 근기실학파의 학통을 계승하여 영남 남부지방에서 크게 학풍을 떨친 학자이다. 그가 저술한 『사의(士儀)』 21권은 근기남인(近畿南人) 예학의 성과를 결집한 예서로서 조선말엽의 예학 성취의 한 수준을 보여주는 의미 있는 책이다. 『사의』는 고금의 예서를 참작하여 예학의 근본 취지에 부합하는 사서인(士庶人)의 예절규범을 강구한다는 의도를 표방하여, 재래에 통용되었던 『주자가례』의 규모나 내용과 달리 그 편차와 항목과 표제를 새롭게 조정하였고, 역대 예학자들이 제기한 다양한 예학쟁점들을 두루 절충하여 수용하였다.[1] 이 점은 『주자가례』의 조문을 만세통행의 정규(定規)로 받들어 이를 부연 보완하는 학습에 골몰하였던 조선후기 예학연구

---

1) 鄭景柱, 「性齋 許傳의 士儀 禮說에 대하여」, 東洋漢文學研究 제19집, 東洋漢文學會 2004. 6.

의 한 조류와 대조된다는 점에서 특별한 의미를 가진다.

본 장에서는 이러한 『사의』의 편찬 의도와 규모 및 그 예설이 조선후기 예학의 전통, 특히 당대 조선에 합당한 예제를 강구하였던 퇴계학맥의 예학 전통에서 배태 발전된 것임을 논증하고 그 의의를 논하려고 한다.

오늘날 예학 논자 가운데는 조선조 예학사를 『주자가례』의 수용과 변용의 과정으로 논단하려는 하나의 경향이 있지만[2], 사실상 『주자가례』의 이해와 수용과 보완이 조선조 예학의 출발점이라고 볼 수도 없고, 또 당대의 학자들이 그것을 유일한 대안이나 궁극의 종착점으로 생각한 것은 아니었다. 국가의 전례(典禮)를 확정하고 생활규범으로서 예를 강구하는 것은 중세 지식인의 당연한 관심사였고, 그 학문의 준거로는 고대 경전인 삼례(三禮) 뿐만 아니라 각 시대에 준행된 제도와 역대 학자들이 제기한 예설은 물론, 각 시대의 관습과 풍속까지도 포함되었다. 『주자가례』는 가장 가까운 시대에 편찬되어 표준으로 삼을 만큼 잘 정비된 예서였기 때문에 중시되었던 것은 사실이나, 그것을 준수해야 할 규범서로 여기거나, 예제를 강구하는 준거의 하나로 참고하는 것은 치학(治學)의 목표와 방법에 따라 달라질 수 있는 것이었다. 더구나 17세기 이후의 조선 예학은 『주자가례』의 연구로는 충족될 수 없을 정도로 심화 확대되었다는 의견도 있다.[3] 과연 그런 경향이 있었다면 그런 방향으로 전개된 예학의 성과는 어떻게 구체화되어 나타나는가? 본고는 이런 문제를 중심으로 『사의』의 예학사적 의의를 논하려고 한다.

본 장에서는 『사의』에 제기된 예설의 연원을 일일이 밝히지 않는다. 『사의』에는 고대 예학 경전과 그 주소(註疏)는 물론 『주자가례』를 비롯한 각종

---

2) 李承姸, 「조선조에 있어서 주자가례의 절대성과 그 변용의 논리」, 한국의철학 24(1996. 12, 경북대학교 퇴계연구소) 및 鄭景姬, 「16세기 후반-17세기 초반 퇴계 학파의 예학: 정구의 예학을 중심으로」, 한국학보 101(2002. 4, 일지사) 참조.

3) 宋甲準, 「성호 이익의 예학에 관한 연구」, 철학논집 제8집, 1993.12, 경남대학교 철학과.

의 예서의 의절(儀節)과 예설이 채택되어 있고, 거기에 채택된 내용의 대부
분은 여러 형태로 이미 논급되었던 것들이다. 여기서『사의』의 예설이 과연
『주자가례』의 영향에서 얼마나 벗어나는가 하는 문제는 별로 중요하지 않
다. 다만 조선후기의 지식인이 그들이 실천 가능한 예제(禮制)를 어떤 관점
과 태도에서 어떤 방향으로 강구하였는가를 밝히는 것이 이 장의 주된 관심
사이다.

2. 『사의』 예설의 특징과 그 연원

『사의』는 허전이 평생 정력을 쏟은 예서로서 그 문인들에게 높이 존숭되
었을 뿐만 아니라[4] "士의 생활의식을 집대성한 예서로서 이조 오백년 예학
의 최후의 대작"[5]으로, 당대에 영남과 기호를 막론하고 남인계 가문에서 생
활의례로 채택한 집이 많았다. 이 책은 여러 면에서 전대의 다른 예서와는
구별되는 몇 가지 특징을 가지고 있다. 이런 몇 가지 특징의 실상과 그 연
원을 다음 몇 개의 절로 나누어 논한다.

(1) 『사의』의 편제와 절목의 독창성

『사의』에서는 우선 『주자가례』의 편차와 조목을 그대로 준수하지 않았
다. 그는 『주자가례』를 준용하는 종래의 예서에서처럼 '관혼상제'에 국한되
는 '사례'의 명칭을 그대로 사용하지 않고 친친(親親), 성인(成人), 정시(正
始), 이척(易戚), 여재(如在), 방상(方喪), 법복(法服), 논례(論禮) 등의 8편으로

---

4) 金鎭祜,『勿川集』卷4「與趙洛彦性濂」: 士儀一書 吾先生五十年精力 而吾黨
   之一大龜鑑也.
5) 李佑成,「許傳全集 解題」, (『許傳全集』, 亞細亞文化社 1979).

구성하고, 각 편에는 그 편목을 설정한 의의를 설명하는 소서(小序)를 모두
붙여 놓았다. 8편 중 족친의 범위를 설정한 친친, 국휼(國恤)과 관련한 사(士)
의 처신규범을 정리한 방상, 그리고 심의(深衣)와 상복(喪服) 등 의복 제도를
논한 법복, 역대 예설의 중요 쟁점을 검토한 논례 등 네 편은 『주자가례』에
없었던 편목이다.

　편목만 그러한 것이 아니라, 각 편의 절목 또한 순서를 바꾸거나 달리 편
성한 것이 많다. 『주자가례』에는 상례 첫 장의 초종에 곧장 질병천거정침
(疾病遷居正寢), 기절내곡(旣絶乃哭), 복(復), 입상주(立喪主), 주부(主婦), 호상
(護喪), 사서(司書), 사화(司貨), 내역복불식(乃易服不食), 치관(治棺), 부고(訃
告) 등 11조목으로 정리하였다. 그러나 『사의』의 「이척편(易戚篇)」에는 첫
장에 신질(愼疾)을 두고 거기에 「사상기(士喪記)」, 「상대기(喪大記)」 등의 경
전에 근거하여 유질질자재양자개재(有疾疾者齊養者皆齊), 처적침침동수(處適
寢寢東首), 병자욕정(病者欲靜), 서치명(書治命), 촉광이사(屬纊以俟) 등 9조목
을 두었고, 다음으로 초종 장을 두어서 거기에는 사우적실(死于適室), 기절
내곡(旣絶乃哭), 고복(皐復), 복이후행사사(復以後行死事), 남녀곡벽무수(男女
哭擗無數), 천시우상정시남수(遷尸于床整尸南首), 설모도시(設帽韜尸), 부이금
(覆以衾), 전여각포혜우시동(奠餘閣脯醢于尸東), 유당(帷堂) 등 10조목의 절차
를 두었으며, 다음으로 입상주장(立喪主章)을 두어서 적자(適子), 주부(主婦),
적손(適孫), 차적(次適), 계후자(繼後子), 역복(易服), 불식(不食), 고우묘(告于
廟), 부고(訃告), 주인이하위위곡(主人以下爲位哭) 등 20조목을 두었고, 다음
으로 다시 치관(治棺) 장을 별도로 두었다. 이처럼 절목을 보다 상세하게 하
였고, 예경(禮經)을 근간으로 하고 『주자가례』를 참조하여 조목을 선정하
고 순서를 조정하였다. 이런 점은 사계 김장생의 『상례비요(喪禮備要)』나
『가례집람(家禮輯覽)』 등과 같은 예서가 『가례』의 편차와 조목을 준수하였
던 것과 대조된다. 『상례비요』에는 '복(復)' 뒤에 '설치(楔齒)' 한 조목을 추
가하였을 뿐 나머지는 『주자가례』와 조목과 순서가 모두 동일하다.

또한 『사의』는 『주자가례』의 준행이라는 일련의 예학 경향에서 벗어나 별도의 완정한 예서 편찬의 의도를 분명하게 제시하였다. 사계의 『상례비요』의 범례에는 "『가례』를 조술(祖述)한다"[6]고 하였고, 이의조(李宜朝)의 『가례증해(家禮增解)』 범례에는 "『가례』 본문의 글자는 감히 한 자도 움직이지 않았다"[7]고 하였음에 반하여, 『사의』의 범례에는 "이 책에는 기강이 있고 조목이 있는데, 『의례』와 『가례』를 근본으로 하고 경전자사(經傳子史) 및 고금 제가의 요어(要語)를 수집하여 두 책의 미비한 점을 갖추었다"[8]고 하였다. 이처럼 『사의』는 그 편찬 동기에 있어서 『의례』나 『가례』 모두 미비된 점이 많다고 보고, 고금의 예서를 참조하여 완비된 별도의 예서를 편성한다는 방침을 표방하였다.

퇴계학통에 있어서 『주자가례』는 퇴계 당대로부터 이미 '미성서(未成書)'로 단정되었지만, 『주자가례』의 수용과 적용의 학습 단계에서 벗어나서 예학연구의 지평을 확대한 것은 한강(寒岡) 정구(鄭逑)가 『오선생예설분류(五先生禮說分類)』를 저술하면서부터이다.[9] 정구는 예가 본디 가까이는 시청언동(視聽言動)으로부터 멀리는 가향방국(家鄕邦國)에 이르기까지 제 성경(誠敬)을 다하려는 생각에서 나온 것인데[10], 그 정미한 경지는 두 정자(程子)와

---

6) 金長生, 『喪禮備要』 「凡例」: 此書雖祖述家禮 而其間或有不得已可補者補之.
7) 李宜朝, 『家禮增解』 凡例: 廣引經傳及古今諸儒說 以解家禮本文之義 而家禮 本文 則不敢動一字.
8) 「士儀凡例」: 此書有綱有條 盖以儀禮家禮爲本 而蒐集經傳子史 及古今諸家 要語 以備二書之未備者.
9) 金文俊, 「17세기 예학의 양상과 사상적 이해」(한국철학논집 제5집, 1996, 한국철학사학회) 및 李範稷, 「寒岡 鄭逑의 학문과 예학」(道山學報 제6집. 1997.) 참조. 金文俊은 한강의 예학이 종래의 예서에 만족하지 않고 새로운 예규의 마련에 힘썼다고 했으며, 이범직은 한강의 예학이 주자가례의 연구에서 벗어나 天子 諸侯의 예와 士大夫의 예를 구분하면서 예학의 문제 의식을 확대하여 조선의 예학연구를 심화시키는 학문적 자세를 보여주었다고 하였다.
10) 鄭逑, 「五先生禮說分類序」: 節文乎天理 而儀則乎人事 散之爲三百三千之有 秩 統之爲一身一心之所幹 未嘗斯須去乎君子之身 道德仁義 以之而成 君臣

장횡거(張橫渠) 및 주자가 정심명백하게 밝혀 주었으나, 그 명백한 정론을 채록한 책으로 『상제례록(喪祭禮錄)』과 『주문문례(朱門問禮)』 등의 책자가 있지만 모두 주자설만 채택하였고 분류도 되지 않아, 오선생(五先生)이 절충한 예의 본의를 체득하여 삼강오상의 대체를 세우기 위하여 책을 편찬한다고 하였다.[11] 이 발언에는 '근명분 숭애경(謹名分 崇愛敬)'을 근본으로 하여 '유가일용(有家日用)의 상체(常體)를 세운다'[12]고 한 『주자가례』의 실용적 예서 편찬 방침에서 좀더 나아가, 심성의 수양으로부터 수제치평을 실현한다는 예학연구에 대한 성리학적 인식의 심화와, 주자의 예설을 다른 네 선생의 예설과 동등한 수준에서 상대화함으로써 예학연구의 준거를 확대한다는 표방이 명확하게 제시되었다.

정구의 문도인 미수(眉叟) 허목(許穆) 또한 육경학에 근거하여 "예의 가르침은 『소학』의 쇄소응대(灑掃應對)의 절차에서부터 시작하여 성인의 무성무취(無聲無臭)의 극치에까지 이르는데, 그 법도가 천리에서 나와 성인에게서 완성되지만, 시의(時宜)가 중대하기 때문에 고금과 풍기에 따라 변통을 강구하지 않을 수 없는 것"[13]이라고 하였다. 이는 예학연구의 근본 입장에서 한

父子兄弟 以之而定. 所以古之人 自視聽言動之近 達之家鄕邦國之遠 無所不用其誠敬焉.

11) 鄭逑, 「五先生禮說分類序」: 近世或有採撮成帙者 有曰喪祭禮錄 有曰朱門問禮焉 而皆只取朱子之書 亦不備焉. 且門類不分 間見雜出 猶夫舊汗漫也. ……若能深體五先生折衷之本意 而取正於朱黃通解之書 有以仰泝周孔之大原 則所以爲義之實 可以自得 所以本於太一者 可以默會 而三綱五常之大體 其斯立矣.

12) 朱熹, 「家禮序」: 凡禮有本有文. 自其施於家者言之 則名分之守 愛敬之實 其本也. 冠婚喪祭 儀章度數者 其文也. 其本自有家日用之常體 固不可以一日而不修, 其文又皆所以紀綱人道之始終 雖其行之有時 施之有所 然非講之素明習之素熟 則其臨事之際 亦無以合宜而應節. 是亦不可一日而不講且習焉者也.

13) 許穆, 『記言』 卷31, 禮說: 其敎也 自小學灑掃應對之節 以至聖人無聲無臭之極. 禮出於天 而成於聖人者也. 禮貴隨時 故三代不同禮 古今之宜 風氣之殊 禮所以變也.

강의 관점을 그대로 견지하면서, 예학 연구의 목표를 학문의 실천과 성취 자체로 보고 그 학문 대상과 범위를 고금의 토풍(土風)과 예제(禮制)에 까지 크게 확대한 것이다.

이런 논의에 근거하여 예학연구의 방향을 조선의 풍토에 합당한 예제의 강구로 명확하게 규정한 이는 성호(星湖) 이익(李瀷)이다.[14] 성호는 예는 곧 이(理)인데 1인이 독점할 수 있는 것이 아니고, 『주자가례』 역시 『주례』를 근간으로 인시제의(因時制宜)한 예전(禮典)의 하나일 뿐이고, 퇴계는 조선의 풍토에 맞추어 의리와 인정에 합당하게 『주자가례』를 변용한 분인데, 그 역시 시비를 논하지 않고 글자 하나까지 모두 준행하는 것은 합당하지 않다고 하였다.[15]

이와 같이 『주자가례』를 인시제의의 실용 예서로 객관화하여 보고, 고금 의 예제를 강구하여 당대의 시의와 토풍(土風)에 합당한 완정된 예제가 부 단히 강구되어야 한다는 학풍은 『사의』의 편찬 의도와 일치한다. 이러한 학 풍은 조선중기 학자들이 성리학의 학문을 심화하는 과정에서 예의 본질에 대한 깊은 이해를 바탕으로 진행되었던 것으로, 이러한 관점에서 조선의 예 학은 종전의 『주자가례』의 학습과 적용의 단계에서 벗어나 시의와 토풍에

---

14) 宋甲準, 「성호 이익의 예학에 관한 연구」, 철학논집 제8집, 1993.12, 경남대학교 철학과. 송갑준은 성호 예학의 특징이 節儉과 簡素化, 실용성의 원칙 하에 古禮 의 근본 정신을 강조한 데 있다고 하였다.

15) 李瀷 『星湖先生文集』 권49 「李先生禮說類編序」, "禮者天理之節文也 理非一 人之所獨……此所以三代更尙 而有不可槪言者矣." "朱子家禮是因時制宜之 典 雖曰未及完就 當時及門之士 以升堂記聞 各有成說 分門類入 以羽翼本文 故後來疑文錯節 至是大定. 於是 天下靡然從之 是周禮之復明於世也. 至我東 方 退陶李先生崛起於荒服之外 尋緖於蠹簡之中 淹貫該洽 反躬踐實 自宋以 後適傳 不可誣也. 嘗與諸生論周公朱子之餘意 形諸筆札 備載集中 盖多因土 風而方便從善 愜諸義而愜者也. 東人重之不啻拱璧 而不誦者爲沽 是又家禮 之復明於東也." "若不稽古經 無論是非 一字皆合遵行云爾 則是豈尊先生之 意哉" "義理者 天地間一公物 無古無今 無彼無此 恐不可以人之高下而一切 揮斥之也."

합당한 예제를 강구하고 그에 상응하여 새로운 완정된 예서를 편찬해야 한
다는 쪽으로 진전하였고, 그에 따라 『사의』가 출현할 수 있었던 것이다.

(2) 국제와 속제를 정식으로 채용함

허전의 『사의』에는 『가례』를 전범으로 준수하는 다른 예서들과 달리 속
례(俗禮)를 대폭 채용하였다. 배례(拜禮)에서 당하배(堂下拜)를 취한 것[16]이
나, 관례(冠禮)의 복장으로 도포[17]와 입자(笠子)를 취한 것[18], 혼례에서 납채
와 청기(請期)의 절차로 주단(柱單)[19]과 연길(涓吉)의 속례를 취하고, 여가합
근(女家合巹)의 풍속을 따르도록[20] 인정한 것, 신부의 성복(盛服)과 수식(首
飾)을 시속에 따르도록[21] 하며, 상례에 있어서 여모(女帽)를 사용하고 관상
명정(棺上銘旌)을 사용하는 것[22]이나, 제례에 있어서 축계주독(祝啓主櫝)의
절차[23]를 넣은 것이나, 숙수(熟水)를 사용하여 초반(抄飯)하는 속례[24]를 채

---

16) 許傳, 『士儀』卷2「拜禮」: 嶺南之俗 子出外而還 必拜於堂下 此古禮之所本
    也 又朋友相接必拜 今則漸不如古云 可慨也.
17) 『士儀』卷4「冠禮」: 家禮三加雖有襴衫 襴衫唐初士人服 今進士所服 然亦非
    士庶家恒有 則不若代以道袍 道袍東俗大夫士通用.
18) 『士儀』卷4「冠禮」: 笠子之制 原於折風 折風乃東方最古之服 吉凶通用.
19) 『士儀』卷5 昏禮「四柱單子」: 按士昏禮 納采用鴈 而家禮不用鴈 且納采問名
    納吉納徵請期親迎 其禮有六 而家禮但著納采納幣親迎之節 從簡之意也 今
    俗定昏之後 只書男子生年年月日時於牋紙 名曰四柱單子 使奴僕 送于女氏
    之家 以代納采之禮 而無一字致書之儀 殊非重其禮 敬其事之道也 依古具書
    而依俗送單 則一擧而兩盡矣 女氏之家 亦宜有答書.
20) 『士儀』卷5 昏禮 : 按 古禮同牢合巹 必行於壻家 故期日由壻家來 此陽倡之
    義也 家禮無請期略之也 非無日也 楊氏補之是也 然我東則昏禮行於女家 故
    必自女家擇日 以請于壻家 習俗已久 便成禮節 不可猝變也.
21) 『士儀』卷5 昏禮「婦盛服」: 首節用假髻 上服用神衣 無則從便循俗可也.
22) 『士儀』卷6 易戚篇「棺上銘旌」: 按棺上書銘 未知始於何時而 禮俗已成 此必
    因既夕疏所云 銘亦入壙之義而 從簡爲之者耶! 又於柩旁左右畫翣 此亦因墙
    置翣之禮而 然耶!

택한 것 등은 모두 우리나라의 속례를 취한 것이다.

『사의』에는 물론 속례의 병폐를 지적하여 논한 것이 적지 않다. 예컨대 상례에 있어서 사자반(使者飯)25)이나 명혼(冥婚) 등의 속례는 근거 없는 것이라고 극력 배척하였다. 시속의 예를 취하는 경우는 대개 그것이 비록 『가례』에는 채택되지 않았지만 고례의 본지나 사리에 합당하거나, 또는 예의 본뜻에 크게 해가 없기 때문이다. 예컨대 『가례』의 '진다(進茶)' 절차 대신에 숙수를 올리면서 삼초반(三抄飯)을 하는 것이나26) 좌반우갱(左飯右羹)과 우반좌갱(右飯左羹)으로 생사를 구분하는 속례27)는 우리나라의 시속에 합당하고 이미 하나의 풍속을 이루었다는 점에서 채택하였다.

『사의』의 의절 중에는 또한 '국제'를 또한 많이 채택하여 넣었다. 「사의 범례(士儀凡禮)」에 이미 "시왕의 제도가 비록 고례와는 같지 않더라도 감히 준행하지 않을 수 없는 것은 채택하여 서술한다"28)고 하였고, 특히 「방상

---

23) 『士儀』 卷11 「虞祭」: 家禮則祝出神主于座 而東俗則啓主櫝而已.
24) 『士儀』 卷15 如在篇 「熟水」: 家禮啓門後進茶 而東俗常時不用茶 故祭祀代進 熟水 三抄飯爲殯. 按禮 但言進茶於考妣之前 而未有的指其處 今人生時必 退羹而進水 故祭亦爲然而成俗也.
25) 『士儀』 卷6 易戚篇 「愼疾」: 今俗則於已死之後 始備三器飯 使賤僕 置之僻處 而云爲闍府使者 飯則無義甚矣 不敬甚矣 神其有祐乎 決不可如此也.
26) 家禮啓門後進茶 而東俗常時不用茶 故祭祀代進熟水 三抄飯爲殯 ○類編曰 禮記孔子曰 吾食於少施氏而殯註 殯以飮澆飯也 禮食竟 更作三殯 以助飽也. 今俗每食必殯 則進湯水抄飯爲殯 合於禮從宜之宜矣 ○ 按家禮但言進茶於 考妣之前 而未有的指其處 今人生時必退羹而進水 故祭亦爲然而成俗也. 『士 儀』 卷15 如在篇 熟水.
27) 『士儀』 卷15 如在篇 「進饌」: 按特牲禮 佐會邇黍稷于席上 設大羹湆于醢北, 疏 公食大夫昏禮 大羹湆皆在右. 此在左者 神禮變於生人. 此家禮右飯左羹之 義也. 沙溪以家禮設饌 爲當時俗禮者 恐之不審. 然星湖 亦有設饌尙右辨 引曲禮食居人左羹居人右 以爲生與死無異例之證. 其答秉休問 又云 右飯左 羹 不啻不便 從俗無妨. 今之行禮者 可以參酌矣.
28) 許傳, 『士儀』 「士儀凡例」: 時王之制 雖或如古禮不同者 其不敢不遵者 採而 述之.

편」은 전적으로 『국조오례의』를 근간으로 편찬하면서 "시왕의 제도를 중시한다"[29]고 하는 등 『경국대전』, 『속대전』, 『국조수교(國朝受敎)』 등을 근거로 조목을 세웠다.

이런 관점은 특히 「친친편」의 종법과, 「정시편」의 금혼과 재취, 그리고 「방상편」에 집중적으로 반영되어 있다. 예컨대 혼례의 재취 조에 "사대부로서 아내가 죽은 자는 3년 뒤에 다시 장가든다. 만약 부모의 명으로 인하거나, 혹은 나이 40세에도 자식이 없는 자는, 1년 뒤에 다시 장가가는 것을 허락한다"[30]는 조목을 국제(國制)에 근거하여 한 조목으로 설정하였고, 또 "아내가 있는데 다시 장가드는 자는, 장(杖) 90대에 이혼하게 한다"[31]고 하였다. 상복의 재최삼년조(齊衰三年條)에도 "아버지가 돌아가신 뒤 어머니를 위하여[父卒則爲母]"라고 하였는데, 이는 『주자가례』에 곧바로 "아들이 어머니를 위하여[子爲母]"라고 한 것을 국제에 의거하여 수정한 조목이다.

예제가 본디 국가의 법령과 무관할 수 없기 때문에 예서에 당대의 국가제도나 시속을 반영하는 것은 당연한 일이다. 『주자가례』 역시 당대의 제도와 시속의 관습을 절충한 것이 많기에 인시제의(因時制宜)는 예제 채택에 있어서 당연히 고려되는 원칙이다. 그렇지만 조선조에 널리 통용된 『가례』와 국제와 상충될 적에 어떤 것을 취할 것인가 하는 점은 예제 강구에 있어서 예학가의 중요한 선택 관점이 반영된다. 『사의』는 고례의 원칙에 합당한 것이라면 국제를 옹호하는 입장에 선다. 가령 가제(家祭)에 있어서 『가례』에는 4대 봉사를 원칙으로 정하였는데, 국제로는 3대 봉사를 원칙으로 하여, 두 설 예제 사이에 상충이 있다. 이 점에 대하여 『사의』에는 다음과 같이 서술하였다.

---

29) 『士儀』 卷16 「方喪篇」: 此篇專以五禮儀 及喪禮補編爲主 重時王之制也.

30) 許傳, 『士儀』 卷5 正始 「再娶」: 士大夫妻亡者 三年後改娶 若因父母之命 或
　　年四十無子者 許期年後 改娶. 『國制』.

31) 同上: 有妻而更娶者 杖九十離異 『國制』.

　　살펴보면 국제에는 단지 3대를 제사지내도록 하였는데 고례를 따른
것이다. 그런데 정자는 말하기를 '고조는 유복지친(有服之親)이니 제사하
지 않을 수 없다'고 하였고, 『가례』에도 고조까지 제사지내도록 되어 있
으므로 세상 사람들이 많이 따른다. 주자는 또한 '4대를 제사하는 것은
분수에 넘친 것'이라고 하였다. 그렇다면 『가례』가 미정지서라서 그런
것일까?32)

　　『사의』의 이 구절 뒤에 고려 때 6품관 이상의 관원이 3대를 제사하고, 7
품 이하는 2대를 제사하며 서인은 고비(考妣)만 제사하였는데, 국제에는 이
를 답습한 것으로 서술하고는, 이어서 '6품 이상의 관원이 3대를 제사하는
국제를 어겨서는 안된다'는 이언적의 설과, '『가례』에 정자의 설을 따라 4
대를 제사하는 예나 지금 사람들이 시왕지제(時王之制)를 따라 3대를 지내
는 것이나, 힘이 미칠 수 있으면 통행함이 무방하다'는 퇴계의 설33)을 둘
다 올려놓았다. 『가례』의 4대 봉사가 정자의 말에 기인한 것이기는 하여도
주자의 평소 소신과는 다르며, 『가례』가 미정지서라는 문제를 거론하면서,
한편으로는 국제가 고례에 가깝다고 하였고, 또 국제를 준수해야 한다는 회
재(晦齋)의 발언을 아울러 붙여 두었으니, 이는 분명 국제를 옹호한 말이다.
　　『사의』에서 국제를 고수하는 것 중에 특별히 두드러지는 것은 첩자승중
(妾子承重)의 문제이다. 허전은 "고례와 국제에는 첩자가 있는데 타자(他子)

---

32)『士儀』卷14 如在篇.: 又按國制 只祭三代 從古禮也 然程子曰 高祖有服之親
　　不可不祭 家禮亦祭及高祖 故世多從之 而朱子亦以祭四代爲涉僭分 然則 家
　　禮爲未定之書而然耶?

33)『士儀』卷14 如在篇.: 高麗廟制 六品以上 祭三世 七品以下 祭二世 庶人考妣
　　國制因之宗子秩卑 支子秩高 則代數從支子 ○晦齋曰禮大夫三廟 士二廟 無
　　祭及高祖之文 故朱子亦以祭高祖爲僭 且今國朝六品以上 祭三代 不可違也
　　高祖春秋俗節 詣墓祭之 亦不至忘本也 ○退溪曰家禮 因程子說而立爲祭四
　　代之禮 今人祭三代 時王之制也 力可及 則通行無妨 ○時王之制 本當遵守而
　　祭四代 亦大賢義起之禮 但其疎數不同之說 古者廟各爲一 故可如此 今同奉
　　一堂之內而獨疎擧於高祖 事多礙理.

로 계후하는 것을 허락하지 않는다"[34]는 점을 강조하였다. 그렇기 때문에 승중 계후의 논의에는 첩자라도 있는 경우에는 다른 족인의 자식으로 입후하는 것을 반대하였다.[35]

이런 점은 간대입후(間代立後)나 이성입후(異姓立後)를 배척하는 것과 같이 친친(親親)의 의리에 근거를 둔 것이다. 친친에는 자연히 친분의 등차가 있는 것이고 보면, 혈연이 먼 사람을 가까이 여기고, 가까운 사람을 멀게 여기는 것은 예의 원칙에 벗어나게 된다. 그러므로 허전은 「내외형제설」에서 "어머니의 부모는 높은 데도 외조부라 부르는데, 어머니의 형제의 아들만을 어떻게 내형제라 부르며, 딸자식의 아들은 친함에도 또한 외형제라 부르는데, 고모의 아들만을 어찌 내형제라 부를 것인가?"[36]라고 하여 의문을 제기하였으며, 「수양모복의(收養母服議)」에 있어서도 "육양지은(育養之恩)이 천성지친(天性之親)보다 앞설 수 없다"고 하였다.

그런 점에서 우리나라의 속례 가운데 외손봉사의 관습을 비판한 다음 글은 『사의』의 예설이 지향하는 토풍의 성향을 살펴보는 단서의 하나가 된다.

둔계(遯溪)가 말하였다. "예에는 외손이 주사(主祀)하는 의리가 없다. 대개 외조는 외친이다. 무후(無後)하면 마땅히 그 본종의 가묘에 반부(班祔)하여야지, 외손에게 의탁하여 제사할 수 없는 것이다. 성인이 제도를 정한 의리는 지극히 엄정하다. 동속(東俗)에 외조의 제사를 받드는 자가 있는 것은 박석김(朴昔金) 삼성이 계립(繼立)한 순방한 풍속이다. 그러나 예로서는 아니다. 만약 부득이하다면 분면(粉面)에 속칭(屬稱)을 쓰지 않고 곧바로 관함과 성씨를 모관부군신주(某官府君神主)라고만 하고, 현(顯)자를 올리지 않아야 한다."[37]

---

34) 『士儀』 卷2 親親篇 : 按古禮及國典 未有有妾子而以他子繼後者也.
35) 『士儀』 권2 親親篇 「庶子」: 按古禮 立嗣之法 未有捨己之子 而取他子者矣. 但適庶分嚴 必也無適子適孫 然後立妾子 亦必擇賢.
36) 『士儀』 卷19 「內外兄弟說」: 母之父母之尊焉而猶謂之外 母之昆弟之子 何謂獨謂之內也. 女子之子之親焉 而亦謂之外 則姑之子何獨謂之內也?

이 글은 관설헌(觀雪軒) 허후(許厚)의 설을 빌어온 것이지만, 허전의 소신과 무관한 것이 아니다. 허후는 곧 미수 허목의 가형(家兄)이고 허전은 그 학통을 계승한 사람으로 자처하였으며, 여기에 한 자의 비판도 가하지 않았기 때문이다. 그런데 그 글에 외손봉사가 성인의 예제에는 벗어난 것이라고 하면서도, 한편으로 그것이 신라 이래 우리나라의 순방한 풍속이라고 하였고, 부득이 봉사하는 사람을 위하여 신위를 쓰는 법을 세워 놓기까지 하였다. 외손봉사를 순방한 풍속이라 할 수 있는 것은 외조부와 외손이 혈속의 친분으로 이어지기 때문이다. 이것은 비록 첩자라도 자식이 있는 경우에는 타자(他子)를 입후를 할 수 없다는 것과 동일한 친친의 원칙이다. 여기에는 우리나라의 고유한 풍속이 친친의 아름다운 전통을 지켜왔다는 고유문화에 대한 긍정적인 관점이 함축되어 있다. 이와 같이 예의 합당성을 추구하되 가능한 한 고유한 아름다운 풍속을 살려나가려고 하는 정신이 『사의』에 깔려 있는 것이다.

예절 규범을 설정함에 있어서 종래에 확정된 규범과 다르다 하더라도 크게 예학의 근본 취지에 크게 어긋나지 않으면 국속(國俗)을 살려 나간다는 예학관점은 퇴계로부터 확고하게 정립되어 있었던 학문 전통의 하나이다. 그런 사례의 하나로 위인후자의 처가 본생구고(本生舅姑)에 대하여 입는 상복을 기년(朞年)으로 정한 것을 들 수 있다. 『주자가례』에는 위인후자의 처가 본생구고에 대하여 입는 복을 대공(大功)으로 정하였는데, 퇴계는 그것이 인정과는 너무 멀다고 하여 기년복으로 함이 옳다고 하였다. 『상례비요』 등의 예서에서는 『주자가례』의 설을 그대로 준용하였으나, 『사의』에서는 "위인후자(爲人後者)의 처가 본생구고(本生舅姑)에 대하여는 기년복(朞年服)을

---

37) 遯溪曰 禮無外孫 主祀之義 盖外祖 外親也 無後 則自當班祔於其本宗之廟 不得托祀於外孫者 聖人定制之義 至嚴且正 東俗 承祀外祖者 朴昔金三姓繼立 淳尨之俗 然也 禮則未也 若不得已 則粉面不書屬稱 直書官啣姓氏曰 某官府君神主 顯字不可加.

입는 것은 예경(禮經)의 대공(大功)이라는 조문에 위배되지만 대공복만 입는 것은 전혀 인정에 맞지 않다"[38)는 퇴계의 설을 과감하게 채택하고,[39) 당대의 관습으로 굳어진 구고에 대한 복제 체계의 일관성으로 유추하면 기년복이 합당하다는 상세한 변론을 실어놓았다.[40)

이처럼 『사의』는 조선의 실정에 부합하는 예제를 강구하려는 강한 의지를 담고 있다. 이 점은 인시제의(因時制宜)의 예학의 본디 이념에 부합하면서 동시에 시왕지제(時王之制)와 속제(俗制)의 준용을 강조한 퇴계학맥의 예학전통[41)과 부합한다.

(3) 사서인례를 왕조의 전례와 구분함

허전은 「사의서」에서 "그 지위가 있더라도 그 덕성이 없으면 감히 예악을 만들지 못하고 그 덕성이 있어도 그 지위가 없으면 감히 예악을 만들지 못한다"고 하면서, 공자학도로서 예를 서술하는 것은 죄가 아니지만 그래도

---

38) 許傳, 『士儀』 卷7 易戚篇2 「不杖朞」: 退溪曰 夫爲人後者 其妻爲本生舅姑服 朞 雖違禮經服大功之文 然止服大功 太不近情.

39) 許傳, 『士儀』 卷7 易戚篇2 「不杖朞」: 爲人後者妻本生舅姑服.

40) 許傳, 『士儀』 卷7 易戚篇2 「大功辨疑」: 按出繼子婦之服 古經雖無明文 然禮 婦爲舅姑期 舅姑爲適婦大功 庶婦小功 而不復分別言出繼子婦者 亦可以同 於庶婦故也. 若又降小功 則緦麻也 緦麻 非至親之服也. 且比適婦大功 降三 等也 降三等 無是理也 其爲小功 無可疑焉. 然至唐 魏徵始加適婦爲期 庶婦 大功後 唐劉岳始升舅姑爲三年 徵之但加婦服 而不升舅姑服 未知何爲 而岳 之升舅姑服 必因徵之加婦服 而爲之者 實合於義起 故家禮從之. 以此推去 則出繼子之婦 亦當爲本生舅姑期 本生舅姑 亦當爲出繼子婦大功 而家禮本 生舅姑在大功章 不敢梗說也.

41) 퇴계 자신이 이런 경향을 가졌다는 것은 여러 논자들에 의하여 지적된 바 있다. 呂 紹綱, 「퇴계 예설에 대한 시론적 탐구」(퇴계학보 100, 1998.10, 퇴계학연구원), 김 호덕, 「퇴계 이황의 예 인식 - 예의 가변성과 불변성을 중심으로」(종교학연구), 鄭 景姬, 「16세기 중반 사림의 예 인식- 이황을 중심으로」(한국사연구 110).

감히 예라고 할 수 없고 또 왕조례(王朝禮)를 언급할 수 없으므로 책이름을
『사의』라 하고, "천하에 나면서 귀한 자가 없고 예는 또 서인에게 내려가지
않기" 때문에 『사의』라고 이름은 붙일 수 있다고 하였다. 그러면서 왕조례
에 대한 그의 저술을 『사의』와 혼동하여 함께 편성하지 못하고, 국가 경륜
의 방략을 구상한 그의 저술인 『수전록(受廛錄)』에 별도로 편입해 놓는다[42]
고 하였다.

　이러한 허전의 『사의』 명명 의도는 왕후(王侯)의 예와 대부의 예와 사서
인(士庶人)의 예가 동일하지 않다는 예학 관점에 근거한다. 그는 이르기를
"예에는 고금의 다름이 있고 시속이 같지 않음이 있고, 왕후에게는 사용해
도 대부와 사에게 사용할 수 없는 것이 있고, 대부와 사에게는 사용해도 왕
후에게 사용할 수 없는 것이 있다"[43]고 하였다.

　이런 관점은 『사의』의 내용에 여러 곳에서 반영되어 있다. 관례(冠禮)의
"15세에서 20까지 모두 관례를 올릴 수 있다"는 연령 규정을 『주자가례』의
본문대로 취하면서도, 그 주에 이르기를 "천자나 제후가 일찍 관례를 올리
는 사례를 사서인의 예에 인용하는 것은 불가하다"[44]고 하였다. 또한 혼례
복의 규정에다 우리나라 제도로서 『오례의(五禮儀)』에 명시된 "양반의 자손
은 사모(紗帽) 각대(角帶)를 쓰고, 서인(庶人)은 갓[笠子]에 술띠[條兒]를 쓴
다"[45]는 조목을 인용하여 놓았다.

　이런 점은 제찬(祭饌)을 규정하는 조목에도 여러 곳에서 나타난다. 거기
에 "소를 잡아 제사하는 것은 사(士)의 예가 아니지만, 고기를 사서 제사하
는 것은 비난하기 어려울 듯하다"[46]는 퇴계의 설이나, "『가례』는 사대부의

42) 許傳, 「士儀凡例」. 王朝禮 有非賤者所敢輕議 亦非士儀之所可瀆者 略採帝王
　　昭穆宗廟序次 別爲一卷 編於受廛錄.
43) 許傳, 經禮類纂序. 禮有古今之異宜 有時俗之不同 有可用於王侯而不可用於
　　大夫士者 有可用於大夫士而不可用於王侯者.
44) 『士儀』 卷4 成人篇. 以喪冠者註. 天子諸侯早冠 不可爲引於士庶.
45) 『士儀』 卷5 正始篇. 五禮儀公服. 兩班子孫 紗帽角帶 庶人笠子條兒.

예이므로 강렵 유모(剛鬣 柔毛)라는 글이 있는데, 모두 서인이 사용하는 희
생이 아니다"[47]는 설을 붙여 놓았다. 그 뒤에 "예에 이른바 소뢰특생(小牢
特牲)은 모두 온전히 죽이는 것을 일컬음이니 서인의 예가 아니지만, 우리
나라에는 이른바 푸줏간이라는 것이 없는 곳이 없고 관가에서 설치한 곳이
므로 사서인들이 쇠고기를 사서 제사하는 것은 참례(僭禮)가 되지 않을 듯
하다. 그러나 가난한 자가 또한 굳이 쇠고기를 구할 것은 아니니, 새나 짐승
이나 물고기 종류가 모두 예에서 허락하는 것이니 있는 대로 함이 옳고, 또
한 우리나라에는 해산물이 온 나라에 널려 있으니 더욱이 예에 합치된
다"[48]고 부연하였다. 『사의도』에는 또 『국조오례의(國朝五禮儀)』의 「설찬도
(設饌圖)」를 올려놓았는데, 거기에는 2품 이상, 6품 이상, 9품 이상 세 등급
의 관원과, 서인(庶人)을 위한 네 개의 설찬도가 각기 달리 설정되어 있고,
또한 "『오례의』의 찬품(饌品)은 귀천에 따라 등급이 있고 다과(多寡)가 같지
않으니 이것은 참작하여 절문(節文)하라는 뜻"[49]이라고 하였다.

　『사의』에서는 또한 사례(士禮)와 왕조례(王朝禮)의 구분을 엄격하게 적용
한다. 여기에서 국통(國統)과 친통(親統)을 엄정하게 변별해야 한다는 논의가
파생한다. 허전은 국통의 계승에 형제나 조손 간에 승계되는 사례를 인용하
여 형제나 조손 등의 간대입후(間代立後)를 입증하는 설에 반대하여 이르기
를 "천하에는 하루라도 군주가 없어서는 안되니, 비록 형이 아우를 계승하
고, 숙(叔)이 질(姪)을 계승하고, 심지어는 혹은 조(祖)가 손자를 계승하더라
도 또한 그만 둘 수 없다. 그렇지만 이는 아우에게 아들이 되거나, 조카에

---

46) 退溪曰 殺牛以祭 非士之禮 然買肉以祭 恐難非之.
47) 星湖曰 家禮 是大夫之例 故祝有剛鬣柔毛之文 皆非庶人之牲.
48) 按禮所云 少牢特牲 皆全殺之謂非庶人之禮 而我東 則所謂疱廚無處無之 乃
　　官之所設也 士庶人之買牛肉以祭 恐不爲僭. 然貧者 亦未必固求牛肉 凡毛羽
　　鱗之族 皆禮之所許 則隨其有無可也. 且我東 海錯遍於一國 尤合於禮矣.
49) 『士儀』 卷1 士儀圖. 「五禮儀時享考妣一卓圖」. 按五禮儀饌品貴賤有等 多寡
　　不同 此爲參酌節文之義 而但匙箸之在左 籩豆之不合稱數 與古禮家禮不同
　　未知如何.

서 손자가 되는 것이 아니고, 단지 그 국통을 계승함이니 어찌 사대부들이 집안의 가계를 계승하는 일과 한 가지 이치라 하겠는가?"[50] 하였다. 또한 「위인후자설(爲人後者說)」에서 "무릇 국통은 그대로 국통이고, 친통은 그대로 친통인 것이지, 어찌 그 소목(昭穆)을 어지럽혀서 아우를 녜(禰)로 하거나, 형을 녜로 하거나, 조카[姪]를 녜로 하거나, 조를 녜로 하여 제멋대로 하여서야 되겠는가?"[51] 하였다.

국통(國統)과 친통(親統)에 있어서 소목(昭穆)의 분별 문제는 17세기 예송에서 치열하게 논의되었던 불이참(不二斬)의 명분론과 밀접한 관련을 가진다. 허전은 천자나 제후에게 후사가 없어 존비의 서열을 따지지 않고 승통(承統)하는 경우라도 소목은 바뀌지 않으나 반드시 참최복(斬衰服)을 입는데, 이 참최복은 "군주를 위해 입는 의복(義服) 삼승반(三升半)의 참최복이지 아버지를 위해 입는 정복(正服) 삼승의 참최복이 아니라"고 하였다. 이 때문에 '장자가 죽고 후사가 없으면 둘째 아들을 세워 또한 장자라고 이름한다'고 하였다. 이는 바로 기해예송(己亥禮訟)에서 허목이 제기한 설인데,[52] 허목 역시 그 문제의 핵심이 국가의 대통(大統)에 있는 것이지 적서장소(嫡庶長少)의 변별을 논하는 데 있지 않다고 하였다.[53]

왕조의 국가 전례를 사서인의 예와 엄밀하게 구분하는 시각은 한강 정구에게서 이미 명확한 문제의식으로 등장하였고[54], 성호에게 와서는 예의 절

---

50) 『士儀』 卷2 親親 「間代立後」. 天下不可一日無君 則雖兄繼弟叔繼姪 甚或至祖繼孫 亦不可已也. 此非爲子於弟於姪於孫也. 只繼其國統也. 何可曰與士大夫承家一理也哉.

51) 『士儀』 卷20. 論禮篇. 「爲人後者說」. 夫國統自國統 親統自親統 豈有亂其昭穆 禰弟禰兄禰姪禰祖 無所不爲乎.

52) 許穆, 『記言』 原集 上篇 卷2 禮 「答堂兄雪翁」: 喪服斬衰章 經曰 父爲長子 疏曰 第一子死 則取嫡妻所生第二長子立之 亦名長子. 父爲長子斬 非爲第一子也 爲傳重故也.

53) 許穆, 『記言』 原集 上篇 卷2 禮 「答堂兄雪翁」: 今之所爭 所重在國之大統 嫡庶長少 非所論也.

검과 간소화라는 명제로 나타나는 것으로 지적된 바 있다.[55] 이처럼 『사의』
는 사서인(士庶人)의 예제를 강구하는 서적으로, 사서인의 예를 국가의 전례
와 엄격하게 구별하는 예학 전통에서 배태되었다. 이는 사대부례로서의 『주
자가례』를 상하귀천 할 것 없이 천하만세에 통용될 수 있는 예의 전범으로
인식하였던 예학자들의 경직된 태도와는 구별되는 점이다.

(4) 예학 본지에 충실한 의절 강구

『사의』에는 각 편마다 그 의절(儀節)의 예학적 의의를 밝히는 소서(小序)
를 두었다. 다른 예서(禮書)에도 각 편마다 그 의절의 의의를 설명하는 소주
(小註)를 첨부하는 사례가 있지만, 『사의』처럼 각 편마다 본문에 준하여 각
종 의절의 예학적 의의를 명료하게 밝힌 글을 붙인 경우는 찾아보기는 어렵
다. 이처럼 『사의』에는 일상생활에 소용되는 의례 절차를 규정하는 예서의
실용성뿐만 아니라, 예학의 근본 의의에 입각하여 예제를 강구한다는 학문
적 진지성이 시종일관 유지되었다.

　허전은 『사의』의 처음 세 편을 「친친편(親親篇)」이라 하였다. 「친친편1」
의 내용은 성씨와 명자(名字)의 유래에 대한 제가의 설과 족당의 호칭에 대
한 설명으로 이루어져 있다. 사실 이런 내용은 『의례』나 『가례』의 조목도
아니고, 격식을 갖춘 의식절차가 포함되어 있지 않기 때문에, 엄밀한 의미
에서 의례(儀禮)라고 하기 어렵다. 「친친편2」는 종법을 서술한 것인데 그 소
서에 "이 편은 존조(尊祖), 경종(敬宗), 수족(收族)의 예와 내외친(內外親)이
화목하게 지내는 도리까지 서술하였다"[56]고 하였으며, 「친친편3」에서는 부

---

54) 琴章泰, 「寒岡 鄭逑의 禮學思想」(유교사상연구 4·5, 1992.) 및 高英津, 「17세기 초
　　예학의 새로운 흐름 -韓百謙과 鄭逑의 예설을 중심으로」(한국학보68, 1992) 참조.
55) 宋甲準, 앞의 논문 참조.
56) 『士儀』 卷2 親親篇2: 此篇述尊祖敬宗收族之禮 以及內外親睦婣之道也.

자지친, 부부지별, 장유지서, 비복의 네 장을 설정하고 부록으로 배례(拜禮)를 설명하였는데, 이 내용은 『주자가례』의 통례에 첨부된 사마광(司馬光)의 「거가잡의(居家雜儀)」와 유사한 점이 있으나, 친친의 관점에서 오륜의 의의와 그 실천 규범의 취지를 간결하고 명료하게 제시하여 놓았다.

가정과 친족 내의 일상적인 인간관계에 대하여 처신하는 규범으로 이루어져 있는 「친친편」을 『사의』의 첫 편목으로 설정한 데는, 사례(士禮)의 본질에 대한 허전의 평소 인식이 들어 있다. 그는 「친친편1」의 소서(小序) 첫머리에 "사람의 도리로 친친(親親)이 크다"[57]고 하면서, 「요전(堯典)」의 '친구족(親九族)'과 『주례』의 '교육행(敎六行)'이 모두 친친을 미루어 나간 것이라 하였다. 그는 『종요록(宗堯錄)』의 서두에서도 「요전」의 '높은 덕을 능히 밝혀 구족을 친하게 하고, 구족이 이미 화목함에 백성을 고루 다스리니 백성이 환하게 밝아졌고, 만방을 화합하게 하니 만백성이 이에 화평하게 되었다[克明俊德 以親九族 九族既睦 平章百姓 百姓昭明 協和萬邦 黎民於變時雍]'고 한 30자를 떼어 첫머리에 놓고, "수신제가치국평천하의 일이 모두 이 30자에 들어 있고, 대학의 명덕(明德) 신민(新民) 지어지선(至於至善)이 근본으로 삼은 곳"[58]이라 하였다. 『중용』에 "인(仁)이란 인(人)이니 친친이 크고, 의(義)는 의(宜)이니 존현(尊賢)이 크다. 친친의 차이와 존현의 등급에서 예가 생겨난다"[59]고 하였으니, 허전은 예가 친친과 존현에서 비롯한다는 데 근거를 두고 「친친편」을 『사의』의 첫머리에 두었던 것이다.

---

57) 『士儀』卷1 「親親篇」: 人道親親爲大 故父子有親 君臣有義 夫婦有別 長幼有序 朋友有信 天彝之性 而聖人之教也. 君爲臣綱 父爲子綱 夫爲妻綱 此三綱也. 師長爲君臣之紀 諸父兄弟爲父子之紀 諸舅朋友爲夫婦之紀 此六紀也. 堯典之親九族 周禮之教六行 皆親親之推也. 世降而教弛 或有不知己屬稱者 余甚懼焉 採而述之.

58) 『宗堯錄』卷1 「民」: 修身齊家治國平天下之事 盡在此三十字 大學之明德新民至於至善所本也.

59) 『中庸』: 仁者人也 親親爲大. 義者宜也 尊賢爲大. 親親之殺 尊賢之等 禮所生也.

관혼상제라는 말을 그대로 사용해도 될 터인데, 굳이 편목의 명칭을 바꾼 데는 의례 형식의 세세한 의절을 제시하는 번쇄함을 경계하여 의례(儀禮)의 본디 의의를 강조하려는 의도가 분명하다. 이런 점은 다른 편목의 소서에도 일관성 있게 유지되고 있다. 「성인편(成人篇)」의 소서에서는 "관례(冠禮)는 사람다운 도리로써 사람을 공경하고, 사람다운 덕성을 사람에게 책망하기 위함"60)이라 하였고, 「정시편(正始篇)」의 소서에서는 "혼인의 예는 성인에 남녀의 위상을 바로잡고 인륜의 시초를 존중하기 위함"61)이라 하였으며, 「이척편(易戚篇)」의 소서에서는 "상례는 성인께서 부모를 봉양하는 은정을 다하고 마지막 섬기는 효도에 유감이 없도록 함"62)이라고 하였고, 「여재편 (如在篇)」의 소서에서는 "제사의 예는 성인께서 추양계효(追養繼孝)하기 위함이니 천성에 근본한 것"63)이라 하였다.

이처럼 『사의』의 편목마다 제시된 소서는 각기 분리되어 있지만, 각개의 의절이 통일된 예학 원칙에 입각하여 실행되는 것임을 설명하는 일관성을 유지하고 있다. 「친친편」에서 사람된 도리[人道]의 가장 소중한 것이 친친이라 하면서 인간관계의 기본 질서를 논하고, 「성인편」에서 '사람된 도리[人道]'와 '사람된 덕성[人德]'의 의미를 관례의 절차를 통하여 나타내고, 「정시편」에서 '인간관계[人倫]의 시초'를 혼인의식을 통하여 구현하고, 「이척편」에서 친근한 인간관계의 마지막 도리를 나타내고, 「여재편」에서는 친근한 사람이 "이미 죽었다고 해서 문득 잊어버리지 못하는 것이 천리요 인정"64)이라 하였으니, 모두 인간된 도리[人道]와 인간의 질서[人倫]를 친친의 의미로 유추하여 설명한 것이다. 「방상편(方喪篇)」의 소서에서도 "군부(君父)는 일체(一體)이다. 부친을 섬기는 도리를 바탕으로 군주를 섬기는

---

60) 『士儀』 卷4 成人篇: 冠禮 聖人所以敬人以成人之道 而望人以成人之德也.

61) 『士儀』 卷5 正始篇: 昏姻之禮 聖人所以正男女之位 而重人倫之始也.

62) 『士儀』 卷6 易戚篇: 喪禮 聖人所以盡養親之恩 而無憾於終事之孝也.

63) 『士儀』 卷14 如在篇: 祭祀之禮 聖人所以追養繼孝 本天性者也.

64) 『士儀』 卷14 如在篇: 一朝而沒焉 則不忍위이사무지 거연상망 시천리야 인정야.

데, 함께 사는 겨레를 사랑함"65)이라 하였으니, 인간의 사회적 공존이라는
의미에서 방상의 의의를 논한 것이다. 이렇게 보면『사의』의 편차에는 인
간된 도리를 친친으로부터 시작하는 공존의 실현으로, 인간의 공존을 실현
하는 구체적인 실천 방안으로서의 예를 강구한다는 의미가 담겨져 있는 것
이다.

  예서(禮書) 각 편의 서두에 해당 의절의 예학적 의의를 설명한 글을 올려
놓는 사례는『주자가례』에도 있었다.『주자가례』의 통례(通禮) 사당장(祠堂
章)과 심의제도장(深衣制度章) 및 사마씨거가잡의(司馬氏居家雜儀)의 서두에
는 주자가 그 의식의 의의를 설명한 간략한 글이 붙어 있고, 관례의 서두에
도 관례의 의의에 대한 사마광의 간략한 설명이 인용되어 있다. 그러나 혼
례와 상례 및 제례에는 이러한 설명이 전혀 없이 곧바로 의식의 조문이 편
성되어 있다.

  퇴계학파에서의 예학이 이학(理學), 심학(心學), 실학(實學), 성학(聖學) 등
과 긴밀한 관계 속에 발전하고 있다는 지적이 있고66), 또 예의 학습과 실천
이 심학과 결부되는 것이 퇴계학의 중요한 특징이라는 지적도 있다.67) 이런
점에서 본다면 의례절차에 앞서 그 본지를 먼저 밝히는 것은 퇴계 예학의
특징과 부합한다.

  또한『사의』처럼 각 편의 서두 본문에 각 의절의 예학적 의의를 총괄한
글을 둔 예서로는 동암(東巖) 유장원(柳長源)의『상변통고(常變通攷)』에서 가
장 가까운 유례를 찾을 수 있다.『상변통고』각 편목마다 서두에 총론을 두
어『예기』를 비롯한 여러 경전에서 관련 구절을 취택하여 각 의식의 예학
적 의의를 총괄하였다. 그 글이 비록 하나의 일관된 예학 입장에서 저술된

---

65)『士儀』卷16 方喪篇: 君父一體也 資於事父以事君 而愛同生之族也. 故禮曰
    事親服勤 至死 致喪三年 事君服勤 至死 方喪三年 臣子之道 終矣.
66) 劉權鍾,「조선시대 퇴계학파의 예학사상에 관한 철학적 고찰」, 퇴계학보 102, 퇴
    계학연구원.
67) 劉權鍾,「退溪 禮學 연구의 과제와 전망」, 퇴계학보 109, 2001.4, 퇴계학연구원.

것은 아니지만, 의식 절차의 탐색에 앞서 그 예학적 의의를 강구하는 것이 우선되어야 한다는 관점을 예서 편찬에 적극적으로 반영한 사례로서 『사의』의 선하(先河)가 되는 셈이다. 정재(定齋) 유치명(柳致明)이 『상변통고』에 발문을 붙여 간행한 것이 순조 경인년(1830)이니 『사의』 편찬에 사용된 고증 서목(考證書目) 가운데 간행시기가 가장 가까운 예서이기도 하다.

(5) 논례의 엄밀성과 공정성

앞에서 살펴본 것처럼 『사의』의 예설은 대체로 퇴계학맥의 예학 전통을 충실하게 계승하고 있다. 가령 『사의』에는 체천지주무개제(遞遷之主無改題)를 주장하였는데, 이는 친진(親盡)한 신주를 최장방(最長房)으로 옮겨 봉사(奉祀)할 경우 개제(改題)하는 문제에 대하여 『가례』에 분명한 조문이 없는데, 『가례』가 미정지서(未定之書)이기 때문에 개제함이 마땅하다는 설에 대하여, 제주(題主)는 종법을 중시하는 데서 나온 것이기 때문에 종자가 아니면 속칭(屬稱)과 방제(傍題)를 개제(改題)하지 않는 것이 주자의 본뜻이라는 퇴계의 설을 취한 것이다. 또한 승중손(承重孫)의 처가 시어머니가 있는 경우 조부에 대한 복[承重孫之妻姑在服祖]을 『상례비요(喪禮備要)』에는 위인포(魏人浦)의 설과 『가례』의 종복설(從服說)을 인용하여 기년복으로 하였는데, 『사의』에서는 본복(本服)인 대공복(大功服)으로 하는 퇴계의 설을 취하였다. 또한 조부 상중에 아버지가 죽었을 경우 그 아들이 대복(代服)을 할 수 있는가 하는 문제에 대하여, 김장생은 『의례문해(疑禮問解)』에서는 『의례경전통해(儀禮經傳通解)』에 인용된 석조인(石祖仁)의 사례에 근거하여 3년의 승중복(承重服)을 입는다고 하였는데, 『사의』에서는 '상중에 승중할 수 없다'는 퇴계의 설을 따라 "조부의 상중에 아버지가 돌아가시면, 손자는 조부에게 승중복을 입을 수 없다. 본복으로 기년을 지낸 뒤에 제복(除服)하고 심상으로 3년을 마친다. 무릇 상과 관계된 일은 모두 섭주(攝主)한다"고 규정하였다.

　그러나 허전이 퇴계의 예설을 한결같이 추종한 것은 아니다. 가령 처상(妻喪) 축문의 칭호에 있어서 아우 이하에는 주제자(主祭者)의 이름을 쓰지 않는다는 퇴계설에 대하여 이름을 써도 무방하다고 주장하였고, 처의 신주에 빈(嬪)이라는 말을 쓰기 어렵다는 퇴계설에 대하여 허전은 써도 무방하다고 하였으며, 우제(虞祭)에 참신(參神)이 없다는 퇴계설을 인용하여 놓고는 또한 곡으로 참신을 대신한다는 송시열의 설도 동시에 채택하였다. 또한 졸곡 뒤에 상식을 파할 것인가 아니면 계속할 것인가에 대하여는 『주자가례』에 분명한 조문이 없는데, 퇴계는 졸곡 뒤에 하실(下室)에서 궤식(饋食)하지 않는 것이 고례(古禮)지만 상식을 올리는 것도 예종후(禮從厚)의 원칙에 부합한다 하였고, 『의례문해』 등의 예서에서도 삼년상에 끝날 때까지 상식을 하는 것이 종후지도(從厚之道)라고 하였는데, 『사의』에는 "고례에는 행하지 않았고 속례에는 행한다"고 하여 선택의 여지를 남겨놓았다.

　이와 같은 『사의』의 논례(論禮) 태도는 유가경전과 공맹학의 이념을 토대로 시대와 풍속과 인정에 크게 어긋나지 않으면서 사리에 가장 합당한 예를 강구하려는 진지한 학문정신의 소산이다. 이런 점은 성호 이익이 일찍이 퇴계의 논례 태도를 지적하여 말한 다음과 글에 잘 나타나 있다.

　　또 생각하면 선생의 답문은 한 때의 정설이 아니어서 혹 전후의 다름이 있고, 상세히 상고하지 못한 것도 있는데, 당시 붕우들이 정정하여 질의하면 기꺼이 음미하여 오직 의리의 소재만을 살폈지 사람들과 대립하는 모습을 보지 못하였으니, 이것이 바로 이선생이 이선생인 까닭이요, 이 조그만 책자가 모두 없애지 못할 글이 되는 까닭이다. 옛날 공자가 죽었을 때 안연과 자로는 먼저 죽고 유약과 자유와 증자 등이 공자의 도로 세상을 울렸는데, 예를 강론함에 증자의 처지가 다른 여러 사람보다 아래에 있었으나, 증자는 매양 자신을 굽혀 따르며 사람들에게서 좋은 점을 취하였다. 이제 보자면 다른 제자들의 학문이 증자보다 높은 듯하지만 필경에는 성문(聖門)의 정맥(正脈)을 전하여 만세의 준칙이 된 자는 증자(曾子)가 아니고 누구냐? 그 일이 비록 엉성하나 실은 치밀하고, 굽힌 듯하나 실은 펼쳐서 지정대중(至正大中)의 경지에 이르러 단연코 예가(禮家)의 사법(師法)이 되었으니, 세상에 그 뜻을 체득한 자는 오직 이선생 뿐이시다.[68]

'사람에게서 좋은 점을 취하였다[取於人爲善]'는 말은 『예기』의 한 구절을 인용한 말이다. 「곡례(曲禮)」에 이르기를 "예는 사람에게서 취하는 것이라고 들었지, 사람을 취하는 것이라고 듣지 못했다[禮聞取於人 不聞取人]"고 하였다. 이 구절의 해석에는 이론의 여지가[69] 있지만, 예는 스스로의 필요에 의하여 받아들이는 하나의 규범인 것이지, 사람들을 강제할 수 있는 허울 좋은 명분이 아님을 말함이다. 성호는 이러한 예의 본지를 자각하여 실현함으로써 예가의 사법을 보인 유일한 인물이 퇴계라고 하였다.

성호의 말에 따른다면 제자들의 질문에 응하여 스스로 생각하여 의리에 합당한 규범을 일러주되, 자신의 설을 끝까지 고집하지 아니하고 허심탄회하게 지극히 바르고 공정한 법도를 찾으려는 자세를 잃지 않는 것이 퇴계

---

68) 李瀷, 『星湖先生全集』卷49「李先生禮說類編序」: 又念先生答問 非一時定說 或前後有異 考據未詳 當時因朋友訂質 莫不哀然肯賞 惟視義理之所在 未見 物我之相形 此所以爲李先生 而咫尺之書 總是不刊之文者也. 昔者夫子卒 顔 淵子路先亡 有若子游曾子之徒 以夫子之道鳴于世 至其講禮 曾子所處 多出 諸子之下 曾子每屈己從之 取於人爲善. 以今觀之 諸子之學 似高於曾子 而 畢竟傳聖門之正脈 爲萬世之準則者 非曾子而誰. 其事似疏而實密 似屈而實 伸 得至至正大中之地 直爲禮家師法 而曠世得其意者 惟李先生是已.

69) 이 구절의 해석에는 이론이 많다. 朱子는 해석하여 이르기를 "사람에게서 취한다는 것은 사람들이 취하여 법도로 삼음이요, 사람을 취한다는 것은 사람이 오지 않는데 내가 끌어옴이다[取於人者 爲人所取法也 取人者 人不來而我引取之也]"라고 하였다. 孔穎達의 疏에는 "예에 들은 바로는 어진 사람을 초청하여 그 몸에 있는 덕행을 취하여 정치교화에 사용한다고 하였지, 곧바로 현인을 데려와서 직위를 주어 복무하게 하는 것이라고는 듣지 못했다"[人君在上 招賢之禮 當用賢人 德行 不得虛致其身 禮聞取於人者 謂禮之所聞 旣招致有賢之人 當於身上取 其德行 用爲政敎 不聞直取賢人 授之以位 制服而已]는 말이라고 하였다.

예학의 본받을 만한 법도이다.

허전은『사의』의 범례에서, 조선조의 붕당으로 인하여 각기 제 존중하는 것만 존중하는데 예를 논의함에 있어서는 더욱이 결판이 나지 않은 송사가 되어 그로 인하여 예가 잘못되고 있기 때문에, "선유의 설 가운데 고례에 합당하고 시의(時宜)에 부합하는 것은 함께 취하여 절문(節文)이 적중하는 데로 귀결되도록 힘썼다"[70]고 하였다. 허전의 논례가 다른 예가들에게 얼마나 공정한 것으로 받아들여졌는가는 차치하고, 사설(師說)의 고수에 매달리지 않고 합당 예제를 진지하게 강구한 점은 조선후기 퇴계학파 예학의 건실한 면모라 할 것이다.

3. 결론

본 장에서는 조선 말기의 학자 성재 허전이 편찬한 예서인『사의』의 편찬 의도와 규모 및 그 예설이 조선후기 예학의 전통, 특히 당대 조선에 합당한 예제(禮制)를 강구하였던 퇴계학맥의 예학전통을 에서 배태 발전된 것임을 논증하고 그 의의를 다음과 같이 논하였다.

『사의』는 남송 때의 사대부의 예를 반영한『주자가례』와는 다른 별개의 완정된 예서를 편찬하려는 의도에서 편찬되었다. 이런 의도는 조선중기 이래 학자들이 성리학의 학문탐색을 심화하면서『주자가례』의 학습과정을 거쳐 그 미비점을 인식하고, 유가 지식인으로서의 그들의 삶에 합당한 예제를 강구하는 과정에서 배태된 것이다. 이 점은 퇴계학맥의 학자들이『주자가례』가 인시제의(因時制宜)의 중요한 한 전범일 뿐이라는 상대적 인식 하에서, 고금의 예설을 두루 참조하여 합당한 예제를 강구하려고 노력하였던 학문

---

70) 許傳,「士儀凡例」: 我東自分黨以來 各尊其所尊 至於議禮 尤爲未決之訟. 此禮之所以失也. 愚是之懼 凡先儒論說之合古宜今者 並取之 務歸節文之得中.

전통과 연계된다. 『사의』는 조선의 실정에 부합하는 예제를 강구하려는 강한 의지를 담고 있다. 이 점은 종시종속(從時從俗)의 예학 이념에 부합하며 국제(國制)와 속제(俗制)의 준용을 강조한 퇴계학맥의 예학전통과 부합한다. 『사의』는 사서인(士庶人)의 예제를 강구한 예서로서 사서인의 예를 향례(鄕禮)나 방례(邦禮)와 엄격하게 구별하는 학문 전통에서 배태되었다. 이 점은 『주자가례』를 상하귀천 할 것 없이 천하만세에 통용될 수 있는 예의 전범으로 인식하였던 예학자들의 태도와 구별된다.

『사의』는 명물도수(名物度數)의 의식 절차에 치우치기 쉬운 실용 예서의 편찬 규례와 달리 각 편마다 해당 의식의 예학상의 본지와 그 의의를 명료하게 제시함으로써, 예학의 근본 취지를 편차와 내용에 적극적으로 반영하려 하였다. 이런 점은 예가 사람들을 강제하는 허울 좋은 명분이 아니라 스스로의 필요에 의하여 받아들이는 자율 규범임을 투철하고 인식하고 유가 경전과 공맹학의 본디 이념에 합치하는 가장 합당한 예를 강구하려 하였던 퇴계학맥의 건실한 예학 전통을 잘 보여준다.

조선의 예학, 그리고 퇴계학맥의 예학 전통에서 산출된 방대한 저술과 수많은 예학자들의 다양하고 정심(精深)한 예설의 전체 규모에 비추어 볼 때 『사의』 예설의 파급영향과 위상은 미미할 수도 있다. 그러나 기존의 예제를 고수하는 데 골몰하지 아니하고, 고금(古今)을 관통하는 예의 본지(本旨)를 투철하게 탐색하고 고금의 예제를 두루 절충하여, 국가와 시대와 풍속에 따라 가장 합당한 예제를 강구하여 실천 가능한 대안을 모색하는 데 부심하였던 건실한 예학의 모범을 『사의』를 통하여 확인할 수 있음을 다행스럽게 생각한다.

[정 경 주]

허전 예설의 수양자 문제에 대하여

1. 서론

　인간은 인간과의 관계 속에서 존재한다. 한 인간의 탄생은 부부 또는 남녀의 인간관계에서 비롯하고, 탄생과 동시에 부모와 자녀의 인간관계 속에 양육 성장하며, 동시에 사회의 일원으로서 남녀노소와 상하평등의 인간관계 속에 정치(定置)된다. 그렇기 때문에 인간은 자연 속의 한 생명체라는 생물학적 존재일 뿐만 아니라, 사회 공동체의 수많은 인간관계 속에 얽혀 사는 관계적 존재이다.

　인간이 다른 인간 또는 세계와 관계하는 데는 일정한 질서와 규칙이 있다. 예는 인간이 다른 인간 또는 세계와 관계하는데 있어서 형성되는 일정한 관계의 규범이다. 인간이 그 자신을 포함하여 그를 둘러 싼 세계와 관계하는 데 자연법칙처럼 정연하고 분명한 법칙이 존재하는가 하는 문제는 논쟁의 여지가 있기는 하다. 그렇지만 거기에 일정한 질서가 있으며 그 질서를 밝힘으로써 인간관계를 조정하고 공존하는 데 효율적이며 보다 인간다운 삶을 보장할 수 있다는 신념이 인문학의 존립을 가능하게 한다. 예학은 인간관계의 법칙을 인간다운 문화로 구현하고, 인간관계 속에서 인간답게 행동하기 위한 준칙[天理之節文 人事之儀則]을 구명하기 위한 것이다.

　인간관계 가운데 인간개체를 생존하게 하는 가장 근본적인 관계는 부모와 자식의 관계이다. 그렇기 때문에 동양의 예학에서는 일찍부터 친친위대(親親爲大)라고 하였다. 오늘날 더러 가족해체의 조짐과 주장이 나타나고 있기는 하지만, 그것 또한 발달된 생산기술과 면밀한 사회제도 속에 가족집단을 떠나서도 인간개체의 생존이 자연의 위협이나 사회적 폭력으로부터 안전을 보장받을 수 있다는 사회적 신뢰에 근거한 것일 뿐이다.

인간의 생존이 최소한의 가족 집단을 필요로 하는 것은 그 생명이 남녀의 짝에 의하여 잉태되는 것이고, 생명은 포태출산(胞胎出産) 뒤에도 일정기간 양육되어야 하며, 성숙 독립한 생명체라도 질병이나 노쇠 등으로 인하여 부양 받지 않고서는 생존하지 못할 경우가 발생한다는 자연의 섭리에 기인한다. 또한 생명을 잉태하고 양육하는 데는 생명체의 숙명적인 속성이 함께 작용하고 있음도 분명하다. 한 생명은 새로운 생명을 낳고 길러 생명의 불길을 이어주는 과정에 존재하며, 개체는 그런 과정에서 생장소멸 하지만 사람의 종족이 생명의 이어짐으로 지속된다는 계체(繼體)의 믿음은 혹자가 말하듯 그저 동물적 본능에 그치는 것이 아니라 인간애의 인간다운 가치로서 인류에게 공통된 일반적인 정서[人之秉彝]일 것이다.

그러므로 예학에서는 부부와 부자의 인간관계를 무엇보다 소중하게 여기지 않을 수가 없다. 부부는 생명을 잉태하고 양육함으로써 인류를 존재하게 하는 상보적인 인간관계이고, 부자는 양육과 봉양과 계체(繼體)의 믿음을 실현하는 승계의 인간관계이다. 상보적인 인간관계는 상호 교섭을 통하여 분리와 합일이 가능하기에 쌍방의 신뢰나 불신으로 관계가 유지 소멸될 수 있지만, 승계의 인간관계는 수직적인 시행과 무조건적인 수용에서 출발하기 때문에 어느 일방의 의지로 관계가 파기되지 못한다는 차별상을 가진다. 예학에서 부부의 관계를 인륜지시(人倫之始)라하고 부자의 관계를 천륜(天倫)이라고 하였던 것은 바로 이런 이유에서이다.

수직으로 승계되는 인간관계로 규정되는 부자의 관계는 생명체의 본질과 인간의 인간다운 심성으로 말미암아 부모의 시혜와 자녀의 보답으로 유지 계승되는 것이 인간의 일반적인 현상이다. 그러나 세상에는 불행한 일이 더러 있기 때문에 이러한 관계가 자연스레 유지되지 않는 경우도 적지 아니하다. 부모가 일찍 세상을 버리거나, 또는 전쟁이나 기근 등의 이유로 생이별

을 하거나, 심한 경우에는 부모가 자식을 유기(遺棄)하는 경우 또한 없지 아
니하며, 또한 여러 가지 사정으로 다른 사람의 자녀를 데려다가 양육하는
사람들도 더러 있다. 이것이 수양자(收養子)이다.

수양자는 본디 부부의 상보적 인간관계를 반영하는 존재라고 하기도 어
렵고, 그렇다고 하여 계체의 승계 관계를 정확하게 보장한다고 보기 어려운
측면이 없지 않다. 양육을 받은 수양자의 입장으로는 수양(收養)의 은정은
생부모의 그것과 비견될 수 있는 측면이 있다. 그러나 엄연히 생부모가 별
도로 존재하고 그 혈연이 구별되기 때문에 수양부모가 생부모와 대체될 수
있는 것은 아니다. 이런 점에서 수양자와 그 양부모의 관계를 어떤 위상으
로 정치(定置)할 것인가 하는 것은 예학의 한 논점이 될 수 있다.

수양자의 문제는 본디 경례(經禮)에 명시된 바 없다. 그러나 역대 예론에
제기된 수많은 절목 중 하나로서, 전통적인 예학에서 혈연가족을 근간으로
친족간의 유대를 강화한 공고한 종법 제도에서 혈연적 유대가 고립된 고아
를 어떻게 수용할 것인가 하는 관점을 잘 보여주는 문제이다. 종법 제도는
본디 부자간의 상호양육의 의무를 기초로 하여 가계의 정통을 명백하게 함
으로써 가족적 질서를 중심으로 사회를 통합하려고 하는 유가의 예학 사상
에 근거를 둔 것이다. 부모의 자식에 대한 양육의 의무와 자녀의 부모에 대
한 부양의 의무를 혈연 유대라는 자연법에 근거하여 결속하려는 것이 종법
제도의 본질이다.

종법 제도 아래에서도 가권(家權)의 상속과 가계(家系)의 계승을 위하여
계후(系後) 입후(立後)의 수양(收養) 관계가 형성되는 것은 자연스런 일이다.
이러한 계후 입후는 대체로 동계 혈족집단 내에서 이루어지기 때문에 그다
지 문제가 되지 않는다. 문제가 되는 것은 혈족집단에 포섭되지 않는 기아
(棄兒)의 문제이다. 기아의 수양은 사회 통합의 차원에서나 인정의 도리로
보아서나 어떤 방식으로든 그 보호와 양육의 방법이 강구되어야 할 필요가
있지만, 혈연관계를 중시하는 종법 체제 아래에서는 소외되기 쉬운 측면이

있다.

우리나라 예학에서 수양자(收養子)와 수양모(收養母)의 문제는 대체로 「가
례도」의 한 조목을 근거로 시행하였으나, 역대로 이에 대한 논란이 그치지
않았다. 이 문제를 본격적으로 검토한 것은 조선후기 다산 정약용에 이르러
서이고, 이를 발전시켜 「가례도」의 입론을 부정하고 새로운 입론을 이끌어
낸 것이 조선말기 예학의 가장 뛰어난 업적으로 평가되는 성재 허전의 『사
의』이다. 본고는 이런 관점에서 허전의 「수양모복의(收養母服義)」에 제기된
수양자 문제를 초점으로 허전 예설의 한 특성을 살펴보고, 그것이 오늘날
우리 사회의 고아문제와 관련하여 어떤 시사점을 던져 줄 수 있을 것인지
논하고자 한다.

2. 「가례도」와 다산의 「수양부모복론」

『의례』『예기』 등의 고례에는 수양자나 수양모에 대한 논의가 없었다.
『춘추』 양공(襄公) 6년 조에 "거(莒) 사람이 증(鄫)을 없앴다[莒人滅鄫]"고
한 경문이 있는데, 『곡량전(穀梁傳)』에 "이성(異姓)을 후사로 세워서 제사를
받들게 한 것이 멸망의 길"1)이라고 하여, 가계 계승에 있어서 이성(異姓)을
입후(立後)할 수 없다는 원칙론을 제기하였다. 그러나 이것은 고아 수양(收
養)의 문제라기보다 입후의 문제이다.

고아 수양에 대한 예학의 논의는 위(魏)의 「사고론(四孤論)」2)에서 비롯한
다. 「사고론」은 여러 가지 사정으로 버려진 고아의 입양과 그 고아를 수양

---

1) 『春秋』 襄公 6년; 莒人滅鄫, 『穀梁傳』; 莒人滅繒 非滅也 立異姓以莅祭祀 滅
亡之道也.
2) 「四孤論」은 唐 杜佑의 『通典』 권69의 「異姓爲後議」에 실려 있다. 이 논의는 星
湖 李瀷의 『家禮疾書』와 다산 정약용의 『喪禮四箋』 권15에 모두 언급되어 있다.

한 가정에서의 고아의 위상에 대한 논의이다. 사고(四孤)란 병란이나 기근을 만나 자식을 파는 경우나, 골짜기에 버려지는 경우, 태어날 적에 부모가 죽고 시마(總麻)의 친척조차 없어서 필경 죽게 된 경우, 세속의 관습에 의하여 5월에 낳은 자식은 불길하다 하여 키우지 않는 경우 등 네 가지 중 하나의 사유로 버려진 고아를 말한다. 아이가 없는 집이나 또는 여력이 있는 집에서 이러한 고아를 거두어 길러 성인으로 성장시킨 뒤, 그 아이를 양육한 가정의 가족 일원으로 편입하거나 또는 그 내력을 밝혀 본종(本宗)으로 환원시키는 등의 조처를 취하여야 할 터인데, 이 경우 양육된 고아가 양육한 양부모와 가족관계상 어떤 지위로 인정될 수 있을 것인가 하는 문제가 발생한다. 이에 대한 논의가 「사고론」이다. 두우(杜佑)의 『통전(通典)』에 실려 있는 「사고론」은 대략 다음과 같다.

  박사 전경(田瓊)이 논하였다. "비록 이성(異姓)은 후사가 되지 않음이 예이고, 『가어(家語)』에 이르기를 '절사(絶嗣)되었는데 다른 사람의 후사가 되는 것은 이치에 잘못된 것'이라 하였다. 그러나 이제 이 사고는 일부러 그 집의 제사를 폐한 것이 아니오, 이미 꼭 죽게된 사람으로서 다른 사람이 수양(收養)함으로써 살아났다. 포사(褒姒)는 포씨(褒氏)에게 양육을 받았다고 포씨 성을 칭하였으니 성(姓)에는 일정함이 없는 것이다. 그 집이 만약 절사(絶嗣)되었다면 문호 밖에서 철마다 제사함이 옳고, 자식이 있으면 후사로 삼을 수 있다. 이것이 이른바 신은 같은 족속이 아니면 흠향하지 않는다는 것이다."
  대리(代理) 왕랑(王朗)이 논하였다. "버려진 것을 거두어다가 추위와 더위를 마다하지 않고 끊어져 가는 기맥을 구하고 죽게된 뼈에 살을 붙여주었으니, 그 인자함은 천지보다 더하고 그 은혜는 부모보다 더한 것이다. 나는 전경의 논의가 옳다고 본다."
  왕수(王修)는 논하였다. "모름지기 이 아이가 알았는가 몰랐는가를 분별해야 한다. 알고서 갔고 소생 부모를 안다면, 비록 갱생의 생명이 만들어지고 양육의 자애를 받아 말라버린 뼈에 다시 살이 돋아나고 없어진 혼이 다시금 존재하게 되었더라도, 마땅히 살려준 은혜를 공구(公嫗)에게 보답하여야 하지만, 소생부모를 벗어나 은정을 배반해서는 안 된다. 생명은 죽음으로 갚고 혜택은 힘으로 갚는 것[報生以死 報施以力]이 옛날의 법도이다."

군모사(軍謀史) 우달숙(于達叔)이 논하였다. "이 사고(四孤)는 그 부모가 아니었으면 태어나지 못하고 공구를 만나지 않았으면 그 생명을 구제 받지 못했을 터이다. 이미 두 집안을 통하여 태어나고 양육 받았으니 근본을 버리고 은정을 배반하는 것이 실로 옳지 않거니와, 천성의 부모를 끊어 버리고 다른 족속을 받드는 것은 패역한 일이 아니겠는가? 공구에게는 부재위모(父在爲母)의 복으로 끝까지 보답하려면 별도로 집을 건립하여 자신이 죽을 때까지 제사할 것이다. 시에 이르기를 아버지 날 낳으시고 어머니 날 기르셨다고 하였으니, 이제 이 사고는 어머니와 같은 복을 입어 보답함이 마땅하지 않겠는가?"

송의 유울지(庾蔚之)는 말하였다. "사고의 부모는 제 자식을 데리고 양육하지 못하였지만 어찌 자식이 살기를 바라지 않았겠는가? 부모의 심정을 추측해 본다면 다른 사람의 후사로 주고 싶지 않다고 어찌 그 자식이 생존하지 못하게 하겠는가? 이렇다면 부친이 다른 사람의 후사가 되라고 명한 것과 또 다를 게 무엇인가? 이미 다른 사람의 후사가 되었다면 어째서 그 성을 쓰지 않을 것이냐? 신불흠비족(神不歆非族)은 대개 자기 족속을 버리고 다른 사람의 족속을 취하여 후사로 삼는 경우이다. 만약 자기 족속에 취할 바가 없어서 다른 사람을 양육한 이는 살아서는 자신의 노년에 양육을 받고 죽어서는 그 조상의 제사를 받들 수 있게 되는데, 신령이 영험하다면 어찌 그 공을 가상하게 여기지 않겠는가? 다만 수양한 부(父)에게 본디 후사가 있고 본종이 절사된 자는 그 본종으로 돌아가 그 종사(宗祀)를 받들고, 그 양육한 부모에 대한 복은 계부(繼父)의 사례에 의거하여 재최(齊衰) 주년(周年)으로 함이 마땅하다. 만약 두 집안에 모두 후사가 없다면 양육한 집의 제사를 정지하고, 다른 사람의 후사된 자가 본친에 대하여 한 등급 강복하는 사례에 의거하고, 자식이 있어서 그 양부의 후사로 삼거나 후사가 없거나 간에 별도로 건물을 세워 제사함이 마땅하다."

위 논의에서 부모는 친생부모(親生父母)이고 공구(公嫗)는 양부모이다. 「사고론」의 논의는 두 갈래로 요약된다. 전경(田瓊), 왕랑(王朗)과 같이 이성의 고아를 수양한 은정은 친생부모보다 소중하며, 따라서 성을 바꾸어 가계를 계승하는 후사로 삼을 수가 있다는 견해와, 우숙달(于叔達)과 같이 양육의 은정이 아무리 중대하더라도 본생부모와의 관계보다 더 긴밀할 수 없으며, 따라서 양육의 은정을 갚기 위해 살아 있는 동안 제사를 모시되 성을 바꾸어 후사로 삼을 수는 없다는 견해가 그것이다. 왕수(王修)의 설은 수양자의 친부모에 대한 의리를 중시한 것이기는 하지만, 수양자가 수양될 당시 친생부모에 대한 기억을 간직하고 있는지의 자각 여부에 따라 친생부모에 대한 의리가 결정된다는 견해이고, 유울지(庾蔚之)의 설은 이성 양자가 수양 부모에 가계를 계승하는 데 문제가 없으며, 단지 양부의 후사가 있고 본성에 후사가 없는 경우에는 본종으로 환원한다는 견해로서, 둘 다 모두 전자와 후자를 절충한 것이다.

수양자가 공구의 성을 따라 가계를 계승할 수 있다는 전경 왕랑 등의 견해에 따르면, 수양자의 수양부모(收養父母)에 대한 의리는 친자의 친생부모에 대한 의리와 다름이 없음이 마땅하다. 친자의 친생부모에 대한 복제는 아버지에 대하여 참최 3년, 어머니에 대하여는 아버지가 먼저 사망한 경우[父先亡]에는 재최 3년, 아버지가 생존한 경우에는[父在母喪] 재최 장기(杖朞)가 『의례』에 제시된 경례(經禮)이다.[3]

그러나 아무리 양육의 은혜가 무겁다 하더라도 친생부모와의 천륜을 끊어서는 안된다는 우숙달의 견해에 따르면, 양부모는 친생부모와 엄연히 구별되는 존재이고 수양자 또한 양부모에 대하여 친생부모와는 구별하여 일정한 거리를 유지하여야 한다. 부재위모(父在爲母)의 복은 부에 대한 참최 3년의 복이나, 부망위모(父亡爲母)의 재최 3년의 복보다는 낮지만, 백숙부모(伯叔父母)에 대한 재최 부장기(不杖朞)의 복보다 높은 것이다. 이는 양부모

---

3) 『儀禮』 권11 「喪服」의 斬衰 및 齊衰章.

에 대한 의리를 친생부모에 상당하는 것으로 본 것이다.

후대의 예학에서는 수양자와 양부모의 관계를 정의할 적에 대개 이 논의를 근거로 삼았다. 북송 이래 사대부 계층에 널리 통용된 이른바 『주자가례』의 본문에는 본디 수양자의 문제에 대한 언급이 없었다. 다만 『가례도(家禮圖)』에 「삼부팔모복도(三父八母服圖)」가 있어서 "동종(同宗)이나 3세 이하의 버려진 자식을 양육한 자인 양모(養母)에 대하여 친모와 동일하게 재최(齊衰) 3년의 복을 입는다"고 하였고, 또 "자기의 부모가 살아 계신 자나, 부친이 돌아가셨더라도 장자인 경우에는 강복(降服)을 한다"고 하였다.[4] 실제로 고려조에는 "유기(遺棄)된 소아(小兒)로서 3세 이전에 수양(收養)되었으면 수양부모를 위하여 모두 3년 복을 입고, 이성(異姓)의 족인(族人) 자녀를 수양한 자의 복상 제도는 예에 근거가 없지만 은의(恩義)가 모두 무겁기 때문에 복이 없을 수 없으니 대공(大功) 9월의 복을 입도록 하라"는 제도를 시행한 바 있었다. 조선조의 『경국대전』에도, "양부모를 위해서는 재최 3년으로 하고, 자기의 부모가 계시면 기년(朞年)으로 강복(降服)하여 해관(解官)하고 심상(心喪) 3년을 하며, 만약 부친이 돌아가신 장자면 기년으로 하여 제관(除官)하고, 사대부가 천인(賤人)에 대하여는 시마(緦麻)를 한다"고 규정하였다.[5] 이런 규정들은 대체로 절충설인 우숙달과 유울지의 견해를 준용한 것[6]이다.

---

4) 沙溪 金長生의 『沙溪全書』 권24, 「家禮輯覽圖說」 제31판, '三父八母服圖'의 '養母' 아래에 "謂養同宗及三歲以下遺棄子者 親母同"이라 하고 그 아래에 '齊衰三年'이라 명시하여 놓았다. 또한 『沙溪全書』의 권32의 『喪禮備要』 제6판 및 제7판의 齊衰三年 조의 '養' 아래에 "爲養父母 謂三歲前收養而養育者. 又見家禮圖. 己之父母在者 及父沒長子則降. 士大夫於賤人亦降"이라 하였다. 권37의 『疑禮問解』 제31판의 「收養子服」에서도 "所謂收養 卽三歲前收而養之者也. 若其長成者 則不可謂收養. 三歲前養育者 雖路人當服三年"이고 하였다.

5) 丁若鏞, 『喪禮四箋』 권15 雜敍七 「國制爲養父母三年」 조 참조. 우리 나라의 수양자 문제에 관하여는 金斗憲의 『한국가족제도사연구』(서울대출판부, 1985) 222쪽 참조.

6) 이는 『常變通攷』의 '養母' 조에 于叔達과 庾蔚之의 견해만 초록된 것으로 짐작할 수 있다.

　조선후기 예학의 한 전범이 되었던 사계(沙溪) 김장생(金長生, 1548-1632)의 『의례문해(疑禮問解)』에서도 이르기를, "이른바 수양이란 곧 3세 이전에 거두어 양육한 자를 일컫는 것이니, 만약 이미 장성한 자라면 수양이라고 할 수 없다. 3세 전에 양육된 자는 비록 노인(路人)이라 하더라도 마땅히 3년복을 입어야 한다. 『통전(通典)』에도 말하기를, '중원(中原)의 각노(閣老) 신시행(申時行)은 타인에게 수양되어 삼년상을 하였다'"[7]고 하여 전대의 관습과 논의를 대체로 준용하였다. 김장생의 『상례비요(喪禮備要)』에는, "사대부가 천인에게 대하여도 강복(降服)한다"는 단서를 덧붙여 놓았는데 이 역시 『경국대전』의 조문을 준수한 것이다.

　재최(齊衰) 3년의 복은 본디 자식이 친모의 상을 당하여 입는 복이다. 친모의 상이라도 부재모상(父在母喪)인 경우에는 기년(朞年)으로 강복하는 법이다. 또한 생모라 하더라도 다른 집으로 출계한 자는 그 부모를 위하여 재최부장기(齊衰不杖朞)의 복을 입는다. 3세 이전 기아(棄兒)의 수양모에 대한 의리가 아무리 중하다 하더라도 과연 친모와 동등하고 생모보다 중대하다고 보아야 할 것인가? 이에 대하여는 논의의 여지가 적지 않다.

　상복의 복제는 혈연관계와 가통의 계승, 부양(扶養)과 양육 등 친소(親疏)의 의리에 근거를 둔다. 일반적으로 친모는 혈연과 가통, 양육의 여러 가지 측면에서 모두 무거운 은정을 가진다. 수양모에 대한 의리는 가통의 계승이나 혈연의 관계와 상관없이 전적으로 양육의 은혜에 대한 보답에 근거한다. 그런데 다른 집으로 출계한 아들의 경우, 비록 동자출계(童子出系)라 할지라도 가통의 계열이 바뀌는 외에 양육과 혈연이라는 은정은 여전히 가지고 있으므로, 수양모보다 그 관계가 긴밀하다고 보아야 할 터이다. 그럼에도 수양모에 대한 복을 출계자(出系子)의 생모에 대한 복보다 무겁게 하는 것은 복제의 전체 체계상 모순이 된다.

　예는 친소를 정하고 혐의를 피하기 위하여 가장 합당한 도리를 강구하는

---

7) 金長生, 『沙溪全書』 권37 『疑禮問解』 제32판.

것이다. 예의 전체 질서에 모순이 발견되면 그 모순을 해결하기 위한 합당한 도리를 강구하는 것이 당연하다. 비록 관례나 법제로 정착되어 있는 것이라도, 예학의 논의에 있어서는 항상 그것이 과연 타당할 것인가 하는 논의가 언제든 제기될 수 있는 것이다.

「가례도」의 수양모복(收養母服)은 이 밖에도 여러 가지 문제를 안고 있다. 수양모가 있으면 그 남편인 수양부도 있을 터인데, 이 문제는 「사고론」이래 특별한 이론(異論) 없이 함께 다루어져 왔지만 「가례도」에는 양부(養父)가 누락되어 있었다. 이에 대하여 비지당(賁趾堂) 남치리(南致利, 1543~1580)는, "「가례복도(家禮服圖)」에는 양부가 없다. 내 생각으로는 친모는 천륜이 중하기에 계부(繼父)라는 칭호를 붙이지만, 양모는 단지 양육한 은혜로서 모(母)라는 이름을 붙인 것이기 때문에 단지 3년의 복을 입어서 그 일신에 보답하는 것으로 족하다. 이는 의리에 있어서 밀어갈 수 없는 점이 있다"고 해명한 바 있다. 그러나 이 점에 대하여 『상변통고(常變通攷)』를 저술한 동암(東巖) 유장원(柳長遠, 1724~1796)은 "세상에는 부처(夫妻)가 양육을 함께 하는 자 있으니, 하나로 단정하기는 어려운 듯하다"고[8] 의문을 표시하였다. 또한 이성(異姓)의 수양을 중시한다면 동성 동족이 수양한 의리는 어떻게 해야 할 것인가 하는 문제도 발생한다.

"동성(同姓)의 먼 형제가 10세 이전부터 솔양(率養)하여 은의가 부자와 다름이 없는데, 그 복제를 어떻게 해야 좋은가? 한강(寒岡)은 '정(情)의 후박(厚薄)으로 조처하여야 한다'고 하였다. 이 설이 합당한 듯한데 어떠한가" 하고 물었다. 이에 대하여 명재(明齋)는, "동종(同宗)이면 마땅히 소목(昭穆)으로 논하여야 한다. 비록 형제라고 칭하지만 그 은의가 부

---

8) 『常變通攷』 권12 「三父八母服」의 '養母' 조; 賁趾曰 家禮服圖 無養父. 鄙意
以爲親母以天倫之重 從而有繼父之稱. 若養母則只以養育之恩得名 只服三年
以報其身 足矣. 安有又推其恩以及其父 而有養父之稱耶. 此在義理必有推不
去的矣. [東巖]案 世固有夫妻共其鞠育者 則恐難以一槩斷定.

자와 같이 자별하다면 본종(本宗)의 복을 입고 심상(心喪)으로 3년을 행
하는 것을 누가 안 된다고 하겠는가? 혹 3년이든, 혹 기년(朞年)이든 정
의 후박에 따라 한다는 한강의 논의가 의심할 것 없는 듯하다"라고 하
였다.9)

심상(心喪)은 복제에 정해진 정복(正服)이 아니다. 그것은 본디 은정의 후
박에 따라 언제든 가감할 수 있는 것이다. 동성의 가까운 친족은 말할 것도
없이 그 친소에 따라 일정한 복제가 있다. 당내의 가까운 친족을 거두어 양
육하는 것은 수양과 구별하여 시양(侍養)이라고 한다. 시양의 경우에는 이설
(異說)이 더러 있지만 본종(本宗)의 복을 그대로 입고 별도로 은정의 후박에
따라 심상 3년 또는 기년을 가하는 것이 통설이지만, 그 또한 본종(本宗)의
복제를 어지럽힌다는 점에서 논란이 있다.10)

그러나 동성이라도 친분이 멀다면 본복(本服)이 없다. 수양의 의리로 말
하면 이성(異姓)이나 동성(同姓)이나 다름이 없지만, 혈연의 친소로 말하자면
동성과 이성은 분명한 차이가 있을 터이다. 그럼에도 동성의 당내(堂內) 친
척이 수양했을 경우에 본복(本服)만 입고 은정의 후박에 따라 심상을 가하
거나, 이성의 양부모에게는 부재모상(父在母喪)의 복으로 한다면 동성수양
(同姓收養)이 이성수양(異姓收養)보다 오히려 경시되는 결과를 면치 못하게
된다.

또 다른 문제는 수양부모의 부모와 수양자의 자녀의 세대까지 확장하면, 이
들 간의 관계는 또 어떻게 정리할 것인가 하는 것이다. 『통전(通典)』의 「이
성위후의(異姓爲後議)」에 인용된 사례가 있다. 후한(後漢) 오상(吳商)이 다른
성의 아이를 입양하여 후사로 삼았는데, 만약 다시 본친에게 환종(還宗)하거
나 그 아들의 대가 되어서 입양된 바 있는 제 아버지를 따라 복을 입어야

---

 9) 柳長遠, 『常變通攷』 권13, 「三父八母服」 '養母'.
10) 柳長遠, 『常變通攷』 권13, 「爲侍養父母服」 및 丁若鏞 『喪禮四箋』 권15, 雜書
    八「東俗有侍養之服」 참조.

하는가 아니면 이성(異姓)이라고 복을 입지 않는가하는 문제가 제기되었
다.11) 이에 대하여 『통전』에는 다음과 같이 답하였다.

> 신은 제 족속이 아니면 받아들이지 않으니, 이성은 제사할 바 아님이
> 분명하다. 요즈음 세상 사람들은 후사가 없으면 이성을 취하여 가계를
> 계승한다. 그러나 본친의 복은 골육지은이라 끊지 못하는 법이다. 이성
> 의 의리는 여식이 시집갔다가 돌아와 본친에 대하여 입는 복과 같이 모
> 두 한 등급 강등하는 것이 옳다. 그 아들이 입어야 할 복도 또한 마땅히
> 여식의 아들이 모친을 따라 그 외친의 복을 입는 것과 같이 해야 할 것
> 이다. 이제 나가 이성이 되어 그 아들이 되었으니 마땅히 부모를 따라
> 복을 입어야 할 것이다. 부는 소생부모에 대하여 주년(周年)이니 자식은
> 마땅히 외조부모에 대한 복과 같이 해야 할 것이다. 그 형제의 아들에
> 대하여는 부가 비록 대공(大功)의 복을 입지만 자식에게는 더욱이 더 높
> 일 수가 없는 것이고, 그 자매는 아버지에 대하여 소공(小功)이므로 자식
> 은 모두 이성의 복을 따름이 마땅하므로 시마(緦麻)를 넘을 수 없다.

이와 같이 수양자와 수양부모의 관계는 예학에 있어서 여러 가지로 매우
복잡한 문제를 안고 있다. 이 문제에 주목하여 본격적인 논의를 펼친 것은
다산 정약용(1762-1836)이다. 다산은 기존의 수양모복(收養母服)이 여러 가
지 문제를 안고 있음을 지적하였다. 그는 먼저 이성불계(異姓不繼)의 원칙을
들어 입후(立後)를 위한 이성입양(異姓入養)을 반대하였다.

그는 섭몽득(葉夢得)이 허창(許昌)에 부임하였을 적에 흉년으로 기근이 들
었는데 버려진 고아를 수양할 사람이 모자라자 이에 문서를 만들어 양부모
에게 의지하면 소생부모와 관계를 끊어 다시 인정할 수 없게 하였던 사례를
인용하였다. 그리고 동시에 범중엄(范仲淹)이 어려서 부친을 잃고 주씨(朱氏)

---

11) 이 문제 역시 茶山 丁若鏞의 『喪禮四箋』 권15, 「雜書六」의 '漢儒議收養之服'
　　조에 인용되어 있다.

에게 개가한 모친을 따라가서 그 성을 사용하다가 자라서 조정에 벼슬하자 상주하여 본성을 회복하였던 사례를 덧붙여, 지각 있는 사람이라면 이성불계(異姓不繼)의 원칙을 지킬 것을 요구하였다.

　　진순(陳淳)이 말하였다. '신은 동류가 아니면 흠향하지 않고[神不歆非類]'요 '백성은 동족이 아니면 제사하지 않는다[民不祀非族]'. 옛 사람이 후사를 계승함에 대종(大宗)에 자식이 없으면 족인(族人)의 아들로 이었던 것은 그 한 기운이 감통하여 후사를 이어감에 간격이 없음을 취한 것이다. 후세에 이의(理義)가 밝지 못하여 사람들은 후사 없는 것을 숨기고 동종(同宗)의 자(子)를 드러내어 세우는 것을 꺼리하여 몰래 이성(異姓)을 양육하니, 겉으로는 계승할 자 있는 듯하지만 속으로는 이미 끊어진 것이다.

　　시소병(柴紹炳)이 말하였다. 예에 이성은 후사로 삼지 아니한다. 대개 신은 동족이 드리는 제사가 아니면 받아들이지 않는 법[神不歆非族]이라, 타인의 아들로 조상을 계승하는 것은 그 제사를 끊는 것과 동등하다. 그러므로 『춘추』에 '거인(莒人)이 증(鄫)을 멸망시켰다'고 쓴 것은 이 때문이다. 율(律)에 '적자를 세움에 있어서 법을 어기는 일[立適子違法]'의 한 조목이 있어 거기에 이르기를, "무릇 자식이 없어서 이성의 다른 사람 아들을 구걸하여 후사로 삼거나 자기 아들을 다른 사람에게 준 자는 죄가 같다. 그 아들은 본종으로 돌려보낸다"고 하였다. 이는 양자를 후사로 삼아 종통(宗統)을 어지럽히는 혐의가 있기 때문이다. 군자는 비록 이런 지경을 당하더라도 단연코 신칙하여 소생 부모에게 돌려보내 반드시 제 성을 되찾도록 할 것이다.[12]

　다산의 이성불계의 원칙은 진순과 시소병의 설을 계승한 것이다. 그럼에도 다산은 시소병의 설이 "흐릿하게 흔들어만 놓아서 모범으로 삼을 수 없

---

12) 丁若鏞, 『喪禮四箋』 권15, 38장.

다"고 비판하여, 율에서 논한 바 "3세 이하에 수양된 자는 제 성을 따르는 것을 허락하되 다만 곧장 후사로 삼지는 못한다"는 구절을 들어, 이것이 본디 훈귀(動貴)의 집안에서 남의 성을 사용하여 습작(襲爵)하는 나쁜 사례 때문에 설정된 조목이라고 하였다.

다산은 다음으로 수양부복(收養父服)의 문제를 거론하였다. 여기서 그는 '천성의 복은 부중모경(父重母輕)이나 은양(恩養)의 복은 구중공경(嫗重公輕)'이라는 원칙을 제시하여, 양부의 복은 기년(朞年)을 넘을 수 없다고 보았다.

> 외손은 외조부에 대하여 천성으로 연결되는데도, 거(莒)의 후예가 증(鄫)을 멸망시켰다고 『춘추』에 기록하였다. 하물며 노인(路人)의 자식을 취하여 후사로 세운 일이랴! 이 풍속은 한나라 시대에 시작되었지 선왕의 시대에는 이런 일이 없었다. 옛날에 부인에게 은양(恩養)의 복을 입은 것으로는 자모(慈母)를 위하여 3년을 한 것이 있고, 남자에게는 계부(繼父)를 위하여 기년복을 입은 것이 있었다. 이성(異姓)으로 수양된 자가 그 공구(公嫗)를 위하여 입는 복 또한 마땅히 이를 참조해야 할 것이다. 구(嫗)를 위하여 부명(父命)이 없더라도 혹 3년을 할 수도 있지만, 공(公)을 위해서는 비록 부도(父道)가 있다고 하더라도 반드시 기년(期年)을 넘지는 않을 것이다. 천성의 복은 부중모경(父重母輕)이나 은양의 복은 구중공경(嫗重公輕)이다. 왜냐하면 젖을 먹이고 음식을 거두어 먹이는 것은 남자가 할 수 있는 일이 아니다. 하늘이 베푼 현의(玄義)도 없는 데다 곤양(坤養)의 지의(至意)도 없는데 어떻게 3년을 하겠는가?
> 조무(趙武)가 정영(程嬰)을 위하여 재최(齊衰) 3년의 복을 입었는데, 이는 천지의 망극한 은혜요 천고에 한 번 있었던 일이다. 또한 조무는 정영을 은인으로 여겼지 언제 정영을 양부(養父)로 여겼던가? 천륜은 바뀌지 않고 명의(名義)는 변하지 않으니 비록 3년의 복을 입었다 하더라도 오상(吳商)이 인용할 바 아닌 것이다. 이제 오상의 논의를 상세히 살펴보면, 이 자(子)는 명백히 대문을 마주하고 이웃 동네에 사는 본친이 있었으며, 본디 유기된 유아가 아니오 장대한 성인이었다. 후당(後唐)의 호씨(胡氏)가 이씨(李氏)의 후예로 된 것이나 후주(後周)의 시씨(施氏)가 곽씨

(郭氏)의 후예가 된 것과 같은 사례들은, 선왕의 법을 제법 안다는 사람이면 이적의 풍속이라고 배척해야 할 것인데, 도리어 부인의 출가 사례와 같이 복기(服紀)를 제정한 것은 그릇된 처사가 아니겠는가? 무릇 수양의 복은 구(媤)를 위하여 3년, 공(公)을 위하여 기년(朞年)으로 하여, 위로 근본까지 소급하지 않고[上不溯本] 아래로 자손에까지 파급되지 않는 것으로[下不流末], 그 본친을 위하여 강복(降服)하지 않고, 제사에도 그렇게 하는 것이 아마도 비난을 받지 않을 것이다.[13]

다음으로 다산은 수양부모의 친족과 수양자의 친족 등 확대된 인간관계에 적용될 의리를 강구하였다. 다산은 여기서 한대(漢代)에 본디 유씨(劉氏)로서 진씨(陳氏)에게 양육되었던 사도(司徒) 진교(陳矯)의 사례를 들어 이 문제를 검토하였다. 진교가 죽자 유씨의 자제들이 입을 복이 의문되어 왕숙(王肅)에게 물었다. 왕숙은 답하기를, "옛적에 진사도(陳司徒)가 본생모의 상을 당하자 제유(諸儒)들은 그 자식들에게는 복이 없다고 진술하였다. 위인후자(爲人後者)는 그 부인이 구고(舅姑)를 위하여 대공복(大功服)을 입는다. 조(祖)는 지친(至親)인데 복이 없을 수 있는가? 부인이 한 등급 강복(降服)하는 사례를 미루어 본다면 자손은 본친에 대하여 한 등급 내려야 마땅하다"고 하였다. 이에 대하여 다산은 다음과 같이 말하였다.

왕숙의 의도는 대체로 나간 아들의 아들은 본친을 위하여 한 등급 강복하니 본친의 그에 대한 보답도 한 등급 내려야 된다 함이니, 어찌 잘못이 아니냐? 다른 사람에게 양육된 자는 단지 공구(公媤)에 대한 은혜만 갚으면 되는데 어찌 하여 그 본친에 대하여 강복을 하는가? 범영(范甯)이 사안(謝安)에게 보낸 글에, "자식이 없다고 하여 다른 사람의 아들을 양육한 자가 스스로 동족의 친분을 어찌 이성에게 베풀겠느냐고 하면서도 지금 세상에서는 이를 행하는 자 매우 많다. 이것을 일러 인륜을 거스리고 소목(昭穆)의 질서를 어지럽히며 경전의 소계(紹繼)의 의리를

13) 丁若鏞, 與猶堂全書 제3집 ≪喪禮四箋≫ 卷15-27.

어기는 것이라 한다"고 하였다.

 "상불소본 하불류말(上不溯本 下不流末)"이란 수양의 은정에 대한 의리가 수양된 고아와 수양부모 등 수양 당사자의 범위를 벗어나 적용되지 않아야 함을 의미한다. 다산이 제시한 이 원칙은 재래의 수양자 의리와 관련하여 파생된 복잡한 문제를 간결하게 정리했다는 의의가 있다. 수양자가 수양부모에 대하여 재최 3년의 복을 입는다는 규칙을 적용하면, 수양자가 수양부모의 부모나 수양부모의 혈육인 자제들에게 어떤 관계를 가질 것인가 하는 문제와, 수양자의 아들이 그 부모의 수양부모, 친생부모와 그 혈육에 대하여는 또 어떤 의리를 가질 것인가 하는 문제가 발생하고, 이에 대한 논의 또한 분분하였기 때문이다.

 다산이 제시한 원칙에 따르면 수양의 의리는 수양부모에만 한정하고, 친생부모와 그 혈족에 대하여는 강복하지 않고 본복으로 환원하면 간결하게 정리된다. 소계(紹繼)의 의리는 동족으로 후사를 계승하는 원칙을 말함이다. 강복은 새로운 인간관계가 형성될 때 기존의 관계를 낮추는 복제의 관습이다. 양육의 은혜가 아무리 중하더라도 그 때문에 본친에 대하여 강복을 할 수 없다는 것은, 양육의 은정이 혈연관계 보다 앞설 수 없다는 것과 관점에서 나온 것이다.

 다산은 기아수양(棄兒收養)의 문제가 불가피한 사정에 의하여 제기된 것임은 인정하였다. 그러나 이성으로 후사를 삼지 않거나 "상불소본 하불류말[上不溯本 下不流末]"의 원칙을 세우면 사고(四孤)와 같은 이성(異姓) 기아(棄兒)의 수양(收養)을 기피하는 현상이 나타나지 않겠는가 하는 우려에 대하여 다음과 같이 견해를 피력하였다.

  사고(四孤)인 자(子)는 그 구(嫗)를 위하여 자모와 같이 3년, 그 공(公)을 위하여 계부와 같이 기년(朞年)을 하되, 상불소본(上不溯本)하고 하불류말(下不流末)하며, 본친에 대하여 강복(降服)하지 않고 세제(世祭)를 거행하지 않는 것, 이 여섯 가지는 바꿀 수 없는 도이다. 전경(田瓊) 왕랑(王朗) 유울지(庾蔚之)의 논의는 모두 비례(非禮)의 사설(邪說)이다. 혹자는 "그 복과 그 제사에 있어서 상불소본하고 하불유말한다면 누가 사고를 수양하겠는가?"라고 한다. 나는 말한다. 사고를 수양하여 후사로 삼고자 하는 자는 반드시 맹예(甿隸)의 천류(賤流)일 것이다. 대부가 이렇게 한다면 한밀(韓謐)이 가씨(賈氏)를 계승하는 모양이 될 것이고, 제후가 이렇게 한다면 거자(莒子)가 증(鄫)을 멸망시킨 꼴이 될 것이며, 천자가 이렇게 한다면 양적(陽翟)의 여불위(呂不韋)가 영씨(嬴氏)의 진(秦)을 찬탈한 것과 같이 될 터이니 예가 될 수 있겠는가? 맹예의 천류는 귀신이 되어도 묘제(墓祭)가 없고 제사도 부모에 그친다. 이 사고(四孤)인 아들이 능히 제 공구(公嫗)의 장례와 제사를 법대로 한다면 비록 상불소본하고 하불유말하여도 어찌 유감이 있겠는가? 유감이 없다면 수양하는 사람이 없으리라 걱정은 왜 하는가?

다산의 이 설은 이성(異姓)의 기아(棄兒)를 수양하여 후사로 삼는 것을 반대한 것이다. 이 글 후단은 후사가 되는 수양자의 문제가 아니라, 은정으로 수양된 고아가 수양부모에 대하여 보답하는 의리를 설명한 것이다. 다산은 사람의 정리로 기아를 수양하는 미덕에 대하여 수양자가 취하여야 할 도리를 말한 것이다.

이와 관련하여 다산은 「잡서(雜敍)10」에서 수양부모, 즉 '공구(公嫗)는 수양자에 대하여 복이 없다[公嫗爲收養子無服]'는 원칙을 다시 세워 놓았다. 본디 복제에는 혈연이 있거나 가계를 계승하는 인간관계라면 반드시 보복(報服)이 있다. 예컨대 자식이 부모의 상에 대하여 복을 입으면 부모 또한 자식의 상을 당하여 같은 복을 입고 애도하는 것이다. 그런데 다산은 "수양의 관계에 있어서는 위로 보답하는 법만 있지 아래로 베푸는 법은 없다[恩養之服 止有仰報 本無俯施]"라는 원칙을 세워 수양자가 선망(先亡)할 경우 수양부모가 그를 위해 복을 입을 필연적인 계기는 없다고 단정하였다. 이 점은 위에서 제시한 바 "상불소본 하불유말"의 원칙과 상통하는 것이기도 하다. 그러나 고아와 양부모와의 관계를 상대적으로 약화시킴으로 인하여 필연적으로 발생할 기아 수양 회피의 문제에 대하여는 언급이 없다.

위와 같이 다산은 수양자의 문제 때문에 친생의 부자관계가 흐려져서는 안 된다는 관점을 견지하면서, 기존의 여러 가지 견해를 참조하여 적절한 방도를 제시하려고 하였다. 그는 기존의 예설에 근거하여 "천성지복(天性之服)의 부중모경(父重母輕)과 은양지복(恩養之服)의 구중공경(嫗重公輕)"이란 원칙을 수립하여 양모를 자모와 동등하게, 양부를 계부와 동등하게 놓으면서 친생부모와는 구별하고, 동시에 동성불계(同姓不繼)의 원칙을 강조하고, 또한 양부모의 은정에 대한 보답의 의리는 '상불소본 하불유말'과, "위로 보답하는 것만 인정하고 아래로 시행하는 경우는 없다[止有仰報本無俯施]"라는 두 가지 원칙으로 정리하였다. 이런 원칙들은 기존의 수양모복 복제가 안고 있는 수양자의 위상에 대한 예학상의 여러 가지 문제들을 드러내어 해결의 실마리를 제공하는 데 일정하게 기여하였다는 의의가 있다.

3. 허전 「수양모복의」의 수양 의리

허전의 「수양모복의(收養母服議)」는 이제까지의 수양모복에 대한 논의가 안고 있는 문제를 전면적으로 다시 검토하여 이에 대한 대안을 제시한 것이다. 그는 고아 구휼의 문제 때문에 수양이 중요하다는 점을 인정하면서, 재최 3년이란 기존의 수양모복이 가지는 모순을 지적하고, 친생부모에 대한 의리와 이성후사(異姓後嗣)의 부당성이라는 원칙에 입각하여, 친생부모와 양부모의 복이 동일할 수 없다는 관점에서 수양모복을 재최 삼월(齊衰三月)의 의복(義服)으로 제안하였다. 허전이 제안한 재최 삼월의 설은 기존의 재최 3년의 설과는 현격한 차이가 있다. 다음에 「수양모복의」의 전문을 축조 분석하여 보자.

　아버지[父]란 인륜에서 둘로 하여서는 안 된다. 그러므로 고례에는 수양부모의 복이 없었다. 『가례』의 본문에도 없다. 다만 『가례』 권수(卷首)에 「팔모도(八母圖)」라는 것이 있는데 그 '양모' 조의 주에 이르기를 "친모와 같이 정복(正服)의 재최 3년[與親母同正服齊衰三年]"이라 하였다. 그러나 「가례도」는 후세 사람의 두찬(杜撰)으로 이미 전유(前儒)의 논의가 있으니 표준으로 삼을 수 없다. 그럼에도 양모만 말하였지 이른바 양부라는 것은 말하지 않았다. 후세 풍속에 양부모라 병칭하여 모두 재최삼년의 복을 입는 것은 어디에 근거한 것인지 모르겠다.

　서두의 이 대목은 맨 먼저 상복례(喪服禮)의 불이참(不二斬)의 원칙을 거론하여, 양부에 대한 의리의 성립 여부를 논의하기 위한 바탕을 제시하였다. 불이참은 자식이 그 혈친인 부에 대하여 입는 참최복을 두 사람 이상에게 적용하지 않는다는 원칙이다. 당내의 혈족이라도 출계하여 다른 사람의 후사도 들어간 위인후자(爲人後者)나 시집간 여자자(女子子)는 본생부에 각기 소후부(所後父)나 구(舅)에 대하여 참최 3년의 복을 입고 친생부에 대하여 참최 삼년의 복을 입지 아니하는데, 이는 모두 불이참의 원칙에 따른 것이다.

　여기서 불이참의 원칙이 거론된 것은 「가례도」의 수양모에 대한 재최 3년 복제 규정의 문제를 지적하기 위해서이다. 재최 3년은 본디 친모에 대한 정복이다. 친모라도 부재모상(父在母喪)인 경우에는 아버지가 처상(妻喪)에 입는 복인 장기(杖朞)로 강복(降服)되는 법이다. 수양모에 대한 재최 3년의 복만 하더라도 친모와 동등할 정도로 비중이 높은데다, 수양부에 대하여도 재최 3년의 복을 가하면 이부(二父)의 혐의가 짙어지는 문제가 발생하기 때문이다.

　다음으로 지적되는 것은 기존의 「가례도」에 명시된 수양모복의 모순점이다.

예에 자모(慈母)의 복이 있는데, 이는 어머니가 없이 다른 서모에게 양육된 자이다. 아버지가 명하여 자(子)가 되면 3년이고, 명하지 않으면 소공(小功)이다. 예에 가모(嫁母)의 복이 있는데, 이는 자신이 따라가 양육 받은 여부는 따지지 않고 장기(杖朞)이다. 따라가 양육을 받았으면 은혜가 더한데도 복은 더하지 않는 것이다. 예에는 계부의 복이 있다. 이는 부(父)가 없이 가모(嫁母)의 남편에게 양육 받은 자이다. 부자(父子)가 모두 대공(大功) 이상의 친족이 없어야 의복(義服)으로 부장기(不杖朞)인데, 이는 동거하는 계부이다. 먼저 모(母)를 따라 동거하다가 뒤에 거처를 달리 하면 3월복을 입는다. 대체로 자모는 친부의 첩이고, 가모(嫁母)는 낳은 바 생모이고, 계부는 가모의 남편임에도, 성인이 예를 제정함에 오히려 이를 넘지 아니하였으니, 수양의 은혜가 비록 중하다지만 어찌 친부모와 같이 할 수 있겠는가?

부모는 혈연의 전승 외에 양육의 은정을 가진다는 점에서 특별한 인간관계이다. 수양모는 그 중 양육했다는 측면에서 부모와 유사한 점이 있다. 그런데 양육의 측면으로만 보자면 이와 유사한 다른 경우가 적지 않다. 예에는 이런 경우로 자모(慈母), 가모(嫁母), 서모(庶母), 사모[食母], 보모(保母) 등의 여러 가지 사례가 거론된다. 자모는 부(父)의 적실이 아닌 여인으로서, 부의 혈통을 가진 어린 고아를 양육하여 모자의 명분을 부로부터 부여받은 사람이다. 이런 경우 예에는 친모와 동등하게 재최 3년의 복을 입도록 규정하였다. 그러나 이 경우에도 부로부터 모자의 명분을 부여받지 않았으면 소공 5월의 복을 입도록 규정되어 있다. 가모는 출산하고 나서 다른 집안으로 개가한 생모이다. 가모가 개가할 때 따라 가서 양육 받았다 하더라도 그 복상 기간은 재최 3년보다 한 등급 낮은 재최 1년의 장기에서 넘지 못하도록 규정되어 있다.

자모와 가모의 경우는 수양모와 같이 모친의 수유 없이 생육이 불가능한 3세 이전의 고아를 양육한 은공이 있다는 점에서 수양모와 다를 바 없는 데다, 더구나 혈연관계나 생부와의 부부관계가 엄연히 성립하기 때문에 수양모보다 훨씬 친근한 관계에 있다. 그런데 수양모에게 일률적으로 재최 3년의 복을 인정하면서 가모에게는 기년복을, 자모에게는 부친의 승인을 받지 않을 경우에는 소공 5월의 비교적 소원한 관계로 벌려 놓았다. 그리고 생모인 가모의 남편인 계부는 생모가 아닌 양모의 남편인 양부보다 가깝다고 해야 할 터인데, 양부를 위한 복은 일률적으로 재최 3년인데 비하여 계부를 위한 복은 가장 높은 것이 부장기이다. 이런 점은 친친을 중시하는 예의 원칙에 어긋나는 것이다.

이런 관점에서 기존의 수양모복에 대한 견해들을 다시 살펴보면, 친부모의 고아 유기에 대한 도덕적 책임을 과중하게 본 나머지 친부모의 혈연을 무시하고 양부모의 양육 은정을 지나치게 확대한 점이 없지 않다. 이 점은 자칫하면 양육의 은정이 있다면 본종보다 더 가까운 관계로 보아야 한다는 오해를 낳을 여지가 있고, 그렇게 되면 본종의 혈연관계로 조직되는 종법의 체제에 대단한 혼란이 야기될 우려가 발생한다. 그렇기 때문에 허전은 수양아의 문제에 있어서도 천성지친의 대륜(大倫)은 여전히 존재한다는 시각을 강조한다.

한나라 이래로 혹 다른 사람의 아이를 양육하여 후사로 삼는 민간의 풍속이 있다. 그러나 유울지가 이른바 "사고(四孤)와 부친의 명으로 다른 사람의 후사가 된 자는 다름이 없다"는 설이나, 섭몽득이 이른바 "버려진 소아의 부모에 대한 은혜는 이미 끊어진 것"이라는 말은 의리를 크게 해친다. 가령 부모의 정이 비록 제 자식을 그렇게 하여 살리려고 했다 하더라도, 다른 사람의 후사가 된 자가 어찌 차마 천성의 친분을 끊어버리고 다른 사람의 성을 덮어 쓸 것인가? 만약 그렇게 한다면 이는 단지 구차스레 살리려고 대륜을 돌보지 않는 것이니, 그렇게 산들 나을 게 무엇인가? 그가 어릴 때는 비록 지각이 없었다 하더라도 성장하면 어찌 허전한 생각이 없이 태연할 수 있겠는가? '아버지가 자애롭지 못하더라도 자는 불효해서는 안 된다'는 한 마디 말은 실로 만세의 법도로 통용될 논의이다. 더구나 기근이나 병란에 이산하여 보호받지 못한 자나 부모가 일찍 죽은 자는, 모두 일부러 그 은정을 끊은 것이 아니라서 더욱 더 불행한 자들이다. 자식이 어찌 제 부친을 부친으로 여기지 않고 그 성을 제 성으로 하지 않고 다른 사람의 후예가 될 것인가?

여기서 허전은 수양모복을 재최 3년으로 정한 배경에는 친생부모의 기아(棄兒) 행위가 가지는 부도덕성에 대한 부정적 시각이 깔려 있다는 사실에 주목하였다. 그러나 허전은 고아의 발생이 친생부모의 부도덕성에서만 기인하는 것이 아니라, 친생부모로서도 버텨내기 어려운 딱한 사정에 기인하는 경우가 오히려 많다는 점과, 고아의 친생부모에 대한 혈연의 유대는 양부모의 양육 은정과는 무관하게 여전히 인간의 선한 본성으로 존재한다는 점을 들어, 천성지친(天性之親)이 어떠한 경우에도 소멸될 수 없다는 점을 명확하게 하였다. 허전이 사용한 천성지친이란 용어에는 다산이 이미 제시하였던 천성지복(天性之服)과 은양지복(恩養之服)의 개념이 확장되어 있다.

　　또한 이성(異姓)은 후사로 하지 않는다는 것은 예에 분명한 조목이 있는데, 이른바 양부란 자가 취할 바가 무엇이라고 제 친족이 아닌 자를 아들로 삼을 것인가? 친족이 아니면 신도 흠향하지 않는데, 과연 승중(承重)하여 제사를 받들 수 있겠는가?
　　게다가 또 통하지 않는 곳이 있다. 만약 과부가 양육하여 자식으로 삼았다면 그는 장차 누구의 성을 사용할 것인가? 과부의 남편의 성을 따르게 하자니, 전혀 모르고 이미 죽어 은정이 닿지 않는 사람이요, 과부의 성을 따르게 하자니 어머니 성을 따르는 예가 없다. 여기서 더욱 그 후사가 되는 것이 이치에 맞지 않음을 알 수 있다.
　　또한 혹 아들이 많은 사람이 전혀 불쌍하고 측은한 마음으로 거두어 양육하였다면, 반드시 제 부친을 끊고서 그를 아버지로 하고 제 성을 없애고 그 성을 쓰라고 하지는 않을 터이다. 거두어 양육한 것은 같은데

자식이 없는 자는 저렇게 하고 자식이 있는 자는 이렇게 한다면 이치라
고 할 수 있겠는가?

신비류부족(神非類不族)이란 명제는 가계를 계승함에 있어서 이성불계의
원칙을 내세우는 근거이다. 가계의 계승은 제사 의식을 통한 친족의 통합으
로 나타나고, 제사 의식을 통한 친족의 통합은 동기감응(同氣感應)하는 이치
에 근거하여 가능한데[14], 동계 혈족이 아닌 이성은 그 감응이 약하다고 보
는 것이다. 성은 부계혈통을 나타내는 표지이다. 오늘날 많은 나라에서 일
정한 법률 절차에 의하여 성을 바꿀 수도 있게 되어 있지만, 예학의 관점에
서 보면 혈통을 나타내는 표지인 성을 임의로 바꾼다는 것은 곧 가계 전승
의 의미를 상실하는 것이고, 그에 따라 동계 혈족의 가족 통합도 그 의미가
약화될 수밖에 없다. 그렇기 때문에 이성불계(異姓不系)는 예학에서 종법의
혈연관계를 중시하는 한 흔들릴 수 없는 원칙이다.

그럼에도 이성계사(異姓繼嗣)가 문제되는 것은, 수양부모가 고아를 거두
어 양육하면서 고아의 출자(出自)를 은폐하고 수양아를 후사로 세워서 가계
를 계승하려는 부질없는 욕심이 작용하기 때문이라고 본 것이다. 이런 점은
이미 다산도 논의한 바 있었다. 더구나 친생(親生)의 후사가 있으면서 고아
를 수양한 수양부모인 경우에는 고아의 혈친이 밝혀질 적에 구태여 고아에
게 개성(改姓)을 강요할 필요가 그다지 없을 터이다. 이런 경우 고아는 본성
으로 환종(還宗)해야 하는데, 그렇게 되면 수양부모에 대한 복은 부득이 바
꾸지 않을 도리가 없게 되니, 수양부모의 후사가 되는 경우와 그렇지 않은
경우의 일관성이 무너지게 된다. 더욱 곤란한 것은 수양부모가 동성의 동족
일 경우이다.

---

14) 許傳, 『士儀』 권18, 「如在篇」 제1; 神也者 天地之氣也 天地之氣不死 則祖考
    之神不死 而子孫之氣 得與之相感. 故朱子曰 自天地言之 只是一箇氣, 自一
    身言之 我之氣則祖考之氣 亦只是一箇氣 所以纔感必應. 然則子孫之氣在時
    祖考之氣未或不在矣. 所以宗廟以饗之. 是天理也 人情也.

　　또한 친족의 상에 가복(加服)을 해서는 안 된다는 것은 장자(張子)의 말이 명백하여 근거로 삼을 만하니, 동종(同宗)을 3세 이전에 양육한 경우라는 것은 틀림없이 단문(袒免) 이하의 동족을 가리켜 말한 것이다. 그러나 후사로 삼는 것이 아닌데 3년 복을 입는 것은 왜냐? 또한 양부에 재최복인 것은 이참(貳斬)의 혐의를 피하려고 한 듯한데, 양모에게만은 삼년복을 입는 것은 왜냐? 구태여 친모와 같게 한다면 사대부가 천인에게는 시마(緦麻)로 강복(降服)하는 것은 또 왜냐?

　　당내 동족이 수양하는 경우는 이른바 시양(侍養)이다. 시양에서는 더 이상의 가복(加服)을 해서는 안된다. 그것은 당내의 동족은 본디 상호 부양의 책무가 있거니와, 그렇게 되면 본종복(本宗服) 자체가 흔들리게 되기 때문이다. 그런데 복친(服親) 내에서 수양이 이루어질 경우가 적지 않을 터인데, 고아를 후사로 삼든 말든 간에 「가례도」에 따라 3세 이전 수양의 은정에 보답하기 위하여 재최 3년의 복을 입어야 한다면, 수양의 여부와 관계없이 친족 간에 친소의 등급에 따라 정해 놓은 본종 복제의 체계가 뒤흔들리게 된다. 더구나 복친은 가까운 친족으로서 친족의 고아를 구휼해야 할 도덕적 책무를 가진다고 보면, 수양하였다고 가복하는 것은 오히려 혈연의 친소(親疎) 논리 대신 양육의 은정 유무가 복제의 기준이 되어야 할 판이다. 또한 기왕의 예설에는 사대부로 입신한 고아의 수양모가 천인(賤人)일 경우에는 5복의 복제 중 가장 가벼운 시마(緦麻)로 낮추어 입는다는 규정은, 수양의 의리를 신분의 귀천에 따라 지나치게 차이를 두었다는 혐의를 벗어날 수 없는 점이 있다.

　　따라서 허전은 「가례도」에 표기된 수양모복은 예의 본디 취지에 부합하지 않는 것이라고 단정한다. 그렇지만 끊어지려는 목숨을 살려낸 수양의 의리는 가볍지 않고, 또한 친부모나 친족집단 속에서 양육되지 못하고 버려지는 불행한 고아의 문제는 어떤 방식으로든 해결되어야 할 것이기 때문에, 이에 대하여 다음과 같은 대안을 제안하였다.

이런 것은 모두 선왕이 제정하지 않은 것이다. 선왕의 시대에는 고독환과(孤獨鰥寡)를 모두 위에서 양육하였다. 어찌 이 때문에 성을 바꾸고 윤리를 어지럽히는 제도를 만들었겠는가? 그러나 후세에 이 법이 폐기되어 사람들이 스스로 수양하였으니, 어린 고아로서는 죽을 것을 살려주고 뼈에 살을 붙여 준 것이나 마찬가지이다. 은혜로는 어머니가 아니면서 어머니와 같고 아버지가 아니지만 아버지와 같다. 친분으로는 어머니와 같으면서도 어머니가 아니고 아버지 같으면서도 아버지는 아니다. 이것이 예에 이른바 '선왕에게는 없었던 것이지만 의리로 일으킬 수 있다'는 그것이다. 그 복제를 어떻게 하여야 옳을 것인가? 대체로 무복(無服)의 복은 심상(心喪)이 그것이다. 그러나 옛 사람들은 질박하였기 때문에 제 몸에 비록 복을 걸치지 않아도 마음에 참으로 슬픔을 간직하였지만, 말세의 풍속에서는 그 슬픔을 꾸며 복으로 제정하지 않으면 안 된다. 그렇다면 재최 3월에 또 심상을 더하여 3년으로 마치면 귀천 간에 통용되는 예가 될 터이다. 그러나 이는 대종백(大宗伯)의 의논을 올려 시행할 일이다. 짐짓 어리석은 견해를 기록하여 뒷사람을 기다린다.

허전은 원칙적으로 수양모에 대한 복은 혈연관계나 가계 계승의 의리와는 관계없는 무복의 복이라는 관점을 취하였다. 그러나 고아의 입장에서는 양육의 재생지은(再生之恩)은 부모와 다름없는 것이기에 일반적으로 직계 혈족에 대하여 입는 재최의 복으로 정하고, 다만 친부모와 구별되는 것이기에 정복(正服)으로 보지 아니하고 의복(義服)으로 보았으며[15], 복상 기간은 자모(慈母), 가모(嫁母), 계부(繼父) 등은 물론 당내 친족에 대한 정상적인 복상 기간을 넘지 않는 3월로 정하였다.

재최 3월의 복은 기존의 재최 3년의 복에 비하면 가히 혁신이라 할 만큼 거리가 있다. 더구나 그것을 정복으로 보지 않고 의복(義服)으로 규정한 데

15) 「가례도」에는 수양모를 위한 복을 "齊衰三年與親母同"이라 하였는데, 허성재는 이를 正服이라 한 것으로 보았다. 陶庵 李縡의 『四禮便覽』에는 수양모복을 재최 3년 義服 조에 넣었다.

는 특별한 의미가 있다. 재최 3년의 정복(正服)은 생모에 해당하는 복이다. 허전이 양모복을 의복(義服)이라 한 것은 양육의 은정이 아무리 소중하더라도 친부모의 혈연과 동일시 될 수 없다는 입장을 확고하게 나타낸 것이다. 다만 죽을 목숨을 양육하여 살려준 은정이 깊고, 재최 3년의 복을 시행해 온 관습에 비추어 심상 3년을 더하였다. 심상은 인정상 그만 둘 수 없는 특별히 깊은 은정이 있을 적에 시행하는 복제이다. 3년이란 기간은 부모에게 대한 자식의 복상 기간이다. 심상의 기간을 3년으로 정한 것은 양육의 은정은 깊지만 정복으로는 간주될 수 없기에 그렇게 한 것이다.

수양모에 대한 복을 재최 3월의 정복으로 확정하면, 다음으로 양부에 대한 복과 부조자손(父祖子孫)으로 확장된 관계의 복제가 정리되어야 할 것이다. 이에 대하여 허전은 "친부모가 있거나 당내의 친족이 있는 경우는 수양의 복에 함께 논할 문제가 아니라"[16]고 하였다. 간략하지만 매우 분명한 발언이다. 이는 친부모가 있거나 당내의 친족이 있는 경우, 그들에 대하여는 본디 혈연의 관계에 의한 본종(本宗)의 복, 즉 다산이 말한 바 천성지복(天性之服)으로 논해야 한다는 말이다. 「가례도」의 수양모복을 수용하는 기존의 예설에서는 수양부모를 모실 경우 본생친에 대하여 강복(降服)하는 등의 여러 가지 문제를 함께 논하여 그에 따른 복제를 정하기도 하였다. 그런데 허전의 천성지친에 대한 본복은 수양의 여부와는 상관없다는 입장이다. 이는 다시 말하여 수양모에 대한 복은 정복이 아닌 은양(恩養)의 의복(義服)이고, 은양의 의복 때문에 천성의 친복(親服)이 좌우될 수 없다는 말이다. 수양모 복에 있어서 천성지복과 은양지복의 구별은 다산에 의하여 제기된 개념이고 보면, 허전의 견해는 시각이 다르기는 하지만 그 원칙의 적용에 있어서 다산설을 준용하였음이 분명하다.

---

16) 許傳, 『士儀別集』 권4, 「三父八母服圖辨」, 夫三歲前孤我 有再生之恩 豈以貴賤而輕重之乎. 若父母在者 及堂內有親者 非所與論於收養之服也.

4. 허전 「수양모복의」의 의의

허전은 수양모복(收養母服)을 재최(齊衰) 3월의 의복(義服)으로 정하였다. 이는 수양모에 대한 복을 재최 3년의 정복(正服)으로 명시하였던 「가례도」 와는 현격한 차이가 있다. 더구나 복제 문제는 예학에서 인간관계를 규정하는 중요한 잣대이다. 그렇기 때문에 복제의 변개는 곧 인간관계에 대한 인식의 전환을 의미한다. 하나의 인간관계는 복잡하게 착종되어 있는 다른 수많은 인간관계와 필연적으로 관련되기 때문에, 이러한 인간관계에 대한 인식의 전환은 곧 예학 전반에 걸쳐 일정한 경향을 나타낼 것임은 말할 것도 없다.

이런 관점에서 살펴보면 허전의 예설에는 기존의 예학 논의에서 고수되어 왔던 절목을 조정한 것이 적지 않다. 복제 문제에 한하여 보더라도 그는 「가례도」의 '삼부팔모도(三父八母圖)'를 인정하지 않고, 「제모복도(諸母服圖)」 와 「계부복도(繼父服圖)」로 나누어 고쳤으며, 「위인후자본생친복도(爲人後者本生親服圖)」 또한 바꾸었다. 그 가운데 「위인후자본친복유강유불강설(爲人後者本親服有降有不降說)」과 「위인후자전계모당의(爲人後者前繼母黨議)」은 수양자 문제와 논리적 연관이 있다.

「위인후자본친복유강유불강설」은 동족 내의 다른 가계를 계승하기 위하여 입후(入後)한 사람이 그 본친에 대하여 강복하되 조부모 이상의 직계혈족에 대하여는 강복하지 않는다는 설[17]이다. 동족 내의 다른 가계를 계승하기 위하여 입후한 사람은 가계를 계승한다는 명분 때문에 소후부모(所後父

---

17) 許傳, 『士儀別集』 권4, 제13판. 「爲人後者本親服有降有不降說」; 世謂爲人後者本生之服 壹是皆降一等 此恐未究禮意 而致有所失也. …… 三年之斬 加隆之服 而承重之統也. 不二斬 所以不二統也. 故隆其父母爲朞也 其祖父母以上齊衰 則無二斬二統之嫌 而且至尊 故不降. …… 喪服不杖朞章曰 女子子爲祖父母, 傳曰 不敢降其祖. 疏曰 可降傍親 祖父母 正朞 不敢降也. 夫女之出嫁 男之出後 宜無逈別, 女旣爲正朞而不降 則男獨不以正朞處之乎?

母)를 부모로 삼아 소후부(所後父)에 대하여는 참최(斬衰) 3년, 소후모(所後母)에 대하여는 재최 3년의 복을 입고, 본생친에 대하여는 한 등급 강복하여 부장기(不杖朞)의 복을 입는다. 이것이 가계 계승의 정통을 나타내는 불이참(不二斬)의 명분이다. 입후한 자는 또한 입후된 가계의 정상적인 승계자로 처신해야하기 때문에 그 본친의 방계혈족에 대하여도 모두 한 등급 강복하는 것이 통설이다. 그런데 허전은 위인후자는 출가녀(出嫁女)와 동일하게 그 본친인 조부모 이상의 직계 존속에 대하여는 강복하지 않는 것으로 정하였다.

출후자(出後者)의 그 본친에 대한 혈연의 관계는 태어나면서 선천적으로 주어진 것이다. 출후자와 소후부모의 부자관계는 종법의 질서를 지키기 위하여 변통한 것이다. 이런 관점에서 보면 출후자가 본생친족에게 강복하는 것은 일종의 변통이라 할 것이고, 출후자가 본생 조부모 이상의 직계 존속에 대하여 강복하지 않는 것은, 종법의 질서를 해치지 않는 범위 내에서 원천적으로 주어진 인간관계를 중시하는 태도라 할 것이다.

허전의 이러한 입장은 「위인후자전계모당」의 논의에서도 나타난다. 위인후자가 소후부(所後父)의 전실(前室)과 후실(後室) 어느 쪽을 외통(外統)으로 삼을 것인가 하는 문제에 대하여는 소후부의 후처의 부를 외조로 삼는다는 것이 제가의 통설이었다. 신독재(愼獨齋) 김집(金集)은 "위인후자는 자기를 양육한 자의 부를 외조로 삼아야 한다"고 하였고, 우암(尤庵) 송시열(宋時烈)은 "전처와 후처가 모두 죽은 뒤에 입후(立後)된 자는 전처의 아들이 됨이 마땅하다"고 하였으며, 권수암(權遂庵)은 "전후처가 모두 죽고서 입후하였으면 부의 후처의 부를 외조로 삼는다"고 하였고, 한남당(韓南塘)은 "아들이 나기 전에 전모(前母)가 죽었으면 비록 10인의 모가 있다 하더라도 모두 전모가 되고, 아들이 난 후에 모를 얻었으면 비록 10인의 모가 있더라도 모두 계모이다. 모망(母亡) 이후에 입후(立後)되고서 그 모를 계모로 한다면 이는 자식 낳기 전에 먼저 계모가 있었던 것으로 되니 정명(正名)의 의리가 아니다. 선사(先師) 수암(遂庵)의 설이 옳고, 송시열의 설은 초년미정지설(初年未

定之說)이다"라고 하였다. 그런데 허전은 '어머니로는 전모나 계모의 구분이 없으나 계통으로는 선후가 있다[母無前繼 統有先後]'는 원칙을 세워 "소후부가 재취를 계속하여 계모가 10인이 되더라도 모두 모에게 대한 예와 같이 3년 복을 다 입되, 외가로는 원비(元妣)의 당(黨)을 외통(外統)으로 삼아야 한다"고[18] 하였다.

소후자는 동족의 가계를 계승한다는 명분이 있기는 하지만 소후부의 처와는 본디 아무런 혈연적 유대가 없다. 그럼에도 소후자의 외통을 소후부의 후처의 부로 하여야 한다는 기존의 통설은 양육의 은정을 유추한 데서 나온 것이라고 볼 수 있다. 소후부의 최초의 처의 부를 외조로 삼아야 한다는 주장은, 허전 자신이 세운 통유선후(統有先後)의 원칙대로 소후자의 양육 여부와 상관없이 소후부의 정상적 부부관계 중 맺은 최초의 인연을 중시한 것이다.

소후자가 입후(入後)할 적에 소후부모(所後父母) 중 소후가(所後家)에 남아 있을 확률이 높은 사람은 소후부의 후처이고, 그 후처는 직접 소후자를 양육할 수도 있으므로, 여기서 양육의 은정이란 의리관계가 성립할 수도 있다. 그럼에도 소후부의 최초의 처를 외통의 근간으로 삼아야 한다는 데는 양육의 은정이 부부의 최초의 인연보다 중시될 수 없다는 견해인 것이다. 이 논의에는 바로 이런 점이 부부의 인간관계와 계후부자(系後父子)의 인간관계에 대한 성재의 일관된 인식으로 깔려 있는 것이다.

이런 관점에서 다시 양모복의 문제로 돌아가 살펴본다면, 거기에도 역시 이러한 시각이 관통되고 있음을 알 수 있다. 『가례도』에 제시된 재최 3년의 양모복은 고아에 대한 양육의 은정을 곧 친부모와 거의 대등한 것으로 간주한 것이라 할 수 있다. 그렇기 때문에 가례도의 양모복을 존중하는 예설에서는 대체로 그에 상당한 양부복을 설정하고, 나아가 부모의 양부모나 양부

───────────

18) 許傳, 『士儀別集』 권4, 28판 ; 「爲人後者前繼母黨」 ; 母無前繼 統有先後 所後父之初再娶俱沒以後爲後者 以初娶之黨爲外統 可也. 非惟俱沒者爲然 雖爲後於再娶存時 亦當以初娶之黨爲外統 可也.

모의 친척에 대한 복제까지도 고려하여 수양자를 출후자(出後者)와 유사하게 양부모 가정의 일원이 되는 것으로 간주하였다. 그러나 허전은 아무리 양육의 은정이 소중하다 하더라도 수양부모에 대한 의리가 수양자의 본친에 대한 의리를 넘어설 수 없는 것으로 보았다. 여기에는 종법의 질서를 유지하는 한 선천적으로 주어진 인간관계가 후천적으로 변통된 인간관계보다 우선할 수 없다는 허전 예설의 논리적 일관성이 놓여 있다 할 것이다.

이러한 논의를 예설의 학통으로 연계하여 보면 허전의 예설은 대체로 성호 이익이나 다산 정약용의 예설을 계승하고 있음이 나타난다. 다산은 수양모복과 관련하여 '천성지복'과 '은양지복'의 차이를 논하고 은양의 인간관계가 천성의 인간관계를 앞설 수 없다고 하였다. 다산은 수양모복을 「가례도」의 재최 3년 그대로 따르고 수양부복을 기년으로 할 것을 제안하였는데, 허전은 수양모에 대해서만 재최 3월이라 하여 복제에 있어서 현격한 차이를 보이기는 하지만, 양육의 은정이 아무리 중하더라도 친생부모와의 혈연을 끊을 수 없다는 입장을 견지하는 것은 동일하다. 다산이 "상불소본 하불류말(上不溯本 下不流末)"이라 한 원칙이나, '양육한 은정에 대한 복은 위로 보답하는 경우만 있지 아래로 베푸는 것은 본디 없다[恩養之服 止有仰報 本無俯施]'고 한 원칙 또한 허전의 복제 논의에 거의 그대로 준용되어, 허전은 양부모의 부모나 친척에 대한 복제문제는 논외로 하여 다루지 않았다.

이와 같이 허전의 수양모복설은 그 전대의 예학자들, 특히 성호와 다산에게서 점차적으로 수립된 원칙들을 보다 정밀하게 적용한 것으로 볼 수 있다. 이성불계(異姓不繼)의 원칙만 하더라도 동양 예학에 일반적으로 통용되는 원칙이었음에도, 수양모복의 논의에 있어서는 관습율의 관행과 「가례도」의 권위에 의지하여 엄격하게 적용되지 않았고, 이성 후사를 인정하는 사례도 없지 않았다. 허전은 이 원칙을 보다 엄밀하게 적용하여, 수양모복이 친생부모에 대한 복보다 앞설 수 없을 뿐 아니라 혈연이 있는 직계 존속 중 가장 소원한 사람에게 적용되는 재최 3월의 복보다 앞서지 않도록 조정하

였다. 다산이 말한 천성지복과 은양지복의 개념만 하더라도 다산에게 있어
서 이 두 개념은 부와 모의 경중을 구별하는 상황을 나타내는 개념일 뿐이
었다. 그런데 허전은 이를 천성지친과 은양지친의 개념으로 확대하여 적용
하였다. 다산이 수양모복에서 제시한 "상불소본 하불류말"의 원칙은 성재의
예설에서 대체로 그대로 존중되었음은 앞에 논한 바와 같다.

수양모복의 문제는 양육해 줄 가까운 친족이 없는 고아 때문에 발생하는
것이다. 고아 수양의 문제는 근원적으로 환과고독에 대한 사회집단의 보호
라는 사회복지제도의 문제로 귀착된다. 허전은 「수양모복의」에서 "선왕의
시대에는 고독환과(孤獨鰥寡)를 모두 위에서 양육하였기에 성을 바꾸고 윤
리를 어지럽히는 수양의 제도가 없었으나, 후세에 이 법이 폐기되면서 사람
들이 스스로 수양하였다"고 하였다. 그 대목에 주석에서도 환과고독의 문제
를 중시한 고대의 정치 제도를 설명하였다.[19] 허전은 또한 「수양모복의」의
말미에 "나머지 내용은 「휼고론(恤孤論)」에 있다[餘見恤孤論]"고 하였다. 허
전이 지은 「휼고론」은 지금 찾아볼 수 없지만,[20] 허전이 수양모복의 문제
를 본디 고아 문제로 보았고, 고아 문제의 근본적 해결책은 사회복지의 차
원에서 국가제도의 하나로 수렴하는 데 있다고 본 것임은 분명하다.

혼인 적령기를 넘겨 짝이 없는 남녀가 환과(鰥寡)이고, 양육해 줄 부모가
없는 어린이가 고아이며, 봉양해 줄 자식 없는 노인이 독(獨)이다. 이들은
서로 의지하고 위해 주는 긴밀한 인간관계의 연쇄고리에서 일정하게 소외
되어 있는 불행한 인간들이다. 그렇기 때문에 고대 국가에 있어서 환과고독
을 보살피는 일은 정치의 급선무로 생각되었던 것이다.

---

19) 許傳,『士儀別集』권4, 22판; 周禮 大司徒 以保息六養萬民 一曰 慈幼 二曰
    養老. 汲塚周書曰 立勤人以職孤. 管子曰 國都皆有掌孤. 孟子曰 幼而無父曰
    考 老而無子曰獨 老而無妻曰鰥 老而無父曰孤. 文王發政施仁 必先斯四者.
20) 허성재는 「수양모복의」의 말미에 별도로 「恤孤論」이 있다고 하였으나, 간행된
    ≪許傳全集≫이나 부산대학교 도서관에 보관되어 있는 미간행의 초고인 ≪性齋
    庸語≫에는 보이지 않는다.

환과고독(鰥寡孤獨)의 문제는 본디 혈연의 친분에 근거하는 종법 제도와 무관한 것이 아니다. 자연 상태에서 배필이 확정되지 않은 남녀가 많으면 자녀의 생산을 통한 세대교체가 이루어질 수 없고, 혹 출산이 된다 하더라도 부 또는 모 어느 일방이나 또는 쌍방 모두로부터 유기되어 고아가 가능성이 있다. 또한 인간은 필연적으로 성장과 노쇠의 과정을 거치기 마련이니, 생산력이 없어진 노인들에게 의지할 일가친척이나 봉양해 줄 자식이 없으면 곧 고아가 유기되는 것과 다름없는 상황에 봉착한다. 가족이란 남녀의 정욕에 기인한 생리적 결합의 의미 외에 고아와 노인의 유기와 소외를 해결하기 위한 사회적 장치의 하나이다. 배타적인 한 쌍의 남녀가 부부로서 가정을 유지하게 되면 친인척의 긴밀한 인간관계가 형성되고, 가정을 이룬 부부가 자녀를 생산 양육함으로써 긴밀한 인간관계를 지속하고 동시에 세대를 교체하면서 서로 양육 보호할 수 있다. 이것이 예학에서 친친의 혈연에 근거한 종법을 세우는 근본적인 이유이다.

그러나 친친의 종법 제도로 환과고독의 문제를 아무리 수렴한다 하더라도, 전쟁 기근이나 불임, 질병 등 불가피한 사정으로 인하여 종법 제도 속에 수렴되지 못하는 환과고독은 여전히 발생할 여지가 남는다. 여기서 수양의 문제가 발생한다.

고아와 노인의 구휼 문제가 고대국가에서 어떻게 처리되었는지는 명확하지 않지만, 고아의 구휼이 수양의 문제와 직결되는 것으로 이해된 경우가 있다. 『관자(管子)』에 "나라를 다스리는 자는 혜택을 베푸는 아홉 가지 가르침을 시행하는데, 첫째는 노인을 모시는 일[노노(老老)], 둘째는 어린 아이를 기르는 일[자유(慈幼)], 셋째는 고아를 보살피는 일[휼고(恤孤)], 넷째는 신체장애자를 양육하는 일[양질(養疾)], 다섯째는 혼자 사는 남녀를 결합시키는 일[합독(合獨)], 여섯째는 병자를 위문하는 일[문질(問疾)], 일곱째는 가난한 사람을 돕는 일[통궁(通窮)], 여덟째는 곤란한 사람을 구제하는 일[진곤(振困)], 아홉째는 후사가 없는 사람의 제사를 지내주는 일[접절(接絶)]

이다"라고[21] 하여 환과고독을 비롯한 소외된 인간의 사회복지문제에 대한
국가의 구휼 제도를 언급한 것이 있다. 또 『관자』의 '휼고' 조에는 "모든 국
도(國都)에는 모두 장고(掌孤)를 둔다. 사인(士人)이 죽고 자식은 어려서 양육
할 부모도 없고 스스로 살아갈 수도 없으면, 그런 자를 그 이웃과 아는 사
람들에게 맡겨서, 고아 한 사람을 양육하는 자는 아들 1인의 정세(征稅)를
면제하고, 두 사람의 고아를 양육하는 자는 아들 두 사람의 정세를 면제하
며, 고아 셋을 양육하는 자는 아들 세 사람의 정세를 면제한다. 장고는 자주
가서 방문하여 고아들의 음식 기한과 건강상태를 파악하고 보살펴본다. 이
를 휼고라고 한다."[22]는 설명이 붙어 있다. 이 설명대로라면 『관자』에 제시
된 고대 국가의 고아 구휼 정책은 근대의 고아원과 같은 집단 수용의 방식
이 아니라, 민간의 개별적인 수양을 권장하는 방식으로 구상된 것임을 알
수 있다.

　이와 같이 수양의 제도는 고아 문제를 해결하기 위한 방법의 하나로 간
주될 수 있었다. 그럼에도 허전은 고아의 문제는 사회복지의 차원에서 국가
제도로 해결되어야 한다고 하였다. 이러한 허전의 입장에는 수양의 제도가
가지는 문제에 대한 인식을 함축하고 있다. 이 점은 허전의 발언에 나타나
있다. 그는 기존의 수양 제도에는 "성을 바꾸고 윤리를 어지럽히는" 문제,
즉 혈연 근친을 근간으로 하는 종법 제도를 혼란스럽게 만드는 요인이 있는
것으로 생각했던 것이다.

　여기서도 허전이 수양모복을 재최 3년에서 재최 3월로 바꾸어 정한 의도
를 해명할 수 있는 근거의 하나를 찾을 수 있다. 앞에서 살핀 바와 같이 위

---

21) 『管子』「入國」; 入國四旬五行九惠之敎 一曰老老 二曰慈幼 三曰恤孤 四曰
　　養疾 五曰合獨 六曰問疾 七曰通窮 八曰振困 九曰接絶.
22) 『管子』「入國」; 所謂恤孤者 凡國都 皆有掌孤. 士人死 子孤幼 無父母所養 不
　　能自生者 屬之其鄕黨知識故人. 養一孤者 一子無征 養二孤者 二子無征 養
　　三孤者 盡家無征. 掌孤數行問之 必知其食飮飢寒 身之膌胜而哀憐之. 此之
　　謂恤孤也.

진 시대의 「사고론(四孤論)」 이래 법제나 관습으로 유지되어 온 수양부모복이나 『가례』가 통용된 이후 그 권위에 의하여 함께 통용되었던 「가례도」의 수양모복에 의거한 수양의 의리 논의는, 수양자에게 있어서 양친(養親)을 본친(本親)보다 중시하는 경향이 있었다. 이러한 경향은 본친을 중심으로 논의된 혈연을 중시하는 종법의 체계에 여러 가지 혼선을 가져 왔다. 환과고독의 문제는 사회 공존을 실현하기 위해서는 피할 수 없는 문제인데, 종법을 근간으로 하는 사회 체제의 혼선은 곧 환과고독을 양산할 위험을 내포하고 있고, 고아 수양의 문제 또한 다른 제도가 정착되지 않는 한 피해 갈 수 없는 문제라고 했을 적에, 어떤 해결책을 제시할 수 있을 것인가? 허전은 역시 종법 체제를 유지하면서 그 체제를 해치지 않는 범위 안에서 수양의 문제를 정리하는 것이 옳다고 보았던 것이다.

5. 결론

예는 인간의 행동에 있어서 합당성을 찾고자 하는 노력이다. 위에서 살펴본 바와 같이 허전의 「수양모복의」는 전대의 사례에 의하여 관습적으로 친모와 대등한 것으로 간주되었던 수양모복이 가진 복제상의 여러 가지 문제점을 발견하고 이에 대하여 합당한 방안을 강구하여 제시한 글이다. 이런 논의는 예의 관습을 묵수하지 않고 인정과 사리에 비추어 논리적 합당성을 추구하고자 한 조선후기 예학의 건강한 한 단면이다. 더구나 주자학의 절대적 권위를 아래 『가례』의 조문을 교조적으로 추수하였던 조선후기의 일반적인 예학 풍토에서도 『가례』의 문제점을 지적하고 그 새로운 대안을 제시하기란 쉽지 않은 것이다.

「수양모복의」는 한편으로 고아문제에 대한 예학의 인식을 반영하고 있다. 허전은 환과고독에 대한 정책적 배려가 없음으로 인하여 고아와 노인의 문제를 해결하기 위한 민간의 자발적인 강구의 결과가 수양의 관습으로 나타난 것으로 인식하였다. 그러나 기존의 예학 논의에서 관습적으로 시행되어온 재최 3년의 수양모복은 여러 가지 점에서 친족결속을 강화한다는 취지에 상반되는 것이 많고, 다른 한편으로는 환과고독의 발생을 근원적으로 방지하기 위해서는 또한 친족의 긴밀한 결합에 기대지 않을 수 없는 측면이 있기 때문에, 기존의 종법 체제를 견지하면서 그 속에 모순 없이 수양의 의리를 포괄하는 논의를 제안하였다. 이것이 허전이 수양모복을 재최 3월 의복으로 규정한 이유이다.

허전도 논의하였듯이 수양자 문제는 여유 있는 가정이나 자녀 없는 가정의 수양으로 해결될 수 있는 것은 아니다. 개별 가정에서의 수양은 역대의 예론에서 제기되었던 바와 같이 친부모의 천성지친(天性之親)과 양부모의 양육지은(養育之恩)을 혼동하게 하는 문제적 상황을 야기하고, 이런 문제는 필연적으로 환과고독의 문제를 원천적으로 방지하는 친족의 기존 질서에 부정적인 효과를 끼칠 수도 있다. 국가 제도로서 고아를 수양하는 별도의 정책을 수립한다 하더라도, 일반 가정에서의 수양은 여전히 요구될 터이다.

그렇기 때문에 친족의 질서와 수양의 인정이 상충하지 않고 조화하기 위한 장치가 필요하다. 역대 예학가들에 의하여 논의되어온 수양자 문제에서 거듭 중시되었던 바와 같이 고아로서는 양육의 은정이 친부모와 다를 바가 없이 막중한 것이므로, 이에 대한 보상의 예절은 마땅히 강구되어야 한다. 그러나 양육지은이 소중하다고 천성지친을 격하하게 될 때 발생하는 친족 질서의 혼란 또한 적은 문제가 아니다. 이런 관점에서 역대 예학자들에 의하여 제기된 이성불계(異姓不繼)의 원칙은 물론, 다산이 제시하였던 "상불소본 하불류말"의 원칙과 "천성지복과 은양지복"의 구별은 오늘날 점증하고 있는 고아 수양 문제를 해결해 가는 데 중요한 의미를 가지고 있으며, 이러한 원칙들을 십분 충분히 수용하여 재최 3월의 의복(義服)에 심상 3년이라고 논의한 성재의 「수양모복의」는 유효한 한 기준을 제공할 수 있으리라 생각된다.

　허전의 「수양모복의」는 앞에서 논한 바와 같이 다산의 예설이나 성호의 예설과 학설에 있어서 일정한 연계성을 가진다. 이러한 연계성에는 허전의 예학이 성호학과 다산학 학문 계통의 당파성이 일정하게 반영된 것임은 말할 것도 없다. 그렇지만 예학의 논의에서 학문적 당파성을 밝혀내는 것보다 더 중요한 것은, 예학을 통하여 강구하였던 인간의 질서 즉, 인정과 사리에 합당한 도리와 절차를 밝혀내는 것이다. 예학은 인간으로서 지극히 합당한 도리를 구명하여 일정한 행동의 준칙을 세우기 위한 것이고, 그러한 도리와 준칙은 인류 공존이라는 이념의 바탕 위에 통용될 수 있기 때문이다.

[정 경 주]

『사의』 간행 경위와 편제

1. 사대부의 예전(禮典), 『사의』

『사의』는 성재 허전(1797~1886)이 편찬한 예학서이다. 허전의 저술은 문집 외에도 『종요록』 『철명편』 『수전록』 등이 남아있어, 그의 사상과 정치철학을 잘 보여주고 있는데, 『사의』 역시 사대부로서 준행해야할 예전을 정리한 의미에서 그의 문화의식을 보여주는 저술이라고 하겠다.

허전은 항상 나라를 제대로 다스리기 위한 기본으로 국가의 기강을 강조하였고, 이 기강을 세우기 위해서는 국가의 예전을 마련하는 것이 시급하다고 생각했다.[1] 또한 외부로부터 밀려드는 새로운 사조에 현혹되는 세태를 절감하면서, 우리 가치의 회복에 많은 노력을 기울였는데[2], 그의 저술들이 모두 이러한 지향선상에 놓여있지만, 특히 예학연구는 더욱 절실한 과제의 하나로 여겼다고 본다. 그런 의미에서 국가운영의 중심에 있었던 사대부들의 문화, 즉 사(士)들의 의례 문제는 그의 중요한 관심거리가 아닐 수 없었다.

27세 때 부친상을 당했던 그는 상복의 복식에 관해 연구하면서 심의(深衣)에 관심을 갖게 되었고, 그 연구결과를 「법복편(法服篇)」이란 글로 정리했다. 이 글은 심의의 복식에 대한 자신의 새로운 견해를 천명하고 있어, 『사의』 가운데서도 가장 예학가들의 관심을 모았던 글이며, 동시에 많은 논란이 되기도 했던 글이다. 훗날 그가 우리나라 선비들의 복제를 심의로 할 것을 상

---

1) 『性齋集』 권2 「經筵講義·書傳」.
2) 『性齋集』 권5 「與巴山諸生」: "而且今異端橫流之世, 聖學一事, 尤爲切急."

소했던 계기가 된 연구서이기도 하다. 이 연구를 계기로 그는 이후 약 40여 년간에 걸쳐 꾸준히 고금의 예설을 수집 정리하고 논평해서 모두 8편으로 구성된 『사의』를 완성하게 되는데, 그 구성은 다음과 같다.

> 친친편(親親篇)
> 성인편(成人篇)
> 정시편(正始篇)
> 이척편(易戚篇)
> 여재편(如在篇)
> 방상편(方喪篇)
> 법복편(法服篇)
> 예론편(禮論篇)

본 구성은 「친친편」에서 「방상편」에 이르는 6편이고, 「법복편」과 「논례편」은 보론에 해당하는 것이지만, 『사의』의 저술에서 자가의 견해가 가장 잘 드러나 있는 대목이다. 그는 우선 『의례』와 『가례』를 기본 텍스트로 삼고, 다시 각종 경전과 사서 및 제자서와 제가들의 학설을 두루 검토하고 있다. 오랜 세월동안 변화를 겪어 온 예법 가운데 처음 제도가 마련되었을 때의 취지에 합당하면서 동시에 오늘날에도 마땅한 설들을 나름대로 취하여 정리하고자 했다.3) 「고증서적」의 목록에 의하면, 223종의 중국 문헌과 67종의 우리 문헌을 참고하고 있는데, 한·당대의 학설에서부터 청대 고증학의 성과까지 폭넓게 수용하고 있다. 우리나라의 문헌 가운데서는 성호(星湖) 이

---

3) 『사의』「士儀凡例」『士儀·目錄』: "一. 此書有綱有條, 盖以儀禮家禮爲本, 而 蒐輯經傳子史及古今諸家要語, 以備二書之未備者. 一. 時王之制, 雖或與古禮 不同者. 其不敢不遵者, 採而述之. 一. 我東自分黨以來, 各尊其所尊, 至於議 禮, 尤爲未決之訟. 此禮所以失也. 愚是之懼, 凡先儒論說之合古宜今者, 並取 之, 務歸節文之得中."

익(李瀷)의 『예설류편(禮說類編)』을 가장 많이 수용하고 있으며, 안정복(安鼎福)·윤동규(尹東奎)의 견해와 황덕길(黃德吉)의 『사례요의(四禮要儀)』와 정약용의 『상례사전(喪禮四箋)』에 이르기까지, 대체로 근기실학의 예학 전통을 착실히 계승하고 있다. 또한 윤휴(尹鑴)의 『하헌집(夏軒集)』과 박세채(朴世采)의 『남계예설(南溪禮說)』같은 중기 탈주자학자들의 견해도 참고하고 있으며, 이현일(李玄逸) 이재(李栽) 이상정(李象靖) 등 남인 예학의 학맥을 짚어가고 있음을 볼 수 있다.

2. 영남 학인과 『사의』

허전은 1854년(58세)에 무고로 파직된 이후 일체의 관직을 사양하고 한가히 머물며 자신의 저술들을 정리했는데, 1860년(64세)에서 62년 사이에 『하관지』『수전록』『종요록』 등과 함께 이 『사의』도 일차 완성시켰다. 그러나 자신의 형편상 간행할 처지도 아니었고, 또한 시의(時議)에 저촉될 내용상의 문제로 더욱 신중한 교정을 요했기 때문에 미처 공개하지 않은 채 간직하고 있었다고 본다. 결국 이 책이 세상에 빛을 보게 되는 것은 훗날 영남의 학인들과 사제의 인연을 맺음으로서 비로소 시작된다.

고종이 등극하던 1864년(68세) 다시 김해부사로 부임한 그는 지방관장으로서의 의지를 갖고 민심을 수습했으며, 특히 유학의 진흥을 위해 지역 유생들을 모아 향음주례를 시행하고, 김해향교의 유생들에게 회유문을 내려 고례의 회복을 통해 풍교에 보탬이 될 것을 선언했다.[4] 그의 학문적 명망에 보태어 이런 소문이 인근에 전해지자, 많은 유생들이 그에게 찾아와 문도가 되었는데, 이를 계기로 허전은 매달 초하루와 보름이면 명륜당에 모여 강학

---

4) 『성재집』 권10 「諭金海鄕校諸生文」.

하였고, 심지어 자신의 사처인 공여당(公餘堂)을 개방하여 인근 지방의 학자
들을 맞이했다. 이 때 그에게 와서 배움을 청한 자가 백여 명에 달했다고 하
니, 이는 허전이 영남의 학인들과 사제의 인연을 맺는 발단이 되었다. 이 인
연이 그의 저술이 세상에 알려지고 계승되는 학맥을 형성하게 된 것이다.

　허전이 이들 영남 학인들에게 『사의』를 공개하게 된 과정은 상세히 알
수 없다. 그러나 조성렴(趙性濂)이 기록한 「사의절요발(士儀節要跋)」에 의하
면, 선생이 김해부사로 부임하던 해에 문생이 되기를 청하러 찾아뵈었을
때, 선생께서 『사의』 20여 편을 보여주었다고 했으니[5], 대체로 김해부사 시
절부터 자신의 문도들에게 조심스레 이 저술을 공개했던 것이다. 이 가운데
가장 관심이 모여졌던 것은 역시 「법복편」이었다. 문도들은 『사의』의 학문
적 가치를 평가하면서 흔히 「법복편」을 거론하고 있으며, 심의(深衣)에 대해
스승 자가(自家)의 견해를 고경(古經)으로부터 고증해 나가는 치밀함에 탄복
했던 것이다.[6] 그러나 많은 사람이 이 책을 보았던 것이 아니었다. 아직 내
용이 완전히 교정된 것이 아니었기 때문에 허전 자신이 완전한 공개에는 신
중을 기했던 것이다. 그럴수록 이 책의 존재가 문도들의 궁금증을 더했던
지, 당시 함안 입곡의 문도들이 『사의』를 보기를 간절히 요청하게 되었고,
결국 그는 그들에게 공개하며 이렇게 토로하였다.

　　『사의』를 상자 속에 감추어 둔 것은 그 졸렬함을 드러내고 싶지 않아
　서 입니다. 그런데 부득이하게 여러분들의 간절한 청으로 인해 여러 본
　을 등사하게 되었으나, 흠과 오류가 그지없군요. 바라건대 고명(高明)들

---

5) 『사의절요』下「士儀節要跋」: "性濂, 甲子歲, 始謁性齋先生, 先生書有曰士儀
　二十餘篇."
6) 趙昺奎, 『一山集』 권3「與郭鳴遠」: "自朱子以後, 先輩之論深衣者何限, 而禮
　家之聚訟, 不幸近之矣. 性齋先生, 嘗慨然乎法服之失其正, 乃不泥衆說之矛
　盾, 專索禮經之簡奧, 忘寢廢食者, 積有年, 所忽中夜, 樂而忘憂, 妙契疾書, 此
　士儀法服篇之所以作也."

께서 하나하나 교정하여 사람들에게 비난받지 않도록 한다면, 서로 아끼는 도리가 아니겠습니까?7)

허전의 이같은 신중함에도 불구하고 결국 『사의』는 함안의 문도들에 의해 활자로 간행되었고, 어쨌건 그 덕에 주변의 여러 사람들이 비로소 『사의』를 접할 수 있게 되었다. 일찌감치 『사의』를 읽고 특별한 관심을 기울였던 사람으로 윤주하(尹冑夏) 김진호(金鎭祜) 조병규(趙昺奎) 등을 들 수 있겠는데, 이들은 『사의』를 예가의 전범으로 받들었던 사람들이다. 윤주하(1846~1906)는 『사의』를 북두성과 지남철에 비유했고8), 김진호(1845~1908)는 우리 당의 일대 귀감이라고 했으며9), 조병규(1846~1931)는 자신의 집에서는 늘 『사의』를 준용하고 있다고 했으니10), 『사의』가 영남 학인들의 예학에 미친 영향의 정도를 짐작케 한다. 더구나 조병규는 "『사의』는 곧 선사(先師)의 평생의 정력이 여기에 담겨 있는 것이며, 전인들이 언급하지 못한 것이 많습니다. 이는 대개 의리의 대관(大關)이오 정문(情文)이 두루 합치된 것입니다."11)고 할 정도로 『사의』에 대한 존모의 념이 각별하여, 활자본 『사의』뿐 아니라 목판본 『사의』의 간행 때에도 교정과 간행의 일을 도맡아 주관하기도 했다. 이들의 『사의』에 대한 신뢰는 스승의 학문적 권위에 대한 무조건적 존모 때문이라고 볼 것은 아니다. 시대와 세태의 변화에 따른 예법의 혼란은 예학마저 혼란시켰는데, 평소 예학에 관심이 많았던 영남의 학인

---

7) 『성재집』권5「與巴山諸生」: "士儀臧在巾笥, 不欲露拙矣. 不得已爲諸益苦懇, 至於謄寫數本, 疵類破綻無餘矣. 所望高明, 一一讐校, 無使取譏於人, 則豈非相愛之道耶?"
8) 『膠宇集』권4「與李吃窩」: "自讀士儀, 如建北杓, 如指南針."
9) 『勿川集』권4「與趙洛彦性濂」: "士儀一書, 吾先生五十年精力, 而吾黨之一大龜鑑也."
10) 『一山集』권4「答崔禹敎命熙」: "鄙家遵用士儀."
11) 『一山集』권4「與盧致八」: "士儀則先師之平生精力, 盡在於此, 發前人未發者, 多矣. 蓋義理之大關, 情文之允合處也."

으로서 고경에 근거하여 고증해 놓은 허전의 이 저술은 실로 그들에게 안개 속을 헤쳐 가는 지남거(指南車)와 같았던 것이다.

　이렇게 일차 『사의』가 간행되어 공개되자, 『사의』의 내용을 두고 비로소 학인들 간에 본격적인 토론이 전개되었다. 앞서 심의의 복제에 주목되었던 관심도 『사의』의 다른 내용에까지 확산되어 문도들 사이에 많은 문목(問目)이 오고갔다. 『사의』는 이들 학인들의 지적 욕구를 채우기에 충분한 재료를 제공했던 것이다. 이 토론은 특히 목판본 『사의』를 간행하기 위한 교정이 진행되면서 활발하게 이루어졌는데, 여기에도 김진호와 조병규의 역할이 컸다. 이들은 여기저기로 편지를 띄워 『사의』의 내용을 변호하기도 하고, 산삭교정의 여부를 묻기도 하는 등 많은 사람의 관심을 불러일으키는 역할을 담당했다. 특히 이 토론과 교정에 한주학파(寒州學派)의 면우(俛宇) 곽종석(郭鍾錫)이 참여함으로서 더욱 활기를 띄게 되는데, 일찍이 곽종석은 심의 복제와 관련되어 허전의 주요 문인들과 문목을 주고받은 것을 계기로 결국 활자본 『사의』의 교정사업에 협조하게 되고, 그럼으로서 『사의』의 권위를 한층 끌어올리는 역할을 했다고 본다.

　이렇게 토론과 교정을 거쳐 『사의』를 목판으로 중각한 것은 이 책을 널리 배포하기 위한 것이었다. 그것은 그만큼 많은 독자들의 요구가 있었다는 뜻이다. 허전의 문도는 물론이오, 다른 영남학의 다른 학인들에게도 점점이 퍼져나갔을 것인데, 구체적인 고찰은 별고를 요하는 일이다.

3. 『사의』 간행의 경위

1) 활자본 『사의』의 간행

『사의』는 1870년(고종7년, 74세)에 처음으로 함안 입곡(立谷)에 거주하는 허전의 문도들에 의해 목활자로 간행되었다. 이는 허전이 김해부사의 임기를 마치고 서울로 올라온 지 4년 정도 지난 뒤의 일이다. 『냉천급문록(冷泉及門錄)』을 보면 허전의 문도 가운데 함안에 거주하는 수가 가장 많은데(70인), 그 중에서도 입곡에 거주하는 수(24인)가 제일 많다.[12] 재령 이씨·함안 조씨·남평 문씨·성주 이씨 등이 주를 이루는데, 이들은 허전 저술의 간행에 경제적인 면에서도 적극적으로 참여했던 사람들로 보인다. 그러나 구체적으로 누구의 발의에 의해 어떤 경로를 거쳐 간행되었는지 상세한 기록이 전하지는 않지만, 앞서 거론한 조성렴의 『사의절요발』에 의하면, 조성렴이 선생을 뵈었을 때 『사의』를 처음 보았고, 그 때 그것을 한 부 베껴 강학의 자료로 썼다고 한다. 조성렴이 베껴온 이 책을 그의 고향인 함안의 문도들이 함께 읽었던 것이고, 결국 그 문도들의 발의로 이 책이 간행되었음을 전해주고 있다.[13] 그러나 이 책의 간행소가 '여음정사(廬陰精舍)'로 기록되어 있어, 여음정사의 주인인 조성각(趙性覺)의 집안이 주도가 되어 간행한 것으로 본다. 특히 조성각의 아들 일산(一山) 조병규(趙昺奎, 1846~1931)는 허전의 핵심 문인으로 훗날 성재문집 간행 때 발기인의 한사람으로 참여했는데, 그가 이 『사의』의 활간사업을 주도했던 것으로 보인다.[14]

---

12) 김철범, 「性齋 許傳의 生涯와 學問淵源」, 『문화전통논집』 제5집, 경성대 한국학연구소, 1997, 참조.

13) 『사의절요』하 「士儀節要跋」: "濂學而悅之, 謄寫一統, 而資講習矣. 庚午同志好禮之人, 無不悅服, 相議印布."

14) 김진호는 1871년 『사의』의 간행사업을 마쳤다는 소식을 듣고 조병규에게 보내는 편지에서 吾兄의 도를 지키는 정성된 힘이 일세에 빛났다고 칭찬하고 있다. (『물

앞서 허전이 함안의 문생들에게 보내는 편지에서 보았듯이, 그들의 간청에 못이겨 『사의』의 사본을 보냈지만, 그 대신 비판을 받지 않도록 내용을 꼼꼼히 교정해줄 것을 요청했다. 그러면 이 원고는 당시 허전이 1862년에 완성해서 보관하고 있던 그대로의 것으로, 이 원고를 그대로 간행할 것이라 곤 미처 예측 못했던 것 같다. 그 무렵 박문일(朴文一)에게 보낸 편지에서 그는 다음과 같이 이야기하고 있다.

> 『사의』를 영남의 제유(諸儒)들이 뜻밖에 인쇄하여 간행했다고 하니, 큰 비난을 부를까 염려스럽습니다만, 이미 이루어진 일이라 뭐라 말하겠습니까? 「법복편」을 일찍이 보기를 요구하셨기에 관편(官便)에 받들어 보내오니, 살펴보신 후 만일 경의(經義)에 맞지 않는 부분이 있으면 상세히 논평하여 깨우쳐 주십시오.15)

뜻밖에 간행되었다고 하지만, 사전에 미리 통보받지 못했던 것은 아니었다. 그는 이 책이 주공(周公)의 예서에서부터 역대 제가들의 예론과 중국 명·청과 우리나라 유현들의 예설을 망라하고 있기 때문에 이른바 문집같은 일상의 문자와는 다른 저술이라는 이유로 처음 이들 사이에 간행의 의논이 있었을 때 저지할 생각은 없었다고 한다.16) 시비가 발생할 수도 있지만, 이 저술에 대한 자신의 자부심이 있었던 것이다. 그래도 이 시비를 최소화하기 위해 이미 간행이 된 이후에도 내용의 검증과 교정을 계속 진행했던 것이다.

천집』권4 「與趙應章羼奎」).

15) 『성재집』권5 「與朴都事文一」: "士儀, 嶺南諸儒, 意外印刊, 恐招汰哉之譏, 而逯事何說也? 法服篇, 曾所求見者, 故因官便奉呈, 覽後如有未安於經義者, 詳評示警."

16) 『성재집』권5 「答朴廷煥」: "此書一部, 上自周公制禮, 以及歷代諸禮家所論, 迄于明淸, 又及我東儒賢之禮說, 靡有遺漏, 與尋常汗漫文字有異, 而亦非俗所謂文集者也. 意外僉君子有此刊印之議, 而不欲沮之者, 實與文集不同故也."

어쨌건 이처럼 과감하게 시행된 함안 유생들의 사업추진이 교정의 오류라는 문제점을 안고는 있었지만, 그래도 『사의』가 세상에 공개되어 영남지방의 학인들의 지적 욕구를 자극하고 예학에 관한 활발한 토론을 연 발단이되었다. 그래서 김진호(金鎭祜)는 이듬해 성재선생께 올리는 편지에서 "이책이 세상에 퍼지게 되면 거리의 어린 아이까지도 모두 예를 알게 될 것이니, 우리 사문(斯文)의 경사 가운데 무엇이 이보다 크겠"[17]냐며 축하하기도했던 것이다.

2) 『사의절요』의 간행

활자본『사의』는 본집이 21권 10책, 별집이 4권 2책으로 실로 방대한 량이다. 많은 고증서적을 통해 일일이 자료를 열거하고, 게다가 편자 자신의견해까지 첨부하고 있어 예법을 실행할 때 그 예전(禮典)으로 참고하기에는매우 번거롭다. 한마디로 실용성이 떨어진다. 그래서 허전 자신이 실용하기편하도록 그 강령만을 모아 한 4권 1책으로 엮은 것이 『사의절요』이다. 별집은 빼고 본집의 6편을 간략히 그 핵심만을 모은 것이다. 고증자료와 허전자신의 해설도 모두 생략하여 휴대하기 편하도록 엮었다.

함안의 수동(壽洞)에 거주하였던 조성렴이 베껴온 『사의』를 이곳의 유생들이 활간할 때 정작 그는 모친상을 당하여 참여하지 못했다. 늘 이것을 아쉬워하던 차, 1872년 봄 그가 서울로 성재선생을 찾아뵈었을 때 절요를 만들었다는 말씀을 듣고는 곧장 고향의 문도들과 상의하여, 1873년 『사의절요』의 목판간행이 이루어졌다.[18]

『사의절요』는 '친친편' '성인편' '정시편'을 제1권으로 묶고, '이척편'을

---

17) 『물천집』권3 「上性齋許先生辛未」: "(士儀已爲印梓, 屬玆廣布, 將使優優大哉之道.) 是書之行, 洋洋於宇內, 而委巷童孺, 皆可以知禮, 斯文慶幸, 孰大於是."
18) 「사의절요발」.

제2, 3권으로 묶고, '여재편'과 '방상편'을 제4권으로 묶었으며, 별집의 '법복편'과 '논예편'은 빼버렸다. 각 편의 조목도 번거로운 것은 빼버렸는데, 내용을 최대한 줄이기 위해 조항의 제목도 음각으로 처리하여 구분했을 뿐, 행간으로 구분하지 않고 있다. 이처럼 허전의 예학사상을 고찰하는 데는 『사의』에 비해 너무 소략하여 별 도움은 안되지만, 허전 예학의 실용화라는 면에서 이 문헌은 자체로 의미가 있다고 하겠다.

3) 목판본 『사의』의 간행

활자본 『사의』가 간행됨으로서 자연히 이 책에 대한 학계의 관심이 높아지게 되었다. 그러나 활자본으로 간행되었기 때문에 재판이 불가능하여 그 수요에 충분히 호응할 수 없기 마련이었다. 그래서 중간에 대한 논의가 일찍부터 제기되고 있었다. 1877년 무렵 『사의절요』를 간행했던 조성렴을 중심으로 중간논의가 있었던 모양이다. 앞선 경험에 의하면 함안의 유생들은 충분한 능력이 있었을 것이다. 그러나 활자본 『사의』의 간행 이후 그 비판세력도 만만치 않았던 것이다. 그래서 김진호는 신중론을 내세워 이 중간계획을 제지했다.

> 『사의』는 우리 선생께서 50년 정력을 기울이신 것이오, 우리 무리들에게는 일대 귀감입니다. 듣자니 귀향의 여러 현자들께서 앞으로 간행하여 배포할 계획을 세우신 것은 우리가 스승을 존모하는 일인 것이니, 어찌 힘을 다해 분주히 이 성사(盛事)를 이루고 싶지 않겠습니까? 그러나 보잘것없는 제 생각에는 잘못된 계획인 듯 합니다. (중략) 오늘날 선생님의 예학은 비록 중천(中天)의 태양과 같지만, 근일에 추잡하게 헐뜯는 무리가 전날보다 백 배 늘어났습니다. 조정에는 믿어줄 만한 사람이 고인(古人)들만 못하고, 우리들이 스승을 숭상하는 깊이도 턱없이 못 미치니, 어떻게 은미한 말씀의 만분에 일이라도 발명(發明)하되 다른 근심이 없

도록 보호할 수 있겠습니까? 또한 예가의 취송(聚訟)이 옛부터 그러했거늘, 오늘 간행하여 배포하면 내일 당장 쟁송이 일어나 올가미에 걸려 화를 불러일으킬 것이니, 어떻게 신중하지 않을 수 있겠습니까? 우리들의 책무는 은미한 말씀을 준수하고 깊은 뜻을 익숙하게 익혀, 일세의 사람들로 하여금 점차 스미듯 서로 믿도록 하는 것입니다. 다만 소장(消長)의 기미를 잘 살펴 서서히 간행하여 전파하더라도 그리 늦지 않을 것입니다. 우리가 사문(師門)에 보답하는 책무는 단지 이것뿐입니다.[19]

김진호의 주장이 설득력이 있었던지 결국 이 사업은 이루어지지 않았다. 요는 좀더 내용을 면밀히 살피고 토론하여 교정을 보자는 것이었다고 본다. 김진호는 자신의 이러한 발언에 책임을 지고, 드디어 1900년에 곽종석 윤주하 등과 논의하여 본격적인 교정작업을 거쳐 중간할 것을 논의하게 된다. 그는 이 교정작업에 가능한 많은 학인들을 참여시키고자 했고[20], 이 일을 조병규가 적극 도왔다. 그리하여 곽종석 윤주하 김재수(金在洙) 정재선(鄭載善) 등이 함께 10여 일 동안 교정을 마치고, 드디어 1906년 이택당(麗澤堂)에서 중간(重刊)을 결의하게 된다. 그리하여 늦어도 1907년부터 판각이 시작되었던 것 같으나, 도중에 몇 차례의 우여곡절을 겪게 된다.

먼저 밀양의 노상직(盧相稷)이 교정본에 대해 이의를 제기했다. 일찍이 한주(寒洲) 이진상(李震相)이 『사의』를 읽고 성재선생과 토론한 것이 『한주집』에 수록되어 있는데, 그 때 논란이 되었던 부분을 한주의 문도인 곽종석이

---

19) 『물천집』 권4 「與趙洛彦性濂(丁丑)」: "士儀一書, 吾先生五十年精力, 而吾黨之一大龜鑑也. 竊聞貴鄉僉賢, 將爲刊布之擧, 在吾尊慕之地, 豈不欲竭力周章圖成盛事也? 然區區愚見, 竊獨有過計. (중략) 況今先生禮學, 雖復如日中天, 而近日醜詆之徒, 百陪於往時. 朝著相信, 不及古人, 而吾輩崇師之篤尤, 萬萬不逮, 則何能發明微言之萬一而保無他憂耶? 且禮家聚訟, 從古已然, 今日刊布, 明日爭訟, 觸機召禍, 豈非可愼之甚耶? 吾輩之責, 但當遵守微言, 講貫奧旨, 令一世人, 漸染相信. 第觀消長之機, 而徐徐刊傳, 未爲晚也. 報答師門之責, 只此而已."

20) 『물천집』 권4 「與李器汝鍾己(辛丑)」 참조.

의도적으로 삭제하려고 한다는 것이었다. 그 대목은 당시 성재선생께서 허여하지 않은 부분인데, 어떻게 선생의 뜻을 저버리고 한주의 의도를 따르려하느냐고 질타했다.[21] 또 하나는 선생께서 손수 교정을 보아 산증해 놓은 것이 있는데, 왜 그것을 가져다 참고하지 않느냐는 것이었다.[22] 일찍이 허전 자신이 활자본 『사의』의 잘못된 부분을 손수 수정했고, 그것을 문욱순(文郁純) 조병규 등과 함께 의논하여 그들을 통해 문도인 노필연(盧佖淵)에게 보낸 적도 있었다.[23] 마침 허전이 보관하고 있던 교정본 원본이 다른 사람의 손에 있어 다행히 화재에 소실되지 않고 보전되어 있었던 것이다. 결국 그것을 조카인 허운(許運)이 찾아 이택당으로 들고 오게 되었고, 이미 3책까지 판각이 되었지만 앞서 교정했던 것은 무시하고 허전의 교정본을 저본으로 중간하게 되었다.[24]

이런 곡절을 겪으며 판각이 진행되던 도중 1908년 김진호가 갑자기 죽게 되고, 이 일을 조병규가 맡아 끝까지 마쳤으니, 『사의』와 조병규의 인연은 참으로 끈질긴 것이었다고 하겠다. 중간 목판본 『사의』는 그 이듬해인 1909년쯤에 완성된 것으로 추정된다.

---

21) 『소눌집』 권7 「答趙應章·別紙」: "乞於淸齋閒暇, 取考寒洲集讀士儀數十條參看, 俛公所欲祛之條, 則庶或察得, 相稷所憂之深意也. 寒洲公在世時, 屢有問辨, 而先師皆不許, 今忽棄師言而重洲說, 則先師有靈謂吾等, 何如哉?"

22) 『소눌집』 권7 「答趙應章」: "儀役旣至二冊, 僉賢敦事之勇, 可賀. 但念先生平日, 有手自增刪之本, 而不得參看於重刊之日, 其非悔恨處耶?"

23) 『성재집』 권5 「答盧漢若佖淵」: "士儀誤刊處, 則非因他人之言而改之也. 本來校正時未詳者, 故不可不釐正也. 文聖憲·趙應章來留數朔, 相議更正, 其當改處, 二生皆錄去, 必當相通矣."

24) 『일산집』 권8 「士儀跋」: "先生晚年刪正本, 借人已久, 獲全於灰燼之中, 天實有相於斯文也. 先生之從子運, 晚始覓來, 以與新校本參考, 則大意略同. 遂以先生正本爲刊."

4. 『사의』의 편제

활자본 『사의』는 본집 21권 10책과 별집 4권 2책, 총 25권 12책으로 간
행되었다. 그 구성과 내용은 다음과 같다.

1. 친친편(親親篇) : 4편 (권1~권4)   친족관계 및 종법
2. 성인편(成人篇) : 1편 (권5)   관·계례
3. 정시편(正始篇) : 2편 (권6~권7)   혼례
4. 이척편(易戚篇) : 10편 (권8~권17)   상례
5. 여재편(如在篇) : 3편 (권18~권20)   제례
6. 방상편(方喪篇) : 1편 (권21)   국상례
7. 법복편(法服篇) : 2편 (별집 권1~권2) 심의 및 상복제
8. 예론편(禮論篇) : 2편 (별집 권3~권4) 예설

본집이 21편에 별집이 4편, 모두 25편으로 구성되어 있다. 이것은 물론
허전이 정리했던 처음의 원고대로이다. 「친친편」에서 「방상편」까지는 사대
부로서 준행해야할 예절을 다룬 것으로 본집에 해당한다. 「법복편」과 「예
론편」은 심의(深衣)의 복제에 대한 고증과 예전에 관한 자신의 해설을 다
룬 것이므로 따로 별집으로 구성했다. 무엇보다 학인들의 관심을 모았던
것은 이 별집의 내용이었다. 사실 허전의 예론이 집결되어있는 부분이기
때문이다.

그는 관혼상제 사례(四禮)를 기본으로 친족관계와 종법의 질서를 밝히는
「친친편(親親篇)」을 앞에 배치하고, 끝에는 국상을 당했을 때 사대부들이 준
수할 예법을 「방상편(方喪篇)」으로 다루고 있다. 그리고 각 편들의 구성 항
목을 보면, 각 전례의 절차를 빠짐없이 소상하게 다루고 있을 뿐만 아니라,
사대부의 일상에서 당할 수 가능한 경우를 거의 망라하고 있다. 가령 「이척

편(易戚篇)」의 '오복지제(五服之制)'에서 상복을 입는 경우를 열거하면서, 장가도 가기 전에 죽었지만 첩 소생의 아들이 있어 제사를 잇는 문제까지도 고려하여 제시하고 있다. 이 대목은 조병규가 교정을 볼 때, 예 밖의 일이라고 하여 삭제를 고려했던 부분이기도 했다.[25]

그러나 이 책은 간행 직후부터 오류가 발견되기 시작했고, 더러 논란이 되는 대목은 학인들의 토론대상이 되기도 하였다. 그래서 중간(重刊)에 앞서 교정을 보는 과정에서 논란이 될 만한 부분은 삭제해 버릴 것을 검토하고 있었다. 곽종석 윤주하 김진호 조병규 등이 중심이 되어 이미 교정본을 확정했으나, 그 뒤 노상직의 주장대로 성재선생이 손수 교정한 저본이 나타나자 당연히 선생의 교정본을 존중하여 그 저본대로 중간하게 되었다. 일찍이 허전 자신이 몇 곳의 오류를 발견하고 수정해 두었던 것인데, 그것은 구성상의 문제가 주를 이루고 있다. 목판본 『사의』는 그의 교정을 모두 수용하면서 동시에 본집과 별집을 하나로 합해 두었다.

1. 친친편(親親篇) : 3편 (권1~권3)
2. 성인편(成人篇) : 1편 (권4)
3. 정시편(正始篇) : 1편 (권5)
4. 이척편(易戚篇) : 8편 (권6~권13)
5. 여재편(如在篇) : 2편 (권14~권15)
6. 방상편(方喪篇) : 1편 (권16)
7. 법복편(法服篇) : 2편 (권17~권18)
8. 예론편(禮論篇) : 3편 (권19~권21)

본집과 별집 구분없이 하나의 편제로 묶어 버렸고, 그 편수도 축소하여 모두 21편으로 구성했다. 「법복편」과 「예론편」을 같이 본집으로 편입시킨

---

25) 『일산집』 권4 「與盧致八」.

것은 그 내용의 비중이나 성격상 굳이 별집으로 떼놓을 필요가 없다고 판단했던 것 같다.

편수가 줄어든 것은 둘을 하나로 합편하였기 때문일 뿐 내용을 크게 삭제시킨 것은 아니다. 그래도 부분적으로 내용의 위치 이동이 이루어진 곳도 있고(가령, 「친친편」 제3은 모두 예설이어서, 「예론편」 제1로 옮겨두었다), 또는 각 편에 들어있는 항목 가운데 일부를 삭제하거나 또는 추가해 넣기도 했다. 또한 활간(活刊)시 교정의 오류로 항목의 등급설정이 잘못되었거나, 쌍행의 주석으로 처리될 것이 본문으로 잘못 인쇄된 것도 모두 바로잡았다. 『사의』에서 허전은 내용 사이사이에 안설(按說)을 두어 자신의 견해를 피력하고 있는데, 목판본에서는 더러 삭제된 곳도 있다. (『편제 비교표』 참조)

활자본과 목판본 『사의』의 편제가 판이하게 다른 것은 아니지만, 그렇다고 둘의 체계가 동일하다고 할 수는 없다. 그러면 허전이 구상한 『사의』의 편제는 목판본의 것이 완정된 것이라고 하겠다. 그렇다고 활자본 『사의』가 폐기되어야 할 것은 아니다. 초간본과 중간본의 차이는 우리 학술서적의 교정이 갖는 의미에서 출판문화사적 가치를 잘 보여주고 있을 뿐 아니라, 책임감있는 성실한 한 학자의 학술적 여정을 엿볼 수 있는 좋은 비교대상이 되기 때문이다.

[김 철 범]

『편제 비교표』

편명	활자본 『士儀』	목판본 『士儀』	비고
親親篇 第1	(권1) 姓氏/宗族/爲人後者本親/母黨/夫黨/ 妻黨/姑姊妹女子子親屬	(권1) 姓氏/宗族/爲人後者本親/母黨/夫黨/ 妻黨/姑姊妹女子子親屬	
親親篇 第2	(권2) 宗法/適長子/適孫/次適/次孫/攝主/庶 子/次子之子/繼後子/次繼後/繼後孫/ 立嗣後生子而繼子奉祀/出繼後本宗 無嗣還承/出後而無故還本/弟繼兄/間 代繼後/獨子後大宗以其庶子還承其 父/異姓奉祀	(권2) 宗法/適長子/適孫/次適/次孫/攝主/庶 子/次子之子/繼後子/次繼後/繼後孫/ 立嗣後生子而繼子奉祀/出繼後本宗 無嗣還承/出後而無故還本/弟繼兄/間 代繼後/獨子後大宗以其庶子還承其 父/異姓奉祀	
親親篇 第3	(권3) 伊川立廟非奪嫡說/本生親稱號辨/爲 人後者說/爲人後者前母繼母黨/前母 繼母之黨爲親/內外兄弟說/外親不可 婚說/父黨母黨夫黨互爲尊卑相稱義/ 姑姪嫁爲娣姒相稱義/一人兼內外親 總論		전체「論禮篇 1」로 이동
親親篇 第4	(권4) 父子之親/夫婦之別/長幼之序(拜禮)/ 婢僕	(親親篇 第3) (권3) 父子之親/夫婦之別/長幼之序(拜禮)/ 婢僕	
成人篇	(권5) 冠/笄	(권4) 冠/笄	
正始篇 第1	(권6) 男氏婚具/女氏婚具/新婦嫁時盛服/議 婚/納采/請期/納幣/親迎/婦見舅姑/見 廟/壻見婦黨/歸寧	(권5) 男氏婚具/女氏婚具/嫁時盛服/議婚/ 納采/請期/納幣/親迎/婦見舅姑/見廟/ 壻見婦黨/再娶(再嫁)/昏姻辨疑	'歸寧' '昏姻古事' 삭제 / 합권
正始篇 第2	(권7) 再娶(再嫁)/昏姻辨疑/昏姻古事		
易戚篇 第1	(권8) 愼疾/初終/立喪主(主婦·相禮·祝)/易 服/不食·告廟·訃告·爲位哭/治棺/沐 浴/襲/靈座/魂帛/銘旌/襲斂辨疑/小斂/ 大斂/成殯	(권6) 愼疾/初終/立喪主(主婦·相禮·祝·易 服·不食·告廟·訃告·爲位哭)/治棺/沐 浴/襲/靈座/魂帛/銘旌/小斂/大斂/襲斂 辨疑/成殯	항목구성 변경
易戚篇 第2	(권9) 成服/五服之制上	(권7) 成服/五服之制上	

편명	활자본『士儀』	목판본『士儀』	비고
易戚篇 第3	(권10) 五服之制下	(권8) 五服之制下/並有喪/師友服/雜服	합권
易戚篇 第4	(권11) 並有喪/師友服/雜服		
易戚篇 第5	(권12) 朝夕哭奠/上食/奔喪/喪中立後/稅服/出外死/弔/慰人父母亡疏/父母亡答人慰疏/慰人祖父母亡狀/祖父母亡答人慰狀/本生親喪書狀/長子喪書狀/祝文書疏孤哀之分	(易戚篇 第4) (권9) 朝夕哭奠/上食/奔喪/喪中立後/稅服/出外死/弔/慰人父母亡疏/父母亡答人慰疏/慰人祖父母亡狀/祖父母亡答人慰狀/本生親喪書狀/長子喪書狀/祝文書疏孤哀之分	
易戚篇 第6	(권13) 治葬/朝祖/祖奠/遣奠/發引/下棺/題主/成墳/返哭/偕喪葬奠辨疑/久不葬(假葬)/招魂葬	(易戚篇 第5) (권10) 治葬/朝祖/祖奠/遣奠/柩行/下棺/題主/成墳/返哭/偕喪葬奠辨疑/合葬/久不葬(假葬)/招魂葬/火葬·水葬·塔葬	'發引'을 '柩行'으로 제목 변경 易戚篇 第10의 '合葬'이 옮겨옴. '招魂葬' 아래
易戚篇 第7	(권14) 虞祭/虞辨疑/卒哭/卒哭辨疑/祔/虞祔辨疑/祔中一以上義	(易戚篇 第6) (권11) 虞祭/虞辨疑/卒哭/卒哭辨疑/祔/虞祔辨疑/祔中一以上義	
易戚篇 第8	(권15) 小祥/練辨疑/大祥/祥辨疑/禫/禫辨疑/居喪雜儀	(易戚篇 第7) (권12) 小祥/練辨疑/大祥/祥辨疑/禫/禫辨疑/居喪雜儀	합권
易戚篇 第9	(권16) 居喪雜儀/居喪失禮/廬墓/短喪(起復)	居喪失禮/廬墓/短喪/起復	
易戚篇 第10	(권17) 吉祭/吉祭辨疑/合葬/改葬/喪中改葬服/改葬辨疑/火葬(水葬·塔葬)/修墓	(易戚篇 第8) (권13) 吉祭/吉祭辨疑/改葬/喪中改葬服/喪內改葬朝夕奠上食/改葬辨疑/修墓	'喪內改葬朝夕奠上食'條 추가. '火葬(水葬·塔葬)'는 권10 '招魂葬' 아래로 붙임
如在篇 第1	(권18) 祠堂/廟主/尸義/祠版/神軸/神座/塑像/神帛/昭穆/祭器/祭服/焚香再拜有無義/參神降神先後義/納主辭神先後義/動臣不祧	(권14) 祠堂/廟主/尸義/祠版/神軸/神座/塑像/神帛/昭穆/祭器/祭服/焚香再拜有無義/參神降神先後義/納主辭神先後義/祥後朔望/喪中行祀之節/動臣不祧	'祥後朔望'·'喪中行祀之節' 추가
如在篇 第2	(권19) 四時祭/祭饌/祭辨疑		
如在篇 第3	(권20) 初祖/先祖/禰/忌日/忌日辨疑/墓祭	(如在篇 第2) (권15) 四時祭/祭饌/祭辨疑/初祖/先祖/禰/忌日/忌日辨疑/墓祭	제2,3을 합권

편명	활자본 『士儀』	목판본 『士儀』	비고
方喪篇	(권21) 臣民服/在外臣民儀/君親偕喪/國恤內私喪私祭辨疑/國恤中私服/國恤內冠昏/郡縣吏爲守令服	(권16) 臣民服/在外臣民儀/君親偕喪/國恤內私喪私祭辨疑/國恤中私服/國恤內冠昏/郡縣吏爲守令服	
法服篇上	(별집 권1) 玉藻解/深衣解/檀弓解/三祛辨/縫齊倍要辨/衽當旁辨/續衽鉤邊辨/曲袷辨/袼辨/袂辨/長中辨/繼揜尺辨/裳十二幅辨/緣純辨/負繩辨/帶辨/衣正論/深衣制度/深衣圖說/大帶圖	(法服篇 第1) (권17) 玉藻解/深衣解/檀弓解/三祛辨/縫齊倍要辨/衽當旁辨/續衽鉤邊辨/曲袷辨/袼辨/袂辨/長中辨/繼揜尺辨/裳十二幅辨/緣純辨/負繩辨/帶辨/衣正論/深衣制度	'深衣圖說' '大帶圖' 삭제
法服篇下	(별집 권2) 衰裳總論/喪服記條辨/婦人衰辨/童子衰辨/明衣裳辨/衰裳圖說/緇布冠說/程子冠圖說/幅巾說/幅巾證解/喪冠絰帶辨/緦麻布縷辨/杖義/不借說	(法服篇 第2) (권18) 衰裳總論/喪服記條辨/婦人衰辨/童子衰辨/明衣裳辨/緇布冠說/幅巾說/幅巾證解/喪冠絰帶辨/緦麻布縷辨/杖義/不借說	'衰裳圖說' '程子冠圖說' 삭제
論禮篇上		(論禮篇 第1) (권19) 伊川立廟非奪嫡說/本生親稱號辨/爲人後者說/爲人後者前母繼母黨/前母繼母之黨爲親/內外兄弟說/外親不可婚說/父黨母黨夫黨互爲尊卑相稱義/姑姪嫁爲娣姒相稱義/一人兼內外親總論	「親親篇 제3」이 「論禮篇 1」로 이동
論禮篇上	(별집 권3) 屬纊以俟說/瞿然曰呼辨/易簀辨/襲不左衽辨/勒帛辨/朱子立後義/朱子答胡伯量書釋疑/七十老而傳義/父有廢疾祖亡主喪說/曾祖在而服祖斬說/繼後子正服斬衰義/繼禰子爲長子三年說/宗子殤爲後不爲後義	(論禮篇 第2) (권20) 屬纊以俟說/瞿然曰呼辨/易簀辨/襲不左衽辨/勒帛辨/朱子立後義/朱子答胡伯量書釋疑/七十老而傳義/父有廢疾祖亡主喪說/曾祖在而服祖斬說/繼後子正服斬衰義/繼禰子爲長子三年說/宗子殤爲後不爲後義	
論禮篇下	(별집 권4) 父在爲母杖期說/爲妻杖期練祥禫說/出母服期義/庶子父在爲其母杖期義/二嫡母服義/君母黨已母黨兼服/廢疾子服義/爲人後者本親服有降有不降說/姑姊妹女夫之前室子庶子主祭義/爲人後者外祖喪在爲後之前當服其服義/童子服制說/ 童子不減長者服說/收養母服義/三父八母服圖辨/晦庵答曾無疑書辨/三不弔辨/出後者四祖服義/爲人後者前繼母黨義/同爨緦辨	(論禮篇 第3) (권21) 父在爲母杖期說/爲妻杖期練祥禫說/出母服期義/庶子父在爲其母杖期義/二嫡母服義/君母黨已母黨兼服/廢疾子服義/爲人後者本親服有降有不降說/姑姊妹女夫之前室子庶子主祭義/爲人後者外祖喪在爲後之前當服其服義/童子服制說/ 童子不減長者服說/收養母服義/三父八母服圖辨/晦庵答曾無疑書辨/三不弔辨/出後者四祖服義/爲人後者前繼母黨義/同爨緦辨/家禮圖與本文相左辨	'家禮圖與本文相左辨'

제4부

문자학과 문학세계

허전의 「초학문」에 대하여
허전의 「태화산기주해」와 산문관

허전의 『초학문』에 대하여

1. 서론

　『초학문(初學文)』은 허전이 문자 교육을 위해 만든 책으로, 그의 나이 81세 때인 고종 14년(1877) 10월에 완성하였는데, 상권 2,272자, 하권 2,272자로 상하 2권에 4,544자를 수록하였다. 이 책은 완성된 이후 간행된 적은 없으나 널리 전사(傳寫)되어 전해졌는데, 지금까지 알려진 전사본(傳寫本)은 세 가지이다. 하나는 부산대학교 소장본으로 상하 2권 4,544자가 모두 수록되어 있는 50장본이고, 또 하나는 국립중앙도서관 소장본으로 상권 2,252자가 수록되어 있는 73장본이다. 그 외 최근에 화봉책박물관 소장의 필사본이 하나 더 있는 것으로 확인되었다.[1]

　앞의 두 책을 면밀히 검토한 김민경은 훈(訓)과 음(音), 부기(附記)가 빠짐 없이 수록되어 있는 국립중앙도서관본이 원본에 가까울 것이라고 추정했는데,[2] 국립중앙도서관 소장의 『초학문』에는 하권이 없어서 전체 내용을 다 살펴보기 어렵다. 이 책의 이본과 내용에 대하여는 김민경의 논문에 대략

---

1) 이 책은 2005년 8월 16일부터 9월 19일 사이에 서울 예술의전당에서 韓石峰 작고 400주년 기념으로 기획한 "천자문과 조선인의 생각·공부·글씨- 하늘천 따지" 특별전에 출품된 80종류의 책 가운데 하나인데, 圖錄에는 허전의 서문이 실린 첫째 장 뒷면과 太極陰陽 등 16자를 넉 자 한 줄로 네 줄을 적은 둘째 장 앞면이 실려 있고, 그 필사와 음훈 주석의 형태는 국립중앙도서관본과 일치한다. 도록을 구하여 보내준 열린사이버대학 서성 교수의 호의에 감사한다.
2) 金民岡, 『性齋 許傳의 「初學文」研究』(慶星大學校 敎育大學院 碩士學位論文, 2003. 8).

정리되어 있으므로 다시 언급할 필요는 없을 듯하다. 여기에서는 허전의 학문 사상과 관련하여 『초학문』의 편찬 의도와 내용상의 특징을 적출하여 허전 학술 사상의 한 단면을 논하려고 한다.

2. 허전의 저술과 『초학문』의 편찬의도

허전(1897~1886)은 성호 이익(1681~1763) 이래 순암 안정복(1712~1791), 하려 황덕길(1750~1827) 등으로 이어진 조선후기 근기 실학의 학통을 계승하여, 조선 말엽에 실학의 학풍을 크게 떨친 학자이다. 그는 특히 1864년 김해부사로 부임하여 3년 동안 재직하면서 김해와 창원, 밀양, 함안, 의령, 단성 등 영남 각지에 몰려든 수백 인의 후학들을 받아들여 근기학의 학문성과를 전파하여 이른바 기령회통(畿嶺會通)의 참신한 기풍을 일으켰다. 이로 인하여 김해의 취정재(就正齋)와 단성의 이택당(麗澤堂)을 중핵으로 결집된 문도들이 앞장서서 『사의(士儀)』, 『종요록(宗堯錄)』, 『철명편(哲命編)』 등 허전의 저술과 「성재선생문집(性齋先生文集)」은 물론, 「이자수어(李子粹語)」, 「경례유찬(經禮類纂)」, 「동현학칙(東賢學則)」, 「성호선생문집(星湖先生文集)」, 『하려선생문집(下廬先生文集)』 등 근기학파의 각종 문헌이 차례로 간행되어, 20세기 초 이 지역 사림의 성세를 한층 고무시켰다.

허전의 학문 규모는 그 저술에 나타나 있다. 허전은 『사의(士儀)』 21권, 『사의절요(士儀節要)』 2권, 『종요록(宗堯錄)』 9권, 『철명편(哲命篇)』 2권, 「삼정책(三政策)」 등의 저술을 생시에 이미 간행하였고, 그 외에도 『수전록(受廛錄)』 5권 외에 『자훈(字訓)』, 『초학문(初學文)』, 『하관지(夏官志)』, 『가의(家儀)』 2편 등의 전저(專著)를 저술하였다.

허전의 저술은 대략 세 가지로 분류할 수 있다. 첫째 『사의』와 『사의절요』, 『가의』 등의 예서(禮書), 둘째 「삼정책」을 위시하여 『수전록』, 『하관지』, 『종요록』, 『철명편』 등은 폐정 개혁안, 행정제도, 정치이념 등 국가경영의 방략이고, 셋째 『자훈』, 『초학문』 등은 문자학의 교재이다. 이런 학문 규모는 그의 문집에도 나타난다. 『성재선생문집』의 잡저에는 「삼정책」과 「서시연청(書示椽廳)」 등 일부 폐정개혁과 관련된 문자 외에는 대부분이 「방례고(邦禮考)」, 「잡고(雜考)」, 「역복포특변(易服包特辨)」, 「의대하척변(衣帶下尺辨)」, 「관제(官制)」 등 예학 관련 저술이다. 이는 허전의 학문이 당대의 폐정개혁과 풍속의 개량에 깊은 관심을 가지고 있었음을 보여준다.

허전은 문자학과 관련하여 두 가지 저술을 남겼다. 하나는 75세 때 완성한 『자훈』이고 다른 하나는 81세 때 만든 『초학문』이다. 『자훈』은 지금 그 책이 전하지 않으나 「성재선생연보」3)에 그 내용을 대략 설명하여 놓았다.

우리나라 운서(韻書)의 음의(音義)는 오류가 많다. 이에 설문통운(說文通韻), 자휘(字彙), 운옥(韻玉) 등의 서적을 가져다가 먼저 본운(本韻)을 세우고, 각기 그 아래 여러 책의 내용을 분류하여 붙임으로써 고람(考覽)하기에 편하도록 하였는데, 여러 해 걸려서 책이 완성되었으니, 모두 106편이다.4)

이에 의하면 『자훈(字訓)』은 우리나라 운서(韻書)의 음의(音義)를 바로잡기 위해 중국 서적인 『설문통훈』과 『자휘』, 『운부군옥(韻府群玉)』 등의 서적을 이용하여, 재래에 통용되어온 평수운(平水韻)의 106운(韻) 체계에 따라

---

3) 『性齋先生年譜』는 본디 小訥 盧相稷, 晚醒 朴致馥, 李命九 등이 각기 저술한 것이 있었는데, 성재선생 사후 18년만에 盧相益, 盧相稷, 許埰, 許邁 등이 모여 이를 교감하고 舫山 許薰이 발문을 달아 간행하였다. 아세아문화사에서 影印한 『許傳全集』에는 이 연보가 실려 있는데, 여러 사람의 논의를 거친 것이므로 그 서술이 비교적 공정하다 할 것이다.

4) 성재선생문집부록 권2 年譜 고종 신미조. 我東韻書音義多譌謬 乃取說文通韻 字彙 韻玉 等書 先立本韻 各於其下類附群書 以便覽考 積以歲月 篇秩始成 凡一百六篇.

만든 책이다. 이 책의 성격에 대하여는 문인인 만성(晩醒) 박치복(朴致馥, 1824~1894)이 허전의 위촉을 받아 지은 「자훈서(字訓序)」에 대략 설명되어 있다.

상형(象形)과 전주(轉注)의 법이 시작되면서 『이아(爾雅)』『비아(埤雅)』『설문(說文)』 등의 책이 날개를 달아 보완하였는데, 『광운(廣韻)』『석의(釋義)』 등의 책이 으뜸으로, 어휘를 골라 뽑는 학자들의 할 일이 완성되었다. 그러나 시문을 짓는 자들은 더욱 형편없이 눈이 어두워져서, 수피(水皮) 편견(鞭犬)으로 부연하여 설명하거나, 영아(影娥) 금근(金根) 등의 용사(用事)를 사용하여 떠들썩하게 시비를 다투었다. 대개 상세하게 풀이할수록 말이 더욱 번쇄해지니, 근거를 상고하기가 더욱 어렵게 되는 법이다. 허전은 이를 병으로 여겨, 이에 학문을 강론하고 이치를 이야기하는 여가에 운부(韻府)의 사성(四聲) 가운데서 그 혼잡한 것을 발라내고, 그 실제 고사를 분류하고, 음의(音義)가 뒤섞여 나오는 것을 서로 대조하여 정정하며, 인용하면서 억지로 잘라 놓은 것은 종류 별로 이어 놓되, 일상의 내용으로 평이하며 알기 쉽거나, 난삽하거나 비루하여 쓸모가 없는 것은 넣지 않았다. 그러므로 책은 겨우 몇 권이지만 석거(石渠)와 낭환(瑯寰)의 풍부한 지식을 한 번 보고 젖어들 수 있다.…… 오호라. 문(文)은 도(道)를 싣는 도구이나, 자학(字學)을 내버리고 문장을 할 수 없으니, 문자에 캄캄한 것은 도를 배우는 학자의 흠이 안될 수는 없다. 이 책은 솜털처럼 수많은 서책 가운데서 끌어 모아서 육경(六經)의 수레바퀴 살에다 멍에를 올리고 백가(百家)의 채마밭에 두둑을 만들었으니, 이를 사용하여 훈고(訓詁)에 대비한다면 주소(註疏)의 명물(名物) 도수(度數)를 모두 깨물어 음미할 수 있을 것이다.5)

---

5) 박치복, 字訓序, 만성선생문집 권11: 象形轉注之法昉 而爾埤雅說文羽翼焉 廣韻釋義諸書冠冕之 摭言家能事畢矣. 然而操觚者 益鹵以瞀 水皮鞭犬之傅說 影娥金根之使事 譁然作聚訟 盖以釋之愈詳 而言之愈煩 言之愈煩 則考據愈難矣. 性齋許先生 惟是之病 乃於講學談理之暇 就韻府四聲 剔其棼紊 而彙其故實 音義之錯出者 參互而訂焉 爰據之生割者 比類而聯之 其常調而平淡易知者 艱澁而鄙俚無用者 不與焉. 是以爲書才若干叴 而石渠琅寰之富 可一寓

  박치복의 서문에 의하면 『자훈』은 본디 수피(水皮) 편견(鞭犬)이나 영아(影娥) 금근(金根) 등과 같이 시문의 전고(典故)에 사용되는 난해한 문자의 전거(典據)와 음의(音義)의 혼동을 변별하기 위하여 만든 책이다. 수피(水皮)나 편견(鞭犬)은 허황한 문자를 가리키는 말이다. 『한서(漢書)』「조조전(晁錯傳)」에 "북방 맥족이 거주하는 땅은 음기가 축적된 곳인지라, 나무껍질이 3치나 되고, 얼음 두께가 6자나 된다[胡貃之地積陰之處也 木皮三寸 氷厚六尺]"는 말이 있다. 그런데 『패문운부(佩文韻府)』에는 『태평어람(太平御覽)』에 나오는 말이라고 하면서, "북방은 추워서 얼음의 두께가 6자이고 수피(水皮)가 3치이며, 북극 주변에 녹지 않는 얼음이 있다[太平御覽 朔方之寒 氷厚六尺 水皮三寸 北極左右 有不釋之氷]"고 하여, '木'을 '水'로 잘못 기재하였다. 또한 『산당사고(山堂肆考)』에도 " '얼음 두께가 6자'에 대하여 한나라의 조조(晁錯)가 올린 글에 '북방 맥족의 땅은 음기가 축적된 곳이라 수피(水皮)가 3촌이며, 얼음 두께가 6자'라 하였고, 『신이경(神異經)』에 '북방에 만리 얼음 층이 있는데 두께가 백 자'라고 하였다.[氷厚六尺 漢晁錯上書 胡貃之地 積陰之處 水皮三寸 氷厚六尺 神異經 北方有層氷萬里 厚百尺]"는 말이 있다. 또한 류관(柳貫)의 「낙수추풍부(濼水秋風賦)」에는 '곧장 수피(水皮)를 말아서 타락죽을 따르고, 염소 모자 반쯤 뒤집어쓰고 모래 바람을 대적한다[旋卷水皮斟醴酪 半籠羔帽敵風沙]'라고 하여 알쏭달쏭한 엉뚱한 말로 사용하였다.

  편견(鞭犬)은 북송(北宋) 때의 고사이다. 송나라의 왕안석(王安石)이 일찍기 『자설(字說)』이란 책을 지었는데, '독(篤)'을 풀이하여 '대나무로 말을 때리는 것'이라는 풀이가 있었다. 당대의 명사 소동파(蘇東坡)가 그 설을 듣고는 말하기를, "대나무로 말을 때리는 게 독(篤)이라면, 대나무로 개를 때리

  目而淹也.…… 嗚呼 文是載道之器 而未有捨字學而爲文 則文字之黽매 未必不爲志道家之疵纇也. 是編也 裒췌於氄襏浩穰之中 輖軏乎六經之輻 畦畛乎百氏之圃 而用之備訓詁箋疏名物度數 咸齜如也.

는 것은 무슨 글자냐? 가소롭다[笑]"⁶⁾고 하여 비웃은 적이 있다. 이처럼 글
자를 엉뚱하게 해석하는 것을 편견(鞭犬)이라 한다.

당(唐)나라의 상관의(上官儀)는 박식하여 시에 고사를 잘 인용하였는데,
어느 시에 '영아(影娥)'라는 말을 사용하였더니 알아보는 사람이 없었다. 장
간지(張柬之)라는 사람이 그 말의 출처를 알아내어, 한(漢)나라 무제(武帝) 때
망학대(望鶴臺) 서쪽에 파서 만든 못인 영아지(影娥池)라고 해석하자, 사람들
이 박식하다고 칭송한 적이 있었다.⁷⁾ 또 은(殷)나라 제도에 수레를 만들면
서 뽕나무 뿌리를 사용하여 황금색으로 보이게 하고는 이를 금근거(金根車)
라 하였다. 그런데 당(唐)나라 사람 한창(韓昶)은 당대의 명유 한유(韓愈)의
아들이었는데, 일찍이 집현교리(集賢校理)가 되어 역사 문헌에 나오는 금근
거(金根車)를 보고는 근(根)자가 오자라고 하여 모두 금은거(金銀車)로 바꾸
어, 식자들로부터 빈축을 받은 일이 있었다.

이처럼 옛날 사람들도 고사에 대한 무지에서 곤경에 처하는 경우가 더러
있었다. 그래서 궁벽한 문자를 두루 섭렵하는 것은 지식인의 요건이 되었
다. 박치복의 서문 취지를 음미하면 『자훈(字訓)』은 본디 난해한 전고를 해
설한 책이었던 것으로 보인다. 그는 또한 이 책은 또한 평이하여 알기 쉬운
것이나 아주 어렵고 난해하거나 비속한 것은 취하지 않았다고 하였으니, 초
학자의 문자학습 교재라기보다는 시문을 창작하는 문사(文士)들에게 고람

---

6) 東坡詩句喜談禪 吾謂未忘者箇焉 五蘊六根胥草木 竹鞭犬或笑應然者 箇卽俗
　 所謂這个也 見指月錄. 蘊從草根從木 梵典五蘊爲色受想行識 六根爲眼耳鼻
　 舌身意 言如草木之本無知識 則王安石之字說 亦不爲無據矣. 王安石字說成
　 東坡戲曰 以竹鞭馬爲篤 不知以竹鞭犬有何. 可笑. 東坡之說 意在滑稽 然以
　 竹鞭犬 或亦致笑 盖幻象之中 原無意必 王之圖執是 蘇之固執非 同爲一錯耳.
7) 上官儀詩語中用影娥池 學士時無解其事者 祭酒令狐德棻 召張柬之等十餘人
　 示之 柬之對曰 洞冥記 漢武帝於望鶴臺西 起俯月臺 臺下穿影娥池 每登臺
　 眺月影入池中 使宮人乘舟笑弄月影 因名影娥池 亦曰眺蟾臺. 時皆歎其博識.
　 唐詩紀事曰儀字游韶 陝州人 工詩 其詞綺錯婉媚 時人效之曰 上官體 高宗時
　 爲相 麟德元年坐梁王忠事 下獄死 武后惡之也.

(考覽)의 편의를 위한 훈고의 저술임을 알 수 있다.

사실 허전의 문자학에 대한 관심이 본디 경전(經傳)의 명물도수(名物度數)를 고증하기 위한 훈고의 한 방편에서 지속되었다는 데는 여러 가지 증거가 있다. 예컨대 『사의』의 「임당방변(衽當傍辨)」과 같은 학설은 모두 이러한 훈고 고증의 실지 사례이다.

『초학문(初學文)』은 허전이 81세의 노령에 초학자를 위해 편찬한 문자입문서이다. 그는 저술의도를 서문에 밝혀 놓았다.

> 어린 아이를 가르침에는 마땅히 말을 시작할 때에 해야 한다. 지각이 처음 열리면 무릇 보고 듣는 물건마다 질문하는데, 인욕이 생겨나지 않고 밖에서 오는 사물이 엄폐되지 않아서, 먼저 들어간 것이 마음의 주인이 되니, 선에 습관이 되면 선을 행하게 된다. 무릇 문자는 언어로서 그려낼 수 없는 것을 형용하여 만사와 만물에 이름을 붙인 것이니, 음의를 상세히 분간하고 점획을 구분하여야만 분별할 수 있다. 그렇지 않으면 시해(豕亥)와 어로(魚魯), 복렵(伏獵)과 장두(杖杜)를 분간하지 못하고 마침내 몰자비(沒字碑)가 되고 만다. 나는 이에 자서(字書) 가운데 4,540자를 뽑아 분류하여 책을 만들었는데, 조목이 16이다. 흩으면 각기 글자의 의미가 있고, 합치면 절로 문리를 이루니, 순서대로 가르치면 이를 거쳐서 『효경』 『소학』 『대학』 『논어』 『맹자』로 나갈 수가 있으리라.[8]

어로(魚魯) 시해(豕亥)나 복렵(伏獵) 장두(杖杜)는 모두 문자형태에 대한 정확한 이해의 부족에서 나오는 무지의 폭로를 나타내는 말이다. 어로시해는

---

8) 性齋先生文集 권12, 初學文序: 敎小子 當於能言之時 知覺始開 凡有見聞 遇物輒問 人欲未生 外至不蔽 先入者主於心 習於善 則爲善也. 夫文字者 形容言語之所不能模畫者 以名萬事萬物 詳音義 辨點畫 然後乃可分別 否則豕亥魚魯伏獵杖杜 終亦爲沒字碑而已. 余爲是 抄出字書中 四千五百四十字 彙分成篇 爲目一十有六 散之則各有字義 合之則自成文理 循序而敎之 則由是而可進於孝經小大學論孟云.

『춘추』원전에 본디 문자의 착오가 많아서 '어(魚)'자를 '노(魯)'자로 쓰거나, '기해(己亥)'를 '삼시(三豕)'로 쓰거나, '곽망(郭亡)'을 곽공(郭公)'이라 쓰는 등 전사(傳寫)의 오류가 더러 있는데,[9] 문자를 분간하지 못하는 사람들이 이를 곧이곧대로 받아들여 오류를 일으키는 경우가 있음을 가리키는 말이다. 복렵 장두 역시 문자 형태와 음의(音義)에 대한 지식의 부족을 가리키는 말이다. 당나라 때 권신 이임보(李林甫)가 소경(蕭炅)이란 사람을 호부시랑(戶部侍郎)으로 끌어들였는데, 소경이 한여름의 삼복(三伏)과 한겨울의 납일(臘日)을 합성한 단어인 복렵(伏臘)이란 말의 뜻을 몰라 '복렵(伏獵)'이라고 읽으니, 사람들이 "세상에 어찌 복렵시랑(伏獵侍郎)이 있을소냐?"라고 비난하였다는 말이 있다.[10] 또 이임보가 일찍이 공문서에 기록된 체두(杕杜)라는 말을 몰라 부하에게 "장두(杖杜)가 무슨 말이냐?"고 물어 스스로의 무지를 폭로했다는 말이 있다.[11]

이 서문에 나타난 허전의 『초학문』 편찬 의도는 상음의(詳音義) 변점획(辨點畫) 두 구절로 요약된다. 요컨대 경서해독에 필요한 정확한 문자입문서의 새로운 저술이 필요하였다는 말이다. 여기에는 시해 어로, 복렵 장두와 같이, 한자의 점과 획 등 문자의 구성 형태와, 음가(音價)와 의미에 대한 부정확한 인식에서 기인한 무지를 문제로 여기고, 자서(字書)의 편찬에 글자의 정확한 음가와 의미 이해, 겸하여 문장 자체의 교훈성 등 세 가지 조건을 고려하였음을 밝혀 놓았다.

허전은 평소 경서강독에 있어서 우리나라의 한자 음과 뜻이 자못 혼란스

---

9) 春秋魚魯多: 春秋辨名分之書 不惟文字錯漏 以魚爲魯 以巳亥爲三豕 如郭亡 則書郭公 夏五不書其月之類更多.
10) 伏獵侍郎: <淵鑑類函> 唐書 李林甫引蕭炅爲戶部侍郎 炅素無學 嘗與嚴挺 之言稱伏臘爲伏獵 挺之言於張九齡曰 省中豈容伏獵侍郎乎? 乃出炅刺岐州.
11) 不知杕杜: <淵鑑類函> 山堂肆考 司馬相如作賦 不知盧橘之爲枇杷 鄭康成 注禮 不知櫨之非梨 又唐李林甫無學術 時選人嚴逈判語有杕杜二字 林甫不 識 謂侍郎韋陟曰 此云杖杜何也 陟俯首不敢言.

러운 곳이 더러 있음을 지적한 바 있다. 고종 때『시경』「원앙(鴛鴦)」편을 강할 적에 "승마가 마굿간에 있는데, 콩깍지를 먹이고 꼴을 먹인다[乘馬在 廄 摧之秩之]"의 '최(摧)'를 언해본에 '채와반(采臥反)'으로 표기되어 있는 것 을, 고종이 '좌(莝)'로 읽으면서 그 독음에 대해 묻자, 허전은 다음과 같이 답한 바 있다.

> 좌(莝) 음이 옳습니다. 옛날 경전에 좌(莝)로 해 놓은 것이 있습니다.
> 언음(諺音)에는 잘못된 것이 자못 많습니다. 『맹자』의 '역역(鶂鶂)'의 음
> 도 본디는 '익익(鷁鷁)'인데 언음에는 얼얼(嚖嚖)이라 하니, 이런 따위는
> 과거 시험에서 응시하는 유자(儒者)가 언음을 따르기 때문입니다.[12]

또한 허전은 평소 문자의 의미를 정확하게 파악하는 아는 것이 독서의 기본이라는 점을 강조하였다. 고종이 즉위한 직후 허전은 경연참찬관으로 서 어린 고종에게 『효경』을 강의하였다. 이 때 그는 맨 처음으로 이 뜻을 개진한 바 있었다.

> 책을 읽은 긴요한 법도로는 글자의 뜻을 잘 이해하는 것이 우선이고,
> 다음은 구두를 분명하게 하여 천천히 읊조리는 것인데, 읊조리는 사이에
> 아래의 문장을 자세히 살피면 저절로 막히는 일이 없습니다. 의미 해석
> 에 있어서는 전연 어조사에 달려 있습니다. '지(之)'자와 같은 것은 구두
> 아래에 있는 것은 결사(結辭)이고, 구두 중간에 있는 것은 위아래로 접속
> 하는 말입니다. '어(於)'자는 먼저 어자 아래의 글을 해석한 다음 어자
> 위의 글을 해석합니다. '호(乎)'자는 구두 중간에 있는 것은 어자와 뜻이
> 비슷하고, 구두 아래에 끝에 있는 것은 의문사이거나 혹은 단정하는 말
> 입니다. '즉(則)'자는 즉자 위로는 '그러하다면[將然]'이라는 뜻이고, 즉

---

12) 詩鴛鴦篇 上講詩鴛鴦篇 問摧字之音 諺解則有異 故予以莝音讀之矣. 講官所 讀亦然矣. 臣對曰 莝音是矣 古經作莝字者有之 諺音則頗多謬處 如孟子鶂鶂 之音 本是鷁鷁而諺音嚖嚖 如此之類 惟科儒應講者 從諺音也.

　　자 아래로는 '반드시 그렇다[必然]'는 말입니다.13)

　　이것이 비록 어린 고종에게 『효경(孝經)』을 이해시키기 위한 고심에서 나
온 말이지만, 허전이 어린 사람에게 문자와 문장과 가르치는 법도가 이렇게
세심하였던 것을 볼 수 있는 대목이다.

　　이처럼 허전은 평소 문자의 형태와 의미를 정확하게 이해하는 것이 학문
의 첫걸음이라고 여겼다. 그리하여 경전의 정확한 이해를 돕기 위한 문자학
습서로서 편찬한 것이 『초학문』이다. 『초학문』은 그 수록된 문자의 분량으
로 보면 문자입문교재 중에서는 가장 많은 편에 속하고, 수록된 한자의 난
이도로 따지면 고전문헌에 출현빈도가 낮은 한자가 많아서, 한자를 처음 배
우는 초학자에게는 다소 과도한 점이 없지 아니하다. 다만 그 전체 내용이
다른 문자교재처럼 문자 자체의 학습에 치중하지 않고, 사물과 심성의 근본
이치에 대한 일종의 일관된 체계를 구축하려는 시도를 안고 있다는 점에서
성재학의 학문체계를 또한 일정하게 반영하고 있다고 할 것이다.

3. 초학문의 내용에 반영된 성재학의 일단

　　『초학문』은 허전이 그 서에 밝혔듯이 편목(篇目)을 17개로 분류해 놓았다
고 하였다.14) 그러나 『초학문』의 전체 편목이 모두 16개인지 17개인지 분

---

13) 讀書要法 最先通曉字義 次則分明口讀 徐徐諷詠 諷詠之際 審察下文 則自無
　　碍滯矣. 至於釋義 則全係於語助辭. 如之字 則在句讀之下者 結辭也. 在口讀
　　之中間者 上下相接之辭. 於字 則先釋於字以下之文 後釋於字以上之文之
　　辭也. 乎字 在口讀之中間者 與於字相似 在句讀之末者 疑辭也 亦斷之之辭
　　也. 則字 則則字以上有將然之義 則字以下有必然之義之辭也. [上沖年始學孝
　　經 故先陳字義 冀其易曉也.] 當宁 元年 甲子 二月 以右副承旨 兼經筵參贊
　　官 入侍. 孝經講義.
14) 김민경은 『초학문』의 편목을 상권의 人道, 形貌, 天道, 飮食, 衣服, 農業, 宮室,

명하지 않다. 「초학문서」에는 '편목이 17조목[編爲目一十有七]'이라 하였으
나, 「성재선생연보」에는 '편집하여 16개 조목으로 하였다[編爲目一十有六]'
고 하였으니, 두 글에 차이가 있다. 현존의 국립중앙도서관 소장본에는 앞
부분의 인도(人道), 천도(天道), 음식(飮食), 의복(衣服), 농업(農業), 궁실(宮室),
인도(人道) 등 7편의 표제가 난외에 붙어 있으나 그 다음 부분이 결락(缺落)
되어 없고, 부산대소장본에는 형모(形貌), 천도(天道), 음식(飮食), 의복(衣服),
궁실(宮室) 등 5개의 표제가 역시 난외에 붙어 있고, 그 아래로는 전혀 표제
가 나타나지 않는다. 그리고 국립중앙도서관본에 '인도(人道)'라는 표제가
앞뒤로 둘이 있으므로, 그 중 하나는 오기임이 분명하다. 책의 내용을 참조
하여 전체 조목을 다시 구성하면 다음과 같다.

> 상권: 인도(人道), 형모(形貌), 천도(天道), 음식(飮食), 의복(衣服), 농업
> (農業), 궁실(宮室), 학문(學問)
> 하권: 산천(山川), 초목(草木), 동물(動物), 기용(器用), 치란(治亂), 형벌
> (刑罰), 예악(禮樂), 문장(文章)

　국립중앙도서관본의 상권 말미에 '인도'라고 표제를 단 부분은 그 내용이
모두 성현의 학문과 도덕, 이단의 폐해에 관한 것이다. 그러므로 이 편목은
'학문'이라 함이 옳다. 하권 말미에는 형태가 유사하여 혼동하기 쉬운 한자
들이 붙어 있는데, 이를 '변사(辨似)'라 하여 한 항목으로 설정할 수도 있다.
그러나 문자 형태와 관련된 것이므로 '문장'에 부속하여도 문제가 없다. 따
라서 전체 편목을 16개로 보는 것이 근리할 듯하다.
　『초학문』의 편목과 그 차서(次序)에는 초학자가 반드시 숙지해야 할 지식
의 체계와 구성요소에 대한 허전의 인식이 반영되어 있다. 『초학문』 상권에

人性 등 8편, 하권의 山川, 草木, 羽毛鱗介, 器用, 帝王, 恤刑, 禮樂, 文字, 辨
似 등 9편 등, 모두 17개로 추정한 바 있다.

는 인간관계로부터 시작하여 일상생활의 동작운위(動作云爲)와 의식주, 그리고 학문의 필요와 내용을 편성하여 놓았다. 하권에는 산천 초목과 기물, 역대 치란과 예악 문화 등 세상의 만물 만사를 두루 벌여 놓았다. 여기에는 인간관계의 도리에서부터 시작하여 만사 만물로 관심을 확대해 나간다는 하학상달(下學上達)의 학문 차서가 반영되어 있다.

『초학문』의 첫 편은 '인도'이다. 여기에는 인간관계의 용어와 도리를 나열하였다. 다음은 그 전문이다.

太極陰陽	天地人物	父母生子	一體氣血	昆弟姉妹	先後男女
伯仲叔季	長幼次序	祖孫曾玄	宗族本支	配匹之際	夫唱妻隨
舅姑婦姪	甥壻姪姨	妯娌姒娣	姉嬙妗嫂	嬌娘姣娃	姥嫗婆媼
嫡孼筋脈	妾媵均恩	姆誡婉娩	壻擇寬溫	二姓嫁娶	媒氏議婚
君臣義結	朋友信交	愛親敬兄	怡愉同胞	爺孃考妣	存歿殊號
姻戚祖統	慈睦弱少	奴患笞罵	婢愁逢怒	鰥孀煢獨	詎忍嫚侮
耐苦奔趨	傭賃僮竪	阽危赴蹈	軍陣部伍	仁始孝悌	道貫忠恕
逢干犯威	瞽瞍厎豫	姜誓靡他	令劓自沮	三綱五常	彝倫攸敍
衷具眞情	四端藹現	愼徽勑惇	懋懃繾綣		

첫머리의 인도편에서는 부모 형제 자매와 부부 구고(舅姑)에서 첩잉(妾媵)으로 이어지는 가족 내의 인간관계를 차례대로 거론하고, 군신과 붕우의 관계를 간략하게 언급한 다음, 애친경형(愛親敬兄)의 도리가 도관충서(道貫忠恕)로 발전한다는 논리로 인간관계의 미덕을 논하였다.

기왕의 문자교재에는 대개 주흥사(周興嗣)의 『천자문』처럼 "천지현황(天地玄黃) 우주홍황(宇宙洪荒)"으로부터 시작하거나, 최세진(崔世珍)의 『훈몽자회(訓蒙字會)』처럼 "천지소양(天地霄壤) 건곤우주(乾坤宇宙)"로 시작하거나, 또는 유희춘의 『신증유합(新增類合)』처럼 "일이삼사(一二三四)" 등의 숫자에 이어 "천부지재(天覆地載) 건곤분위(乾坤分位)" 등과 같이 천문 지리 등의 문자를 첫머리에 두는 것이 하나의 관례처럼 통용되어 왔다.

이런 관례에 비추어 보면 인도편을 문자교재의 첫머리에 둔 것은 학문의 시작과 종결처가 인간관계에 있다고 논한 허전의 평소 학문관을 그대로 반영한 것이다. 허전은 그의 대표적 예학 저작인 『사의(士儀)』 전 21권 가운데 권1에서 권3까지 3권을 친인척 등 인간관계를 논하는데 할애하여 「친친편(親親篇)」이라 명명하였는데, 이는 다른 종류의 예서에 전례를 찾아보기 어려운 매우 독특한 편제이다. 그런 만큼 이 책에서도 맨 먼저 인간관계의 친소와 그에 따른 도리를 설명하였는데, 그 차서가 엄정하고 그 논리가 정연하다.

인도편 첫머리에서는 태극 음양에서 천지 인물이 생겨나듯, 부모가 자식을 낳아 기혈이 일체로 소통되고 곤제(昆弟) 자매(姊妹)의 남녀장유의 차서가 성립되고, 그것이 조손 증현(曾玄)과 종족 본지(本支)로 파생된다는 관점을 보여준다. 이 논리구성에는 인간의 존재를 인간관계 속에서 파악하고 정치한다는 인간관이 반영되어 있다. 뒷부분에서는 효제로부터 시작되는 인(仁)의 실천이 충서(忠恕)의 일관지도(一貫之道)로 발현된다는 전제 하에, 삼강오상(三綱五常)의 도리가 사단(四端)의 확충에서 시작된다고 다시 부언하였다. 인간관계의 도리를 실현하는 차서인 것이다.

『초학문』 제2편은 '형모(形貌)'인데 신체 각 부위의 형상과 역할을 설명하였다. 인도편 다음에 형모편을 둔 것은 문자를 처음 배우는 초학자들이 친근한 부분이기도 하지만, 한편으로는 『소학』의 편차인 명륜(明倫)과 경신(敬身)의 경우처럼 학문 차서를 감안한 것으로 보인다. 여기에서는 신체 각 부위의 특징과 역할은 물론, 신체의 형상과 동작의 미묘한 변화를 재미있게 묘사한 대목이 많아서, 신체형상과 동작을 통하여 글자의 의미를 정확하게 전달하려고 한 의도가 역력하게 나타난다.

元首在上 股肱左右 耳聰目明 臭味鼻口 出納喉舌 倚依脣齒

手捪頭面 身使臂指 眸觀眊瞭 睛眅白黑 折腰委珮 鞠躬跋踏
脚跟牟踏 曳踵擧趾 彊項免辱 屈膝則恥 心腹腎腸 臟腑肝肺
髦髦韶齔 鯢齞鮐背 譽膽儺窓 酢臍恨懷 履跗躃足 蹙頞痛髓
骸骨請乞 膚髮敢毁 頻受顙鍼 亞去眼釘 遭亂剃鬖 跱踞扣脛
抵掌扼腕 緩頰解頤 榜輄科第 若摘頷髭 厥有異貌 拔萃絶等
彩眉重瞳 參漏凹頂 骿脅禿鬢 巨肩隆頔

(中略)

사람 몸의 으뜸이 되는 머리는 위에 있고 좌우의 넓적다리와 팔뚝[元首在上 股肱左右], 귀는 똑똑하고 눈은 밝고, 냄새와 맛은 코와 입[耳聰目明 臭味鼻口] 등의 표현은 신체의 부위와 기능을 설명한 것이고, 손은 머리와 얼굴을 막고 몸은 팔뚝과 손가락을 부린다[手捪頭面 身使臂指]는 문장은 신체 상호간의 상보적인 의존관계를 통하여 인간관계의 상호 연계성을 함축한 말이다. 눈동자의 흐리고 또렷함[眸觀眊瞭]을 관찰한다든지, 손뼉을 치고 팔을 걷어부치는[抵掌扼腕] 긴장된 모습과 뺨이 느슨해지고 턱이 풀리는[緩頰解頤] 맥빠진 모습은 표현이 매우 사실적이고, 목을 뻣뻣하게 세워 모욕을 면하고[彊項免辱] 무릎을 굽혀 치욕을 당한다거나[屈膝則恥], 자주자주 정수리에 침을 맞아 눈 안의 못을 뺀다[頻受顙鍼 亞去眼釘]는 등의 표현은 신체부위의 기능과 역할을 정확하게 알게해 줌과 동시에 일정한 교훈을 동시에 함축하였다. 이처럼 『초학문』은 문맥 속에서 글자의 정확한 의미를 적확하게 인식시키려고 배려한 부분이 많다.

초학문의 제3편은 '천도(天道)'이고 제4편은 '음식'이며 제5편은 '의복'이다. 인도와 형모를 먼저 두고 그 다음에 비로소 천도와 음식, 의복의 항목을 세운 데에는, 생각건대 인간관계의 도리 속에 인간다운 가치를 실현하는 인간 존재의 의미를 먼저 정립한 다음에, 인간 생존의 조건으로서 자연 환경과 음식 의복의 제도를 고려해야 한다는 학문 차서가 반영되어 있는 것으로 보인다.

이 세 편 가운데 특별히 주목되는 것은 의복편이다. 의복편에서는 의복의
재료와 옷의 종류, 의복의 제도를 갖추어 설명하였다. 여기서는 헌원씨(軒轅
氏) 때 호조(胡曹)가 처음으로 창안하여 옷과 치마를 마름질하여 지음으로써
벌거숭이 벗은 몸을 덮어 가려서 더위와 서늘함을 막아 주었다는 의복의 유
래를 먼저 말한 다음, 의복을 만들기 전에 실과 베를 짜는 단계로 삼과 실
과 베와 명주15), 모시와 칡으로, 치와 격을 짜고16) 가는 풋솜 헝클어진 베
실을 실을 잣고 베를 짜며17) 실마리를 풀어서, 금(錦)과 구(紈)와 겸(縑)과 증
(繒)과18) 사(紗)와 곡(縠)과 융(絨)과 석(緆) 등의 각종 옷감을 만드는 과정을
먼저 설명하였다. 그런 다음 진주 면류관에 붉은 두건, 그림 그린 곤룡포에
다 수치마와 겹신, 검은 머리수건에다 붉은 단을 두르고, 붉은 염의에 꿩깃
무늬 유의, 보불의 장식으로 문채를 만들어 귀천에 따라 의복 제도의 차이
를 두는 문제와, 치포관과 접리관과 두건은 주름을 겹겹이 겹쳐 잡아 만들
고, 단의와 부인 옷은 옷기슭에 고름 달아, 거두어 끼어두고 걷어서 치켜올
리는 등 각종 의복의 제도를 간략하게 언급하였다.

軒曹肇刱　裁製衣裳　掩庇赤躶　防禦炎凉　麻絲布帛　枲葛絺綌

纖纊枲纑　紡績紬繹　錦紈縑繒　紗縠絨緆　珠冕絳幘　繪裒苇鳥

緇筵緣緣　繢袡襂翟　黼黻紋綵　貴賤截隔　襆帽䍦幗　襭襀疊褰

褖祝䙢袯　摳攝扱褰　緝紵穎棉　織袘紘綎　施衿鉤邊　繞頸擁咽

---

15) 麻는 모시 등속[枲屬]의 식물성 섬유를 가리키고, 絲는 누에가 토하는[蠶所吐] 고
   치실이고, 포는 삼과 모시로 짠[麻枲所織] 베를 가리키고, 帛은 고치실로 짠 베
   [繒]를 가리킨다.

16) 枲는 '모시'라고 했으나 또한 '牡麻'라고 하였으니, '암삼'이라 함이 마땅할 듯하
   다. 葛은 絺綌草라 했으니 곧 絺綌의 원 재료인 칡덩굴을 가리키고, 치(絺)는 가
   는 갈포[細葛布], 격(綌)은 거친갈포[麤葛布]이다.

17) 방(紡)은 삼실을 다스리는 것[治麻]이니 실을 잣는 것이고, 적(績)은 짜서 기움[緝]
   이니 베를 짜는 것이다.

18) 錦紈縑繒: 금(錦)은 무늬를 넣어 짠 것[織文]이고, 구(紈)는 촉 지방의 비단[蜀錦]
   이며, 겸늠(縑늠)은 고치실을 이중으로 한 깁[幷絲繒]이고, 증(繒)은 곧 백(帛)이다.

負繩及踝 袼縫當腋 旁袵倍覈 袪肱準適 纓冠束帶 垂紳搢笏
謝襦阮褌 昭袴張襪 尙絅蒙縐 襲褙遮襴 收冔皮弁 削幅袨褍
賓幏闔絨 黓綈氷紈 袷襟袒袧 褸褲袖袂 襻裙衾裯 襌複裾裔
耆耈輕煖 嬰孩襁褓 靨袠豻飾 縕袍綿襖 袿袊袀袗 袉襘褚襽
鈹針鉥鉄 刀剪熨展 黎岷裧衫 浮屠袈裟 襱襶襏襫 蒻笠蓑蓑
偪屨着綦 灑掃床榻 鞓鐐靿靴 屣韈鞋靸 鞲韘韠韍 韂鞋靺韐
褎襯褻褺 裺裼褊裌 紺緅緋縞 紝組紃線 髮髢鬢髻 笄鎞釵釧
帷帳幬幌 帡幪幄幕 鞇褥茲簀 筵席籧篨

의복편에서는 특히 주목할 것은 허전의 심의(深衣)제도에 대한 독특한 학설이 본문 내용으로 반영되어 있다는 점이다. 고대 예학 경전에 논한 심의의 제도에 대하여는 임(衽), 구변(鉤邊), 방령(方領), 각(袼), 거(袪), 엄척(掩尺), 삭폭(削幅) 등 각 부분의 형식과 의미에 대하여 고래로 그 제도와 위치에 대하여 학설이 분분하였다. 종래의 학설에는 대개 구변(鉤邊)을 치마의 여미는 곳, 각(袼)을 소매와 옷을 붙이는 부분, 거(袪)를 소매입구[袖口]라고 하는 이가 많았다. 뒤에 나온 책이지만 지석영(池錫英)의 『자전석요(字典釋要)』에도 거(袪)는 '소매', 각(袼)은 '겻솔'라고 하였다. 그러나 허전은 심의에 대한 경전주소의 치밀한 고증을 거쳐 구변(鉤邊)은 옷깃, 각(袼)은 '진동', 거(袪)는 의신(衣身)이라고 단정하였고, 이를 『초학문』에 그대로 반영하였다. "옷섶에 굽은 가장자리를 베풀어서, 목을 둘러 목구멍을 끼어 감싼다[施衿鉤邊 繞頸擁咽]는 구절은 곧 방령(方領)의 구변(鉤邊)을 설명한 대목이고, "진동의 혼솔은 겨드랑이에 당하게 하고, 곁에 옷섶을 달고, 옷기슭은 허리의 배가 되고, 옷품은 옆구리에 평평하게 맞도록한다[袼縫當腋 旁衽倍자 袪肱準適]"는 구절은 '임은 의신 곁에 해당한다[衽當傍]'는 설과 '거는 옆구리에 해당한다[袪當肱]'는 허전의 학설을 반영한 것이다.

초학문의 제6편은 '농업'이고 제7편은 '궁실(宮室)'이며, 제8편이 '학문'이다. 음식과 의복에 이어서 농업과 궁실의 항목을 설정한 것은 인간의 일상생활을 영위하는 데 있어서 음식 의복 다음으로 농업생산과 주거환경이 긴요한 문제이기 때문이다. 인간의 심성과 미덕 및 학문 도덕을 논하는 제8편의 학문보다 농업과 궁실을 앞세워 둔 데에는 일상생활의 실용을 무엇보다 중요한 문제로 다루는 실학적 사고가 반영되어 있다.

농업편에서는 "농사의 시초는 밭갈고 김매는 데서 시작하여 따비와 보습으로 생산력을 증대하니[農初耕耨 未耜取益]", "기직이 곡식으로 사람을 먹여살려 곡식 심고 수확하는 데 크게 힘을 기울였다[棄稷粒蒸 誕懋稼穡]"고 하여 농사의 의의와 근원을 먼저 논하였다. 그런 다음 벼[禾]와 기장[黍], 메벼[稻], 찰벼[稌], 깨[荏], 콩[菽], 쌀보리[麳], 보리[麥], 찰기장[秬], 검은 기장[秠], 붉은 기장[穈], 차조[芑], 올벼 품종[稙], 늦은 벼[稑], 늦은 벼[稙], 올벼[稑] 등 각종 곡물과 벼의 각종 품종을 열거하였다. 이 편에는 차조[秫], 돌피[稊], 피[稗] 등 화본과(禾本科)의 여러 곡물 외에 메밀[蕎], 고미[菰] 등의 종자식물까지 식량으로 대체할 수 있는 여러 곡물을 거론하였으나, 채소와 과일류는 일체 거론하지 않았다. 이는 이 항목을 순전히 장기간 보관할 수 있는 식량자원으로서 곡물 생산을 위주로 문자를 배열한 것으로, 농업생산의 기본 의의에 염두에 둔 결과라 할 것이다.

상편의 마지막에는 학문에 대하여 논하였다. 여기서 허전은 성선무악(性善無惡)으로 시작하여 허령(虛靈)한 지각(知覺)이 실리(實理)의 순덕(純德)이니 성현을 모범 삼아 지극한 정성으로 용감하게 실천하여 나가면 중용(中庸)의 경지에 나아가 예철(睿哲)의 덕성을 이룬다고 전제한 뒤, 앉고 눕는 일상생활에서부터 선현이 제시한 요령을 따라 부지런히 힘써서 공부를 완성하게 되면 인생이 비록 유한하지만 그 사업은 우주에 뻗쳐서 마침내 수부(壽富)의 복을 가져온다고 하였고, 조문석사(朝聞夕死)의 묘결(妙訣)을 따라야지 편피적멸(偏詖寂滅)의 이단에 현혹되거나 부랑음설(浮浪淫媟)한 잡기에 빠져서는 인생을 그르치고 만다고 하였다.

性善無惡　知覺虛靈　實理純德　感應七情　希賢慕聖　壹意至誠
智得愚失　勇進恸退　覃思力踐　立志勿懈　孔孟儼臨　嚴師詔誨
昧爽盥洗　巾幘飭整　喚惺悟惰　提撕警省　容像肅恭　言語寡默
勤華桀跖　毫氂差忒　淵谷隕墜　顚沛向前　顏殆庶幾　瞻忽彌堅
允詣中庸　期于睿哲　須臾間斷　謬戾僞拙　勸篤擴推　奚憚殫竭
儕輩伴侶　直諒偲切　拜揖坐臥　動靜寤寐　怵惕奉持　表裏蘊粹
程顥朱熹　牖迷開塞　諱名曰某　衆甫矜式　資稟質愨　志趣卓犖
謙抑辭遜　恐或齟齬　魁傑羣彦　頓悟尤確　服膺惓拳　導汝博約
總攬要領　檢察闊略　兩曜馳跳　俄頃過隙　夅曆算禩　宿昔昨翌
夙旰惜寸　焚油燃燭　弗忝怙恃　踽踽洞屬　寄歸雖限　事業亘宙
勉勔惠迪　竟致壽富　慶殃影響　盛衰乘除　敦艮悠亨　幹蠱終譽
專寵擅恣　道寔僥倖　末俗懵儢　戰兢惻儆　癡騃孱劣　召嘲貽羞
慳怯吝嗇　但加忿訕　傲倨悍愎　鬼便猜害　癥痕疵纇　澡浴洮頮
探賾訂譌　盍問函丈　劋剟畦畛　恢廓骯髒　拂拭狂狷　排擯邪枉
膠澄泥渾　箪救鹹池　窒遏忿慾　斬割己私　朝聞夕死　玅契單訣
洙泗源活　濂洛派澈　葆賁隱遯　轍鐶棲屑　楊墨老佛　偏詖寂滅
僧尼巫覡　誣妄誑譌　侜倡娼妓　浮浪淫媟　蹴毱鞦韆　角觝蹁戲
摴蒱雜技　傀儡魑魅　憸回讒譖　覗板謟諛　延訪搜羅　詢謀諮諏
團圓瓠稜　攲橢虧昏　鑿柄底盖　脗合泯釁

　『초학문』의 하편은 산천 초목과 우모(羽毛) 인개(鱗介) 등의 자연물과 인간이 창출한 기물과 역사 문화로서의 치란, 형벌, 예악, 문장으로 이어진다. 상편이 인간 생존의 기본 조건과 관련되어 있다면, 하편은 만사 만물과 사회 역사 문화의 주요 개념에 대하여 시야를 확대한 셈이다. 난해한 한자가 많기는 하지만 각기 사물의 생태와 유래에 따라 선후의 차서를 정하고, 한편으로 고사 일화를 함축하여 문자학습의 재미를 더하게 하였다. 다음은 산천편(山川篇)의 전반부이다.

山川處下　碁置繡錯　嶺出岑峴　峰巒巖壑　崐崙崆峒　泰恒崇嶽

潮汐增減　涇渭淸濁　靑岱紫泉　蓮華萍澤　滄海最鉅　潟鹵廣斥
江海河漢　澗溪溝瀆　灘瀨湍渦　汛涌瀧瀑　崧嶂巇巘　岾屺坡阪
坰埜塢堆　阜垤堤堰　浦港匯潫　島嶼崖岸　瀛渤溟瀚　窪洳沼潊
洲渼津渡　沚濱濆涯　沈潩漳淄　滎瀦瀦灘　鑑湖洞庭　崤嶺隴巴
嵋嵊崔嵫　峨嵋岷嶓　險途梯棧　頹波砥柱　勵碑勒功　巑屼岣嶁
細流就深　蹄涔淺涸　沙磧磝岨　磽确磊硌

　산천편에서는 중국 대륙의 서쪽 천산산맥의 곤륜산과 공동산에서 시작하
여 태산, 항산, 숭산, 남악 등의 오악을 열거한 다음 바다의 밀물과 썰물의
증감을 논한 다음, 강과 바다와 산과 언덕의 특징을 나타내는 글자를 번갈
아 사용하여, 문자를 통하여 지형의 차이를 변별할 수 있도록 배려하였다.
　강해하한(江海河漢)은 바다와 중국 내륙의 세 곳의 거대한 강을 형용한
것이고, 간계구독(澗溪溝瀆)은 하천으로 흘러드는 작은 물을 구별하여 나열
한 것이다. 탄뢰단와(灘瀨湍渦)와 궤용롱폭(汛涌瀧瀑)은 물이 흐르는 속도에
따른 바뀌는 모습을 형상한 글자인데, 계곡 물이 넓게 퍼져 흐르는 여울[灘]
과 좁은 협곡의 물살이 빠른 급류[瀨], 계곡 물이 바위에 부딪치는 솟구치는
물살[湍]과 물이 급하게 흐르다가 조금 깊은 곳에 고여 맴도는 소용돌이
[渦], 물이 조용히 퐁퐁 솟아나는 곳[汛]과 용솟음쳐 솟구치는 곳[涌], 냇물
이 조금 깊고 흥건하게 고이는 곳[瀧]과 절벽으로 급격하게 쏟아지는 곳[瀑]
을 나타내는 글자를 한 곳에 모아 놓은 것은 그 미묘한 글자의 의미 변별을
명료하게 하려는 의도로 보인다.
　다음으로 숭장희헌(崧嶂巇巘)은 높은 산봉우리를 그 솟아오른 형상에 따
라 구분한 글자이고, 호기파판(岾屺坡阪)은 야산의 형태를 구분한 글자이며,
경서오퇴(坰埜塢堆)는 들판의 모양을 그 형상에 따라 구분한 글자이고, 부질
제언(阜垤堤堰)은 구릉과 둑의 형태를 구분한 글자이다. 그 중에도 평평한
들판이 멀리까지 펼쳐진 곳[坰]과 도시 외곽의 들판[埜], 약간 경사진 곳에
계단식으로 둑을 쌓아 만든 경작지[塢]와 흙을 토사가 퇴적된 곳[堆], 높은

언덕[阜]과 낮은 구릉[垤]과 냇물 가에 쌓은 제방[堤]과 냇물을 가로 질러 쌓은 못둑[堰]은 각기 유사한 의미를 가지면서도 구별되는 의미를 가지는 글자들이다.

『초학문』의 마지막에는 글자 형태가 특이하거나 비슷하여 혼동하기 쉬운 한자를 모아 놓음으로써 배우는 사람들로 하여금 유사한 형태의 한자를 혼동하지 않도록 배려하였다. 우리나라의 문자교재에 이와 같이 형태가 유사한 글자를 모아 변별할 수 있도록 교재를 편성하기로는 아마도 이 책이 처음이 아닌가 생각한다.

班斑卻郤 褆褆荅答 肜肜灃澧 冲沖巳已 淅淛泝沂 疋疋屺圯 羨羡屮屮
卯夘丐丏 朕朌券夯 幸幸汏汰 況況踢踼 陜陝靑靑 芊芉芋羊 戍戌戉戊

형태가 유사한 글자를 두개씩 짝지어 나열한 이들 사례 가운데, 반열(班列)을 나타내는 반(班)과 반점(斑點)을 나타내는 반(斑), 제사의식의 하나인 '융(肜)'과 붉은 물감의 도색을 의미하는 동(肜) 등은 글자 형태가 유사하여도 시속에서 그 의미를 명료하게 분간하여 달리 사용하는 글자들이다. 그러나 어려서 유치함을 나타내는 충(冲)과 깊은 물을 나타내는 충(沖)이나, 차가운 물을 나타내는 '황(況)'과 발어사인 '황(況)' 등의 글자는 진한(秦漢) 이래로 고금의 문헌에 서로 바꾸어 차용하는 사례가 많기 때문에 논외로 하더라도, 물리친다는 의미의 '각(卻)'과 틈새라는 의미의 '극(郤)', 작은 콩을 의미하는 '답(荅)'과 대답한다는 의미의 '답(答)', 중국 섬서성의 강물 이름인 '풍(灃)'과 호남성의 강물 이름인 '례(澧)', 부러워한다는 의미의 선(羨)과 중국 강하 지방의 땅이름인 '이(羡)', 좁은 골짜기를 가리키는 '협(陜)'과 중국 하남성의 지명인 '섬(陝)' 등의 글자는 형태가 비슷하더라도 전혀 다른 의미를 나타내는 것인데, 조선후기 허전 당대의 문헌에서도 필사본과 판본을 가릴 것 없이 구별하지 않고 뒤섞어 쓰는 사례가 적지 않았던 글자이다. 여기에는 문자의 형태와 의미를 정확하게 분석하여 시속의 와오(訛誤)를 바로잡으려는 허전의 고심이 담겨 있음을 볼 수 있다.

4. 결어

허전의 『초학문』은 초학자들에게 문자를 가르치기 위한 교재로 편찬된 책이다. 이 책은 상하 두 권에 4,544자의 한자를 수록하여, 유사한 종류의 문자교재로서는 수록된 문자 수가 상당히 많고, 따라서 일상생활에 널리 사용되지 않는 난삽한 한자도 많이 포함되어 있다. 그럼에도 이 책은 다른 문자교재에서 보기 어려운 몇 가지 특징을 가지고 있다.

첫째 이 책은 종래의 문자교재가 가지고 있었던 형태와 의미의 부정확성에 대한 반성을 토대로 한자 형태의 변별과 문자 의미의 정밀한 이해를 실현하겠다는 의도를 가지고 편성되었다.

둘째 이 책의 내용은 아동들이 일상생활에서 경험하는 사실들을 토대로 인간 관계의 도리와 학문의 선후경중을 짐작하여 내용을 질서있게 배치하고, 아동으로 하여금 사물을 세심하고 면밀하게 관찰하고 올바른 마음가짐과 생활 태도를 함양할 수 있도록 구절을 구성하고 배치하였다.

셋째 이 책은 사람의 일상생활의 구체적인 경험을 정확하게 표현할 수 있도록 세심하게 배려되었다. 그러자니 자연히 이 책에는 경전이나 시문에 널리 사용되지 않는 한자가 많다. 채택된 문자의 범용성이 다소 떨어진다는 면에서 이 책을 아동의 초학교재로 선택하는데 주저하게 할 수 있다.

넷째 이 책은 전체 구성과 체계에는 허전의 평소의 학문 소신이 간결하게 잘 압축되어 있다. 이 점으로 보면 이 책은 아동들을 위한 초보적인 문자교재이자만, 문자교재로서의 효용성보다는, 학문에 입문하는 사람에게 학문의 기본 개념과 대개의 체계를 보여주고, 문자의 형태를 정밀하게 관찰하

고, 사물의 속성에 따라 그 의미를 정세하게 변별하는 태도와 능력을 함양
하려는 의도를 함축한 학문입문서로서의 가치가 훨씬 두드러진다.

[정 경 주]

허전의 「태화산기주해」와 산문관

1. 들어가며

그동안 우리는 허전을 철저한 학자적 풍모를 지닌 인물로 평가해 왔고, 오직 그의 학문적 성과에 관심을 두어왔다. 그러나 사실 이 당시 지식인들의 공부는 학문 아니면 문학이 있었으며, 이 둘을 항상 겸해서 익혔고, 또한 이 둘이 각기 다른 영역의 것이라고 생각지도 않았다. 그래서 허전 역시 두 권에 이르는 한시를 남겼으며, 상당히 많은 산문작품을 창작하였다. 그러나 그의 작품 속의 발언에서 문학에 대한 자신의 구체적인 견해를 분명하게 드러내지 않았기 때문에, 그의 문학적 견해를 분명하게 파악하기가 쉽지 않은 것이 사실이다.

허전의 시문학 작품들을 볼 수 있는 곳은 그의 문도들이 정리하여 엮은 『성재선생문집(性齋先生文集)』(이하 『성재집』)이다. 그러나 이 책은 본래 허전이 직접 정리해 두었던 자신의 문집 초고본인 『용어(庸語)』를 저본으로 목판으로 간행한 것인데, 경비문제를 비롯한 여러 가지 사정상 전 작품을 다 수록하지 못했고, 그리하여 뒤에 다시 누락된 것들을 모아 『성재선생문집속집(性齋先生文集續集)』으로 간행했다.[1] 그러나 여기에도 누락된 것이 일부 있었다.[2] 그리고 누락된 것 가운데 주목할 만한 것이 있는데, 바로 「태화산기주해(太華山記註解)」라는 작품이다. 이것은 중국 명나라의 문인인 이반룡(李攀龍)이 지은 「태화산기」라는 작품에 대해 토를 달고 주해를 붙인

---

1) 김철범, 「허성재 저술고략」, 『문화전통논집』 제9집, 경성대 한국학연구소, 2001.12.
2) 현재 부산대 도서관에 소장된 『용어』(필사본)에 잔존 작품들이 남아 있다.

것으로, 그의 순수한 창작이라고 보기는 어렵다. 문집 간행시 누락된 것도 아마 이 때문이었을 것으로 생각된다.

이반룡은 17세기 무렵 우리나라에 알려져 우리 문단에 많은 영향을 미쳤던 인물인데[3], 그의 문학 작품은 강한 복고적 성향을 지닌 것으로, 이 「태화산기」는 그의 대표적인 산문 작품의 하나이다. 문제는 허전이 왜 이 작품에 주해와 이두식 토를 붙였는가 하는 것이다. 본래 이 작품은 난해하기로 소문난 작품으로, 지은이 자신도 토를 어디다 붙여야하는지 모를 것이라는 비판이 있을 정도이다. 그렇다고 허전이 단순히 난해한 작품에 토를 다는 데 의미를 두었던 것은 아닐 것이다. 이반룡의 복고적 산문에 높은 관심을 두고 독서했던 증거라고 보는데, 이는 미수 허목(許穆)의 복고적 문학에 이어 근기실학파 산문에 내재해 있는 복고적 성향과 관련되는 단서라고 본다. 이에 「태화산기주해」를 단서로 허전의 산문문학관의 경향을 살펴보기로 하자.

2. 복고지향의 문예비평

실학자로서 허전의 면모는 경전의 원론적 이치를 분석하는데 그치는 담론적 경학이 아니라, 세상의 실제 사무에 실용될 수 있는 실천적 경학을 추구한 데에 있다.[4] 그의 저술들이 모두 이러한 목적의식을 갖고 이루어진 것들이지만, 그의 이러한 정신이 가장 왕성하게 개진되었던 것은 그가 국왕 앞에서 강의한 '시경강의'와 '상서강의'였다고 본다. 철종과 고종 두 국왕에

---

3) 강명관, 「16세기말 17세기초 의고문파의 수용과 진한고문파의 성립」, 『한국한문학연구』 제18집, 한국한문학회, 1995.
4) 김철범, 「성재 허전의 제도개혁론에 관하여」, 문화전통논집 제6집, 경성대 한국학연구소, 1998. 2, p.23.

게 자신의 사상을 소개할 기회가 주어졌던 것인데, 국왕의 계도가 자신의
개혁적 의지를 관철시킬 수 있는 직접적인 계기가 된다는 점에서 경연에서
의 강연은 허전 자신의 실천적 경학의 결정이었다고 하겠다. 그는 이 자리
에서 정치에 임하는 국왕의 자세로서 '무실(務實)'과 '중민(重民)' 두 가지를
강조한 바 있다. '무실'은 국왕으로서 국정의 정확한 실상을 파악하여 나태
한 마음없이 정덕(正德)·이용(利用)·후생(厚生)의 실정(實政)을 행하는 실천적
자세를 강조했던 것이고, '중민'은 경세(經世)의 덕을 갖추는 것이란 하늘의
뜻을 잘 파악하여 백성에게 교화를 베푸는 일인데, 하늘의 뜻은 곧 민심에
담겨있으므로 결국 민본정신을 강조했던 것이다.

　그의 이러한 정치사상은 실제 『시경』과 『상서』의 분석을 통해 제시된 것
인데, 그가 평소 유가의 옛 경전 연구에 특히 심혈을 기울였던 것은 나름의
이유가 있었다.

> 　남을 따르는 근원은 민중을 헤아리는 것입니다. 당세의 민중을 헤아
> 리는 것은 지나간 옛날의 민중을 헤아리는 것 만한 것은 없습니다. 지나
> 간 옛날의 민중을 헤아리는 데는 역대의 역사를 헤아리는 것 만한 것은
> 없습니다.[5]

　『상서』를 강연하던 어느 날, "자기를 버리고 남을 따르는 것은 참으로 어
려운 일이지요?"라는 철종의 질문에 이렇게 답한 것이다. 오늘의 현실을 위
한 방책이 옛 역사 속에 있다는 것이다. 허전의 대표적 저술 중의 하나인
『종요록(宗堯錄)』은 『상서』의 중민(重民) 의식을 일목요연하게 정리한 책이
다. 그는 『상서』에 담겨있는 고대 성왕들의 이상정치를 면밀히 검토한 결과
그 요점을 "천·민·덕·경"으로 집약하고, 그 정점은 천이지만 그 귀착지는

---

5) 『性齋集』 권2 「書大禹謨」: "從人之本, 在乎稽衆, 稽于當世之衆, 又不若幷稽
　　往古之衆, 欲稽往古之衆, 莫如歷代之史矣."

결국 민이라고 파악했던 것이다. 이것이『상서』즉 옛 경전에 담겨있는 '고
도(古道)'라고 보았고, 이 '고도'를 통해 당대의 현실문제에 대한 해답을 찾
고자 했던 것이다. 이처럼 그의 경학연구는 고도의 회복이라는 이상에 뿌리
하고 있었던 것이다. 현실적 필요에 기반한 이상적 실천을 향한 복고정신은
허전 사상의 중요한 구조이자 근기실학사상의 전통이기도 하다. 이러한 전
통과 정신은 그의 문학사상과 비평에도 반영되고 있다고 본다.

허전은 먼저 문학이 시대와 풍속에 따라 변한 것으로 인식했다. 그러나
문학은 이렇게 시대에 따라 변해왔으니 이 시대에는 이 시대 나름의 문학이
있다는 문변론자(文變論者)들의 인식과는 다르다.6) 그는 시대와 풍속이 변
한다고 사람의 성정(性情)마저 변하는 것은 아니라고 생각했기 때문에, 시대
의 변화에 따르더라도 올바른 성정에서 노래한 문학은 바뀔 수 없다고 생각
했다.7) 문제는 시대가 변하면서 올바른 성정으로 노래하지 않았기 때문에
결국 문학이 변하게 되었다고 보았다. 그래서 그는 다음과 같이 말한다.

> 대개 시는 마음의 소리이니, 마음이 화평하면 소리도 화평하고, 마음
> 이 화평스럽지 못하면 소리도 화평스럽지 못하다. 그래서 치세(治世)의
> 시는 기쁘고 즐거워 그 소리도 바르며, 난세(亂世)의 시는 근심스럽고 원
> 망스러워 그 소리도 변하니, 국풍(國風)과 소아(小雅) 대아(大雅)에 정(正)
> 과 변(變)이 있는 것이 이 때문이다. 한나라 때 떨어지고 육조 때에 어지
> 럽혀지며, 당나라 때 넘쳐흘러 바른 소리는 희미하게 사라지고, 변화 역
> 시 선하게 변하지 못하더니, 율시가 출현하자 더욱 기교롭고 더욱 은밀
> 해져 다시는 고인의 풍모가 없게 되었다. 그러나 시란 성정에서 발현되

---

6) 이러한 인식은 대개 이조 전기 관료문인이나 이조 후기 당송계 고문론자들에게서
볼 수 있다. 허전 자신도「送孟東野序」에서 사물이 불평스러우면 운다는 韓愈의
논리에 반론을 제기하면서 다음의 性情 불변의 논리를 전개하였다. (「緋巖遺稿新
刊序」,『성재집』권13 참고)
7)『성재집』권13「緋巖遺稿新刊序」: "余嘗讀詩之變風變雅, 是謂時世風俗之變,
而非詩人性情之變也. 然則隨其時而發於詩·形於言而已矣."

기는 한 가지다.[8]

　치세와 난세에 따라 문학이 변화해서 고인의 풍모를 상실한 것을 아쉬워
하고 있다. 그러나 허전은 문학의 본질을 인간의 성정에 둠으로서 시대와
풍속의 변화를 뛰어넘어 다시 문학정신을 회복할 수 있는 가능성을 제시하
고 있다. "유덕자 필유언(有德者, 必有言)"이라는 고대 문학사상에 따라 유덕
한 고인의 풍모는 곧 '성정지정(性情之正)'에서 비롯된다고 보았던 것이다.
'덕'과 '언'이 분리되지 않았던 옛 문학의 정신에 따라 '성정지정'을 갖추면
문학의 본질을 얻게 될 것이라는 전망이다. 이는 인간 성정으로의 회귀에
기반한 복고지향적인 문학관이라고 보겠다. 그러면 이러한 문학관이 문예
비평의 측면에서는 무엇을 지향하는지 그의 다른 글을 참고해 보자.

　　나는 마음에 감동된 바가 있어 삼가 책을 받아 읽어 보았다. 그 글은
　순수하여 하나같이 성정의 바른 것에서 나와 조금도 아름답게 꾸미려는
　의도가 없으니, 진실로 이른바 유덕자의 말이었다. 참으로 존양성찰(存
　養省察)의 공부에 근본하지 않거나, 궁행심득(躬行心得)하는 여유를 밀고
　나가지 않으면 어떻게 이른 경지에 이를 수 있겠는가![9]

　문집의 서문에 써준 글이지만, 문학의 본질에 대한 평소의 생각을 서술하
고 있다. '성정지정'은 학문에서는 존양성찰의 공부나 궁행심득의 경지와
깊은 관련이 있지만, 문예적인 면에서는 수식이나 조탁과는 서로 이질적인

---

8) 『성재집』 권12 「菱山詩集序」: "夫詩, 心聲也, 心和則聲和, 心不和則聲不和.
　故治世之詩, 懽忻悅豫, 其聲正, 亂世之詩, 憂愁怨咨, 其聲變. 國風二雅之有
　正變, 是已. 降于漢, 靡于六朝, 溢于唐, 正聲微茫, 變亦不善變, 至律詩出而愈
　巧愈密, 無復古人之風矣. 然發於性情, 一也."
9) 『성재집』 권12 「屹峯集序」: "余有感于中, 謹受而讀之, 其文粹然一出於性情之
　正, 無一分雕刻靡麗之意. 眞所謂有德者言也. 不能本之存養省察之功, 推之躬
　行心得之餘, 何以至此?"

것이다. 그러나 문예적 측면에서 수식이나 조탁과 거리가 멀다고 해서 이런 문학이 전혀 문예미를 무시한다고 보아서는 곤란하다. 덕(德)과 언(言)을 통일적 관점에서 바라보는 전통적 문학관념은 오히려 학문적 터득과 문예적 성취, 이 둘이 서로 별개의 것이라고 생각하지 않는다. '성정지정'의 문학에도 그 나름의 미학이 있다. 그러면 허전이 높이 평가하는 문예적 미는 어떤 것일까? 다음 서문들을 보자.

> 삼가 그의 시와 산문을 살펴보니, 모두 전아(典雅)하여 조각한 흔적이라곤 없다. 태극이나 성명이나 이기에 관한 논설의 경우도 선유들의 학설을 모아 엮으면서 간혹 자기의 생각을 첨부하였다. 참으로 독학(篤學)하고 무실(務實)한 공부가 아니라면 어떻게 발언과 문장을 이루는 것이 이렇게 순고(淳古)할 수가 있겠는가?10)

> 그의 시와 산문에는 조각하거나 곱게 꾸미려는 의도가 없고, 오직 순고(淳古)하고 평담(平淡)할 뿐이다. 가령 인심(人心)·도심(道心)·성리(性理)·명덕(明德)·신민(新民)·성정(誠正) 등에 대한 작품들은 순수하여 하나같이 바른 데서 나왔으니, 더욱 학문하는 자들의 모범이 될 만하다.11)

> 시와 산문과 잡저가 모두 약간 편이 있는데, 전아(典雅)해서 고인의 뜻이 있으니, 참으로 유덕자의 말이다.12)

위의 논평들을 종합해 볼 때, 허전은 '전아'하고 '순고'한 문장을 선호하고 있음을 알 수 있다. 그리고 이 '전아' '순고'한 문장은 작가의 학문적 역

---

10) 『성재집』권11 「晚翠集序」: "謹按其詩若文, 俱典雅, 無雕刻之痕, 至如太極性命理氣之說, 裒輯先儒之論, 間亦附以己意者也. 苟非篤學務實之工, 何以發言成章, 若是之淳古也?"

11) 『성재집』권11 「癡齋集序」: "其詩若文, 無雕刻靡麗之意, 直淳古平淡而已. 如人心道心性理明德新民性情諸作, 粹然一出於正, 尤可爲學者之模楷也."

12) 『성재집』권11 「夷溪集序」: "詩文雜著凡若干篇, 典雅有古意, 眞有德者之言也."

량에 의해 갖추어지는 것으로 보고 있다. 흔히 '전아'하고 '순고'한 문장의 대표적인 글로 유가경전을 들 수 있는데, 특히 육경의 문장을 그렇게 평가해 왔다. 그렇다면 육경 등 유가경학의 학습과 자신의 성정의 수양을 통해 이런 미덕을 갖출 수 있다고 본 것이다.

당시 우리나라 문단의 경향을 볼 때, 산문분야 특히 고문(古文)에서는 크게 두 분야로 나뉘어 있었는데, 하나는 진한산문(秦漢散文) 계열의 고문파와 당송산문(唐宋散文) 계열의 고문파가 그것이다. 당송고문계열은 한유 이후 당송팔대가로 대표되는 고문가들의 간결하고 평이한 문체를 선호하는 문파였다면, 진한고문계열은 한나라 이전 특히 육경고문과 사전(史傳)이나 제자문(諸子文) 등의 고아(古雅)하고 기이한 문체를 선호하는 문파였다. 허전이 선호하는 전아하고 순고한 문체는 이 중 진한계열의 산문미학에 가까운 것이다. 근기실학파 학자들이 경학에서 사서보다 육경을 중시하고 역사전기에 관심이 높았으며, 이치와 논리를 따지는 의론체 산문보다 현실개혁적 내용이 강한 주소체(奏疏體) 산문을 많이 창작했던 점 등의 여러 정황으로 볼 때, 그들은 당송고문보다 진한고문을 더 많이 참고하였을 것으로 짐작된다. 특히 그들 사상의 근원이었던 미수(眉叟) 허목(許穆)이 극심한 고문주의자였던 점은 이들에게 미친 문학적 영향을 충분히 고려해봄 직하다.

그러나 이들 실학자들의 논평에서 그들이 진한고문계열의 산문을 옹호하거나 그들의 문학을 추종했다는 흔적을 발견하기는 매우 어렵다. 특히 명대에 진한고문을 선양하며 우리나라 문단에도 크게 영향을 미쳤던 전후칠자파(前後七子派)에 대해서도 일체의 언급이 없을 뿐 아니라, 이들의 문학과도 일정한 차이가 있어 보인다. 이들은 문인이기 보다는 학자에 더 가까운 문체를 쓰고 있기 때문이다. 이러한 상황에서 허전의 초고 문집인『용어』에서 명대 후칠자(後七子)의 일원인 이반룡의 「태화산기」에 현토와 주석을 붙인 「태화산기주해(太華山記註解)」가 발견된 것은 허전의 문학공부의 일면을 보여주는 것인 동시에 근기실학파들의 문학적 성향을 설명하는 중요한 단서를 제공한다고 본다.

3. 진한고문으로서 「태화산기」

　명대 초 당시 널리 유행하던 팔고문(八股文)에 대한 비판과 함께 복고주의를 주장했던 칠자파들은 "시는 반드시 성당(盛唐)의 것을, 산문은 반드시 진한(秦漢)의 것을!"이라는 슬로건을 내걸고, 특히 산문분야에서는 오직 당 이전의 산문만을 전범으로 삼아 흔히 진한문파라고 불리었으며, 한편 난해한 산문창작으로 인해 한낱 모방에 그치고 말았다는 악평과 함께 의고문파(擬古文派)로 불리기도 했다. 이들은 육경과 『사기』나 『전국책』 등의 사전문(史傳文), 그리고 제자산문 등을 깊이 탐독하여 당시의 고아한 문체를 회복하려는 문학운동을 펼쳤던 것이다. 자연히 이들은 문기(文氣)를 중시했으며, 작가의 자질을 바탕으로 독특한 주제사상을 전개하는 것을 장점으로 하였다. 당시 유약한 팔고문에 비해 글 속에 힘찬 기운이 살아 넘치고, 현실모순에 대한 비판적 논설도 서슴치 않는 긍정적인 면모를 지니고 있었다. 또한 옛 고문의 고아한 문체를 회복하려는 노력은, 다분히 보수적이고 엘리트적인 측면이 강하지만, 그래도 산문의 예술적인 성과를 끌어올리기도 했다. 그러나 고아함을 추구하는 것은 창조적이기 보다 모방적 지향이 강해서 시대성을 거슬러 난해한 문체를 구사하게 되고, 결국 모방했다는 혐의를 피할 수 없었다. 전칠자 가운데 이몽양(李夢陽) 하경명(何景明)이 유명하고, 후칠자 가운데는 이반룡(李攀龍) 왕세정(王世貞)이 우리 귀에 익숙한 이름이다.

　앞서 지적한대로 이들의 산문은 고아한 옛 문체를 따른 결과 내용이 다분히 비약적이고, 또한 구절과 단락을 조절해주는 어조사의 사용이 되도록 생략되어 있어 문장이 난해한 편이다. 오히려 이런 점 때문에 문장의 묘미를 더해주기도 하지만, 더러는 독자를 곤혹스럽게 만들기도 한다. 대표되는

작품으로 우리는 이몽양의 「우묘비(禹廟碑)」와 이반룡의 「태화산기」를 들수 있다.[13]

이 중 「태화산기」는 중국 오대 명산 가운데 서악(西嶽)에 해당되는 화산(華山)[화악(華嶽)] 가운데 중앙에 우뚝 솟아있는 산인 태화산을 답사한 기록이다. 태화산에 관련된 많은 문인들의 기록과 시문들이 전하는데, 이 중 산문작품으로는 이반룡의 이 작품과 그 이후 원굉도(袁宏道)의 「화산기(華山記)」가 유명하다.

이반룡의 「태화산기」는 태화산을 두고 "삭성이사방(削成而四方)"이라고 평한 『산해경(山海經)』의 글을 인용하면서 시작되는데, 이것은 이 글 전체에서 태화산의 형상을 표현하는 중심어가 되며, 더러는 태화산을 직접 일컫는 말로도 쓰이고 있다. 대개의 유기문(遊記文)이 유람지역을 찾아들어가는 길을 기술하는 것에서 시작되거나 유람에 임하는 작가 자신의 심회를 먼저 서술하기 마련인데, 이 작품은 깎아지른 듯 우뚝 솟아 사방에 산들이 둘러서 있는 가운데 자리하고 있는 태화산의 기상을 표현하는 것으로 시작한다. 그리고 심회나 여정은 생략한 채 바로 태화산의 골짜기를 찾아 들어간다.

가장 먼저 사람 하나 겨우 들어갈 수 있는 협곡을 만나는데, '천척협(千尺峽)'과 '백척협(百尺峽)'이다. 그곳을 지나면 엎어놓은 제기그릇 같은 모양의 언덕을 만나고, 이 언덕 끝에서 두 개의 다리를 만난다. 하나는 운대봉(雲臺峰) 가는 다리고, 다른 하나는 천 자는 족히 될 비탈로 향한다. 여기서 바위 틈 사이로 재갈을 물리고 밧줄을 타며 비탈을 내려가는 것을 비교적 자세히 묘사하고 있다. 또한 이 비탈이 끝나면 아슬아슬한 잔도(棧道)가 나오는데, 벼랑에 바짝 붙어 잔도를 건너는 장면도 자세히 묘사한다. 그런데 이 묘사는 지형의 방향과 길이를 정확하게 기술하고 위치와 형상을 자세히 서술하는 방식을 취하고 있지, 작가 자신의 느낌을 나타내는 형용사는 거의 사용되지 않고 있다. 이런 묘사방식은 이 글에 시종일관되고 있다. 작가의 주관

---

13) 陳柱, 『中國散文史』, 商務印書館, 1937.

적 시각은 철저히 배제되고 지형과 경관의 모습을 객관적으로 전달하고자
한다.

다시 '창룡령(蒼龍嶺)'에 이르러 이 가파른 고개를 오르는 계단에서 사람
들은 엎드려 기듯이 오른다. 이렇게 힘들게 오르면 자갈 언덕을 만나 매달
려 건너게 되고, 이곳을 지나면 '오장군(五將軍)'이 있는 송림을 만난다. 다
시 서쪽으로 가면 큰 집채 만한 바위를 만나게 되고, 거기서 서남쪽으로 백
보를 가면 '거령장(巨靈掌)'을 만난다. '거령장'을 자세히 관찰한 다음 서쪽
으로 가면 "삭성이사방(削成而四方)"한 태화산의 정상에 이른다. 그곳에 서
서 사방을 둘러보니, '운대봉'이 있고 '상궁(上宮)'과 '옥정(玉井)'이 있다.
'상궁' 쪽으로 길을 잡아 오르니 '명성옥녀사(明星玉女祠)'가 나오고, 이 사
당을 앞으로 놓인 길을 따라 협곡을 지나면 위숙경(魏叔卿)의 고사가 서린
평평한 바위인 '박대(博臺)'를 보게 된다. 여기서 다시 밧줄을 타고 건너 '천
문(天門)' 협곡에 이르고, 그 곁에 있는 누대에 올라 '삼공산(三公山)'을 바라
본다. 남봉(南峰) 동봉(東峰) 서봉(西峰)을 차례로 보는 것으로 이 유기는 막
을 내린다. 마지막 결론으로 이렇게 "삭성사방"한 산에 오르고 보니 이제는
하늘도 오를 수 있을 것 같다는 작가의 호기로운 발언으로 마무리 된다.

이 글은 한 구절의 길이가 대체로 짧게 이루어져 있고 접속사의 사용도
매우 절제되어 있어, 설명이 거칠고 투박하게 느껴진다. 또한 글이 매끄럽
게 흘러가지 않고 태화산의 웅걸찬 기상과 같이 울퉁불퉁 솟아있다. 태화산
의 모습을 마치 카메라로 찍듯이 전달하려는 것이 아니라, 태화산의 험벽한
기상을 전하려는 것이 이 글의 목적인 것으로 여겨진다. 때문에 이 글은 제
법 난해한 편이다. 끊어 읽어야하는 부분이 애매한 곳이 많고, 한 절이 끝나
는 곳도 분명치 않은 곳이 있다. 또한 옛 의미의 한자를 종종 사용하고 있
으며, 잘 알려지지 않은 고사도 인용하고 있어 독자들을 곤혹스럽게 만들기
도 한다. 바로 이런 점들 때문에 당송고문계열의 산문비평가들은 험벽한 어
려운 글자를 따다 쓰고 문맥도 어렵게 꼬아두고는 고문이라고 하지만, 자신

의 생각이란 도무지 찾아볼 수 없는 죽은 문장이라고 혹평하기도 했다. 심지어 아마 이반룡 자신도 이 문장을 제대로 읽지 못할 것이라는 말이 나돌 정도였다.

4. 「태화산기주해」의 의미

진한계 고문의 대표적 작품의 하나인 「태화산기」에 대해 허전이, 그것도 문인이라기보다 엄연한 학자인 그가 현토와 주석을 붙인 것은 의외이면서 또한 매우 반가운 자료가 아닐 수 없다. [부록자료 참조]

이 작품의 제목 아래에 "돈서록(敦西錄)"이라는 기록이 있으니, "돈서록"은 1866년(70세) 김해부사 임기를 마치고 서울로 돌아와 다시 1874년 숭례문 안 수각교(水閣橋)[사축동(司畜洞)] 북쪽으로 옮기기 전까지 돈의문(서대문) 밖에 살던 때의 글을 모은 것이다.14) 그렇다면 이 주해 작업도 그의 나이 70세에서 78세 사이에 이루어진 것인데, 이 당시 허전은 병조참판 병조판서 홍문관제학 예문관제학 등의 관직을 지내며 경연관으로서 고종에게 경서를 강연했던 시기이다. 또한 노년의 나이임에도 불구하고 저술활동도 왕성하여, 『자훈(字訓)』106편과 『사의절요(士儀節要)』2권을 정리하는가 하면, 그의 대표적인 저술의 하나인 『철명편(哲命篇)』도 이 시기에 편찬되었다. 원숙한 학문적 성과들이 속속들이 배출되던 때였다. 또한 김해부사 시절 사제의 인연을 맺었던 영남의 문인 학자들이 지속적으로 내왕하며 학문을 연찬하여, 허전 자신의 학문적 발전을 자극하기도 했다.

「태화산기주해」가 어떤 이유에서 이루어지게 되었는지 자세한 경위는 알수 없다. 그는 제법 긴 시간을 두고 「태화산기」를 읽었으며, 차분히 내용을

---

14) 김철범, 「허성재 저술고략」, 『문화전통논집』 제9집, 경성대 한국학연구소, 2001.12.

검토하면서 애매하고 난해한 대목들을 하나하나 풀어나간 것으로 보인다.
이 글이 비록 『성재집』의 간행에서는 제외되었지만, 초고본 문집인 『용어』
에 소중하게 기록되어 있는 것을 보면, 이 주해에 대한 허전의 애착을 느낄
수 있다.

그의 이 작업에서 가장 중요한 성과는 무엇보다 현토 작업이라고 본다.
「태화산기」는 어조사의 사용이 적고, 구절의 표현방식이 옛 티를 모방하고
있기 때문에 구절의 구분이 더러 애매하다. 전통적으로 우리나라의 한문읽
기는 구절이 끊어지는 사이에 우리말 형식의 접속어를 붙여 읽는 것이 특징
인데, 이것을 '토(吐)'라고 한다. 그리고 이 토는 통상 이두식의 표기어를 만
들어 사용해 왔는데, 이 「태화산기주해」도 이두식의 토가 기록되어 있어,
구절의 구분과 의미의 해석을 선명하게 전달해 주고 있다. 이 현토 작업은
곧 해석의 한 방식인 셈이다. 또 「태화산기」에는 중국 고대 문헌에 사용되
었던 오래된 의미를 가진 한자나 한자어가 더러 사용되기도 하고, 고사가
어렵게 인용되기도 한다. 허전은 이런 대목에 모두 뜻풀이를 해서 독자에게
편의를 제공하고 있는데, 모두 33개의 주석을 붙여 두었다.

그런데 요는 왜 그가 유독 이 「태화산기」에 현토와 주석을 했는가 하는
점이다. 그 이유를 밝혀놓은 그 어떤 언급도 없다. 다만 앞서 서술했던 바와
같이, 그가 고도 회복의 학문정신에 따라 육경을 중시하고 문학에서도 복고
를 지향했던 점과 관련이 있다고 본다. 우리나라에 명대(明代) 진한고문파
(秦漢古文派)의 문학이 수입된 이후 그 영향이 적지 않았았고, 남인계열에서
는 미수 허목이 복고주의 문학을 제창한 이후 이헌경(李獻慶) 등의 문인들이
진한계열의 고문론을 추종했던 것으로 보인다.15) 이후 이러한 경향은 근기
실학파에도 영향을 미치게 되어 그들의 문학작품에서 더러 진한계 고문의
색채를 발견할 수 있다. 그러나 그들 자신은 이와 관련하여 일체의 발언을

---

15) 이향배, 「간옹 이헌경의 고문론 연구」, 『한문교육연구』 제19호, 한국한문교육학회,
2002.12.

하지 않아 그 사실을 확인하기 어려웠다. 그런 면에서 허전의 「태화산기주해」는 근기실학파의 문학과 명대 진한계 고문과의 관계를 가시적으로 보여주는 것이 아닐까 여겨진다.

허전의 대표적 저술의 하나인 『사의(士儀)』의 인용 문헌목록을 보면 그의 독서범위와 자료섭렵이 대단히 넓었음을 알 수 있다. 또한 이 주해 작업을 볼 때도, 그는 이반룡을 위시한 명나라 진한문파들의 문집까지도 두루 섭렵했던 것을 짐작할 수 있다. 그리고 그 독서와 공부의 수준도 결코 허투루한 것이 아니었던 것이다. 현토와 주석 작업은 그러한 노력의 결실인 셈이다. 그렇다고 그가 진한고문을 추종했다고 섣불리 말할 수는 없다. 사실 우리는 그의 산문작품에서 진한계 고문의 난삽하고 난해한 멋을 발견하기는 어렵다. 진한고문의 예스런 멋이 좋아 독서와 감상을 진지하게 했을 수 있지만, 그 문체를 맹목적으로 따르지는 않았다고 본다. 또한 자신이 선호한 순고(淳古) 전아(典雅)한 문체에 있어서도 「태화산기」는 다소 거리가 있는 작품이다. 그럼에도 불구하고 그가 이 작품에 주해를 붙였던 것은 이 작품이 갖고 있는 고도의 난해성에서 느낄 수 있는 예스런 품격의 감상미를 즐겼던 것이 아닐까 한다. 잘은 몰라도 어쩌면 여기에서 고아한 품격을 느꼈는지도 모를 일이다.

5. 마무리

이상으로 성재 허전의 특별한 저술인 「태화산기주해」를 계기로 그의 복고지향적 문예비평을 살펴보고, 또한 「태화산기」의 진한고문적 성격과 아울러 「태화산기주해」의 의의를 간략히 살펴보았다. 작품 하나를 놓고 그의 문학적 성향을 말할 수는 없다. 그러나 하나의 작품을 통해 중요한 단서를 잡는 경우도 있다. 근기실학파들이 지니고 있는 복고성향의 비평론이 그들의 복고적 경학사상과 깊은 관련이 있는 것은 쉽게 짐작할 수 있지만, 당시 우리 문단의 전체 구도 안에서 설명하기가 쉽지 않았다. 특히 당시 우리 문단에 많은 영향을 미쳤던 명대 복고주의 문학인 진한고문파와의 관련은 거의 불투명한 상태였다. 설령 한시는 그 성향을 명확히 파악할 수 있을지 몰라도, 산문에서는 더욱 구분이 어렵다.

이런 점에서 허전의 「태화산기주해」는 작지만, 중요한 단서를 제공한다고 본다. 명대 진한고문파의 산문을 자신의 산문창작의 모범으로 받아들였던 것은 아니라고 보지만, 그들의 산문에 깊은 관심을 갖고 독서하고 음미했던 것을 알 수 있었다. 이러한 독서전통이 허전 이전의 근기실학 내에서부터 있었던 것인지 알 수 없지만, 이들 주변의 남인계 문인 학자들에게서 유사한 경향을 발견할 수 있으니 그들도 이러한 개연성을 안고 있는 셈이다. 이 주해 작품을 단서로 이들 복고지향의 문학관이 구체적으로 어떤 연관 속에서 어떻게 전개되었는지를 파헤쳐 나갈 수 있기를 기대한다.

[김 철 범]

太華山記註解

李攀龍, 字于鱗, 濟南人, 號滄溟. 大明癸酉, 敦西錄.

經에曰: "太華之山이 削成而四方하고 [山海經. 太華之山, 削成而四方. ○王維 華岳詩: 變化生巨靈. 右足踏方山, 左足推削成.] 其高이 五千仞이오 其廣이 十里라."하니 盖指華이 中削成而四方者爾라. 四方之外는 宮 [宮, 圍繞也. 小山在中, 大山在外. 爾雅: 大山曰宮, 小山曰霍. 禮記爲廬宮之註, 圍障之.] 之이 盡華山也라. 自縣南으로 十里入谷하여 逶迤上二十里하여 抵削成北이 方壁下하니 乃谷이라. 卽西南出하면 不可行이오, 行東北하면 大霤[溜通]中이니, 霤中一峽이 裁[纔通]容人이라. 左右로 穿하니 受不滿足이오, 穿이 受手하면 如決吻이라. 人이 上出을 如自井中者이 千尺이니 曰千尺峽이라. 北不至十步하여 復得一峽하니 百尺이라. 人이 上出을 如前峽하나니 曰百尺峽이라. 則東南行하면 厓라. 往往如覆敦하니[音對, 黍稷器也. ○又爾雅如覆敦者, 敦丘註, 敦, 盂也. 敦音推] 出人이 穿其穹中行하나니 穹中穿은 如仄輪牙[牙, 輪輮也. 輮, 車輞也, 輞, 輪之外也.]也라. 厓絶하여 爲橋者이 二所라. 東北으로 經雲臺峯하고 東南으로 得大阪하니 可千尺이라. 人이 從其罅中하여 躡衘[衘, 馬勒也, 凡口中含物曰衘.]上하나니 阪窮하여 爲棧이 五步라. 顧見罅中하면 如一耦之畖이[畖, 全廣尺深尺.] 新發諸秬矣라. 罅中穿은 如峽中하고, 峽中衘은 如罅中하고, 峽中之繘은[汲索也. 音聿, 又音橘.] 垂하고, 罅中之繘은 倚하니 皆自汲也이리라. 棧北으로 得厓하니 徑이 丈이라. 人이 仄行於穿하면 手在決吻中하고, 左右로 代相受踵하니 二分이 垂在外하여 足이 已茹하면 則蹩膝也하고, 足已吐하면 是는 以趾로 任身也이니라. 北으로 不至十步하여 厓乃東하니 圻得路尺許라. 於厓剡[銳利也.]中에 入하여 幷厓南行하면 耳如屬垣者이 二里라. 剡窮에 復西出하여 厓上으로 行則積穿이 三丈이라. 有厓이 從北來하여 踆하니[蹲通, 止也.] 北厓上이

複高三丈이라. 自踐首로 南行하면 厓如前刻中하여 屬耳瓶[音客. 見考工記註, 動也, 歃
也.]耳矣이러라. 三里而近하여 爲蒼龍領하니 領廣이 尺有咫오, 長이 五百丈이오, 厓東
西는 深이 數千仞이라. 人莫敢睨視하나니 是이 酈生所稱의 搦[音踖, 按捉也.]領須騎行
者矣라. 雖今得拾[音涉, 等級也, 躡足升也.]級行哉나 足을 欲置之인댄 置하되 先嘗一足
于級上하여 置也然後에 更置一足하나니 其所置足이 猶若置入石中者로되 猶人人이
不自固하여 匍匐進也하나니라. 級窮하여 得厓踐[見上]焉하니 高이 二丈이라. 一隅에
西北出하니 人이 從其隅하여 上하나니라. 南一里에 得厓하니 又盡破라[山多小石]. 不
可以穿이오 緜로 自汲也하니 是皆所謂懸度矣라. 不至百步하여 西北으로 冒大石하여
出厓上하고, 西南으로 上二里하여 得松林하니 五樹를 稱五將軍이라. 厓上者는 不可
見杪하고, 厓下者는 不見本하고, 從縣中望見하면 松如樹荄也이러라. 西一里에 有大
石이 如百斛困하니 不知何來라. 客於此하여 橫道而處하여 踰之爲穿하니 徑이 二十所
라. 西南百步에 得巨靈掌하니[王渥「太華山記」: 太華首峰, 有五厓列爲掌形, 俗傳巨靈之
掌跡. 張衡「西京賦」: 巨靈贔屓, 高掌遠蹠. 李白有高掌之句.] 掌이 在削成東北方壁上不盡
壁五丈許하니 人不得至하나니라. 掌은 二丈許요, 掌形은 覆其拇하고 北引을 如三尋
之戟하니 從縣中하여 望見掌하면 卽五指이 參差하여 出壁上也이러라. 又西로 百步에
詣削成四方上矣니라. 西南으로 望削成四方中하고 東北으로 望所從上削成道하나니
라. 道從東北隅하여 出二十하면 是이 鐏于[鐏于, 樂器. 圓如碓頭, 大上小下.]雲臺峰이
니 猶枸之在斗矣라. 削成上도 四方하니 顧其中하면 汚也라. 上宮이 在汚中西北하고
玉井이 在上宮前五尺許하니, 水이 出於其上하여 潛於其下하여 東北으로 浬[溢也]大
坎中에 凡二十八所라. 北注壁下하여 壁下로 注道中하니 一穴이 北出하여 水이 從上
羃之也러라. 四壁之穴이 各在一搏이러라.[團厚也, 捖聚也.] 上宮東南으로 上三里許하
여 得明星玉女[唐玄宗「太華山碑」, 上有明星玉女, 仙草瑤池.『集仙錄』, 明星玉女者, 居華
山, 服玉漿, 白日昇天. 祠前有五石, 名洗頭盆.]祠하니 含神霧에[含疑含字之誤. 含神霧, 緯書
編名.] 稱明星玉女이 持玉漿이라. 乃祠在大石上하니 大石은 長이 十丈許라. 祠前이
輒折하고 折下에 有穴하고 穴有石이 如馬하고 折南五丈에 坎이 如盆[杜甫「望岳」詩,
有玉女洗頭盆之句. ○李白亦有明星玉女玉漿句.]者이 五所요 如臼者이 一所이니 水方澹

澹也이러라. 下從祠東南하여 峽中으로 行二里하면 得池二所하니 大如輪하고 東南으로 行三里하면 望見衛叔卿之博臺하니 在別顚爲垺이러라.[音劣, 山巔有泉.] 不盡厓尺하여 中如砥하니 可坐十人이라. 厓南北은 繘이 纚纚[音羅]也하니 欲度者이 先握繘하여 自懸하여 厓中엔 乃跖[蹠仝, 踐也.]厓自汰하여 令就繘하되 不得繘하면 還跖厓自汰하여 [滑也] 得而後에야 釋所自懸繘也하나니, 此이 卽秦昭王使人施鉤梯處也이니라. 西南으로 上三里許하여 得一峽如括하니[筶同, 矢末與弦相會也.] 曰天門이라. 門西로 出爲棧而銅柱이니 陝하여[陜同] 不能尺이오 長이 二十丈이라. 棧窮하여 穿井下三丈하여 竅旁出하여 復西行하여 爲棧而銅柱이 一이오, 池在石室中하나 不可涸也라. 天門旁에 有臺이 如叔卿之臺하니 南望三公山하면 三峰이 如食前之豆하니 是이 白帝之所觴百神也라. 從上하여 望壁下하면 大谿라. 谿肆하여[深而幽隱] 無景하여[景影仝] 卽日中이라도 窈窈爾이러라. 久之에 一山이 出其末을 若鏃矢라가 頃卽失之矣나 是爲南峰이라. 南峰은 前出南壁上하고, 東峰은 出東南隅壁上하고, 西峰은 出西北隅하니, 從下望之하면 五千仞一壁矣이러라. 攀龍이 曰 : "余이 旣達削成四方中하고 不復知天不可升矣로다. 余는 夫라, 善載腐肉朽骨者乎이러니[荊次非涉江, 有兩蛟夾繞其船, 次非攘臂袪衣, 拔寶劍曰 : "此江中之腐肉朽骨也. 棄釗以全己, 吾何愛焉?" 赴江, 刺蛟殺之.『呂氏春秋』. 朽肉爛骨, 施於土地, 流之川谷, 不避蹈水火, 使天下從而效之, 是天下編死而願夭.『韓非』.], 及俯三峯하고 望中原하고 見黃河이 從塞外來하고 下窺大壑호니 精氣之所出入이라. 又未嘗不爽然自失也하노라."[元結「出規」曰 : "置或致身於刑禍之方, 得筋骨載肉而歸幸也."]

부 록

본 글의 출처목록

【제1부 근기실학의 부흥과 허전의 삶·학문】

김철범, 「성재 허전의 생애와 학문연원」, 『문화전통논집』 제5집, 경성대 한국학연
　　　구소, 1997.06.

정경주, 「성재 허전의 학문사상과 그 학술사적 위상」, 『남명학연구』 제31집, 경상
　　　대 남명학연구소, 2011.

김철범, 「허성재 저술고략」, 『문화전통논집』 제9집, 경성대 한국학연구소, 2001.12.

【제2부 민천사상의 경학적 전개】

정경주, 「『종요록』에 나타난 성재 허전의 경학관점」, 『문화전통논집』 제7집, 경성
　　　대 한국학연구소, 1999.

정경주, 「성재 허전의 시경강의에 나타난 설시 관점」, 『문화전통논집』 제6집, 경성
　　　대 한국학연구소, 1998.02.

김철범, 「성재 허전의 제도개혁론에 관하여」, 『문화전통논집』 제6집, 경성대 한국
　　　학연구소, 1998.02.

김철범, 「경연강의를 통해 본 허전의 정치사상」, 『문화전통논집』 제10집, 경성대
　　　한국학연구소, 2002.

김철범, 「성재 허전의 세자교육론과 『철명편』」, 『문화전통논집』 제19권, 경성대
　　　한국학연구소, 2012.02.

【제3부 『사의』와 예학 사상】

정경주, 「성재 허전의 『사의』 예설에 대하여」, 『동양한문학연구』 제19집, 동양한
　　　　문학회, 2004.06.
정경주, 「허성재의 『사의』 예설에 수용된 퇴계학맥의 예학 관점」, 『퇴계학논총』
　　　　제10집, 부산퇴계학연구원, 2004.
정경주, 「허성재 예설의 수양자 문제에 대하여」, 『문화전통논집』 제8집, 경성대 한
　　　　국학연구소, 2000.03.
김철범, 「『사의』의 간행경위와 편제」, 춘계학술발표회 발표논문, 경성대 한국학연
　　　　구소, 2003.06.

【제4부 문자학과 문학세계】

정경주, 「성재 허전의 『초학문』에 대하여」, 부산시민강좌 강연자료, 부산퇴계학연
　　　　구원, 2005.
김철범, 「성재 허전의 「태화산기주해」에 대하여」, 『문화전통논집』 특별호, 경성대
　　　　한국학연구소, 2003.12.

찾아보기

ㄱ

가권(家權) 339
가락(假樂) 162, 192, 194, 195
가례(家禮) 73, 83, 278
가례도(家禮圖) 291, 292, 295, 303, 340, 344, 360
가례도본문상좌변(家禮圖本文相左辨) 292
가례복도(家禮服圖) 346
가례증해(家禮增解) 278, 297, 315
가례집람(家禮輯覽) 278, 282, 314
가례학(家禮學) 71
가모(嫁母) 356, 361
가복(加服) 360
가악편 249
가의(賈誼) 263
가의(家儀) 30, 34, 41, 97, 109, 394
가의신서(賈誼新書) 258
가작전(加作錢) 231
가제(家祭)에 306
간대입후(間代立後) 307, 322, 326
간문제(簡文帝) 122
감발징창(感發懲創) 205
감발징창설(感發懲創說) 156
강관(講官) 159
강연문의(講筵文義) 157
강학청 253
개제(改題) 332
개화파 74
갱장록(羹墻錄) 29, 258
거가잡의(居家雜儀) 329

거공(車攻) 190
거관십조(居官十箴) 23
거할(車舝) 210
검토관(檢討官) 158
격군심(格君心) 173, 186
결법(結法) 226
결포법(結布法) 227
겸선(兼善) 139
경(駉) 176
경국대전 20, 195, 197, 320, 344, 345
경군(京軍) 229
경례유찬(經禮類纂) 56, 394
경사강의(經史講義) 199
경성문(警省文) 12
경세제민사상(經世濟民思想) 207
경세치용 59, 75
경연(經筵) 155
경연강의(經筵講義) 157
경연관 158
경연문의(經筵文義) 210
경연청(經筵廳) 155
경종(敬宗) 278
경천(敬天) 238, 241
경학 127
계녜지자위장자삼년설(繼禰之子爲長子三年說) 288
계부(繼父) 342, 346, 350, 361
계부복도(繼父服圖) 292, 363
계체(繼體) 338
계후(系後) 339
계후부자(系後父子) 365

계후자정복참최설(繼後者正服斬衰說)   288

고경(古經)   45

고구(羔裘)   210

고도(古道)   45, 230, 418

고례(古禮)   39

고문(古文)   106

고문상서(古文尚書)   121

고문상서대전(古文尚書大傳)   128

고아(古雅)   421, 422, 427

고요모(皐陶謨)   112

고자매여부지전실자서자주제의(姑姉妹與夫之前室
    子庶子主祭義)   290

고제(古制)   20, 220, 225, 271, 272

고증학   374

고질가위제사상칭의(姑姪嫁爲娣姒相稱義)   285

고학(古學)   45

곡겁(曲裕)   281

공고직장도설(公孤職掌圖說)   268

공구(公攄)   342, 343, 350

공서파(攻西派)   70

공안국(孔安國)   128, 129, 130, 131

공여당(公餘堂)   23, 56, 376

공영달(孔穎達)   121, 128, 259

공전(公田)   58

곽우록(藿憂錄)   54

곽종석(郭鐘錫)   86, 299, 300, 378, 383, 386

관상명정(棺上銘旌)   304

관저(關雎)   165, 175

교민(敎民)   18, 20, 21, 239

구경장(九經章)   106

구방심재명(求放心齋銘)   118

구변(鉤邊)   408

구연왈호변(瞿然曰呼辨)   286

구중천(九重天)   68

국속(國俗)   323

국조보감(國朝寶鑑)   29, 90, 253, 258, 261

국조보감·갱장록(羹墻錄)   90

국조보감·갱장록(羹墻錄)·상훈보편(常訓補編)
    90

국조보감·갱장록(羹墻錄)·상훈보편(常訓補編)·문
    헌비고(文獻備考)   90

국조수교(國朝受敎)   320

국조오례의(國朝五禮儀)   306, 326

국통(國統)   326, 327

국풍음시설(國風淫詩說)   206

군모당기모당겸복(君母黨己母黨兼服)   289

군서석의(羣書釋義)   81

군서석의(羣書釋疑)   97

군서촬요(群書撮要)   126

군서치요(群書治要)   106

군정(軍政)   148, 231

군포(軍布)   58

궁행심득   419

권대긍(權大肯)   21

권수암(權遂庵)   294, 364

권준범   147

권징   164, 165, 168, 172

권철신(權哲身)   5, 55

권택용(權宅容)   275

규목(樛木)   175, 209

균전(均田)   18, 223

균전론(均田論)   20, 59, 94, 222

근기 실학   4, 52, 108, 375, 394

근기남인(近畿南人)   311

근사록   126

금근(金根)   397

금근거(金根車)   398

금도(禁盜)   20, 21

금등(金縢)   128

금문(今文)   106

금문상서(今文尚書)   121

기령회통(畿嶺會通)   394

기보(新父)   161, 186, 199, 200, 203

기아(棄兒)   339, 345

기아수양(棄兒收養)　352
기해예송(己亥禮訟)　327
기호학　4
길일(吉日)　161, 189, 190, 191
길일편　249
김굉필(金宏弼)　56
김성탁(金聲鐸)　23
김순광(金舜光)　13
김인섭(金麟燮)　7, 23
김장생(金長生)　278, 314, 332, 345
김재수(金在洙)　86, 383
김재수(金在洙)・정재선(鄭載善)　86
김정희　3, 21
김종직(金宗直)　56
김진호(金鎭祜)　23, 86, 299, 300, 302, 377, 378,
　　381, 382, 386
김집(金集)　294, 364
김학순(金學淳)　157, 210
김해향교　91
김효일(金孝日)　10
김희순　147

남계예설(南溪禮說)　375
남치리(南致利)　346
내간(來諫)　20, 21
내외친(內外親)　278
내외형제설(內外兄弟說)　284, 307
내칙(內則)　258, 359
냉천급문록(冷泉及門錄)　32, 43, 55, 84, 379
냉천동(冷泉洞)　32
노상익(盧相益)　69
노상직(盧相稷)　41, 42, 48, 79, 96, 109, 301,
　　302, 383
노응규(盧應奎)　69

노필연(盧佖淵)　23, 24, 45, 384
녹양시회계첩서(綠楊詩會契帖序)　204
논례편(論禮篇)　281
눌인리어(訥人俚語)　79
늑백설(勒帛說)　286

ㄷ

단문(袒免)　360
단성민란　146
단최(端衰)　281
달정(達政)　209, 210
답윤인석서(答尹仁錫書)　120
당송고문　421
당하배(堂下拜)　304, 318
대고(大誥)　129
대대례(大戴禮)　267
대동(大東)　167, 168, 186, 195
대명(大明)　162, 178
대복(代服)　332
대사례(大射禮)　270
대우모(大禹謨)　112, 172
대전통편(大典通編)　195, 226
대정록(大貞錄)　79
대축록(大畜錄)　79
대학　106, 112, 113, 117, 120, 121, 122, 124,
　　125
대학공의(大學公議)　124
대학연의(大學衍義)　107, 253
대학장구대전　123
대호(代戶)　231
덕원군(德源君)　267
도결(都結)　58, 226
도덕정치　105, 106
도동록(道東錄)　36
도인사(都人斯)　161, 200

도인사(都人士) 178
도학정치 63
독서차제도(讀書次第圖) 11, 15, 37, 216
독선(獨善) 139
독시(讀詩) 157
독시정법(讀詩正法) 208, 211, 212
독시지법(讀詩之法) 174
독야(獨夜) 14, 78
독허성재사의 299
돈서록(敦西錄) 79, 425
동경연사(同經筵事) 159
동궁계몽(東宮啓蒙) 252
동궁훈잠(東宮訓箴) 258
동몽선습 253
동사강목(東史綱目) 38, 258
동성수양(同姓收養) 347
동자복제설(童子服制說) 290
동자불감장자복설(童子不減長者服說) 291
동자출계(童子出系) 345
동지경연사 160
동지사(同知事) 158
동찬시변(同爨總辨) 292
동포법(洞布法) 227
동현학칙(東賢學則) 11, 30, 35, 38, 56, 216, 394
두호(斗湖)방언(放言) 79
둔계(遯溪) 308
득인(得人) 246, 248, 250

만물유취(萬物類聚) 38
매색(梅頤) 121
맥계(麥溪) 32
맥계록(麥溪錄) 79
면(綿) 210
명덕(明德) 88

명재(明齋) 346
명혼(冥婚) 305, 319
메구(袂口) 281
모작전(耗作錢) 231
목록과 276
목주지(木州誌) 38
몽화(蒙話) 275
무실 215
무실 220
무실(務實) 93, 217, 417
무이통(無貳統) 283
무일(無逸) 266
문기(文氣) 422
문변론자(文變論者) 418
문왕세자(文王世子) 258, 259, 264, 267, 268, 269
문왕유성(文王有聲) 162, 169
문욱순(文郁純) 91, 384
문인 276
문헌(文憲) 34
문헌비고(文獻備考) 29
물천(勿川) 276
미수(眉叟) 54
미수기언(眉叟記言) 56
미자(美刺) 177
미자설(美刺說) 156, 206
민란 57, 151
민로(民勞) 210
민목(民牧) 20
민본사상 63
민심 150
민유방본(民惟邦本) 241, 243
민족계몽운동 69
민천경덕(民天敬德) 61
민천사상(民天思想) 136

ㅂ

박규수(朴珪壽)　3, 15, 21, 147
박문일(朴文一)　27, 380
박선수(朴瑄壽)　26
박세채(朴世采)　375
박지원　3
박치복(朴致馥)　23, 42, 44, 46, 47, 108, 109,
　　396, 397
반록(頒祿)　20, 21
방령(方領)　408
방상편(方喪篇)　306, 330
방언(放言)　18
방제(傍題)　332
방환(防還)　231
방효유(方孝孺)　122
배례(拜禮)　279
백골징포(白骨徵布)　227
백구(白駒)　161, 186, 199, 200
백낙신　147
백화(白華)　161, 170, 173, 175, 186
번암(樊巖)　54
범중엄(范仲淹)　348
법계정사　78
법복편(法服篇)　12, 82, 281, 376, 373, 380
벽사론　74
벽위(辟衛)　67
벽위 사상　70
변풍(變風)　205
병농합일(兵農合一)　20, 58, 228
보국(保國)　246
보모(保母)　356
보민(保民)　64, 135, 187, 189, 197, 207, 210,
　　211, 239, 240, 243
보부편(保傅篇)　263
보양청　253
복고주의　426

복구장(復舊章)　189
복렵(伏獵)　399
복렵시랑(伏獵侍郎)　400
복성서(復性書)　122
본생친칭호변(本生親稱號辨)　283
본조세자례(本朝世子禮)　90, 257, 261, 266
본친(本親)　370
부계혈통　359
부당모당부당호위존비상칭의(父黨母黨夫黨互爲尊
　　卑相稱義)　285
부사(賦詩)　163
부유폐질조망주상설(父有廢疾祖亡主喪說)　287
부이(芣苢)　209
부재위모복기설(父在爲母服期說)　288
분성록(盆城錄)　79
불권당(不倦堂)　8, 32
불권당기(不倦堂記)　30
불이참(不二斬)　355, 364
빈지초연(賓之初筵)　162

ㅅ

사고(四孤)　341, 352, 357
사고론(四孤論)　340, 343, 370
사당장(祠堂章)　331
사례(士禮)　326
사례요의(四禮要儀)　18, 83, 375
사례집요(四禮輯要)　297
사마광(司馬光)　304, 329
사마씨거가잡의(司馬氏居家雜儀)　331
식모[食母]　356
사무사(思無邪)　176, 205, 206
사부(師傅)　267
사서　123
사설(師說)　335
사의(士儀)　17, 29, 34, 41, 45, 51, 66, 71, 72,

82, 92, 105, 109, 110, 141, 235, 275, 278, 279, 281, 296, 298, 302, 311, 312, 313, 373, 394, 405, 427

사의도(士儀圖) 282, 296, 326

사의별집 282

사의서 324

사의절요(士儀節要) 29, 85, 381, 394, 425

사자반(使者飯) 305, 319

사자서석의(四子書釋疑) 109

사창(社倉) 58, 232

사창(社倉)제도 20, 94

사칙재중용강소계(謝勅賚中庸講疏啓) 122

사칠신편(四七新編) 54

삭폭(削幅) 298

산해경(山海經) 423

산해정(山海亭) 24

삼고(三孤) 267

삼공(三公) 267

삼남민란 146

삼물(三物) 281

삼부조변(三不弔辨) 291

삼부팔모도(三父八母圖) 291, 292, 363

삼부팔모도변(三父八母圖辨) 291

삼부팔모복도(三父八母服圖) 344

삼분지(三分志) 12, 78

삼정 221

삼정리정청(三政釐整廳) 19, 21

삼정의 문란 5

삼정이정청(三政釐整廳) 225

삼정책(三政策) 19, 21, 41, 42, 51, 52, 56, 57, 58, 59, 60, 92, 94, 110, 145, 146, 148, 151, 152, 221, 245, 394

삼초반(三抄飯) 319

상달(上達) 143

상례비요(喪禮備要) 278, 314, 315, 332, 345

상례사전(喪禮四箋) 18, 83, 287, 375

상무(常武) 162

상변통고(常變通攷) 297, 331, 346

상복제도(喪服制度) 281

상상자화(裳裳者華) 185, 210

상서대전(尙書大傳) 129

상서학(尙書學) 113, 127

상승천(上承天) 88

상위고(象緯考) 14, 81, 97, 109

상제례록(喪祭禮錄) 316

상체(常棣) 161, 178

상평창(常平倉) 58, 94, 232

상훈보편(常訓補編) 29, 258

상훈보편(常訓補編)·문헌비고 258

새설(儁說) 54

생민(生民) 162, 197

서경 120, 121

서고(書考) 97, 109

서명(西銘) 118

서모(庶母) 356

서의(書儀) 304

서자부재위기모장기의(庶子父在爲其母杖期義) 289

서집전 121, 128, 129, 130, 131

서하빈신공서학변후(書河濱愼公西學辨後) 67

서학(書學) 117, 120

석의(釋義) 161

석촌음설(惜寸陰說) 33

선진경학(先秦經學) 126, 153

선진유학(先秦儒學) 119

설문통(說文通) 29, 96

설문통(說文通)·운자휘(韻字彙) 96

설문통(說文通)·운자휘(韻字彙)·운옥(韻玉) 96

설문통훈 395

설시(說詩) 157, 212

설시지법(說詩之法) 174

설시풍간(說詩諷諫) 163

설찬도(設饌圖) 326

섭몽득(葉夢得) 348

성경(誠敬) 8

성경설(誠敬說) 33

성리대전 126

성설(誠說) 118

성인편(成人篇) 330

성재선생행장(性齋先生行狀) 109

성재집(性齋集) 78, 415, 426

성재집(性齋集) 78

성정지정(性情之正) 205, 419, 420

성지리(性之理) 18

성학(聖學) 117, 136, 138, 142, 144

성학집요(聖學輯要) 107, 252, 253

성헌잠(誠軒箴) 30, 61, 88

성호묘갈문(星湖墓碣文) 54

성호선생문집(星湖先生文集) 394

성호선생시장(星湖先生諡狀) 34, 53

성호우파 77

성호좌파(星湖左派) 70

성호집(星湖集) 56

성호학(星湖學) 51, 53, 55, 56, 74

성호학맥 56

성호학통 55

성호학파 70, 73

세자교육 272

세자교육론 252, 262

세자지기(世子之記) 264

소남 238

소눌집(小訥集) 301

소명(小明) 178, 180, 182, 183

소변[小弁] 161, 162, 165

속대전 320

속임구변(續衽鉤邊) 281, 298

속제(俗制) 324

속칭(屬稱) 332

송시열(宋時烈) 294, 364

송약수(宋若水) 122

송학 127

수덕(修德) 240, 246, 248

수양(收養) 339, 344, 352

수양모(收養母) 340

수양모복(收養母服) 292, 346, 348, 355, 357, 358, 360, 362, 363, 369

수양모복의(收養母服議) 291, 293, 308, 322, 340, 354, 370

수양부모(收養父母) 343

수양부모복(收養父母服) 72

수양부복(收養父服) 350

수양자(收養子) 339, 344

수양자복(收養子服) 72

수전록(受廛錄) 17, 18, 42, 51, 56, 57, 60, 64, 91, 92, 94, 105, 109, 133, 221, 325, 245, 394

수전록서 140

수전제(授田制) 194

수제치평(修齊治平) 242, 253, 254

수족(收族) 278

수피(水皮) 397

숙위군(宿衛軍) 20, 58, 94, 229

순고(淳古) 420, 427

순전(舜典) 112

숭고(崇高) 162, 186

숭고편 239

숭덕전(崇德殿) 33

숭령전(崇靈殿) 33

숭선전(崇善殿) 34

숭의전(崇義殿) 33

습강(習講) 159

습불좌임변(襲不左衽辨) 286

습상(隰桑) 162, 183, 186, 201

시강관(侍講官) 158

시강원 253

시경질서(詩經疾書) 199, 203, 208, 209, 210

시고(詩考) 97, 109

시교(詩敎) 165, 186, 212

시독(侍讀) 160

시독관(侍讀官) 158, 160

시무(時務) 215

시양(侍養) 360

시왕지제(時王之制) 303, 309, 321, 324

시의(時宜) 335

시지강해(詩旨講解) 163

시집전 199, 200, 201, 202, 203, 209

시해(豕亥) 399

식읍호(食邑戶) 231

신사(愼赦) 20, 21

신산서원(新山書院) 24

신서파(信西派) 70

신석희(申錫禧) 15

신유사옥 5

신증유합(新增類合) 404

신채호(申采浩) 69

신후담(愼後聃) 53

실심(實心) 217

실정(實政) 217

심경 126

심경찬(心經贊) 118

심법(心法) 241, 243

십삼경인득(十三經引得) 114

심상(心爽) 344, 347, 361

심성정(心性情) 18

심성정도(心性情圖) 88

심성정도설(心性情圖說) 112, 146

심의(深衣) 72, 296, 297, 373, 376, 378, 385, 408

심의도 298

심의문목(深衣問目) 298

심의복제 41

심의제도(深衣制度) 281

심의제도장(深衣制度章) 331

심학(心學) 127

아행기야(我行其野) 161, 197

안민(安民) 243, 250

안정복(安鼎福) 5, 17, 35, 37, 51, 83, 375, 394

안택명(安宅銘) 33

안효제(安孝濟) 69

애민(愛民) 238, 241

야유사균(野有死麕) 209

양로걸언 271

양모(養母) 344

양모복(養母服) 295, 362, 365

양민(養民) 18, 64, 135, 239

양민자(養民者) 241

양부모 344

양부복(養父服) 295

양사재 91

양심명(養心銘) 33

양심설(養心設) 118

양육지은(養育之恩) 371

양일명(養一銘) 33

양전(量田) 223

양친(養親) 370

어로(魚魯) 399

억(抑) 162, 197

언론 246

언지(言志) 209

언행총록(言行總錄) 54

여가합근(女家合巹) 318

여모(女帽) 304

여음정사(廬陰精舍) 84, 379

여재편(如在篇) 330

여전론(閭田論) 58

역고(易考) 21, 81, 97, 109

역대세자례(歷代世子禮) 89, 257

역복포특변(易服包特辨) 30

역책변(易簀辨) 286

연사례(燕射禮) 270

연안인(延安人) 276

열명(說命) 130

영남학 4, 49

영남학맥 25

영사(領事) 158

영아(影峨) 397, 398

영업전(永業田) 20, 222, 223

예기주소(禮記註疏) 259

예기집설(禮記集說) 259

예설(禮說) 275

예설류편(禮說類編) 83, 375

예설유편(禮說類編) 17

예송(禮訟) 142

예의문목(禮疑問目) 298

예전(禮典) 16, 84, 238, 269, 270, 271, 373, 381

예종후(禮從厚) 333

예학(禮學) 71, 275, 311, 375

오경정의(五經正義) 121

오경학 123

오례(五禮) 244

오례의(五禮儀) 195, 325

오복지제(五服之制) 386

오선생예설분류(五先生禮說分類) 315

오위제(五衛制) 20, 228

오자지가(五子之歌) 125

왕도(王道) 120, 139, 142

왕백(王柏) 122

왕세정(王世貞) 422

왕수인(王守仁) 122, 124

왕제(王制) 258

왕조례(王朝禮) 325, 326

외국기(外國記) 68

외손봉사 308, 323

외친불가혼설(外親不可昏說) 284

외통(外統) 294, 364, 365

요전(堯典) 111, 113, 114, 124

용어(庸語) 80, 415, 421, 426

용인(用人) 20, 248

용화동주록(龍華同舟錄) 24

우묘비(禹廟碑) 423

우반좌갱(右飯左羹) 305, 319

운부군옥(韻府群玉) 395

운옥(韻玉) 29

운자휘(韻字彙) 29

운한(雲漢) 162, 195

원굉도(袁宏道) 423

원앙(鴛鴦) 201, 401

위고문상서(僞古文尚書) 121

위도(衛道) 25

위원(魏源) 21

위인후자(爲人後者) 283

위인후자본생친복도(爲人後者本生親服圖) 293, 363

위인후자본친복유강유불강설(爲人後者本親服有降有不降說) 290, 293, 363

위인후자설(爲人後者說) 283, 327

위인후자전계모당(爲人後者前繼母黨) 292, 294, 364

위인후자전계모당의(爲人後者前繼母黨議) 293, 363

위인후자전모계모당(爲人後者前母繼母黨) 284

위정척사론 67, 69, 73

위처장기연상담설(爲妻杖朞練祥禫說) 288

위학자 26

유기문(遊記文) 423

유보감(柳寶鑑) 25

유선서(諭善書) 252

유장원(柳長遠) 346

유장원(柳長源) 297, 331

유주목(柳疇睦) 44

유치명(柳致明) 44, 332

유형원(柳馨遠) 20, 58, 94, 222

유희춘 404

육경 62

육경학(六經學)   108, 113, 316

윤길보(尹吉甫)   239

윤동규(尹東奎)   17, 83, 375

윤주하(尹胄夏)   86, 299, 301, 377, 383, 386

윤휴(尹鑴)   268, 375

은양지복(恩養之服)   354, 358

을미의병(乙未義兵)   69

음독(音讀)   159

음시설(淫詩說)   207

응용구시(應用救時)   58, 75

의고문파(擬古文派)   422

의례(儀禮)   83, 281

의례경전통해(儀禮經傳通解)   332

의례문해(疑禮問解)   332, 333, 345

의복(義服)   292, 354, 356, 361, 363

의신(衣身)   281

이기호(李基鎬)   12

이남규(李南珪)   69

이명구(李命九)   7, 79

이몽양(李夢陽)   422, 423

이문해사(以文解辭)   174

이반룡(李攀龍)   415, 416, 421, 422, 423

이병기(李炳箕)   11

이상규(李祥奎)   11

이상정(李象靖)   375

이성계사(異姓繼嗣)   359

이성불계(異姓不繼)   296, 348, 349, 359, 371

이성수양(異姓收養)   347

이성위후의(異姓爲後議)   347

이성입양(異姓入養)   348

이성입후(異姓立後)   307, 322

이성후사(異姓後嗣)   354

이시해사(以詩解詩)   166, 174

이언적   107

이우성   7

이윤(伊尹)   247

이의역지(以意逆志)   165, 173, 175, 178, 182,
      183, 207, 208, 212

이의조(李宜朝)   278, 297, 315

이익(李瀷)   3, 4, 20, 51, 53, 58, 222, 317, 333,
      366, 374, 394

이자수어(李子粹語)   11, 35, 36, 38, 56, 394

이재(李栽)   375

이적모복의(二嫡母服義)   289

이전배정(以田配丁)   228

이제삼왕지도(二帝三王之道)   106

이제승(李濟升)   13

이종기(李鍾杞)   23, 299

이종상(李鍾祥)   24

이중필(李重泌)   9

이진상(李震相)   297, 298, 302, 383

이척편(易戚篇)   330

이천입묘비탈적설(伊川立廟非奪嫡說)   283

이택당(麗澤堂)   78, 86, 383, 394

이항노(李恒老)   27

이헌경(李獻慶)   426

이현일(李玄逸)   375

이호(李翶)   122

인설(仁說)   118

인시(引詩)   163

인시논사(因詩論事)   163, 195

인시제의(因時制宜)   320, 324, 335

인지(麟趾)   165

인징(隣徵)   227

인후자외조상재위인후지전당복기복의(爲人後
      者外祖喪在爲人後之前當服其服義)   290

일산집(一山集)   301

일성도(日省圖)   11, 37, 216

일인겸내외친총론(一人兼內外親總論)   285

일주서(逸周書)   258, 267

임술민란   59

입학문(入學文)   33, 94, 97

입후(立後)   339

ㅈ

자모(慈母) 350, 356, 361
자설(字說) 397
자시(刺詩) 200
자시설(刺詩說) 201, 206
자전석요(字典釋要) 408
자훈(字訓) 96, 97, 109, 394, 395, 398, 425
자휘 395
작소(鵲巢) 162, 177, 178, 183
장구지학(章句之學) 138
장두(杖杜) 399
장전(藏錢) 20, 21
장지연(張志淵) 69
장횡거(張橫渠) 122
재이설(災異說) 97, 109
전강(殿講) 158
전대(專對) 209
전모계모지당위친(前母繼母之黨爲親) 284
전아(典雅) 420, 427
전전론(佃田論) 20, 58
전전제(佃田制) 222
전정(田政) 148
전제개혁론(田制改革論) 52
전제론(田制論) 57
전학(典學) 20, 21
절검사상(節儉思想) 72
정각(鄭珏) 24
정강성(鄭康成) 122
정관정요 253
정구(鄭逑) 315, 316, 327
정만민(正萬民) 243, 250
정명도(程明道) 123
정복(正服) 292, 347, 361
정성설(定性說) 118
정시편(正始篇) 306, 330
정심(正心) 242, 250

정약용 5, 18, 55, 58, 83, 124, 348, 366, 375
정약전(丁若銓) 55
정일심법(精一心法) 238
정재선(鄭載善) 383
정전(井田) 168
정전론(井田論) 57, 59
정전법(井田法) 28
정전제(井田制) 194, 198, 222
정풍(正風) 205
정현(鄭玄) 128, 259
정호(鄭澔) 259
제모복도(諸母服圖) 292, 363
제민산(制民産) 189
제범(帝範) 106
제성재선생문(祭性齋先生文) 108
제성호이선생묘문(祭星湖李先生墓文) 54
제왕학(帝王學) 105, 106, 107, 108, 137, 144,
    252, 253, 254
제의(祭義) 258
조경(照鏡) 14, 78
조관기(趙觀基) 10
조긍섭(曹兢燮) 46, 47
조두순(趙斗淳) 14
조병규(趙昺奎) 23, 24, 84, 90, 110, 299, 300,
    301, 302, 377, 378, 379, 384, 386
조석여(曹錫輿) 15
조선유현연원도(朝鮮儒賢淵源圖) 43, 55, 55
조성각(趙性覺) 84, 379
조성렴(趙性濂) 23, 24, 376, 381, 382
조식(曺植) 56
조운식(趙雲植) 12
조하망(曺夏望) 17
족징(族徵) 227
존덕성재명(尊德性齋銘) 118
존심(存心) 241
존심설(存心說) 33
존양성찰 419

존조(尊祖)   278
존현(尊賢)   247, 279
종법(宗法)   278, 359, 368
종복설(從服說)   332
종시종속(從時從俗)   336
종요록(宗堯錄)   17, 18, 30, 42, 51, 52, 61, 62, 64, 75, 81, 87, 90, 105, 107, 108, 109, 110, 113, 116, 117, 118, 119, 120, 124, 125, 127, 131, 132, 137, 144, 151, 152, 153, 219, 235, 252, 256, 279, 394, 417
종요록서   111, 115, 118, 120, 123, 145
종자상위후불위후의(宗子殤爲後不爲後義)   288
종통(宗統)   349
종후지도(從厚之道)   333
좌반우갱(左飯右羹)   305, 319
주경(主敬)   88
주관(周官)   140
주국담용학강의서(周菊潭庸學講義序)   121
주례(周禮)   106, 117
주문문례(朱門問禮)   316
주소체(奏疏體)   421
주자가례   71, 281, 296, 311, 313, 315
주자답호백량서석의(朱子答胡伯量書釋疑)   287
주자입손의(朱子立孫義)   286
주흥사(周興嗣)   404
주희(朱熹)   128
중민(重民)   64, 93, 131, 134, 215, 217, 219, 220, 254, 417
중민론(重民論)   58
중민사상(重民思想)   52, 66, 75, 133, 134, 151, 153, 148
중산보(仲山甫)   239
중용구경연의(中庸九經衍義)   107
중훼지고(仲虺之誥)   112
즉사논사(卽辭論事)   168, 173, 174, 175, 186, 189, 192, 210
증민(烝民)   162, 186

증자문(曾子問)   258
증조재이복조참설(曾祖在而服祖斬說)   287
지동설(地動說)   68
지사(知事)   158
지석영(池錫英)   408
직구시문(直求詩文)   174, 208
진다(進茶)   305, 319
진덕수(眞德秀)   107, 120
진심설(盡心說)   118
진종요록철명편소(進宗堯錄哲命篇疏)   111, 137
진주민란   146
진철명편종요록소(進哲命篇宗堯錄疏)   110
진한고문   421, 427
진한고문파(秦漢古文派)   426, 428
질서(疾書)   54, 199

차청신(車淸臣)   122
참례(唁禮)   326
참찬관(參贊官)   159
채번(采蘩)   162, 177, 178, 183, 203, 209
채빈(采蘋)   209
채청(蔡淸)   122
채침(蔡沈)   121, 128, 130, 131
척사위정론(斥邪衛正論)   66, 70, 74
천덕(天德)   139, 142
천민경덕(天民敬德)   65, 108, 112, 113, 114, 116, 120, 127, 131, 144, 148, 219, 220, 237, 251, 254, 263, 417
천민경덕도(天民敬德圖)   61, 62, 64, 88, 132, 133, 150, 152, 153
천민경덕도상   111, 125
천민경덕도설(天民敬德圖說)   112, 146
천민경덕도하   111
천민경덕설(天民敬德說)   116, 145

천민경덕 하도(下圖)　135
천성지복(天性之服)　354, 358, 362
천성지친(天性之親)　371
천자문　404
천주교　25
천지변(天地辨)　14, 68, 81, 97, 109
철명편(哲命篇)　30, 89, 90, 105, 109, 110, 235,
　　251, 272, 394, 425
첨피낙의(瞻彼洛矣)　184, 185
첩자승중(妾子承重)　307, 321
청기(請期)　304
청승(青蠅)　186
청아(菁莪)　183, 201
체천지주무개제(遞遷之主無改題)　332
초지화(苕之華)　210
초충(草蟲)　209
초학문(初學文)　33, 94, 393, 394, 395, 399
촉광이사변(屬纊以俟辨)　285
최규승(崔圭升)　24
최세진(崔世珍)　404
최장방(最長房)　332
최한기　21
축계주독(祝啓主櫝)　304, 318
출계자(出系子)　345
출모복기의(出母服期義)　289
출후자(出後者)　364
출후자사조복의(出後者四祖服義)　292
취모보용　230
취사논사(就辭論事)　178
취정계(就正契)　45
취정재(就正齋)　394
취현렴재(取賢斂才)　271
치도(治道) 9조　94, 233
치도십조(治道十條)　16, 21, 89
치무　269
치앙(齒讓)　268
치의(緇衣)　201

치학(齒學)　268
친생부모(親生父母)　343, 358
친진(親盡)　332
친친(親親)　279, 322
친친편(親親篇)　72, 328, 405
친통(親統)　326, 327
칠십노이전의(七十老而傳義)　287

탕(蕩)　162, 197
탕론(蕩論)　65
탕왕(湯王)　247
태극도설(太極圖說)　118
태보(太保)　267
태부(太傅)　267
태사(太師)　267
태평어람(太平御覽)　397
태화산기　415, 416, 421, 423
태화산기주해(太華山記註解)　81, 415, 421
토저(兔罝)　209
토풍(土風)　317
통감강목　107
통전(通典)　341, 345
퇴계학　49
퇴계학맥　335, 336
퇴도(退陶)　54

판(板)　162, 170, 178, 202
팔고문(八股文)　422
패문운부(佩文韻府)　397
편견(鞭犬)　397, 398

폐질자복의(廢疾子服義)   289
표유매(摽有梅)   209
풍간(諷諫)   157, 178, 183, 211
풍뇌정(風雷亭)   78
풍화(風化)   177

ㅎ

하경명(何景明)   422
하관지(夏官志)   17, 42, 51, 97, 109, 394
하달(下達)   266
하려선생문집(下廬先生文集)   394
하려선생행장(下廬先生行狀)   53, 54
하려집(下廬集)   56
하순민(下順民)   88
하학(下學)   216, 234, 272
하학상달(下學上達)   139
하학잠(下學箴)   13, 39
하학지남   38
하헌집(夏軒集)   375
한강(寒岡)   54, 346
한광(漢廣)   209
한남당(韓南塘)   294, 364
한전론(限田論)   20, 58, 94, 222
한주집   383
한주학파(寒州學派)   378
한천록(寒泉錄)   79
함유일덕(咸有一德)   130
함허정(涵虛亭)   24
합강정(合江亭)   24
합어(合語)   270, 271
항산전(恒産田)   20, 57, 58, 222, 223
항산전론(恒産田論)   59, 60, 94
항설(恒說)   33
항일운동   69
해국기(海國記)   68

해국도지(海國圖誌)   21, 68
해시(解詩)   157
해시법(解詩法)   174
향병(鄕兵)   229
향사례(鄕射禮)   270
향약강조(鄕約綱條)   23
향음주례(鄕飮酒禮)   23, 41, 44, 84, 270, 375
허목(許穆)   56, 108, 316, 327, 416, 426, 421
허병(許秉)   9
허봉(許篈)   9
허부(許宓)   9
허선문(許宣文)   8
허성(許筬)   8
허운(許運)   79, 384
허원식(許元栻)   23
허위(許䔿)   69
허유(許愈)   299
허이(許邇)   79
허일(許逸)   79
허전학파   70
허주(許儔)   10, 13
허형(許珩)   9, 35, 89
허후(許厚)   308, 323
허훈(許薰)   23, 44, 69, 298, 299
현능(賢能)   246
현송(弦誦)   270
호포법(戶布法)   227
홍범(洪範)   64, 106, 129
홍병원   147
화산기(華山記)   423
환곡(還穀)   58, 230
환과고독(鰥寡孤獨)   368
황구첨정(黃口簽丁)   227
황덕길(黃德吉)   5, 9, 10, 17, 30, 35, 53, 79, 83, 216, 375, 394
황덕일(黃德壹)   10
황조(黃鳥)   161, 197, 203

황진(黃震)　122
황황자화(皇皇者華)　161, 186, 187, 189, 203
회암답증무의서변(晦庵答曾無疑書辨)　291
회유문　44
회재(晦齋)　122, 321
후칠자(後七子)　421

훈고정신(訓詁精神)　207
훈몽자회(訓蒙字會)　404
휼고론(恤孤論)　367
흥관군원(興觀群怨)　209, 210
흥관군원설(興觀群怨說)　156, 177

성재 허전,
조선말 근기실학의 종장

초판 인쇄 | 2013년 7월 25일
초판 발행 | 2013년 7월 30일

저 자 | 정경주·김철범
발 행 인 | 한정희
발 행 처 | 경인문화사
등록번호 | 제10-18호(1973년 11월 8일)
주 소 | 서울특별시 마포구 마포동 324-3
전 화 | 718-4831~2
팩 스 | 703-9711
홈페이지 | http://kyungin.mkstudy.com
이 메 일 | kyunginp@chol.com

ISBN 978-89-499-0932-5 93910
값 34,000원